CONDUTAS VEDADAS AOS AGENTES PÚBLICOS EM ANO ELEITORAL

Aspectos Teóricos e Práticos

IGOR PEREIRA PINHEIRO

Prefácio

Márcio Andrade Torres

Apresentação

André Clark Nunes Cavalcante

CONDUTAS VEDADAS AOS AGENTES PÚBLICOS EM ANO ELEITORAL

Aspectos Teóricos e Práticos

2ª edição, revista, ampliada e atualizada

Belo Horizonte

Fórum
CONHECIMENTO JURÍDICO

2018

Luís Cláudio Rodrigues Ferreira
Presidente e Editor

Coordenação editorial: Leonardo Eustáquio Siqueira Araújo

Av. Afonso Pena, 2770 – 15º andar – Savassi – CEP 30130-012
Belo Horizonte – Minas Gerais – Tel.: (31) 2121.4900 / 2121.4949
www.editoraforum.com.br – editoraforum@editoraforum.com.br

Dados Internacionais de Catalogação na Publicação (CIP) de acordo com ISBD

P654c Pinheiro, Igor Pereira

Condutas vedadas aos agentes públicos em ano eleitoral: aspectos teóricos e práticos / Igor Pereira Pinheiro. – 2. ed. – Belo Horizonte : Fórum, 2018.
426 p. ; 14,5cm x 21,5cm.

ISBN: 978-85-450-0510-0

1. Eleições. 2. Agentes públicos. 3. Conduta. I. Título.

CDD 28
2018-408 CDU 341.28492

Elaborado por Vagner Rodolfo da Silva – CRB-8/9410

Informação bibliográfica deste livro, conforme a NBR 6023:2002 da Associação Brasileira de Normas Técnicas (ABNT):

PINHEIRO, Igor Pereira. *Condutas vedadas aos agentes públicos em ano eleitoral*: aspectos teóricos e práticos. 2. ed. Belo Horizonte: Fórum, 2018. 426 p. ISBN 978-85-450-0510-0.

DEDICATÓRIA

Humildemente, posso dizer que escrever o presente livro não foi tão difícil quanto pensei que seria desde o momento em que resolvi encarar o desafio. Penoso mesmo nesse tocante foi abdicar considerável parte do tempo livre (que já não é grande por conta das obrigações familiares, profissionais e acadêmicas) para efetivamente refletir sobre as ideias e tentar ordená-las de maneira coerente ao longo da obra, tudo isso com grande perda de tempo do convívio familiar.

Nesse quadrante, uma pessoa merece especial destaque: minha amada e dedicada esposa Tânia!

Foi ela quem, desde o início da minha carreira como Promotor de Justiça, respeitou e compreendeu minha opção por combater a corrupção, ainda que com sacrifício pessoal e risco de vida; foi ela quem aceitou a aventura de ir morar em um país estrangeiro atrás de um novo desafio acadêmico; foi ela quem, a partir da ideia do livro, apoiou, incentivou, discutiu alternativas e teve uma paciência incomensurável durante toda a escrita da primeira edição desse livro e a respectiva atualização.

A você, meu Amor, muito obrigado por ser essa grande esposa – e agora mãe – que és! Sorte minha e de Sofia!

Finalizo parafraseando o mestre Carlos Drummond de Andrade: "Os homens distinguem-se pelo que fazem; as mulheres, pelo que levam os homens a fazer".

Te amo!

UMA PROMESSA...

Desde que ingressei no Ministério Público, meus familiares, amigos ou simplesmente colegas de trabalho diziam repetidamente: "no dia em que você for pai, vai mudar, aprenderá a ter mais paciência e ir mais devagar". Explico: Referiam-se eles, preocupados, à minha ânsia de investigar, processar, ver presos e condenados os corruptos com os quais tive o desprazer de me deparar ao longo da minha carreira de Promotor de Justiça, que, aliás, não foram poucos.

A todos vocês, eu preciso reconhecer: a paternidade realmente me fez mudar, acho que até para melhor, pois permitiu que compreendesse algumas situações que a objetividade de uma pessoa sem filhos não alcança. Mas, naquele aspecto ("ir devagar"), ser pai teve efeito reverso da previsão deles: catalisou e aumentou exponencialmente a minha vontade de combater com todas as minhas forças essa mazela chamada corrupção, que impede todos nós, brasileiros, de vivermos em um país justo, livre e solidário (como diz a nossa Constituição Federal).

Nesse tocante, quero deixar aqui o registro de uma promessa que espero daqui a uns anos possa ser constatada como cumprida por minha amada filha Sofia, qual seja: a de que não desisti de continuar dando a minha contribuição na prevenção e repressão à corrupção, apesar de todas as dificuldades inerentes ao ofício e mesmo também com todas as decepções que vão se somando ao longo do caminho, inclusive algumas no próprio Ministério Público.

E uma das formas de honrar a minha palavra é, além da necessária dedicação profissional, manter esse livro sempre atualizado para que outros "sonhadores" possam ter nele uma fonte de pesquisa auxiliar na difícil – mas não impossível – tarefa de correção dos rumos do nosso país, que é gerido, infelizmente, por uma maioria esmagadora de políticos corruptos e sem qualquer compromisso com o interesse público. Cabe a nós, homens de bem, lutar contra tudo isso que aí está!

Quem viver verá!

Fortaleza, 10 de janeiro de 2018.

AGRADECIMENTOS

Dizem que é perigoso nominar pessoas quando se quer agradecer, pois há o risco de esquecer alguém. Isso é verdade, mas prefiro arriscar a deixar de agradecer àqueles que contribuíram ao longo da minha vida para que alcançasse meus objetivos.

Começo me lembrando de Deus, que até aqui me deu mais do que eu imaginaria ser possível conquistar por toda a vida. Sou extremamente grato ao Senhor por tudo, a começar pela família maravilhosa ("Camelinhas") que tive, cujos ensinamentos religiosos, éticos e morais necessários para a vida levarei para sempre comigo.

Na sequência, não poderia deixar de agradecer à minha mãe Conceição, pela dedicação, incentivo, apoio, paciência e, sobretudo, amor incondicional. Também, ao meu irmão Iuri, por toda a compreensão e senso de humor inigualável, que sempre me faz rir mesmo nas horas mais difíceis.

Aos meus tios (Luís Pereira, "Cacá", José e "Camelão"), tias (Eugênia – uma segunda mãe, Fátima, Rose, Aparecida, Nieta, Socorro, "Pôpô", France, Solange e Claudia) e primos (em especial, ao Diego) fica o registro do meu eterno agradecimento, por todo o apoio e paciência nos momentos difíceis! Também não poderia deixar de citar os "tios e tias de coração", que igualmente sempre deram todo o apoio na minha caminhada, como Tio Carlos Meneses e Tia Norma (que me recebeu em Brasília como um filho). Da mesma forma, a querida Zélia, que desde criança sempre procurou fazer o melhor para todos.

Ao meu sogro Assis e à minha sogra Socorro, que me acolheram verdadeiramente como um filho no seio familiar, bem como a todos os "Moreiras" pela cordialidade de sempre.

Ao meu cunhado Wilson ("Leão" e "benfiquista SLB" de coração) e à minha concunhada Fernanda, pela fraterna e calorosa recepção em Lisboa nos períodos de estudo.

Aos meus amigos André Clark Nunes Cavalcante, Luís Laércio Fernandes, Iuri Rocha Leitão, Deric Funck Leite, Franke José Soares, Márcia Lopes Pereira, Patrick Augusto Correia, Eloilson Augusto da Silva Landim, Maria Alice Diógenes, Valeska Catunda Bastos e Márcio Andrade Torres, que sempre me apoiaram e colaboraram ao longo da jornada ministerial.

Aos Ex-Corregedores do Ministério Público do Ceará, José Maurício Carneiro e Marcos Tibério Castelo Aires, bem como ao Ex-Corregedor Nacional do Ministério Público, Dr. Alessandro Tramujas, que nunca fizeram qualquer tentativa de ingerência sobre meu trabalho, a despeito das inúmeras tentativas de retaliação dirigidas contra mim ao longo do exercício da função. Também aos colegas e assessores da Corregedoria, Francimauro Ribeiro, Daniel Isidio, Diassis Leitão, Eduardo Tsunoda, Osiete Cavalcante (hoje Procurador de Justiça) e Guilherme Soares.

Aos Procuradores de Justiça Maria Neves Feitosa Campos, José Wilson Sales Júnior e Socorro Brito Guimarães, amigos do 2º grau para todas as horas!

Ao Professor Flávio Cardoso Pereira, que de examinador passou a ser um dos mais importantes amigos que a vida acadêmica me deu, sendo fonte de inspiração nas pesquisas e o primeiro a abrir as portas do Complexo de Ensino Renato Saraiva (CERS) para que eu vivesse um sonho que achava impossível. Obrigado por tudo!

Ao também Professor e hoje amigo de magistério no CERS, Rogério Sanches Cunha, que me recebeu de braços abertos na aventura de lecionar para todo o Brasil, ensinando-me a praticar a humildade e a generosidade que apenas os grandes sábios possuem.

Aos amigos do CERS pela amistosa recepção e convívio salutar. Para mim, é uma grande honra estar ao lado de todos, em especial de alguns que me deram aulas quando ainda sonhava em ser Promotor de Justiça. Nesse tocante, agradeço, em especial, a Renato e Guilherme Saraiva pela confiança depositada no meu trabalho, bem como à Andrea Bemfica, Janaína Marçal e toda a equipe de produção que nos ajudam na missão de difundir conhecimento para todo o país.

Também não poderia deixar de registrar meu agradecimento aos amigos de longas datas "Rominho" e "Eduardo PG", por todo o companheirismo nas horas mais difíceis.

Ao colega e ex-Diretor da Escola Superior do Ministério Público, Dr. Benedito Augusto da Silva Neto, que sempre abriu as portas do nosso órgão acadêmico para todos, independentemente das "alas políticas".

Aos estimados Professores Jorge Miranda, Jorge Reis Novais, Carlos Blanco de Moraes, Maria João Estorninho e Eduardo Vera-Cruz, com os quais muito aprendi no Mestrado e Doutorado e cujas lições, em especial de vida, levarei comigo para sempre.

À minha querida orientadora, Professora Susana Videira, que, com sua cordialidade e simpatia peculiares, estimulou-me a pesquisar o tema da corrupção sem quaisquer preconceitos ou barreiras.

Também menciono aqui meu agradecimento ao companheirismo do amigo Edilberto Oliveira (primeira pessoa a adquirir a versão original do "Condutas Vedadas"), que sempre se colocou à disposição para me ajudar e aconselhar nos desafios acadêmicos e profissionais.

Por fim, ao Ministério Público do Ceará, instituição à qual com muito orgulho e honra sirvo no ideal de combater a corrupção e que me permitiu ir "além-mar" atrás de novos horizontes nessa missão!

SUMÁRIO

Foi com imensa satisfação que, às vésperas das eleições de 2016, recebi o convite do professor, colega Promotor de Justiça e amigo Igor Pinheiro para prefaciar o seu novo livro sobre condutas vedadas.

O tema nunca foi tão atual. Desde quando se admitiu em nosso ordenamento o instituto da reeleição, assistimos a uma crescente onda do uso da máquina pública em prol das campanhas eleitorais. Não foi à toa que o Ministério Público Eleitoral tem elegido, como pedra de toque na atuação dos últimos anos, um esforço concentrado para combater a luta desigual entre os candidatos, a fim de coibir o desequilíbrio causado pelas diversas formas de abuso, que perpassam muitas vezes pelas condutas vedadas pela legislação eleitoral.

O livro vem, em boa hora, contribuir no incremento das ferramentas postas à disposição dos operadores do Direito Eleitoral para coibir essa espécie de abuso de poder que tanto tem desequilibrado as disputas eleitorais ao longo das últimas eleições.

Sobre o autor não é demais enaltecer o reconhecimento de seu prestígio, dedicação e integridade no exercício do cargo de Promotor de Justiça. E esse perfil do autor diferencia o livro. A linguagem é direta e incisiva. Os temas são abordados com objetividade e precisão cirúrgica, elevando a obra a um grau de praticidade reclamada pela velocidade que acompanha o Direito Eleitoral. Apesar dessas características, os temas são abordados com suficiente riqueza de doutrina e constante recurso à jurisprudência atualizada e totalmente pertinente ao ponto central de cada assunto.

Como um verdadeiro ganho ao leitor, sobretudo aquele que milita na área, a obra vem recheada das boas práticas que o autor colecionou ao longo do tempo em que atuou na defesa intransigente dos princípios mais caros do Direito Eleitoral.

Em resumo, o livro é o que se pode chamar de verdadeiro direito vivo, que reflete com grande fidelidade a visão de mundo que deve impulsionar um autêntico e vocacionado membro do Ministério Público ou do Poder Judiciário eleitoral, sem perder de vista o interesse que pode despertar nos advogados que militam na área, constantemente chamados a litigar contra candidatos detentores da máquina administrativa e que dela fazem uso indevido, desigualando as forças do processo eleitoral.

Com o emprego de uma linguagem clara e de uma metodologia simples e eficiente, o autor seduz o leitor a manter o livro na cabeceira da cama ou bem à frente da mesa de trabalho, como valiosa ferramenta de trabalho a quem se proponha a combater a corrupção e outras práticas ilícitas que mutilam o processo eleitoral.

Convido-os, assim, a começar esse divertido passeio pelas tortuosas estradas das condutas vedadas, conhecendo um pouco da malícia dos agentes públicos e candidatos que delas se utilizam, mas sobretudo apreendendo a combater o bom combate, seguindo o bom exemplo do autor desta obra.

Janeiro de 2016

Márcio Andrade Torres
Procurador Regional da República.
Ex-Procurador Regional Eleitoral do Ceará.

NOTA DA SEGUNDA EDIÇÃO

A primeira edição do livro *Condutas Vedadas aos Agentes Públicos em Ano Eleitoral* nasceu despretensiosamente, a partir da remessa do material para a editora lusitana Chiado, que o acolheu imediatamente.

Apesar das dificuldades na logística da distribuição, o livro foi muito bem recebido por leitores e autores de renome na seara eleitoral, que me aconselhavam a procurar uma casa de maior porte para que a obra fosse universalizada na próxima edição.

Chegado 2018 – ano eleitoral – era hora de submeter, mais uma vez, a obra ao público, em especial à luz da evolução legal e jurisprudencial atinente ao assunto (incluindo as novas resoluções do TSE), para que ela pudesse cumprir o seu papel de ser um referencial seguro para todos aqueles que vão lidar, direta ou indiretamente, com o pleito, seja na condição de candidato, dirigente partidário, membro da Magistratura, do Ministério Público, ou dos servidores da Justiça Eleitoral, bem como advogado ou consultor jurídico e, por fim e principalmente, como cidadão interessado em fiscalizar e denunciar aos órgãos de investigação as ilegalidades praticadas pelos agentes públicos em ano eleitoral.

Nesse sentido, honrou-me muito o convite da prestigiada Editora Fórum em publicar a obra doravante. Aceitei na hora, haja vista a sua inquestionável reputação.

Assim, ajustei alguns erros formais constantes na primeira edição, inseri os julgados mais importantes da matéria até fevereiro de 2018 e acresci novos comentários ao livro, de modo que o leitor encontrará nesta edição um novo livro apto para pronto uso nas eleições de 2018.

Porém, resolvi ousar mais uma vez: além do estudo sistematizado das condutas vedadas estrito senso (aquelas previstas entre os artigos 73 e 77, da Lei das Eleições), também realizei uma pesquisa aprofundada sobre os aspectos materiais e processuais dos mandados constitucionais anticorrupção, bem como de todas as disposições penais eleitorais referentes à corrupção na Administração Pública em ano eleitoral, tudo como forma de garantir uma perfeita correlação entre o título da obra e o seu conteúdo.

Espero que gostem dessa novidade e ressalto que continuo aberto às sugestões e críticas pelo *e-mail* <igorppinheiro83@hotmail.com>, canal de comunicação que reputo fundamental para a interação com todos os que me honram com a leitura do livro, pois assim é que obra estará em permanente evolução aos interesses acadêmicos e profissionais.

Obrigado a todos, mais uma vez, pela aquisição do nosso "Condutas Vedadas aos Agentes Públicos em Ano Eleitoral – Aspectos Teóricos e Práticos".

Sucesso e um cordial abraço do autor!

Fortaleza, 10 de março de 2018.

APRESENTAÇÃO DA PRIMEIRA EDIÇÃO

James Madison afirmou que "se os homens fossem anjos, nenhum governo seria necessário. Se anjos governassem os homens, nenhum controle externo ou interno do governo seria necessário. (...) Que o governo dependa do povo é, sem dúvida, o controle primário; mas a experiência ensinou à humanidade a necessidade de precauções auxiliares" (*O Federalista*, nº 51).

Seguindo os passos de Madison, a legislação brasileira instituiu diversas restrições àqueles que almejam ocupar cargos eletivos e que, de algum modo, podem influir no equilíbrio que deve pautar toda disputa eleitoral.

Na presente obra, o autor consegue analisar, com feliz objetividade e profundidade, cada uma das condutas vedadas a agentes públicos em ano eleitoral.

Além disso, apresenta uma análise abrangente do fenômeno das condutas vedadas, que, como bem ressalta o autor, não se restringe ao âmbito da Justiça Eleitoral, havendo importantíssimas repercussões nas esferas administrativa, cível e criminal comum.

A obra une seguro conteúdo doutrinário, apresentação de casos concretos em pleitos recentes e jurisprudência específica bastante atualizada, tudo sob a ótica privilegiada do autor que, na condição de membro do Ministério Público, tem tido atuação de enorme destaque no combate à corrupção, aos atos de improbidade administrativa e aos ilícitos eleitorais.

O conhecimento da matéria apresentada por Igor Pereira Pinheiro é fundamental para que candidatos de boa-fé, porém pouco hábeis, transitem com segurança no pleito, em busca do legítimo voto popular. É também igualmente necessário para todos os profissionais que atuarão nas próximas eleições, seja na condição de advogado, juiz, membro do Ministério Público, policial, servidores do sistema de justiça e agentes públicos em geral.

Trata-se, em suma, de uma obra imperdível, que vem ocupar, em definitivo, uma relevante lacuna no mercado editorial brasileiro.

Fortaleza, dezembro de 2015.

André Clark Nunes Cavalcante
Promotor de Justiça do MPCE. Ex-Promotor Eleitoral no Ceará.

A IMORAL TRADIÇÃO BRASILEIRA DO USO DA ESTRUTURA PÚBLICA EM PROL DOS INTERESSES PESSOAIS E POLÍTICO-PARTIDÁRIOS DOS GOVERNANTES DE PLANTÃO COMO FATOR PROPULSOR DO INSTITUTO DAS CONDUTAS VEDADAS

Conta a historiografia nacional que o processo de descobrimento e colonização do Brasil foi marcado por uma cultura corrupta e personalista, tendo como marco referencial inicial a carta escrita por Pero Vaz de Caminha ao Rei Dom Manuel, já em 01.05.1500, com o pedido explícito de que seu genro (Jorge de Osório) fosse enviado à terra recém-descoberta por mero desejo pessoal daquele capitão náutico.[1]

De lá para cá, houve uma institucionalização de condutas desviadas por parte dos detentores do poder, cuja característica marcante sempre foi – e continua sendo, infelizmente – a confusão entre o público e o privado, isto é, o uso e o abuso do poder em benefício particular, próprio ou de terceiros apaniguados.

A política nacional é o maior reflexo desse fenômeno. Não irei me estender citando exemplos, pois mesmo os de conhecimento público,

[1] Dizia assim a parte final da citada carta: "E desta maneira dou aqui a Vossa Alteza conta do que nesta Vossa terra vi. E se a um pouco alonguei, Ela me perdoe. Porque o desejo que tinha de Vos tudo dizer, mo fez pôr assim pelo miúdo. E pois que, Senhor, é certo que tanto neste cargo que levo como em outra qualquer coisa que de Vosso serviço for, Vossa Alteza há de ser de mim muito bem servida, a Ela peço que, por me fazer singular mercê, mande vir da ilha de São Tomé a Jorge de Osório, meu genro – o que d'Ela receberei em muita mercê. Beijo as mãos de Vossa Alteza. Deste Porto Seguro, da Vossa Ilha de Vera Cruz, hoje, sexta-feira, primeiro dia de maio de 1500. Pero Vaz de Caminha". Disponível em: <http://www.soliteratura.com.br/biblioteca_virtual/biblioteca02f.php>.

que não são poucos, reclamam, no mínimo, um livro inteiro para melhor detalhamento. Imaginem os que não vêm à tona!

Não obstante isso, é mister registrar que, também desde os tempos imperais, a legislação procurou combater práticas desse jaez, merecendo destaque que as Ordenações Filipinas (nos Títulos LXXI e LXXIV) já previam disposições normativas contra a corrupção praticada por agentes públicos, o que veio se aperfeiçoando a nível nacional e, até mesmo, internacional.[2]

Prevenir e reprimir a corrupção é uma preocupação global tão clara que já se cogita sobre a existência de um novo direito fundamental: o de uma gestão pública livre da corrupção ou um "direito anticorrupção".[3]

Trata-se de uma vertente ousada e moderna no que diz respeito ao assunto, uma vez que, via de regra, o estudo dos direitos fundamentais ocorre de uma maneira mais "romântica", em que se propugna apenas

---

[2] Prova disso são os sucessivos instrumentos internacionais voltados para esse fim, tais como: a) Convenção Interamericana de Combate à Corrupção da Organização dos Estados Americanos – OEA –, firmada em 1996; b) Convenção sobre o Combate à Corrupção de Funcionários Públicos Estrangeiros em Transações Comerciais Internacionais, da Organização para a Cooperação e Desenvolvimento Econômico – OCDE –, subscrita em 1997; c) Convenção das Nações Unidas contra a Corrupção, subscrita em 2003.

[3] "Esses dados pondo a nu os multiperversos efeitos da corrupção sobre a ordem política e econômica têm dado espaço para que alguns juristas comecem a enxergar um direito humano autônomo, o direito a um poder público livre da corrupção. O primeiro a mencionar esse direito não como decorrência de vulnerações de outros direitos humanos já reconhecidos foi Kofele-Kale. O autor argui que em relação aos grandes esquemas de corrupção, em especial em países em desenvolvimento, em que o ato de corruto representa graves prejuízos para a população e sua riqueza, causando sérias dificuldades para o gozo de inúmeros direitos humanos, haveria, em razão da disseminada prática internacional de não aceitação da corrupção, da existência de inúmeros instrumentos internacionais registrando a preocupação da comunidade internacional com o fenômeno e da colocação em risco dos valores mais elevados da comunidade internacional, a possibilidade de serem tais atos de corrupção enquadrados como crimes internacionais. Ele entende que o modo mais efetivo de se combater a corrupção é elevando sua prática à esfera de crime de interesse universal, de acordo com as normas internacionais, registrando que já há suficiente prática estatal para reclamar a existência de norma consuetudinária universal proibindo a corrupção em todas as sociedades, sendo que haveria já o direito fundamental a uma sociedade livre de corrupção, que poderia ser componente do direito à autodeterminação e desenvolvimento ou até mesmo como direito autônomo. Assevera que o direito a uma sociedade livre de corrupção é inerentemente um direito humano porque a vida, a dignidade e outros importantes valores humanos dependem desse direito. Nessa esteira, veio Kumar (2003) em trabalho que, além de explorar as interfaces entre direitos humanos e o problema da corrupção, prega a necessidade do estabelecimento, como direito fundamental positivado na Constituição indiana, de um direito fundamental de um serviço público livre de corrupção, o que geraria o empoderamento da cidadania com a colocação do grave problema no centro do debate político, potencialmente transformando o sistema de governança e fortalecendo a democracia". PIMENTEL FILHO, André. *(Uma) Teoria da Corrupção* – Corrupção, Estado de Direito e Direitos Humanos. Rio de Janeiro: Lumen Juris, 2015, p. 110-111.

o que o Estado deve garantir aos seres humanos, não perquirindo as causas da falta de efetividade de diversos direitos fundamentais, que, dentre elas, a corrupção está entre as primeiras, visto que dela (corrupção) decorre a falta de recursos necessários para a efetivação da Constituição Federal nesse tocante.[4]

Assim sendo, parece-me claro que tal metodologia precisa ser revista, uma vez que não se pode olvidar que todos os desvios de verbas públicas ultimados por conta da corrupção afetam sensivelmente a tal "força normativa" de qualquer Constituição.[5] É hora, pois, do fenômeno da corrupção ser estudado mais diretamente e com maior profundidade no bojo das disciplinas estruturantes do Direito (como o Direito Constitucional, Direto Administrativo e Direito Eleitoral), deixando de ser um campo reservado do Direito Penal, ou das Ciências Sociais, Econômicas e Filosóficas.

Mas voltemos ao Direito Eleitoral e às condutas vedadas (risos do autor), cujo objetivo é exatamente combater a corrupção administrativa com uma perspectiva eleitoral!

Pois bem, dentro dessa perspectiva, convém referenciar que o mal a ser combatido (o uso da estrutura pública em prol de projetos políticos) foi facilitado – muito, diga-se de passagem – com a promulgação da Emenda Constitucional nº 16/97, que permitiu a reeleição em nosso país para os ocupantes da Chefia do Poder Executivo, pois houve uma oficialização da antes informal diferença entre as candidaturas apoiadas pelo poder político de plantão, tornando mais difícil ainda (na verdade, quase impossibilitando) que a representação popular ocorra por intermédio de processo eleitoral marcado pela igualdade de oportunidades.

---

4 Deve-se atentar para o fato de que a corrupção, de acordo com o Fundo Monetário Internacional (FMI), é responsável pelo desvio anual de U$2 trilhões. Dado disponível em: <http://www1.folha.uol.com.br/mercado/2016/05/1770152-custo-global-da-corrupcao-chega-a-r-7-trilhoes-diz-fmi.shtml>.

5 Nesse tocante e fazendo um humilde juízo de "mea-culpa" inerente aos grandes sábios, é digna de nota a referência feita pelo jurista José Joaquim Gomes Canotilho, no prefácio da obra "O espectro da corrupção", da autoria de José Mouraz Lopes, Editora Almedina, 2011, p. 7, *in verbis*: "Há uns bons pares de anos, abeirou-se de nós um aluno do 1º ano da licenciatura em direito. O lugar era uma sala da Faculdade de Direito de Coimbra. A razão da conversa residia no facto de termos dado a última aula, desejando o maior êxito pessoal e académico aos meus alunos. Este aluno que nos procurou no fim da aula nunca mais saiu da minha memória. Confessou ter apreciado o nosso curso, mas era seu dever aproveitar a ocasião para fazer uma crítica. Na sua opinião, eu teria esgotado a dogmática das inconstitucionalidades, das ilegalidades, das jusfundamentalidades e das normatividades, mas havia cometido alguns pecados por omissão. Nunca me referi, por exemplo, ao problema da corrupção. Registrei a omissão".

Assim, com vistas a "reforçar" a legislação diante da instituição da reeleição no Brasil, merece registro a aprovação da Lei das Eleições (em especial os artigos 73 a 78), que proibiu taxativamente a prática de determinadas condutas antirrepublicanas[6] e antidemocráticas ainda comuns no dia a dia da gestão pública brasileira, cujo título legal foi exatamente o de "condutas vedadas",[7] que chamaremos nessa obra de "condutas vedadas estrito senso".

Pode-se dizer, portanto, que essas condutas vedadas aos agentes públicos em ano eleitoral integram o sistema brasileiro anticorrupção,[8] sendo correto conceituá-las como as previsões normativas específicas (artigos 73 a 77, da Lei nº 9.504/97) voltadas a punir todo aquele que use a estrutura pública (material ou imaterial) em benefício próprio ou de terceiro (pré-candidato, candidato, partido político ou coligação), durante todo o ano eleitoral ou certo período dele (a depender da hipótese legal), e que traz como consequência (já presumida pela lei – vide *caput* do artigo 73, da Lei nº 9.504/97) o desequilíbrio do pleito pela violação da igualdade de oportunidades que deve ser assegurada aos *players* do jogo democrático de acesso aos cargos políticos,[9] cuja prática enseja a aplicação das sanções de suspensão imediata, cassação do registro ou do diploma, bem como aplicação de multa no valor de cinco a cem mil UFIR.[10]

---

[6] "O interesse público constitucionalmente referenciado como medida de vinculação da actividade administrativa encontra apoio no próprio princípio democrático republicano. Este exige que os titulares de órgãos, funcionários ou agentes da administração pública exerçam as suas competências e desempenhem as suas atribuições para a satisfação dos interesses da colectividade ('do povo', dos 'cidadãos') e não para a satisfação de interesses privados ou interesses das apócrifas máquinas burocráticas públicas" (CANOTILHO, José Joaquim Gomes; MOREIRA, Vital. 4. ed. *Constituição da República Portuguesa Anotada*, Volume II. Lisboa: Coimbra Editora, 2010, p. 796).

[7] Assim, a par das disposições constitucionais e legais já existentes, passou a existir uma plêiade de condutas vedadas aos agentes públicos em ano eleitoral, cuja análise será o objeto desse livro.

[8] Pode-se dizer que o Sistema Brasileiro Anticorrupção é composto por normas constantes na Constituição Federal, Lei de Ação Popular, Lei de Improbidade Administrativa, Código Penal, Lei Anticorrupção, Código Eleitoral, Lei das Eleições e, finalmente, por diversas Convenções Internacionais, cuja finalidade é prevenir e reprimir a corrupção no espaço público e privado.

[9] Trata-se de temática objeto de preocupação em quase todos os ordenamentos jurídicos de países que vivem em regime democrático. Citamos como exemplo a Constituição da República Portuguesa, que elencou como princípios eleitorais expressos a "igualdade de oportunidades e de tratamento das diversas candidaturas, bem como "a imparcialidade das entidades públicas perante as candidaturas" (artigo 113, nº 3, letras "b" e "c").

[10] De acordo com o artigo 77, §4º, da Resolução TSE nº 23.551/17, a multa pela prática de conduta vedada para as eleições de 2018 deverá ser fixada entre R$5.320,50 (cinco mil,

Sobre as consequências jurídicas dessas condutas vedadas, ainda existe a possibilidade da inelegibilidade, desde que seja aplicada a pena capital da cassação do registro ou do diploma do candidato, conforme aponta a jurisprudência pacífica do Tribunal Superior Eleitoral (TSE).[11]

Observe-se que a inelegibilidade incidirá tanto sobre o candidato beneficiado que praticou ou anuiu com a conduta vedada que ensejou a cassação do seu registro ou cancelamento do seu diploma, bem como sobre o agente público não candidato que executou o ato ilegal. Trata-se de virada da jurisprudência do TSE que deverá ser aplicada a partir das eleições de 2018, como se vê do julgado seguinte:

> ELEIÇÕES 2016. INELEGIBILIDADE. ALÍNEA J. LEI COMPLEMENTAR 64/90, ARTIGO 1º, INCISO I. CONDENAÇÃO. CONDUTA VEDADA. AGENTE PÚBLICO. MULTA. CANDIDATO. CASSAÇÃO. INTERPRETAÇÃO.
> 1. Nos termos do art. 1º, I, j, da Lei Complementar 64/90, são inelegíveis para qualquer cargo "os que forem condenados, em decisão transitada em julgado ou proferida por órgão colegiado da Justiça Eleitoral, por corrupção eleitoral, por captação ilícita de sufrágio, por doação, captação ou gastos ilícitos de recursos de campanha ou por conduta vedada aos agentes públicos em campanhas eleitorais que impliquem cassação do registro ou do diploma, pelo prazo de 8 (oito) anos a contar da eleição".
> 2. Tanto a doutrina (José Jairo Gomes, Direito Eleitoral, 12. ed., São Paulo: Atlas, 2016, p. 239; Rodrigo Lopes Zilio, Direito Eleitoral, 5. ed., Porto Alegre: Verbo jurídico, 2016, p. 245; Joel J. Cândido, Direito Eleitoral Brasileiro, 16. ed., São Paulo: Edipro, 2016, p. 135) quanto a jurisprudência reconhecem que, no caso de condutas vedadas, a inelegibilidade somente se caracteriza quando há cassação do registro ou do diploma (AgR-REspe 160-76, rel. Min. Laurita Vaz, PSESS em 25.10.2012; AgR-REspe 230-34, rel. Min. Arnaldo Versiani, PSESS em 30.10.2012; AgR-RO 903-56, rel. Min. Henrique Neves da Silva, PSESS em 22.10.2014; AgR-AI 150-17, rel. Min. Luiz Fux, DJE de 28.4.2015; AgR-RO 4132-37, rel. Min. Luiz Fux, DJE de 30.6.2015).

---

trezentos e vinte reais e cinquenta centavos) e R$106.410,00 (cento e seis mil, quatrocentos e dez reais).

[11] "A causa restritiva do exercício do *ius honorum* prevista no art. 1º, I, j, da LC nº 64/90, demanda o preenchimento cumulativo dos seguintes requisitos: (i) decisão transitada em julgado ou proferida por órgão colegiado da Justiça Eleitoral, (ii) a prática de delitos eleitorais específicos (*e.g.*, corrupção eleitoral, captação ilícita de sufrágio, doação, captação ou gastos ilícitos de recursos de campanha e conduta vedada aos agentes públicos em campanhas eleitorais) e (iii) necessidade de o pronunciamento judicial aplicar a cassação do registro ou do diploma" (Agravo de Instrumento nº 268, Acórdão, Relator(a) Min. Luiz Fux, Publicação: DJE – Diário de justiça eletrônico, Tomo 237, Data 07.12.2017, Página 23-24).

3. Há precedente específico deste Tribunal, invocado pelo recorrente em todas as fases do processo, no sentido de que a inelegibilidade da alínea j não fica caracterizada em relação a quem somente foi penalizado com multa, ainda que, no mesmo processo, os candidatos beneficiados tenham tido o seu registro cassado pela prática de conduta vedada (AgR-RO 2921-12, rel. Min. Gilmar Mendes, PSESS em 27.11.2014).
4. O Tribunal Regional Eleitoral do Rio de Janeiro se afastou do entendimento adotado por este Tribunal em eleição pretérita, sob os argumentos de que os fatos contidos na representação seriam graves e de que a jurisprudência oscila.
5. No caso, o recorrente foi condenado à sanção de multa pela prática de conduta vedada perpetrada nas Eleições de 2010 em favor do seu irmão, que teve o diploma de suplente de deputado estadual cassado, por decisão colegiada proferida pelo Tribunal Regional Eleitoral do Rio de Janeiro, confirmada pelo plenário desta Corte no julgamento de agravo regimental.
6. Diante do precedente específico, que foi expressamente desconsiderado pela Corte Regional, o recurso especial deve ser provido, para deferir o registro de candidatura do recorrente, em face do princípio da segurança jurídica e da confiança.
7. Os fundamentos adotados no sentido de empolgar a gravidade dos fatos considerados no título condenatório não se sustentam, pois tal análise não deve ser feita no processo de registro de candidatura. As inelegibilidades, como regras que restringem direitos, devem ser examinadas de forma objetiva e restrita, cabendo, apenas, verificar, para efeito da sua incidência, se os seus requisitos estão preenchidos no título condenatório.
8. Na linha do quanto decidido pelo Supremo Tribunal Federal, com repercussão geral, "em razão do caráter especialmente peculiar dos atos judiciais emanados do Tribunal Superior Eleitoral, os quais regem normativamente todo o processo eleitoral, é razoável concluir que a Constituição também alberga uma norma, ainda que implícita, que traduz o postulado da segurança jurídica como princípio da anterioridade ou anualidade em relação à alteração da jurisprudência do TSE. Assim, as decisões do Tribunal Superior Eleitoral que, no curso do pleito eleitoral (ou logo após o seu encerramento), impliquem mudança de Jurisprudência (e dessa forma repercutam sobre a segurança jurídica), não têm aplicabilidade imediata ao caso concreto e somente terão eficácia sobre outros casos no pleito eleitoral posterior" (RE 637.485/RJ, rel. Min. Gilmar Mendes, DJE de 20.5.2013).
9. Em observância à necessidade de sinalizar a alteração da jurisprudência para os pleitos futuros, cabe tecer, a título de *obiter dictum*, algumas considerações sobre o tema em análise, a fim de apontar, desde já, a necessidade de reexame da jurisprudência mencionada.

10. Além da referência genérica à condenação por corrupção, a inelegibilidade do art. 1º, I, j, da LC 64/90 contempla três espécies específicas de condenação: (i) captação ilícita de sufrágio (Lei 9.504/97, art. 41-A); (ii) doação, captação ou gastos ilícitos de recursos públicos em campanhas eleitorais (Lei 9.504/97, art. 30-A) e (iii) condutas vedadas aos agentes públicos (Lei 9.504/97, arts. 73, 74 e 77).
11. É correta a diferenciação de situações tratada no precedente apontado (AgR-RO 2921-12).
12. Consoante pacífica jurisprudência deste Tribunal, na hipótese de captação ilícita de sufrágio, somente o candidato que praticou a compra de voto ou a ela anuiu tem legitimidade para compor o polo passivo da representação (RO 6929-66, rel. Min. Laurita Vaz, DJE de 30.5.2014; RO 1800-81, rel. Min. Dias Toffoli, DJE de 30.4.2014; REspe 39364-58, rel. Min. Cármen Lúcia, DJE de 3.2.2014; REspe 19.566, rel. Min. Sálvio de Figueiredo Teixeira, DJ de 26.4.2002; RP 3-73, rel. Min. Peçanha Martins, DJ de 26.8.2005), e, "uma vez reconhecida a captação ilícita de sufrágio, a multa e a cassação do registro ou do diploma são penalidades que se impõem *ope legis*. Precedentes: AgRg no RO 791/MT, rel. Min. Marco Aurélio, DJ de 26.8.2005; REspe 21.022/CE, rel. Min. Fernando Neves, DJ de 7.2.2003; AgRg no REspe 25.878/RO, desta relatoria, DJ de 14.11.2006" (REspe 277-37, rel. Min. José Delgado, DJ de 1º.2.2008).
13. Sobre a captação ilícita de sufrágio, a jurisprudência deste Tribunal se consolidou no sentido de que, "existindo decisão colegiada da Justiça Eleitoral, que assentou a caracterização da infração do art. 41-A da Lei das Eleições, é de se reconhecer a inelegibilidade da alínea j, mesmo em face da peculiaridade do caso concreto, em que foi imposta apenas a sanção pecuniária, devido ao fato de o ora candidato não ter disputado as eleições em que praticou o ilícito e, portanto, não haver registro ou diploma a ser cassado" (AgR-REspe 81-25, rel. Min. Henrique Neves, DJE de 28.5.2013). "Isto ocorre porquanto, uma vez praticada a conduta de captação ilícita de sufrágio, é inafastável a aplicação da pena de cassação do registro ou do diploma, não sendo sua imposição objeto de juízo de discricionariedade do julgador. Precedentes" (AgR-RO 979-17, PSESS em 5.10.2010, rel. Min. Aldir Passarinho Junior). No mesmo sentido: RO 1715-30, rel. Min. Arnaldo Versiani, PSESS em 2.9.2010.
14. Por outro lado, nas ações que versam sobre a prática de captação ilícita de gastos para as campanhas eleitorais e conduta vedada aos agentes públicos, a discricionariedade na aplicação das sanções para que o registro ou o diploma do candidato somente possam ser atingidos em situações graves é exigida pela jurisprudência deste Tribunal. Nesse sentido: AgR-RO 2745-56, rel. Min. Arnaldo Versiani, DJE de 9.11.2012; AgR-REspe 9565164-06, rel. Min. Arnaldo Versiani, DJE de 9.10.2012; REspe 284-48, rel. Min. Marco Aurélio, red. para o acórdão Min. Nancy Andrighi, DJE de 10.5.2012; RO 4446-96, rel. Min. Marcelo Ribeiro, DJE de 2.5.2012; REspe 450-60, rel. Min. Laurita Vaz, DJE de 22.10.201; AgR-RO

5053-93, rel. Min. Dias Toffoli, DJE de 12.6.2013; RP 2959-86, rel. Min. Henrique Neves, DJE de 17.11.2010; AgR-RO 5053-93, rel. Min. Dias Toffoli, DJE de 12.6.2013; AgR-RO 8902-35, rel. Min. Arnaldo Versiani, DJE de 21.8.2012; AgR-REspe 435-80, rel. Min. Gilmar Mendes, DJE de 27.10.2014; AgR-REspe 158-88, rel. Min. Gilmar Mendes, DJE de 9.11.2015; REspe 547-54, rel. Min. Maria Thereza, DJE de 10.3.2016; AgR-Al 282-34, rel. Min. Luciana Lóssio, DJE de 24.2.2016; REspe 530-67, rel. Min. Henrique Neves da Silva, DJE de 2.5.2016.

15. Em razão dessa diferença é que se formou a jurisprudência deste Tribunal no sentido de que a simples aplicação de multa por conduta vedada não gera a inelegibilidade prevista no art. 1º, I, j, da Lei Complementar 64/90, consoante referido no item 2 desta ementa.

16. Tal entendimento deve ser mantido, o que equivale dizer que a inelegibilidade em tela estará caracterizada quando os fatos apurados na representação levam, em juízo de proporcionalidade, à cassação do registro ou do diploma dos candidatos beneficiados.

17. É necessário rever a jurisprudência desta Corte, para aperfeiçoá-la e enfrentar novamente a situação do agente público que pratica os atos que levam à cassação do diploma ou do registro dos candidatos beneficiados.

18. Cabe distinguir que, em regra, os responsáveis pela prática de condutas vedadas estão sujeitos apenas à aplicação de multa. Ressalvada a hipótese de reeleição, o agente público a quem as regras do art. 73 são direcionadas não poderá ser apenado com a cassação do registro ou do diploma porque ele, em princípio, não pode nem sequer ser candidato, em face da exigência de desincompatibilização prevista no inciso II do art. 1º da Lei Complementar 64/90, que impõe o afastamento prévio de todos os funcionários e servidores públicos que desejarem participar das eleições como candidatos.

19. As hipóteses em que o agente público comete conduta vedada em benefício próprio são raras. Não menos raro, contudo, são os casos em que o agente público, valendo-se da sua função ou do seu cargo, viola os dispositivos do art. 73 da Lei 9.504/97, os quais, de acordo com a definição contida no caput do mencionado dispositivo, têm a presunção legal de "afetar a igualdade de oportunidades entre candidatos nos pleitos eleitorais", o que revela o principal vetor das inelegibilidades, que devem ser estabelecidas de acordo com os fatos da vida pregressa e visam a preservar a normalidade e a legitimidade das eleições (CF, art. 14, §9º).

20. Nessa perspectiva, considerados o desvalor e a gravidade das condutas que são tomadas como base para permitir a cassação do diploma ou do registro dos candidatos beneficiados, não há como reconhecer que a inelegibilidade da alínea j ficaria limitada apenas àqueles que efetivamente sofreram a cassação, sem que os respectivos responsáveis por essa consequência também sofressem os efeitos secundários da condenação, que, ao fim, é imposta em razão dos atos por eles praticados.

21. As condutas vedadas constituem espécies do abuso de autoridade (AgR-RO 7-18, rel. Min. Luiz Carlos Madeira, DJ de 17.6.2005). É pacífico, a partir da interpretação do art. 22 da LC 64/90, que "a sanção de inelegibilidade tem natureza personalíssima, razão pela qual incide somente perante quem efetivamente praticou a conduta" (REspe 843-56, rel. Min. João Otávio de Noronha, red. para o acórdão, por sucessão, Min. Henrique Neves da Silva, DJE de 2.9.2016). Daí porque a inelegibilidade que decorre do abuso de poder não atinge o candidato tido como mero beneficiário do abuso (RMS 503-67, rel. Min. João Otávio de Noronha, DJE de 5.3.2014).

22. A responsabilidade pela prática do ato, portanto, revela-se fator de definição para a incidência da inelegibilidade por abuso de poder. Igual entendimento também deve ser aplicado ao caso das condenações decorrentes das condutas vedadas que implicam a cassação do registro ou do diploma, pois, afinal, a responsabilidade objetiva é de quem pratica o ato.

23. A jurisprudência deste Tribunal – demonstrando que o elemento essencial para a caracterização da inelegibilidade é a responsabilidade pela prática do ato – tem reconhecido a sua não incidência nas hipóteses em que o candidato é cassado como mero beneficiário, sem demonstração de ele ter participado da prática vedada. Nesse sentido são as hipóteses em que o vice é cassado por causa da unicidade da chapa, sem que se tenha identificado sua participação ou anuência na conduta vedada (REspe 334-21, rel. Min. Dias Toffoli, julgado em 23.10.2012; REspe 108-53, rel. Min. Laurita Vaz, julgado em 18.10.2012).

24. É necessário, pois, rever a jurisprudência, porquanto a melhor interpretação da regra do art. 1º, I, j, da LC 64/90 é aquela que reconhece a incidência da inelegibilidade a quem praticou os atos que levaram à condenação da conduta vedada quando a gravidade da situação verificada leva à cassação do diploma ou do registro dos candidatos beneficiados. Nessa situação, é até possível que o candidato não venha a ser considerado inelegível se tiver demonstrado, no título condenatório, que não praticou os atos nem anuiu a eles. De outra forma, porém, os responsáveis que representam "os condenados" mencionados no início da alínea j serão sempre inelegíveis se seus atos atingirem gravidade suficiente para ensejar a cassação do diploma ou do registro dos candidatos que foram beneficiados com a conduta vedada.

25. Votação por maioria, no sentido de: (i) não incidir a inelegibilidade se o interessado não foi cassado, mesmo quando ocorra a cassação do candidato beneficiado (Ministra Luciana Lóssio e, implicitamente, Min. Gilmar Mendes); ii) a inelegibilidade incide e deve ser reconhecida no presente caso (Min. Herman Benjamin e Min. Napoleão Nunes Maia; iii) a inelegibilidade incide, mas não deve ser reconhecida no presente caso, por força da segurança jurídica (relator, Min. Luiz Fux e Min. Rosa Weber).

> Recursos especiais providos, por maioria. (Recurso Especial Eleitoral nº 40487, Acórdão, Relator(a) Min. Henrique Neves Da Silva, Publicação: PSESS – Publicado em Sessão, Data 27.10.2016).

Convém ressaltar, porém, que tais disposições normativas (artigos 73 a 78, da Lei das Eleições) elas não são as únicas "condutas vedadas aos agentes públicos em ano eleitoral", uma vez que existem outras que também limitam e direcionam a atuação dos agentes públicos em ano eleitoral, o que será abordado no próximo capítulo.

CAPÍTULO 2

A AMBIGUIDADE DO CONCEITO DE CONDUTAS VEDADAS AOS AGENTES PÚBLICOS EM ANO ELEITORAL E SEUS REFLEXOS MATERIAIS E PROCESSUAIS

A ordem jurídica brasileira traz uma série de preceitos que incidem sobre o agir administrativo no ano eleitoral, cuja finalidade é garantir a equidistância do Poder Público e de seus agentes no que diz respeito ao processo eleitoral, evitando o tradicional uso da "máquina pública" nos atos pré-eleitorais ou de campanha.

Pois bem, diante disso, pode-se dizer que a expressão "condutas vedadas aos agentes públicos" é ambígua, pois expressa, a um só tempo, duas categorias legais, quais sejam:

A – Condutas Vedadas Lato Senso, que são todas as normas jurídicas (princípios ou regras) que direcionam e limitam, no ano eleitoral, o comportamento dos agentes políticos e públicos da Administração Pública Direita ou Indireta (em todos os níveis federativos), bem como das pessoas jurídicas que com ela se relacionam, cuja finalidade é garantir que a sua atuação seja pautada sempre para a consecução do interesse público e evitar o desvirtuamento do agir administrativo para finalidades eleitoreiras.

Como exemplo, cita-se o princípio da moralidade administrativa (artigo 37, *caput*, da CF/88), que interdita, por exemplo, a "compra de apoio político" através do loteamento e distribuição de cargos comissionados, funções de confiança ou contratos temporários a terceiros indicados por aliados políticos, ou que tenham recebido tais postos a título de "compromisso de campanha" (leia-se: corrupção pura).

Tal expediente, sem dúvidas, é interditado por esse mandado constitucional anticorrupção e configura, se provado, ato de improbidade administrativa (artigo 11, *caput*, I, da Lei nº 8.429/92),[12] já que evidente o fim meramente eleitoreiro desse tipo de indicação, que não se coaduna com o interesse público que deve nortear as escolhas públicas de pessoal.

Nesse bloco também estão incluídas as disposições criminais (comuns e eleitorais) afetas ao assunto, como o artigo 377, do Código Eleitoral, segundo o qual "o serviço de qualquer repartição, federal, estadual, municipal, autarquia, fundação do Estado, sociedade de economia mista, entidade mantida ou subvencionada pelo poder público, ou que realiza contrato com este, inclusive o respectivo prédio e suas dependências não poderá ser utilizado para beneficiar partido ou organização de caráter político".

Assim, quando se faz referência às condutas vedadas lato senso, deve-se ter em mente que, a despeito de tratar-se de fatos com finalidade ou repercussão eleitoral (de fato ou presumida pela lei), não se está falando obrigatoriamente de ilícitos eleitorais, embora alguns deles (as condutas vedadas estrito senso, os crimes eleitorais e a figura do abuso de poder) estejam inseridos no conceito, como se vê no quadro:

[12] De acordo com a jurisprudência do Tribunal Superior Eleitoral (TSE), fatos dessa natureza também caracterizam grave abuso de poder político, como se vê da seguinte ementa: Ação de impugnação de mandato eletivo. Corrupção. Caracteriza corrupção a promessa de, caso os candidatos se elejam, assegurar a permanência de pessoas em cargos na Prefeitura Municipal, certamente em troca de votos ou de apoio político-eleitoral. Reconhecidas a potencialidade e a gravidade da conduta, devem ser cassados os mandatos do Prefeito e do Vice-Prefeito, com a posse da chapa segunda colocada. Recurso especial, em parte, conhecido e, nessa parte, provido. (TSE, Recurso Especial Eleitoral nº 28396, Acórdão, Relator(a) Min. Arnaldo Versiani Leite Soares, Publicação: DJ – Diário de justiça, Data 26.02.2008, Página 05).

CONDUTAS VEDADAS AOS AGENTES PÚBLICOS LATO SENSO			
Mandados Constitucionais Anticorrupção	**Crimes Eleitorais de Corrupção na Administração Pública**	**Crimes Comuns (Código Penal)**	**Condutas Vedadas Estrito Senso**
1 – Princípio Republicano	1 – *Corrupção Eleitoral* **(Art. 299, do Código Eleitoral):** Dar, oferecer, prometer, solicitar ou receber, para si ou para outrem, dinheiro, dádiva, ou qualquer outra vantagem, para obter ou dar voto e para conseguir ou prometer abstenção, ainda que a oferta não seja aceita: Pena – reclusão até quatro anos e pagamento de cinco a quinze dias-multa.	1 – ***Assunção de obrigação no último ano do mandato ou legislatura*** **(Art. 359-C, do Código Penal):** Ordenar ou autorizar a assunção de obrigação, nos dois últimos quadrimestres do último ano do mandato ou legislatura, cuja despesa não possa ser paga no mesmo exercício financeiro ou, caso reste parcela a ser paga no exercício seguinte, que não tenha contrapartida suficiente de disponibilidade de caixa: Pena – reclusão, de 1 (um) a 4 (quatro) anos.	1 – **Artigos 73 a 77, da Lei nº 9.504/97**, que serão mais à frente descritos em quadro próprio;
2 – Princípio da Legalidade Constitucional	2 – *Coação Eleitoral* **(Art. 300, do Código Eleitoral):** Valer-se o servidor público da sua autoridade para coagir alguém a votar ou não votar em determinado candidato ou partido: Pena – detenção até seis meses e pagamento de 60 a 100 dias-multa. Parágrafo único. Se o agente é membro ou funcionário da Justiça Eleitoral e comete o crime prevalecendo-se do cargo, a pena é agravada.	2 – ***Aumento de despesa total com pessoal no último ano do mandato ou legislatura*** **(Art. 359-G, do Código Penal):** Ordenar, autorizar ou executar ato que acarrete aumento de despesa total com pessoal, nos cento e oitenta dias anteriores ao final do mandato ou da legislatura: Pena – reclusão, de 1 (um) a 4 (quatro) anos.	
3 – Princípio da Moralidade Administrativa	**3 –** ***Uso de Bens e Serviços Públicos*** **(Art. 346, do Código Eleitoral): Violar o disposto no Art. 377:** Pena – detenção até seis meses e pagamento de 30 a 60 dias-multa. Parágrafo único. Incorrerão na pena, além da autoridade responsável, os servidores que prestarem serviços e os candidatos, membros ou diretores de partido que derem causa à infração.		

(Continua)

(Conclusão)

CONDUTAS VEDADAS AOS AGENTES PÚBLICOS LATO SENSO			
Mandados Constitucionais Anticorrupção	**Crimes Eleitorais de Corrupção na Administração Pública**	**Crimes Comuns (Código Penal)**	**Condutas Vedadas Estrito Senso**
3 – Princípio da Moralidade Administrativa	Art. 377. O serviço de qualquer repartição, federal, estadual, municipal, autarquia, fundação do Estado, sociedade de economia mista, entidade mantida ou subvencionada pelo poder público, ou que realiza contrato com este, inclusive o respectivo prédio e suas dependências não poderá ser utilizado para beneficiar partido ou organização de caráter político. Parágrafo único. O disposto neste artigo será tornado efetivo, a qualquer tempo, pelo órgão competente da Justiça Eleitoral, conforme o âmbito nacional, regional ou municipal do órgão infrator mediante representação fundamentada partidário, ou de qualquer eleitor.		
4 – Princípio da Impessoalidade Administrativa	**4 – *Reconhecimento de Firma Falsa* (Art. 352, do Código Eleitoral):** Reconhecer, como verdadeira, no exercício da função pública, firma ou letra que o não seja, para fins eleitorais: Pena – reclusão até cinco anos e pagamento de 5 a 15 dias-multa se o documento é público, e reclusão até três anos e pagamento de 3 a 10 dias-multa se o documento é particular.		
	5 – *Uso de Veículos ou Embarcações Oficiais em Campanha Eleitoral* (Art. 11, V, da Lei nº 6091/74): Constitui crime eleitoral utilizar em campanha eleitoral, no decurso dos 90 (noventa) dias que antecedem o pleito, veículos e embarcações pertencentes à União, Estados, Territórios, Municípios e respectivas autarquias e sociedades de economia mista: Pena – cancelamento do registro do candidato ou de seu diploma se já houver sido proclamado eleito.		

A percepção dessa circunstância é de extrema relevância prática, pois, a depender da hipótese concreta, haverá uma variedade de ações específicas para a repressão à conduta vedada praticada e, até mesmo, alternância da competência jurisdicional.

É o que ocorre, por exemplo, com um ato violador da moralidade administrativa (usemos o exemplo já citado da "compra de apoio político), que poderá dar ensejo ao ajuizamento de uma ação popular por qualquer cidadão (artigo 5º, LXXIII, da CF/88), de uma ação de improbidade administrativa por parte do Ministério Público ou pela pessoa jurídica interessada (artigo 17, da Lei nº 8.429/92), ambas de competência da Justiça Comum (Estadual ou Federal, conforme as regras ordinárias da Constituição Federal e do Código de Processo Civil), o que não exclui a possibilidade de ajuizamento de uma ação penal eleitoral por corrupção eleitoral (artigo 299, do Código Eleitoral), se restar comprovado que o voto foi garantido como contrapartida do loteamento de cargos e empregos,[13] ou da ação de investigação judicial eleitoral (artigo 22, da Lei Complementar nº 64/90) e da ação de impugnação ao mandato eletivo (artigo 14, §10, da Constituição Federal).

Vejamos, pois, um quadro-resumo com os principais aspectos processuais referentes a cada caso das condutas vedadas lato senso:

ASPECTOS PROCESSUAIS DAS CONDUTAS VEDADAS LATO SENSO	
Mandados Constitucionais Anticorrupção	1 – No caso dos mandados constitucionais anticorrupção, *vislumbra-se a hipótese de ajuizamento das **seguintes ações perante a Justiça Comum (Estadual ou Federal):*** a) ***Ação Civil Pública (Lei nº 7.347/85)***, cujo objetivo deve ser a suspensão liminar e posterior anulação do ato violador de qualquer desses preceitos constitucionais; b) ***Ação de Improbidade Administrativa (Lei nº 8.429/92)***, no caso de violação aos princípios constitucionais da Administração Pública; c) ***Ação Popular (Lei nº 4.717/65)***, no caso específico de violação à moralidade administrativa; d) ***Mandado de Segurança (Lei nº 12.016/09)***, com o fim de suspender (liminar) e anular (mérito) eventual ato que viole o princípio da igualdade, que deve ser assegurado pela Administração a todos os candidatos e partidos políticos;

[13] O Tribunal Superior Eleitoral (TSE) decidiu, recentemente, que "a promessa de cargo a correligionário em troca de voto não configura a hipótese do delito previsto no art. 299 do Código Eleitoral, ante a falta de elemento subjetivo do tipo (Precedente: HC nº 812-19/RJ, Rel. Min. Dias Toffoli, DJe de 20.3.2013)", uma vez que "não é possível presumir que a nomeação em cargo na Prefeitura implique, necessariamente, oferta de benefícios aos seus familiares" (Agravo de Instrumento nº 3748, Acórdão, Relator(a) Min. Luiz Fux, Publicação: DJE – Diário de justiça eletrônico, Tomo 237, Data 15.12.2016, Página 24/25).

ASPECTOS PROCESSUAIS DAS CONDUTAS VEDADAS LATO SENSO	
Mandados Constitucionais Anticorrupção	2 – Além disso, é possível que se ajuízem, ***perante a Justiça Eleitoral, as seguintes ações:*** **a)** ***Ação de Investigação Judicial Eleitoral (AIJE),*** **prevista no artigo 22, da Lei Complementar nº 64/90,** se restar comprovado que a violação aos mandados constitucionais anticorrupção foi fato grave o suficiente para consumar o abuso de poder político, que, à luz da atual jurisprudência do TSE, "configura-se quando o agente público, valendo-se de sua condição funcional e em manifesto desvio de finalidade, compromete a igualdade da disputa e a legitimidade do pleito em benefício de sua candidatura ou de terceiros" (Recurso Ordinário nº 172365, Acórdão, Relator(a) Min. ADMAR GONZAGA, Publicação: DJE, Tomo 40, Data 27.02.2018, Página 126/127). **b)** ***Ação de Impugnação ao Mandato Eletivo (AIME),*** **prevista no artigo 14, §10, da Constituição Federal**, que tem como uma das possíveis causas de pedir a corrupção, que, para fins dessa ação, representa qualquer comportamento desonesto praticado no bojo do processo eleitoral. Importante salientar que a Corte do TSE estabeleceu que o rito processual cabível para as ações de impugnação de mandato eletivo deverá ser o previsto no art. 3º e seguintes da Lei Complementar nº 64/1990, sendo aplicado de forma subsidiária o Código de Processo Civil. No que diz respeito à prejudicialidade entre essas ações comuns e eleitorais, convém destacar que o Plenário do Tribunal Superior Eleitoral (TSE), por unanimidade e bem recentemente (Recurso Especial Eleitoral nº 12876, Acórdão, Relator(a) Min. Tarcisio Vieira de Carvalho Neto, Publicação: DJE – Diário de justiça eletrônico, Data 05.10.2017), decidiu pela competência da Justiça Eleitoral para processar e julgar fatos danosos a normalidade e a legitimidade do pleito eleitoral, ainda que estes já tenham sido apreciados no âmbito da Justiça Comum.
Crimes Eleitorais	Inicialmente, destaco que os crimes eleitorais estão submetidos a um regime jurídico híbrido, uma vez que eles possuem disposições normativas próprias (artigos 283 a 289 c/ c artigos 355 a 364, todos do Código Eleitoral) que são complementadas pelo Código de Processo Penal, **merecendo atenção as seguintes peculiaridades**: ***a) Inaplicabilidade do princípio da insignificância:*** considerando que o processo eleitoral hígido é a única forma para a garantia efetiva da soberania popular (artigo 1º, parágrafo único c/c artigo 14, todos da CF/88), bem como para a manutenção de um verdadeiro regime democrático, entendo que *não é possível aplicar o princípio da bagatela ou insignificância aos crimes eleitorais.* Trata-se de entendimento que encontra guarida na atual jurisprudência do Tribunal Superior Eleitoral (TSE) e que não tem sofrido qualquer tipo de oscilação na maioria dos Tribunais Eleitorais. Reforçando essa linha de pensamento, destaca-se o *Enunciado nº 599, da Súmula do Superior Tribunal de Justiça* (julgado em 27.11.2017), segundo o qual "o princípio da insignificância é inaplicável aos crimes contra a administração pública", que deve incidir, pela coincidência de fundamento,[14] sobre vários delitos eleitorais que estão relacionados com a proibição do uso de cargos ou bens públicos em prol de projetos político-partidários, de que são exemplos os descritos no artigo 299, 300, 346 e 377, do Código Eleitoral, bem como o artigo 11, V, da Lei nº 6.091/74.

[14] Vários são os julgados paradigmas do Superior Tribunal de Justiça sobre o assunto, *in verbis*: 1 – "[...] Segundo a jurisprudência desta Corte, não se aplica o princípio da insignificância aos crimes cometidos contra a administração pública, ainda que o valor seja irrisório, porquanto

ASPECTOS PROCESSUAIS DAS CONDUTAS VEDADAS LATO SENSO	
Crimes Eleitorais	Nesse tocante e para finalizar o presente tópico, deve-se atentar que a nova redação do artigo 62 da Lei nº 9099/95 (acrescida pela 13.603/18), cujo teor estabelece que "o processo perante o Juizado Especial orientar-se-á pelos critérios da oralidade, simplicidade, informalidade, economia processual e celeridade, objetivando, sempre que possível, a reparação dos danos sofridos pela vítima e a aplicação de pena não privativa de liberdade", não tem o condão de afetar o entendimento da inaplicabilidade do princípio da insignificância aos delitos eleitorais, haja vista que nessa seara especializada inexiste tipo que tutele apenas o patrimônio individual, mas, sim, o propriamente coletivo, ou o de dimensão coletiva, que são indisponíveis por natureza e diante da importância que possuem para o processo democrático. ***b) Competência para julgamento e a mutação constitucional do foro por prerrogativa de função:*** Uma vez firmada a premissa de que se deve considerar os delitos eleitorais como crimes comuns, tal é válido para todos os fins penais e processuais, em especial quanto à questão da competência. Assim, por exemplo, quando a Constituição Federal fixa a competência criminal dos órgãos do Poder Judiciário, sempre que houver a expressão "crimes comuns", deve-se ter os crimes eleitorais como inclusos nela e, destarte, também sujeitos àquela jurisdição. Esse é o entendimento amplamente majoritário da doutrina eleitoralista – com o qual concordamos – e que está sedimentado na jurisprudência do Supremo Tribunal Federal (STF) há bastante tempo. Desse entendimento resulta que a competência para julgar os crimes eleitorais praticados por pessoas sem foro por prerrogativa de função previsto na Constituição Federal é do juiz eleitoral, independente do pleito (municipal ou geral), conforme estabelece o artigo 35, II, do Código Eleitoral.[15] Assim, como os crimes eleitorais são classificados como comuns, em conformidade com o que pontifica a doutrina amplamente majoritária e os dos Tribunais Superiores, segue-se a regra de que só haverá foro nas hipóteses previstas na Constituição Federal e desde que o fato seja relacionado com a função pública do investigado, não prevalecendo eventuais regras definidas na Constituição dos Estados[16] ou na legislação esparsa.

a norma penal busca tutelar não somente o patrimônio, mas também a moral administrativa. [...]" (AgRg no AREsp 487715 CE, Rel. Ministro GURGEL DE FARIA, QUINTA TURMA, julgado em 18.08.2015, DJe 01.09.2015);

2 – "[...] O aresto objurgado alinha-se a entendimento assentado neste Sodalício no sentido de ser incabível a aplicação do princípio da insignificância aos delitos cometidos contra a Administração Pública, uma vez que a norma visa a resguardar não apenas a dimensão material, mas, principalmente, a moral administrativa, insuscetível de valoração econômica. [...]" (AgRg no AREsp 572572 PR, Rel. Ministro JORGE MUSSI, QUINTA TURMA, julgado em 08.03.2016, DJe 16.03.2016).

15 Art. 35. Compete aos juízes: II – processar e julgar os crimes eleitorais e os comuns que lhe forem conexos, ressalvada a competência originária do Tribunal Superior e dos Tribunais Regionais;

16 Recentemente, o Tribunal Superior Eleitoral (TSE) decidiu que "a Justiça Eleitoral não está sujeita diretamente à Constituição Estadual, por isso não há falar em foro privilegiado para vereadores na apuração de delitos eleitorais". (Recurso em Habeas Corpus nº 41405,

ASPECTOS PROCESSUAIS DAS CONDUTAS VEDADAS LATO SENSO	
Crimes Eleitorais	Sobre esse ponto específico (foro por prerrogativa de função), a regra geral é que, sendo *verificada a participação de qualquer autoridade com foro, é vedada a realização de qualquer diligência probatória sem a supervisão do órgão judicial competente para julgar aquela* (salvo caso de flagrante delito), *sob pena de nulidade absoluta.* Nesse sentido, o Tribunal Superior Eleitoral (TSE) decide há bastante tempo.[17] Vale destacar que esse é o entendimento consagrado no âmbito de todos os Tribunais Superiores, muito embora, *no final de 2016 e início de 2017, a Corte Superior Eleitoral*[18] *tenha apontado uma tendência de mudança do seu entendimento,* ao deixar de anular investigações que seguiram aquele rito de comunicação prévia. Assim, ainda não se pode dizer que houve uma viragem da jurisprudência eleitoral, embora o *decisum* referido possa ser o início desse movimento, motivo pelo qual recomendamos o leitor acompanhar como o Tribunal Superior Eleitoral vai se comportar no julgamento de casos análogos. Observe-se também que, quanto à necessidade ou não de autorização para a instauração do procedimento investigatório, o Tribunal Superior Eleitoral (TSE) vem apontando a dispensabilidade da autorização judicial para esse fim, sendo imperativo tão somente a comunicação de tal ato antes da realização de qualquer ato investigativo, como se vê no seguinte precedente: "A Polícia Federal, atendendo a requerimento de Procurador Regional, instaurou inquérito e, antes da colheita de provas, o TRE/PI foi cientificado e autorizou sua continuidade, ainda que de forma tácita. Inexiste, portanto, nulidade. Precedentes, em especial o HC 1364-13/SP,

Acórdão, Relator(a) Min. Luciana Christina Guimarães Lóssio, Publicação: DJE – Diário de justiça eletrônico, Tomo 61, Data 28.03.2017, Página 65).

[17] Igualmente: AGRAVO REGIMENTAL. AGRAVO. RECURSO ESPECIAL. ELEIÇÕES 2012. PREFEITO. VEREADOR. AÇÃO PENAL. CORRUPÇÃO. ART. 299 DO CÓDIGO ELEITORAL. FORO POR PRERROGATIVA DE FUNÇÃO. INQUÉRITO POLICIAL. SUPERVISÃO POR JUÍZO INCOMPETENTE. NULIDADE. DESPROVIMENTO. 1. Insere-se na prerrogativa de foro – assegurada a determinadas autoridades – a investigação perante órgãos jurisdicionais de maior hierarquia. Precedentes do c. Supremo Tribunal Federal. 2. Inquérito instaurado diante de suposto crime eleitoral cometido por prefeito exige supervisão do órgão a quem compete processar e julgar a respectiva ação penal, sob pena de nulidade de todos os atos (precedentes do TSE e do STF). Esse entendimento visa proteger as instituições públicas, e não interesses de titulares de cargos eletivos. 3. Na espécie, o TRE/SC declarou nulos o inquérito e os atos posteriores, inclusive a denúncia. A Polícia Federal, atendendo a requerimento de promotor de justiça, instaurou inquérito em que, desde o início, um dos suspeitos era detentor do cargo de prefeito. Contudo, toda a investigação, que durou mais de dois anos, foi supervisionada pelo juízo singular, sem nenhuma ciência por parte da Corte Regional. 4. Inexiste similitude com o HC 1364-13/SP, em que este Tribunal excepcionou a regra e assentou válido inquérito presidido por juiz incompetente. Enquanto naquele caso houve sucessivas mudanças de prefeito e o TRE/SP acompanhou as investigações e ratificou os atos anteriores, na hipótese o TRE/SC teve conhecimento dos fatos apenas após a denúncia, quando não poderia mais sequer proceder à ratificação. 5. Agravo regimental não provido. (Agravo Regimental em Recurso Especial Eleitoral nº 610, Acórdão de 23.08.2016, Relator(a) Min. ANTONIO HERMAN DE VASCONCELLOS E BENJAMIN, Publicação: DJE – Diário de justiça eletrônico, Volume -, Tomo 188, Data 29.09.2016, Página 64/65).

[18] Agravo de Instrumento nº 12507, Acórdão, Relator(a) Min. Napoleão Nunes Maia Filho, Publicação: DJE – Diário de justiça eletrônico, Tomo 52, Data 16.03.2017, Página 90.

ASPECTOS PROCESSUAIS DAS CONDUTAS VEDADAS LATO SENSO	
Crimes Eleitorais	Rel. Min. Maria Thereza de Assis Moura, DJe de 10.6.2015. TSE". (Agravo de Instrumento nº 16870, Acórdão, Relator(a) Min. Antonio Herman de Vasconcellos E Benjamin, Publicação: DJE – Diário de justiça eletrônico, Data 19.12.2016, Página 38-39). O tema ganha mais complexidade ainda se adotarmos uma linha mais vanguardista e considerarmos, à luz da ampla maioria já formada no Supremo Tribunal Federal (8x0) quanto à mutação constitucional da questão referente ao foro por prerrogativa de função (vide Questão de Ordem na Ação Penal nº 937, que não existe mais foro no caso das autoridades com foro praticarem crimes eleitorais que não sejam relacionados diretamente com os cargos públicos que ocupam).[19] Dito isso, é de fundamental importância atentar-se para o fato *de que a mera menção ao nome de autoridades com foro* durante a investigação criminal eleitoral, ou mesmo durante o trâmite do processo penal eleitoral, *sem que haja qualquer indício ou imputação do órgão investigatório ou acusatório quanto à autoria ou participação na infração penal não autoriza o deslocamento do feito para a instância superior.* Foi o que aconteceu em caso concreto em que atuei. Em 2012, durante as eleições municipais, pessoas investigadas pela prática de formação de quadrilha (hoje, associação criminosa – artigo 288, CP), em concurso material com o crime de corrupção eleitoral (artigo 299, CE) em larga escala no pleito, durante interceptações telefônicas judicialmente autorizadas, citavam e conversavam com autoridades (Deputados Estaduais e Federais, Desembargadores e Juízes) em diálogos totalmente desconexos com a prática desses delitos. Prossegui com a investigação referente aos crimes objeto da investigação originariamente, ajuizei a respectiva ação penal e remeti cópia dos áudios e das transcrições pertinentes para a esfera competente no que dizia respeito aos supostos crimes em que as autoridades citadas poderiam estar envolvidas nos dizeres dos seus aliados políticos e nos diálogos com eles travados. Diante de tais fatos, a defesa de vários réus arguiu a nulidade da investigação e do processo, tendo o Tribunal Superior Eleitoral (TSE) negado o pedido, sob o fundamento de que "a simples menção, em conversas captadas por meio de interceptação telefônica, a nomes de autoridades que detenham o foro especial por prerrogativa de função não é suficiente para modificar a competência ou invalidar a prova colhida por meio de diligência autorizada pelo juízo competente".[20]

[19] "Impõe-se, todavia, a alteração desta linha de entendimento, para restringir o foro privilegiado aos *crimes praticados no cargo e em razão do cargo*. É que a prática atual não realiza adequadamente princípios constitucionais estruturantes, como igualdade e república, por impedir, em grande número de casos, a responsabilização de agentes públicos por crimes de naturezas diversas. Além disso, a falta de efetividade mínima do sistema penal, nesses casos, frustra valores constitucionais importantes, como a probidade e a moralidade administrativa. (...) Para assegurar que a prerrogativa de foro sirva ao seu papel constitucional de garantir o livre exercício das funções – e não ao fim ilegítimo de assegurar impunidade – é indispensável que haja *relação de causalidade entre o crime imputado e o exercício do cargo*. A experiência e as estatísticas revelam a manifesta disfuncionalidade do sistema, causando indignação à sociedade e trazendo desprestígio para o Supremo" (Ministro Luís Roberto Barroso – Relator).

[20] Recurso em Habeas Corpus nº 32751, Acórdão de 03.09.2014, Relator(a) Min. HENRIQUE NEVES DA SILVA, Publicação: DJE – Diário de justiça eletrônico, Tomo 176, Data 19.09.2014, Página 33.

ASPECTOS PROCESSUAIS DAS CONDUTAS VEDADAS LATO SENSO	
Crimes Eleitorais	Aliás, é bom ressaltar que a produção de provas, de maneira fortuita, referente a autoridades com foro por prerrogativa de função não as invalida, desde que não se prossiga com a atividade investigatória. Foi assim que já julgou o Superior Tribunal de Justiça, ao consignar que "a simples menção do nome de autoridades, em conversas captadas mediante interceptação telefônica, não tem o condão de firmar a competência por prerrogativa de foro. Inexiste violação do art. 5º, XII, da CF/88 e à Lei nº 9.296/96, porquanto os inquéritos foram remetidos ao STJ assim que confirmados indícios de participação de autoridades em condutas criminosas",[21] tese essa que foi recentemente confirmada pelo Supremo Tribunal Federal (STF) no caso "Lava-Jato".[22] Nesse sentido, cumpre destacar que "a competência para a matéria criminal não foi tratada pelo Código Eleitoral, razão pela qual devemos aplicar o princípio da subsidiariedade e usar as disposições do Código de Processo Penal, de modo que é competente para análise e julgamento do feito o juízo em cuja área de abrangência da respectiva Zona Eleitoral foi praticado o crime" (TRE/PE, (Conflito de Competência n 23363, ACÓRDÃO de 14.08.2013, Relator(a) JANDUHY FINIZOLA DA CUNHA FILHO, Publicação: DJE – Diário de Justiça Eletrônico, Tomo 161, Data 20.08.2013, Página 03). Ademais, é importante destacar que, se no julgamento das infrações eleitorais e conexas houver absolvição quanto aos crimes especializados, tal não modificará a competência da Justiça Eleitoral para os demais que lhe forem conexos, como já decidiu a Corte Eleitoral (TSE).[23]

[21] APn 675/GO, Rel. Ministra NANCY ANDRIGHI, CORTE ESPECIAL, julgado em 17.12.2012, DJe 21.02.2013.

[22] Ementa: RECLAMAÇÃO. AGRAVO REGIMENTAL. DESMEMBRAMENTO DE INVESTIGAÇÃO CRIMINAL POR DETERMINAÇÃO DO SUPREMO TRIBUNAL FEDERAL. AÇÃO PENAL EM TRAMITAÇÃO PERANTE MAGISTRADO DE PRIMEIRO GRAU. DEPOIMENTO TESTEMUNHAL PRESTADO POR COLABORADOR. MENÇÃO À AUTORIDADE DETENTORA DE FORO PRIVILEGIADO. USURPAÇÃO DE COMPETÊNCIA DO STF. INOCORRÊNCIA. AUSÊNCIA DE COMPROVAÇÃO DE PERSECUÇÃO CRIMINAL DIRETA EM FACE DE MINISTRO DO TRIBUNAL DE CONTAS DA UNIÃO PELO JUÍZO RECLAMADO. 1. A atuação do juízo reclamado deu-se com base em decisão proferida pelo Supremo Tribunal Federal em 1º.9.2015, nos autos de Pet 5.678, que, acolhendo manifestação do Procurador-Geral da República, dominus litis, remeteu-lhe os autos, ao argumento de que "a investidura de Jorge Afonso Argello no mandato de Senador da República cessou em 31.1.2015". 2. Eventual encontro de indícios de envolvimento de autoridade detentora de foro privilegiado durante atos instrutórios subsequentes, por si só, não resulta em violação de competência desta Suprema Corte, máxime à vista de prévio desmembramento pelo Supremo Tribunal Federal, como ocorreu no caso. 3. Não demonstração de persecução, pelo juízo reclamado, da prática de atos violadores da competência do Supremo Tribunal Federal. 4. Agravo regimental a que se nega provimento. (Rcl 24138 AgR, Relator(a): Min. TEORI ZAVASCKI, Segunda Turma, julgado em 23.08.2016, PROCESSO ELETRÔNICO DJe-196 DIVULG 13.09.2016 PUBLIC 14.09.2016).

[23] "No caso dos autos, a Justiça Eleitoral é competente para julgar os crimes de desacato, pois, além de os policiais militares desacatados estarem no exercício de atividades relacionadas às eleições, esses crimes eram conexos ao de boca de urna e, conforme o disposto no art. 81 do CPP, ainda que tenha havido absolvição quanto ao crime eleitoral, esta Justiça Especializada continua competente para os demais crimes" (Recurso Especial Eleitoral

ASPECTOS PROCESSUAIS DAS CONDUTAS VEDADAS LATO SENSO	
Crimes Eleitorais	Assim, nessas hipóteses, as diligências cautelares necessárias à investigação (ex.: busca e apreensão, interceptações telefônicas, quebras de sigilo etc.) devem ser postuladas e analisadas pelo juiz da zona eleitoral, não havendo qualquer razão para declínio de competência em razão da natureza do pleito.[24] Importa registrar, ainda, que, consumada a prescrição do crime eleitoral, permanece a competência da justiça eleitoral para apuração de todos os crimes conexos.[25] Quanto aos demais crimes, a competência *a priori* será da Justiça Comum (Federal ou Estadual), salvo ser restar provada a ocorrência de conexão entre eles e algum crime eleitoral, quando se deslocará para a Justiça Eleitoral a competência para o julgamento da totalidade das infrações. ***c) A ação penal é sempre pública incondicionada:*** Por força do disposto no artigo 355, do Código Eleitoral, a ação penal eleitoral é, como regra geral, pública incondicionada. A despeito disso, é importante registrar que, no caso de desídia ou omissão do Ministério Público, é plenamente possível o ajuizamento da ação penal eleitoral subsidiária da pública, uma vez que a Constituição Federal não limitou qualquer espécie de delito para o seu manejo. Nesse sentido, o Tribunal Superior Eleitoral (TSE) já decidiu, *in verbis:* "Na medida em que a própria Carta Magna não estabeleceu nenhuma restrição quanto à aplicação da ação penal privada subsidiária, nos processos relativos aos delitos previstos na legislação especial, deve ser ela admitida nas ações em que se apuram crimes eleitorais. 3. A queixa-crime em ação penal privada subsidiária somente pode ser aceita caso o representante do Ministério Público não tenha oferecido denúncia,

nº 174724, Acórdão, Relator(a) Min. João Otávio de Noronha, Publicação: DJE – Diário de justiça eletrônico, Tomo 234, Data 12.12.2014, Página 51). Seguindo essa linha, o TRE/SC, pontificou: "Conexão entre tipos penais estampados no art. 331 do Código Eleitoral e art. 306 do Código de Trânsito Brasileiro. Competência da Justiça Eleitoral ainda que tenha havido absolvição em relação ao tipo do art. 331 do Código Eleitoral." (RECURSO CONTRA DECISÕES DE JUÍZES ELEITORAIS nº 29163, ACÓRDÃO nº 30401 de 04.02.2015, Relator(a) ALCIDES VETTORAZZI, Publicação: DJE – Diário de JE, Data 11.02.2015).

[24] RECURSO ESPECIAL ELEITORAL. ELEIÇÕES 2010. INVESTIGAÇÃO CRIME ELEITORAL. CANDIDATA NÃO SUJEITA AO FORO ESPECIAL POR PRERROGATIVA DE FUNÇÃO. BUSCA E APREENSÃO. AFRONTA PRINCÍPIO DO JUIZ NATURAL. NULIDADE INSANÁVEL. PROSSEGUIMENTO INVESTIGAÇÕES PERANTE JUÍZO INCOMPETENTE. INAPLICABILIDADE TEORIA DO JUÍZO APARENTE. FORO PRIVILEGIADO POSTERIOR. CONVALIDAÇÃO DOS ATOS. IMPOSSIBILIDADE. 1. A atribuição para o acompanhamento de investigação de crimes eleitorais, quando o candidato não goza de foro por prerrogativa de função, é do juízo de primeiro grau da zona eleitoral em que foi praticado o crime, por força de lei (arts. 35, II, c/c 356 do Código Eleitoral). 2. Igualmente, é desse juiz a competência para deferir as medidas com reserva de jurisdição (como busca e apreensão, interceptação telefônica, quebras de sigilos, etc.) durante as investigações dos crimes eleitorais. 3. Quando as representações, policial e ministerial, já possuem como objeto a provável prática de crime eleitoral é possível aferir, de plano, a incompetência do Tribunal Regional Eleitoral para apreciar e deferir tais medidas. Inaplicável, in casu, a teoria do juízo aparente. (Recurso Especial Eleitoral nº 3053, Acórdão de 25.06.2015, Relator(a) Min. JOÃO OTÁVIO DE NORONHA, Publicação: DJE – Diário de justiça eletrônico, Data 26.08.2015, Página 25).

[25] TSE, HC 280568, Rel. Min. Arnaldo Versiani, j. 29.10.2010.

ASPECTOS PROCESSUAIS DAS CONDUTAS VEDADAS LATO SENSO	
Crimes Eleitorais	requerido diligências ou solicitado o arquivamento de inquérito policial, no prazo legal". (RECURSO ESPECIAL ELEITORAL nº 21295, Acórdão nº 21295 de 14.08.2003, Relator(a) Min. FERNANDO NEVES DA SILVA, Publicação: DJ – Diário de Justiça, Volume 1, Data 17.10.2003, Página 131 RJTSE – Revista de Jurisprudência do TSE, Volume 14, Tomo 4, Página 227). ***d) Rito Processual:*** No que diz respeito ao procedimento da ação penal eleitoral, dispõe o artigo 13, da Resolução TSE nº 23.396/2013, que "a ação penal eleitoral observará os procedimentos previstos no Código Eleitoral, com a aplicação obrigatória dos artigos 395, 396, 396-A, 397 e 400 do Código de Processo Penal, com redação dada pela Lei nº 11.971, de 2008. Após esta fase, aplicar-se-ão os artigos 359 e seguintes do Código Eleitoral". Pois bem, não obstante a redação desse dispositivo regulamentar, é preciso cuidado com a sua aplicação literal, pois ela está em descompasso com a jurisprudência do Tribunal Superior Eleitoral (TSE) no que diz respeito à aplicação do artigo 359 do Código Eleitoral, uma vez que o interrogatório do réu como último ato processual é medida que mais se coaduna com os princípios constitucionais da ampla defesa e do contraditório, cujo descumprimento enseja nulidade absoluta do ato. Assim, salvo no tocante à aplicação do artigo 359 do Código Eleitoral (revogado pela nova redação do artigo 400 do Código de Processo Penal), aplicam-se os demais dispositivos acima transcritos (inclusive da prisão após a condenação em 2º grau de jurisdição).[26] Resumindo, pois, o rito, apresentamos as seguintes etapas: 1 – Oferecimento da Denúncia; 2 – Rejeição ou Recebimento da Peça Acusatória, com determinação para citação para o acusado apresentar resposta. Nesse tocante, deve-se observar que "o procedimento sumaríssimo é abreviado e mais prejudicial ao réu", de modo que, "no procedimento especial do Código Eleitoral não há previsão de que antes de recebida a denúncia deveria o recorrente ter tido oportunidade para apresentar defesa." (TRE/MG, RECURSO CRIMINAL nº 398, ACÓRDÃO de 07.12.2016, Relator(a) VIRGÍLIO DE ALMEIDA BARRETO, Publicação: DJEMG – Diário de Justiça Eletrônico-TREMG, Data 10.01.2017); 3 – Decisão Judicial sobre a Absolvição Sumária e, não sendo esse o caso, designação de audiência de instrução e julgamento, para oitiva de testemunhas[27] e interrogatório do acusado, nessa ordem; 4 – Alegação Final das Partes; 5 – Sentença; 6 – Recursos. O respeito a essas etapas é imprescindível, sob pena de nulidade por violação ao devido processo legal.

[26] Recursos criminais. Ação penal. Transporte irregular de eleitores no dia da eleição. Crime previsto no artigo 11, inciso III c/c artigo 5º, ambos da Lei nº 6.091/74. Autoria e materialidade comprovadas. Execução imediata. O início do cumprimento da pena não exige o trânsito em julgado, basta a existência de um juízo de incriminação do acusado em segundo grau. Precedentes: STF. Desprovimento dos recursos com determinação. (TRE/SP, Recurso Criminal n 19503, Acórdão de 07.07.2016, Relator(a) André Guilherme Lemos Jorge, publicação: DJESP – diário da justiça eletrônico do TRE-SP, data 14.07.2016).

[27] Como o Código Eleitoral não estipula o número de testemunhas, deve-se utilizar, por analogia, o disposto nos artigos 401, *caput*, e 532, do CPP, de modo que serão de até 08 (oito) para o caso de crimes cuja pena máxima seja igual ou superior a quatro anos, ou 05 (cinco) para os delitos com pena máxima inferior a quatro anos.

ASPECTOS PROCESSUAIS DAS CONDUTAS VEDADAS LATO SENSO	
Crimes Eleitorais	Por fim, destaco que os processos eleitorais são isentos de pagamento de custas processuais, por força do disposto no artigo 373 do Código Eleitoral c/c artigo 1º da Lei nº 9.265/96. ***e) Sistema Punitivo Diferenciado para determinados delitos de corrupção e não sujeição dos mesmos aos institutos despenalizadores da Lei nº 9.099/95:*** Existem determinados tipos penais eleitorais que possuem sistema punitivo diferenciado, no qual são aplicadas, cumulativamente com as penas privativas de liberdade, restritivas de direitos e multa, ou de maneira exclusiva, sanções específicas de cassação de registro do candidato (artigo 334, do CE[28]), cancelamento do diploma (artigo 11, V, da Lei nº 6.091/74[29]) e suspensão do funcionamento de diretórios partidários (artigo 336, do CE).[30] Tal peculiaridade faz com que esses delitos com punição diferenciada não sofram os influxos da possibilidade da realização de transação penal e da suspensão condicional do processo (artigos 76 a 89, da Lei nº 9.099/95), conforme já decidiu o Tribunal Superior Eleitoral (TSE): "As Leis nºs 9.099/95 e 10.259/2001, no que versam o processo relativo a infrações penais de menor potencial ofensivo, são, de início, aplicáveis ao processo penal eleitoral. A exceção corre à conta de tipos penais que extravasem, sob o ângulo da apenação, a perda da liberdade e a imposição de multa para alcançarem, relativamente a candidatos, a cassação do registro, conforme é exemplo o crime do artigo 334 do Código Eleitoral." (Recurso Especial Eleitoral nº 25137, Acórdão de Relator(a) Min. Marco Aurélio Mendes de Farias Mello, Publicação: DJ – Diário de justiça, Volume I, Data 16.09.2005, Página 173).
Crimes Comuns	Seguem o rito especial do Código de Processo (artigos 513 a 518).
Condutas Vedadas Estrito Senso	De acordo com o artigo 23, da Resolução TSE nº 23.547/17, o rito processual a ser seguido para a ação por condutas vedadas será aquele estabelecido no artigo 22, da Lei Complementar nº 64/90 e cujas especificidades serão estudadas em capítulo específico.

Como dito na apresentação da 2ª edição desta obra, iremos analisar, dentro desse bloco, os aspectos materiais e processuais dos

[28] Art. 334. Utilizar organização comercial de vendas, distribuição de mercadorias, prêmios e sorteios para propaganda ou aliciamento de eleitores: Pena – detenção de seis meses a um ano e cassação do registro se o responsável for candidato.

[29] Art. 11. Constitui crime eleitoral: V – utilizar em campanha eleitoral, no decurso dos 90 (noventa) dias que antecedem o pleito, veículos e embarcações pertencentes à União, Estados, Territórios, Municípios e respectivas autarquias e sociedades de economia mista. Pena – cancelamento do registro do candidato ou de seu diploma, se já houver sido proclamado eleito.

[30] Art. 336. Na sentença que julgar ação penal pela infração de qualquer dos artigos. 322, 323, 324, 325, 326,328, 329, 331, 332, 333, 334 e 335, deve o juiz verificar, de acordo com o seu livre convencionamento, se diretório local do partido, por qualquer dos seus membros, concorreu para a prática de delito, ou dela se beneficiou conscientemente. Parágrafo único. Nesse caso, imporá o juiz ao diretório responsável pena de suspensão de sua atividade eleitoral por prazo de 6 a 12 meses, agravada até o dobro nas reincidências.

mandados constitucionais anticorrupção e os crimes eleitorais referentes à corrupção na administração pública em ano eleitoral.

B – Condutas Vedadas Estrito Senso, que são os comportamentos vedados pela legislação eleitoral (artigos 73 a 77, da Lei das Eleições) a todos os agentes públicos de direito (concursados, comissionados, gratificados, cedidos ou contratados de quaisquer dos Poderes da Administração Pública, ou das pessoas jurídicas que com ela se relacionem formal ou informalmente) ou de fato (àquelas pessoas que exercem, de maneira irregular alguma função, cargo ou emprego público e que ostentam tal qualificação no mundo dos fatos),[31] cuja finalidade é garantir a igualdade de oportunidades.

Trata-se de ilícitos eleitorais de natureza cível e que representam, por imposição legal, atos de improbidade administrativa[32] e outras infrações constitucionais, administrativas, políticas e penais, como se vê do disposto no artigo 78, da Lei nº 9.504/97, segundo o qual "a aplicação das sanções cominadas no art. 73, §§4º e 5º, dar-se-á sem prejuízo de outras de caráter constitucional, administrativo ou disciplinar fixadas pelas demais leis vigentes".

Vejamos, pois, quais são essas condutas vedadas aos agentes públicos estrito senso:

MODALIDADE	TIPIFICAÇÃO LEGAL
Uso de Bens Públicos	*1 – Artigo 73, I, da Lei nº 9.504/97* ("Art. 73. São proibidas aos agentes públicos, servidores ou não, as seguintes condutas tendentes a afetar a igualdade de oportunidades entre candidatos nos pleitos eleitorais: I – ceder ou usar, em benefício de candidato, partido político ou coligação, bens móveis ou imóveis pertencentes à administração direta ou indireta da União, dos Estados, do Distrito Federal, dos Territórios e dos Municípios, ressalvada a realização de convenção partidária"); *2 – Artigo 73, II, da Lei nº 9.504/97* ("Art. 73. São proibidas aos agentes públicos, servidores ou não, as seguintes condutas tendentes a afetar a igualdade de oportunidades entre candidatos nos pleitos eleitorais: II – usar materiais ou serviços, custeados pelos Governos ou Casas Legislativas, que excedam as prerrogativas consignadas nos regimentos e normas dos órgãos que integram".

[31] Essa parece ser a melhor diretriz hermenêutica do artigo 73, §1º, da Lei nº 9.504/97, que dispõe: "Reputa-se agente público, para os efeitos deste artigo, quem exerce, ainda que transitoriamente ou sem remuneração, por eleição, nomeação, designação, contratação ou qualquer outra forma de investidura ou vínculo, mandato, cargo, emprego ou função nos órgãos ou entidades da administração pública direta, indireta, ou fundacional".

[32] Vide artigo 73, §7º, da Lei nº 9.504/97: As condutas enumeradas no caput caracterizam, ainda, atos de improbidade administrativa, a que se refere o art. 11, inciso I, da Lei nº 8.429, de 2 de junho de 1992, e sujeitam-se às disposições daquele diploma legal, em especial às cominações do art. 12, inciso III.

MODALIDADE	TIPIFICAÇÃO LEGAL
Cessão ou Uso de Servidores Públicos	*3 – Artigo 73, III, da Lei nº 9.504/97:* "Art. 73. São proibidas aos agentes públicos, servidores ou não, as seguintes condutas tendentes a afetar a igualdade de oportunidades entre candidatos nos pleitos eleitorais: III – ceder servidor público ou empregado da administração direta ou indireta federal, estadual ou municipal do Poder Executivo, ou usar de seus serviços, para comitês de campanha eleitoral de candidato, partido político ou coligação, durante o horário de expediente normal, salvo se o servidor ou empregado estiver licenciado".
Distribuição Gratuita de Bens, Serviços ou Benefícios pela Administração Pública	*4 – Artigo 73, IV, da Lei nº 9.504/97:* "Art. 73. São proibidas aos agentes públicos, servidores ou não, as seguintes condutas tendentes a afetar a igualdade de oportunidades entre candidatos nos pleitos eleitorais: IV – fazer ou permitir uso promocional em favor de candidato, partido político ou coligação, de distribuição gratuita de bens e serviços de caráter social custeados ou subvencionados pelo Poder Público"; *5 – Artigo 73, §10, da Lei nº 9.504/97:* "Art. 73. São proibidas aos agentes públicos, servidores ou não, as seguintes condutas tendentes a afetar a igualdade de oportunidades entre candidatos nos pleitos eleitorais: §10. No ano em que se realizar eleição, fica proibida a distribuição gratuita de bens, valores ou benefícios por parte da Administração Pública, exceto nos casos de calamidade pública, de estado de emergência ou de programas sociais autorizados em lei e já em execução orçamentária no exercício anterior, casos em que o Ministério Público poderá promover o acompanhamento de sua execução financeira e administrativa; *6 – Artigo 73, §11, da Lei nº 9.504/97:* Nos anos eleitorais, os programas sociais de que trata o §10 não poderão ser executados por entidade nominalmente vinculada a candidato ou por esse mantida".
Admissão e Dispensa do Serviço Público	*7 – Artigo 73, V, da Lei nº 9.504/97:* "Art. 73. São proibidas aos agentes públicos, servidores ou não, as seguintes condutas tendentes a afetar a igualdade de oportunidades entre candidatos nos pleitos eleitorais: V – nomear, contratar ou de qualquer forma admitir, demitir sem justa causa, suprimir ou readaptar vantagens ou por outros meios dificultar ou impedir o exercício funcional e, ainda, *ex officio*, remover, transferir ou exonerar servidor público, na circunscrição do pleito, nos três meses que o antecedem e até a posse dos eleitos, sob pena de nulidade de pleno direito, ressalvados: a) a nomeação ou exoneração de cargos em comissão e designação ou dispensa de funções de confiança; b) a nomeação para cargos do Poder Judiciário, do Ministério Público, dos Tribunais ou Conselhos de Contas e dos órgãos da Presidência da República; c) a nomeação dos aprovados em concursos públicos homologados até o início daquele prazo; d) a nomeação ou contratação necessária à instalação ou ao funcionamento inadiável de serviços públicos essenciais, com prévia e expressa autorização do Chefe do Poder Executivo; e) a transferência ou remoção *ex officio* de militares, policiais civis e de agentes penitenciários".
Realização de Transferência Voluntária de Recursos	*8 – Artigo 73, VI, "a", da Lei nº 9.504/97:* "Art. 73. São proibidas aos agentes públicos, servidores ou não, as seguintes condutas tendentes a afetar a igualdade de oportunidades entre candidatos nos pleitos eleitorais: VI – nos três meses que antecedem o pleito: a) realizar transferência voluntária de recursos da União aos Estados e Municípios, e dos Estados aos Municípios, sob pena de nulidade de pleno direito, ressalvados os recursos destinados a cumprir obrigação formal preexistente para execução de obra ou serviço em andamento e com cronograma prefixado, e os destinados a atender situações de emergência e de calamidade pública".

MODALIDADE	TIPIFICAÇÃO LEGAL
Publicidade Institucional	*9 – Artigo 74, da Lei nº 9.504/97:* "Art. 74. Configura abuso de autoridade, para os fins do disposto no art. 22 da Lei Complementar nº 64, de 18 de maio de 1990, a infringência do disposto no §1º do art. 37 da Constituição Federal, ficando o responsável, se candidato, sujeito ao cancelamento do registro ou do diploma"; *10 – Artigo 73, VI, "b", da Lei nº 9.504/97:* "Art. 73. São proibidas aos agentes públicos, servidores ou não, as seguintes condutas tendentes a afetar a igualdade de oportunidades entre candidatos nos pleitos eleitorais: VI – nos três meses que antecedem o pleito: b) com exceção da propaganda de produtos e serviços que tenham concorrência no mercado, autorizar publicidade institucional dos atos, programas, obras, serviços e campanhas dos órgãos públicos federais, estaduais ou municipais, ou das respectivas entidades da administração indireta, salvo em caso de grave e urgente necessidade pública, assim reconhecida pela Justiça Eleitoral".
Pronunciamento em Cadeia de Rádio e Televisão	*11 – Artigo 73, VI, "b", da Lei nº 9.504/97:* "Art. 73. São proibidas aos agentes públicos, servidores ou não, as seguintes condutas tendentes a afetar a igualdade de oportunidades entre candidatos nos pleitos eleitorais: VI – nos três meses que antecedem o pleito: c) fazer pronunciamento em cadeia de rádio e televisão, fora do horário eleitoral gratuito, salvo quando, a critério da Justiça Eleitoral, tratar-se de matéria urgente, relevante e característica das funções de governo".
Gastos com Publicidade Institucional	*12 – Artigo 73, VII, da Lei nº 9.504/97:* "Art. 73. São proibidas aos agentes públicos, servidores ou não, as seguintes condutas tendentes a afetar a igualdade de oportunidades entre candidatos nos pleitos eleitorais: VII – realizar, no primeiro semestre do ano de eleição, despesas com publicidade dos órgãos públicos federais, estaduais ou municipais, ou das respectivas entidades da administração indireta, que excedam a média dos gastos no primeiro semestre dos três últimos anos que antecedem o pleito".
Revisão Geral da Remuneração dos Servidores Públicos	*13 – Artigo 73, VIII, da Lei nº 9.504/97:* "Art. 73. São proibidas aos agentes públicos, servidores ou não, as seguintes condutas tendentes a afetar a igualdade de oportunidades entre candidatos nos pleitos eleitorais: VIII – fazer, na circunscrição do pleito, revisão geral da remuneração dos servidores públicos que exceda a recomposição da perda de seu poder aquisitivo ao longo do ano da eleição, a partir do início do prazo estabelecido no art. 7º desta Lei e até a posse dos eleitos".
Contratação de Shows para a Realização de Inaugurações Públicas	*14 – Artigo 75, da Lei nº 9.504/97:* "Art. 75. Nos três meses que antecederem as eleições, na realização de inaugurações é vedada a contratação de shows artísticos pagos com recursos públicos".
Comparecimento à Inauguração de Obra Pública	*15 – Artigo 77, da Lei nº 9.504/97:* "Art. 77. É proibido a qualquer candidato comparecer, nos 3 (três) meses que precedem o pleito, a inaugurações de obras públicas".

Nesse caso (das condutas vedadas estrito senso), a competência será sempre da Justiça Eleitoral, ficando as outras infrações a cargo da respectiva seara responsável, que pode ser política ou judicial.

Vejamos, pois, um exemplo para não ficar qualquer dúvida.

Suponhamos o fato de um Prefeito Municipal usar, em benefício de um candidato/partido político apoiado por ele, bens móveis e imóveis pertencentes à Administração Pública. Tal fato, sem embargo da tipificação de conduta vedada (artigo 73, I, da Lei nº 9.504/97), comporta diversos enquadramentos. Senão, vejamos.

Em primeiro lugar, também restará configurada a prática criminosa tipificada pelo artigo 377, do Código Eleitoral. Ainda na seara criminal, dependendo do período da conduta investigada, poderá ocorrer o delito previsto no artigo 11, V, da Lei nº 6.091/74, que preceitua ser crime "utilizar em campanha eleitoral, no decurso dos 90 (noventa) dias que antecedem o pleito, veículos e embarcações pertencentes à União, Estados, Territórios, Municípios e respectivas autarquias e sociedades de economia mista".

Em segundo lugar, comprovado o uso desviado de bens públicos, incidirá o Prefeito Municipal em crime de responsabilidade, conforme prescreve o artigo 1º, II, do Decreto-Lei nº 201/67 e que será de competência da Justiça Comum. Nessa mesma linha, ainda haverá a ocorrência de infração político-administrativa, tendo em vista o disposto no artigo 4º, VII e X, do mesmo diploma legal, que será atribuição do Poder Legislativo.

Não pode também ser esquecida a ocorrência de ato de improbidade administrativa, pela expressa tipificação remetida pelo §7º, do artigo 73, da Lei nº 9.504/97, ou pela violação aos princípios da moralidade e impessoalidade (artigo 11, da Lei nº 8.429/92), cuja análise ficara a cargo da Justiça Comum Estadual.

Por fim, ainda existe a possibilidade de tipificação de abuso de poder político, que ocorre quando se verifica o uso da estrutura estatal em prol de candidaturas ao ponto de influenciar no pleito,[33] de competência da Justiça Eleitoral.

Portanto, resumindo as possibilidades, temos o seguinte quadro:

---

[33] Ação de investigação judicial eleitoral. Conduta vedada. Abuso do poder político e de autoridade. – Não há como se reconhecer a prática de abuso do poder político ou de autoridade pelo candidato, porquanto, ainda que se tenha utilizado de bens, serviços e servidores da Administração Pública, o fato não teve repercussão suficiente a ponto de desequilibrar a disputa eleitoral (Agravo Regimental em Recurso Ordinário nº 282772, Acórdão de 14.06.2012, Relator(a) Min. ARNALDO VERSIANI LEITE SOARES, Publicação: DJE – Diário de justiça eletrônico, Tomo 162, Data 23.08.2012, Página 39).

ATO: Prefeito de determinado município usa, em benefício de candidato, partido político ou coligação, bens móveis ou imóveis pertencentes à administração direta ou indireta.	
Conduta Vedada	**SIM,** conforme artigo 73, I, da Lei nº 9.504/97.
Crime Eleitoral	**SIM,** conforme artigos 346 e 377, do Código Eleitoral, ou, se for nos 90 dias anteriores ao pleito, conforme o artigo 11, V, da Lei nº 6.091/74.
Crime de Responsabilidade	**SIM,** conforme artigo 1º, II, do Decreto-Lei nº 201/67.
Improbidade Administrativa	**SIM,** conforme determina o §7º, do artigo 73, da Lei nº 9.504/97.
Infração Político-Administrativa	**SIM,** conforme artigo 4º, VII e X, do Decreto-Lei nº 201/67.
Abuso de Poder Político	**DEPENDE,** pois para a configuração do ato abusivo, não será considerada a potencialidade de o fato alterar o resultado da eleição, mas apenas a gravidade das circunstâncias que o caracterizam (artigo 22, XVI, da LC nº 64/90).

Resumindo, portanto, a questão da competência, trazemos à baila as seguintes observações:

1 – Inicialmente, é de destacar que as demandas referentes às condutas vedadas previstas na Lei das Eleições, ao abuso de poder político, econômico e dos meios de comunicação social, bem como aos crimes eleitorais, só podem ser julgadas pela Justiça Especializada. Nesse tocante, aliás, pertinente trazer à baila a advertência feita pela jurisprudência do Tribunal Superior Eleitoral[34] no sentido de que "mesmo se tratando de condutas, em tese, passíveis de caracterizar improbidade administrativa, essa Justiça Especializada tem competência para julgar os feitos que visem à apuração de delitos eleitorais" (Agravo Regimental em Agravo de Instrumento nº 31284, Acórdão de 08.04.2014, Relator(a) Min. LAURITA HILÁRIO VAZ, Publicação: DJE – Diário de justiça eletrônico, Tomo 92, Data 20.05.2014, Página 39-40).

2 – Quanto aos demais crimes, a competência, *a priori*, será da Justiça Comum (Federal ou Estadual), salvo ser restar provada a ocorrência de conexão entre eles e algum crime eleitoral – como ocorre no caso antes exemplificado, quando se deslocará para a Justiça Eleitoral

[34] "A circunstância de os fatos narrados em investigação judicial configurarem, em tese, improbidade administrativa não obsta a competência da Justiça Eleitoral para apuração dos eventuais ilícitos eleitorais. (Agravo Regimental em Recurso Ordinário nº 2365, Acórdão de 01.12.2009, Relator(a) Min. ARNALDO VERSIANI LEITE SOARES, Publicação: DJE – Diário da Justiça Eletrônico, Data 12.02.2010, Página 20).

a competência para o julgamento da totalidade das infrações, conforme orientação firmada pelo Supremo Tribunal Federal (STF).[35]

No mesmo sentido, é a jurisprudência do Tribunal Superior Eleitoral (TSE):

> RECURSO EM HABEAS CORPUS. TRANCAMENTO DE AÇÃO PENAL. CRIME DE FALSIDADE. CÓDIGO ELEITORAL, ART. 350. CRIMES CONEXOS. COMPETÊNCIA. ALEGAÇÃO DE AUSÊNCIA DE DOLO. NECESSIDADE DE EXAME APROFUNDADO DE PROVAS. HABEAS CORPUS. IMPOSSIBILIDADE.
> 1. A fixação inicial da competência se verifica a partir dos fatos narrados na peça acusatória. Afirmado que a falsificação de documentos visou permitir a doação de bens com propósitos eleitorais, a Justiça Eleitoral é competente para o processamento da ação penal.
> 2. Na linha da jurisprudência deste Tribunal "É da competência da Justiça Eleitoral processar e julgar os crimes eleitorais e os comuns que lhes forem conexos. Precedentes" (HC nº 592, rel. Min. Caputo Bastos, DJE de 18.8.2008). (Recurso em Habeas Corpus nº 33425, Acórdão de 15.05.2014, Relator(a) Min. HENRIQUE NEVES DA SILVA, Publicação: DJE – Diário de justiça eletrônico, Tomo 115, Data 24.06.2014, Página 125)
> 3 – Quanto à *ação de improbidade administrativa, a competência sempre será da Justiça Comum* (Federal ou Estadual), seguindo-se o estabelecido pela legislação de regência (Lei nº 8.429/92).[36]

---

[35] EMENTA: – DIREITO CONSTITUCIONAL, PENAL E PROCESSUAL PENAL. JURISDIÇÃO. COMPETÊNCIA. CONFLITO. JUSTIÇA ELEITORAL. JUSTIÇA FEDERAL. CRIME ELEITORAL E CRIMES CONEXOS. ILÍCITOS ELEITORAIS: APURAÇÃO PARA DECLARAÇÃO DE INELEGIBILIDADE (ART. 22, INC. XIV, DA LEI COMPLEMENTAR Nº 64, de 18.05.1990). CONFLITO INEXISTENTE. "HABEAS CORPUS" DE OFÍCIO. 1. Não há conflito de jurisdição ou de competência entre o Tribunal Superior Eleitoral, de um lado, e o Tribunal Regional Federal, de outro, se, no primeiro, está em andamento Recurso Especial contra acórdão de Tribunal Regional Eleitoral, que determinou investigação judicial para apuração de ilícitos eleitorais previstos no art. 22 da Lei de Inelegibilidades; e, no segundo, isto é, no TRF, foi proferido acórdão denegatório de "Habeas Corpus" e confirmatório da competência da Justiça Federal, para processar ação penal por crimes eleitorais e conexos. 2. Sobretudo, em se verificando que tais julgados trataram de questões, de partes e de finalidades inteiramente distintas. 3. É caso, pois, de não se conhecer do Conflito, por inexistente. 4. *Em se verificando, porém, que há processo penal, em andamento na Justiça Federal, por crimes eleitorais e crimes comuns conexos, é de se conceder* "Habeas Corpus", de ofício, para sua anulação, a partir da denúncia oferecida pelo Ministério Público federal, e *encaminhamento dos autos respectivos à Justiça Eleitoral de 1ª instância, a fim de que o Ministério Público, oficiando perante esta, requeira o que lhe parecer de direito.* 5. Conflito de Competência não conhecido. "Habeas Corpus" concedido de ofício, para tais fins. Tudo nos termos do voto do Relator. Decisão unânime do Plenário do STF (CC 7033, Relator(a): Min. SYDNEY SANCHES, Tribunal Pleno, julgado em 02.10.1996, DJ 29.11.1996 PP-47156 EMENT VOL-01852-01 PP-00116).

[36] "Na linha da jurisprudência desta Corte Superior, não compete à Justiça Eleitoral analisar práticas que podem consubstanciar atos de improbidade administrativa e não estão diretamente relacionadas com os pleitos eleitorais" (Recurso Especial Eleitoral nº 39792, Acórdão de 04.08.2015, Relator(a) Min. HENRIQUE NEVES DA SILVA, Publicação: DJE – Diário de justiça eletrônico, Tomo 199, Data 20.10.2015, Página 46-47).

CAPÍTULO 3

A INTERDISCIPLINARIDADE DAS CONDUTAS VEDADAS E A NECESSIDADE DE READEQUAR A ATUAÇÃO FUNCIONAL DO MINISTÉRIO PÚBLICO (ESTADUAL E FEDERAL) NOS ANOS ELEITORAIS COMO FORMA DE GARANTIR UMA ATUAÇÃO MAIS EFICAZ NA PREVENÇÃO E REPRESSÃO À CORRUPÇÃO NA ADMINISTRAÇÃO PÚBLICA EM ANO ELEITORAL

De dois em dois anos, passamos pelo processo democrático de escolha dos representantes populares, o que faz com que o ano eleitoral seja olhado de modo diferenciado pelos políticos, bem como pelas instituições de fiscalização e julgamento.

Por conta dessa proeminência temática (eleições), criou-se um vício de atuação funcional, fruto até de uma "bitolação" doutrinária, no sentido de que a responsabilidade pela fiscalização da lisura do pleito é exclusiva do Ministério Público Eleitoral e da Polícia Federal.

Precisamos avançar, pois, mesmo reconhecendo que o *Parquet* Eleitoral é quem possui de direito a legitimidade para o ajuizamento das ações tipicamente eleitorais, bem como a titularidade da ação penal eleitoral, não se pode esquecer que diversas condutas tipificadas na legislação eleitoral representam também ilícitos cíveis ou criminais de competência da Justiça Comum e, portanto, dentro da incumbência fiscalizatória do Ministério Público Comum (Estadual ou Federal) e igualmente de competência da Justiça Comum (Federal ou Estadual).

Assim, faz-se necessário que, tal como ocorre com o Ministério Público Eleitoral, os demais ramos ministeriais atuantes perante a Justiça

Comum planejem, através do Centro de Apoio de Defesa do Patrimônio Público e Moralidade Administrativa/Centro de Apoio Eleitoral e dos Núcleos de Combate à Corrupção, uma atuação de maneira específica e independente dos órgãos de execução para fiscalizar todos os atos de atribuição do Ministério Público Comum, sem prejuízo de uma atuação irmanada com o *Parquet* Eleitoral, quando possível e necessário.

Nesse sentido, faz-se imperativo que todos os Promotores de Justiça e Procuradores da República com atribuição de defesa do patrimônio público ou da moralidade administrativa, instaurem, já no início do ano eleitoral, inquérito civil público com o fim de prevenir e reprimir a prática de condutas vedadas aos agentes públicos em ano eleitoral (que também são atos de improbidade administrativa), recomendando a abstenção das práticas capituladas entre os artigos 73 e 77, da Lei das Eleições (vide modelos ao final do livro).

– CASO CONCRETO NAS ELEIÇÕES DE 2018 –

Dentro da perspectiva ora proposta, trago ao conhecimento do leitor iniciativa que desenvolvi na Comarca de Juazeiro do Norte/CE, onde atuo na tutela do patrimônio público daquela cidade.

Trata-se da instauração de inquérito civil público voltado para prevenir e reprimir a prática de condutas vedadas aos agentes públicos em ano eleitoral, que deu ensejo, além da expedição de diversas recomendações aos Chefes dos Poderes Executivo e Legislativo local, ao ajuizamento de uma ação de improbidade administrativa em desfavor do atual Prefeito Municipal daquela urbe e de seu filho (Processo TJCE e-saj nº 0004485-29.2018.8.06.0112) pela suposta utilização desviada do *site* oficial do ente político, que promovia a imagem desse último, cuja pessoa era apontada desde 2017 com pré-candidato ao cargo de Deputado Federal e que não exercia qualquer cargo na estrutura administrativa do Município de Juazeiro do Norte, muito embora estivesse sempre ao lado de seu pai descerrando placas de inauguração e, até mesmo, representando o Chefe do Executivo (como apontam notícias jornalísticas institucionais).

Pois bem, diante dessa ação na Justiça Comum, obteve-se, em menos de 48 (quarenta e oito) horas (o que revela a gravidade da conduta), provimento de urgência consistente na determinação da retirada de todas as imagens do filho do Prefeito, bem como a proibição de sua promoção pessoal no *site* do Município de Juazeiro do Norte.

Trata-se, portanto, de um claro exemplo que demonstra bem como é necessária a atuação do Ministério Público comum nas eleições, em especial nas de caráter nacional, em que a competência para o processamento e julgamento das principais ações eleitorais é dos Tribunais Eleitorais, o que dificulta uma prevenção e repressão à corrupção no pleito de maneira efetiva.

Corroborando tal assertiva, destaco que, até o fechamento dessa segunda edição (12.03.2018), ainda não havia qualquer ação ou determinação judicial eleitoral contra tal ato.

Além dessa perspectiva de atuação na seara da improbidade administrativa, apresentamos sugestão a ser implementada no âmbito do Ministério Público dos Estados, a partir de iniciativa pioneira que tivemos no Estado do Ceará: trata-se da criação de um Grupo de Apoio Eleitoral (GAPEL), composto exclusivamente por membros da Instituição, que teria as seguintes atribuições: a) monitorar condutas suspeitas a partir de dados públicos acessíveis a qualquer pessoa e obtidos sem qualquer prerrogativa funcional[37] (portanto, sem exercer atividade de substituição fiscalizatória do promotor eleitoral natural), remetendo a documentação pertinente ao membro com atribuição para atuar no caso concreto; b) receber denúncias em geral sobre o pleito, com o fim de fomentar a atuação do membro eleitoral e também articular uma ação por parte do Ministério Público Estadual na seara que lhe fosse pertinente; c) auxiliar, quando solicitado pelo Promotor Natural, na propositura e execução de medidas judiciais.[38]

É importante destacar que providência análoga foi implementada no Estado do Rio de Janeiro, através de Enunciados Conjuntos aprovados no dia 27 de agosto de 2010 pelos Ministérios Públicos Federal e Estadual, tudo nos seguintes termos:

> – Enunciado nº 04: Podem ser implementados, no âmbito dos Ministérios Públicos Estaduais, os Núcleos de Apoio às Promotorias Eleitorais, objetivando a concentração, celeridade, aprimoramento e interligação dos trabalhos eleitorais, ressalvada a atribuição do Procurador Regional Eleitoral, prevista no artigo 77 da LC nº 75/1993; – Enunciado nº 09: Nas eleições nacionais, estaduais e municipais, os Promotores Eleitorais podem ser designados e indicados para auxílio recíproco, mediante a concordância de todos os interessados e em prol da necessidade e avaliação da melhor atuação em determinada circunscrição eleitoral.

[37] Exemplo disso são notícias retiradas da internet dando conta de fatos possivelmente ilícitos, ou a obtenção de dados dos sites de transparência pública etc.

[38] Importa registrar que o Supremo Tribunal Federal (STF) já decidiu que "a Constituição vigente não veda a designação, no Ministério Público, de grupos especializados por matéria, na medida em que a atribuição aos seus componentes da condução dos processos respectivos implica a previa subtração deles da esfera de atuação do Promotor genericamente incumbido de atuar perante determinado juízo" (HC 69599, Relator(a): Min. SEPÚLVEDA PERTENCE, Tribunal Pleno, julgado em 30.06.1993), sendo referido entendimento seguido fielmente pelo Superior Tribunal de Justiça, para quem "a criação de grupo especializado por meio de Resolução do Procurador-Geral da Justiça, com competência e membros integrantes estabelecidos previamente ao fato criminoso, não ofende o art. 29, IX, da Lei nº 8.625/96, nem o princípio do Promotor Natural" (REsp 495.928/MG, Rel. Ministro JOSÉ ARNALDO DA FONSECA, QUINTA TURMA, julgado em 04.12.2003, DJ 02.02.2004, p. 347).

Além disso, como forma de aproximação do Ministério Público Comum à sociedade, também referenciamos a criação do "Aplicativo Corrupção Zero", plataforma digital criada em conjunto com o acadêmico de Direito Emerson de Campos Medeiros e que recebe denúncias sobre a matéria, garantindo o anonimato do denunciante, que, via de regra, teme as represálias pós-eleitorais, em especial nas cidades de interior.

Colocamos a seguir o *layout* do dispositivo e o respectivo QR Code para quem queira conhecer a iniciativa:

Pois bem, analisada essa questão preliminar, gostaríamos de suscitar o debate e fomentar uma atuação diferenciada dos Promotores de Justiça e Procuradores da República nos pleitos vindouros, tirando-os da condição de meros ouvintes/observadores do que ocorre na seara eleitoral, para que possam, ao lado (de preferência) ou independentemente dos colegas que exerçam a função eleitoral, assumir posição ativa na fiscalização do pleito, em especial no tocante aos atos de improbidade administrativa, cuja competência não pertence à Justiça Eleitoral.

É de se ressaltar que essa atuação contemporânea aos fatos praticados durante o ano eleitoral possui inúmeros benefícios (jurídicos, sociais e institucionais), tais como: a) a obtenção de provimentos jurisdicionais efetivos e aptos a cessar a conduta ilícita, preservando, assim, o estado de legalidade e a higidez do pleito; b) o aumento do ônus processual e o custo financeiro para os que, no afã de conquistar um mandato eletivo na base do "vale tudo", pratiquem condutas ilícitas e nocivas à higidez do processo eleitoral; c) a diminuição do fenômeno cultural da "institucionalização da corrupção", segundo o qual as práticas antijurídicas vão se sedimentando no imaginário popular como algo normal, o que é altamente prejudicial para o fortalecimento da democracia e, sobretudo, para o respeito à legalidade, pois as pessoas passam a crer que vale a pena tentar tirar vantagem de alguma conduta ilícita que lhe possa trazer algum benefício; d) maior visibilidade ao Ministério Público (como Instituição una e indivisível) e, sobretudo, respaldo social superior ao que já goza atualmente, fatores determinantes para a manutenção das garantias e prerrogativas conferidas aos membros, que, dia após dia, são alvo de ataques por políticos processados pela atuação firme e imparcial do *Parquet*.

CAPÍTULO 4

OS MANDADOS CONSTITUCIONAIS ANTICORRUPÇÃO E SEUS REFLEXOS NO ANO ELEITORAL

O fenômeno da corrupção, assim considerando como o uso da potestade pública decorrente de cargo, emprego, função pública ou mandato político para obtenção de vantagens indevidas, é histórico e inerente a todos os tipos de governo, variando apenas o grau de sua prática e a devida resposta dada a esse problema por cada povo, muito embora ele seja visto na atualidade como uma prioridade na agenda global, cuja prevenção e repressão são estimuladas por todos os organismos internacionais,[39] tanto no âmbito público como no mercado privado.

Ocorre que, não obstante o reconhecimento das graves consequências advindas da corrupção no setor público, dentre as quais destacamos a falta de legitimidade popular dos representantes populares, a violação omissiva permanente e crescente dos direitos fundamentais e o enfraquecimento do Estado de Direito, não é muito frequente o estudo dessa temática no âmbito do Direito Constitucional, do Direito Administrativo ou do Direito Eleitoral.

Trata-se, como já exposto no capítulo 1 dessa obra, de metodologia que precisa ser revista, uma vez que não se pode olvidar que todos os

[39] Prova disso são os sucessivos instrumentos internacionais voltados para esse fim, tais como: a) Convenção Interamericana de Combate à Corrupção da Organização dos Estados Americanos – OEA –, firmada em 1996; b) Convenção sobre o Combate à Corrupção de Funcionários Públicos Estrangeiros em Transações Comerciais Internacionais, da Organização para a Cooperação e Desenvolvimento Econômico – OCDE –, subscrita em 1997; c) Convenção das Nações Unidas Contra a Corrupção, subscrita em 2003.

desvios de verbas públicas ultimados por conta da corrupção afetam sensivelmente a força normativa de qualquer Constituição.

Pois bem, diante disso, o que pretendemos com o presente tópico, em primeiro lugar, é suscitar o debate sobre esse novo viés metodológico, para, em seguida, realizar uma correlação direta entre determinados institutos constitucionais tradicionais e o fenômeno da corrupção no ano eleitoral, como é o caso, por exemplo, de alguns princípios que estão diretamente relacionados com esse fim.

Dito isso, destaco que intitulo de "mandados constitucionais anticorrupção" todo esse bloco constitucional de princípios e regras que tem como finalidade prevenir e reprimir os atos de corrupção, que nessa obra serão estudados apenas os que possuem correlação direta com as eleições.

Nesse tocante, convém apresentar a primeira premissa de aplicação dos mandados constitucionais anticorrupção, qual seja: a sua irradiação dá-se por toda a atividade jurídico-pública (legislativa, administrativa e judicial), não sendo mais aceitável na atualidade a existência de hiatos institucionais imunes a tais postulados quando do exercício de funções estatais.

Essa é a lição que se extraí do constitucionalismo "além-mar" e que deve servir de referência para nossa atuação. Senão vejamos:

> Será que a força vinculativa deste grupo de princípios, uma vez que se insere num título referente à Administração Pública, se circunscreve aos órgãos e agentes administrativos? Ou, pelo contrário, dever-se-á entender, à luz dos propósitos limitativos da prepotência e do arbítrio próprios de um Estado de Direito, que todas as estruturas decisórias públicas se encontram vinculadas a respeitar os princípios da proporcionalidade, da justiça, da imparcialidade e de boa fé? (...) Nos termos em que equacionada a questão respondemos claramente em sentido afirmativo: os princípios da proporcionalidade, da justiça, da imparcialidade e da boa-fé – tal como os princípios da constitucionalidade e da igualdade – vinculam a actuação de todas as estruturas decisórias públicas, pois, apesar de referenciados no artigo 266º, nº 2, a propósito da Administração Pública, eles consubstanciam corolários axiológicos de um Estado de Direito. Seria imaginável, pergunta-se, que à luz de um Estado de Direito, o Presidente da República, a Assembleia da República ou os tribunais pudessem agir sem estarem obrigados ao respeito pelos princípios da proporcionalidade, da justiça, da imparcialidade e da boa-fé? O Estado de Direito impõe, neste sentido, uma subordinação geral de toda a actividade jurídico-pública, seja ela desenvolvida por estruturas decisórias administrativas, políticas, legislativas ou judiciais, aos princípios do artigo 266º, nº 2. Essa vinculação de toda a actividade

decisória do Poder aos princípios do artigo 266º, nº 2, não se traduz, note-se, numa aplicação analógica ou numa equiparação de tais estruturas decisórias aos órgãos administrativos, antes estamos diante de princípios que, limitando a prepotência e o arbítrio, expressam valores implícitos ou decorrentes do Estado de Direito e, por essa via, exercem uma função subordinante de toda a decisão jurídico-pública: os princípios elencados no artigo 266º, nº 2, não são exclusivos da Administração Pública, isto apesar de formulados a propósito da actividade dos órgãos e agentes administrativos, limitando-se o artigo 266º, nº 2, a positivar pautas de conduta vinculativa de todas as autoridades públicas e que são diretamente decorrentes do princípio do Estado de Direito. (PAULO OTERO. Direito Constitucional Português – Volume I (...), p. 91-92).

Vejamos, pois, o conteúdo e o alcance dos mandados constitucionais anticorrupção em uma perspectiva de proteção da lisura eleitoral.

4.1 O princípio republicano e a ética constitucional

É longa a tradição constitucional brasileira de adoção da forma republicana de governo como símbolo de que o Estado Brasileiro adota a filosofia de absoluta separação entre os interesses públicos e privados do detentor do poder político-administrativo. Trata-se de tradição ocidental quase universal e que, no caso brasileiro, decorre também da influência lusitana pelo mesmo sistema e crença.[40]

Essa visão, que goza de ampla aceitação doutrinária (inclusive a nível do Supremo Tribunal Federal) está correta apenas por um lado, reclamando uma revisitação doutrinária, já que a ética no poder (a chamada "ética republicana") não é um atributo exclusivo da "república",[41] não sendo desconhecidas várias monarquias cujos gover-

---

[40] "A República Portuguesa incorpora aquilo que sempre se considerou como um princípio republicano por excelência: a concepção de função pública e cargos públicos estritamente vinculados à prossecução dos interesses públicos (art. 269º) e do bem comum (*res publica*) e radicalmente diferenciados dos assuntos ou negócios privados dos titulares dos órgãos, funcionários ou agentes dos poderes públicos (*res privata*)" (CANOTILHO, José Joaquim Gomes. *Direito Constitucional e Teoria da Constituição*. 7. ed. Lisboa: Almedina, 2003, p. 227 e 228).

[41] "A consagração da forma republicana de governo como limite material de revisão constitucional (artigo 288º, alínea b) e, por outro lado, uma alegada tradição republicana, permitindo descortinar um possível princípio republicano, tem levado a que se fale na existência de uma 'ética republicana', vinculativa da conduta dos titulares de cargos públicos, especialmente ao nível de todos aqueles que assumem natureza política (...). Sucede, porém, que, ao invés do invocado, nenhuma relação directa existe entre tais normas de cunho ético no exercício do Poder e a forma republicana de governo: a designada 'ética republicana' é um mito, pois tanto conhecemos formas republicanas de governo sem respeito por alguns

nantes são bem mais éticos do que alguns representantes populares de regimes ditos republicanos (basta comparar o Reino Unido com a República de Angola, por exemplo).

Aliás, não custa lembrar que no campo das ideias políticas vários foram os autores, como Erasmo de Rotterdam, que, falando sobre a atuação de monarcas, recomendaram o exercício ético e probo das funções públicas,[42] ao contrário de Maquiavel, para quem, mais do que ser honesto, o importante para o príncipe era parecer sê-lo, já que tudo era válido no intuito de conquistar e manter o poder.[43]

Assim sendo, não nos parece correta a associação automática que se faz entre o regime republicano e a prática de atos éticos pelos detentores do poder, já que a probidade no exercício das funções públicas é algo que deve ser inerente ao *múnus* estatal, independentemente da forma de governo adotada.

Isso, porém, não significa dizer que devem os agentes públicos desprezar as imposições éticas do chamado "princípio republicano", nos moldes expostos, como um mandado anticorrupção, muito embora se deva ter cuidado com a exclusão do regime monárquico para o mesmo fim.

Parece-me, portanto, que a "ética constitucional" seria o termo mais preciso para essa finalidade, já que ela seria uma decorrência de toda a axiologia presente no Texto Supremo, que não se coaduna com

---

titulares de cargos políticos de qualquer ética republicana, como sabemos da existência de formas monárquicas de governo em que os governantes têm uma componente ética no exercício das suas funções políticas (v.g., Reino Unido, Suécia)" (OTERO, Paulo. *Direito Constitucional Português*, Volume II. Lisboa: Almedina, 2010, p. 196 e 197).

[42] "O Príncipe cristão deve possuir e ser instruído nas melhores virtudes: a distinção do bem e do mal; a honestidade pessoal; a preocupação com o bem-estar do seu povo, mesmo que isso acarrete o sacrifício da sua vida ou dos seus haveres, de necessário. Erasmo exorta o Príncipe cristão: 'se me perguntas qual a cruz que tens de levar aos ombros, dir-te-ei: segue o Direito; não faças violência nem roubes ninguém; não te deixes corromper por nenhuma forma'. E conclui: 'se perderes o trono, lembra-te de que é muito melhor ser um homem justo do que um príncipe injusto'" (AMARAL, Diogo Freitas do. *História do Pensamento Político Ocidental*. 1. ed. Lisboa: Almedina, 2016, p. 133).

[43] "A um príncipe, portanto, não é necessário ter de fato todas as qualidades supracitadas, mas é bem necessário parecer tê-las. Ao contrário, ousarei dizer isto, que tendo-as e observando-as sempre, são danosas; e parecendo tê-las, são úteis; como parecer piedoso, fiel, humano, íntegro, religioso, e o ser; mas ter a disposição de ânimo para que, precisando não ser, possa e saiba mudar para o contrário. E há que entender isto que um príncipe, sobretudo um príncipe novo, não pode observar todas aquelas coisas pelas quais os homens são tidos como bons, sendo com frequência necessário para manter o estado, operar contra a fé, contra a caridade, contra a humanidade, contra a religião" (MAQUIAVEL, Nicolau. *O Príncipe* – Tradução e Notas Leda Beck. São Paulo: Martin Claret, 2012, p. 133).

o uso eleitoreiro das prerrogativas públicas conferidas aos agentes estatais para a consecução do interesse público.[44]

Assim, o "princípio republicano" ou a "ética constitucional" autoriza a imediata suspensão (em sede de tutela de urgência) e impõe a posterior declaração de nulidade de qualquer desvio de poder dos agentes públicos cuja prática se revele com finalidade eleitoreira,[45] ainda que o façam sob o manto de "prerrogativas funcionais", podendo-se citar os seguintes exemplos práticos: 1 – uso de cota parlamentar de transporte para fins de "compra de apoio político"; 2 – uso de imunidade parlamentar descontextualizada da prerrogativa funcional, com o fim exclusivo de gerar tumulto no processo eleitoral, ou cometer crimes contra a honra de opositores políticos.

Além disso, é possível que a violação desse postulado constitucional enseje a cassação do registro ou do diploma do(s) candidato(s) beneficiado(s), por abuso de poder político (artigo 22, XVI, da Lei Complementar nº 64/90), cujo conceito doutrinário e jurisprudencial é exatamente o de uso eleitoreiro da estrutura pública ou das prerrogativas funcionais em prol de beneficiar ou prejudicar projetos político-partidários,[46] interferindo, destarte, no regular funcionamento da Administração Pública e na igualdade de oportunidades.

---

[44] "(...) a verdade é que, num Estado assente em princípios de limitação, de legitimidade e de responsabilidade dos governantes, enquanto meros representantes do povo e administradores da sua 'vinha', nunca pode deixar de existir uma dimensão ética de exercício do Poder: é da essência de um Estado de Direito constitucionalmente conformado que o Poder não encontre apenas em normas jurídicas a sua regulação, existindo também uma dimensão ética que produza uma normatividade reguladora da conduta dos titulares dos cargos públicos, segundo o postulado de que 'nem tudo o que é lícito é honesto. Pode mesmo afirmar-se que, tal como não há Poder sem um substrato ético que justifica até a sua própria limitação jurídica, não há verdadeiro Estado Constitucional sem ética dos governantes: todo o titular de cargos públicos se encontra subordinado a uma dimensão ética de exercício das suas funções que é indisponível. E se todo o titular de cargos públicos tem sempre de também se pautar por uma normatividade ética, os titulares de cargos políticos, por maioria de razão, nunca poderiam estar isentos ou imunes a uma regulação ética da sua conduta: trata-se de uma ética que visa edificar 'o homem político correcto'" (OTERO, Paulo *Op. cit.*, p. 197).

[45] Em sede judicial comum ou eleitoral.

[46] Nesse sentido, conferir os seguintes precedentes do Tribunal Superior Eleitoral (TSE): 1 - "O abuso do poder político, de que trata o art. 22, *caput*, da LC nº 64/90, configura-se quando o agente público, valendo-se de sua condição funcional e em manifesto desvio de finalidade, compromete a igualdade da disputa e a legitimidade do pleito em benefício de sua candidatura ou de terceiros" (Recurso Ordinário nº 172365, Acórdão, Relator(a) Min. ADMAR GONZAGA, Publicação: DJE, Tomo 40, Data 27.02.2018, Página 126/127); 2 - "Os fatos expostos nos autos convergem com a definição de abuso de poder político, configurado quando 'a estrutura da administração pública é utilizada em benefício de determinada candidatura ou como forma de prejudicar a campanha de eventuais adversários' (RO nº 2650-41/RS, Rel. Min. Gilmar Ferreira Mendes, DJe de 8.5.2017) a ensejar a instrução do feito para apuração da eventual prática da ilicitude" (Recurso Ordinário nº 513621, Acórdão,

4.2 O princípio da legalidade constitucional

Sabe-se que o administrador público não goza de plena liberdade de atuação, sendo necessário um balizamento normativo prévio que dirija e condicione suas ações concretas, o que ocorre através dos dispositivos constitucionais, legais ou regulamentares.

Exatamente por conta disso, o tradicional princípio da legalidade administrativa,[47] manifestado através da necessária compatibilidade e adequação da atuação estatal com o teor de uma lei prévia, constitui importante elemento na prevenção e repressão à corrupção. Senão, vejamos.

Em primeiro lugar, deve-se referenciar que a legalidade administrativa estrita (que é um conceito bem aquém do moderno sentido de juridicidade[48]) é uma garantia fundamental universal que serve como porto seguro do administrado no sentido de contenção do poder do gestor de plantão, pois limita sua atuação aos estritos ditames normativos preestabelecidos pela da ordem jurídica.

Em segundo lugar, o poder de autotutela advindo da legalidade administrativa, que consiste no dever-poder de anular, *ex officio* ou mediante provocação de terceiro interessado, as ilegalidades verificadas na atuação estatal é extremamente salutar na prevenção à corrupção, pois permite que se impeça a consumação do ilícito já no seu nascedouro.

Assim sendo, verifica-se que a legalidade administrativa tanto atua no viés preventivo, quanto repressivo. Ocorre, porém, que não

---

Relator(a) Min. ROSA WEBER, Publicação: DJE, Tomo 236, Data 06.12.2017, Página 31-32); 3 – "O abuso do poder político qualifica-se quando a estrutura da administração pública é utilizada em benefício de determinada candidatura ou como forma de prejudicar a campanha de eventuais adversários, incluindo neste conceito quando a própria relação de hierarquia na estrutura da administração pública é colocada como forma de coagir servidores a aderir a esta ou aquela candidatura, pois, nos termos do art. 3º, alínea j, da Lei nº 4.898/1965, configura abuso de autoridade qualquer atentado "aos direitos e garantias legais assegurados ao exercício profissional" (Recurso Ordinário nº 265126, Acórdão, Relator(a) Min. GILMAR MENDES, Publicação: DJE, Tomo 88, Data 08.05.2017, Página 124/125).

[47] "A legalidade administrativa como preferência de lei é um legado liberal inteiramente confirmado pelo Estado social. Assim, o art. 266º, nº 2 CRP e art. 3º CPA devem ser entendidos, desde logo, num sentido proibitivo ou negativo: são proscritas actuações administrativa que contrariem a lei; em caso de conflito entre a lei e um acto de administração, a lei prefere (ou prevalece) sobre este" (SOUSA, Marcelo Rebelo de; MATOS, André Salgado de. *Direito Administrativo Geral*, Tomo I – Introdução e Princípios Fundamentais. 5. ed. Lisboa: D. Quixote, 2014, p. 163).

[48] "O princípio da juridicidade diz-nos que toda a atuação administrativa se encontra submetida ao ordenamento jurídico em seu conjunto, sendo a lei apenas um dos parâmetros vinculativos do agir administrativo, apesar de assumir uma posição relevante dentro das demais fontes de vinculação" (OTERO, Paulo. *Direito do Procedimento Administrativo*, Vol. I. 1. ed. Lisboa: Almedina, 2016, p. 137-138).

basta mais somente a prévia existência de uma lei para justificar o agir administrativo: é necessário que haja uma legalidade constitucional, isto é, que a lei a ser cumprida seja harmônica com o Texto Supremo.

Isso traz uma repercussão prática relevantíssima, qual seja, a de que na eventualidade dela se apresentar manifestamente inconstitucional (pelo texto contrariar literalmente o exto Supremo ou a interpretação consolidada pelo STF) o agente público deve recusar o seu cumprimento, de maneira motivada e com a devida publicidade,[49] bem como adotar as providências cabíveis em sede de controle de constitucionalidade.

A despeito desse entendimento, deve-se frisar que mesmo não é posto em prática no Brasil, em que vigora o aproveitamento legislativo de atos claramente inconstitucionais por parte da classe política. Trago, aqui, dois exemplos da seara eleitoral.

---

[49] Prevalece na doutrina brasileira o seguinte entendimento: "No Poder Executivo, o controle repressivo é motivo de grande controvérsia. Desde antes da Constituição da República de 1988, a jurisprudência do STF já admitia, em favor dos Chefes do Executivo, a prerrogativa de descumprir uma lei, no âmbito de sua administração, ao argumento de que ela é inconstitucional. Anteriormente à edição da atual carta constitucional, a faculdade era pacifica, não ensejando qualquer discussão, afinal era vista como um corolário da supremacia da Constituição e da nulidade da lei inconstitucional. (...) Em conclusão, prevalece hoje o entendimento de que é possível aos chefes do Executivo descumprir a lei inconstitucional, conferindo primazia à Constituição" (MASSON, Nathalia. *Manual de Direito Constitucional*. 5. ed. Salvador: Juspodivm, 2017, p. 1173-1174). Igualmente é o pensamento do SUPREMO TRIBUNAL FEDERAL (STF): "Ação direta de inconstitucionalidade. Medida provisória. Revogação. Pedido de liminar. – por ser a medida provisória ato normativo com força de lei, não e admissível seja retirada do congresso nacional a que foi remetida para o efeito de ser, ou não, convertida em lei. – em nosso sistema jurídico, não se admite declaração de inconstitucionalidade de lei ou de ato normativo com força de lei por lei ou por ato normativo com força de lei posteriores. O controle de constitucionalidade da lei ou dos atos normativos e da competência exclusiva do poder judiciário. Os poderes executivo e legislativo, por sua chefia – e isso mesmo tem sido questionado com o alargamento da legitimação ativa na ação direta de inconstitucionalidade –, podem tão-só determinar aos seus órgãos subordinados que deixem de aplicar administrativamente as leis ou atos com força de lei que considerem inconstitucionais. – a medida provisória n. 175, porem, pode ser interpretada (interpretação conforme a constituição) como ab-rogatória das medidas provisórias n.s. 153 e 156. Sistema de ab-rogação das medidas provisórias do direito brasileiro. – rejeição, em face desse sistema de ab-rogação, da preliminar de que a presente ação direta de inconstitucionalidade esta prejudicada, pois as medidas provisórias nºs 153 e 156, neste momento, só estão suspensas pela ab-rogação sob condição resolutiva, ab-rogação que só se tornara definitiva se a medida provisória n. 175 vier a ser convertida em lei. E essa suspensão, portanto, não impede que as medidas provisórias suspensas se revigorem, no caso de não conversão da ab-rogante. – o que está prejudicado, neste momento em que a ab-rogação está em vigor, e o pedido de concessão de liminar, certo como e que essa concessão só tem eficácia de suspender "*ex nunc*" a lei ou ato normativo impugnado. E, evidentemente, não há que se examinar, neste instante, a suspensão do que já esta suspenso pela ab-rogação decorrente de outra medida provisória em vigor. Pedido de liminar julgado prejudicado "*si et in quantum*" (ADI 221 MC, Relator(A): Min. Moreira Alves, Tribunal Pleno, julgado em 29.03.1990).

1 – Uso de Aeronaves e Veículos Oficiais pelo Presidente da República candidato: De acordo com o artigo 73, §2º, da Lei nº 9.504/97, o Chefe do Poder Executivo Federal (e apenas ele) pode se valer de todos os meios de transporte oficiais para se locomover durante a sua campanha eleitoral de reeleição. Não precisa muita argumentação jurídica para demonstrar que esse dispositivo legal viola frontalmente o "princípio republicano", o princípio da igualdade de oportunidades e os postulados constitucionais da moralidade e impessoalidade administrativas. Não obstante isso, o que se vê nas eleições é o gozo dessa prerrogativa funcional inconstitucional de maneira descarada, quando o correto deveria ser a abstenção dessa benesse inconstitucional. Cumpre-se a lei se lhe for benéfica, ainda que viole a Constituição Federal;

2 – Uso das Dependências do Poder Legislativo para a realização de Propaganda Eleitoral: O artigo 37, §3º, da Lei das Eleições, preceitua que "nas dependências do Poder Legislativo, a veiculação de propaganda eleitoral fica a critério da Mesa Diretora". A melhor interpretação do dispositivo conforme a Constituição Federal é no sentido de que, em nenhuma hipótese, pode haver o uso do espaço público das Casas Legislativas para fins de propaganda, já que tal beneficiaria os candidatos que já fossem parlamentares.

3 – Outra hipótese prática diz respeito às contratações temporárias realizadas com base em leis inconstitucionais, cujo teor autoriza aos gestores públicos admitir pessoal para todas as atividades ordinárias da Administração Pública, a despeito do artigo 37, IX, da Constituição Federal ter sido claro que essa modalidade de acesso ao serviço público deve ser excepcional e temporária.

Pois bem, calcados nesses "cheques em branco legislativos", o que se vê ordinariamente é um conluio do Poder Executivo com os membros do Poder Legislativo local para a legitimação das contratações temporárias voltadas para cargos típicos da atividade ordinária e regular do ente público, o que já foi declarado inconstitucional pelo Supremo Tribunal Federal em sede de repercussão geral.[50]

---

[50] Ementa Recurso extraordinário. Repercussão geral reconhecida. Ação direta de inconstitucionalidade de lei municipal em face de trecho da Constituição do Estado de Minas Gerais que repete texto da Constituição Federal. Recurso processado pela Corte Suprema, que dele conheceu. Contratação temporária por tempo determinado para atendimento a necessidade temporária de excepcional interesse público. Previsão em lei municipal de atividades ordinárias e regulares. Definição dos conteúdos jurídicos do art. 37, incisos II e IX, da Constituição Federal. Descumprimento dos requisitos constitucionais. Recurso provido. Declarada a inconstitucionalidade da norma municipal. Modulação dos efeitos. 1. O assunto corresponde ao Tema nº 612 da Gestão por Temas da Repercussão Geral do portal do STF na internet e trata, "à luz dos incisos II e IX do art. 37 da Constituição Federal, [d]a

Assim, para legitimar o desvio de conduta (abuso de poder), os gestores públicos valem-se dessas leis inconstitucionais, o que reforça o entendimento de que não basta o mero cumprimento da legalidade estrita; é preciso o respeito à legalidade constitucional.

Mas o leitor pode fazer a seguinte reflexão: contratos temporários anteriores ao processo eleitoral podem dar ensejo a investigações eleitorais e posterior ajuizamento de ações por abuso de poder?

A resposta é positiva,[51] pois não há prazo inicial para que esse tipo de ilícito ocorra,[52] sendo necessário apenas que se verifique a finalidade eleitoreira do ato ou o seu posterior aproveitamento com esse fim.

---

constitucionalidade de lei municipal que dispõe sobre as hipóteses de contratação temporária de servidores públicos". 2. Prevalência da regra da obrigatoriedade do concurso público (art. 37, inciso II, CF). As regras que restringem o cumprimento desse dispositivo estão previstas na Constituição Federal e devem ser interpretadas restritivamente. 3. O conteúdo jurídico do art. 37, inciso IX, da Constituição Federal pode ser resumido, ratificando-se, dessa forma, o entendimento da Corte Suprema de que, para que se considere válida a contratação temporária, é preciso que: a) os casos excepcionais estejam previstos em lei; b) o prazo de contratação seja predeterminado; c) a necessidade seja temporária; d) o interesse público seja excepcional; e) a necessidade de contratação seja indispensável, sendo vedada a contratação para os serviços ordinários permanentes do Estado, e que devam estar sob o espectro das contingências normais da Administração. 4. É inconstitucional a lei municipal em comento, eis que a norma não respeitou a Constituição Federal. A imposição constitucional da obrigatoriedade do concurso público é peremptória e tem como objetivo resguardar o cumprimento de princípios constitucionais, dentre eles, os da impessoalidade, da igualdade e da eficiência. Deve-se, como em outras hipóteses de reconhecimento da existência do vício da inconstitucionalidade, proceder à correção da norma, a fim de atender ao que dispõe a Constituição Federal. 5. Há que se garantir a instituição do que os franceses denominam de *la culture de gestion*, a cultura de gestão (terminologia atualmente ampliada para 'cultura de gestão estratégica') que consiste na interiorização de um vetor do progresso, com uma apreensão clara do que é normal, ordinário, e na concepção de que os atos de administração devem ter a pretensão de ampliar as potencialidades administrativas, visando à eficácia e à transformação positiva. 6. Dá-se provimento ao recurso extraordinário para o fim de julgar procedente a ação e declarar a inconstitucionalidade do art. 192, inciso III, da Lei nº 509/1999 do Município de Bertópolis/MG, aplicando-se à espécie o efeito *ex nunc*, a fim de garantir o cumprimento do princípio da segurança jurídica e o atendimento do excepcional interesse social. (RE 658026, Relator(a): Min. DIAS TOFFOLI, Tribunal Pleno, julgado em 09.04.2014, ACÓRDÃO ELETRÔNICO REPERCUSSÃO GERAL – MÉRITO DJe-214 DIVULG 30.10.2014 PUBLIC 31.10.2014).

[51] Nesse mesmo sentido, conferir recente decisão do Tribunal Superior Eleitoral (TSE), que consignou expressamente configurar "prática de abuso de autoridade, nos termos do que dispõe o art. 22, *caput*, da Lei Complementar 64/90, a elevada contratação temporária de servidores para cargos de natureza permanente, em ano eleitoral" (Recurso Especial Eleitoral nº 13426, Acórdão, Relator(a) Min. João Otávio de Noronha, Publicação: DJE – Diário de justiça eletrônico, Tomo 203, Data 26.10.2015, Página 55).

[52] Nesse sentido, o Tribunal Superior Eleitoral (TSE), ao julgar o RO nº 1362, DJE 06.04.2009, assentou que "a ação de investigação judicial eleitoral constitui instrumento idôneo à apuração de atos abusivos, ainda que anteriores ao registro de candidatura (...)".

Vejamos um precedente do Tribunal Superior Eleitoral (TSE) que já autorizou até mesmo a investigação do produto de licitações fraudadas em determinado ente político:

> RECURSOS ESPECIAIS. ELEIÇÕES 2012. PREFEITO. AÇÃO DE INVESTIGAÇÃO JUDICIAL ELEITORAL. RECURSO DOS CANDIDATOS E DA COLIGAÇÃO. INQUÉRITO CIVIL PÚBLICO. CASSAÇÃO DOS DIPLOMAS EM AIJE. POSSIBILIDADE. ABUSO DE PODER POLÍTICO E ECONÔMICO. CONFIGURAÇÃO. DESPROVIMENTO. RECURSO DO MINISTÉRIO PÚBLICO. CONDUTAS VEDADAS. PREQUESTIONAMENTO. INEXISTÊNCIA. NÃO CONHECIMENTO.
>
> Recursos especiais eleitorais de José Bernardo Ortiz, José Bernardo Ortiz Monteiro Júnior e da Coligação Taubaté com Tudo de Novo.
>
> 1. O art. 105-A da Lei 9.504/97 – que veda na seara eleitoral adoção de procedimentos contidos na Lei 7.347/85 – deve ser interpretado conforme o art. 127 da CF/88, no qual se atribui ao Ministério Público prerrogativa de defesa da ordem jurídica, do regime democrático e de interesses sociais individuais indisponíveis, e o art. 129, III, que prevê inquérito civil e ação civil pública para proteger interesses difusos e coletivos. Precedente: REspe 545-88/MG, Rel. Min. João Otávio de Noronha, julgado em 8.9.2015.
>
> 2. O afastamento de prefeito e vice-prefeito é plenamente cabível em ação de investigação judicial eleitoral, ainda que julgada após diplomação de candidatos, sendo desnecessário ajuizar-se ação de impugnação de mandato eletivo para esse fim. Entendimento em sentido diverso contraria os princípios da celeridade e da economia processuais e também o art. 22, XIV, da LC 64/90.
>
> 3. Fatos ocorridos em período muito anterior à eleição podem ser apreciados sob ótica de abuso de poder quando o produto da conduta ilícita – no caso, recursos financeiros obtidos mediante fraude em licitações – vem a ser posteriormente empregado em campanha, etapa crítica do processo democrático de votação de candidatos.
>
> 4. O TRE/SP entendeu que o esquema de fraude em licitações da Fundação para o Desenvolvimento da Educação, com uso a posteriori na campanha de José Bernardo Ortiz Monteiro Júnior de recursos ilicitamente auferidos, configurou abuso de poder político e econômico, assentando terem sido demonstradas ingerência do candidato no órgão estatal, forma de condução das negociações, finalidade da conduta e, ainda, conivência de seu pai, José Bernardo Ortiz (Presidente da Fundação). Conclusão em sentido diverso demanda, como regra, reexame de fatos e provas, providência inviável em sede extraordinária, a teor da Súmula 7/STJ.
>
> 5. A manipulação de licitações para financiar campanha, ainda mais em se tratando de recurso da educação, desvirtuando-se a coisa pública em benefício próprio e em detrimento dos demais adversários, com desequilíbrio da disputa eleitoral e influência na legitimidade do pleito,

além de improbidade administrativa e ilícito penal, é suficientemente grave para cassação de diplomas e imposição de inelegibilidade, não se podendo levar em conta de forma isolada o montante de recursos empregados. Requisito do art. 22, XVI, da LC 64/90 preenchido.

Recurso especial do Ministério Público Eleitoral.
1. O TRE/SP não apreciou a conduta em discussão sob ótica dos incisos I e II do art. 73 da Lei 9.504/97, motivo pelo qual a Súmula 282/STF incide no caso, por analogia, por falta de prequestionamento. Além disso, ao apontar suposto uso de servidores da Fundação para fins eleitorais, o Parquet deveria ter indicado ofensa ao inciso III do art. 73. Conclusão Recursos especiais de José Bernardo Ortiz, José Bernardo Ortiz Monteiro Júnior e da Coligação Taubaté com Tudo de Novo desprovidos e recurso do Ministério Público Eleitoral não conhecido. Pedido na ação cautelar julgado improcedente, com revogação da liminar outrora deferida. (Ação Cautelar nº 2230, Acórdão, Relator(a) Min. Antonio Herman de Vasconcellos E Benjamin, Publicação: DJE – Diário de justiça eletrônico, Data 03.10.2016).

4.3 O princípio da moralidade administrativa (aspectos introdutórios da relação entre o direito e a moral)

Um dos assuntos mais tormentosos da teoria geral e da filosofia do Direito, certamente, é a relação do Direito com a Moral, assunto sobre o qual já se escreveram milhares de livros sem uma conclusão pacífica.[53] Não obstante isso, cremos ser indispensável a sua abordagem, ainda que sucinta e objetivamente, sob pena de omissão metodológica. E o início de nossa análise passa necessariamente pela conceituação da moral.

Entende-se por moral o conjunto de regras de condutas comuns entre os indivíduos de determinado grupamento social, baseado nos conceitos de certo/errado, honesto/desonesto.[54] Essa, aliás, é uma conceituação que se extrai a partir do próprio sentido etimológico da

[53] "Segundo Jhering, a relação entre a Moral e o Direito constituiria o Cabo de Horn ou o Cabo das Tormentas da Filosofia do Direito, tão eriçada é de dificuldades. Já mais pessimista, Benedetto Croce chegou a ponto de dizer que se trata propriamente do Cabo dos Náufragos, porquanto teriam falhado todas as doutrinas tendentes a delimitar os dois campos" (REALE, Miguel. *Filosofia do Direito*. 20. ed. 9ª tiragem. São Paulo: Saraiva, 2011, p. 621).

[54] No mesmo sentido: "Assim, entende-se por moral o conjunto de valores comuns entre os membros da coletividade em determinada época; ou, sob uma ótica restritiva, o manancial de valores que informam o atuar do indivíduo, estabelecendo os seus deveres para consigo e sua própria consciência sobre o bem e o mal. No primeiro caso, conforme distinção realizada pelo filósofo Bergson, tem-se o que convencionou chamar de moral fechada; e, no segundo, a moral aberta" (GARCIA, Emerson; ALVES, Rogério Pacheco. *Improbidade Administrativa*. 7. ed. São Paulo: Saraiva, 2013, p. 127).

palavra moral, que advém do adjetivo latino *moralis*, cujo significado é "relativo aos costumes".[55]

Pois bem, sendo a moral composta por comandos de comportamentos voltados para a prática do bem (aqui, incluindo-se as noções de certo/errado e honesto/desonesto), fundada em normas não coercíveis do ponto de vista estatal, cumpre indagar qual a sua relação com Direito, compreendido este como o conjunto de princípios e regras passíveis de serem aplicadas coercitivamente pelo Estado através da ameaça das sanções previstas pelo ordenamento jurídico.

Inicialmente, convém destacar que, a despeito do debate em análise encontrar origem e fundamentos na Grécia Antiga,[56] foi em Roma (onde o Direito começou a ser tratado cientificamente – vide o *Corpus Juris Civilis*, que foi o primeiro grande sistema jurídico) que se constatou uma expressa relação normativa de identidade ou complementariedade entre a moral e o Direito.

E esse nexo verifica-se nos textos de Ulpiano (*Digesto, 1, 1, 10* e *Institutas 1,1,3)*, em que foram proclamados os princípios do *honeste vivere, alterum non laedere, suum cuique tribuere* (viver honestamente, não lesar a outrem e dar a cada um o que é seu). No mesmo sentido, destaca-se a célebre frase do jurisconsulto Paulo *(Digesto 50, 17, 144)* de que "nem tudo o que é lícito é honesto".

Depois da derrocada do império romano e com o início da Idade Média, verificou-se um período de completa confusão entre o Direito, a Moral e a Religião, de modo que era difícil a separação dos conceitos, pois a divindade se expressava e se personificava através do humano (reis e eclesiásticos). Ocorre que, no século XVII, o debate foi novamente suscitado cientificamente, merecendo destaque as teorias de Cristian Thommasis e Immanuel Kant.[57]

---

[55] CUNHA, Antônio Geraldo da. *Dicionário Etimológico Nova Fronteira da Língua Portuguesa*. 2. ed. São Paulo: Nova Fronteira, 1986.

[56] Nesse tocante, merece destaque a célebre passagem da Antígona de Sófocles, em que Antígona, para descumprir as ordens de Creonte no sentido de não enterrar o irmão daquele, usou os seguintes argumentos: "Não foi, com certeza, Zeus que as proclamou, (as leis de Creonte) nem a justiça com trono entre os deuses dos mortos as estabeleceu para os homens. Nem eu supunha que tuas ordens tivessem o poder de superar as leis não escritas, perenes, dos deuses, visto que és mortal" (Sófocles, Antígona, trad. de Donaldo Schuller, Porto Alegre: L&PM, 1999, p. 35 e 36).

[57] "(...) No estudo dessas relações, desde logo encontramos o magno problema da distinção entre os dois campos, da Moral e do Direito, e, destacadamente, duas geniais formulações: primeiro, no século XVIII, de Cristian Thommasius, e, depois, já no fim desse mesmo século, de Immanuel Kant. Thommasius delimitou as três disciplinas da conduta humana: a Moral (caracterizada pela ideia do *honestum*), a Política (caracterizada pela ideia do *decorum*) e o Direito (caracterizada pela ideia do *iustum*), para demonstrar que os deveres morais são

Em seguida, surge a Teoria Pura do Direito, de Hans Kelsen, que foi um profundo divisor de águas no assunto, pois ele separou claramente os campos da Moral e do Direito, sendo este último identificável apenas com a norma posta e produzida pelo órgão competente, a despeito de reconhecer que a Moral poderia influenciar na produção da norma.[58]

A premissa de Kelsen fundava-se no suposto subjetivismo absoluto dos valores, de modo que seria impossível objetivá-los minimamente. O equívoco da premissa kelseniana verificou-se nos idos da 2ª Grande Guerra Mundial, onde o campo estritamente legal legitimou e autorizou práticas de barbárie humana sem precedentes na história.[59]

Desde então, o que se tem verificado, tanto no plano internacional quanto na ordem jurídica individual dos países democráticos, é uma profunda preocupação com os valores da ética e da humanização do Direito, que não pode se resumir apenas ao que foi positivado. Senão, vejamos.

A nível global, destacamos as seguintes referências:

---

do 'foro íntimo' e insujeitáveis, portanto, à coerção, enquanto que os deveres jurídicos são externos e, por isso, coercíveis. Immanuel Kant, sem, de todo, abandonar essa linha, ao dividir a metafísica dos costumes em dois campos, distinguiu o da teoria do direito e o da teoria da virtude (moral); as regras morais visam a garantir a liberdade interna dos indivíduos, ao passo que as regras jurídicas asseguram-lhes a liberdade externa na convivência social" (MOREIRA NETO, Diogo Figueiredo. Moralidade Administrativa: do conceito à efetivação. *Revista de Direito Administrativo*, São Paulo, n. 190/1, 1992).

[58] "Princípios jurídicos nunca podem ser pressupostos por uma ordem jurídica; eles apenas podem ser criados por essa ordem. Pois eles são 'jurídicos' única e exclusivamente porque, e na medida em que, são estabelecidos por uma ordem jurídica positiva. Certamente, a criação do direito positivo não é uma criação a partir do nada. O legislador, assim como o costume, é dirigido por alguns princípios gerais. Mas esses princípios são morais ou políticos, e não jurídicos; consequentemente, não podem impor deveres jurídicos ou conferir direitos jurídicos a homens ou Estados, na medida em que esses princípios não são estipulados por legislação ou costume. Como princípios jurídicos, eles não são a fonte ou a base da ordem jurídica pela qual são estipulados; pelo contrário, a ordem jurídica positiva é a sua fonte ou base" (KELSEN, Hans. *Teoria Geral do Direito e do Estado*: Tradução de Luís Carlos Borges. São Paulo: Martins Fontes, 1998, p. 356).

[59] "A premissa de Kelsen é outra: além de os valores serem relativos, a própria Moral é relativa, e essa relatividade é absoluta. Ele – pode-se dizer – absolutizou a relatividade dos valores. Além de relativos, os valore seriam todos subjetivos. Para Kelsen, não existe nenhum grau de objetividade valorativa: os valores morais, todos eles, em seu pensamento, dependem do juízo de cada um, variam de pessoa para pessoa; a Moral é, por definição, sempre dependente do pluralismo. Daí – insistiu à exaustão – decidir entre um juízo moral e outro – e sempre há vários a serem escolhidos – é tão-somente uma questão de escolha. Diante disso, agente normativo é livre para escolher; e, efetuada a escolha, o aplicador do Direito deve, sempre, tão-somente se ater à escolha positivada. Eis a proposta de Kelsen: uma separação radical entre a Moral e o Direito. (...) A partir do nazismo a Humanidade não tolerou mais o equívoco da absolutização do relativismo valorativo: existe uma moral universalizável" (MARTINS, Ricardo Marcondes. *Estudos de Direito Administrativo Neoconstitucional*. São Paulo: Malheiros, 2015, p. 31-32).

1 – A aprovação, na Declaração Universal dos Direitos Humanos (artigo XXIX, nº 2º), de cláusula no sentido de que "todo ser humano estará sujeito apenas às limitações determinadas pela lei, exclusivamente com o fim de assegurar o devido reconhecimento e respeito dos direitos e liberdades de outrem e de satisfazer as justas exigências da moral, da ordem pública e do bem-estar de uma sociedade democrática";
2 – A expressa possibilidade consignada, tanto na Convenção Americana de Direitos Humanos (Pacto de São José da Costa Rica – vide artigos 12, nº 3; 13, nº 2, "b"; 13, nº 4; 15; 16, nº 2 e 22, nº 3) como na Convenção Europeia de Direitos Humanos (vide artigos 9º, 10 e 11) de restrições a determinados direitos em nome da proteção à "moral pública" (como o foram os direitos de liberdade religiosa, liberdade de expressão e de pensamento, direito de reunião, liberdade de associação e direito de circulação e residência);
3 – A aprovação da Convenção das Nações Unidas contra a Corrupção (Convenção de Mérida), que tem como um de seus fundamentos expressos a preocupação com os graves problemas e repercussões que a corrupção causa na ética, tanto no setor público quanto no setor privado;

Pois bem, não bastassem essas referências internacionais – ratificadas por centenas de países e, por isso mesmo, integrantes dos respectivos blocos de legalidade –, merecem registro as seguintes circunstâncias que comprovam o acerto da tese de que "há mais Direito para além do positivo que é proveniente de fontes formais".[60]

1 – Começamos pelo necessário registro de que, no âmbito do Direito Civil, é de longa tradição – que se mantém na atualidade – a referência normativa aos "bons costumes" como cláusula dotada de eficácia jurídica paralisante ou nulificante dos atos jurídicos que lhe forem contrários. Como exemplo, citamos o artigo 271º, nº 1, do Código Civil Português, que estabelece ser "nulo o negócio jurídico subordinado a uma condição contrária à lei ou à ordem pública, ou ofensiva dos bons costumes", ou o artigo 280º, nº 2, do mesmo *Codex*, que igualmente proclama como "nulo o negócio contrário à ordem pública, ou ofensivo dos bons costumes".[61]
2 – Ainda no âmbito do Direito Civil, deve-se destacar também a teoria do abuso do direito, que determina o exercício de um direito nos limites do necessário para o seu titular, desde que aceito social, econômica e juridicamente. Nesse sentido, vide o disposto no artigo 334º, do Código

[60] OTERO, Paulo. *Direito Constitucional Português*, Volume II. Lisboa: Almedina, 2010, p. 155.

[61] No mesmo sentido, segue o Código Civil Brasileiro: "Art. 122. São lícitas, em geral, todas as condições não contrárias à lei, à ordem pública ou aos bons costumes; entre as condições defesas se incluem as que privarem de todo efeito o negócio jurídico, ou o sujeitarem ao puro arbítrio de uma das partes".

Lusitano:[62] "É ilegítimo o exercício de um direito, quando o titular exceda manifestamente os limites impostos pela boa fé, pelos bons costumes ou pelo fim social ou económico desse direito";

3 – Além disso, não se pode ignorar o princípio da boa-fé e suas implicações moralizantes na ordem jurídica (material e processual), como as regras do *venire contra factum proprium, tu quoque* e a *supressio*, sem embargo dos deveres de lealdade processual e cooperação dos litigantes;

4 – Também é digna de nota a antiga vedação do estado do *non liquet*, segundo o qual o magistrado deve socorrer-se dos princípios gerais de direito para a solução do caso concreto ante a falta de norma legal regulamentadora do assunto;

5 – Por fim, cita-se, apenas a título exemplificativo, a menção nos Textos Constitucionais de Portugal, Brasil, Espanha e Alemanha dos compromissos públicos assumidos por essas nações com a promoção da justiça, expressão de inquestionável cunho moralizante.[63]

Pois bem, à luz do exposto, não compreendemos, muito embora respeitemos as opiniões em contrário, que se possa dissociar por completo o jurídico do moral, reduzindo esse último a um papel apenas de influenciador prévio para a produção da norma ou de mero auxílio interpretativo.

---

[62] No Brasil, existe disposição similar: "Art. 187. Também comete ato ilícito o titular de um direito que, ao exercê-lo, excede manifestamente os limites impostos pelo seu fim econômico ou social, pela boa-fé ou pelos bons costumes".

[63] No Direito português: Art. 1º, da CRP ("Portugal é uma república soberana (...) emprenhada na construção de uma sociedade livre, justa e solidária."); Art. 7º, nº 5, da CRP ("Portugal empenha-se no reforço da identidade europeia e no fortalecimento da acção dos Estados europeus a favor da democracia, da paz, do progresso económico e da justiça nas relações entre os povos."); Art. 23, nº 1, da CRP: ("Os cidadãos podem apresentar queixas por acções ou omissões dos poderes públicos ao Provedor de Justiça, que as apreciará sem poder decisório, dirigindo aos órgãos competentes as recomendações necessárias para prevenir e reparar injustiças"); Art. 266, nº 2, da CRP ("Os órgãos e agentes administrativos estão subordinados à Constituição e à lei e devem actuar, no exercício das suas funções, com respeito pelos princípios (...) da justiça..."); Art. 8º, do CPA ("A Administração Pública deve tratar de forma justa todos aqueles que com ela entrem em relação, e rejeitar as soluções manifestamente desrazoáveis ou incompatíveis com a ideia de Direito"). No Direito brasileiro: Preâmbulo da CRFB/88 ("Nós, representantes do povo brasileiro, reunidos em Assembleia Nacional Constituinte para instituir um Estado Democrático, destinado a assegurar (...) a igualdade e a justiça como valores supremos de uma sociedade (...)."); No Direito espanhol: Preâmbulo, da CE ("A Nação espanhola, desejando estabelecer a justiça, liberdade e segurança e promover o bem de todos os seus membros, no exercício de sua soberania, proclama a sua vontade de: Garantir a convivência democrática dentro da Constituição e das leis em uma ordem econômica e social justa"); No Direito alemão: Art. 56, CFA/49 ("No ato da posse, o Presidente Federal prestará (...) o seguinte juramento: "Juro dedicar as minhas forças ao bem-estar do povo alemão, promover os seus proveitos, protegê-lo de danos, guardar e defender a Lei Fundamental e as leis da Federação, cumprir conscienciosamente as minhas obrigações e ser justo para com todos").

O Direito, certamente, possui uma esfera completamente alheia ao campo da moral, como ocorre, por exemplo, no caso de normas técnicas editadas em regulamentos autônomos. A recíproca também é verdadeira! Porém, é inquestionável que existem pontos de convergência entre essas duas categorias, ainda mais na era "neoconstitucional" com a projeção superlativa dos direitos humanos no pós-guerra, em que um conceito moral (dignidade da pessoa humana[64]) atingiu a centralidade de todo o Direito.[65]

Assim, resumiríamos a questão com a seguinte imagem:

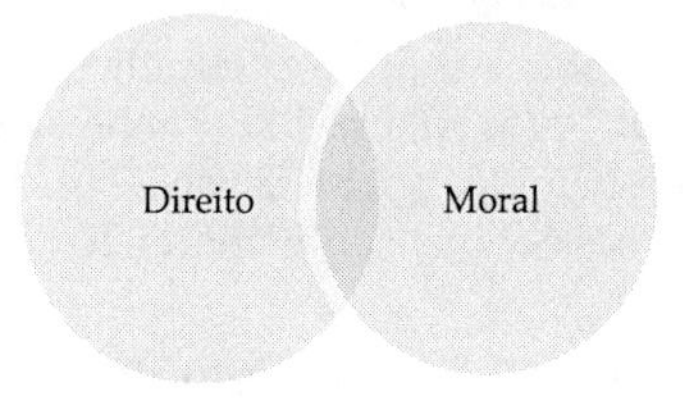

4.3.1 A origem da moralidade no Direito Administrativo

Superado o obstáculo inicial da relação existente entre o Direito e a Moral, percebe-se que foi no âmbito do Direito Civil que se verificou inicialmente o fenômeno da juridicidade da moral. Isto é, foi nesse setor que se rompeu o dogma da onipotência e suficiência da legalidade estrita.[66]

Se no Direito Civil a moral possui os contornos de sua influência bem definidos e precisos há bastante tempo, no campo do Direito

---

[64] "Ideia de valor próprio, supremo e inalienável atribuído à pessoa só pelo fato de o ser, por simples facto da sua humanidade; ideia de respeito, de igual consideração dos interesses de cada pessoa, da sua vida, da sua autonomia, liberdade e bem-estar; a ideia da pessoa como fim e não como mero meio ou instrumento de outros; a ideia de que é a pessoa individualmente considerada, e não qualquer realidade transpersonalista, que justifica a existência do Estado e do poder político organizado da comunidade" (NOVAIS, Jorge Reis. *A Dignidade da Pessoa Humana, Dignidade e Direitos Fundamentais*, vol. 1, Almedina, 2015, p. 59).

[65] "Os princípios jurídicos fundamentais, entendidos estes como decorrências normativas da 'ideia de Direito', firmados na centralidade da pessoa humana viva e concreta como razão de ser da sociedade, do Direito e de todas as instituições públicas, traduzem o cerne de uma ordem axiológica fundada na prevalência da justiça e revelada por um consensus comunitário objectivado pela consciência jurídica geral" (OTERO, Paulo. *Legalidade e Administração Pública*. Lisboa: Almedina, 2011, 2ª reimpressão da edição de maio de 2003, p. 389).

[66] "Antônio José Brandão (RDA 25:454) faz um estudo da evolução da moralidade administrativa, mostrando que foi no direito civil que a regra moral primeiro se imiscuiu na esfera jurídica, por meio da doutrina do exercício abusivo dos direitos e, depois, pelas doutrinas do não locupletamento à custa alheia e da obrigação natural" (DI PIETRO, Maria Sylvia Zanella. *Direito Administrativo*. 24. ed. São Paulo: Atlas, 2011, p. 77).

Administrativo, o fenômeno é recente, podendo-se apontar, com apoio na unanimidade da doutrina, o francês Maurice Hauriou como o responsável pela teorização pioneira do assunto.[67]

Referido autor, ao analisar a jurisprudência do Conselho de Estado na França nos idos do final do século XIX e início do século XX (ápice do positivismo jurídico) e o recurso por excesso de poder, defendeu a sindicabilidade do móvel do ato administrativo que estivesse em juízo de compatibilidade formal com a lei, de modo que seria necessário, destarte, proceder também a um juízo de conformidade material com os fins da própria Administração Pública, ou seja, à consecução do bem comum e do interesse público.

Isso significa dizer que Hauriou defendia uma análise concreta dos motivos que ensejaram a prática do ato, concluindo que o desvio de poder "não se reduz à legalidade, como se tem dito, pois o objetivo da função administrativa é determinado muito menos pela lei que pela moralidade administrativa".[68]

Muito embora defendesse a moralidade administrativa como parâmetro autônomo para o controle dos atos da Administração Pública, referido autor apenas a conceituou na 10ª edição de sua obra, como o "conjunto de regras de condutas tiradas da disciplina interior da Administração".

A partir desse conceito, concebeu-se a moralidade administrativa como o complexo normativo explicitador das regras éticas constantes no disciplinamento legal da Administração Pública,[69] o que fez, posterior-

---

67 HAURIOU, Maurice. *Précis de Droit Administratif et de Droit Public*. 8. ed. Paris: Recueil Sirey, 1914.

68 HAURIOU, Maurice. *Op. cit.*, p. 439.

69 "Insistimos em que a moral administrativa é uma expressão que, fundada por Maurice Hauriou, a princípios do século XX, indicava a existência de regras não escritas no funcionamento da Administração Pública, assim como apontava uma especial valoração ética das normas existentes, remodelando os caminhos hermenêuticos vigentes à época. Desse modo, permitiu-se uma maior profundidade analítica aos julgadores, tanto na avaliação do comportamento objetivo da Administração Pública como no exame de suas intenções, quanto no aprofundamento do juízo de ilicitude inerente às condutas reprováveis, numa dimensão escalonada. Estamos a dizer que a moral administrativa impunha que os agentes públicos devessem observar não só uma legalidade formal, de pura fachada, mas, sobretudo, certas regras éticas que se incorporavam ao ambiente institucional e que se tornavam obrigatórias, juridicamente vinculantes, além de outras normas que, ao lado da legalidade, deveriam funcionar como parâmetros básicos da Administração Pública, integrando, obrigatoriamente, o conteúdo implícito das leis. (...) A moralidade administrativa, como espécie de conjunto de normas de ética institucional, é um princípio jurídico que nasce no final do século XIX, início do século XX, como ferramenta de rompimento do paradigma de um direito esgotado na lei, nos textos e nos dispositivos em seus conteúdos gramaticais escritas" (OSÓRIO, Fábio Medina. *Teoria da Improbidade Administrativa*. 2. ed. São Paulo: Revista dos Tribunais, 2010, p. 83 e 84).

mente, o Conselho de Estado Francês alargar o âmbito de aplicação do recurso por excesso de poder para atingir, além do aspecto objetivo de violação à lei, o desvio de finalidade, onde seria necessário imiscuir-se no *animus* do agente público, já que é possível o cumprimento moral ou imoral da lei, a depender das circunstâncias do caso concreto.[70]

Ocorre que, mesmo acolhendo os postulados de Hauriou, o órgão francês e a doutrina local nunca aceitaram a moralidade administrativa como categoria jurídica autônoma, enquadrando os vícios dela decorrentes no âmbito da "legalidade interna".[71]

Não obstante isso, a famosa teoria dos motivos determinantes (que permite a análise de verificação concreta dos motivos alegados para a produção de determinado ato) é decorrência direta da moralidade administrativa nos moldes propostos por Hauriou, uma vez que exige uma postura ética do administrador ao proibir a camuflagem dos reais motivos ensejadores do ato sindicado.

Pois bem, à luz da conceituação formulada por Hauriou para o princípio da moralidade administrativa, convém registrar as críticas formuladas à sua teoria, no sentido de que, ao conceituá-la como uma simples violação às normas internas da Administração, não apresentaria nada de diferente da legalidade e, por conseguinte, a violação da legalidade representaria, via de regra, violação à moralidade administrativa.[72] Seria, pois, uma mera redundância.

Não obstante isso, deve-se atentar que os críticos confundem legalidade com juridicidade, entendida esta como o complexo de princípios e regras que influenciam a atuação do Poder Público. Assim, segundo entendemos, os princípios da moralidade e da legalidade possuem campos de incidência bem diversos, não assistindo razão aos críticos.

---

[70] "A lei pode ser cumprida moral ou imoralmente. Quando sua execução é feita, por exemplo, com o intuito de prejudicar alguém deliberadamente, ou com o intuito de favorecer alguém, por certo que se está produzindo um ato formalmente legal, mas materialmente comprometido com a moralidade administrativa" (SILVA, José Afonso da Curso de. *Direito Constitucional Positivo*. 19. ed. São Paulo: Malheiros, 2001, p. 466).

[71] Conferir CHAPUS, René. *Droit Administratif general*, Tomo I. Paris: Montchrestien, 1995, p. 941 e seguintes.

[72] "Marcel Waline critica a posição de Hauriou, concluindo que a violação à moralidade administrativa permite sancionar as violações ao espírito da lei que respeitem a sua letra; mas, em verdade, a violação ao espírito da lei ainda é uma violação à lei, logo o desvio de poder advindo de um ato imoral também é uma forma de ilegalidade. Em verdade, a imoralidade conduziria à ilegalidade, sendo absorvida por esta. (...) Sob outra ótica, constata-se que os atos dissonantes do princípio da legalidade, regra geral, sempre importarão em violação à moralidade administrativa, concebida como o regramento extraído da disciplina interna da administração" (GARCIA, Emerson; ALVES, Rogério Pacheco. *Op. cit.*, p. 134).

Destarte, o princípio da moralidade administrativa, em sua concepção original, impõe ao Estado o dever de atuar segundo os parâmetros éticos presentes em determinada sociedade, respeitando-se sempre a salvaguarda do interesse público e vedando-se o uso desviado das faculdades legais conferidas ao Poder Público.

4.3.2 O princípio da moralidade administrativa no Brasil

Sabe-se que a Constituição Brasileira de 1988 possui uma origem revolucionária, já que surgida após longo período ditatorial, quando foi praticada pelos detentores do poder toda sorte de atos abusivos e imorais, alguns, inclusive, valendo-se do discurso oficial de combate à corrupção.

Ora, foi exatamente esse contexto de redemocratização do Brasil que fez surgir a chamada "Constituição Cidadã", que teve especial atenção com os limites impostos ao Poder Público no trato com o cidadão, em especial na atuação administrativa. Registre-se, ademais, que esse movimento de moralização do Poder Público foi contínuo desde então, a despeito de algumas exceções constatadas pontualmente.

Assim, após uma análise detida de tudo o que ocorreu de 1988 até os dias de hoje, podemos afirmar, sem sombra de dúvidas, que a positivação do princípio da moralidade administrativa foi um dos principais instrumentos de transformação do regime jurídico a que se submete a Administração Pública.

Pois bem, dentro desse contexto, pode-se afirmar que a moralidade administrativa, antes de ser algo reconduzível à simples disciplina interna da Administração Pública, representa uma cláusula geral que impõe aos agentes públicos, àqueles que lhe façam às vezes ou que se relacionem com o Poder Público negocialmente, o dever de agir sempre atento aos postulados da correção, honestidade, justiça e boa-fé, tendo sempre como norte a concretização do interesse público.

Trata-se, reconhecemos, de um conceito por demais fluído, mas que está conectado com os ensinamentos da doutrina amplamente majoritária,[73] que, inclusive, chega a enquadrá-lo como um princípio

[73] "A moralidade administrativa é alguma coisa que muito mais se intui do que se pode descrever, mas podemos tomar como ponto de partida os bons costumes. Que bons costumes seriam esses? A respeito de certas noções, noções que trazem consigo valores, a tentativa de identificação deles deve ser feita não em função do que se pratica, mas em função daquilo que se crê deva ser praticado" (MELLO, Celso Antônio Bandeira de. Princípio da Moralidade Administrativa. *Revista de Direito Tributário*, n. 69, Revista dos Tribunais, 1995, p. 180). No mesmo sentido, destacamos o posicionamento da Ministra Cármen Lúcia, atual Presidente

jurídico em branco,[74] carente que é de um conteúdo preciso e objetivado como ocorre com a maioria dos demais postulados jurídicos.

Do princípio da moralidade administrativa, decorrem dois subprincípios bem delimitados, sendo um de caráter objetivo (a boa-fé) e outro subjetivo (a probidade administrativa). Vejamos, pois, o conteúdo e o alcance de cada um deles.

1 – Pelo princípio da boa-fé, impõe-se ao Poder Público a adoção dos deveres anexos a esse postulado na seara do direito privado (*"venire contra factum proprium,*[75] *tu quoque e supressio"*), de modo que sejam respeitadas as expectativas legítimas do cidadãos criadas a partir do

---

do Supremo Tribunal Federal, *in verbis*: "O fortalecimento da moralidade administrativa como princípio jurídico deu-se, pois, com a aceitação da ideia de que o serviço público tem que atender ao que é justo e honesto para a sociedade a que se destina. A Administração Pública tem, pois, que tomar a si a responsabilidade de realizar os fins da sociedade segundo padrões normativos de justiça e de justeza, esta configurada pelo conjunto de valores éticos que revelam a moralidade. A moralidade administrativa é, pois, princípio jurídico que se espraia num conjunto de normas definidoras dos comportamentos éticos do agente público, cuja atuação se volta a um fim legalmente delimitado, em conformidade com a razão de Direito exposta no sistema normativo. Note-se que a razão ética que fundamenta o sistema jurídico não é uma 'razão de Estado'. Na perspectiva democrática, o Direito de que se cuida é o Direito legitimamente elaborado pelo próprio povo, diretamente ou por meio de seus representantes. A ética da qual se extraem os valores a serem absorvidos pelo sistema jurídico na elaboração do princípio da moralidade administrativa é aquela afirmada pela própria sociedade segundo as suas razões de crença e confiança em determinado ideal de Justiça, que ela busca realizar por meio do Estado" (ROCHA, Cármen Lúcia Antunes. *Princípios Constitucionais da Administração Pública*. Belo Horizonte: Del Rey, 1994, p. 191). Igualmente: "Em resumo, sempre que em matéria administrativa se verificar que o comportamento da Administração ou do administrado que com ela se relaciona juridicamente, embora em consonância com a lei, ofende a moral, os bons costumes, as regras de boa administração, os princípios de justiça e equidade, a ideia comum de honestidade, estará havendo ofensa ao princípio da moralidade administrativa" (DI PIETRO, Maria Sylvia Zanella, *Op. cit.*, p. 79).

[74] "Mas há peculiaridade que diferencia o princípio da moralidade pública frente à quase totalidade dos demais princípios jurídicos. Trata-se da referência às vivências éticas predominantes na sociedade. O princípio da moralidade pública é, por assim dizer, um princípio jurídico 'em branco', o que significa que seu conteúdo não se exaure em comandos concretos e definidos, explícita ou implicitamente previstos no Direito legislado. O princípio da moralidade pública contempla a determinação jurídica da observância de preceitos éticos produzidos pela sociedade, variáveis segundo as circunstâncias de cada caso" (JUSTEN FILHO, Marçal. O Princípio da Moralidade Pública e o Direito Tributário. *RTDP*, São Paulo, 1995, p. 50).

[75] Da jurisprudência do SUPERIOR TRIBUNAL DE JUSTIÇA, colhe-se o seguinte: "O Direito não pode servir de proteção àquele que após empenhar uma despesa, e firmar o contrato de aquisição de serviço, e receber a devida e integral prestação deste, deixa de atestar a correta realização da despesa e proceder à liquidação para finalmente efetuar o pagamento, sobretudo diante da proteção da confiança dos administrados, da presunção da legitimidade das contratações administrativas, do princípio da moralidade, do parágrafo único do artigo 59 da Lei nº 8.666/1993 (segundo o qual a nulidade do contrato administrativo 'não exonera a Administração do dever de indenizar o contratado pelo que este houver executado até a data em que ela for declarada e por outros prejuízos regularmente comprovados, contato que não lhe seja imputável') e dos artigos 36 a 38 da Lei n. 4.320/1964, que nunca instituíram

comportamento estatal pretérito (proteção à confiança),[76] bem como a proibição de ações utilitaristas baseadas na premissa deturpada de que "os fins justificam os meios" e voltadas para uma concretização apenas retórica do interesse público;

2 – Já a probidade administrativa determina que os agentes públicos e particulares que se relacionam com a Administração Pública ajam não só com respeito à lei, mas, em especial, sempre com honestidade, decoro e lealdade às instituições, procurando inibir o enriquecimento ilícito e a prática de atos que causem prejuízo ao erário. Exatamente por isso, fala-se, em sede doutrinária, que a improbidade administrativa é a "imoralidade qualificada".[77] Em nível legal, a improbidade administrativa (violação à probidade) foi enquadrada pela Lei Federal nº 8.429/92 (artigo 11) para além da premissa estabelecida (vedação ao enriquecimento ilícito e práticas que causem prejuízo ao erário), de modo a configurar-se também na hipótese de desrespeito aos princípios reitores da Administração Pública.

É importante deixar registrado, contudo, que não é o descumprimento objetivo do princípio da legalidade que caracterizará a improbidade. Improbidade e ilegalidade não são expressões sinônimas; ao revés, são qualificações gradativas para um ato antijurídico. Na ilegalidade, não se analisa o *animus* do responsável, pois simplesmente procede-se um juízo de compatibilidade ou não da conduta (comissiva ou omissiva) com a ordem jurídica (princípio da juridicidade). A consequência é simples: anulação do ato e eventual ressarcimento pelo dano causado. A improbidade, porém, reveste-se de maior carga negativa. É

o enriquecimento indevido" (REsp 1366694/MG, Rel. Ministro MAURO CAMPBELL MARQUES, SEGUNDA TURMA, julgado em 11.04.2013).

[76] Nesse sentido, registramos precedente do SUPERIOR TRIBUNAL DE JUSTIÇA (STJ): "Prestigia-se o primado da confiança, assente no §242, Código Civil alemão, e constante do ordenamento jurídico brasileiro como cláusula geral que ultrapassa os limites do Código Civil (arts. 113, 187 c/c art. 422) e que influencia na interpretação do Direito Público, a ele chegando como subprincípio derivado da moralidade administrativa. Ao caso aplica-se o que a doutrina alemã consagrou como "pretensão à proteção" (Schutzanspruch) que serve de fundamento à mantença do acórdão recorrido" (REsp 944.325/RS, Rel. Ministro HUMBERTO MARTINS, SEGUNDA TURMA, julgado em 04.11.2008).

[77] "A probidade administrativa é uma forma de moralidade administrativa que mereceu consideração especial da Constituição, que pune o ímprobo com a suspensão de direitos políticos (art. 37, §4º). A probidade administrativa consiste no dever de o 'funcionário servir a Administração com honestidade, procedendo no exercício das suas funções, sem aproveitar os poderes ou facilidades delas decorrentes em proveito pessoal ou de outrem a quem queira favorecer'. O desrespeito a esse dever é que caracteriza a improbidade administrativa. Cuida-se de uma imoralidade administrativa qualificada. A improbidade administrativa é uma imoralidade qualificada pelo dano ao erário e correspondente vantagem ao ímprobo ou a outrem (...)" (SILVA, José Afonso da *Op. cit.* p. 669).

preciso que se demonstre que o ato, além de ilegal, traz consigo uma carga de culpa *lato sensu* por parte do agente, isto é, que ele tenha agido de maneira intencional ou, pelo menos, com culpa grave violadora dos deveres objetivos de cuidado (ausência de diligência no exercício do cargo). Por isso que se diz, em nível jurisprudencial, que a improbidade é uma ilegalidade qualificada.[78]

Resumindo, pois, a questão em uma visão gráfica, poderíamos apresentar a questão da seguinte maneira:

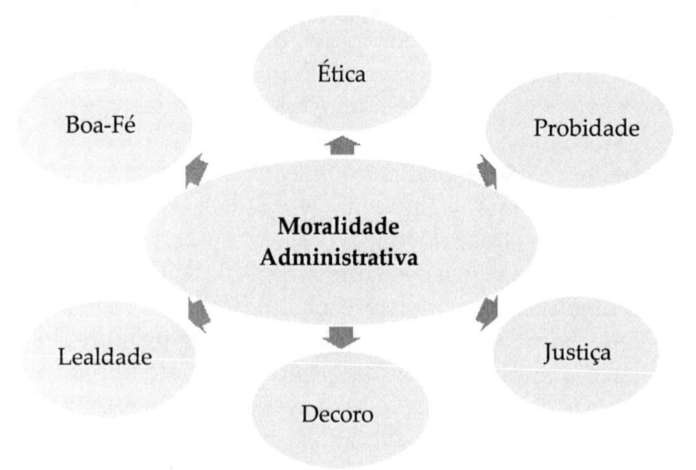

Sobre a incidência do princípio da moralidade administrativa nas eleições, importante debate existe sobre os seus efeitos nos atos estritamente políticos ou eleitorais. Vejamos, pois, os argumentos que nos levam a concluir positivamente sobre o assunto.

Inicialmente, destaco que não há dúvidas de que o princípio da moralidade administrativa foi concebido, como a própria terminologia

---

[78] Essa é a diretriz do SUPERIOR TRIBUNAL DE JUSTIÇA (STJ), *in verbis*: "(...) Em se tratando de improbidade administrativa, é firme a jurisprudência do Superior Tribunal de Justiça no sentido de que a improbidade é ilegalidade tipificada e qualificada pelo elemento subjetivo da conduta do agente. Por isso mesmo, a jurisprudência do STJ considera indispensável, para a caracterização de improbidade, que a conduta do agente seja dolosa, para a tipificação das condutas descritas nos artigos 9º e 11 da Lei 8.429/92, ou pelo menos eivada de culpa grave, nas do artigo 10" (STJ, AIA 30/AM, Rel. Ministro TEORI ALBINO ZAVASCKI, CORTE ESPECIAL, DJe de 28.09.2011). Em igual sentido: STJ, REsp 1.420.979/CE, Rel. Ministro HERMAN BENJAMIN, SEGUNDA TURMA, DJe de 10.10.2014; STJ, REsp 1.273.583/SP, Rel. Ministro BENEDITO GONÇALVES, PRIMEIRA TURMA, DJe de 02.09.2014; STJ, AgRg no AREsp 456.655/PR, Rel. Ministro HUMBERTO MARTINS, SEGUNDA TURMA, DJe de 31.03.2014" (AgRg no REsp 1397590/CE, Rel. Ministra ASSUSETE MAGALHÃES, SEGUNDA TURMA, julgado em 24.02.2015, DJe 05.03.2015).

sugere, para limitar e condicionar a atuação de todos aqueles que exerçam função administrativa, sejam ou não mandatários populares.[79]

Entretanto, no que diz respeito à classe política, merece maior reflexão a tese de que os titulares dos Poderes Executivo e Legislativo não poderiam ser responsabilizados por violação ao princípio da moralidade administrativa quando da prática de atos essencialmente políticos, pois tal conclusão não pode ser tomada de solavanco, sem uma reflexão detida sobre os efeitos nocivos que isso pode causar à democracia.

Sabe-se que a ação política e a atuação administrativa, embora sejam conceitualmente distintas, possuem, pelo menos em tese, o desiderato comum de satisfação do interesse público e prática do bem comum. Ora bem, dentro dessa perspectiva, pergunta-se: qual a desvantagem, em um crescente ambiente de reclamo pela ética na política, em aplicar-se a moralidade aos ditos "atos políticos"? A quem interessa, que não seja o político descompromissado com suas nobres funções, essa imunidade? Por que manter o ambiente político imune aos salutares deveres da moralidade?

Essas são perguntas que nos interessam de perto e que reclamam uma nova abordagem da doutrina, para chegar-se à conclusão de que a atividade política deve sujeitar-se inteiramente aos valores da probidade, honestidade, justiça, decoro e boa-fé, bem como às consequências daí advindas, em especial à imputação dos atos desviados como atos de improbidade administrativa e abuso de poder político.

É claro que o controle deve ser realizado com parcimônia e equilíbrio, devendo-se exigir sempre prova inequívoca do abuso de poder ou do dolo *malus* no caso concreto, sem embargos das presunções decorrentes de situações de inquestionável desonestidade (como no caso em que parlamentares votam a extinção ou a redução de pena do tipo penal pelo qual vários estão sendo processados, que é o exemplo da tentativa de se anistiar o "caixa 2" pelos membros do Congresso Nacional).

---

[79] Já está pacificada a tese de que os agentes políticos se sujeitam à responsabilização por atos de improbidade administrativa. Veja-se, por exemplo, recente acórdão do Supremo Tribunal Federal (STF): "Sedimentou-se, nesta Corte Suprema, o entendimento de que competente o primeiro grau de jurisdição para julgamento das ações de improbidade administrativa contra agentes políticos, ocupantes de cargos públicos ou detentores de mandato eletivo, independentemente de estarem, ou não, em atividade. Precedentes. Agravo regimental conhecido e não provido" (Rcl 14954 AgR, Relator(a): Min. ROSA WEBER, Primeira Turma, julgado em 15.03.2016).

Alguns outros exemplos bem atuais da vida política nacional parecem-nos bastante elucidativos. Vejamos:

1 – Suponhamos que um(a) titular do Poder Executivo em exercício, durante sua campanha à reeleição, passe a fazer promessas referentes à sua atual e futura gestão que sabidamente não tem como cumpri-las, mas que são fundamentais para sua vitória. Ou, então, que assuma o compromisso de não majorar impostos, tarifas públicas, mas, tão logo se reeleja, passe a adotar postura exatamente contrária àquela assumida durante o pleito eleitoral, em um nítido "estelionato eleitoral". Pergunta-se: Tal conduta não merece reproche judicial? Não tem o mandatário popular que esteja no exercício do cargo o compromisso com a verdade sobre o que fez e, principalmente, sobre o que pretende fazer em sua futura gestão? Será a campanha eleitoral verdadeiramente um "vale-tudo" ou um concurso de quem mente mais, em que a única vergonha deve ser a de perder? Cremos que não!

2 – Outra hipótese diz respeito ao fato de parlamentares diretamente envolvidos em um grande esquema de financiamento ilícito de campanhas eleitorais tentarem aprovar, na calada da noite e sem prévio aviso ou publicidade necessária, um projeto de lei anistiando todos os políticos que tenham se valido desse mecanismo de corrupção. Mais uma vez fica a indagação: será lícito que tal expediente imoral e antirrepublicano fique sem sanção? E mais: se a lei for aprovada? Certamente, ela seria declarada inconstitucional por violação à moralidade administrativa, mas os responsáveis pela sua aprovação, que seriam ao mesmo tempo os principais beneficiários, não se sujeitariam, na visão tradicional, ao processo de responsabilização por improbidade administrativa.

3 – Para finalizar, imaginemos o caso em que o Chefe do Poder Executivo edite uma medida provisória com o objetivo de concessão de benefícios fiscais a determinado grupo empresarial como "recompensa" pelo financiamento de campanha e através do compromisso de pagamento de propinas em obras públicas. Estaria ele ou ela imune? Certamente, a resposta deverá ser negativa.

Não desprezamos a imunidade parlamentar; aliás, reconhecemos as razões históricas do instituto e temos plena consciência da necessidade de sua previsão em um regime democrático. Contudo, como qualquer direito, não lhe pode ser emprestado caráter absoluto, pois ao mandatário popular devem ser asseguradas as prerrogativas do cargo apenas enquanto estiver fielmente cumprindo os seus encargos. E a fidelidade de sua atuação pode ser auferida, dentre outros critérios, exatamente pelos valores que a moralidade administrativa condensa. Trata-se, em última análise, de proceder a um juízo de proporcionalidade.

Assim sendo, cremos que é preciso uma revisão nesse ponto, sob pena de se negar efetividade à Constituição Federal![80] Ressaltamos que já se verifica uma tendência jurisprudencial nesse sentido, inclusive do Supremo Tribunal Federal.[81]

Portanto, à luz do exposto, é possível que a violação à moralidade administrativa seja enquadrada como abuso de poder político e dê ensejo ao ajuizamento de ações eleitorais cíveis específicas (AIJE e AIME).

---

[80] No mesmo sentido do que ora defendemos: "Em linha de princípio, possível seria que a edição de norma dissonante da Constituição se apresentasse como indício consubstanciador da improbidade dos agentes que concorreram para a sua edição. Afinal, agiram ao arrepio do alicerce fundamental de sua atividade. Identificada a inconstitucionalidade da norma, deveria ser perquirido, de acordo com o caso concreto, o elemento volitivo que deflagrou a ação do órgão legislativo e a finalidade almejada com a edição da norma. A partir desses elementos, seria estabelecido um critério de proporcionalidade na conduta do legislador, o que permitiria a identificação da improbidade sempre que a norma fosse absolutamente dispensável, dissociada do interesse público e a situação fática demonstrasse que o desiderato final do agente era obter benefício para si ou para outrem com a sua edição. O principal parâmetro de verificação da adequação da lei ao padrão de probidade que deve reger os atos dos legisladores consiste na observância do princípio da moralidade, o que permitirá a identificação dos vícios de uma norma aparentemente harmônica com o texto constitucional. Como já foi possível constatar, o princípio da moralidade é amplamente estudado sob a ótica dos atos administrativos, sendo torrencial a jurisprudência sobre a sua aplicação. Em que pese à aparente adstrição do princípio à referida seara, sua observância deve assumir uma amplitude compatível com a unidade do texto constitucional, regendo as demais atividades das demais funções do Estado de Direito, em especial à legislativa" (GARCIA, Emerson; ALVES, Rogério Pacheco. *Op. cit.*, p. 445).

[81] "3. A moralidade, como princípio da Administração Pública (art. 37) e como requisito de validade dos atos administrativos (art. 5º, LXXIII), tem a sua fonte por excelência no sistema de direito, sobretudo no ordenamento jurídico-constitucional, sendo certo que os valores humanos que inspiram e subjazem a esse ordenamento constituem, em muitos casos, a concretização normativa de valores retirados da pauta dos direitos naturais, ou do patrimônio ético e moral consagrado pelo senso comum da sociedade. A quebra da moralidade administrativa se caracteriza pela desarmonia entre a expressão formal (= a aparência) do ato e a sua expressão real (= a sua substância), criada e derivada de impulsos subjetivos viciados quanto aos motivos, ou à causa, ou à finalidade da atuação administrativa. 4. No caso, tanto a petição inicial, quanto os atos decisórios das instâncias ordinárias, se limitaram a considerar "imoral" a lei que concedeu pensão especial a viúva de prefeito falecido no exercício do cargo por ter ela conferido tratamento privilegiado a uma pessoa, sem, contudo, fazer juízo algum, por mínimo que fosse, sobre a razoabilidade ou não, em face das circunstâncias de fato e de direito, da concessão do privilégio. 5. Com maior razão se mostrava indispensável um juízo sobre o elemento subjetivo da conduta, para fins de atribuir responsabilidade civil, relativamente aos demandados que exerciam o cargo de vereador, investidos, constitucionalmente, da proteção de imunidade material (=inviolabilidade) pelos votos proferidos no exercício do mandato (CF, art. 29, VIII). Se é certo que tal imunidade, inclusive para efeitos civis, é assegurada até mesmo em caso de cometimento de crime, não se há de afastá-la em casos como o da espécie, que de crime não se trata e em que sequer a intenção dolosa foi aventada. 6. Recursos extraordinários providos. (RE 405386, Relator(a): Min. ELLEN GRACIE, Relator(a) p/ Acórdão: Min. TEORI ZAVASCKI, Segunda Turma, julgado em 26.02.2013).

4.4 O princípio da impessoalidade como garantia de efetivação da igualdade de oportunidades

O postulado constitucional da impessoalidade administrativa ou da imparcialidade no tratamento aos particulares impõe que o Poder Público adote tratamento isonômico em relação a todos (pessoas físicas e jurídicas), inibindo privilégios ou perseguições decorrentes do mero capricho, de divergências político-partidárias, ideológicas ou culturais.

Na seara eleitoral, ele é de fundamental importância, pois é uma das formas de garantir a tão sonhada igualdade de oportunidades no pleito entre os pré-candidatos, candidatos, partidos políticos e coligações, que não podem ser beneficiados ou prejudicados pela atuação da Administração Pública, ou de seus agentes públicos.

Trata-se de premissa básica assegurada em quase todos os sistemas jurídicos democráticos e cujo conteúdo normativo impõe aos agentes públicos as seguintes diretrizes: 1 – Atuar com total objetividade, sem se deixar influenciar por considerações pessoais, políticas ou ideológicas; 2 – Agir com independência perante as forças partidárias e os interesses de candidaturas; 3 – Abster-se de utilizar bens públicos ou atos oficiais para promover ou prejudicar candidaturas.

Cito, como exemplo ilustrativo do caráter universal dessa premissa democrática, o artigo 113º, nº 3, "b" e "c" da Constituição da República Portuguesa, que impõe a neutralidade do Estado perante as candidaturas políticas, *in verbis:*

> Artigo 113º Princípios gerais de direito eleitoral:
> 3. As campanhas eleitorais regem-se pelos seguintes princípios: a) Liberdade de propaganda; b) Igualdade de oportunidades e de tratamento das diversas candidaturas; c) Imparcialidade das entidades públicas perante as candidaturas.

Não bastasse essa previsão constitucional, em Portugal, a legislação infraconstitucional vai mais a fundo na preservação desse alicerce eleitoral, estabelecendo diversas restrições ao Poder Público e aos agentes públicos em geral, chegando, inclusive, a obrigar o afastamento das funções em casos determinados.[82]

---

[82] É o caso da Lei Eleitoral da Assembleia da República Portuguesa (Lei nº 14/79), que estabelece, em seu artigo 9º (epigrafado de "Obrigatoriedade de suspensão do mandato"), que "desde a data da apresentação de candidaturas e até ao dia das eleições os candidatos que sejam presidentes de câmaras municipais ou que legalmente os substituam não podem exercer as respectivas funções".

Digno de nota nesse estudo é o artigo 41, da Lei Eleitoral dos Órgãos das Autarquias Locais, cujo conteúdo deve ser levado em consideração para a extração do real alcance do princípio da impessoalidade administrativa. Senão, vejamos:

> Artigo 41º – Neutralidade e imparcialidade das entidades públicas
> 1 – Os órgãos do Estado, das Regiões Autónomas e das autarquias locais, das demais pessoas colectivas de direito público, das sociedades de capitais públicos ou de economia mista e das sociedades concessionárias de serviços públicos, de bens do domínio público ou de obras públicas, bem como, nessa qualidade, os respectivos titulares, não podem intervir directa ou indirectamente na campanha eleitoral nem praticar actos que de algum modo favoreçam ou prejudiquem uma candidatura ou uma entidade proponente em detrimento ou vantagem de outra, devendo assegurar a igualdade de tratamento e a imparcialidade em qualquer intervenção nos procedimentos eleitorais.
> 2 – Os funcionários e agentes das entidades previstas no número anterior observam, no exercício das suas funções, rigorosa neutralidade perante as diversas candidaturas e respectivas entidades proponentes.
> 3 – É vedada a exibição de símbolos, siglas, autocolantes ou outros elementos de propaganda por titulares dos órgãos, funcionários e agentes das entidades referidas no nº 1 durante o exercício das suas funções.

Pois bem, sendo assim, conclui-se que "o dever de neutralidade das entidades públicas não pode ser entendido como incompatível com a normal prossecução das suas funções". O que o princípio da neutralidade e imparcialidade exige é que as entidades públicas adotem, no exercício de suas competências e atribuições, por um lado, uma posição equidistante face às forças políticas e, por outro, se abstenham de manifestações políticas suscetíveis de interferir ou influenciar o processo eleitoral.

Esta problemática agrava-se sempre que numa mesma pessoa se reúnem as qualidades de titular de um cargo público e a de candidato a um ato eleitoral, o que ocorre com relativa frequência. Neste domínio, a CNE (Comissão Nacional Eleitoral de Portugal) tem repetidamente entendido que o exercício de funções públicas não pode implicar diminuição dos direitos dos candidatos, nomeadamente os inerentes à propaganda da sua candidatura. Porém, os candidatos titulares de cargos públicos devem tomar os cuidados necessários para que não se confundam as duas qualidades, abstendo-se de propagandear a sua candidatura ou de atacar outras no exercício das suas funções públicas.

Para além dos comportamentos ou expressões que diretamente apoiem ou ataquem candidaturas, a CNE tem considerado violação dos deveres de neutralidade e imparcialidade a inserção nas declarações de titulares de cargos públicos de promessas eleitorais ou considerações de caráter programático e comportamentos inovadores que não respondam a necessidades efetivas e imprevistas do serviço público".[83]

Outra aplicação fundamental do princípio da impessoalidade é verificada no processo eleitoral, em que se interdita o uso de bens, serviços e servidores públicos a favor de partidos políticos ou candidatos. Não se podem desconsiderar também as limitações impostas à publicidade institucional, que é objeto de severas restrições, a saber: 1 – durante todo o ano – independentemente de ser eleitoral ou não – a propaganda oficial deve possuir a finalidade educativa, informativa ou de orientação social, não podendo constar nela nomes, símbolos ou imagens que caracterizem promoção pessoal de autoridades ou servidores públicos. É o que consta expressamente do artigo 37, §1º, da Constituição Federal do Brasil de 1988 e repetido pelo artigo 74, da Lei das Eleições; 2 – Já durante o ano eleitoral, em determinados períodos, a realização de qualquer propaganda institucional, ainda que tenha aquelas características, pois o objetivo é evitar o favorecimento que traz ao candidato-gestor.

Essas são apenas algumas das aplicações práticas desse mandado constitucional anticorrupção de fundamental importância para a democracia.

[83] *Lei Eleitoral dos Órgãos das Autarquias Locais Anotada e Comentada*: Comissão Nacional das Eleições, 2014, p. 199-200.

AÇÕES JUDICIAIS ELEITORAIS VOLTADAS PARA A TUTELA DOS MANDADOS CONSTITUCIONAIS ANTICORRUPÇÃO[84]

Já vimos na parte inicial do livro que a violação aos mandados constitucionais anticorrupção pode caracterizar abuso de poder político (artigo 22, da Lei Complementar nº 64/90), ou mesmo ato de corrupção lato senso (artigo 14, §10, da Constituição Federal), o que autoriza o manejo de duas ações eleitorais específicas: 1 – Ação de Investigação Judicial Eleitoral (AIJE); 2 – Ação de Impugnação ao Mandato Eletivo (AIME).

No presente capítulo, iremos nos debruçar exatamente sobre todos os aspectos processuais inerentes a cada uma delas.

5.1 Ação de Investigação Judicial Eleitoral (AIJE)

1 Breve introdução e finalidade da AIJE

A Constituição Federal, no artigo 14, §9º, estabeleceu a necessidade de se reprimir o abuso do poder político e econômico voltado a afetar a normalidade e legitimidade do pleito eleitoral, tudo com o objetivo precípuo de que o resultado das urnas seja simplesmente fruto da vontade popular. Seguindo essa linha, a Lei Complementar nº 64/90, no artigo 19, pontificou que as transgressões pertinentes à origem de valores pecuniários, abuso do poder econômico ou político, em detrimento da liberdade de voto, serão apuradas mediante investigações jurisdicionais realizadas pelo Corregedor Geral e Corregedores Regionais Eleitorais.

[84] Capítulo escrito em coautoria com Amanda de Freitas dos Santos, bacharela em Direito pela Universidade Regional do Cariri (URCA) e assessora ministerial.

As "investigações jurisdicionais" citadas no referido, na verdade, representam a chamada Ação de Investigação Judicial Eleitoral (AIJE), que, a despeito da impropriedade do termo (juiz não realiza investigação no sistema acusatório seguido pela Constituição Federal), representa uma das ações eleitorais de caráter cível voltadas para o combate do abuso de poder político, econômico e até dos meios de comunicação durante o pleito.

Por abuso de poder político, deve-se entender o uso excessivo ou desviado das prerrogativas estatais em favor de uma determinada candidatura. Exemplo disso são algumas das condutas vedadas aos agentes públicos em ano eleitoral, previstas no artigo 73, da Lei das Eleições.

Já o abuso de poder econômico configura-se a partir do uso ilícito de recursos patrimoniais na campanha eleitoral, tal como a distribuição gratuita e em massa de bens e serviços com o objetivo de angariar a simpatia dos eleitores.[85] Outra hipótese de sua configuração poderá ocorrer quando as despesas de campanha forem acima dos limites fixados pelo Tribunal Superior Eleitoral (TSE), conforme dispõem os artigos 18 e 18-B, da Lei nº 9.504/97, com redação imposta pela Lei nº 13.165/15.

A ação de investigação judicial eleitoral (AIJE), portanto, é uma ação eleitoral cível que visa combater qualquer conduta abusiva (que pode ser também um descumprimento aos mandados constitucionais anticorrupção) praticada antes ou durante o processo eleitoral e que seja capaz de afetar a normalidade e a legitimidade das eleições.

Neste caso, é bom lembrar, não há a necessidade da comprovação do dano direto ocasionado às eleições, isto é, a potencialidade da conduta para alterar o resultado, bastando apenas que o fato se apresente "grave" o suficiente diante das circunstâncias concretas para comprometer a lisura do pleito,[86] que é o bem jurídico tutelado pela ação.

---

[85] Esse é o entendimento, de longa data, do Tribunal Superior Eleitoral (TSE), que assevera: "O abuso de poder configura-se no momento em que a normalidade e a legitimidade das eleições são comprometidas por condutas de agentes públicos que, valendo-se de sua condição funcional, beneficiam candidaturas, em manifesto desvio de finalidade. Já o abuso de poder econômico ocorre quando determinada candidatura é impulsionada pelos meios econômicos de forma a comprometer a igualdade da disputa eleitoral e a própria legitimidade do pleito." (Recurso Contra Expedição de Diploma nº 711647, Acórdão de 27.10.2011, Relator(a) Min. FÁTIMA NANCY ANDRIGHI, Publicação: DJE – Diário da Justiça Eletrônico, Tomo 231, Data 08.12.2011, Página 32-33).

[86] Nesse sentido, o Tribunal Superior Eleitoral (TSE) já asseverou que "não mais se exige, para o reconhecimento da prática abusiva, que fique comprovado que a conduta tenha efetivamente desequilibrado o pleito ou que seria exigível a prova da potencialidade, tanto assim o é que a LC 64/90, com a alteração advinda pela LC 135/2010, passou a dispor: 'Para a configuração do ato abusivo, não será considerada a potencialidade de o fato alterar o

Nesse tocante, não custa lembrar que a normalidade e a legitimidade previstas no art. 14, §9º, da Constituição Federal, decorrem da ideia de igualdade de chances entre os competidores, entendida assim como a necessária concorrência livre e equilibrada entre os partícipes da vida política, sem a qual se compromete a própria essência do processo democrático, qualificando-se como violação àqueles princípios a manipulação de eleitorado.[87]

Desta forma, a ação de investigação judicial eleitoral tem por finalidade proteger o sistema democrático e a soberania popular na escolha dos seus representantes, exercida por meio dos votos aferidos durante os pleitos eleitorais.

2 Rito processual

A AIJE possui rito processual estabelecido no artigo 22, da Lei Complementar nº 64/90, que é regulamentado pelos artigos 23 a 36, da Resolução TSE nº 23.547/17, *in verbis:*

> Seção I
> Do Processamento
>
> Art. 23. As representações que visarem à apuração das hipóteses previstas nos arts. 23, 30-A, 41-A, 45, inciso VI, 73, 74, 75 e 77 da Lei nº 9.504/1997 observarão o rito estabelecido pelo art. 22 da Lei Complementar nº 64/1990.
>
> §1º As representações de que trata o caput poderão ser ajuizadas até a data da diplomação, exceto as do art. 30-A e 23 da Lei nº 9.504/1997, que poderão ser propostas, respectivamente, no prazo de 15 (quinze) dias da diplomação e até 31 de dezembro do ano posterior à eleição.
>
> §2º O juízo eleitoral do domicílio civil do doador será o competente para processar e julgar as representações por doação de recursos para campanha eleitoral acima do limite legal de que trata o art. 23 da Lei nº 9.504/1997.
>
> Art. 24. Ao despachar a inicial, o relator adotará as seguintes providências:
>
> a) ordenará que seja citado o representado, com cópia da petição inicial e documentos que a acompanham, para que, no prazo de 5 (cinco) dias, ofereça defesa (Lei Complementar nº 64/1990, art. 22, inciso I, alínea a);
>
> b) determinará que se suspenda o ato que deu origem à representação, quando relevante o fundamento e do ato impugnado puder resultar na

resultado da eleição, mas apenas a gravidade das circunstâncias que o caracterizam'." (Recurso Ordinário nº 172365, Acórdão, Relator(a) Min. ADMAR GONZAGA, Publicação: DJE, Tomo 40, Data 27.02.2018, Página 126-127).

87 TSE, Recurso Especial Eleitoral nº 68254, Acórdão, Relator(a) Min. Gilmar Ferreira Mendes, Publicação: DJE – Diário de justiça eletrônico, Tomo 35, Data 23.02.2015, Página 56/57.

ineficácia da medida, caso seja julgada procedente (Lei Complementar nº 64/1990, art. 22, inciso I, alínea b);

c) indeferirá desde logo a inicial, quando não for caso de representação ou lhe faltar algum requisito essencial (Lei Complementar nº 64/1990, art. 22, inciso I, alínea c).

§1º No caso de representação instruída com vídeo ou áudio, a citação será acompanhada, se houver, de cópia da transcrição do conteúdo e da informação de dia e horário em que o material impugnado foi exibido.

§2º No caso de o relator indeferir a representação, ou retardar-lhe a solução, poderá o interessado renová-la no respectivo tribunal regional eleitoral, que a resolverá dentro de 1 (um) dia (Lei Complementar nº 64/1990, art. 22, inciso II).

§3º O interessado, quando não for atendido ou ocorrer demora, poderá levar o fato ao conhecimento do Tribunal Superior Eleitoral, a fim de que sejam tomadas as providências necessárias (Lei Complementar nº 64/1990, art. 22, inciso III).

§4º Sem prejuízo do disposto no §2º, da decisão que indeferir o processamento da representação caberá agravo interno no prazo de 3 (três) dias.

Art. 25. Feita a citação, a Secretaria Judiciária juntará aos autos cópia autêntica do ofício endereçado ao representado, bem como a prova da entrega ou da sua recusa em aceitá-la ou em dar recibo (Lei Complementar nº 64/1990, art. 22, inciso IV).

Art. 26. Se a defesa for instruída com documentos, a Secretaria Judiciária intimará o representante a se manifestar sobre eles, no prazo de 2 (dois) dias.

Art. 27. Não sendo apresentada a defesa, ou apresentada sem a juntada de documentos, ou, ainda, decorrido o prazo para que o representante se manifeste sobre os documentos juntados, os autos serão imediatamente conclusos ao relator que designará, nos 5 (cinco) dias seguintes, data, hora e local para a realização, em única assentada, de audiência para oitiva de testemunhas arroladas (Lei Complementar nº 64/1990, art. 22, inciso V).

§1º As testemunhas deverão ser arroladas pelo representante, na inicial, e, pelo representado, na defesa, com o limite de 6 (seis) para cada parte, sob pena de preclusão.

§2º As testemunhas deverão comparecer à audiência independentemente de intimação.

§3º Versando a representação sobre mais de um fato determinado, o relator poderá, mediante pedido justificado da parte, admitir a oitiva de testemunhas acima do limite previsto no §1º, desde que não ultrapassado o número de 6 (seis) testemunhas para cada fato.

Art. 28. Ouvidas as testemunhas, ou indeferida a oitiva, o relator, nos 3 (três) dias subsequentes, procederá a todas as diligências que determinar, de ofício ou a requerimento das partes (Lei Complementar nº 64/1990, art. 22, inciso VI).

§1º Nesse mesmo prazo de 3 (três) dias, o relator poderá, na presença das partes e do Ministério Público, ouvir terceiros, referidos pelas partes, ou testemunhas, como conhecedores dos fatos e das circunstâncias que possam influir na decisão do feito (Lei Complementar nº 64/1990, art. 22, inciso VII).

§2º Quando qualquer documento necessário à formação da prova se achar em poder de terceiro, inclusive estabelecimento de crédito, oficial ou privado, o relator poderá, ainda, naquele prazo, ordenar o respectivo depósito ou requisitar cópias (Lei Complementar nº 64/1990, art. 22, inciso VIII).

§3º Se o terceiro, sem justa causa, não exibir o documento ou não comparecer a juízo, o relator poderá expedir contra ele mandado de prisão e instaurar processo por crime de desobediência (Lei Complementar nº 64/1990, art. 22, inciso IX).

Art. 29. As decisões interlocutórias proferidas no curso da representação não são recorríveis de imediato, não precluem e deverão ser novamente analisadas pelo relator por ocasião do julgamento, caso assim o requeiram as partes ou o Ministério Público em suas alegações finais.

Parágrafo único. Modificada a decisão interlocutória pelo relator, somente serão anulados os atos que não puderem ser aproveitados, com a subsequente realização ou renovação dos que forem necessários.

Art. 30. Encerrado o prazo da dilação probatória, as partes, inclusive o Ministério Público, poderão apresentar alegações finais no prazo comum de 2 (dois) dias (Lei Complementar nº 64/1990, art. 22, inciso X).

Parágrafo único. Nas ações em que não for parte o Ministério Público, apresentadas as alegações finais, ou decorrido o prazo sem o seu oferecimento, os autos lhe serão remetidos para, querendo, se manifestar no prazo de 2 (dois) dias.

Art. 31. Findo o prazo para alegações finais ou para manifestação do Ministério Público, os autos serão conclusos ao relator, no dia imediato, para elaboração de relatório conclusivo, no prazo de 3 (três) dias (Lei Complementar nº 64/1990, art. 22, incisos XI e XII).

Art. 32. Apresentado o relatório, os autos da representação serão remetidos à unidade competente, com pedido de inclusão incontinenti em pauta, que será publicada no Diário da Justiça Eletrônico, para julgamento na primeira sessão subsequente (Lei Complementar nº 64/1990, art. 22, inciso XII).

Parágrafo único. Entre a data de publicação da pauta e a da sessão de julgamento decorrerá, pelo menos, o prazo de 1 (um) dia.

Art. 33. Julgada a representação, o tribunal providenciará a imediata publicação do acórdão no Diário da Justiça Eletrônico.

Parágrafo único. No caso de cassação de registro de candidato antes da realização das eleições, o relator determinará a notificação do partido político ou da coligação pela qual o candidato concorre, encaminhando-lhe cópia da decisão, para os fins previstos no §1º do art. 13 da Lei nº 9.504/1997, se para tanto ainda houver tempo.

Art. 34. Os recursos eleitorais contra decisões e acórdãos que julgarem as representações previstas nesta seção deverão ser interpostos no prazo de 3 (três) dias, contados da publicação no Diário da Justiça Eletrônico, observando-se o mesmo prazo para os recursos subsequentes, inclusive recurso especial eleitoral e agravo, bem como as respectivas contrarrazões e respostas.

Seção II
Dos Recursos

Art. 35. Contra as decisões dos tribunais regionais eleitorais caberá recurso ordinário, quando se pretenda a anulação, reforma, manutenção ou cassação da decisão que tenha ou possa ter reflexo sobre o registro ou o diploma.

§1º Interposto o recurso ordinário, o recorrido será imediatamente intimado para oferecer contrarrazões no prazo de 3 (três) dias, findo o qual, com ou sem apresentação, os autos serão conclusos ao presidente do tribunal, que determinará a remessa dos autos à instância superior.

§2º O prazo do parágrafo anterior será comum caso haja mais de um recorrido.

§3º O recurso ordinário interposto contra decisão proferida por tribunal regional eleitoral que resulte em cassação de registro, afastamento do titular ou perda de mandato eletivo será recebido pelo tribunal competente com efeito suspensivo (Código Eleitoral, art. 257, §2º).

Art. 36. Do acórdão do Tribunal Superior Eleitoral caberá recurso extraordinário para o Supremo Tribunal Federal, quando a decisão declarar a invalidade de lei ou contrariar a Constituição Federal, no prazo de 3 (três) dias, a contar da publicação no Diário da Justiça Eletrônico (Código Eleitoral, art. 281, caput; e Constituição Federal, art. 121, §3º).

§1º Interposto o recurso extraordinário, o recorrido será intimado para apresentação de contrarrazões, no prazo de 3 (três) dias, a contar da publicação no Diário da Justiça Eletrônico.

§2º A intimação do Ministério Público e da Defensoria Pública será feita pessoalmente.

§3º Apresentadas as contrarrazões ou transcorrido o respectivo prazo, os autos serão conclusos ao presidente, para juízo de admissibilidade.

§4º Da decisão de admissibilidade, o Ministério Público e a Defensoria Pública serão intimados na forma do §2º, quando integrantes da lide, e as demais partes mediante publicação no Diário da Justiça Eletrônico.

§5º Admitido o recurso e feitas as intimações, os autos serão remetidos imediatamente ao Supremo Tribunal Federal.

A leitura desses dispositivos reclama algumas explicações práticas, o que faremos a seguir.

3 Competência

A AIJE será proposta no âmbito da Justiça Eleitoral, devendo ser processada pelo corregedor-geral ou regional, e julgada pelo órgão colegiado do Tribunal (art. 22, XIV, LC nº 64/90).

Nos termos do art. 2º, da Lei Complementar nº 64/1990, o julgamento desse tipo de ação é variável conforme o cargo postulado, tudo nos seguintes termos:

a) No caso da ação questionar atos de candidatos aos cargos de Presidente e Vice-Presidente da República, o órgão julgador será o Tribunal Superior Eleitoral (TSE);

b) No caso da ação questionar atos de candidatos aos cargos Senador, Deputado Federal, Deputado Estadual, Deputado Distrital, Governador, Vice-Governador de Estado e do Distrito Federal, a competência para o julgamento será do Tribunal Regional Eleitoral do ente federado respectivo que seja o competente para o registro;

c) No caso da ação questionar atos de candidatos aos cargos Prefeito, Vice-Prefeito e Vereador, a competência para o julgamento será do Juiz Eleitoral competente para o registro.

Sobre essa delimitação da competência, deve-se observar que as regras previstas na legislação eleitoral deverão prevalecer ante a existência de foro por prerrogativa de função do réu, pois a ação de investigação judicial de mandato eletivo possui natureza de ação cível eleitoral.

Além disso, convém referenciar três regras de competência muito importantes no dia a dia forense, quais sejam: a) serão reunidas para julgamento comum as ações eleitorais propostas por partes diversas sobre o mesmo fato, sendo competente para apreciá-las o juiz ou relator que tiver recebido a primeira (Lei nº 9.504/1997, art. 96-B); b) se proposta ação sobre o mesmo fato apreciado em outra cuja decisão ainda não transitou em julgado, será ela associada ao processo anterior, na instância em que ele se encontrar, figurando a parte como litisconsorte no feito principal; c) se proposta ação sobre o mesmo fato apreciado em outra cuja decisão já tenha transitado em julgado, não será ela conhecida pelo juiz, ressalvada a apresentação de outras ou novas provas (artigo 45, §§2º e 3º, da Resolução TSE nº 23.547/17).

4 Legitimidade ativa e passiva

4.1 Legitimidade ativa

São legitimados para a propositura da ação de investigação judicial eleitoral: qualquer partido político, coligação, candidato e o Ministério Público Eleitoral (art. 22, LC nº 64/90). Assim como na ação de impugnação de mandato eletivo, a legitimidade aqui prevista é concorrente e disjuntiva, podendo a ação ser ajuizada em litisconsórcio ativo ou não. Nesse tocante, cumpre destacar que o ajuizamento de ação eleitoral por candidato ou partido político não impede ação do Ministério Público no mesmo sentido (artigo 45, §1º, da Resolução TSE nº 23.547/17).

Vejamos algumas particularidades de cada um desses legitimados ativos.

a) Partido político

A legitimidade do partido político será exercida através dos seus diretórios, de acordo com as áreas de atuação de cada um deles. Os diretórios nacionais poderão propor a representação nas eleições de todo o país, sejam estas de nível nacional ou não. Já os diretórios estaduais possuem a sua legitimidade limitada ao Estado do seu funcionamento, podendo ajuizar a AIJE em todas as eleições estaduais e municipais da sua circunscrição. No caso dos diretórios municipais, a sua legitimidade estará limitada ao Município da sua atuação.

Tratando-se de partidos coligados, a legitimidade para o ajuizamento da AIJE passará a ser da coligação na qual ele se encontra integrado (art. 6, §4º, Lei nº 9.504/97).

Entretanto, ainda que coligados, após a realização do pleito eleitoral, os partidos políticos poderão propor a ação de investigação judicial eleitoral isoladamente, surgindo, assim, uma legitimidade concorrente entre a coligação e os partidos dela integrantes.[88]

Além disso, a jurisprudência do Tribunal Superior Eleitoral (TSE) entende que a atuação isolada do partido também persistirá nas ações eleitorais ajuizadas anteriormente ao início da coligação partidária.[89]

---

[88] "Após a realização do pleito, o partido político coligado tem legitimidade para, isoladamente, propor representações que envolvam a cassação de diplomas e/ou a imposição de inelegibilidade. Precedentes." (TSE, Recurso Especial Eleitoral nº 958, Acórdão, Relator(a) Min. Luciana Christina Guimarães Lóssio, Publicação: DJE – Diário de justiça eletrônico, Tomo 229, Data 02.12.2016, Página 45/46).

[89] AÇÃO DE INVESTIGAÇÃO JUDICIAL ELEITORAL. CANDIDATOS A PREFEITO E VICE-PREFEITO. ELEIÇÕES DE 2012. CONDUTA VEDADA. OFENSA AO ART. 275 DO CÓDIGO ELEITORAL. NÃO CONFIGURADA. PRELIMINARES DE ILEGITIMIDADE RECURSAL E CERCEAMENTO DE DEFESA. REJEITADAS. ART. 73, INCISO IV E §§4º, 5º E 10, DA LEI Nº 9.504/97. DOAÇÃO GRATUITA DE BENS DURANTE O ANO ELEITORAL. INEXISTÊNCIA. CONDUTA NÃO CARACTERIZADA. RECURSO ESPECIAL PARCIALMENTE CONHECIDO E, NESSA EXTENSÃO, PROVIDO. (...) 2. O partido político tem legitimidade para prosseguir, isoladamente, em feito que ajuizou antes de se coligar. (...) (Recurso Especial Eleitoral nº 1429, Acórdão, Relator(a) Min. Laurita Hilário Vaz, Publicação: DJE – Diário de justiça eletrônico, Tomo 170, Data 11.09.2014, Página 87-88).

Por fim, vale ressaltar que a legitimidade aqui tratada existirá ainda que o partido não tenha indicado candidatos para as eleições impugnadas. Isso ocorre porque, ao conferir legitimação a qualquer partido político, a lei garante maior efetividade na proteção do interesse público e na legalidade do procedimento eleitoral.[90]

b) Coligações

A coligação partidária surge da aliança entre dois ou mais partidos políticos, para concorrerem, unitariamente, às eleições proporcionais ou majoritárias.

Apesar do seu caráter transitório, durante a sua existência, a coligação terá capacidade jurídica para representar os partidos dela integrantes. Deste modo, será parte legítima para o ajuizamento das ações eleitorais, entre as quais está a ação de investigação judicial eleitoral.[91]

Para o ajuizamento da ação de investigação judicial eleitoral (AIJE), é necessário que a coligação obtenha a autorização dos partidos integrantes, podendo esta ser obtida, excepcionalmente, através da outorga dos presidentes das agremiações.[92]

Destaca-se ainda recente decisão do Tribunal Superior Eleitoral (TSE), que negou provimento ao Recurso Especial Eleitoral nº 29755, ao entender que o representante da coligação não possui legitimidade para ajuizar a AIJE em nome próprio. De acordo com o entendimento apresentado pelo Tribunal, o representante da coligação não preenche os requisitos exigidos pelo art. 22, da LC nº 64/90, logo, não poderá ser considerado parte legítima para atuar na AIJE. Vejamos:

> ELEIÇÕES 2012. AGRAVO REGIMENTAL. RECURSO ESPECIAL. AÇÃO DE INVESTIGAÇÃO JUDICIAL ELEITORAL. ABUSO DE PODER ECONÔMICO E POLÍTICO. REPRESENTANTE DE COLIGAÇÃO. ILEGITIMIDADE ATIVA. TEORIA DA ASSERÇÃO. 1. A legitimidade ad causam extraordinária depende de previsão legal, de acordo com o art. 18 do CPC. 2. O art. 22 da Lei Complementar nº 64/1990 concede legitimidade ativa para propor ação de investigação judicial eleitoral

---

[90] Recurso Especial Eleitoral nº 26012, Acórdão, Relator(a) Min. José Augusto Delgado, Publicação: DJ – Diário de justiça, Volume 1, Data 08.08.2006, Página 115.

[91] ELEIÇÕES – COLIGAÇÃO. *Formada Coligação, surge, por ficção jurídica, o afastamento da legitimidade dos Partidos Políticos,* mantida apenas, considerado o processo eleitoral, para impugnar a própria Coligação – artigo 17 da Constituição Federal e artigo 6º da Lei nº 9.504/1997. (Recurso Especial Eleitoral nº 8274, Acórdão, Relator(a) Min. Luciana Christina Guimarães Lóssio, Publicação: RJTSE – Revista de jurisprudência do TSE, Volume 24, Tomo 4, Data 07.05.2013, Página 182).

[92] Recurso Especial Eleitoral nº 8274, Acórdão, Relator(a) Min. Luciana Christina Guimarães Lóssio, Publicação: PSESS – Publicado em Sessão, Data 18.12.2012

ao Ministério Público Eleitoral, ao partido político, ao candidato ou à coligação. *Representante de coligação não tem legitimidade para ajuizar ação de investigação judicial eleitoral em nome próprio, por ausência de fundamento legal.* 3. Segundo a teoria da asserção, as condições da ação devem ser verificadas no momento da propositura, de acordo com as alegações do autor em sua petição inicial. O autor não trouxe nenhum elemento que lhe conferisse legitimidade ad causam, nos termos da legislação eleitoral. 4. *Não se trata de defeito de representação processual, como sustenta a agravante em suas razões, mas de ausência de legitimidade ativa. Para isso, não importa se o autor é ou não o representante legal da coligação, mas se preenche os requisitos legais do art. 22 da Lei Complementar LC 64/1990.* 5. Decisão agravada mantida por seus fundamentos. Agravo regimental desprovido. (Recurso Especial Eleitoral nº 29755, Acórdão, Relator(a) Min. Gilmar Ferreira Mendes, Publicação: DJE – Diário de justiça eletrônico, Data 24.08.2016).

Além disso, é possível que a coligação seja formada apenas para concorrer ao pleito majoritário ou proporcional. Diante disso, os partidos políticos integrantes permanecerão legítimos para ajuizarem a investigação eleitoral quando a coligação formada entre eles estiver relacionada apenas com eleições diversas da impugnada.

c) Candidatos

O art. 22, da Lei Complementar nº 64/90, também conferiu aos candidatos legitimidade para o ajuizamento da ação de investigação judicial eleitoral (AIJE). Neste caso, além dos candidatos regulares, tal poder é conferido aos candidatos *sub judice*.[93]

A legitimidade do candidato estará limitada ao juízo que deferiu o registro da sua candidatura. Assim, candidato que esteja concorrendo ao cargo de Governador não será legítimo para apresentar a ação quanto ao pleito presidencial, por exemplo.

Por não haver previsão legal, o Tribunal Superior Eleitoral (TSE) entendeu que o eleitor comum não possui legitimidade para a AIJE. Desta forma, caso o eleitor tenha conhecimento de possíveis práticas de abuso de poder relacionadas ao pleito eleitoral, deverá noticiar ao Ministério Público, para que o órgão providencie as medidas legais cabíveis.[94]

---

[93] Lei nº 9.504/1997, art. 16-A. O candidato cujo registro esteja *sub judice* poderá efetuar todos os atos relativos à campanha eleitoral, inclusive utilizar o horário eleitoral gratuito no rádio e na televisão e ter seu nome mantido na urna eletrônica enquanto estiver sob essa condição, ficando a validade dos votos a ele atribuídos condicionada ao deferimento de seu registro por instância superior.

[94] Representação nº 317632, Acórdão, Relator(a) Min. Fátima Nancy Andrighi, Publicação: DJE – Diário de justiça eletrônico, Data 24.08.2011, Página 21/22.

d) Ministério Público Eleitoral (legitimidade ativa e assunção da causa na hipótese de desistência do autor da ação)

A atuação do Ministério Público independe de provocação, bastando apenas que o membro com atribuição tome conhecimento das irregularidades ocorridas dentro da sua circunscrição de atuação.

Perante o TSE, ficará a cargo do Procurador-Geral Eleitoral a representação da ação de investigação judicial eleitoral (AIJE). Já nos TREs e nas Zonas Eleitorais, serão competentes os Procuradores Regionais Eleitorais e os Promotores Eleitorais, respectivamente.

A Lei Complementar nº 64/1990 conferiu ao órgão ministerial uma maior atuação nas investigações eleitorais. Além de ser legítimo para representá-la, poderá também apresentar alegações após a fase instrutória (art. 22, X, LC nº 64/90) e interpor recurso contra a diplomação do candidato investigado (art. 22, p.u, LC nº 64/90). Durante o trâmite do feito, o Ministério Público atuará como fiscal da ordem jurídica, e em caso de procedência do pedido, encarregar-se-á pela instauração da ação penal e do processo disciplinar, se for o caso (art. 22, XIV, LC nº 64/90).

Além disso, convém destacar que, em razão do bem jurídico tutelado nesse tipo de ação, a jurisprudência eleitoral já vem reconhecendo a possibilidade de assunção do polo ativo por parte do Ministério Público Eleitoral quando houver pedido de desistência da parte autora,[95] que, via de regra, é decorrência de acordos nada republicanos entre adversários políticos no pleito que se tornam aliados após o resultado das urnas.

Sobre o tema, o Tribunal Superior Eleitoral (TSE) entende que, ao assumir a titularidade da ação, o Ministério Público Eleitoral garante que o interesse público na apuração de irregularidades no processo eleitoral não fique submetido a eventual conluio extraprocessual entre os litigantes.

Deste modo, ainda que o representado venha a concordar com o pedido de desistência da parte autora, por se tratar de ação que visa à proteção do regime eleitoral democrático e dos direitos inerentes ao exercício do sufrágio universal, deverá o juiz intimar o *Parquet* para que este possa manifestar interesse em assumir o polo ativo da demanda.

Essa é a regra para todas as ações eleitorais que digam respeito à lisura do pleito eleitoral. Senão, vejamos:

---

[95] "É plenamente possível a assunção da causa pelo Ministério Público Eleitoral em demandas que versem sobre matéria de interesse público." (TRE-PA – MS: 20489 BELÉM – PA, Relator: AMILCAR ROBERTO BEZERRA GUIMARÃES, Data de Julgamento: 09.12.2016, Data de Publicação: DJE – Diário da Justiça Eletrônico, Tomo 226, Data 15.12.2016, Página 1, 2).

> AGRAVO REGIMENTAL. RECURSO ESPECIAL. REPRESENTAÇÃO ART. 41-A DA LEI 9.504/97. DESISTÊNCIA TÁCITA. AUTOR. TITULARIDADE. AÇÃO. MINISTÉRIO PÚBLICO ELEITORAL. POSSIBILIDADE. INTERESSE PÚBLICO. PRECLUSÃO. AUSÊNCIA. 1. No tocante à suposta omissão do acórdão regional, o agravante não impugnou especificamente os fundamentos da decisão que negou seguimento a seu recurso especial. Incidência, *in casu*, da Súmula nº 182 do e. STJ: "É inviável o agravo do art. 545 do CPC que deixa de atacar especificamente os fundamentos da decisão agravada". 2. *O Ministério Público Eleitoral, por incumbir-lhe a defesa da ordem jurídica, do regime democrático e dos interesses sociais e individuais indisponíveis (art. 127 da Constituição Federal), possui legitimidade para assumir a titularidade da representação fundada no art. 41-A da Lei nº 9.504/97 no caso de abandono da causa pelo autor. 3. O Parquet assume a titularidade da representação para garantir que o interesse público na apuração de irregularidades no processo eleitoral não fique submetido a eventual colusão ou ajuste entre os litigantes. Assim, a manifestação da parte representada torna-se irrelevante diante da prevalência do interesse público sobre o interesse particular.* 4. Não assiste razão ao agravante quanto ao alegado dissídio jurisprudencial, uma vez que não há similitude fática entre o acórdão recorrido e o acórdão paradigma. 5. Não houve preclusão quanto à possibilidade de emendar a petição inicial para a composição do polo ativo da demanda, uma vez que a necessidade de citação dos suplentes de senador para compor a lide surgiu apenas no curso do processo, a partir do julgamento do RCED nº 703 pelo e. TSE, em 21.2.2008. Ademais, o Ministério Público Eleitoral requereu a citação dos suplentes na primeira oportunidade em que se manifestou nos autos após o abandono da causa pela autora originária. 6. O Ministério Público Eleitoral, ao assumir a titularidade da ação, pode providenciar a correta qualificação das testemunhas a fim de que compareçam à audiência de instrução, mesmo porque isso não consubstancia, de fato, um aditamento à inicial. 7. Agravo regimental desprovido. (Recurso Especial Eleitoral nº 35740, Acórdão, Relator(a) Min. Aldir Guimarães Passarinho Junior, Publicação: DJE – Diário de justiça eletrônico, Data 06.08.2010, Página 53-54).

Destaca-se que a atuação do membro do Ministério Público como *custos legis* durante a tramitação da investigação eleitoral não o impedirá de ajuizar posteriormente ação de impugnação de mandato eletivo:

> AGRAVO REGIMENTAL. AGRAVO DE INSTRUMENTO. EXCEÇÃO DE SUSPEIÇÃO. MEMBRO DO MINISTÉRIO PÚBLICO. NULIDADE. PROCESSO. OFENSA. PRINCÍPIO DO PROMOTOR NATURAL. ATUAÇÃO COMO FISCAL DA LEI NA AIJE E PROPOSITURA DE AIME CONTRA A MESMA PARTE. INEXISTÊNCIA. SUSPEIÇÃO. EXERCÍCIO DAS FUNÇÕES INSTITUCIONAIS. DESPROVIMENTO. 1. Não existe no ordenamento jurídico brasileiro o princípio do promo-

tor natural. Precedentes do STF. 2. *Não é suspeito o membro do Ministério Público Eleitoral que atue como fiscal da lei em AIJE e, posteriormente, ajuíze AIME contra a mesma parte.* 3. Agravo desprovido. (AGRAVO DE INSTRUMENTO nº 8789, Acórdão, Relator(a) Min. Eros Roberto Grau, Publicação: DJE – Diário de justiça eletrônico, Data 20.05.2009, Página 22).

4.1.1 Legitimidade passiva

a) Candidatos (peculiaridades quanto aos pré-candidatos, titulares e vices das chapas)

De acordo com o art. 22, inciso XIV, da LC nº 64/90, poderão figurar no polo passivo da ação de investigação judicial eleitoral o candidato beneficiado e quantos hajam contribuído para a prática do ato lesivo à normalidade e legalidade das eleições.

A ação de investigação eleitoral judicial ainda poderá ser instaurada em virtude de condutas realizadas antes do período eleitoral sempre que ficar constatada a existência de abuso de poder econômico, o abuso de poder político ou a utilização indevida de veículos ou meios de comunicação social, em benefício de um pré-candidato.[96]

É claro que a figura do pré-candidato beneficiado não pode figurar no polo passivo de uma AIJE pura (aquela que vise à cassação do registro ou do diploma do eleito), muito embora ele possa ser demandado em um pedido de urgência autônomo que vise à suspensão do ato abusivo que lhe beneficie, ou em medida cautelar probatória urgente (como uma busca e apreensão), tudo em homenagem à inafastabilidade da Jurisdição e garantia da lisura eleitoral.

Corroborando com essa linha de pensamento, destaco que providências dessa natureza estão inseridas também no conceito do poder de polícia do juiz eleitoral, cuja consagração está garantida pelo disposto no artigo 37, §3º, da Resolução TSE nº 23.547/17, que diz: "O disposto no §2º não impede que o juiz eleitoral, no exercício do poder de polícia, adote as medidas administrativas necessárias e, em seguida, se for o caso, cientifique o Ministério Público para eventual representação com vistas à aplicação das sanções pecuniárias, as quais não podem ser impostas de ofício pelo magistrado".

Assim, entendo que, tanto o órgão jurisdicional competente como os juízes eleitorais podem admitir pedidos de natureza cautelar contra atos ilegais ocorridos antes do registro de candidaturas, que tenham

---

[96] Recurso Especial Eleitoral nº 68254, Acórdão, Relator(a) Min. Gilmar Ferreira Mendes, Publicação: DJE – Diário de justiça eletrônico, Tomo 35, Data 23.02.2015, Página 56/57.

como demandados os pré-candidatos, ficando a sua atuação limitada à imediata sustação do(s) ato(s) impugnado(s) ou à arrecadação de material probatório com risco de perecimento, para que ocorra a posterior remessa dos autos ao órgão do Ministério Público com atribuição para oficiar perante o juízo competente para o processamento da AIJE. Nesse sentido, conferir:

> – RECURSOS ELEITORAIS. DEFERIMENTO LIMINAR DE BUSCA E APREENSÃO PELO JUIZ ELEITORAL NO EXERCÍCIO DO PODER DE POLÍCIA. REJEITADA A ALEGAÇÃO QUANTO À AUSÊNCIA DE DECISÃO DE MÉRITO PELO JUIZ ELEITORAL TENDO EM VISTA A COMPETÊNCIA DO TRIBUNAL REGIONAL ELEITORAL PARA APRECIAÇÃO DA MATÉRIA. REMESSA DOS DOCUMENTOS AO MINISTÉRIO PÚBLICO ELEITORAL PARA ADOÇÃO DAS MEDIDAS QUE ENTENDER PERTINENTES. CONHECIMENTO E IMPROVIMENTO DOS RECURSOS.
>
> **1.** *Presentes os requisitos do fumus boni juris e periculum in mora, com fundamento no poder de polícia e poder geral de cautela, mostra-se proporcional, próprio e adequado o deferimento de medida de busca e apreensão pelo Juiz Eleitoral.*
>
> 2. Nas eleições federais e estaduais, compete aos Tribunais Regionais Eleitorais o julgamento das Reclamações/Representações ajuizadas com fundamento em ofensa aos dispositivos da Lei nº 9.504/97.
>
> 3. Em virtude da significativa venda de combustível na data de realização de carreata, justifica-se o encaminhamento dos elementos ao Procurador Regional Eleitoral para o ajuizamento de alguma medida, caso entenda conveniente.
>
> 4. Recursos conhecidos e improvidos. (RE 3456 GO, Relator URBANO LEAL BERQUO NETO, julgamento em 04.06.2007)
>
> – RECURSO – DIREITO ELEITORAL – DIREITO PROCESSUAL ELEITORAL – REPRESENTAÇÃO – JUIZ ELEITORAL – PODER DE POLÍCIA – DISTRIBUIÇÃO DE SEMENTES ACOMPANHADAS DE "SANTINHOS" DE CANDIDATA A ASSEMBLEIA LEGISLATIVA – NÃO IDENTIFICAÇÃO DO AGENTE PÚBLICO QUE DESVIOU O PRODUTO – PUNIÇÃO DA CANDIDATA BENEFICIADA, POSSIBILIDADE – ARTIGO 73, IV, PARS. 4 E 8 DA LEI N. 9.504/97 – AFASTAMENTO DA PENA APLICADA AO PARTIDO.
>
> *CONQUANTO NÃO TENHA COMPETÊNCIA PARA PROCESSAR E JULGAR AS RECLAMAÇÕES E REPRESENTAÇÕES REFERENTES A INFRAÇÕES A LEI N. 9.504/97, O JUIZ ELEITORAL NÃO É UM MERO EXPECTADOR DOS FATOS QUE OCORREM NO TERRITÓRIO DA ZONA QUE JURISDICIONA. DEVE, INVESTIDO QUE ESTÁ DE PODER DE POLÍCIA, TOMAR AS PROVIDÊNCIAS QUE FOREM NECESSÁRIAS PARA A NORMALIDADE DO PLEITO, FUNCIONANDO COMO LONGA MANUS DO TRIBUNAL REGIONAL*

ELEITORAL, PODENDO INCLUSIVE DETERMINAR A APREENSÃO DE MATERIAL UTILIZADO EM PROPAGANDA IRREGULAR. (RECURSO EM REPRESENTAÇÃO nº 431 – /SC – Acórdão nº 15594 de 23.11.1998 Relator(a) RICARDO T. DO VALLE PEREIRA Publicação: PSESS – Publicado em Sessão, Data 23.11.1998).

Trata-se, ao meu sentir, de posição que se coaduna perfeitamente com o interesse constitucional de igualdade de oportunidades e garantia da lisura eleitoral, pois, muitas vezes, são os abusos pré-eleitorais que legitimam candidaturas.

Foi nessa linha de pensamento que o Tribunal Superior Eleitoral (TSE) julgou caso paradigmático sobre o assunto:

> No caso concreto, *a AIJE foi ajuizada em março de 2014, bem antes do pedido de registro de candidatura.* Entendimento que *não impede* o ajuizamento da referida ação após o registro de candidatura, mormente quando se sabe que a jurisprudência do TSE admite na AIJE o exame de fatos ocorridos antes do registro de candidatura, motivo pelo qual não há que se falar em violação ao art. 5º, inciso XXXV, da CF/1988. Tampouco *impede que a parte interessada requeira a sustação cautelar daquele ato abusivo,* como previsto, por exemplo, no art. 73, §4º, da Lei nº 9.504/1997, segundo o qual "o descumprimento do disposto neste artigo acarretará a suspensão imediata da conduta vedada, quando for o caso, e sujeitará os responsáveis a multa no valor de cinco a cem mil UFIR. 3. Agravo regimental desprovido." (Recurso Ordinário nº 10520, Acórdão, Relator(a) Min. Gilmar Ferreira Mendes, Publicação: DJE – Diário de justiça eletrônico, Data 23.02.2016).

Pois bem, feita essa breve incursão sobre os pré-candidatos, voltemos à questão da legitimidade passiva propriamente dita.

Sobre as eleições ao cargo de Chefe do Executivo, o vice do candidato investigado em sede de AIJE também deverá ser incluído no polo passivo da ação. Neste caso, o litisconsórcio é necessário em decorrência da garantia de efetivar o contraditório e a ampla defesa ao vice dentro do processo de investigação, visto que poderá sofrer os efeitos das sanções impostas pela procedência do pedido. Dito isso, é essencial que seja garantida a sua defesa, sob pena de nulidade do processo. É como entende o Tribunal Superior Eleitoral (TSE):

> ELEIÇÕES 2012. AGRAVO REGIMENTAL. RECURSO ESPECIAL. REPRESENTAÇÃO. CONDUTA VEDADA. ABUSO DE PODER POLÍTICO. POSSIBILIDADE DE CASSAÇÃO DO REGISTRO OU DIPLOMA. LITISCONSÓRCIO PASSIVO NECESSÁRIO. FALTA DE CITAÇÃO DO VICE. DECADÊNCIA. DESPROVIMENTO.

> 1. Nas ações eleitorais em que se cogita de cassação de registro, de diploma ou de mandato, há litisconsórcio passivo necessário entre os integrantes da chapa majoritária, considerada a possibilidade de ambos os integrantes serem afetados pela eficácia da decisão (AgR-REspe nº 955944296/CE, Rel. Min. Arnaldo Versiani, DJe de 16.8.2011).
> 2. Na hipótese dos autos, não tendo sido citado o vice-prefeito no prazo para o ajuizamento da representação, esta deve ser extinta com resolução de mérito por ocorrência da decadência, nos termos do art. 269, IV, do CPC, sendo, portanto, inviável a continuidade do processo para a aplicação das sanções previstas para a prática dos ilícitos mencionados na inicial.
> 3. Agravo regimental não provido. (Recurso Especial Eleitoral nº 28947, Acórdão, Relator(a) Min. Luciana Christina Guimarães Lóssio, Publicação: DJE – Diário de justiça eletrônico, Tomo 156, Data 22.08.2014, Página 129).

Assim, por se tratar de matéria já pacificada no âmbito jurisprudencial, o Tribunal Superior Eleitoral (TSE) editou a Súmula nº 38, que dispõe: "nas ações que visem à cassação de registro, diploma ou mandato, há litisconsórcio passivo necessário entre o titular e o respectivo vice da chapa majoritária".

Entretanto, se a sanção aplicada ao candidato investigado apresentar apenas o caráter pecuniário, não há o que se falar em nulidade processual ocasionada pela falta de citação do seu vice:

> REPRESENTAÇÃO. CONDUTA VEDADA. AIJE. PROCEDÊNCIA DA AÇÃO APENAS PARA APLICAR MULTA AO TITULAR DO CARGO. AUSÊNCIA DE CITAÇÃO DO VICE. NULIDADE INEXISTENTE. PRECEDENTES. AGRAVO REGIMENTAL DESPROVIDO. 1. *Não há nulidade do processo ante a ausência de citação do vice, na condição de litisconsorte passivo, quando a AIJE foi julgada procedente apenas para aplicar sanção pecuniária ao titular do cargo majoritário, sem resultar em cassação de registro ou diploma daquele.* 2. Agravo regimental desprovido. (Recurso Especial Eleitoral nº 61742, Acórdão, Relator(a) Min. Laurita Hilário Vaz, Publicação: DJE – Diário de justiça eletrônico, Tomo 159, Data 27.08.2014, Página 64).

No que tange à inclusão dos partidos políticos no polo passivo da demanda, o Tribunal Superior Eleitoral (TSE) fixou, por meio da Súmula nº 40, que "o partido político não é litisconsorte passivo necessário em ações que visem à cassação de diploma". De acordo com esse entendimento, as sanções impostas na AIJE possuem caráter pessoal, e, por conseguinte, não alcançam os partidos políticos dos candidatos impugnados.

Por fim, no julgamento do Recurso Ordinário nº 138069,[97] a Corte Superior decidiu que o fato do candidato não ter sido eleito não impede o processamento e o julgamento da ação de investigação judicial eleitoral contra ele.

Segundo a tese fixada, as condutas que ensejam a propositura da ação devem ser aferidas de acordo com a gravidade dos fatos, independentemente da obtenção do mandato eletivo por parte do candidato beneficiado.

b) Terceiros

Além dos candidatos, a lei prevê que suportarão as sanções decorrentes da investigação judicial todos aqueles que de alguma forma contribuíram para prática dos atos investidos de abuso de poder. Em virtude disso, toda e qualquer pessoa que tenha colaborado para o comprometimento da lisura do processo eleitoral será legítima para figurar no polo passivo dessa ação.

O Tribunal Superior Eleitoral (TSE) reformou o entendimento de que não haveria a necessidade do litisconsórcio passivo necessário entre o candidato representado e terceiros que participaram da prática abusiva, determinando as eleições de 2016 como marco inicial da obrigatoriedade do litisconsórcio passivo necessário entre os candidatos e os agentes públicos envolvidos nos fatos sob julgamento, como se vê:

> ELEIÇÕES 2012. PREFEITO. AÇÃO DE INVESTIGAÇÃO JUDICIAL ELEITORAL. CAPTAÇÃO ILÍCITA DE SUFRÁGIO. ABUSO DO PODER POLÍTICO E ECONÔMICO. LITISCONSÓRCIO PASSIVO NECESSÁRIO. CANDIDATO BENEFICIADO. RESPONSÁVEL. AGENTE PÚBLICO. JURISPRUDÊNCIA. ALTERAÇÃO. SEGURANÇA JURÍDICA.
>
> 1. Até as Eleições de 2014, a jurisprudência do Tribunal Superior Eleitoral se firmou no sentido de não ser necessária a formação de litisconsórcio passivo necessário entre o candidato beneficiado e o responsável pela prática do abuso do poder político. Esse entendimento, a teor do que já decidido para as representações que versam sobre condutas vedadas, merece ser reformado para os pleitos seguintes.

[97] ELEIÇÕES 2014. RECURSO ORDINÁRIO. AÇÃO DE INVESTIGAÇÃO JUDICIAL ELEITORAL. PUBLICIDADE INSTITUCIONAL. GASTOS. GOVERNADOR E VICE-GOVERNADOR. CONDUTA VEDADA. ABUSO DO PODER POLÍTICO. USO INDEVIDO DOS MEIOS DE COMUNICAÇÃO SOCIAL. (...) 2. O fato de os representados não terem sido eleitos não impede que a Justiça Eleitoral examine e julgue ação de investigação judicial eleitoral na forma do art. 22 da LC 64/90. A aferição do abuso do poder econômico, político ou do uso indevido dos meios de comunicação social independe do resultado do pleito, devendo ser aferida de acordo com a gravidade da situação revelada pela prova dos autos. (...) (Recurso Ordinário nº 138069, Acórdão, Relator(a) Min. Henrique Neves Da Silva, Publicação: DJE – Diário de justiça eletrônico, Tomo 045, Data 07.03.2017, Página 36-37).

2. A revisão da jurisprudência consolidada do Tribunal Superior Eleitoral deve ser prospectiva, não podendo atingir pleitos passados, por força do princípio da segurança jurídica e da incidência do art. 16 da Constituição Federal.
3. Firma-se o entendimento, a ser aplicado a partir das Eleições de 2016, no sentido da obrigatoriedade do litisconsórcio passivo nas ações de investigação judicial eleitoral que apontem a prática de abuso do poder político, as quais devem ser propostas contra os candidatos beneficiados e também contra os agentes públicos envolvidos nos fatos ou nas omissões a serem apurados. (...) (Recurso Especial Eleitoral nº 84356, Acórdão, Relator(a) Min. João Otávio de Noronha, Publicação: DJE – Diário de justiça eletrônico, Volume, Tomo 170, Data 02.09.2016, Página 73/74).

4.1.2 Cabimento

Segundo o art. 22, da Lei Complementar nº 64/1990, ensejará a instauração da investigação eleitoral judicial de qualquer conduta que implique o uso indevido, desvio ou abuso do poder econômico ou do poder de autoridade, ou a utilização indevida de veículos ou meios de comunicação social, em benefício de candidato ou de partido político.

O abuso aqui descrito se encontra relacionado tanto ao excesso na conduta como ao desvio da sua finalidade, restando configurando sempre que ficar evidenciado o comprometimento da normalidade das eleições em razão da sua prática.

Apesar de não se encontrar expressamente prevista como hipótese de cabimento de investigação eleitoral, a existência de fraude no pleito eleitoral poderá ser objeto de investigação judicial. Neste sentido, o Tribunal Superior Eleitoral (TSE):

ELEIÇÕES 2012. RECURSO ESPECIAL ELEITORAL INTERPOSTO POR DANIEL NETTO CÂNDIDO E ÉLIO PEIXER. PREFEITO E VICE-PREFEITO. AÇÃO DE INVESTIGAÇÃO JUDICIAL ELEITORAL. OMISSÃO DO DECISUM REGIONAL. INEXISTÊNCIA DE VIOLAÇÃO AO ART. 275 DO CÓDIGO ELEITORAL. REENQUADRAMENTO JURÍDICO DOS FATOS. VERIFICAÇÃO DE FRAUDE NA SUBSTITUIÇÃO DE CANDIDATO EM PLEITO MAJORITÁRIO. AUSÊNCIA DA OBSERVÂNCIA DO DEVER DE AMPLA PUBLICIDADE. SUBSTITUIÇÃO OCORRIDA ÀS VÉSPERAS DA ELEIÇÃO. CONDUTA QUE ULTRAJA O PRINCÍPIO DA VEDAÇÃO AO EFEITO SURPRESA DO ELEITOR E DA LIBERDADE DE ESCOLHA DOS VOTOS. POSSIBILIDADE DE APURAÇÃO DE FRAUDES DURANTE O PROCESSO ELEITORAL EM AÇÃO DE INVESTIGAÇÃO JUDICIAL ELEITORAL (AIJE). FRAUDE COMO ESPÉCIE DO GÊNERO ABUSO DE PODER. NECESSIDADE DE

SE REPRIMIR, O QUANTO ANTES, PRÁTICAS QUE POSSAM AMESQUINHAR OS PRINCÍPIOS REITORES DA COMPETIÇÃO ELEITORAL. TRANSMISSIBILIDADE DE EVENTUAIS ILÍCITOS PRATICADOS POR INTEGRANTES DA CHAPA ORIGINÁRIA À NOVEL COMPOSIÇÃO. MEDIDA QUE SE IMPÕE COMO FORMA DE COIBIR A PRÁTICA DE ABUSOS ELEITORAIS E A CAPTAÇÃO ILÍCITA DE SUFRÁGIO, CAPAZES DE VULNERAR A HIGIDEZ E A NORMALIDADE DO PRÉLIO ELEITORAL. RECURSO ESPECIAL DESPROVIDO. (...) *6. Toda fraude é uma conduta abusiva aos olhos do Direito. 7. No caso sub examine, (...) e) Do ponto de vista jurídico-processual, é perfeitamente possível – e recomendável – apurar a ocorrência, ou não, de fraude em ação de investigação judicial eleitoral, uma vez que as ações eleitorais, embora veiculem pretensões subjetivas, assumem a feição de tutela coletiva, seja por tutelarem interesses supraindividuais, seja por resguardarem a própria noção de democracia.* f) A teleologia subjacente à investigação judicial eleitoral consiste em proteger a legitimidade, a normalidade e a higidez das eleições, de sorte que o abuso de poder a que se referem os arts. 19 a 22 da LC 64/90 deve ser compreendido de forma ampla, albergando condutas fraudulentas e contrárias ao ordenamento jurídico-eleitoral. *A rigor, a fraude nada mais é do que espécie do gênero abuso de poder.* (...) (Recurso Especial Eleitoral nº 63184, Acórdão, Relator(a) Min. Luiz Fux, Publicação: DJE – Diário de justiça eletrônico, Volume, Tomo 192, Data 05.10.2016, Página 68/70).

Além disso, no julgamento da AIJE, não há necessidade da participação ou anuência do candidato na prática do ato, bastando ser comprovada a sua condição de beneficiário.[98] Isso ocorre porque o bem jurídico protegido pela ação de investigação judicial eleitoral é a normalidade e a legitimidade das eleições. Desta forma, qualquer conduta grave o suficiente para macular a normalidade e higidez do processo eleitoral é apta a ser objeto de "investigação judicial".

Nesse sentido, é de se destacar que a violação aos mandados constitucionais anticorrupção podem ensejar o ajuizamento de uma AIJE, já que os atos contrários a tais postulados configuram, via de regra, abuso de poder político.

[98] ELEIÇÕES 2012. AGRAVOS REGIMENTAIS. RECURSOS ESPECIAIS ELEITORAIS. AIJE. VEREADOR. ABUSO DO PODER ECONÔMICO E CAPTAÇÃO ILÍCITA DE SUFRÁGIO COMPROVADOS. IMPOSSIBILIDADE DE REEXAME DE PROVAS. DESPROVIMENTO. (...) 10. Nos termos do art. 22, XIV, da LC nº 64/90, *a condenação do candidato pela prática de abuso de poder prescinde da demonstração de sua responsabilidade ou anuência em relação à conduta abusiva, sendo suficiente a comprovação de que ele tenha auferido benefícios em razão da prática do ilícito.* Precedente. (...) (Recurso Especial Eleitoral nº 958, Acórdão, Relator(a) Min. Luciana Christina Guimarães Lóssio, Publicação: DJE – Diário de justiça eletrônico, Tomo 229, Data 02.12.2016, Página 45/46).

Neste sentido, ao julgar o Recurso Especial Eleitoral nº 13426, a Corte Superior entendeu que a contratação temporária excessiva e desviada em ano eleitoral é elemento comprobatório da existência de abuso de poder de autoridade passivo de impugnação por meio de AIJE.

No caso concreto, o prefeito da cidade de Araripe/CE, candidato à reeleição em 2012, contratou cerca de 262 (duzentos e sessenta e dois) servidores temporários no ano eleitoral, conduta que teria sido cometida com o suposto objetivo de influenciar o pleito eleitoral que aconteceria naquele ano.

Em sede de REspe, o Tribunal Superior julgou improcedente o recurso interposto pelos candidatos e manteve a decisão do Tribunal Regional que determinou a cassação dos diplomas e a declaração de inelegibilidade pelo período de oito anos.

> RECURSO ESPECIAL ELEITORAL. ELEIÇÕES 2012. AÇÃO DE INVESTIGAÇÃO JUDICIAL ELEITORAL. ABUSO DO PODER DE AUTORIDADE. CONFIGURAÇÃO. CONTRATAÇÃO EXCESSIVA DE SERVIDORES EM ANO ELEITORAL. GRAVIDADE DEMONSTRADA. INCIDÊNCIA DAS SÚMULAS 7 (STJ) E 279 (STF). RECURSO DESPROVIDO. 1. *Configura prática de abuso de autoridade, nos termos do que dispõe o art. 22, caput, da Lei Complementar 64/90, a elevada contratação temporária de servidores para cargos de natureza permanente, em ano eleitoral.* 2. As circunstâncias descritas no acórdão regional indicam a gravidade da conduta perpetrada, contra a liberdade do voto, demonstrando, portanto, o acerto da aplicação da pena de cassação dos diplomas conferidos aos eleitos, bem como da declaração de inelegibilidade pelo período de oito anos, conforme previsto no inciso XIV do artigo acima indicado. 3. Os fundamentos deduzidos no recurso especial reclamam o revolvimento de fatos e provas, providência que encontra vedação impressa nos verbetes das Súmulas 7 do Superior Tribunal de Justiça e 279 do Supremo Tribunal Federal. 4. Recurso ao qual se nega provimento. (Recurso Especial Eleitoral nº 13426, Acórdão, Relator(a) Min. João Otávio de Noronha, Publicação: DJE – Diário de justiça eletrônico, Tomo 203, Data 26.10.2015, Página 55).

Quanto ao momento da aferição do abuso de poder político, o Egrégio Tribunal Superior Eleitoral (TSE) entende que poderá ocorrer até mesmo antes do registro da candidatura do beneficiário, exigindo-se apenas a comprovação do nexo de causalidade entre a conduta investigada e os benefícios advindos da sua execução.[99]

---

[99] Recurso Especial Eleitoral nº 68254, Acórdão, Relator(a) Min. Gilmar Ferreira Mendes, Publicação: DJE – Diário de justiça eletrônico, Tomo 35, Data 23.02.2015, Página 56/57.

Mas o abuso de poder político é apenas uma das causas de pedir da AIJE. Vejamos as demais.

A) Abuso de poder econômico

O abuso de poder econômico tratado na ação de investigação judicial eleitoral restará caracterizado a partir da utilização de *recursos patrimoniais em excesso,*[100] independentemente da sua origem, desde que constatada a sua conversão em benefício de um candidato.

Dito isso, condutas como a contratação excessiva de pessoas para trabalharem nas campanhas, grande quantidade de dinheiro gasta durante o pleito eleitoral e valores excessivos em doações poderão gerar lesão ao regular procedimento eleitoral.

Ressalta-se que a conquista do mandato eletivo por parte do candidato não é requisito para a sua condenação em sede de investigação judicial, sendo necessária apenas a comprovação da potencialidade de risco do ato praticado.

Em resumo, o abuso de poder econômico está relacionado aos recursos financeiros gastos ao longo da campanha eleitoral, ou até mesmo anteriores a ela, muitas vezes vinculados a outras espécies de abuso de poder, como é comum nas fraudes em licitações para "fazer caixa financeiro" voltado ao financiamento de partidos ou candidatos.

Nesse sentido, lapidar o recente entendimento do Tribunal Superior Eleitoral (TSE), segundo o qual "fatos ocorridos em período muito anterior à eleição podem ser apreciados sob ótica de abuso de poder quando o produto da conduta ilícita – no caso, recursos financeiros obtidos mediante fraude em licitações – vem a ser posteriormente empregado em campanha, etapa crítica do processo democrático de votação de candidatos". Assim, "a manipulação de licitações para financiar campanha, ainda mais em se tratando de recurso da educação, desvirtuando-se a coisa pública em benefício próprio e em detrimento dos demais adversários, com desequilíbrio da disputa eleitoral e influência na legitimidade do pleito, além de improbidade administrativa e ilícito penal, é suficientemente grave para cassação de diplomas e imposição de inelegibilidade, não se podendo levar em conta de forma isolada o montante de recursos empregados. Requisito do art. 22, XVI, da LC 64/90 preenchido" (Recurso Especial Eleitoral nº 58738, Acórdão, Relator(a) Min. Antonio Herman de Vasconcellos E Benjamin, Publicação: DJE – Diário de justiça eletrônico, Data 03.10.2016).

---

[100] Recurso Especial Eleitoral nº 191868, Acórdão, Relator(a) Min. Gilson Langaro Dipp, Publicação: DJE – Diário de justiça eletrônico, Data 22.08.2011, Página 14.

B) Utilização indevida de veículos ou meios de comunicação social

Inicialmente, ao tratar desta espécie de cabimento da AIJE, é necessário esclarecer o sentido do emprego da palavra "veículos", mencionada no *caput* do art. 22, da Lei Complementar nº 64/1990.

Parte da doutrina defende que a utilização indevida de veículos aqui prevista refere-se ao uso de transportes em benefício dos candidatos, como, por exemplo, a utilização de veículos automotores para transportar eleitores no dia da eleição.

Contudo, doutrinadores como Elmana Viana Lucena Esmeraldo, Pedro Roberto Decoiman, Rodrigo López Zílio e Joel José Cândido entendem que, ao mencionar a palavra "veículos", o legislador empregou o sentido de meio de difusão de mensagens.

Esta segunda corrente me parece mais coerente com a interpretação dada pelos Tribunais Eleitorais, pois, ao tratar da utilização indevida de veículos como meio de transporte, a jurisprudência vem enquadrando tal situação como espécie de abuso de poder econômico e/ou abuso de poder político, como se vê dos julgados:

> 1 – ELEIÇÕES 2010. RECURSO ORDINÁRIO. AÇÃO DE INVESTIGAÇÃO JUDICIAL ELEITORAL. CANDIDATOS A GOVERNADOR DE ESTADO, A VICE-GOVERNADOR, A SENADOR DA REPÚBLICA E A SUPLENTES DE SENADORES. ABUSO DO PODER POLÍTICO, ECONÔMICO E USO INDEVIDO DOS MEIOS DE COMUNICAÇÃO. UTILIZAÇÃO DE SERVIDORES PÚBLICOS EM CAMPANHA. COAÇÃO SOBRE EMPRESÁRIOS DO ESTADO PARA FAZEREM DOAÇÃO À CAMPANHA DOS RECORRIDOS. ARREGIMENTAÇÃO E TRANSPORTE DE FUNCIONÁRIOS DE EMPRESAS PRIVADAS E DE COOPERATIVAS PARA PARTICIPAREM DE ATO DE CAMPANHA. USO INDEVIDO DOS MEIOS DE COMUNICAÇÃO. DEPENDÊNCIA ECONÔMICA DA IMPRENSA ESCRITA EM RELAÇÃO AO ESTADO DO ACRE. ALINHAMENTO POLÍTICO DE JORNAIS PARA BENEFICIAR DETERMINADA CAMPANHA. (...) 4. *Abuso do poder político e econômico na arregimentação e transporte de funcionários de empresas privadas e de cooperativas para participarem de ato de campanha dos recorridos*: a configuração do abuso de poder, com a consequente imposição da grave sanção de cassação de diploma daquele que foi escolhido pelo povo afastamento, portanto, da soberania popular, necessita de prova robusta da prática do ilícito eleitoral, exigindo-se que a conduta ilícita, devidamente comprovada, seja grave o suficiente a ensejar a aplicação dessa severa sanção, nos termos do art. 22, inciso XVI, da LC nº 64/1990, segundo o qual, "para a configuração do ato abusivo, não será considerada a potencialidade de o fato alterar o resultado da eleição, mas apenas a gravidade das circunstâncias que o caracterizam". Requisitos ausentes

no caso concreto. 5. *Uso indevido dos meios de comunicação:* dependência econômica da imprensa escrita em relação ao Estado do Acre e alinhamento político de jornais para beneficiar os recorridos. Não há provas nos autos acerca da dependência financeira dos *veículos de comunicação em relação ao Estado do Acre*, tampouco há ilicitude no fato de candidatos ou coligação contratarem para a campanha empresa de publicidade que tem contrato com o Executivo. A liberdade de informação jornalística, segundo a qual, "nenhuma lei conterá dispositivo que possa constituir embaraço à plena liberdade de informação jornalística em qualquer veículo de comunicação social, observado o disposto no art. 5º, IV, V, X, XIII e XIV" (art. 220, §1º, da CF/88), permite, na seara eleitoral, não apenas a crítica à determinada candidatura, mas também a adoção de posição favorável a certo candidato, salvo evidentes excessos, que serão analisados em eventual direito de resposta ou na perspectiva do abuso no uso indevido dos meios de comunicação. Não há prova nos autos que demonstrem o uso indevido dos meios de comunicação, mas matérias favoráveis aos candidatos da situação e da oposição ao governo estadual. (...) (Recurso Ordinário nº 191942, Acórdão, Relator(a) Min. Gilmar Ferreira Mendes, Publicação: RJTSE – Revista de jurisprudência do TSE, Volume 25, Tomo 4, Data 16.09.2014, Página 300);

2 – AÇÃO DE INVESTIGAÇÃO JUDICIAL ELEITORAL. ABUSO DO PODER ECONÔMICO E POLÍTICO. ALISTAMENTO E TRANSFERÊNCIA DE TÍTULOS. ALICIAMENTO DE ELEITORES. TRANSPORTE, USO DE MÁQUINA PÚBLICA E DOAÇÃO DE BENESSES. CONFIGURAÇÃO. ALEGAÇÃO. INADEQUAÇÃO DA VIA ELEITA. IMPROCEDÊNCIA. 1. *O tribunal regional eleitoral reconheceu a prática de abuso do poder econômico e político em um esquema razão de aliciamento de eleitores para alistarem-se ou transferirem seus domicílios eleitorais, com a doação de terrenos e o oferecimento de transporte para a sede da zona eleitoral, além do fornecimento de documentos e orientações por ocasião dos requerimentos na Justiça Eleitoral.* 2. Apesar dos eventuais vícios existentes no momento da transferência de eleitores não serem aptos para, no processo que visa à desconstituição do registro, do diploma ou do mandato, ensejar o cancelamento das inscrições eleitorais, a análise das circunstâncias e eventuais ilicitudes que envolvam a *transferência de elevado número de eleitores pode ser analisada sob o ângulo da aferição do abuso do poder econômico e/ou político, a fim de se preservar a legitimidade e normalidade do pleito eleitoral. 3. Ainda que não se discuta a validade das transferências na ação de investigação judicial eleitoral – as quais podem, em tese, ser formalmente perfeitas –, o incentivo econômico e a indevida utilização de agentes e bens públicos para que elas ocorressem caracteriza abuso do poder político e econômico.* 4. No recurso especial, não é possível o reexame dos fatos e das provas, em razão de sua natureza extraordinária. Assentada pela Corte Regional "a realização de alistamentos e transferências eleitorais instruídos com termos de doações de terrenos distribuídos

> maciçamente pelo Poder Público Municipal, com o intuito de favorecer candidatura, forjando o vínculo dos eleitores com o Município", não há como rever as premissas fáticas delineadas no acórdão recorrido (Súmulas 7/STJ e 279/STF). Recurso especial a que se nega provimento. (TSE – REspe: 115348 RN, Relator: Min. HENRIQUE NEVES DA SILVA, Data de Julgamento: 23.06.2015, Data de Publicação: DJE – Diário de justiça eletrônico, Tomo 157, Data 19.08.2015, Página 60/61).

Dito isso, filio-me ao posicionamento doutrinário que, ao versar sobre o uso indevido de *veículos* ou meios de comunicação social, refere-se ao sentido de intermédio de comunicação.

Desta forma, a utilização indevida de veículos e meios de comunicação social se evidencia sempre que um meio de comunicação, como rádio, televisão ou internet, for empregado com o intuito de afetar a normalidade das eleições.

A liberdade de imprensa deve ser respeitada no período eleitoral, entretanto, condutas excessivas, que tenham como objetivo prejudicar algum candidato, poderão ensejar a investigação judicial.

Como a imprensa escrita não possui o mesmo alcance das emissoras de rádio e televisão, posicionamentos e opiniões emitidos através dela só poderão ser punidos em caso de excesso, isso porque, diferentemente do que acontece com o rádio e a televisão, o seu alcance depende do interesse do eleitor.

Neste sentido, o Tribunal Superior Eleitoral entende que os veículos impressos de comunicação podem assumir posição favorável em relação a determinada candidatura, inclusive divulgando atos de campanha e atividades parlamentares, sem que isso caracterize por si só uso indevido dos meios de comunicação social.[101]

Outrossim, a exposição desproporcional de um candidato em detrimento de outros é capaz de se enquadrar na presente hipótese, ensejando, em determinados casos, a abertura do procedimento investigatório. Senão, vejamos:

> RECURSOS ESPECIAIS ELEITORAIS. ELEIÇÕES 2012. AÇÃO DE INVESTIGAÇÃO JUDICIAL ELEITORAL. USO INDEVIDO DOS MEIOS DE COMUNICAÇÃO. ABUSO DO PODER POLÍTICO COM VIÉS ECONÔMICO. CONFIGURAÇÃO. CASSAÇÃO DOS DIPLOMAS. INELEGIBILIDADE. ART. 22, XIV, DA LC 64/90. DESPROVIMENTO. (...) 5. Não houve afronta aos arts. 220, §6º, da CF/88 e 26, §4º, da Res.-TSE

[101] Recurso Especial Eleitoral nº 46822, Acórdão, Relator(a) Min. João Otávio de Noronha, Publicação: RJTSE – Revista de jurisprudência do TSE, Volume 25, Tomo 2, Data 27.05.2014, Página 321.

23.370/2011, pois, apesar de tais dispositivos preverem a desnecessidade de outorga do Poder Público para publicação de veículo impresso e a possibilidade de divulgação de opinião favorável a candidato ou partido político pela imprensa escrita, *ficou demonstrado pelas diversas provas anexadas aos autos o abuso da liberdade de imprensa, por meio de uso desproporcional de diversos veículos de comunicação com divulgação de opiniões favoráveis ao candidato recorrente e desaforáveis ao candidato recorrido.* 6. O conteúdo das matérias transcritas no acórdão recorrido e os fundamentos adotados pela Corte Regional demonstram *a nítida exposição desproporcional dos candidatos recorrentes em relação ao candidato recorrido nos seis veículos de comunicação do município, não havendo, portanto, dúvidas quanto à configuração de uso indevido dos meios de comunicação.* 7. No caso, ficou demonstrada pela moldura fática do acórdão a configuração do abuso de poder político com viés econômico, pois o recorrente Marco Antonio da Silva Toledo, valendo-se da sua posição de prefeito do Município de Natividade/RJ, desvirtuou propaganda institucional e utilizou recursos públicos de forma desproporcional (R$ 195.011,91 no período de agosto de 2011 a agosto de 2012) para financiar a divulgação de matérias que promoviam a sua candidatura e Prejudicavam a de seu adversário. 8. *A gravidade das circunstâncias, exigida no inciso XVI do art. 22 da LC 64/90 para configuração do ato abusivo, ficou demonstrada pelos seguintes fatos descritos no acórdão: a) a quantidade de veículos de comunicação (seis) simultaneamente utilizados em benefício da candidatura dos recorrentes em contraposição ao pequeno eleitorado do município (cerca de 11.000 eleitores); b) o longo período em que as matérias foram divulgadas (de agosto de 2011 a agosto de 2012); c) a quantidade de matérias divulgadas e de exemplares distribuídos (cerca de 2.000 exemplares e alguns jornais 5.000 exemplares); d) o valor expressivo de recursos públicos gastos (R$ 195.011,91); e) a reiteração das condutas; f) a pequena diferença de votos entre os candidatos (255 votos); g) o desvirtuamento da propaganda institucional em flagrante desrespeito ao art. 37, §1º, da CF/88.* (...) (Recurso Especial Eleitoral nº 63070, Acórdão, Relator(a) Min. João Otávio de Noronha, Publicação: DJE – Diário de justiça eletrônico, Tomo 29, Data 11.02.2015, Página 78/79).

No que tange à concessão de entrevistas à veículos de imprensa, tratando-se de uma única vez, não há o que se falar em uso indevido dos meios de comunicação social, pois a conduta isolada não é capaz de comprometer a igualdade de oportunidades entre os candidatos.[102]

C) Abuso de poder religioso

Embora não exista previsão legal quanto ao abuso de poder religioso, a jurisprudência brasileira já vem enquadrando tal fato como

---

[102] Recurso Especial Eleitoral nº 433079, Acórdão, Relator(a) Min. Fátima Nancy Andrighi, Publicação: DJE – Diário de justiça eletrônico, Data 30.08.2011, Página 88.

uma das espécies dos abusos de poder anteriormente mencionados, ora vinculando-o ao abuso de poder econômico, ora vinculando-o ao abuso dos meios de comunicação social.

A liberdade religiosa não é um direito absoluto e, por si só, não poderá afastar outros direitos fundamentais presentes no ordenamento jurídico brasileiro. Em virtude disso, poderá sofrer limitações por meio de uma análise razoável e proporcional do caso concreto sempre que ficar evidenciada a preponderância de outros princípios na situação fática.

No âmbito eleitoral, pode-se afirmar que a normalidade e a legitimidade das eleições se caracterizam como limitações ao direito de liberdade religiosa. A própria Lei nº 9.504/97, em seus artigos 24 e 37, veda expressamente as doações feitas a candidatos por entidades religiosas, ainda que por meio de publicidade de qualquer espécie, e a utilização de bens de uso comum, entre os quais estão enquadrados os templos religiosos, para a realização de propagandas eleitorais.

Não obstante as pessoas sejam livres para expressarem os seus posicionamentos religiosos, podendo até mesmo declará-los durante suas campanhas eleitorais, a proteção jurídica dada ao direito à livre manifestação de crença e à liberdade religiosa não poderá ser utilizada como escudo para mascarar condutas potencialmente lesivas à normalidade e à legitimidade das eleições.

Em recente decisão, o Tribunal Superior Eleitoral (TSE) trouxe interessante posicionamento sobre o abuso de poder religioso e a possibilidade da sua investigação em sede de AIJE:

> ELEIÇÕES 2010. RECURSOS ORDINÁRIOS. RECURSO ESPECIAL. AÇÃO DE INVESTIGAÇÃO JUDICIAL ELEITORAL. ABUSO DO PODER ECONÔMICO. USO INDEVIDO DOS MEIOS DE COMUNICAÇÃO SOCIAL E ABUSO DO PODER POLÍTICO OU DE AUTORIDADE. NÃO CONFIGURAÇÃO. 1. Os candidatos que sofreram condenação por órgão colegiado pela prática de abuso do poder econômico e político têm interesse recursal, ainda que já tenha transcorrido o prazo inicial de inelegibilidade fixado em três anos pelo acórdão regional. Precedentes. 2. Abuso do poder religioso. Nem a Constituição da República nem a legislação eleitoral contemplam expressamente a figura do abuso do poder religioso. Ao contrário, a diversidade religiosa constitui direito fundamental, nos termos do inciso VI do artigo 5º, o qual dispõe que: "É inviolável a liberdade de consciência e de crença, sendo assegurado o livre exercício dos cultos religiosos e garantida, na forma da lei, a proteção aos locais de culto e a suas liturgias". 3. A liberdade religiosa está essencialmente relacionada ao direito de aderir e propagar uma religião, bem como participar dos seus cultos em ambientes públicos ou particulares. Nesse sentido, de acordo com o art. 18 da Declaração

Universal dos Direitos Humanos, "toda pessoa tem direito à liberdade de pensamento, de consciência e de religião; este direito implica a liberdade de mudar de religião ou de convicção, assim como a liberdade de manifestar a religião ou convicção, sozinho ou em comum, tanto em público como em privado, pelo ensino, pela prática, pelo culto e pelos ritos". 4. *A liberdade religiosa não constitui direito absoluto. Não há direito absoluto. A liberdade de pregar a religião, essencialmente relacionada com a manifestação da fé e da crença, não pode ser invocada como escudo para a prática de atos vedados pela legislação. 5. Todo ordenamento jurídico deve ser interpretado de forma sistemática. A garantia de liberdade religiosa e a laicidade do Estado não afastam, por si sós, os demais princípios de igual estatura e relevo constitucional, que tratam da normalidade e da legitimidade das eleições contra a influência do poder econômico ou contra o abuso do exercício de função, cargo ou emprego na administração direta ou indireta, assim como os que impõem a igualdade do voto e de chances entre os candidatos. 6. Em princípio, o discurso religioso proferido durante ato religioso está protegido pela garantia de liberdade de culto celebrado por padres, sacerdotes, clérigos, pastores, ministros religiosos, presbíteros, epíscopos, abades, vigários, reverendos, bispos, pontífices ou qualquer outra pessoa que represente religião. Tal proteção, contudo, não atinge situações em que o culto religioso é transformado em ato ostensivo ou indireto de propaganda eleitoral, com pedido de voto em favor dos candidatos.* 7. Nos termos do art. 24, VIII, da Lei nº 9.504/97, os candidatos e os partidos políticos não podem receber, direta ou indiretamente, doação em dinheiro ou estimável em dinheiro, inclusive por meio de publicidade de qualquer espécie proveniente de entidades religiosas. 8. A proibição legal de as entidades religiosas contribuírem financeiramente para a divulgação direta ou indireta de campanha eleitoral é reforçada, para os pleitos futuros, pelo entendimento majoritário do Supremo Tribunal Federal no sentido de as pessoas jurídicas não poderem contribuir para as campanhas eleitorais (ADI nº 4.650, rel. Min. Luiz Fux). 9. A propaganda eleitoral não pode ser realizada em bens de uso comum, assim considerados aqueles a que a população em geral tem acesso, tais como os templos, os ginásios, os estádios, ainda que de propriedade privada (Lei nº 9.504/97, art. 37, *caput* e §4º). 10. O candidato que presencia atos tidos como abusivos e deixa a posição de mero expectador para, assumindo os riscos inerentes, participar diretamente do evento e potencializar a exposição da sua imagem não pode ser considerado mero beneficiário. O seu agir, comparecendo no palco em pé e ao lado do orador, que o elogia e o aponta como o melhor representante do povo, caracteriza-o como partícipe e responsável pelos atos que buscam a difusão da sua imagem em relevo direto e maior do que o que seria atingido pela simples referência à sua pessoa ou à sua presença na plateia (ou em outro local). 11. *Ainda que não haja expressa previsão legal sobre o abuso do poder religioso, a prática de atos de propaganda em prol de candidatos por entidade religiosa, inclusive os realizados de forma dissimulada, pode caracterizar a hipótese de abuso do poder econômico, mediante a utilização de recursos financeiros provenientes de fonte vedada. Além disso, a utilização proposital dos meios de comunicação social para a difusão dos atos de promoção de candidaturas é capaz de caracterizar a hipótese de uso indevido prevista no art.* 22 *da Lei das Inelegibilidades. Em ambas as situações e conforme as circunstâncias verificadas, os fatos podem causar o desequilíbrio da igualdade de chances entre os concorrentes e, se atingir gravemente a normalidade e a legitimidade das eleições, levar à cassação do registro ou do diploma dos candidatos eleitos.* 12. No presente caso, por se tratar das eleições de 2010, o abuso de poder deve ser aferido com base no requisito da potencialidade, que era exigido pela jurisprudência de então e que, não se faz presente no caso concreto em razão de suas circunstâncias. Recurso especial do pastor investigado recebido como recurso ordinário. Recursos ordinários dos investigados providos para julgar improcedente a ação de investigação judicial eleitoral. Recurso especial da Coligação Rondônia Melhor para Todos, autora da AIJE, prejudicado.

(Recurso Ordinário nº 265308, Acórdão, Relator(a) Min. Henrique Neves Da Silva, Publicação: DJE – Diário de justiça eletrônico, Data 05.04.2017, Página 20/21).

Portanto, os tribunais brasileiros já vêm acatando a possibilidade da aferição judicial de ilícitos relacionados ao abuso de poder religioso, podendo a conduta investigada ser caracterizada como abuso de poder econômico ou uso indevido dos meios e veículos de comunicação social, sendo passível de aplicação das sanções previstas no art. 22, da Lei Complementar nº 64/90.

5 Prazo

A legislação eleitoral não estabeleceu o prazo fixo para o ajuizamento da ação de investigação judicial eleitoral (AIJE), ficando a cargo da doutrina e da jurisprudência determinar o período temporal para a sua propositura.

5.1 Termo inicial

A investigação judicial poderá ser ajuizada *a partir do registro de candidatura do beneficiário da conduta revestida de abuso de poder.* Não obstante, a jurisprudência do Tribunal Superior Eleitoral (TSE) admite a proposição da ação com o intuito de analisar fatos anteriores à data do registro da candidatura, desde que as condutas praticadas tenham o condão de influenciar a normalidade do pleito eleitoral:

ELEIÇÕES 2014. AGRAVO REGIMENTAL. RECURSO ORDINÁRIO. AÇÃO DE INVESTIGAÇÃO JUDICIAL ELEITORAL. ABUSO DE PODER ECONÔMICO E POLÍTICO. CONDUTA VEDADA. PROPAGANDA EXTEMPORÂNEA. AJUIZAMENTO. PRAZO. INÍCIO. REGISTRO DE

CANDIDATURA. ANÁLISE. FATOS ANTERIORES AO REGISTRO. POSSIBILIDADE. MANUTENÇÃO DA DECISÃO AGRAVADA. 1. Recurso especial recebido como recurso ordinário, pois a decisão recorrida versa matéria passível de ensejar a perda do mandato eletivo. 2. *O termo inicial para ajuizamento da AIJE é o registro de candidatura*, não sendo cabível a sua propositura se não estiver em jogo a análise de eventual benefício contra quem já possui a condição de candidato, conforme interpretação do art. 22, inciso XIV, da LC nº 64/1990. No caso concreto, a AIJE foi ajuizada em março de 2014, bem antes do pedido de registro de candidatura. Entendimento que não impede o ajuizamento da referida ação após o registro de candidatura, mormente quando se sabe que *a jurisprudência do TSE admite na AIJE o exame de fatos ocorridos antes do registro de candidatura, motivo pelo qual não há que se falar em violação ao art. 5º, inciso XXXV, da CF/1988*. Tampouco impede que a parte interessada requeira a sustação cautelar daquele ato abusivo, como previsto, por exemplo, no art. 73, §4º, da Lei nº 9.504/1997, segundo o qual "o descumprimento do disposto neste artigo acarretará a suspensão imediata da conduta vedada, quando for o caso, e sujeitará os responsáveis a multa no valor de cinco a cem mil UFIR". 3. Agravo regimental desprovido. (Recurso Ordinário nº 10520, Acórdão, Relator(a) Min. Gilmar Ferreira Mendes, Publicação: DJE – Diário de justiça eletrônico, Data 23.02.2016).

5.2 Termo final

O prazo final para a representação da investigação judicial é a *data da diplomação*.[103]

Trata-se de prazo decadencial, logo, ultrapassada a data da diplomação, os legitimados não poderão se valer deste instrumento processual para impugnar os atos abusivos praticados.

O marco final para a propositura da investigação tem o objetivo de evitar que as discussões sobre o pleito eleitoral perdurem por muito tempo, fato que poderia causar uma grande instabilidade social no exercício do mandato do candidato eleito. Trata-se da efetivação do

[103] ELEIÇÕES 2008. AGRAVO REGIMENTAL. RECURSO EM MANDADO DE SEGURANÇA. AÇÃO DE INVESTIGAÇÃO JUDICIAL ELEITORAL. PRAZO. PROPOSITURA. DIPLOMAÇÃO. DESPROVIMENTO. 1. De acordo com a jurisprudência deste Tribunal Superior Eleitoral, *as ações de investigação judicial eleitoral (AIJE) fundamentadas em abuso de poder e condutas vedadas a agentes públicos podem ser propostas até a data da diplomação* (RO 1.453, Rel. Min. Felix Fischer, DJe de 5.4.2010. 2. Esse entendimento já era pacífico durante as Eleições 2008 e, com a inclusão do §12 ao art. 73 da Lei nº 9.504/1997 (redação dada pela Lei nº 12.034/2009), *não se confirma a suposta violação ao princípio da anterioridade da Lei Eleitoral* (art. 16, da Constituição Federal de 1988). 3. Agravo regimental não provido. (Recurso em Mandado de Segurança nº 5390, Acórdão, Relator(a) Min. João Otávio de Noronha, Publicação: DJE – Diário de justiça eletrônico, Tomo 99, Data 29.05.2014, Página 71).

princípio da segurança jurídica e da tentativa de proteção do sistema democrático.

Ressalta-se que, em caso de perda do prazo para a representação da AIJE, o autor poderá se valer da ação de impugnação de mandato eletivo, que poderá ser intentada até 15 dias após a data da diplomação.

6 Petição inicial

A petição inicial terá de preencher os requisitos previstos no art. 319 do NCPC e deverá ser dirigida ao corregedor do Tribunal, que terá as mesmas atribuições do relator em processos judiciais. No que diz respeito às representações contra candidatos a nível municipal, a petição deverá ser direcionada ao Juiz Eleitoral competente para o registro da candidatura.

Além disso, a petição será instruída com os documentos indispensáveis à sua propositura (art. 320, NCPC) e o rol testemunhal, que poderá ultrapassar o máximo de 6 (seis) pessoas, sempre que houver diversidade de fatos a serem apurados. A representação deverá ser proposta através de advogado devidamente constituído nos autos do processo, exceto quando for realizada pelo Ministério Público.

7 Pedidos

O objetivo da AIJE é proteger a normalidade e a legalidade do pleito eleitoral. Deste modo, comprovada a prática de conduta lesiva, deverão ser aplicadas as sanções previstas no art. 22, XIV, da Lei Complementar nº 64/2016.

Diante disso, ao propor a representação, o autor deverá postular: a) a inelegibilidade para as eleições a se realizarem nos 8 (oito) anos subsequentes à eleição em que se verificou; b) e a cassação do registro ou diploma do candidato diretamente beneficiado.

De acordo com Súmula nº 62, do Tribunal Superior Eleitoral (TSE), "os limites do pedido são demarcados pelos fatos imputados na inicial, dos quais a parte se defende, e não pela capitulação legal atribuída pelo autor".

Neste sentido, a jurisprudência da Corte Superior entende que não ocorrerá julgamento *extra petita* quando, comprovada nos autos a prática de abuso de poder, o juiz aplicar sanção diversa da pleiteada pelo autor (art. 73, §5º, da Lei nº 9.504/97):

> ELEIÇÕES 2012. RECURSO ESPECIAL. PREFEITO REELEITO. AIJE. CONDUTA VEDADA. PUBLICIDADE INSTITUCIONAL. CASSAÇÃO DO DIPLOMA. JULGAMENTO CITRA OU EXTRA PETITA. INOCORRÊNCIA. OMISSÃO. INOCORRÊNCIA.

PROPORCIONALIDADE SOPESADA PELO REGIONAL COM FUNDAMENTO NO CONJUNTO PROBATÓRIO CUJOS ELEMENTOS NÃO FORAM TRASLADADOS INTEGRALMENTE PARA O CORPO DO ACÓRDÃO. ALTERAÇÃO DA SANÇÃO IMPLICARIA REEXAME DE FATOS E PROVAS E NÃO MERA REVALORAÇÃO DA MOLDURA FÁTICO-PROBATÓRIA. DESPROVIMENTO DO RECURSO. CESSAÇÃO IMEDIATA DOS EFEITOS DE LIMINAR CONCEDIDA EM MEDIDA CAUTELAR ANTES DA INTERPOSIÇÃO DO RECURSO ESPECIAL PELA PRESIDÊNCIA DA CORTE REGIONAL. LIMINAR QUE FAZ REFERÊNCIA EXPRESSA À MANUTENÇÃO DE SEUS EFEITOS NO CASO DA INTERPOSIÇÃO DE RECURSO ESPECIAL. CAUTELAR EM QUE SE DISPENSOU A CITAÇÃO CUJOS AUTOS FORAM APENSADOS AOS DESTE RECURSO ESPECIAL ONDE SE ENCONTRAM AGUARDANDO ESTE JULGAMENTO. 1. Não ocorre julgamento extra petita ou violação aos arts. 128, 264, parágrafo único, 459 e 460 do CPC, ante a condenação em cassação do diploma, embora na petição inicial da AIJE conste apenas pedido de cassação de registro, *pois em sede de investigação judicial, uma vez apresentado, delimitado e reconhecido o abuso, cabe ao juiz aplicar a sanção mais adequada à circunstância,* o que decorre de imperativo legal constante no art. 73, §5º, da Lei 9.504/97, ou seja, a cassação do registro ou do diploma.

(Recurso Especial Eleitoral nº 52183, Acórdão, Relator(a) Min. Maria Thereza Rocha de Assis Moura, Publicação: DJE – Diário de justiça eletrônico, Tomo 77, Data 24/04/2015, Página 102).

7.1 Tutelas de urgência

Para resguardar em caráter urgente a normalidade das eleições, o representante poderá requerer a suspensão da conduta revestida de abuso de poder, através do pedido de tutela cautelar.

Neste caso, é necessário o preenchimento dos requisitos estabelecidos no art. 300, do NCPC, que dispõe: a tutela de urgência será concedida quando houver elementos que evidenciem a probabilidade do direito e o perigo de dano ou o risco ao resultado útil do processo. Ressalta-se que a concessão da tutela cautelar independe da manifestação da parte contrária.

Além disso, a suspensão do ato abusivo poderá ser realizada de ofício sempre que, ao receber a representação, o corregedor verificar a relevância dos fundamentos trazidos na inicial e o ato impugnado puder resultar a ineficiência da ação, caso seja julgada procedente (art. 22, I, alínea b, LC nº 64/90). Sobre a possibilidade de tutela cautelar no período pré-eleitoral, conferir o que falamos quando da análise da legitimidade passiva.

Por fim, nas ações de investigação judicial eleitoral, não é admitida a concessão da tutela de urgência de caráter antecipado, pois o objetivo da ação é a cassação do registro e a declaração da inelegibilidade dos representados, medidas que não poderão ser concedidas sem que haja o perigo de irreversibilidade dos efeitos da decisão (art. 303, §3º, NCPC).

8 Efeitos da decisão

Em caso de procedência da AIJE, será declarada a inelegibilidade do representado e de quantos hajam contribuído para a prática do ato, pelo prazo de 8 (oito anos), a contar da data das eleições em que se verificou a conduta danosa, além da cassação do registro ou diploma do candidato diretamente beneficiado (art. 22, XIV, LC nº 64/90).

Destaca-se que o prazo de inelegibilidade pelo período de 8 (oito) anos aqui tratado não poderá atingir fatos anteriores à vigência da Lei Complementar nº 135/2010.[104]

Além disso, em caso de condenação por abuso de poder econômico ou político, o termo inicial para contagem de prazo de inelegibilidade será o dia da eleição afetada pela conduta revestida de abuso de poder, bem como o termo final será o dia de igual número no oitavo ano seguinte.[105] Deste modo, independente da data do julgamento da AIJE, caso as eleições tenham ocorrido, por exemplo, no dia 05.10.2014, a sanção de inelegibilidade perdurará até o dia 05.10.2022.

Percebe-se que a eleição é marco temporal importante para os efeitos da decisão da investigação judicial. Se a ação for julgada procedente antes da sua realização, será cassado o registro do candidato beneficiado, bem como declarada a sua inelegibilidade e de todos os que contribuíram para a prática do ato abusivo. Já nos casos em que a investigação é julgada após as eleições, em caso de vitória do candidato impugnado, será declarada a inelegibilidade de todos os que participaram do ato, pelo prazo de 8 anos, bem como *será decretada a cassação do seu diploma, e consequentemente a perda do seu mandato.*

---

[104] ELEIÇÕES 2008. AÇÃO DE INVESTIGAÇÃO JUDICIAL ELEITORAL. DECADÊNCIA. PERDA DO OBJETO. ENCERRAMENTO DO MANDATO. EXAURIMENTO DO PERÍODO DE INELEGIBILIDADE. MANUTENÇÃO DA DECISÃO AGRAVADA. 3. É descabida a decretação da inelegibilidade por oito anos em AIJE referente a fatos anteriores à vigência da Lei Complementar nº 135/2010. Precedentes. 4. Agravo regimental desprovido. (Recurso Especial Eleitoral nº 50451, Acórdão, Relator(a) Min. Gilmar Ferreira Mendes, Publicação: DJE – Diário de justiça eletrônico, Tomo 104, Página 25).

[105] O prazo de inelegibilidade decorrente da condenação por abuso do poder econômico ou político tem início no dia da eleição em que este se verificou e finda no dia de igual número no oitavo ano seguinte (art. 22, XIV, da LC nº 64/90). Súmula-TSE nº 19.

O Tribunal Superior Eleitoral (TSE) defende que há um liame indissolúvel entre o mandato eletivo e o voto. Deste modo, *a perda do mandato eletivo acarretará também a anulação dos votos concedidos ao candidato.*

Diante disso, no sistema proporcional (Deputados e Vereadores), a nulidade dos votos só atingirá a pessoa do candidato, tornando-se vago o cargo, que será assumido pelo primeiro suplente da coligação (art. 56, §1º, da Constituição Federal).

A vacância dos candidatos eleitos no sistema majoritário, em caso de cassação do diploma, será regulamentada pelo art. 224, §3º, do Código Eleitoral, introduzido pela Lei nº 13.165/2015. De acordo com a sua redação, após o trânsito em julgado da decisão, serão realizadas novas eleições, independentemente do número de votos anulados.

Em recente julgado, o Tribunal Superior Eleitoral (TSE) declarou a inconstitucionalidade da expressão *trânsito em julgado* prevista no artigo supracitado. De acordo com a tese fixada pela Corte Superior, se o trânsito em julgado não ocorrer antes, e ressalvada a hipótese de concessão de tutela de urgência, a execução da decisão judicial e a convocação das novas eleições deverão ocorrer após a análise da investigação judicial pelas instâncias ordinárias.

> FIXAÇÃO DE TESE. CUMPRIMENTO DA DECISÃO JUDICIAL E CONVOCAÇÃO DE NOVAS ELEIÇÕES. 1. As hipóteses do caput e do §3º do art. 224 do Código Eleitoral não se confundem nem se anulam. O caput se aplica quando a soma dos votos nulos dados a candidatos que não obteriam o primeiro lugar ultrapassa 50% dos votos dados a todos os candidatos (registrados ou não); já a regra do §3º se aplica quando o candidato mais votado, independentemente do percentual de votos obtidos, tem o seu registro negado ou o seu diploma ou mandato cassado. 2. *A expressão "após o trânsito em julgado", prevista no §3º do art. 224 do Código Eleitoral, conforme redação dada pela Lei 13.165/2015, é inconstitucional.* 3. Se o trânsito em julgado não ocorrer antes, e ressalvada a hipótese de concessão de tutela de urgência, a execução da decisão judicial e a convocação das novas eleições devem ocorrer, em regra: 3.1. após a análise dos feitos pelo Tribunal Superior Eleitoral, no caso dos processos de registro de candidatura (LC 64/90, arts. 3º e seguintes) em que haja o indeferimento do registro do candidato mais votado (art. 224, §3º) ou dos candidatos cuja soma de votos ultrapasse 50% (art. 224, caput); e 3.2. após a análise do feito pelas instâncias ordinárias, nos casos de cassação do registro, do diploma ou do mandato, em decorrência de ilícitos eleitorais apurados sob o rito do art. 22 da Lei Complementar 64/90 ou em ação de impugnação de mandato eletivo. Embargos de declaração acolhidos e providos, em parte. (Recurso Especial Eleitoral nº 13925, Acórdão, Relator(a) Min. Henrique Neves Da Silva, Publicação: PSESS – Publicado em Sessão, Data 28.11.2016).

Por fim, cumpre destacar que, em regra, as novas eleições ocorrerão de forma direta, exceto se a vacância do cargo ocorrer a menos de seis meses do final do mandato (art. 224, §4º, Código Eleitoral).

9 Recursos

O prazo para interposição de recurso na ação de investigação judicial eleitoral é de 03 (três) dias a contar da data da publicação da decisão, nos termos do que dispõe o artigo 258 do Código Eleitoral.

Por não se tratar das hipóteses previstas no art. 16, da Lei Complementar nº 64/90, regulamentado pela Resolução nº 23.462/2015[106] do Tribunal Superior Eleitoral (TSE), os prazos na AIJE serão contados excluindo o dia do começo e incluindo o dia do vencimento (art. 224, CPC).

Deste modo, da decisão proferida pelo Juiz Eleitoral nas investigações em âmbito municipal, caberá Recurso Eleitoral Inominado direcionado ao Tribunal Regional Eleitoral competente. Da decisão proferida pelo Tribunal Regional, referente às eleições estaduais, federais e distritais, caberá a interposição de Recurso Ordinário e Recurso Especial direcionado ao Tribunal Superior Eleitoral. E por fim, tendo o Tribunal Superior proferido decisão referente às eleições presidenciais, caberá a interposição de Recurso Extraordinário direcionado ao Supremo Tribunal Federal.

Além disso, independente da instância, é possível a interposição de embargos de declaração sempre que a decisão se encaixar em uma das hipóteses previstas no art. 1022, do CPC.

Como já mencionado, os efeitos da decisão proferida em sede de AIJE não estarão sujeitos ao seu trânsito em julgado. Assim, as sanções de cassação do registro ou diploma e a declaração de inelegibilidade poderão ser executadas ainda que haja matéria de direito a ser tratada em sede de recurso.

Diante disso, a regra aplicada aos recursos eleitorais é a não existência do seu efeito suspensivo (art. 257, Código Eleitoral). Todavia, com as alterações trazidas pela Lei nº 13.165/2015, foi acrescentado ao art. 257 o §2º, que trouxe uma exceção aos efeitos das decisões. O novo dispositivo trata da obrigatoriedade do efeito suspensivo nos Recursos Ordinários interpostos contra sentenças e acórdãos de Juízes Eleitorais

---

[106] Resolução-TSE nº 23.462/15, art. 5º Os prazos relativos às reclamações, às representações e aos pedidos de resposta são contínuos e peremptórios e não se suspendem aos sábados, domingos e feriados entre 15 de agosto e 16 de dezembro de 2016 (Lei Complementar nº 64/1990, art. 16), excepcionados os feitos de competência do Tribunal Superior Eleitoral, que observarão o disposto no Calendário Eleitoral.

e Tribunais Eleitorais, sempre que a decisão resultar na cassação de registro, afastamento do titular ou perda do seu mandato.

Já os Recursos Especial e Extraordinário estarão submetidos às regras do *caput* do art. 257, do Código Eleitoral. Todavia, poderão ter suspensos os efeitos da decisão sempre que houver pedido expresso da parte demonstrando a viabilidade recursal e a existência do *fumus boni juris*.

10 Autonomia da AIJE em relação à ação popular e à ação cível de improbidade administrativa que apuram o mesmo fato

Em recente julgado, o plenário do Tribunal Superior Eleitoral (TSE), por unanimidade, reafirmou a competência da Justiça Eleitoral para processar e julgar fatos danosos à normalidade e à legitimidade do pleito eleitoral, ainda que estes já tenham sido apreciados no âmbito da Justiça Comum. Vejamos:

> RECURSO ESPECIAL ELEITORAL. ELEIÇÕES 2016. EMBARGOS DE DECLARAÇÃO OPOSTOS CONTRA DECISÃO MONOCRÁTICA. PRETENSÃO DE EFEITOS MODIFICATIVOS. RECEBIMENTO COMO AGRAVO REGIMENTAL. MANDADO DE SEGURANÇA. ORDEM CONCEDIDA PELO TRIBUNAL REGIONAL ELEITORAL. EXTINÇÃO DE INVESTIGAÇÃO JUDICIAL ELEITORAL SEM SOLUÇÃO DO MÉRITO. DETERMINAÇÃO DE PROSSEGUIMENTO DA AÇÃO. DESPROVIMENTO. 1. Conquanto sejam cabíveis contra qualquer decisão judicial, inclusive proferida pelo relator, ex vi do art. 1.022, c/c art. 1.024, §2º, do CPC, "os embargos de declaração opostos em face de decisão monocrática, nos quais se tencionam efeitos modificativos, devem ser recebidos como agravo regimental" (AgR-REspe nº 2431-61/GO, Rel. Min. Luiz Fux, DJe de 27.9.2016).2. In casu, o TRE/MA concedeu a ordem pleiteada no *mandamus* e determinou a extinção da AIJE, sem resolução do mérito, ao fundamento de que não haveria abuso de poder, lesão ou perigo de lesão à normalidade do processo eleitoral, bem como nenhum reflexo lesivo à lisura das eleições de 2016, o que afastaria a competência da Justiça Eleitoral para examinar tais imputações. Verifica-se, na espécie, verdadeira antecipação do julgamento da investigação na via sumária do mandado de segurança. 3. O mero ajuizamento de investigação judicial eleitoral, ainda que supostamente incabível, não denota, por si só, violação a direito líquido e certo tutelável pela via mandamental, e, ademais, eventual irresignação contra ato judicial deve ser feita por meio do recurso cabível, ex vi do disposto nas Súmulas nos 22/TSE e 267/STF. 4. Nessa toada, conforme assentado na decisão impugnada, não se vislumbra, no caso dos autos, violação a direito líquido e certo ou ato manifestamente ilegal a ser tutelado pela via do mandamus, o que impõe a reforma do acórdão regional, a fim de que seja denegada

a ordem pleiteada, e, por consequência, seja restabelecido o prosseguimento do trâmite da AIJE. 5. Ainda que o fato narrado (ilegalidade de contrato administrativo e seu suposto uso eleitoreiro) já tenha sido submetido à Justiça Comum, compete à Justiça Eleitoral julgá-los sob o ângulo do abuso do poder político ou econômico, o que se coaduna, ao menos em tese, com o objeto da investigação judicial eleitoral, ex vi do disposto no art. 22 da LC nº 64/90. Não bastasse a eloquência do princípio da incomunicabilidade e independência entre as instâncias cível e eleitoral, verifica-se que a Justiça Comum não chegou sequer a proferir decisão meritória nos autos da ação popular, uma vez que, conforme descrito no acórdão regional, a aludida ação fora extinta sem resolução do mérito, ou seja, não houve exame acerca da licitude ou ilicitude do ato administrativo. 6. Embargos de declaração conhecidos como agravo regimental, ao qual se nega provimento, determinando-se a expedição de ofício ao Juízo da 1ª Zona Eleitoral do Maranhão a fim de dar prosseguimento à AIJE.

(Recurso Especial Eleitoral nº 12876, Acórdão, Relator(a) Min. Tarcisio Vieira de Carvalho Neto, Publicação: DJE – Diário de justiça eletrônico, Data 05.10.2017)

No caso concreto, o Tribunal Regional Eleitoral do Maranhã julgou extinta sem resolução de mérito uma ação de investigação judicial eleitoral (AIJE), por entender que a Justiça Especializada era incompetente para analisar suposto ato de improbidade administrativa já julgado improcedente pela Justiça Comum.

Em sede de recurso interposto pelo Ministério Público Eleitoral, o Ministro Tarcísio Vieira de Carvalho Neto entendeu que a Justiça Eleitoral é competente para processar e julgar atos investidos de abuso de poder capazes de prejudicar o pleito eleitoral, ainda que estes já tenham sido apreciados pela Justiça Comum em sede de ação de improbidade administrativa ou ação popular.

De acordo com o seu entendimento, a análise feita pelo Tribunal Eleitoral não está vinculada ao entendimento da Justiça Comum, pois os bens jurídicos tutelados pela ação de investigação judicial eleitoral são distintos dos tutelados pela ação popular, bem como explicou que a análise do abuso de poder tratado na AIJE deve ser realizada sob a óptica do art. 22, da Lei Complementar nº 64/90.

Destacou ainda que, em virtude do princípio da incomunicabilidade e da independência entre as instâncias cível e eleitoral, as conclusões adotadas pela Justiça Comum não vinculam o julgamento da Justiça Eleitoral. Diante disso, por unanimidade, o Tribunal determinou a remessa dos autos ao Juízo de 1ª instância para dar prosseguimento à AIJE.

5.2 Ação de impugnação ao mandato eletivo

1 Breve introdução

A ação de impugnação de mandato eletivo (AIME) está prevista no art. 14, §§10 e 11 da Constituição Federal de 1988 e tem como objetivo desconstituir o mandato eletivo obtido através de *fraude, corrupção e abuso de poder econômico.*

A AIME, como assim é chamada, possui natureza de ação constitucional/eleitoral e será utilizada sempre que a lisura do processo eleitoral restar comprometida pela prática de um dos três ilícitos anteriormente citados. Por não existir, até a presente data, norma infraconstitucional regulamentando o rito aplicável às ações de impugnação de mandato eletivo, a jurisprudência pátria é pacífica ao aplicar-lhe o procedimento previsto na Lei Complementar nº 64/1990.

Do exposto, percebe-se que a ação de impugnação de mandato eletivo é a única ação eleitoral de matriz constitucional voltada para garantir o direito difuso da sociedade a um processo eleitoral hígido e imune a qualquer ato de corrupção, fraude ou abuso.[107]

Esse é o motivo pelo qual a Corte Eleitoral atribuiu-lhe a *posição de "preferred position" no campo processual eleitoral,* como se vê:

> 1. A ação de impugnação de mandato eletivo (AIME) ocupa uma preferred position em relação às demais ações eleitorais, ante a jusfundamentalidade formal e material gravada pelo constituinte de 1988. a) A ação de impugnação de mandato eletivo, sob o prisma formal, encontra-se positivada no Título II, dedicado aos Direitos e Garantias Fundamentais, ex vi do art. 14, §§10 e 11, da CRFB, à semelhança dos demais remédios constitucionais (e.g., habeas corpus, habeas data, mandado de segurança, mandado de injunção e ação popular), desenho institucional que atrai todo o regime jurídico das garantias constitucionais. b) A importância da AIME, examinada pelo viés material, salta aos olhos por ser a única ação eleitoral que conta com lastro constitucional para retirar um agente político investido no mandato pelo batismo das urnas, de ordem a mitigar, em consequência, o cânone da soberania popular. 2. o regime jurídico-constitucional da AIME encerra critério substantivo de racionalização dos feitos eleitorais, i.e., trata-se do vetor hermenêutico apto a elidir a

---

[107] "A ação de impugnação de mandato eletivo transcende a mera tutela de pretensões subjetivas (*e.g.*, do titular que pretende não ter seu mandato eletivo desconstituído), conectando-se, precipuamente, com a salvaguarda de interesses transindividuais (e.g., a legitimidade, a normalidade das eleições, a higidez e a boa-fé da competição eleitoral), a revelar, com extrema nitidez, o caráter híbrido que marca o processo eleitoral" (TSE, Recurso Especial Eleitoral nº 139248, Acórdão, Relator(a) Min. Luiz Fux, Publicação: DJE, Tomo 107, Data 02.06.2017, Página 37/40).

ausência de sistematicidade do processo eleitoral e evitar o descrédito da Justiça Eleitoral em razão do atual estado de risco potencial de decisões antagônicas em processos em que há identidade quanto às premissas fáticas, seja porque possuem eficácia interpretativa, ao servir de filtro hermenêutico a guiar a atuação do magistrado, seja porque possuem eficácia negativa, ao obstar qualquer atuação do legislador no sentido de subtrair sua máxima efetividade (FUX, Luiz; FRAZÃO, Carlos Eduardo. Reunião de processos no Direito Eleitoral quando veiculem os mesmos fatos: a proeminência constitucional da Ação de Impugnação de Mandato Eletivo (AIME). In: Novos paradigmas do Direito Eleitoral. Belo Horizonte, 2016, p. 299-312).

(...)

5. A ratio essendi da ação de impugnação de mandato eletivo é impedir que os mandatos eletivos sejam desempenhados por candidatos eleitos que adotaram comportamentos censuráveis durante o prélio eleitoral, com vilipêndio aos valores mais caros ao processo político, tais como a igualdade de chances entre os players da competição eleitoral, a liberdade de voto dos cidadãos e a estrita observância das disposições constitucionais e legais respeitantes ao processo eleitoral. 6. A legitimidade e a normalidade das eleições se afiguram pressupostos materiais para a investidura idônea e legítima do cidadão eleito, bem como para a consequente fruição de seu mandato eletivo. (Recurso Especial Eleitoral nº 1090, Acórdão, Relator(a) Min. Luiz Fux, Publicação: DJE, Tomo 126, Data 30/06/2017, Página 99/102).

2 Competência

De acordo com o artigo 2º, da LC nº 64/90, a competência para o julgamento da AIME é da Justiça Eleitoral, cabendo aos seguintes Tribunais processar e julgar os respectivos mandatos eletivos:

a) Tribunal Superior Eleitoral (TSE), nas ações propostas contra a diplomação do Presidente ou Vice-Presidente da República;

b) Tribunal Regional Eleitoral (TRE), nas ações propostas contra a diplomação de Senador, Deputado Federal, Deputado Estadual, Deputado Distrital, Governador, Vice-Governador de Estado e do Distrito Federal. Neste caso, a competência será do Tribunal Eleitoral competente para o registro do candidato impugnado;

c) Juízes Eleitorais, nas ações propostas contra a diplomação de Prefeito, Vice-Prefeito e Vereador. Neste caso, a competência será do Juiz Eleitoral competente para o registro do candidato impugnado.

É importante ressaltar que, por se tratar de ação de cunho cível-eleitoral, não se aplicam as regras referentes ao foro de prerrogativa de função no ajuizamento da AIME, permanecendo as normas de competência previstas na LC nº 64/90.

3 Legitimidade ativa e passiva

3.1 Legitimidade ativa

O artigo 3º da LC nº 64/90 define como legítimos para a propositura da AIME: *o Ministério Público; qualquer candidato; os partidos políticos; e as coligações*. A legitimidade prevista nesta lei é caracterizada como uma legitimidade concorrente e disjuntiva, podendo a ação ser proposta em litisconsórcio ativo ou não.

3.1.1 O Ministério Público

O Ministério Público, como uma instituição autônoma e independente, poderá ajuizar a AIME independente de provocação, bastando apenas que o membro do órgão ministerial competente possua conhecimento do ilícito ocorrido dentro da sua circunscrição de atuação. Em razão disso, a atuação ministerial perante o TSE ficará a cargo do Procurador-Geral Eleitoral. Já nos TREs e nas Zonas Eleitorais, serão competentes os Procuradores Regionais Eleitorais e os Promotores Eleitorais, respectivamente.

Além de ser legítimo para propor a AIME, nos casos em que não figure como autor da ação, o Ministério Público deverá sempre atuar como fiscal da ordem jurídica.

Vale ressaltar ainda que o ajuizamento da ação eleitoral por candidato, partido político ou coligação, não impede a propositura da ação no mesmo sentido por parte do Ministério Público, conforme disposto no §1º, do artigo 3º, da LC nº 64/90.

Além disso, convém destacar que, em razão do bem jurídico tutelado nesse tipo de ação, a jurisprudência eleitoral já vem reconhecendo a possibilidade de assunção do polo ativo por parte do Ministério Público Eleitoral quando houver pedido de desistência da parte autora,[108] que, via de regra, é decorrência de acordos nada republicanos entre adversários políticos no pleito que se tornam aliados após o resultado das urnas.

Sobre o tema, o Tribunal Superior Eleitoral (TSE) entende que, ao assumir a titularidade da ação, o Ministério Público Eleitoral garante que *o interesse público na apuração de irregularidades no processo eleitoral não fique submetido a eventual conluio extraprocessual entre os litigantes*.

Deste modo, ainda que o representado venha a concordar com o pedido de desistência da parte autora, por se tratar de ação que visa

---

[108] "É plenamente possível a assunção da causa pelo Ministério Público Eleitoral em demandas que versem sobre matéria de interesse público" (TRE-PA – MS: 20489 BELÉM – PA, Relator: AMILCAR ROBERTO BEZERRA GUIMARÃES, Data de Julgamento: 09.12.2016, Data de Publicação: DJE – Diário da Justiça Eletrônico, Tomo 226, Data 15.12.2016, Página 1, 2).

à proteção do regime eleitoral democrático e dos direitos inerentes ao exercício do sufrágio universal, deverá o juiz intimar o *Parquet* para que este possa manifestar interesse em assumir o polo ativo da demanda.

Essa é a regra para todas as ações eleitorais que digam respeito à lisura do pleito eleitoral. Senão, vejamos:

> AGRAVO REGIMENTAL. RECURSO ESPECIAL. REPRESENTAÇÃO ART. 41-A DA LEI 9.504/97. DESISTÊNCIA TÁCITA. AUTOR. TITULARIDADE. AÇÃO. MINISTÉRIO PÚBLICO ELEITORAL. POSSIBILIDADE. INTERESSE PÚBLICO. PRECLUSÃO. AUSÊNCIA. 1. No tocante à suposta omissão do acórdão regional, o agravante não impugnou especificamente os fundamentos da decisão que negou seguimento a seu recurso especial. Incidência, in casu, da Súmula nº 182 do e. STJ: "É inviável o agravo do art. 545 do CPC que deixa de atacar especificamente os fundamentos da decisão agravada". 2. *O Ministério Público Eleitoral, por incumbir-lhe a defesa da ordem jurídica, do regime democrático e dos interesses sociais e individuais indisponíveis (art. 127 da Constituição Federal), possui legitimidade para assumir a titularidade da representação fundada no art. 41-A da Lei nº 9.504/97 no caso de abandono da causa pelo autor. 3. O Parquet assume a titularidade da representação para garantir que o interesse público na apuração de irregularidades no processo eleitoral não fique submetido a eventual colusão ou ajuste entre os litigantes. Assim, a manifestação da parte representada torna-se irrelevante diante da prevalência do interesse público sobre o interesse particular*. 4. Não assiste razão ao agravante quanto ao alegado dissídio jurisprudencial, uma vez que não há similitude fática entre o acórdão recorrido e o acórdão paradigma. 5. Não houve preclusão quanto à possibilidade de emendar a petição inicial para a composição do polo ativo da demanda, uma vez que a necessidade de citação dos suplentes de senador para compor a lide surgiu apenas no curso do processo, a partir do julgamento do RCED nº 703 pelo e. TSE, em 21.2.2008. Ademais, o Ministério Público Eleitoral requereu a citação dos suplentes na primeira oportunidade em que se manifestou nos autos após o abandono da causa pela autora originária. 6. O Ministério Público Eleitoral, ao assumir a titularidade da ação, pode providenciar a correta qualificação das testemunhas a fim de que compareçam à audiência de instrução, mesmo porque isso não consubstancia, de fato, um aditamento à inicial. 7. Agravo regimental desprovido. (Recurso Especial Eleitoral nº 35740, Acórdão, Relator(a) Min. Aldir Guimarães Passarinho Junior, Publicação: DJE – Diário de justiça eletrônico, Data 06.08.2010, Página 53-54).

3.1.2 Partidos políticos e coligações

Os partidos políticos, ainda que coligados, possuirão legitimidade para o ajuizamento da AIME. Essa legitimidade será exercida através dos seus diretórios, de acordo com a sua área de atuação.

Os diretórios nacionais terão legitimidade para propor a presente ação eleitoral em todo o território nacional. No caso dos diretórios estaduais e municipais, as suas legitimidades se restringem às eleições ocorridas no seu âmbito territorial.

Assim como os partidos políticos, as coligações também serão legítimas para propor a AIME. Como já mencionado, a legitimidade para propor a AIME é concorrente, podendo a coligação ajuizar a ação independente da atuação dos partidos políticos integrantes. Esse é o entendimento já pacificado do TSE, conforme julgado a seguir:

> Investigação judicial. Legitimidade ativa. Coligação.
> 1. A coligação é parte legítima para propor as ações previstas na legislação eleitoral, mesmo após a realização da eleição, porquanto os atos praticados durante o processo eleitoral podem ter repercussão até após a diplomação.
> 2. Com o advento das eleições, há legitimidade concorrente entre a coligação e os partidos que a compõem, para fins de ajuizamento dos meios de impugnação na Justiça Eleitoral, em face da eventual possibilidade de desfazimento dos interesses das agremiações que acordaram concorrer conjuntamente.
> 3. Essa interpretação é a que melhor preserva o interesse público de apuração dos ilícitos eleitorais, já que permite a ambos os legitimados – partidos isolados ou coligações – proporem, caso assim entendam, as demandas cabíveis após a votação.
> Agravo regimental a que se nega provimento.
> (Recurso Especial Eleitoral nº 36398, Acórdão, Relator(a) Min. Arnaldo Versiani Leite Soares, Publicação: DJE – Diário de justiça eletrônico, Data 24.06.2010, Página 46/47)

3.1.3 Candidatos

Além dos legitimados mencionados, o artigo 3º da LC nº 64/90 também conferiu aos candidatos a legitimação para propositura da AIME.

Neste caso, ao firmar o entendimento pela adoção do rito previsto na LC nº 64/90, o TSE excluiu a possibilidade dos eleitores comuns ajuizarem a presente ação, limitando o exercício deste direito àqueles que foram prejudicados pelo resultado da eleição na condição de candidatos. Nesse sentido, conferir:

> 1. AÇÃO DE IMPUGNAÇÃO DE MANDATO ELETIVO (CONST., ART. 14, PARAGRAFO 11) LEGITIMIDADE "AD CAUSAM" (LEI COMPLEMENTAR N. 64/90, ART. 22). *NÃO TEM LEGITIMIDADE*

"AD CAUSAM" OS APENAS ELEITORES. RECURSO CONHECIDO E PROVIDO NESTA PARTE. (Recurso Especial Eleitoral nº 11835, Acórdão de Relator(a) Min. Torquato Lorena Jardim, Publicação: DJ – Diário de justiça, Data 29.07.1994, Página 18.429)

3.2 Legitimidade passiva

A AIME deverá ser proposta contra o candidato eleito em decorrência da fraude, corrupção ou abuso de poder econômico.

Além do candidato impugnado, a doutrina e a jurisprudência majoritária entendem que também deverão estar no polo passivo da demanda os suplentes dos candidatos diplomados Senadores, e os vices dos diplomados para os cargos de Presidente, Governador e Prefeito, formando, assim, um litisconsórcio passivo necessário, conforme pode ser observado no julgado a seguir:

Eleições 2008. Cassação dos mandatos de prefeito e vice-prefeito por abuso de poder político. Corrupção. *Ação de impugnação de mandato eletivo* proposta tempestivamente apenas contra o prefeito. *Litisconsórcio necessário unitário Entre prefeito e vice-prefeito.* Mudança jurisprudencial do Tribunal Superior Eleitoral a ser observada para novos processos a partir de 3.6.2008. Ação proposta em 22.12.2008. Impossibilidade de citação ex officio do vice-prefeito após o prazo decadencial da ação. Constituição da República, art. 14, §10. Precedentes do Tribunal Superior Eleitoral. Inaplicabilidade do art. 16 da Constituição da República. Razoabilidade. Agravo regimental ao qual se nega provimento. (TSE, Recurso Especial Eleitoral nº 462673364, Acórdão, Relator(a) Min. Cármen Lúcia Antunes Rocha, Publicação: DJE – Diário de justiça eletrônico, Data 28.03.2011, Página 66).

Desta forma, havendo a formação do litisconsórcio, deverá haver a citação de todos os seus integrantes para que, no prazo legal, apresentem suas defesas, contemplando, assim, os princípios do contraditório e da ampla defesa.

Acertadamente, o Tribunal Superior Eleitoral fixou este entendimento, pois, ao formar uma chapa eleitoral, ocorre fato jurídico que dá ensejo a uma relação jurídica una e indivisível entre o candidato ao cargo e o seu vice, que, em caso de perda do mandato, suportará também os efeitos jurídicos da decisão proferida. Deste modo, faz-se necessária a sua citação, sob pena de nulidade processual.

Vale ressaltar que se ultrapassado o prazo de 15 (quinze) dias a partir da diplomação sem que o vice integre o polo passivo da demanda ou não tenha havido requerimento para a sua citação, decairá o direito do autor para propositura da AIME.

A não inclusão do vice ou suplente no polo passivo da demanda acarretará extinção da ação sem resolução do mérito, em virtude da ausência de pressupostos de constituição e de desenvolvimento válido e regular do processo.

4 Cabimento

O art. 14, §10, da Constituição Federal dispõe sobre as hipóteses de cabimento da AIME. Desta forma, conforme preceitua o texto constitucional, será possível o ajuizamento da AIME sempre que o pleito eleitoral tiver sido influenciado por abuso do poder econômico, corrupção ou fraude.

4.1 Abuso do poder econômico

Na esfera eleitoral, pode-se caracterizar como abuso do poder econômico toda e qualquer conduta que envolva a aplicação excessiva de recursos financeiros nos atos pré-eleitorais[109] ou de campanha, que vulnere a liberdade do eleitor em proceder a sua livre escolha e que macule a igualdade de oportunidades que deve reger o processo eleitoral.

Na sua essência, o abuso do poder econômico está relacionado à influência abusiva do capital financeiro no pleito eleitoral, como grandes negociações de apoio político, gastos exorbitantes sem a declaração de suas fontes e valores significativos empregados na campanha. Segundo o Tribunal Superior Eleitoral (TSE), o abuso de poder econômico estará configurado sempre que houver a *utilização de recursos patrimoniais em excesso*, sejam estes públicos ou privados, convertidos em benefício de um candidato.[110]

Nesse tocante, é importante destacar que não se faz necessária comprovação de que o comportamento abusivo influenciou o resultado das eleições, embora tal circunstância o caracterize. Esse é o entendimento do Tribunal Superior Eleitoral (TSE):

> 14. O abuso de poder (i.e, econômico, político, de autoridade e de mídia) reclama, para a sua configuração, uma análise pelo critério qualitativo, materializado em evidências e indícios concretos de que se procedera

[109] "Fatos ocorridos em período muito anterior à eleição podem ser apreciados sob ótica de abuso de poder quando o produto da conduta ilícita – no caso, recursos financeiros obtidos mediante fraude em licitações – vem a ser posteriormente empregado em campanha, etapa crítica do processo democrático de votação de candidatos" (TSE, Ação Cautelar nº 2230, Acórdão, Relator(a) Min. Antônio Herman de Vasconcellos E Benjamin, Publicação: DJE, Data 03.10.2016).

[110] Recurso Especial Eleitoral nº 1.918-68/TO. Rel. Min.Gilson Dipp. DJE 22.08.2011. Inf. 24/2011.

ao aviltamento da vontade livre, autônoma e independente do cidadão-eleitor de escolher seus representantes.
15. O critério quantitativo (i.e, potencialidade para influenciar diretamente no resultado das urnas), conquanto possa ser condição suficiente, não perfaz condição necessária para a caracterização do abuso de poder econômico.
16. O fato de as condutas supostamente abusivas ostentarem potencial para influir no resultado do pleito é relevante, mas não essencial. Há um elemento substantivo de análise que não pode ser negligenciado: o grau de comprometimento aos bens jurídicos tutelados pela norma eleitoral causado por essas ilicitudes, circunstância revelada, *in concrecto*, pela magnitude e pela gravidade dos atos praticados. (TSE, Recurso Especial Eleitoral nº 42070, Acórdão, Relator(a) Min. Luiz Fux, Publicação: DJE, Tomo 153, Data 08.08.2017, Página 9/11).

A lesão causada pelo abuso do poder econômico é abrangente, pois, em muitos casos, está vinculada a outras espécies de abuso, como o político e o de comunicação social.

No que tange ao *abuso do poder político*, a jurisprudência pátria já defende a possibilidade do ajuizamento da ação de impugnação do mandato eletivo para combatê-lo, desde que haja um entrelaçamento com o abuso de poder econômico.[111]

4.2 Corrupção

O Código Eleitoral, em seu artigo 299, define o crime de corrupção eleitoral como a conduta de "dar, oferecer, prometer, solicitar ou receber, para si ou para outrem, dinheiro, dádiva, ou qualquer outra vantagem, para obter ou dar voto e para conseguir ou prometer abstenção, ainda que a oferta não seja aceita".

Apesar da tipificação penal mencionada, o conceito de corrupção que enseja o oferecimento da AIME é muito mais abrangente, pois a corrupção aqui tratada abarca qualquer violação ao sistema jurídico eleitoral, não se restringindo à corrupção na obtenção de votos.

Nesse tocante, atos de corrupção que possuem enquadramentos próprios (como as condutas vedadas, captação ilícita de sufrágio,[112]

[111] "É possível apurar, em Ação de Impugnação de Mandato Eletivo (AIME), abuso de poder político entrelaçado com abuso de poder econômico. Trata-se de hipótese em que agente público, mediante desvio de sua condição funcional, emprega recursos patrimoniais, privados ou do Erário, de forma a comprometer a legitimidade das eleições e a paridade de armas entre candidatos. Precedentes" (Recurso Especial Eleitoral nº 73646, Acórdão, Relator(a) Min. Antônio Herman de Vasconcellos E Benjamin, Publicação: DJE, Data 13.06.2016).

[112] Recurso Ordinário nº 1522, Rel. Min. Marcelo Henriques Ribeiro de Oliveira, j. 10.05.2010, DJE, 10.05.2010, p. 15.

"caixa 2" etc.) podem dar ensejo também ao ajuizamento de uma AIME, como aponta o Tribunal Superior Eleitoral (TSE):

> RECURSO ESPECIAL. ELEIÇÕES 2012. PREFEITO. AÇÃO DE IMPUGNAÇÃO DE MANDATO ELETIVO (AIME). ART. 14, §10, DA CF/88. ABUSO DE PODER POLÍTICO ENTRELAÇADO COM ECONÔMICO. CORRUPÇÃO. CONFIGURAÇÃO. PROVIMENTO.
>
> Das questões preliminares.
>
> 1. Embora não caiba, em princípio, apurar conduta vedada (no caso, a do art. 73, §10, da Lei 9.504/97) em Ação de Impugnação de Mandato Eletivo (AIME), é incontroverso que os fatos também foram debatidos sob ótica de abuso de poder e corrupção eleitoral, expressamente previstos como causa de pedir no art. 14, §10, da CF/88.
>
> Da matéria de fundo.
>
> 1. É possível apurar, em Ação de Impugnação de Mandato Eletivo (AIME), abuso de poder político entrelaçado com abuso de poder econômico. Trata-se de hipótese em que agente público, mediante desvio de sua condição funcional, emprega recursos patrimoniais, privados ou do Erário, de forma a comprometer a legitimidade das eleições e a paridade de armas entre candidatos. Precedentes.
>
> 2. O vocábulo corrupção (art. 14, §10, da CF/88) constitui gênero de abuso de poder político e deve ser entendido em seu significado coloquial, albergando condutas que atentem contra a normalidade e o equilíbrio do pleito.
>
> Precedentes.
>
> 3. No caso, é incontroverso que o então Prefeito de Nova Viçosa/BA, apoiador da candidatura dos recorridos, encaminhou à Câmara Municipal, em 3.9.2012, projeto de lei propondo desconto e anistia de multas e juros para contribuintes que quitassem Imposto sobre Propriedade Predial e Territorial Urbano (IPTU) ao término daquele exercício financeiro.
>
> 4. Os testemunhos colhidos em juízo, coesos e sem contradições, comprovam que se realizou reunião com eleitores no centro cultural do Município, faltando menos de um mês para o pleito, em que o Chefe do Poder Executivo condicionou o benefício à vitória dos recorridos. Registre-se que o evento foi amplamente divulgado mediante carros de som e servidores públicos e teve grande comparecimento.
>
> 5. O posterior veto, apenas dois dias após o pleito sob justificativa de ser proibido conceder benefícios em ano eleitoral (art. 73, §10, da Lei 9.504/97), não elide o abuso de poder e a corrupção. Ao contrário, demonstra que o Prefeito, sabedor dessa impossibilidade, ainda assim efetuou promessa de modo a assegurar a vitória dos recorridos.
>
> 6. O encadeamento dessas três condutas revela ardil para induzir a erro o eleitorado. Aprovou-se, em tempo recorde, projeto de lei concedendo benefícios fiscais, com imediato veto, logo após o pleito, pela mesma

> autoridade que o deflagrara, tudo isso em meio à maciça divulgação e à condição de se votar nos recorridos.
> 7. A participação ou anuência, ainda que não constitua requisito para reprimenda, ficou demonstrada, já que o recorrido Márvio Lavor Mendes era Presidente da Câmara e presenciou a reunião.
> 8. A gravidade das condutas (art. 22, XVI, da LC 64/90) é inequívoca diante dos seguintes pontos: a) diferença de apenas 287 votos entre os recorridos e os segundos colocados, em colégio de 27.501 eleitores; b) reunião amplamente divulgada; c) elevado número de pessoas que a ela compareceram, pois o centro cultural estava lotado; d) realização em setembro de 2012, faltando menos de um mês para o pleito; e) natureza do benefício, que alcança grande margem dos munícipes; f) manipulação da máquina pública visando beneficiar candidatura. (Recurso Especial Eleitoral nº 73646, Acórdão, Relator(a) Min. Antônio Herman de Vasconcellos E Benjamin, Publicação: DJE, Data 13.06.2016).

Deste modo, a propositura da ação eleitoral para impugnar a diplomação do candidato sob o fundamento da existência de corrupção não estará vinculada à tipificação de corrupção presente no Código Eleitoral.

4.3 Fraude

O Tribunal Superior Eleitoral, no julgamento do Recurso Especial Eleitoral nº 36.643/PI, definiu a fraude que enseja o ajuizamento da ação de impugnação de mandato eletivo como "o ardil, manobra ou ato praticado de má-fé pelo candidato, de modo a lesar ou a ludibriar o eleitorado, viciando potencialmente a eleição".[113]

De acordo com o entendimento da Corte Superior, a fraude aqui tratada não deverá ser analisada apenas no que tange à violação da lei, mas sim em seu sentido amplo, englobando toda e qualquer conduta fraudulenta que influencie na normalidade das eleições e na legitimidade do mandato eletivo.

> RECURSO ESPECIAL. AÇÃO DE IMPUGNAÇÃO DE MANDATO ELETIVO. CORRUPÇÃO. FRAUDE. COEFICIENTE DE GÊNERO.
> 1. Não houve violação ao art. 275 do Código Eleitoral, pois o Tribunal de origem se manifestou sobre matéria prévia ao mérito da causa, assentando o não cabimento da ação de impugnação de mandato eletivo com fundamento na alegação de fraude nos requerimentos de registro de candidatura.

[113] Recurso Especial Eleitoral nº 36.643/PI. Rel. Min. Arnaldo Versiani. DJE 28.06.2011. Inf. 20/2011.

> 2. O conceito da fraude, para fins de cabimento da ação de impugnação de mandato eletivo (art. 14, §10, da Constituição Federal), é aberto e pode englobar todas as situações em que a normalidade das eleições e a legitimidade do mandato eletivo são afetadas por ações fraudulentas, inclusive nos casos de fraude à lei. A inadmissão da AIME, na espécie, acarretaria violação ao direito de ação e à inafastabilidade da jurisdição.
>
> Recurso especial provido.
>
> (Recurso Especial Eleitoral nº 149, Acórdão, Relator(a) Min. Henrique Neves da Silva, Publicação: DJE – Diário de justiça eletrônico, Data 21.10.2015, Página 25-26)

Neste sentido, o TSE entendeu que a violação ao percentual da candidatura exigido no art. 10, §3º, da Lei nº 9.504/97, que se refere à necessidade do preenchimento de vagas em 70% e 30% para cada gênero, ensejará fraude passível de impugnação via ação de impugnação de mandato eletivo.

5 Prazo

O prazo para o ajuizamento da AIME é de *15 (quinze) dias* a partir da diplomação do candidato.

Por possuir natureza decadencial, a sua contagem obedece às regras previstas no art. 132 do Código Civil, ou seja, deverá ser excluído o dia do começo e incluído o dia do vencimento. Além disso, a norma ainda prevê que, se o dia do vencimento cair em feriado, prorroga-se o prazo para o dia útil seguinte.

5.1 Termo inicial

Em consonância com o disposto no artigo 132 do Código Civil, o termo inicial para contagem do prazo para o ajuizamento da AIME é o primeiro dia subsequente à diplomação do candidato.

Segundo Elmana Esmeraldo:

> (...) a referência para a contagem desse prazo é a data em que foi realizada a sessão solene de diplomação, e não a data da efetiva entrega do diploma, tendo em vista que, alguns eleitos ou suplentes não comparecem a esse ato, recebendo, posteriormente, seus diplomas.[114]

Vale ressaltar que a contagem do prazo iniciará ainda que o dia após a diplomação seja recesso forense ou feriado. Esse é o entendimento fixado pelo TSE:

---

[114] ESMERALDO, Elmana Viana Lucena. Processo Eleitoral: Sistematização das Ações Eleitorais. 3. ed. São Paulo: J. H. Mizuno, 2016. p. 366.

EMBARGOS DE DECLARAÇÃO. DECISÃO MONOCRÁTICA. NÍTIDO PROPÓSITO INFRINGENTE. RECEBIMENTO COMO AGRAVO REGIMENTAL. RECURSO ESPECIAL ELEITORAL. AÇÃO DE IMPUGNAÇÃO DE MANDATO ELETIVO (AIME). PRAZO DECADENCIAL. TERMO INICIAL. DIA IMEDIATAMENTE SUBSEQUENTE AO DA DIPLOMAÇÃO. ART. 207 DO CÓDIGO CIVIL. NÃO SUJEIÇÃO A CAUSA IMPEDITIVA.

1. Devem ser recebidos como agravo regimental os embargos de declaração opostos com nítido propósito infringente contra decisão monocrática (AgR-REspe nº 35.687/SP, de minha relatoria, DJe de 10.2.2010; ED-AI nº 9.924/PR, Rel. Min. Ricardo Lewandowski, DJe de 1º.2.2010; ED-AI nº 10.010/PR, Rel. Min. Arnaldo Versiani, DJe de 1º.2.2010).

2. O termo inicial do prazo para a propositura da ação de impugnação de mandato eletivo deve ser o dia seguinte à diplomação, ainda que esse dia seja recesso forense ou feriado, uma vez que se trata de prazo decadencial (AgR-REspe nº 36.006/AM, de minha relatoria, DJe de 24.3.2010).

3. Agravo regimental não provido.

(Recurso Especial Eleitoral nº 37005, Acórdão, Relator (a) Min. Felix Fischer, Publicação: DJE – Diário de justiça eletrônico, Data 10.05.2010, Página 32).

5.2 Termo final

Como já mencionado, o prazo para o ajuizamento da AIME é de 15 (quinze) dias, que serão contados a partir do dia subsequente à diplomação do candidato. Por se tratar de prazo de cunho decadencial, como já visto, a sua contagem excluirá o dia do início e incluirá o dia do vencimento.

No que tange ao termo inicial, a jurisprudência do TSE é pacífica no sentido de que mesmo que este venha a cair durante o recesso forense ou feriado, a contagem ainda sim se iniciará no dia seguinte ao ato solene da diplomação. Todavia, no que diz respeito ao termo final, a Corte Superior adotou entendimento contrário, aplicando a regra da prorrogação do prazo para o dia útil seguinte ao feriado ou recesso. Vejamos:

AGRAVO REGIMENTAL. RECURSO ESPECIAL ELEITORAL. AÇÃO DE IMPUGNAÇÃO DE MANDATO ELETIVO (AIME). PRAZO. DECADENCIAL. TERMO INICIAL. TERMO FINAL. ART. 184 DO CÓDIGO DE PROCESSO CIVIL. APLICAÇÃO. RECESSO FORENSE. PLANTÃO.

1. O termo inicial do prazo para a propositura da ação de impugnação de mandato eletivo deve ser o dia seguinte à diplomação, ainda que

esse dia seja recesso forense ou feriado, uma vez que se trata de prazo decadencial.
2. Contudo, esta c. Corte já assentou que esse prazo, apesar de decadencial, prorroga-se para o primeiro dia útil seguinte se o termo final cair em feriado ou dia em que não haja expediente normal no Tribunal. Aplica-se essa regra ainda que o tribunal tenha disponibilizado plantão para casos urgentes, uma vez que plantão não pode ser considerado expediente normal. Precedentes: STJ: EREsp 667.672/SP, Rel. Min. José Delgado, CORTE ESPECIAL, julgado em 21.5.2008, DJe de 26.6.2008; AgRg no RO nº 1.459/PA, de minha relatoria, DJ de 6.8.2008; AgRg no RO nº 1.438/MT, Rel. Min. Joaquim Barbosa, DJ de 31.8.2009
3. Agravo regimental não provido. (Recurso Especial Eleitoral nº 36006 Acórdão, Relator(a) Min. Felix Fischer, Publicação: DJE – Diário de justiça eletrônico, Data 24.03.2010, Página 42)

Nesse tocante, vale destacar que, ainda que o Tribunal disponibilize plantão na data do termo final para a propositura da AIME, o prazo deverá ser prorrogado para o dia útil seguinte, pois, segundo o TSE, o atendimento de plantão não poderá ser caracterizado como expediente comum.

6 Rito processual

A ação de impugnação de mandato eletivo tem previsão na Constituição Federal de 1988. Desde a sua entrada em vigor, não houve a edição de nenhuma norma regulamentando o rito processual cabível para a sua tramitação, ficando a cargo da doutrina e da jurisprudência estabelecerem qual procedimento jurídico melhor se adéqua à sua finalidade.

Desta forma, diante da omissão legislativa, a Corte do TSE estabeleceu que o rito processual cabível para as ações de impugnação de mandato eletivo deverá ser o previsto no art. 3º e seguintes da Lei Complementar nº 64/1990, sendo aplicado de forma subsidiária o Código de Processo Civil.

Da leitura conjugada do artigo 3º e seguintes da Lei Complementar nº 64/1990, bem como do artigo 39 a 60, da Resolução TSE nº 23.548/18, podemos extrair as seguintes regras processuais para as eleições de 2018:

1 – Terminado o prazo para impugnação, o candidato, o partido político ou a coligação devem ser intimados, para, no prazo de 7 (sete) dias, contestá-la ou se manifestar sobre a notícia de inelegibilidade, juntar documentos, indicar rol de testemunhas e requerer a produção de outras provas, inclusive documentais, que se encontrarem em poder de terceiros, de repartições públicas ou em procedimentos judiciais

ou administrativos, salvo os processos que estiverem tramitando em segredo de justiça;

2 – A contestação, subscrita por advogado, deve ser apresentada diretamente no PJe. Decorrido o prazo para contestação, caso não se trate apenas de matéria de direito e a prova protestada for relevante, o relator deve designar os 4 (quatro) dias seguintes para inquirição das testemunhas do impugnante e do impugnado, as quais comparecerão por iniciativa das partes que as tiverem arrolado, após notificação judicial realizada pelos advogados. As testemunhas do impugnante e do impugnado devem ser ouvidas em uma só assentada. Nos 5 (cinco) dias subsequentes, o relator deve proceder a todas as diligências que determinar, de ofício ou a requerimento das partes. Nesse mesmo prazo, o relator pode ouvir terceiros, referidos pelas partes ou testemunhas, como conhecedores dos fatos e das circunstâncias que possam influir na decisão da causa. Quando qualquer documento necessário à formação da prova se achar em poder de terceiro, o relator pode, ainda, no mesmo prazo de 5 (cinco) dias, ordenar o respectivo depósito em juízo (exibição). Se o terceiro, sem justa causa, não exibir o documento, ou não comparecer a juízo, a Lei Complementar e a Resolução dizem, que pode o relator expedir mandado de prisão e instaurar processo por crime de desobediência, mas isso não se aplica, por se tratar de crime de menor potencial ofensivo, sendo possível, todavia, a expedição do mandado de busca e apreensão (Lei Complementar nº 64/1990, art. 5º, §5º).

3 – Encerrado o prazo da dilação probatória, as partes poderão apresentar alegações, no PJe, no prazo comum de 5 (cinco) dias, sendo os autos conclusos ao relator no dia imediato, para julgamento pelo tribunal. O Ministério Público, nas impugnações que não houver ajuizado, disporá de 2 (dois) dias para apresentar alegações finais.

4 – O pedido de registro, com ou sem impugnação, deve ser julgado no prazo de 3 (três) dias após a conclusão dos autos ao relator, independentemente de publicação em pauta (Lei Complementar nº 64/1990, art. 13, *caput*). Caso o tribunal não se reúna no prazo previsto no *caput*, o feito deve ser julgado na primeira sessão subsequente. Não atendido esse prazo, pode a Justiça Eleitoral publicar lista contendo a relação dos processos que serão julgados nas sessões subsequentes. Só podem ser apreciados em sessão de julgamento os processos relacionados até o seu início.

5 – Na sessão de julgamento, feito o relatório, será facultada a palavra às partes e ao Ministério Público pelo prazo de 10 (dez) minutos (Lei Complementar nº 64/1990, art. 11, *caput*, c.c. o art. 13, parágrafo único). Havendo pedido de vista, o julgamento deverá ser retomado

na sessão seguinte. Proclamado o resultado, o relator fará a lavratura e a publicação do acórdão, passando a correr dessa data o prazo para a interposição dos recursos cabíveis. O Ministério Público será pessoalmente intimado dos acórdãos, em sessão de julgamento, quando nela publicados. O Ministério Público poderá recorrer ainda que não tenha oferecido impugnação ao pedido de registro.

6 – Cabem os seguintes recursos para o Tribunal Superior Eleitoral, no prazo de 3 (três) dias, em petição fundamentada (Lei Complementar nº 64/1990, art. 11, §2º): I – recurso ordinário, quando versar sobre inelegibilidade (Constituição Federal, art. 121, §4º, III); II – recurso especial, quando versar sobre condições de elegibilidade (Constituição Federal, art. 121, §4º, I e II). Parágrafo único. O recorrido deve ser notificado pelo mural eletrônico para apresentar contrarrazões no prazo de 3 (três) dias (Lei Complementar nº 64/1990, art. 12, *caput*).

7 – Apresentadas as contrarrazões ou transcorrido o respectivo prazo, os autos devem ser imediatamente remetidos ao Tribunal Superior Eleitoral, dispensado o juízo prévio de admissibilidade do recurso (Lei Complementar nº 64/1990, art. 8º, §2º, c.c. o art. 12, parágrafo único).

Todas essas regras valem para os processos em trâmite perante o Tribunal Regional Eleitoral (TSE), sendo aplicáveis também ao Tribunal Superior Eleitoral (TSE) com as seguintes especificidades:

1 – Recebidos os autos no PJe do Tribunal Superior Eleitoral, a Secretaria Judiciária deve abrir vista ao Ministério Público pelo prazo de 2 (dois) dias (Lei Complementar nº 64/1990, art. 14, c.c. o art. 10, *caput*). Findo o prazo, com ou sem parecer, os autos serão enviados ao relator, que os apresentará em mesa para julgamento em 3 (três) dias, independentemente de publicação em pauta (Lei Complementar nº 64/1990, art. 14, c.c. o art. 10, *caput*).

2 – Interposto recurso extraordinário para o Supremo Tribunal Federal, a parte recorrida deve ser intimada para apresentação de contrarrazões no prazo de 3 (três) dias. A intimação do Ministério Público e da Defensoria Pública é feita pessoalmente e, para as demais partes, mediante publicação no mural eletrônico. Apresentadas as contrarrazões ou transcorrido o respectivo prazo, os autos devem ser conclusos ao Presidente para juízo de admissibilidade. Admitido o recurso e feitas as intimações, os autos devem ser remetidos imediatamente ao Supremo Tribunal Federal.

6.1 Segredo de justiça

De acordo com a Constituição Federal, a AIME deverá tramitar em segredo de justiça (art. 14, §11º da CF/88). Contudo, apesar da previsão constitucional, o Tribunal Superior Eleitoral (TSE) já possui entendimento pacificado no sentido de que apenas o trâmite da AIME deve ser realizado em segredo de justiça, permanecendo público o seu julgamento:

> AÇÃO DE IMPUGNAÇÃO DE MANDATO ELETIVO. SEGREDO DE JUSTIÇA. O trâmite da ação de impugnação de mandato eletivo deve ser realizado em *segredo de justiça, mas o seu julgamento deve ser público*. Precedentes. (Processo Administrativo nº 18961, Resolução normativa de, Relator(a) Min. Ellen Gracie Northfleet, Publicação: DJ – Diário de justiça, Volume 1, Data 07.02.2003, Página 133)

Segundo a Corte Superior, a tramitação em segredo de justiça da AIME encontra-se em harmonia com o princípio da publicidade das decisões, pois o artigo 93, IX, da Constituição Federal determina apenas a necessidade da publicidade no julgamento das ações, não existindo a sua incompatibilidade com o disposto no artigo 14, §11º, do mesmo diploma jurídico.

Por fim, a violação ao sigilo da AIME só acarretará a nulidade do procedimento quando ficar demonstrada a existência do prejuízo processual. Este é o entendimento adotado pelo TSE, senão vejamos:

> AGRAVO REGIMENTAL. RECURSO ESPECIAL ELEITORAL. ART. 14, §11, DA CONSTITUIÇÃO FEDERAL. VIOLAÇÃO. INEXISTÊNCIA. DIVERGÊNCIA JURISPRUDENCIAL. SIMILITUDE FÁTICA. AUSÊNCIA DE DEMONSTRAÇÃO. DECISÃO AGRAVADA. FUNDAMENTO NÃO INFIRMADO. SÚMULA Nº 283 DO STF. NÃO PROVIMENTO.
> 1. A mera divulgação da propositura de ação de impugnação de mandato eletivo (AIME) e da sua peça inicial em sites de notícias na internet, por si só, não acarreta nulidade processual se não houver demonstração de prejuízo. Ofensa inexistente ao art. 14, §11, da Constituição Federal. Precedente: RO nº 32/RJ, Rel. Min. Nilson Naves, DJ de 22.5.1998. (Recurso Especial Eleitoral nº 872384929, Acórdão, Relator(a) Min. Aldir Guimarães Passarinho Junior, Publicação: RJTSE – Revista de jurisprudência do TSE, Volume 23, Tomo 1, Data 24.03.2011, Página 162).

6.2 Gratuidade da justiça

Nos termos do seu art. 1º, IV, a Lei nº 9.265/96 concedeu a gratuidade à ação de impugnação de mandato eletivo por abuso de poder econômico, corrupção ou fraude.

Apesar de ser considerado um ato necessário ao exercício da cidadania, e, portanto, gratuito, em alguns casos, será legítima a condenação em perdas e danos do autor em favor da parte contrária, desde que seja comprovada a sua litigância de má-fé ao ajuizar a ação (art. 81, §2º, CPC).

6.3 Desnecessidade de investigação processual

Conforme entendimento já pacificado no TSE,[115] não há a necessidade de prévia investigação judicial eleitoral para o ajuizamento da AIME. Nos termos da decisão da Corte Superior, os eventos que autorizam a AIME não precisam necessariamente ser apurados em sede de investigação.

A própria Constituição não condiciona o ajuizamento da ação de impugnação de mandato eletivo a previa investigação, apenas estabelece a necessidade da prova pré-constituída, que poderá existir em decorrência da AIJE.

6.4 Honorários advocatícios

Na ação de impugnação de mandato eletivo, não serão devidos honorários advocatícios, salvo se comprovada a existência de litigância de má-fé.

> RECURSO ESPECIAL ELEITORAL. AÇÃO DE IMPUGNAÇÃO DE MANDATO ELETIVO. CONDENAÇÃO EM VERBA HONORARIA. CF, ART. 14, PARAGRAFO 11. LEI N. 9.265/96, ART. 1, IV.
> 1. *Salvo em caso de litigância de má-fé, não ha se falar em condenação em honorários em ação de impugnação de mandato eletivo.* (Recurso Especial Eleitoral nº 14995, Acórdão de, Relator(a) Min. Edson Carvalho Vidigal, Publicação: DJ – Diário de justiça, Data 04.09.1998, Página 58)

6.5 Efeitos da decisão

Quando julgada procedente, os efeitos da AIME implicarão a cassação do mandato do candidato eleito, e, em caso do suplente, a cassação do seu diploma.

No que tange aos votos recebidos pelo candidato, por se tratarem de votos advindos da prática de abuso do poder econômico, fraude ou corrupção, não poderão ser considerados válidos, caso contrário, estariam violando a ordem jurídica eleitoral.

Deste modo, conforme preceitua a jurisprudência dos Tribunais Superiores, serão anulados os votos do candidato que possuiu o mandato cassado em virtude de ação de impugnação de mandato eletivo.

> 1. Mandado de segurança e medida cautelar. Julgamento conjunto. Dupla vacância dos cargos de prefeito e de vice. Questão prejudicial ao exame de mérito. Efeito da decisão pela procedência da AIME. Anulação

---

[115] Recurso Especial Eleitoral nº 11841, Acórdão de, Relator(a) Min. Torquato Lorena Jardim, Publicação: DJ – Diário de justiça, Data 14.11.1994, Página 30886).

dos votos. Concessão da segurança. Indeferimento da medida cautelar. Agravos regimentais prejudicados. *Devido ao liame indissolúvel entre o mandato eletivo e o voto, constitui efeito da decisão pela procedência da AIME a anulação dos votos dados ao candidato cassado.* Se a nulidade atingir mais da metade dos votos, aplica-se o art. 224 do Código Eleitoral.

2. Dupla vacância dos cargos de prefeito e de vice por causa eleitoral. Aplicação obrigatória do art. 81 da Constituição da República. Impossibilidade. Precedentes do STF. O art. 81, §1º, da Constituição da República, não se aplica aos municípios.

3. Dupla vacância dos cargos de prefeito e de vice por causa eleitoral. A renovação das eleições em razão de dupla vacância dos cargos do Executivo será realizada de forma direta, nos termos do art. 224 do Código Eleitoral. (TSE – Mandado de Segurança nº 3649, Acórdão, Relator(a) Min. Antonio Cezar Peluso, Publicação: DJ – Diário de justiça, Volume I, Data 10.03.2008, Página 13)

Em caso de candidatos eleitos no sistema proporcional (Deputados e Vereadores), a nulidade dos votos só atingirá a pessoa do candidato, podendo o seu partido ou coligação aproveitá-los. Neste caso, será preservado o número de vagas obtidas pelo sistema proporcional.

Em razão da vacância, assumirá o primeiro suplente da coligação, nos termos do art. 56, §1º, da Constituição Federal. A legislação prevê, ainda, que, em caso de inexistência de suplente, serão realizadas novas eleições, se faltarem mais de quinze meses para o término do mandato, conforme prevê o §2º do artigo supracitado.

Quanto aos candidatos eleitos no sistema majoritário, a nulidade dos votos acarretará a realização de novas eleições, independentemente do número de votos anulados, conforme prevê o artigo 224, §3º, do Código Eleitoral, introduzido pela Lei nº 13.165/2015. Em regra, as novas eleições ocorrerão de forma direta, exceto se a vacância do cargo ocorrer a menos de seis meses do final do mandato (art. 224, §4º, Código Eleitoral).[116] No caso dos Senadores, a cassação do seu mandato refletirá

---

[116] Foi como decidiu o Tribunal Superior Eleitoral em março de 2018, no julgamento do Recurso Ordinário 122086, como se vê da notícia constante em seu site: "Foi publicado no Diário da Justiça eletrônico da última terça-feira (27) o acórdão que determinou a cassação do governador de Tocantins, Marcelo Miranda, e de sua vice, Cláudia Lélis. A decisão estabelece também a realização de eleições diretas para a escolha do novo titular, que governará o estado até o dia 31 de dezembro de 2018, data em que os governadores eleitos em 2014 encerram seus mandatos. De acordo com o artigo 224 (parágrafos 3º e 4º) do Código Eleitoral, o pleito deve ser convocado no prazo de 40 dias. A norma determina a realizado de eleição direta sempre que a cassação ocorrer antes de seis meses para o final do mandato. A decisão pela cassação de Marcelo Miranda e Cláudia Lélis ocorreu na última quinta-feira (22), quando a maioria dos ministros entendeu que houve arrecadação ilícita de recursos (artigo 30-A da Lei nº 9.504/1997) para a campanha de governador em 2014. De acordo com a acusação do

sobre toda a chapa, alcançando também os seus suplentes. Deste modo, por se tratar de eleições majoritárias, incidirão as regras do §3º e §4º, do art. 224, do Código Eleitoral.

Sobre a compatibilidade do artigo 224, do Código Eleitoral com o disposto na Constituição Federal, é importante destacar decisão recente do Supremo Tribunal Federal (ADIs nºs 5.525 e 5.619):

> Por maioria de votos, o Supremo Tribunal Federal (STF) entendeu que o legislador federal tem competência para instituir hipóteses de novas eleições em caso de vacância decorrente da extinção do mandato de cargos majoritários por causas eleitorais, porém não pode prever forma de eleição para presidente da República, vice-presidente e senador diversa daquela prevista na Constituição Federal. Na tarde desta quinta-feira (8), o STF finalizou o julgamento das Ações Diretas de Inconstitucionalidade (ADI) 5525 e 5619, que questionam regras da Minirreforma Eleitoral (Lei 13.165/2015) sobre novas eleições em casos de perda de mandato de candidato eleito.
>
> Durante o julgamento, os ministros declararam a inconstitucionalidade da exigência do trânsito em julgado da decisão que reconhece a vacância, bastando a decisão final da Justiça Eleitoral. A Corte também concluiu ser constitucional a legislação federal que estabeleça novas eleições para os cargos majoritários simples, ou seja, prefeitos de municípios com menos de 200 mil eleitores e senador da República em casos de vacância por causas eleitorais.
>
> ADI 5525
>
> Na sessão de hoje (8), os ministros Dias Toffoli, Ricardo Lewandowski, Gilmar Mendes, Luiz Fux e Celso de Mello e a presidente do STF, ministra Cármen Lúcia, proferiram seus votos na ADI 5525. Unindo-se aos ministros Edson Fachin, Rosa Weber e Marco Aurélio, todos eles acompanharam o voto do relator, ministro Luís Roberto Barroso, proferido ontem pela procedência parcial do pedido.
>
> Os ministros, por maioria, declararam a inconstitucionalidade da expressão "após o trânsito em julgado", prevista no parágrafo 3º do artigo 224 do Código Eleitoral, e conferiram interpretação conforme *à* Constituição ao parágrafo 4º do mesmo artigo a fim de afastar da incidência situações de vacância nos cargos de presidente e vice-presidente da República e

---

Ministério Público Eleitoral, uma das provas das irregularidades cometidas foi a prisão de uma aeronave, durante a campanha, com R$ 500 mil e quase quatro quilos de material de campanha dos então candidatos. Além disso, o MPE sustentou que R$ 1,5 milhão teriam sido destinados à campanha de ambos na forma de contratos e operações simuladas de um conjunto de apoiadores do candidato. Tais recursos teriam sido movimentados por contas de laranjas, uma delas de um estagiário, com diversas quantias sacadas em espécie na boca do caixa". Disponível em: <http://www.tse.jus.br/imprensa/noticias-tse/2018/Marco/tse-determina-eleicao-direta-para-governador-do-tocantins>.

de senador. O ministro Alexandre de Moraes divergiu em parte para julgar inconstitucional o parágrafo 4º do artigo 224 também quanto à vacância dos cargos de governadores, prefeitos e seus vices, pois, no seu entendimento, as regras devem ser regidas pela legislação local.

ADI 5619

Na sequência, os ministros deram continuidade ao julgamento da ADI 5619, na qual o Partido Social Democrático (PSD) solicitava a não incidência das regras introduzidas pelos parágrafos 3º e 4º nas eleições em municípios com menos de 200 mil habitantes e também para senador da República. Quanto à questão referente ao senador, já analisada na ADI 5525, o ministro Luís Roberto Barroso, relator, também julgou improcedente a ação.

O ministro rebateu argumentos apresentados da tribuna no sentido de que, à luz do princípio da economicidade e da proporcionalidade, não se justificaria a realização de nova eleição em município com 200 mil habitantes, hipótese em que se aplicaria a posse do segundo colocado, como tradicionalmente se fazia. "Ainda que a eleição custe dinheiro, a democracia tem o seu preço", afirmou, observando que os direitos individuais – manutenção da polícia e o Poder Judiciário – e os direitos políticos – manutenção da justiça eleitoral e organização dos pleitos – também têm custos. "Não há direito gratuito. Tudo tem um custo numa vida democrática", completou.

O relator aceitou sugestão do ministro Dias Toffoli para que conste do julgamento a observação de que se continue o procedimento da cobrança judicial pela Advocacia-Geral da União do prejuízo motivado por aquele que deu causa à necessidade de realização de nova eleição.

Divergência

Na análise da ADI 5619, o ministro Roberto Barroso foi seguido por maioria dos votos, vencido o ministro Marco Aurélio, que divergiu para julgar procedente o pedido. Segundo ele, a Constituição Federal prevê a maioria absoluta dos votos válidos, afastando-se no cálculo os votos nulos e votos em branco, mas excepciona os municípios que tenham menos de 200 mil eleitores, conforme o artigo 29, inciso II. "Se os votos atribuídos àquele que se mostrou inelegível são considerados votos ineficazes ou nulos, há um segundo colocado que deve ser proclamado eleito, pouco importando que não tenha inclusive a maioria absoluta", entendeu.[117]

6.6 Recurso

O prazo para interposição de recurso na ação de impugnação do mandato eletivo é de 03 (três) dias a contar da data da publicação da decisão, nos termos do que dispõe o artigo 258 do Código Eleitoral.

[117] Disponível em: <http://portal.stf.jus.br/noticias/verNoticiaDetalhe.asp?idConteudo=371769>, acesso em: 18 mar. 2018.

Da decisão proferida pelo Juiz Eleitoral, caberá recurso eleitoral direcionado ao Tribunal Regional Eleitoral competente. Em caso de decisão proferida pelo TRE, caberá a interposição de recurso ordinário e recurso especial direcionado ao TSE. E por fim, em caso de decisão proferida pelo TSE, caberá a interposição de recurso extraordinário direcionado ao STF.

Em todos os casos, é possível a interposição de embargos de declaração sempre que a decisão se encaixar em uma das hipóteses previstas no art. 1022, do CPC.

Em regra, os recursos eleitorais só possuirão efeito devolutivo (art. 257, CE). Porém, nos termos do artigo 257, §2º, do Código Eleitoral, *o recurso ordinário interposto contra decisão proferida por juiz eleitoral ou por Tribunal Regional Eleitoral que resulte em cassação de registro, afastamento do titular ou perda de mandato eletivo será recebido pelo Tribunal competente com efeito suspensivo.* Essa alteração trazida pela Lei nº 13.165/2015 tem como objetivo evitar a instabilidade jurídica na Administração Pública ocasionada pela sucessiva alternância de Chefes do Executivo.

Já nas instâncias superiores (TSE e STF), os Recursos Especial e Extraordinário se submeterão às regras do *caput* do art. 257, do Código Eleitoral.

CAPÍTULO 6

CRIMES ELEITORAIS DE CORRUPÇÃO NA ADMINISTRAÇÃO PÚBLICA EM ANO ELEITORAL

No presente capítulo, vamos analisar as disposições penais que incidem sobre a conduta dos agentes públicos em geral.

6.1 Corrupção eleitoral

> Art. 299. Dar, oferecer, prometer, solicitar ou receber, para si ou para outrem, dinheiro, dádiva, ou qualquer outra vantagem, para obter ou dar voto e para conseguir ou prometer abstenção, ainda que a oferta não seja aceita:
> Pena – reclusão até quatro anos e pagamento de cinco a quinze dias-multa.

Breve introdução ao tipo

A corrupção eleitoral, infelizmente, é uma realidade marcante do processo eleitoral brasileiro, sendo eleitores e políticos recorrentes nessa prática criminosa. Estes se dizem "vítimas" daqueles, que supostamente se aproveitam do período eleitoral para "tirar alguma vantagem de quem só aparece de 4 em 4 anos".

É uma simbiose criminosa, sem dúvidas, mas de maior culpabilidade por parte dos *players* da disputa eleitoral. Exigir consciência política e democrática de quem, muitas vezes, não sabe ler/escrever ou não tem o que comer no dia seguinte é ignorar a realidade dos fatos em um romantismo ou garantismo inútil ao aperfeiçoamento de nossa democracia.

A gravidade da corrupção eleitoral é severa para a legitimidade do processo democrático e da classe política, uma vez que o povo não se vê representado de fato por quem ostenta essa qualidade formal. A culpa, como já dito, não é do eleitor, mas da classe política, que transformou o processo eleitoral em um "vale-tudo", em que a única vergonha é a de perder. Raras são as exceções, infelizmente!

Essa triste constatação é estimulada, em certa parte, pela ineficiência penal do artigo 299 do Código Eleitoral, que não pune exemplarmente quem comete um dos mais sérios atentados à higidez das eleições, colocando em xeque o próprio sistema democrático.

Praticar "compra de votos" e ter a certeza de que, se for primário, gozará dos benefícios da suspensão condicional do processo é uma das causas que levam cabos eleitorais e políticos a "investirem" nessa conduta, pois o custo benefício compensa. Ah, lembram-se daquela célebre frase tupiniquim: "No Brasil, o crime compensa!"? Eis um exemplo claro.

Pois bem, o que se espera de *lege ferenda* é uma punição exemplar para as condutas criminosas do artigo 299, tal como ocorre com o artigo 11, V, da Lei nº 6091/74, em que só há uma pena: cassação do registro ou do diploma do candidato beneficiado pela conduta criminosa.

Até lá, porém, cabe a todos exigir dos órgãos de fiscalização e do Poder Judiciário uma postura intransigente contra atos desse jaez, sendo medida de rigor a decretação da prisão preventiva (pelo menos até o dia da eleição) daqueles que forem flagrados praticando esse crime. Essa é a única forma de tutelar a lisura eleitoral, bem jurídico de envergadura constitucional e pressuposto para a legitimidade da democracia nacional.

Cito, nessa linha, os seguintes precedentes do Tribunal Superior Eleitoral (TSE):

> 1 – (...) Os requeridos, utilizando recursos públicos e outros de origem não identificada, praticaram vários crimes, prometendo e distribuindo dinheiro e diversos bens em troca de votos. Ora, não se pode desconsiderar que esses atos foram praticados durante o período eleitoral. É preciso, pois, punir com rigor aqueles que pretendem ofender o sistema democrático, tencionando influenciar, na livre vontade do eleitor e, em consequência, comprometer a legitimidade do sufrágio. (...) Ademais, a garantia da ordem pública não é de ser entendida somente como medida abortiva de novos crimes que porventura possam os agentes praticarem mas também como elemento tranquilizador da sociedade, onde um crime de proporções sérias reverbera mais intensamente, preservando, da mesma forma, a credibilidade da Justiça, confiando-se ao Juiz do processo o cotejo destes questões, que é quem melhor pode sopesá-las. Em suma, as imputações que pesam contra os requeridos

são gravíssimas e, por terem sido praticadas durante o período eleitoral, coloca os delitos, sob uma lente de aumento, pois as provas documentais e os conteúdos neles inseridos demonstram que os atos praticados visavam, claramente, a captação do voto dos eleitores. Outrossim, ao atingir a população mais carente, os requeridos atentaram contra a própria dignidade da pessoa humana, na medida em que a doação ou promessa de doação de bens e serviços tais como os já demonstrados, gera um processo alienante e de dependência, excluindo as camadas menos favorecidas da sociedade do real conceito de cidadãos, conforme a fundamentação feita em brilhante voto do Excelentíssimo Membro desta Corte Juiz Federal Antônio Francisco do Nascimento, quando de sua passagem por esta Corte, com a propriedade que lhe é peculiar (Ac. TRE nº. 930/2006 de 14.12.2006). Lamentavelmente, ao contrário da campanha empreendida pelo Eg. Tribunal Superior Eleitoral na mídia nacional de que "o voto não tem preço, tem consequências, verifica-se no presente caso que um voto pode valer dinheiro e diversos outros bens como material de construção, telhas e outros. (HC – Habeas Corpus nº 666 – Tapauá/AM, Decisão Monocrática de 19.11.2009, Relator(a) Min. ARNALDO VERSIANI LEITE SOARES, Publicação: DJE – Diário da Justiça Eletrônico, Data 24.11.2009, Página 14-17).

2 – Sustenta que alegação de que a prisão da paciente seria necessária para conveniência da instrução criminal tem por base mera suposição, visto que não foram apontados fatos concretos que demonstrem que ela poderá distorcer a prova já produzida. Nesse tocante, invoca os fundamentos apresentados em decisão liminar concedida nos autos do Habeas Corpus nº 92.914 pelo Ministro Marco Aurélio, no qual se assentou que, "ausente a coerência entre a fundamentação fática e o motivo legal invocado, há que se reconhecer que não subsiste motivação fática e legal para a manutenção do decreto de prisão (fl. 22). Ressalta que a prova testemunhal já foi produzida pela Polícia Federal, o que equivaleria ao encerramento da instrução e afastaria o alegado risco de interferência da paciente na instrução, devendo-se aplicar o disposto no art. 648, VI, do Código de Processo Penal. Argui que a autoridade coatora, com base em temor pessoal, está atribuindo à paciente uma capacidade que ela não possui, qual seja a de afetar a lisura do pleito. Assevera que "a paciente está submetida a medida mais drástica do que enfrentaria no caso de oferecimento de denúncia ou mesmo ao final do processo" (fl. 25), visto que o crime a ela imputado, por prever pena máxima de quatro anos e não incluir, entre suas elementares, características relacionadas à violência ou grave ameaça, admite, em tese, a substituição da pena privativa de liberdade por restritiva de direitos, bem como a suspensão condicional do processo. Requer o deferimento do pedido de liminar, a fim de que seja ordenada a imediata libertação de Ivanilde da Silva Serrador, com base no art. 5º, LXV, da Constituição Federal. Decido. No caso em exame, o Juiz Marcelo Nazur homologou o auto de prisão em flagrante e decretou a prisão preventiva da paciente, pelos seguintes

fundamentos (fl. 29): Da análise das declarações das Testemunhas e das contradições da Indiciada na comparação de seu depoimento para com aquelas, concluo tratar-se a Indiciada de pessoa cuja convivência em sociedade neste período eleitoral é perigosa, colocando em risco a ordem pública com a devolução de sua liberdade ao promover a eleição de pessoas às custas de votos comprados e ao ser instigada e fortalecida esta prática nojenta entre seus demais criminosos adeptos. Ademais, a soltura da Indiciada também abalará a credibilidade da Justiça junto aos cidadãos de bem que ainda acreditam na democracia e na liberdade de expressão, pois se sentirão desestimulados a continuar obedientes ao ordenamento legal quando da notícia da condescendência deste Poder para com aquela cidadã que pouco antes fora flagrada desafiando a lei e difundindo o crime! Também é da conveniência da instrução criminal sua segregação cautelar, pois a Indiciada, amparada nos seus mantenedores políticos, poderá exercer grande influência sobre as testemunhas, as quais certamente serão persuadidas a esconder a verdade acaso continue livre, diante das suas hipossuficiências financeira e material. Por sua vez, o juiz plantonista do Tribunal Regional Eleitoral do Roraima indeferiu o pedido de liminar em face da prisão preventiva (fls. 30-31): Examinando o teor da decisão do Juiz Marcelo Mazur (fls. 41 a 43), observo que a autoridade apontada como coatora assinala a existência de fortes indícios de que a paciente teria cooptado eleitores em episódio de compra de votos. O magistrado apontou que tal conclusão decorre das declarações das testemunhas Sandro Almeida Silva Figueiredo, Liana Joyce Andrade de Maios, Macedônia Pereira da Silva Souza. Cartegiane Ferreira Rocha da Silva Olenia Gomes da Silva. Sidney da Silva e Tito Paulo da Silva, em que se evidencia que a paciente estava de posse de recibos, cadernos de anotações e placas de candidatos e entregou dinheiro para eleitores, havendo, em um juízo delibatório, indícios de corrupção eleitoral. Em face desse contexto, tenho que a prisão preventiva está suficientemente fundamentada, sendo evidente que a convivência da paciente em sociedade durante o período eleitoral ó perigosa e representa risco á lisura do pleito conforme assinalado pela autoridade impetrada à folha 43. Anoto que as questões suscitadas pelos impetrantes, a princípio não se afiguram suficientes para revogação do decreto de prisão e serão oportunamente examinadas quando da análise do mérito do wril. Na espécie, tenho que a decretação da prisão preventiva está devidamente fundamentada, na medida em que o juízo eleitoral a entendeu recomendável, considerado o período eleitoral em curso, o risco à ordem pública, além do que assinalou a necessidade de segregação, dada a conveniência da instrução criminal, "pois a Indiciada, amparada nos seus mantenedores políticos poderá exercer grande influência sobre as testemunhas, as quais certamente serão persuadidas a esconder a verdade caso continue livre" (fl. 29). Pelo exposto, indefiro o pedido de liminar. Solicitem-se informações à autoridade coatora. Após, vista ao Ministério Público Eleitoral. Publique-se. Intimem-se.

Brasília, 21 de setembro de 2010. Ministro Arnaldo Versiani Relator 2996-16.2010.600.0000 HC – Habeas Corpus nº 299616 – Bonfim/RR Decisão Monocrática de 21.09.2010.

Feita essa análise preliminar, passemos ao estudo do tipo.

Bem jurídico tutelado

"O art. 299 do Código Eleitoral, ao qualificar como crime 'dar, oferecer, prometer, solicitar ou receber, para si ou para outrem, dinheiro, dádiva, ou qualquer outra vantagem, para obter ou dar voto e para conseguir ou prometer abstenção, ainda que a oferta não seja aceita', tutela justamente o livre exercício do voto (o direito do eleitor de votar livremente em algum candidato, em branco ou nulo) ou a abstenção do eleitor no processo eleitoral" (TSE, Agravo de Instrumento nº 20903, Acórdão, Relator(a) Min. Gilmar Ferreira Mendes, Publicação: DJE – Diário de justiça eletrônico, Tomo 43, Data 05.03.2015, Página 44/45).

Sujeitos do crime

O *crime* em análise, tanto na sua modalidade ativa quanto passiva, é classificado como sendo *comum*, pois pode ser praticado por qualquer pessoa, de modo que é plenamente possível a coautoria e suas diversas modalidades.

No polo passivo, temos o Estado.

Condutas

Sobre as condutas que caracterizam a consumação do delito (dar, oferecer, prometer, solicitar ou receber), faz-se necessário apresentar algumas observações à luz da jurisprudência do Tribunal Superior Eleitoral (TSE), a saber:

1 – "Para a configuração do crime de corrupção eleitoral, além de ser necessária a ocorrência de dolo específico, qual seja, obter ou dar voto, conseguir ou prometer abstenção, é necessário que a conduta seja direcionada a eleitores identificados ou identificáveis, e que o corruptor eleitoral passivo seja pessoa apta a votar. Assim, não há falar em corrupção eleitoral mediante o oferecimento de serviços odontológicos à população em geral e sem que a denúncia houvesse individualizado os eleitores supostamente aliciados" (Agravo de Instrumento nº 749719, Acórdão, Relator(a) Min. Maria Thereza Rocha de Assis Moura, Publicação: DJE – Diário de justiça eletrônico, Tomo 35, Data 23.02.2015, Página 54). No mesmo sentido, conferir:

> ELEIÇÕES 2006. AGRAVO REGIMENTAL. AGRAVO. RECURSO ESPECIAL. AÇÃO PENAL. CORRUPÇÃO ELEITORAL. ART. 299 DO CÓDIGO ELEITORAL. IDENTIFICAÇÃO. CORRUPTOR ELEITORAL PASSIVO. INEXISTENTE. ABSOLVIÇÃO. DESPROVIMENTO.
> 1. A mera indicação de que todos os eleitores do município são os supostos corrompidos passivos determináveis não é suficiente para a caracterização do delito.
> 2. Se a instrução processual não revela qualquer pessoa que comprovadamente tivesse sido agente passivo do delito, alterar a conclusão do julgamento envolveria o reexame das provas, o que é refutado pelo verbete nº 24 do Tribunal Superior Eleitoral.
> 3. "Ausente a adequada identificação do corruptor eleitoral passivo, fato esse que impede a aferição da qualidade de eleitores, como impõe o dispositivo contido no art. 299 do Código Eleitoral, devem ser reconhecidas a inépcia da denúncia e a ausência de justa causa para submissão do paciente à ação penal" (RHC nº 13316/SC, Rel. Min. Luciana Lóssio, DJe de 10.2.2014).

2 – Ainda que na esfera cível-eleitoral já exista o reconhecimento jurisprudencial objetivo de que configura grave abuso de poder a compra de apoio político,[118] na seara criminal não é bem assim. Infelizmente, a Corte Eleitoral tem negado a realidade dos fatos no mundo real (que não é aquela supostamente existente a partir da retórica fácil dos Gabinetes palacianos de Brasília) para dizer que "a promessa de cargo a correligionário em troca de voto não configura a hipótese do delito previsto no art. 299 do Código Eleitoral, ante a falta de elemento subjetivo do tipo (Precedente: HC nº 812-19/RJ, Rel. Min. Dias Toffoli, DJe de 20.3.2013)", uma vez que "não é possível presumir que a nomeação em cargo na Prefeitura implique, necessariamente, oferta de benefícios aos seus familiares" (Agravo de Instrumento nº 3748, Acórdão, Relator(a) Min. Luiz Fux, Publicação: DJE – Diário de justiça eletrônico, Tomo 237, Data 15.12.2016, Página 24/25).

3 – Felizmente, no que tange ao uso direto da pecúnia pública para atos político-partidários (passeatas, carreatas ou comícios, por exemplo), a Corte tem agido mais firmemente e consignado que a

[118] Ação de impugnação de mandato eletivo. Corrupção. Caracteriza corrupção a promessa de, caso os candidatos se elejam, assegurar a permanência de pessoas em cargos na Prefeitura Municipal, certamente em troca de votos ou de apoio político-eleitoral. Reconhecidas a potencialidade e a gravidade da conduta, devem ser cassados os mandatos do Prefeito e do Vice-Prefeito, com a posse da chapa segunda colocada. Recurso especial, em parte, conhecido e, nessa parte, provido. (TSE, Recurso Especial Eleitoral nº 28396, Acórdão, Relator(a) Min. Arnaldo Versiani Leite Soares, Publicação: DJ – Diário de justiça, Data 26.02.2008, Página 05).

conduta de doar dinheiro ou vales-combustível (à custa do erário) para a participação em atos daquela natureza pode configurar o crime em tela (artigo 299, CE), ou o crime de peculato (artigo 312, do Código Penal), tudo dependendo dos elementos do caso concreto, *in verbis*:

> HABEAS CORPUS. INQUÉRITO POLICIAL INSTAURADO PARA APURAR SUPOSTA INFRAÇÃO AO ARTIGO 243 DO CÓDIGO ELEITORAL. DISPOSITIVO QUE NÃO VEICULA TIPO PENAL. CONDUTA QUE, NÃO OBSTANTE, PODE SE ADEQUAR A OUTROS TIPOS PENAIS. DEPUTADO FEDERAL. COMPETÊNCIA DO STF PARA SUPERVISÃO DO INQUÉRITO. ORDEM CONCEDIDA DE OFÍCIO.
> 1. O artigo 243 do Código Eleitoral não veicula nenhum tipo penal. Não obstante, a qualificação legal equivocada do fato não é obstáculo ao prosseguimento das investigações, se a conduta apurada constitui, em tese, uma infração penal.
> 2. Suposta utilização de dinheiro público no abastecimento de veículos para participarem de passeata. Conduta que, dada a ausência de aprofundamento das investigações, pode caracterizar, teoricamente, os crimes dos artigos 312 do Código Penal ou 299 do Código Eleitoral. (Habeas Corpus nº 8046, Acórdão, Relator(a) Min. Maria Thereza Rocha de Assis Moura, Publicação: DJE – Diário de justiça eletrônico, Tomo 51, Data 16.03.2015, Página 26/27).

4 – "A gravação ambiental que registra o crime de corrupção, quando realizada pelos próprios eleitores que venderam o voto, pode ser utilizada contra eles no processo penal. Do contrário, a eles seria permitido aproveitar-se da ilicitude a que deram causa". Assim, "é irrelevante que a gravação ambiental tenha sido considerada ilícita em relação ao prefeito em ações eleitorais julgadas por esta Corte" (Habeas Corpus nº 44405, Acórdão, Relator(a) Min. Maria Thereza Rocha de Assis Moura, Publicação: DJE – Diário de justiça eletrônico, Tomo 86, Data 05.05.2016, Página 39-40).

5 – "A prova da corrupção eleitoral raramente surgirá de forma direta. No geral, haverá necessidade de reunir circunstâncias, criticamente as analisando para se conseguir segurança razoável quanto à ilicitude. Só que isso não pode representar um julgamento especulativo, fundado mais em suposições do que em evidências reais. Não se trata de ser tolerante com a compra de votos, mas de impedir injustiças" (TRE/SC. Acórdão nº 28.687, de 23.9.2013, Juiz Hélio do Valle Pereira). "Sendo elemento integrante do tipo em questão a finalidade de 'obter ou dar voto ou prometer abstenção', não é suficiente para a sua configuração a mera distribuição de bens. A abordagem deve ser direta ao eleitor, com o objetivo de dele obter a promessa de que o voto será obtido ou

dado ou haverá abstenção em decorrência do recebimento da dádiva" [TSE. Habeas Corpus nº 463, de 3.10.2003, rel. Min. Luiz Carlos Lopes Madeira]" (TRESC. Acórdão n. 26.894, de 20.8.2012, Juíza Bárbara Lebarbenchon Moura Thomaselli). (RECURSO EM PROCESSO-CRIME ELEITORAL nº 2838, ACÓRDÃO nº 30026 de 27.08.2014, Relator(a) SÉRGIO ROBERTO BAASCH LUZ, Revisor(a) IVORÍ LUIS DA SILVA SCHEFFER, Publicação: DJE – Diário de JE, Tomo 152, Data 02.09.2014, Página 3).

Tipicidade subjetiva

Todas as infrações penais eleitorais *só* comportam a sua prática na *modalidade dolosa*, motivo pelo qual inexiste crime eleitoral culposo.

Essa regra é extraída a partir da constatação de que nas infrações penais eleitorais inexiste qualquer menção à possibilidade de sua prática na modalidade culposa, o que faz com que, por força do disposto no artigo 287 do Código Eleitoral, aplique-se o artigo 18, parágrafo único do Código Penal.

É importante registrar que, nesse caso, *há necessidade de comprovação do dolo específico*, "consistente no especial fim de obter ou dar voto, conseguir ou prometer abstenção" (Recurso Especial Eleitoral nº 998471411, Acórdão, Relator(a) Min. Napoleão Nunes Maia Filho, Publicação: DJE – Diário de justiça eletrônico, Tomo 57, Data 23.03.2017, Página 26). Nesse mesmo sentido:

> ELEIÇÕES 2008. AGRAVO REGIMENTAL. RECURSO ESPECIAL. AÇÃO PENAL. IMPROCEDÊNCIA. CORRUPÇÃO ELEITORAL. DISTRIBUIÇÃO DE VALE-COMBUSTÍVEL EM TROCA DA AFIXAÇÃO DE ADESIVOS. DOLO ESPECÍFICO DE CAPTAR VOTOS. AUSÊNCIA. ATIPICIDADE DA CONDUTA. PROVIMENTO.
>
> 1. Segundo a jurisprudência desta Corte, para a configuração do crime descrito no art. 299 do CE, é necessário o dolo específico que exige o tipo penal, isto é, a finalidade de "obter ou dar voto" e "conseguir ou prometer abstenção" (RHC nº 142354, Rel. Min. Laurita Vaz, DJe de 5.12.2013).
>
> 2. Na espécie, o recebimento da vantagem – materializada na distribuição de vale combustível –, foi condicionado à fixação de adesivo de campanha em veículo e não à obtenção do voto. Desse modo, o reconhecimento da improcedência da ação penal é medida que se impõe.
>
> 3. Agravo regimental provido para conhecer e prover o recurso especial e julgar improcedente a ação penal, afastando a condenação do agravante pela prática do crime de corrupção eleitoral. (Recurso Especial Eleitoral nº 291, Acórdão, Relator(a) Min. Maria Thereza Rocha de Assis Moura, Publicação: DJE – Diário de justiça eletrônico, Tomo 42, Data 04.03.2015, Página 220).

É importante observar que esse "especial fim de agir" não coincide necessariamente com o pedido explícito de votos, sendo suficientes os comportamentos sorrateiros e ardilosos de candidatos e cabos eleitorais no sentido de deixar "no ar" que aquela conduta de prometer, dar ou oferecer algo ao eleitor refere-se ao processo eleitoral, como ocorre nas frases "não se esqueça de mim", "estamos juntos", "vou lembrar de você", "eu ajudo quem me ajuda" etc.

Consumação e tentativa

O crime de corrupção eleitoral ativa é crime instantâneo, cuja consumação é imediata, ocorrendo com a simples prática de um dos núcleos do tipo (dar, oferecer, prometer, solicitar ou receber), bem como se qualifica como crime formal, pois a consumação independe do resultado, da efetiva entrega da benesse em troca do voto ou da abstenção, sendo irrelevante se o eleitor corrompido efetivamente votou no candidato indicado.

Exige-se (i) que a promessa ou a oferta seja feita a um eleitor determinado ou determinável; (ii) que o eleitor esteja regular ou que seja possível a regularização no momento da consumação do crime; (iii) que o eleitor vote no domicílio eleitoral do candidato indicado pelo corruptor ativo" (TSE, Agravo de Instrumento nº 20903, Acórdão, Relator(a) Min. Gilmar Ferreira Mendes, Publicação: DJE – Diário de justiça eletrônico, Tomo 43, Data 05.03.2015, Página 44/45).

Além disso, é importante destacar que "o crime de corrupção eleitoral (Cód. Eleitoral, art. 299), na modalidade 'prometer' ou 'oferecer', é formal e se consuma no momento em que é feita a promessa ou oferta, independentemente de ela ser aceita ou não", de modo que "a oferta de dinheiro em troca do voto, realizada em ação única, a mais de uma pessoa, caracteriza o tipo do art. 299 em relação a cada um dos eleitores identificados". Assim, "há concurso formal impróprio, ou imperfeito, quando o candidato, em conduta única, promete bem ou vantagem em troca do voto de dois ou mais eleitores determinados, agindo com desígnios autônomos" (Cód. Penal, art. 70, segunda parte). (TSE, Recurso Especial Eleitoral nº 1226697, Acórdão, Relator(a) Min. Henrique Neves da Silva, Publicação: DJE – Diário de justiça eletrônico, Tomo 183, Data 30.09.2014, Página 487/488).

Por fim, não custa lembrar que "a absolvição do réu, por falta de provas, da imputação de crime de corrupção eleitoral (art. 299 do CE), nos autos de ação penal, por si só, não tem o condão de afastar a condenação por captação ilícita de sufrágio e abuso do poder econômico em sede de ação de investigação judicial eleitoral, pois a jurisprudência desta Corte consolidou-se no sentido da incomunicabilidade das esferas criminal e civil-eleitoral" (TSE, Recurso Especial Eleitoral nº 82911, Acórdão, Relator(a) Min. Admar Gonzaga Neto, Publicação: DJE – Diário de justiça eletrônico, Volume, Tomo 170, Data 02.09.2016, Página 72/73).

Ação penal

Por força do disposto no artigo 355, do Código Eleitoral, a ação penal eleitoral é, como regra geral, *pública incondicionada.*

A despeito disso, é importante registrar que, no caso de desídia ou omissão do Ministério Público, é plenamente possível o ajuizamento da *ação penal eleitoral subsidiária da pública*, uma vez que a Constituição Federal não limitou qualquer espécie de delito para o seu manejo.

Nesse sentido, o Tribunal Superior Eleitoral (TSE) já decidiu, *in verbis:*

> 2. Na medida em que a própria Carta Magna não estabeleceu nenhuma restrição quanto à aplicação da ação penal privada subsidiária, nos processos relativos aos delitos previstos na legislação especial, deve ser ela admitida nas ações em que se apuram crimes eleitorais. 3. A queixa-crime em ação penal privada subsidiária somente pode ser aceita caso o representante do Ministério Público não tenha oferecido denúncia, requerido diligências ou solicitado o arquivamento de inquérito policial, no prazo legal. (RECURSO ESPECIAL ELEITORAL nº 21295, Acórdão nº 21295 de 14.08.2003, Relator(a) Min. FERNANDO NEVES DA SILVA, Publicação: DJ – Diário de Justiça, Volume 1, Data 17.10.2003, Página 131 RJTSE – Revista de Jurisprudência do TSE, Volume 14, Tomo 4, Página 227).

Eventual "absolvição do réu, por falta de provas, da imputação de crime de corrupção eleitoral (art. 299 do CE), nos autos de ação penal, por si só, não tem o condão de afastar a condenação por captação ilícita de sufrágio e abuso do poder econômico em sede de ação de investigação judicial eleitoral, pois a jurisprudência desta Corte consolidou-se no sentido da incomunicabilidade das esferas criminal e civil-eleitoral" (TSE, Recurso Especial Eleitoral nº 82911, Acórdão, Relator(a) Min. Admar Gonzaga Neto, Publicação: DJE – Diário de justiça eletrônico, Volume, Tomo 170, Data 02.09.2016, Página 72/73).

Além disso, *considerando que a pena* para o crime em referência é de reclusão de 01 até 04 anos, *não é cabível a transação penal*, a despeito de *ser possível* a suspensão condicional do processo (*sursis* processual), nos termos do artigo 89, da Lei nº 9.099/95, uma vez que a pena mínima é de reclusão de 1 (um) ano. Tal entendimento encontra-se pacificado na jurisprudência da Corte Eleitoral, a conferir:

> PROCESSO PENAL ELEITORAL – LEIS nºs 9.099/95 e 10.259/2001 – APLICABILIDADE. As Leis nºs 9.099/95 e 10.259/2001, no que versam o processo relativo a infrações penais de menor potencial ofensivo, são, de início, aplicáveis ao processo penal eleitoral. A exceção corre à conta de tipos penais que extravasem, sob o ângulo da apenação, a perda da liberdade e a imposição de multa para alcançarem, relativamente a candidatos, a cassação do registro, conforme é exemplo o crime do artigo 334 do Código Eleitoral. (Recurso Especial Eleitoral nº 25137, Acórdão de, Relator(a) Min. Marco Aurélio Mendes de Farias Mello, Publicação: DJ – Diário de justiça, Volume I, Data 16.09.2005, Página 173)

Ainda sobre o *sursis* processual, convém referenciar que "o acusado que reitera a prática nociva demonstra conduta social negativa, circunstância que não recomenda a concessão do benefício, nos termos dos arts. 44, inciso III, e 77, inciso II, do Código Penal" (Recurso em Habeas Corpus nº 27821, Acórdão, Relator(a) Min. Gilmar Ferreira Mendes, Publicação: DJE – Diário de justiça eletrônico, Data 17.03.2017).

Não obstante isso, salienta-se que esse benefício processual do acusado (que pode por ele ser recusado) deve ser proposto pelo Ministério Público quando do oferecimento da denúncia criminal – e reclamada a sua omissão no primeiro momento em que a defesa possa se manifestar (na audiência designada após o recebimento da inicial acusatória),[119] sob pena de preclusão, conforme já decidiu o Tribunal Superior Eleitoral (TSE):

> ELEIÇÕES 2008. AGRAVO REGIMENTAL. RECURSO ESPECIAL. CRIME ELEITORAL. CORRUPÇÃO ELEITORAL. SUSPENSÃO CONDICIONAL DO PROCESSO. ART. 89 DA LEI Nº 9.096/95. NULIDADE RELATIVA. PRECLUSÃO. DESPROVIMENTO.
>
> 1. A jurisprudência deste Tribunal e do Supremo Tribunal Federal é firme no sentido de que, por se tratar de nulidade relativa, a ausência de proposição de suspensão condicional do processo pelo Ministério Público Eleitoral torna a matéria preclusa, se não suscitada pela defesa no momento oportuno. (Recurso Especial Eleitoral nº 4095, Acórdão, Relator(a) Min. Luciana Christina Guimarães Lóssio, Publicação: DJE – Diário de justiça eletrônico, Tomo 201, Data 22.10.2015, Página 31/32).

---

[119] "O STJ entende que o recebimento da denúncia é requisito lógico para a formalização da suspensão condicional do processo, visto que naquela etapa o magistrado tem o dever de avaliar o enquadramento da peça acusatória dentro dos parâmetros normativos a permitir o seu posterior processamento. Assim, a partir do escrutínio da legalidade da acusação, poupa-se o acusado de eventual aquiescência ao referido benefício na hipótese de inépcia ou de ausência de justa causa para o processamento do feito." (AgRg no HC 328.563/SC, Rel. Ministro ROGERIO SCHIETTI CRUZ, SEXTA TURMA, julgado em 14.02.2017, DJe 23.02.2017).

Nesse tocante, é fundamental lembrar que *o Ministério Público não é obrigado a propor a suspensão condicional do processo, desde que o faça de maneira fundamentada na peça delatória e com isso concorde o Poder Judiciário,* sendo inviável a impetração de *habeas corpus* para tal fim. Assim vem decidindo o Supremo Tribunal Federal (STF):

> Habeas corpus. Penal. Condenação pelos crimes de lesão corporal (CP, art. 129) e desacato (CP, art. 331). Dosimetria de pena. Fixação da pena-base do crime de desacato acima do mínimo legal. Fundamentação idônea. Alegado bis in idem. Não ocorrência. *Suspensão condicional do processo (art. 89 da Lei nº 9.099/95). Não cabimento. Fundamentada recusa do Ministério Público em propor o benefício. Aceitação da recusa pela autoridade judicial. Possibilidade. Precedentes. Natureza de transação processual da suspensão condicional do processo. Inexistência de direito público subjetivo à aplicação do art. 89 da Lei 9.099/95. Precedentes.* (...). 5. Quanto à pretendida concessão da suspensão condicional do processo (art. 89 da Lei nº 9.099/95), anoto que a jurisprudência da Corte já decidiu que o benefício não é cabível se o Ministério Público, de forma devidamente fundamentada, como no caso, deixa de propô-la e o Juiz concorda com a recusa (HC nº 89.842/SP, Primeira Turma, Relator o Ministro Sepúlveda Pertence, DJ 15/9/06). Desse entendimento, não dissentiu o aresto ora questionado. 6. É pertinente se destacar que *a suspensão condicional do processo tem natureza de transação processual, não existindo, portanto, direito público subjetivo do paciente à aplicação do art. 89 da Lei 9.099/95* (HC nº 83.458BA, Primeira Turma, Relator o Ministro Joaquim Barbosa, DJ de 6/2/03; HC nº 101.369/SP, Primeira Turma, de minha relatoria, DJe de 28.11.11). 7. Ordem denegada. (HC 129346, Relator(a): Min. DIAS TOFFOLI, Segunda Turma, julgado em 05.04.2016, PROCESSO ELETRÔNICO DJe-094 DIVULG 10.05.2016 PUBLIC 11.05.2016).

Caso, porém, o membro do *Parquet*, ainda que preenchidos os requisitos legais, não faça a proposta de suspensão condicional do processo, o juiz não pode conceder de ofício, devendo aplicar o artigo 28 do Código de Processo Penal e remeter os autos ao Procurador Regional Eleitoral, em interpretação sistêmica e analógica do que dispõe a Súmula nº 696 do Supremo Tribunal Federal (STF): "Reunidos os pressupostos legais permissivos da suspensão condicional do processo, mas se recusando o promotor de justiça a propô-la, o juiz, dissentindo, remeterá a questão ao procurador-geral, aplicando-se por analogia o art. 28 do código de processo penal".

Quanto à *condenação*, é de se destacar que, uma vez confirmada por órgão colegiado do Poder Judiciário, ela *gera a inelegibilidade*, nos termos do artigo 1º, I, alínea "e", da Lei Complementar nº 64/90, *sendo irrelevante o fato de ter havido a conversão da pena* privativa de liberdade em restritiva de direitos, como já assentou o Tribunal Superior Eleitoral (TSE):

> Eleições 2012. Registro. Vereador. Indeferimento. Condenação criminal. Arts. 289, 350 e 354 do Código Eleitoral. Inelegibilidade. Art. 1º, inciso I, alínea e, item 4, da LC nº 64/90. Incidência.
>
> 1. A conversão da pena privativa de liberdade em pena restritiva de direitos não afasta a incidência da inelegibilidade prevista no art. 1º, I, e, da LC nº 64/90, porquanto a lei estabelece como requisito da inelegibilidade a condenação por crime que preveja cominação de pena privativa de liberdade.
>
> 2. A definição do crime como de menor potencial ofensivo leva em conta o limite máximo da pena previsto em lei.
>
> Agravo a que se nega provimento. (Recurso Especial Eleitoral nº 36440, Acórdão, Relator(a) Min. Henrique Neves Da Silva, Publicação: DJE – Diário de justiça eletrônico, Tomo 056, Data 22.03.2013, Página 27).

6.2 Coação eleitoral moral praticada por servidor público

> Art. 300. Valer-se o servidor público da sua autoridade para coagir alguém a votar ou não votar em determinado candidato ou partido:
>
> Pena – detenção até seis meses e pagamento de 60 a 100 dias-multa.
>
> Parágrafo único. Se o agente é membro ou funcionário da Justiça Eleitoral e comete o crime prevalecendo-se do cargo a pena é agravada.

Breve introdução ao tipo

O Código Eleitoral prevê dois tipos penais (artigos 300 e 301) que incriminam a coação realizada para fins de conseguir o voto ou a abstenção do voto.[120]

Nesse sentido, cumpre apresentar, ainda que de relance, as principais características diferenciadoras entre eles para que o leitor já as assimile de pronto. Vejamos.

A primeira delas diz respeito ao sujeito ativo, pois enquanto o crime do artigo 300 é próprio, só podendo ser praticado por servidor público (eleitoral ou não), o tipo do artigo 301 pode ser praticado por qualquer pessoa.

---

[120] Não custa lembrar que a coação eleitoral também pode configurar, cumulativamente ou não, dois ilícitos eleitorais cíveis: a) captação ilícita de sufrágio (artigo 41-A, §2º, da Lei nº 9.504/97); b) abuso de poder (político ou econômico), a depender da gravidade das circunstâncias do caso concreto (artigo 22, da Lei Complementar nº 64/90).

Em seguida, devemos observar que coação do artigo 300 só pode ser do tipo moral ou psíquica, pois, se houver violência ou grave ameaça, o crime será o do artigo 301 do Código Eleitoral.

Por fim, as consequências são distintas, uma vez que o artigo 300, por se tratar de crime de menor potencial ofensivo, possibilita a aplicação da transação penal e do *sursis* processual sem gerar inelegibilidade, ao passo que o artigo 301 não comporta transação penal, embora caiba a suspensão condicional do processo e a sua condenação seja apta a gerar a inelegibilidade.

Pois bem, feita essa distinção preliminar, passemos a analisar o crime incidente sobre os agentes públicos.

Bem jurídico tutelado

De acordo com a ampla maioria da doutrina eleitoral, o bem jurídico protegido pelo crime previsto no artigo 300 do Código Eleitoral é a liberdade do eleitor de escolher em qual candidato ou partido votará.

Entretanto, Marcílio Nunes Medeiros[121] assevera que "o art. 300 do CE tutela a moralidade para o exercício da função pública e a imparcialidade dos servidores públicos, no exercício de suas funções, quanto ao processo eleitoral, o que se revela pela necessidade de o servidor 'valer-se' do cargo que ocupa".

A despeito da sedução acadêmica desse último posicionamento, parece-me que a primeira posição é a mais adequada, já que, embora não haja dúvidas que o tipo tem por objetivo tutelar a imparcialidade do serviço público, esse fim é apenas mediato, o que, aliás, ocorre em inúmeros outros crimes eleitorais.

Assim *o tipo visa a garantia da liberdade de escolha do eleitor* no processo eleitoral.

Sujeitos do crime

Da leitura do tipo penal, verifica-se que só pode ser praticado por "servidor público", cujo conceito, para caracterização nesse caso, encontra-se descrito no artigo 327 do Código Penal[122] e no artigo 283 do Código Eleitoral.[123] É importante destacar que *o servidor público não*

---

[121] *Op. cit.*, p. 639.

[122] Art. 327 – Considera-se funcionário público, para os efeitos penais, quem, embora transitoriamente ou sem remuneração, exerce cargo, emprego ou função pública. §1º – Equipara-se a funcionário público quem exerce cargo, emprego ou função em entidade paraestatal, e quem trabalha para empresa prestadora de serviço contratada ou conveniada para a execução de atividade típica da Administração Pública.

[123] Art. 283. Para os efeitos penais são considerados membros e funcionários da Justiça Eleitoral: I – os magistrados que, mesmo não exercendo funções eleitorais, estejam presidindo Juntas

precisa ser necessariamente da Justiça Eleitoral, já que essa circunstância é causa de aumento de pena.

Trata-se, portanto, de crime próprio, o que faz com que, *a priori*, não seja possível a coautoria, pois, nessa espécie de crime, "exige-se a atuação pessoal do sujeito ativo, que não pode ser substituído por mais ninguém".[124]

Ocorre, porém, que, adotando-se a teoria do domínio do fato ou a "autoria por determinação",[125] vislumbramos a possibilidade de coautoria.

Essa linha de raciocínio já foi adotada pela Corte Eleitoral, decidir que "a delimitação prevista no Código Eleitoral quanto aos crimes eleitorais próprios do eleitor, ou mesmo de mão própria, por si só, não impede o surgimento do concurso de pessoas e a responsabilização penal, pela mesma prática delitiva, de um sujeito não qualificado, ainda mais quando, presumivelmente, este conhece a condição pessoal do pretenso autor "eleitor" e os benefícios que poderá auferir com a consumação da conduta criminosa. Assim, nesses casos, o fato não se mostra, de plano, atípico quanto ao sujeito não qualificado, mas possível de se apurar a sua concorrência para o delito, considerada a sua culpabilidade, a qual, contudo, deverá ser comprovada ou não no curso da ação penal" (Recurso Especial Eleitoral nº 34863, Acórdão, Relator(a) Min. Joaquim Benedito Barbosa Gomes, Publicação: DJE – Diário de justiça eletrônico, Data 01.09.2009, Página 20/21).

No polo passivo, temos o Estado e o eleitor que sofreu a coação para votar ou não votar.

Condutas

O tipo penal fala em coagir, que significa constranger ou intimidar. Assim, é preciso que o agente pressione ou intimide o eleitor de tal forma que diminua ou restrinja a sua escolha político-eleitoral.

Apuradoras ou se encontrem no exercício de outra função por designação de Tribunal Eleitoral; II – Os cidadãos que temporariamente integram órgãos da Justiça Eleitoral; III – Os cidadãos que hajam sido nomeados para as mesas receptoras ou Juntas Apuradoras; IV – Os funcionários requisitados pela Justiça Eleitoral. §1º Considera-se funcionário público, para os efeitos penais, além dos indicados no presente artigo, quem, embora transitoriamente ou sem remuneração, exerce cargo, emprego ou função pública. §2º Equipara-se a funcionário público quem exerce cargo, emprego ou função em entidade paraestatal ou em sociedade de economia mista.

[124] CUNHA, Rogério Sanches. *Manual de Direito Penal* – Parte Geral. 5. ed. Salvador: Juspodivm, 2017, p. 408.

[125] Para maior aprofundamento no assunto, consultar: CUNHA, Rogério Sanches. *Manual de Direito Penal* – Parte Geral. 5. ed. Salvador: Juspodivm, 2017.

Além disso, é importante destacar que a coação só pode ser do tipo moral ou psíquica, pois, se houver violência ou grave ameaça, o crime será o do artigo 301 do Código Eleitoral.

Ainda sobre a conduta, o mal anunciado deve ser verossímil e não manifestamente impossível de ser executado pelo autor do fato ou por terceiro que faça parte da mesma facção político-eleitoral. Exemplo corriqueiro da prática desse delito no Brasil é o tradicional "aviso" dado pelo titular de uma determinada pasta de uma gestão pública (municipal, estadual ou federal) aos ocupantes de cargos comissionados no sentido de que o Chefe do Executivo irá exonerá-los caso não votem no candidato da situação. De igual forma ocorre com os contratados temporários, que são admoestados sobre eventual rescisão contratual ou não renovação do pacto de trabalho no caso de não ocorrer o voto no candidato indicado.[126] Observe-se que, se a ameaça (direta ou indireta) for praticada por um particular, o crime será o do artigo 301 do Código Eleitoral.

A doutrina aponta também que não é obrigatório que a coação seja praticada diretamente sobre o eleitor, sendo apta a configuração do delito aquela realizada contra pessoas que com ele possuam vínculos estreitos (caso da esposa, filhos, pais etc.). Assim, *admite-se a coação direta e indireta*, sendo necessário que, nesse último caso, a pessoa coagida tenha um vínculo tão forte com o eleitor que se pretende atingir ao ponto de influenciar a sua decisão política por medo.

Além disso, é fundamental que o autor do fato aja valendo-se de sua condição de servidor público, motivo pelo qual é imperiosa a demonstração desse nexo quando da imputação do crime[127] e a respectiva condenação. Diante disso, *a priori*, entendo que o servidor afastado de

---

[126] Nesse mesmo sentido: "No âmbito do crime em apreço, a conduta delituosa mais comum é aquela em que o serviço público coage o eleitor, que se encontra numa posição hierárquica inferior e não goza de estabilidade, a votar em determinado candidato, sob pena de demissão. O temor, nesse caso, pode se revelar real e efetivo, na hipótese de restar demonstrado possuir o agente do crime poderes para assim proceder no âmbito da instituição ou empresa em que exerce suas funções, ou pode decorrer do fato de possuir condições de influenciar, nesse sentido, quem detém essa ordem de poderes" (GOMES, Suzana de Camargo. *Op. cit.*, p. 207).

[127] RECURSO ORDINÁRIO EM HABEAS CORPUS. INÉPCIA DA DENÚNCIA. CONCESSÃO DA ORDEM. 1. É inepta a denúncia que não contém a exposição do fato criminoso, com todas as suas circunstâncias. No caso dos autos, a denúncia não especificou o dia, o horário e o local da conduta criminosa, não identificou os eleitores supostamente coagidos nem especificou o modo como os denunciados agiram, inviabilizando por completo o exercício do direito de defesa. 2. Recurso ordinário provido para conceder a ordem de habeas corpus a fim de trancar a ação penal. (Recurso em Habeas Corpus nº 16305, Acórdão, Relator(a) Min. João Otávio de Noronha, Publicação: DJE – Diário de justiça eletrônico, Tomo 204, Data 27.10.2015, Página 56).

suas funções não pode praticar o crime em apreço, salvo quando a prova dos autos demonstrar que, mesmo afastado formalmente, ele ainda possuía poder de gestão ou de influência no seu sucessor ou substituto.

Por fim, deve-se destacar que o tipo penal possui momento de incidência variável de acordo com o beneficiário da coação: se ela for voltada para um partido político (pessoa jurídica de direito privado com existência jurídica perene, salvo extinção ou fusão), trata-se de crime permanente; contudo, caso ela se direcione a beneficiar "determinado candidato" (como exige o tipo no *caput*), o crime só é de possível consumação ou tentativa após a escolha realizada em convenção partidária e o consequente pedido de registro de candidatura.

Tipicidade subjetiva

Todas as infrações penais eleitorais *só* comportam a sua prática na *modalidade dolosa*, motivo pelo qual inexiste crime eleitoral culposo.

Essa regra é extraída a partir da constatação de que nas infrações penais eleitorais inexiste qualquer menção à possibilidade de sua prática na modalidade culposa, o que faz com que, por força do disposto no artigo 287 do Código Eleitoral, aplique-se o artigo 18, parágrafo único do Código Penal.

É importante registrar que, nesse caso, *há necessidade de comprovação do dolo específico*, consistente no fim de conseguir o voto ou a abstenção do eleitor a favor de determinado candidato, ou partido político.[128]

Caso, porém, a violência ou grave ameaça possua uma finalidade diversa da especificada no tipo, ainda que de caráter eleitoral (escolha de alguém na convenção partidária como candidato de determinado partido, ou do presidente do partido na eleição interna), não haverá o crime em estudo, mas o de constrangimento ilegal (artigo 146, do Código Penal).

Consumação e tentativa

O crime se *consuma com a prática da coação eleitoral*, sendo indiferente se o eleitor votou ou deixou de votar no candidato indicado pelo coator.

Trata-se, destarte, de crime plurissubsistente e formal, que *admite a tentativa*.

---

[128] Não custa lembrar que, à luz do artigo 6º, §1º, da Lei dos Partidos Políticos, as coligações têm o mesmo tratamento jurídico dos partidos políticos, motivo pelo qual estão também tuteladas pelo tipo penal em referência.

Ação penal

Por força do disposto no artigo 355, do Código Eleitoral, a ação penal eleitoral é, como regra geral, *pública incondicionada.*

A despeito disso, é importante registrar que, no caso de desídia ou omissão do Ministério Público, é plenamente possível o ajuizamento da *ação penal eleitoral subsidiária da pública,* uma vez que a Constituição Federal não limitou qualquer espécie de delito para o seu manejo.

Nesse sentido, o Tribunal Superior Eleitoral (TSE) já decidiu, *in verbis:*

> 2. Na medida em que a própria Carta Magna não estabeleceu nenhuma restrição quanto à aplicação da ação penal privada subsidiária, nos processos relativos aos delitos previstos na legislação especial, deve ser ela admitida nas ações em que se apuram crimes eleitorais. 3. A queixa-crime em ação penal privada subsidiária somente pode ser aceita caso o representante do Ministério Público não tenha oferecido denúncia, requerido diligências ou solicitado o arquivamento de inquérito policial, no prazo legal. (RECURSO ESPECIAL ELEITORAL nº 21295, Acórdão nº 21295 de 14.08.2003, Relator(a) Min. FERNANDO NEVES DA SILVA, Publicação: DJ – Diário de Justiça, Volume 1, Data 17.10.2003, Página 131 RJTSE – Revista de Jurisprudência do TSE, Volume 14, Tomo 4, Página 227).

Além disso, *considerando que a pena* para o crime em referência é de detenção de detenção até seis meses e pagamento de 60 a 100 dias-multa e que, mesmo incidente a causa de aumento de pena do parágrafo único, *o crime é de menor potencial ofensivo,* motivo pelo qual é dever do órgão acusatório e *direito subjetivo* do acusado *a oferta da transação penal,* se atendidas as condições previstas no artigo 76, da Lei nº 9099/95, cuja omissão enseja a *impetração de habeas corpus* para esse fim.

Essa é a jurisprudência consolidada do Tribunal Superior Eleitoral (TSE):

> HABEAS CORPUS – CONCESSÃO DE OFÍCIO – TRANSAÇÃO. Sugerindo a situação concreta a possibilidade de transação, cumpre conceder a ordem de ofício, para que o titular da ação penal se posicione a respeito. (Habeas Corpus nº 106660, Acórdão, Relator(a) Min. Marco Aurélio Mendes de Farias Mello, Publicação: DJE – Diário de justiça eletrônico, Data 17.08.2010, Página 115).

Observe-se, contudo, que "a transação penal possui natureza pré-processual e busca evitar a efetiva instauração da ação penal, sendo cabível em momento prévio ao recebimento da denúncia", de modo que ela "fica preclusa com o oferecimento da resposta sem impugnação ou a aceitação da proposta de suspensão condicional do processo" (Recurso em Habeas Corpus nº 11573, Acórdão, Relator(a) Min. Gilmar Ferreira Mendes, Publicação: DJE – Diário de justiça eletrônico, Data 20.03.2017, Página 89).

Além disso, convém destacar que, embora o Tribunal Superior Eleitoral (TSE) já tenha decidido que "verificada a recusa quanto à proposta de transação, cumpre observar o rito previsto no Código Eleitoral, afastando-se o da Lei nº 9.099/1995",[129] *também é cabível*, nesse caso, a suspensão condicional do processo *(sursis processual)*, nos termos do artigo 89, da Lei nº 9.099/95. Tal entendimento encontra-se pacificado na jurisprudência da Corte Eleitoral, a conferir:

> PROCESSO PENAL ELEITORAL – LEIS nºs 9.099/95 e 10.259/2001 – APLICABILIDADE. As Leis nºs 9.099/95 e 10.259/2001, no que versam o processo relativo a infrações penais de menor potencial ofensivo, são, de início, aplicáveis ao processo penal eleitoral. A exceção corre à conta de tipos penais que extravasem, sob o ângulo da apenação, a perda da liberdade e a imposição de multa para alcançarem, relativamente a candidatos, a cassação do registro, conforme é exemplo o crime do artigo 334 do Código Eleitoral. (Recurso Especial Eleitoral nº 25137, Acórdão de, Relator(a) Min. Marco Aurélio Mendes de Farias Mello, Publicação: DJ – Diário de justiça, Volume I, Data 16/09/2005, Página 173)

Não obstante isso, salienta-se que esse benefício processual do acusado (que pode por ele ser recusado) deve ser proposto pelo Ministério Público quando do oferecimento da denúncia criminal – e reclamada a sua omissão no primeiro momento em que a defesa possa se manifestar (na audiência designada após o recebimento da inicial acusatória[130]), sob pena de preclusão, conforme já decidiu o Tribunal Superior Eleitoral (TSE):

---

[129] Recurso Especial Eleitoral nº 29803, Acórdão, Relator(a) Min. Marco Aurélio Mendes de Farias Mello, Publicação: DJE – Diário de justiça eletrônico, Tomo 168, Data 31.08.2012, Página 71.

[130] "O STJ entende que o recebimento da denúncia é requisito lógico para a formalização da suspensão condicional do processo, visto que naquela etapa o magistrado tem o dever de avaliar o enquadramento da peça acusatória dentro dos parâmetros normativos a permitir o seu posterior processamento. Assim, a partir do escrutínio da legalidade da acusação, poupa-se o acusado de eventual aquiescência ao referido benefício na hipótese de inépcia ou de ausência de justa causa para o processamento do feito." (AgRg no HC 328.563/SC, Rel. Ministro ROGERIO SCHIETTI CRUZ, SEXTA TURMA, julgado em 14.02.2017, DJe 23.02.2017).

> ELEIÇÕES 2008. AGRAVO REGIMENTAL. RECURSO ESPECIAL. CRIME ELEITORAL. CORRUPÇÃO ELEITORAL. SUSPENSÃO CONDICIONAL DO PROCESSO. ART. 89 DA LEI Nº 9.096/95. NULIDADE RELATIVA. PRECLUSÃO. DESPROVIMENTO.
> 1. A jurisprudência deste Tribunal e do Supremo Tribunal Federal é firme no sentido de que, por se tratar de nulidade relativa, a ausência de proposição de suspensão condicional do processo pelo Ministério Público Eleitoral torna a matéria preclusa, se não suscitada pela defesa no momento oportuno. (Recurso Especial Eleitoral nº 4095, Acórdão, Relator(a) Min. Luciana Christina Guimarães Lóssio, Publicação: DJE – Diário de justiça eletrônico, Tomo 201, Data 22.10.2015, Página 31/32).

Nesse tocante, é fundamental lembrar que *o Ministério Público não é obrigado a propor a suspensão condicional do processo, desde que o faça de maneira fundamentada na peça delatória e com isso concorde o Poder Judiciário*, sendo inviável a impetração de *habeas corpus* para tal fim. Assim vem decidindo o Supremo Tribunal Federal (STF):

> Habeas corpus. Penal. Condenação pelos crimes de lesão corporal (CP, art. 129) e desacato (CP, art. 331). Dosimetria de pena. Fixação da pena-base do crime de desacato acima do mínimo legal. Fundamentação idônea. Alegado bis in idem. Não ocorrência. *Suspensão condicional do processo (art. 89 da Lei nº 9.099/95). Não cabimento. Fundamentada recusa do Ministério Público em propor o benefício. Aceitação da recusa pela autoridade judicial. Possibilidade. Precedentes. Natureza de transação processual da suspensão condicional do processo. Inexistência de direito público subjetivo à aplicação do art. 89 da Lei 9.099/95. Precedentes.* (...). 5. Quanto à pretendida concessão da suspensão condicional do processo (art. 89 da Lei nº 9.099/95), anoto que a jurisprudência da Corte já decidiu que o benefício não é cabível se o Ministério Público, de forma devidamente fundamentada, como no caso, deixa de propô-la e o Juiz concorda com a recusa (HC nº 89.842/SP, Primeira Turma, Relator o Ministro Sepúlveda Pertence, DJ 15.9.06). Desse entendimento, não dissentiu o aresto ora questionado. 6. É pertinente se destacar que *a suspensão condicional do processo tem natureza de transação processual, não existindo, portanto, direito público subjetivo do paciente à aplicação do art. 89 da Lei 9.099/95* (HC nº 83.458BA, Primeira Turma, Relator o Ministro Joaquim Barbosa, DJ de 6/2/03; HC nº 101.369/SP, Primeira Turma, de minha relatoria, DJe de 28.11.11). 7. Ordem denegada. (HC 129346, Relator(a): Min. DIAS TOFFOLI, Segunda Turma, julgado em 05.04.2016, PROCESSO ELETRÔNICO DJe-094 DIVULG 10.05.2016 PUBLIC 11.05.2016)

Caso, porém, o membro do *Parquet*, ainda que preenchidos os requisitos legais, não faça a proposta de suspensão condicional do processo, o juiz não pode conceder de ofício, devendo aplicar o artigo

28 do Código de Processo Penal e remeter os autos ao Procurador Regional Eleitoral, em interpretação sistêmica e analógica do que dispõe a Súmula nº 696 do Supremo Tribunal Federal (STF): "Reunidos os pressupostos legais permissivos da suspensão condicional do processo, mas se recusando o promotor de justiça a propô-la, o juiz, dissentindo, remeterá a questão ao procurador-geral, aplicando-se por analogia o art. 28 do código de processo penal".

Por fim, é de se destacar que eventual condenação não gera inelegibilidade, uma vez que se trata de crime de menor potencial ofensivo (artigo 61, da Lei nº 9.099/95). Essa é a inteligência do artigo 1º, §4º, da Lei Complementar nº 64/90, na sua atual redação modificada pela Lei da Ficha Limpa (Lei Complementar nº 135/2010), *in verbis*: "A inelegibilidade prevista na alínea e do inciso I deste artigo não se aplica aos crimes culposos e àqueles definidos em lei como de menor potencial ofensivo, nem aos crimes de ação penal privada".

6.3 Utilização de serviços e bens públicos a favor de partido ou organização de caráter político

> Art. 346. Violar o disposto no Art. 377:
> Pena – detenção até seis meses e pagamento de 30 a 60 dias-multa.
> Parágrafo único. Incorrerão na pena, além da autoridade responsável, os servidores que prestarem serviços e os candidatos, membros ou diretores de partido que derem causa à infração.

> Art. 377. O serviço de qualquer repartição, federal, estadual, municipal, autarquia, fundação do Estado, sociedade de economia mista, entidade mantida ou subvencionada pelo poder público, ou que realiza contrato com este, inclusive o respectivo prédio e suas dependências não poderá ser utilizado para beneficiar partido ou organização de caráter político.
> Parágrafo único. O disposto neste artigo será tornado efetivo, a qualquer tempo, pelo órgão competente da Justiça Eleitoral, conforme o âmbito nacional, regional ou municipal do órgão infrator mediante representação fundamentada partidário, ou de qualquer eleitor.

Breve introdução ao tipo

O uso da "máquina administrativa"[131] a favor de projetos político-partidários é uma triste realidade no Brasil, cuja prática é facilitada, sobretudo, pela possibilidade de reeleição no âmbito do Poder Executivo.

---

[131] Conceito que engloba o uso da estrutura administrativa móvel/imóvel e de pessoal do Poder Público, das empresas que lhe prestam serviços ou de qualquer entidade subvencionada com recurso público.

De tão arraigada na cultura institucional do nosso país, chama a atenção o fato de, em determinadas ocasiões e lugares, tal comportamento ser tido pelos "donos do poder" como "normal" e, até mesmo, uma afronta qualquer ato de contestação, seja por parte da população (a quem chamam de "oposição"), seja pelo Ministério Público (a quem dizem estar a serviço dessa mesma "oposição", ou praticando ato de "perseguição").

Felizmente, o ordenamento jurídico brasileiro possui um cabedal de disposições normativas proibindo e sancionando esse tipo de comportamento (não como devia, às vezes, é verdade).

Pois bem, de antemão, é importante deixar registrado que o fato de existir sanção cível, fixada por lei posterior ao Código Eleitoral (no caso, a Lei das Eleições nº 9.504/97), punindo o uso de bens, serviços e servidores públicos em benefício de candidatos, partidos políticos ou candidatos não tem o condão de revogar as disposições criminais alusivas ao mesmo fato, pois o nosso sistema impõe a independência das instâncias, salvo no caso de absolvição por negativa de autoria ou materialidade.

Nesse mesmo sentido, vem decidindo a jurisprudência há bastante tempo o que se mantém na atualidade. Senão, vejamos:

> TSE
>
> 1 – RECURSO. HABEAS CORPUS. *PEDIDO DE TRANCAMENTO DA AÇÃO PENAL. AUSÊNCIA DE JUSTA CAUSA. AFASTADA.* PRELIMINAR DE ILEGITIMIDADE DO MINISTÉRIO PÚBLICO. REJEITADA. *FATOS APURADOS EM AIJE E AIME. JULGAMENTO. AUSÊNCIA DE CARACTERIZAÇÃO DE EXPRESSO PEDIDO DE VOTO POR FALTA DE PROVAS. INCOMUNICABILIDADE ENTRE AS INSTÂNCIAS.* RECURSO DESPROVIDO.
>
> 1. A falta de justa causa para a ação penal só pode ser reconhecida quando, de pronto, sem a necessidade de reexame do conjunto fático ou probatório, evidenciar-se a atipicidade do fato, a ausência de indícios a fundamentarem a acusação ou, ainda, a extinção da punibilidade – hipóteses não verificadas in casu.
>
> 2. *A eventual improcedência, por falta de provas, do pedido da ação de investigação judicial eleitoral e da ação de impugnação de mandato eletivo não obsta a propositura da ação penal, ainda que os fatos sejam os mesmos, tendo em vista a independência entre as esferas cível-eleitoral e penal.*
>
> 3. *A manifestação do Ministério Público no âmbito cível não constitui óbice à apuração dos fatos, nem à eventual responsabilização do agente na esfera do direito penal.*
>
> 4. Recurso desprovido. (RECURSO EM HABEAS CORPUS nº 112, Acórdão, Relator(a) Min. Marcelo Henriques Ribeiro de Oliveira, Publicação: DJ – Diário de justiça, Página 29);

2 – ELEIÇÕES 2012. HABEAS CORPUS. TRANSPORTE ILEGAL DE ELEITORES. CRIME. ART. 11, III, DA LEI nº 6.091/74. *AÇÃO PENAL. RÉU. PREFEITO. FORO POR PRERROGATIVA DE FUNÇÃO. DENÚNCIA RECEBIDA PELO TRE/RS. REPRESENTAÇÃO ELEITORAL JULGADA IMPROCEDENTE. INDEPENDÊNCIA ENTRE AS ESFERAS CÍVEL-ELEITORAL E PENAL.* TRANCAMENTO DA AÇÃO. IMPOSSIBILIDADE. ORDEM DENEGADA.

1. O trancamento de ação penal, por meio da via estreita do habeas corpus, somente é possível quando, de plano, se constata ilegalidade ou teratologia capazes de suprimir a justa causa para o prosseguimento do feito, o que ocorre nas hipóteses de atipicidade da conduta descrita na denúncia, ausência de indícios de autoria e materialidade delitiva, ou quando presente causa extintiva da punibilidade.

2. *Acórdão proferido no julgamento de representação eleitoral por suposta afronta ao art. 30-A da Lei nº 9.504/97 não tem o condão de inviabilizar o seguimento da ação criminal ajuizada com base nos mesmos fatos, pois a instância cível-eleitoral é diversa e independente da instância penal.*

3. O recebimento da denúncia configura simples juízo de admissibilidade da acusação, por isso não se mostra necessária a apresentação de fundamentação substanciosa, ainda que desejável e conveniente (HC nº 93.019/DF, Rel. Min. Celso de Mello, DJe de 6.2.2014). (Habeas Corpus nº 060005971, Acórdão, Relator(a) Min. Ministra Luciana Lóssio, Publicação: DJE – Diário de justiça eletrônico, Tomo 62, Data 29.03.2017);

TRE/SP

– A LEI 9.504/97 NÃO REVOGOU O ART. 346 DO CÓD. ELEITORAL – A RESPONSABILIZAÇÃO ADMINISTRATIVA POSSUI FUNDAMENTO E OBJETIVIDADE JURÍDICA DIVERSOS DA RESPONSABILIZAÇÃO PENAL – ORDEM DENEGADA. (TRE/SP, HABEAS CORPUS n 55, ACÓRDÃO n 153779 de 16.08.2005, Relator(a) WALDIR SEBASTIÃO DE NUEVO CAMPOS JÚNIOR, Publicação: DOE – Diário Oficial do Estado, Data 23.08.2005, Página 276).

Assim sendo, destaco que, salvo os casos das exceções legais que serão oportunamente apresentadas quando do estudo do inciso I do artigo 73 da Lei das Eleições, qualquer uso político-partidário da estrutura administrativa pública ou privada que receba recurso público configurará o crime em estudo, a não ser que a conduta seja a utilização em campanha eleitoral, no decurso dos 90 (noventa) dias que antecedem o pleito (isto é, desde o dia 09/07 – para as eleições de 2018), veículos e embarcações pertencentes à União, Estados, Territórios, Municípios e respectivas autarquias e sociedades de economia mista, cuja tipificação está no artigo 11, V, da Lei nº 6.091/74.

Se, porém, o veículo ou embarcação oficial for utilizado no dia da eleição, o crime será o dos artigos 346 e 377 do Código Eleitoral, por mais paradoxal e absurdo que isso possa parecer, já que o tipo do artigo 11, V, da Lei nº 6.091/74 tem incidência temporal delimitada aos 90 (noventa) dias antes do pleito e não no dia da sua ocorrência!

Assim, esquematizando essa diferenciação temporal dos delitos, vejamos o quadro:

CONDUTA DE USAR VEÍCULOS OU EMBARCAÇÕES OFICIAIS EM CAMPANHA ELEITORAL (EXTEMPORÂNEA OU REGULAR)		
De 01/01 até 08/07	**De 09/07 até 06/10**	**Dia da Eleição**
Crime dos artigos 346 e 377, do Código Eleitoral	Crime do artigo 11, V, da Lei nº 6.091/74	Crime dos artigos 346 e 377, do Código Eleitoral

Bem jurídico tutelado

À luz de tudo o que foi exposto, percebe-se que o crime previsto no artigo 346 do Código Eleitoral tutela os seguintes bens jurídicos: a) igualdade de oportunidades entre os concorrentes no pleito eleitoral, que é uma faceta do princípio da impessoalidade administrativa; b) lisura do processo eleitoral; e c) moralidade administrativa.

Sujeitos do crime

O parágrafo único do artigo 346 diz que "incorrerão na pena, além da autoridade responsável, os servidores que prestarem serviços e os candidatos, membros ou diretores de partido que derem causa à infração", deixando claro quem são os sujeitos ativos do delito.

Isso significa dizer que apenas tais agentes podem praticar essa espécie de crime. Nesse tocante, é bom frisar que não se trata de concurso necessário de agentes, já que é possível que qualquer um dos apontados pelo tipo como potencial autor pratique a conduta proibida sem o conhecimento do candidato ou do dirigente partidário.[132]

Por questão de lealdade ao nosso leitor, ressalto, porém, que essa não é a interpretação do Tribunal Superior Eleitoral (TSE), segundo a qual "para a caracterização do tipo do art. 346 do Código Eleitoral

---

[132] Nessa mesma linha de pensamento: "Contudo, para a perfeição do tipo penal não é indispensável a concomitância da conduta do servidor público com o agir do candidato ou dirigente beneficiado, pois – embora a exigência de demonstração do uso do serviço e também do benefício – é possível que essa vantagem ocorra sem que o candidato ou dirigente tenha dolosamente aderido à conduta do aludido servidor. Em sentido contrário, JOSÉ JAIRO GOMES defende que se trata de crime plurissubjetivo, a exigir um concurso necessário entre a autoridade que permite o uso do serviço ou dos bens, os servidores que prestam o serviço e o candidato ou membros do partido que se beneficiam da cessão irregular." (ZILIO, Rodrigo López. *Op. cit.* p. 203).

exige-se a demonstração de que o candidato tenha dado causa à pratica de conduta vedada do art. 377 do CE e também a prova do dolo específico de beneficiar partido ou organização de caráter político".[133]

Do exposto, percebe-se também que o crime é próprio. Tal circunstância faz com que, *a priori*, não seja possível a coautoria com outros agentes que não aqueles apontados pelo tipo, pois, nessa espécie de crime, "exige-se a atuação pessoal do sujeito ativo, que não pode ser substituído por mais ninguém".[134]

Ocorre, porém, que, adotando-se a teoria do domínio do fato ou a "autoria por determinação",[135] é possível a ocorrência de coautoria. Essa linha de raciocínio já foi adotada pela Corte Eleitoral, decidir que "a delimitação prevista no Código Eleitoral quanto aos crimes eleitorais próprios do eleitor, ou mesmo de mão própria, por si só, não impede o surgimento do concurso de pessoas e a responsabilização penal, pela mesma prática delitiva, de um sujeito não qualificado, ainda mais quando, presumivelmente, este conhece a condição pessoal do pretenso autor "eleitor" e os benefícios que poderá auferir com a consumação da conduta criminosa. Assim, nesses casos, o fato não se mostra, de plano, atípico quanto ao sujeito não qualificado, mas possível de se apurar a sua concorrência para o delito, considerada a sua culpabilidade, a qual, contudo, deverá ser comprovada ou não no curso da ação penal" (Recurso Especial Eleitoral nº 34863, Acórdão, Relator(a) Min. Joaquim Benedito Barbosa Gomes, Publicação: DJE – Diário de justiça eletrônico, Data 01.09.2009, Página 20/21).

Nesse tocante, deve-se observar que, por ser vedada a responsabilização penal objetiva, é preciso provar que o beneficiário direto da conduta (pré-candidato, candidato ou dirigente partidário) está ligado diretamente ao executor do fato típico, seja por prévio ajuste, seja pela anuência ou aproveitamento doloso, o que significa que é possível o dolo eventual.

Destarte, caso não demonstrada a participação pessoal deles, cremos que ainda restará a hipótese em que seja provado que tinha conhecimento dos fatos e circunstâncias do ato ilícito e nada fez para impedi-lo, usufruindo passivamente dos benefícios eleitorais daí

---

[133] AGRAVO DE INSTRUMENTO nº 8796, Acórdão, Relator(a) Min. Joaquim Benedito Barbosa Gomes, Publicação: DJ – Diário de justiça, Data 11.09.2008, Página 7.

[134] CUNHA, Rogério Sanches. *Manual de Direito Penal* – Parte Geral. 5. ed. Salvador: Juspodivm, 2017, p. 408.

[135] Para maior aprofundamento no assunto, consultar: CUNHA, Rogério Sanches. *Manual de Direito Penal* – Parte Geral. 5. ed. Salvador: Juspodivm, 2017.

decorrentes. É caso, por exemplo, do agente público (Prefeito) informar ao (pré) candidato de sua intenção – que acontece posteriormente – em usar a máquina pública (veículos) para dar um "up grade" no comício a ser realizado na cidade que governa e este, além de não se opor, compare ao ato e aceita desonestamente tal benesse.

Tal conclusão decorre da regra de julgamento insculpida no artigo 23, da Lei Complementar nº 64/90 ("Lei da Ficha Limpa"), que consagra o princípio da lisura eleitoral, segundo o qual "o Tribunal formará sua convicção pela livre apreciação dos fatos públicos e notórios, dos indícios e presunções e prova produzida, atentando para circunstâncias ou fatos, ainda que não indicados ou alegados pelas partes, mas que preservem o interesse público de lisura eleitoral".

Igual pensamento é compartilhado por Olivar Coneglian,[136] segundo o qual "quando o agente público é o candidato beneficiado, basta fazer a prova da conduta e da autoria. No entanto, quando o candidato é apenas o destinatário da conduta de agente público, há a necessidade de provar ao menos a ciência do candidato, não bastando a presunção dessa ciência".

Recentemente, o Tribunal Superior Eleitoral (TSE)[137] julgou caso muito didático sobre o assunto, em que apontou a "possibilidade de utilização de indícios para a comprovação da participação, direta ou indireta, do candidato ou do seu consentimento ou, ao menos, conhecimento da infração eleitoral", reforçando a tese de que é "vedada apenas a condenação baseada em presunções sem nenhum liame com os fatos narrados nos autos (art. 23 da LC 64/1990)".

"No caso (disse a Corte), são elementos capazes de comprovar, além de qualquer dúvida razoável, a ciência do candidato quanto à operação de captação ilícita de sufrágio: (i) o local em que ocorreu a oferta e promessa de vantagens em troca de votos, (ii) o envolvimento, direto ou indireto, de pessoas ligadas ao candidato por vínculos político e familiar, e (iii) a relação contratual da autora da conduta com o governo estadual".

No polo passivo, temos o Estado e a sociedade.

---

[136] CONEGLIAN, Olivar. *Eleições 2014*: Radiografia da Lei 9.504/97. 8. ed. Curitiba: Juruá, 2014. p. 467.

[137] Recurso Ordinário nº 224661, Acórdão, Relator(a) Min. Napoleão Nunes Maia Filho, Publicação: DJE – Diário de justiça eletrônico, Data 01.06.2017.

Condutas

O artigo 346 criminaliza a conduta de *violar o disposto no artigo 377*, de modo que todo e qualquer descumprimento a esse último preceito configura a conduta vedada pelo tipo.

Sobre tal aspecto, algumas observações merecem ser destacadas.

Inicialmente, destaco que o fato do tipo elencar "partido ou organização de caráter político" como beneficiários necessários do ato ilícito *não exclui a figura do pré-candidato, do candidato escolhido em convenção, das coligações e, até mesmo, dos partidos políticos em formação desse rol dos possíveis favorecidos*, já que todos eles são, efetivamente, os grandes atores do processo (pré)eleitoral que podem se beneficiar com essa conduta criminosa.

Esse aspecto revela também outra faceta do delito, qual seja: *a incidência temporal variável*. Assim, pode-se dizer que o tipo incide durante todo e qualquer ano (não só eleitoral), salvo no caso de uma conduta específica para beneficiar um candidato, cujo termo *a quo* será a escolha em convenção partidária.

Por fim, é de se destacar *que a expressão* "serviço de qualquer repartição" *constante do artigo 377 tem sentido amplo* a significar o uso efetivo de toda estrutura física (móvel/imóvel[138]) ou de pessoal da Administração Pública e de entidade por ela mantida ou subvencionada.[139] Essa linha

---

[138] Nesse sentido, conferir os seguintes precedentes:
- RECURSO ESPECIAL. CRIME. ARTS. 346 C.C. 377, CÓDIGO ELEITORAL. VISITA. CANDIDATO. ENTIDADE SUBVENCIONADA PELA MUNICIPALIDADE. UTILIZAÇÃO. PRÉDIO. BENEFÍCIO. ORGANIZAÇÃO PARTIDÁRIA. NÃO OCORRÊNCIA. RECEBIMENTO DE CANDIDATOS EM GERAL. SEGUIMENTO NEGADO. AGRAVO REGIMENTAL DESPROVIDO. – *Não caracteriza o crime dos arts. 346 c.c. 377, CE, a simples visita dos candidatos à sede da entidade que recebe subvenção da municipalidade. – Os dispositivos visam coibir o uso efetivo e abusivo de serviços ou dependências de entes públicos ou de entidades mantidas ou subvencionadas pelo poder público, ou que com este contrata, em benefício de partidos ou organização de caráter político. Precedentes. – Não se trata de exigir potencialidade do ato, mas o uso efetivo das instalações.* – Agravo regimental a que se nega provimento. (TSE, Recurso Especial Eleitoral nº 25983, Acórdão, Relator(a) Min. José Gerardo Grossi, Publicação: DJ – Diário de justiça, Página 169);
- EMENTA – RECURSO CRIMINAL – AÇÃO PENAL – ARTIGOS 346 E 377 DO CÓDIGO ELEITORAL – VEDAÇÃO DE USO DE PRÉDIOS PÚBLICOS PARA PROPAGANDA ELEITORAL E BENEFÍCIO A CANDIDATO OU PARTIDO POLÍTICO – CONDUTA DO RECORRENTE QUE NÃO SE SUBSUME AO TIPO PROIBIDO – CONDENAÇÃO EM PRIMEIRO GRAU – RECURSO CONHECIDO E PROVIDO PARA ABSOLVER O RECORRENTE. 1. *A mera guarda de petrechos para confecção de material de propaganda eleitoral, sem a comprovação cabal da utilização das dependências de prédio público, não é suficiente para caracterizar o crime previsto nos artigos 346 e 377 do Código Eleitoral.* 2. Recurso conhecido e provido para absolver o recorrente. (TRE/PR, PROCESSO nº 36544, ACÓRDÃO nº 53570 de 30.10.2017, Relator(a) NICOLAU KONKEL JÚNIOR, Publicação: DJ – Diário de justiça, Data 06.11.2017).

[139] *Em sentido contrário e de maneira isolada, destaco o seguinte julgado do TRE/RS*: "No mesmo sentido, improcedente a peça inicial ao subsumir a conduta atinente ao uso de telefone

de raciocínio é corroborada pelo próprio dispositivo, que, ao mencionar o uso dos prédios e dependências públicas ou privadas, usa a expressão "inclusive", em clara demonstração de que o rol é meramente exemplificativo.

Pois bem, analisados os aspectos inerentes à caracterização do tipo, apresentamos alguns julgados de Tribunais Eleitorais país afora que demonstram as multivariadas formas da sua ocorrência na prática:

1 – O uso do sistema de comunicação por intermédio de microcomputadores ligados em rede, constituindo-se numa utilidade fruível pelos respectivos operadores, caracteriza-se como serviço, ainda que o seu uso seja exclusivamente interno. Destarte, a utilização de tal serviço, existente em sociedade de economia mista, para beneficiar um candidato a eleição majoritária, beneficia, automaticamente o partido político a que pertence o referido candidato, configurando assim o crime previsto no art. 346 combinado com o art. 377, ambos do Código Eleitoral. (TRE/PR, RECURSO ELEITORAL nº 183, Acórdão nº 22280 de 02.07.1998, Relator(a) ALTAIR PATITUCCI, Publicação: DJ – Diário da Justiça, Data 17.07.1998, Página 0);

2 – Dádiva de alimentos para pessoas carentes, bem próximo ao pleito. Atividade que associou comitê de candidato a departamento assistencial do município. (TRE/PR, AGRAVO DE INSTRUMENTO nº 28, Acórdão nº 18985 de 20.07.1994, Relator(a) DR. SERGIO ARENHART, Publicação: DJ – Diário da Justiça, Data 18.08.1994, Página 0);

3 – A realização pelos denunciados, em determinada época, de reuniões com fins políticos em repartições públicas. (TRE/PR, AÇÃO PENAL ORIGINÁRIA nº 022, Acórdão nº 18496 de 23.11.1993, Relator(a) DR. MANOEL EUGENIO MARQUES MUN, Publicação: DJ – Diário da Justiça, Data 08.12.1993, Página 0);

4 – A vedação estabelecida pelo artigo 377, do CE, obsta que empresa signatária de contratos com o Poder Público empreste suas instalações para fins de beneficiar candidato ou partido político, conduta que, em tese, pode caracterizar crime eleitoral, a teor do artigo 346, do

---

celular funcional, com fins de divulgação de propaganda eleitoral, à norma incriminadora disposta no art. 346, c/c art. 377, do Código Eleitoral. A dicção da lei expressamente protege as estruturas prediais e os serviços prestados por órgãos públicos, restando inviável, em matéria penal, a interpretação extensiva da norma a fim de alargar as hipóteses de sua incidência. Declínio da competência ao Tribunal de Justiça do Estado com relação ao julgamento do crime previsto no art. 312 do Código Penal – peculato –, nos termos do art. 95, XI, da Constituição do Estado do Rio Grande do Sul" (Inquérito nº 131754, ACÓRDÃO de 17.03.2016, Relator(a) DR. LEONARDO TRICOT SALDANHA, Publicação: DEJERS – Diário de Justiça Eletrônico do TRE-RS, Tomo 54, Data 31.03.2016, Página 4).

mesmo diploma legal. (TRE/RJ, AÇÃO DE INVESTIGAÇÃO JUDICIAL ELEITORAL nº 803876, ACÓRDÃO de 12.07.2017, Relator(a) CARLOS EDUARDO DA ROSA DA FONSECA PASSOS, Publicação: DJERJ – Diário da Justiça Eletrônico do TRE-RJ, Tomo 188, Data 18.07.2017, Página 19/29);

5 – Oferecimento de material escolar aos alunos de Escola Municipal na presença dos pais e responsáveis pelos estudantes, com a finalidade de cooptar-lhes o voto. (TRE/RJ, RECURSO CRIMINAL nº 131, ACÓRDÃO de 02.04.2014, Relator(a) FLAVIO DE ARAUJO WILLEMAN, Publicação: DJERJ – Diário da Justiça Eletrônico do TRE-RJ, Tomo 074, Data 09.04.2014, Página 11/17);

6 – A realização de reunião política em escola subvencionada pelo Poder Público, em benefício de candidata, conduz à configuração do tipo penal do art. 346 c/c 377 do Código Eleitoral (TRE/RJ, RECURSO CRIMINAL nº 165, ACÓRDÃO nº 38.821 de 24.05.2010, Relator(a) LUIZ UMPIERRE DE MELLO SERRA, Revisor(a) CÉLIO SALIM THOMAZ JUNIOR, Publicação: DOERJ – Diário Oficial do Estado do Rio de Janeiro, Tomo 097, Data 31.05.2010, Página 03);

7 – O uso indevido de aparelho de fac-símile pertencente a autarquia municipal com finalidade eleitoral (TRE/SP, HABEAS CORPUS nº 108, ACÓRDÃO de 11.02.2014, Relator(a) LUIZ GUILHERME DA COSTA WAGNER JUNIOR, Publicação: DJESP – Diário da Justiça Eletrônico do TRE-SP, Data 20.2.2014).

Tipicidade subjetiva

Todas as infrações penais eleitorais *só* comportam a sua prática na *modalidade dolosa*, motivo pelo qual inexiste crime eleitoral culposo.

Essa regra é extraída a partir da constatação de que nas infrações penais eleitorais inexiste qualquer menção à possibilidade de sua prática na modalidade culposa, o que faz com que, por força do disposto no artigo 287 do Código Eleitoral, aplique-se o artigo 18, parágrafo único do Código Penal.

É importante registrar que, nesse caso, *há necessidade de comprovação do dolo específico de causar qualquer espécie de benefício político-partidário, sob pena de atipicidade do delito eleitoral e consumação de crime comum (via de regra, peculato – artigo 312, do Código Penal).*

Nesse sentido:

> – Recurso Especial. Crime eleitoral. Agravo de instrumento. Crime. Art. 346, c.c. o art. 377 do Código Eleitoral. Candidato. Churrasco. Presença. Bem público. Dolo específico. Demonstração. Necessidade. Não

ocorrência. Precedentes. Agravo regimental a que se nega provimento. *Para a caracterização do tipo do art. 346 do Código Eleitoral exige-se* a demonstração de que o candidato tenha dado causa ***à*** pratica de conduta vedada do art. 377 do CE e também *a prova do dolo específico de beneficiar partido ou organização de caráter político.* (TSE, AGRAVO DE INSTRUMENTO nº 8796, Acórdão, Relator(a) Min. Joaquim Benedito Barbosa Gomes, Publicação: DJ – Diário de justiça, Data 11.09.2008, Página 7);

– AÇÃO PENAL. IMPUTAÇÃO DE CRIME DE UTILIZAÇÃO DE BENS OU SERVIÇOS PÚBLICOS PARA BENEFICIAR PARTIDO E CANDIDATO (ARTS. 377 C/C 346, AMBOS DO CÓDIGO ELEITORAL). ARGUIÇÃO DE PRESCRIÇÃO DA PRETENSÃO PUNITIVA. INOCORRÊNCIA. *PARA CONFIGURAÇÃO DO CRIME PREVISTO NO ART. 377 C/C ART. 346, AMBOS DO CÓDIGO ELEITORAL, A UTILIZAÇÃO DO PRÉDIO OU SERVIÇO PÚBLICO DEVE SER EM BENEFÍCIO, DIRETO OU INDIRETO, DO PARTIDO OU CANDIDATO. O AGENTE HÁ QUE TER INTENÇÃO ELEITORAL ESPECÍFICA, OU SEJA, A VONTADE CONSCIENTE E LIVRE DE UTILIZAR TAIS BENS OU SERVIÇOS EM BENEFÍCIO DE PARTIDO, CANDIDATO OU ORGANIZAÇÃO DE CARÁTER POLÍTICO.* SERVIÇO DE VIGILÂNCIA PRESTADO POR SERVIDORES PÚBLICOS NA CASA DA Ré, PREFEITA À ÉPOCA, ANTES DA INSTALAÇÃO DO COMITÊ FINANCEIRO NO LOCAL. AUSÊNCIA DE DOLO ESPECÍFICO. ABSOLVIÇÃO. IMPROCEDÊNCIA DA AÇÃO (ART. 386, III, DO CPP). (TRE/SP, AÇÃO PENAL n 4219641, ACÓRDÃO de 22.09.2011, Relator(a) ALCEU PENTEADO NAVARRO, Publicação: DJESP – Diário da Justiça Eletrônico do TRE-SP, Data 29.09.2011);

Consumação e tentativa

O tipo se consuma a partir do momento em que é utilizado qualquer bem, serviço ou agente público a favor de ações político-partidárias não autorizadas por lei.

Não custa lembrar, por oportuno, que não existe conduta insignificante nesse aspecto, já que um dos fundamentos desse tipo é a moralidade administrativa, que não admite qualquer espécie de isenção de pena por "pequena lesão". Reforçando essa linha de pensamento, destaca-se o *enunciado nº 599, da Súmula do Superior Tribunal de Justiça* (julgado em 27.11.2017), segundo o qual "o princípio da insignificância é inaplicável aos crimes contra a administração pública", que deve incidir, pela coincidência de fundamento,[140] sobre o caso em tela.

---

[140] Vários são os julgados paradigmas sobre o assunto, *in verbis*:

1 – "[...] Segundo a jurisprudência desta Corte, não se aplica o princípio da insignificância aos crimes cometidos contra a administração pública, ainda que o valor seja irrisório, porquanto

Destaco, ainda, que a nova redação do artigo 62 da Lei nº 9.099/95 (acrescida pela Lei nº 13.603/18), cujo teor estabelece que "o processo perante o Juizado Especial orientar-se-á pelos critérios da oralidade, simplicidade, informalidade, economia processual e celeridade, objetivando, sempre que possível, a reparação dos danos sofridos pela vítima e a aplicação de pena não privativa de liberdade", não tem o condão de afetar o entendimento da inaplicabilidade do princípio da insignificância aos delitos eleitorais, haja vista que nessa seara especializada inexiste tipo que tutele apenas o patrimônio individual, mas, sim, o propriamente coletivo (caso do delito em estudo) ou o de dimensão coletiva, que são indisponíveis por natureza e diante da importância que possuem para o processo democrático.

Como se trata de crime plurissubjetivo, é possível a tentativa.

Ação penal

Por força do disposto no artigo 355, do Código Eleitoral, a ação penal eleitoral é, como regra geral, *pública incondicionada.* Ocorre que, dada a gravidade que o uso da máquina pública pode representar para a lisura do pleito, bem como a necessidade de uma atuação célere da Justiça Eleitoral nesse tocante, o parágrafo único do artigo 377 do Código Eleitoral[141] deferiu legitimidade autônoma aos partidos políticos e a qualquer eleitor para postular medida cautelar visando à imediata suspensão de atos dessa natureza.

A despeito disso, é importante registrar que, no caso de desídia ou omissão do Ministério Público, é plenamente possível o ajuizamento da *ação penal eleitoral subsidiária da pública,* uma vez que a Constituição Federal não limitou qualquer espécie de delito para o seu manejo.

Nesse sentido, o Tribunal Superior Eleitoral (TSE) já decidiu, *in verbis:*

---

a norma penal busca tutelar não somente o patrimônio, mas também a moral administrativa. [...]" (AgRg no AREsp 487715 CE, Rel. Ministro GURGEL DE FARIA, QUINTA TURMA, julgado em 18.08.2015, DJe 01.09.2015);

2 – "[...] O aresto objurgado alinha-se a entendimento assentado neste Sodalício no sentido de ser incabível a aplicação do princípio da insignificância aos delitos cometidos contra a Administração Pública, uma vez que a norma visa a resguardar não apenas a dimensão material, mas, principalmente, a moral administrativa, insuscetível de valoração econômica. [...]" (AgRg no AREsp 572572 PR, Rel. Ministro JORGE MUSSI, QUINTA TURMA, julgado em 08.03.2016, DJe 16.03.2016).

[141] Art. 377, parágrafo único: O disposto neste artigo será tornado efetivo, a qualquer tempo, pelo órgão competente da Justiça Eleitoral, conforme o âmbito nacional, regional ou municipal do órgão infrator mediante representação fundamentada partidário, ou de qualquer eleitor.

> 2. Na medida em que a própria Carta Magna não estabeleceu nenhuma restrição quanto à aplicação da ação penal privada subsidiária, nos processos relativos aos delitos previstos na legislação especial, deve ser ela admitida nas ações em que se apuram crimes eleitorais. 3. A queixa-crime em ação penal privada subsidiária somente pode ser aceita caso o representante do Ministério Público não tenha oferecido denúncia, requerido diligências ou solicitado o arquivamento de inquérito policial, no prazo legal. (RECURSO ESPECIAL ELEITORAL nº 21295, Acórdão nº 21295 de 14.08.2003, Relator(a) Min. FERNANDO NEVES DA SILVA, Publicação: DJ – Diário de Justiça, Volume 1, Data 17.10.2003, Página 131 RJTSE – Revista de Jurisprudência do TSE, Volume 14, Tomo 4, Página 227).

De qualquer sorte, é "competente para processar e julgar o crime eleitoral previsto no artigo 377 do Código Eleitoral, criminalizado no artigo 346, do mesmo diploma, o Juiz Eleitoral e não o Juiz Auxiliar Eleitoral. Inteligência do art. 36, II do Código Eleitoral" (TRE/DF, CONFLITO DE COMPETÊNCIA nº 2, ACÓRDÃO nº 378 de 28.09.1994, Relator(a) AMARO CARLOS DA ROCHA SENNA, Relator(a) designado(a) JOAZIL MARIA GARDÉS, Publicação: DJ – Diário de Justiça, Volume 3, Data 10.10.1994, Página 12.437).[142]

Além disso, *considerando que as penas* são detenção entre 15 dias e seis meses, bem como pagamento de 30 a 60 dias-multa, tem-se que *o crime é de menor potencial ofensivo*, motivo pelo qual é dever do órgão acusatório e *direito subjetivo* do acusado *a oferta da transação penal*, se atendidas as condições previstas no artigo 76, da Lei nº 9099/95, cuja omissão enseja a *impetração de habeas corpus* para esse fim.

Essa é a jurisprudência consolidada do Tribunal Superior Eleitoral (TSE):

---

[142] No mesmo sentido: CONFLITO NEGATIVO DE COMPETÊNCIA. ILÍCITOS ELEITORAIS. PROCEDIMENTOS DIVERSOS. CÍVEL E CRIMINAL. INEXISTÊNCIA DE CONEXÃO. JUÍZO COMPETENTE. LUGAR DA INFRAÇÃO. ARTS. 356 DO CÓDIGO ELEITORAL E 70 DO CÓDIGO DE PROCESSO PENAL. CONFLITO RESOLVIDO. DECLARAÇÃO DE COMPETÊNCIA CIRCUNSCRIÇÃO DO JUÍZO DA 36ª ZONA ELEITORAL. Inexiste conexão entre as ações eleitorais de natureza cível e as de cunho penal, não obstante tratarem dos mesmos fatos, por serem diversos os pedidos e as causas de pedir. A competência para processamento e julgamento de ação penal é do juízo eleitoral em cuja circunscrição foi praticada a suposta infração (ratione loci), a teor do arts. 346 do Código Eleitoral e 70 do Código de Processo Penal. Resolvido o conflito, declara-se a competência do juízo pertinente. (TRE/MS, CONFLITO DE COMPETÊNCIA n 38586, ACÓRDÃO n 7781 de 01.04.2013, Relator(a) JOSUÉ DE OLIVEIRA, Publicação: DJE – Diário da Justiça Eleitoral, Tomo 790, Data 10.04.2013, Página 04/05).

> HABEAS CORPUS - CONCESSÃO DE OFÍCIO - TRANSAÇÃO. Sugerindo a situação concreta a possibilidade de transação, cumpre conceder a ordem de ofício, para que o titular da ação penal se posicione a respeito. (Habeas Corpus nº 106660, Acórdão, Relator(a) Min. Marco Aurélio Mendes de Farias Mello, Publicação: DJE – Diário de justiça eletrônico, Data 17.08.2010, Página 115).

Observe-se, contudo, que "a transação penal possui natureza pré-processual e busca evitar a efetiva instauração da ação penal, sendo cabível em momento prévio ao recebimento da denúncia", de modo que ela "fica preclusa com o oferecimento da resposta sem impugnação ou a aceitação da proposta de suspensão condicional do processo" (Recurso em Habeas Corpus nº 11573, Acórdão, Relator(a) Min. Gilmar Ferreira Mendes, Publicação: DJE – Diário de justiça eletrônico, Data 20.03.2017, Página 89).

Além disso, convém destacar que, embora o Tribunal Superior Eleitoral (TSE) já tenha decidido que "verificada a recusa quanto à proposta de transação, cumpre observar o rito previsto no Código Eleitoral, afastando-se o da Lei nº 9.099/1995",[143] *também é cabível*, nesse caso, a suspensão condicional do processo (*sursis processual*), nos termos do artigo 89, da Lei nº 9.099/95. Tal entendimento encontra-se pacificado na jurisprudência da Corte Eleitoral, a conferir:

> PROCESSO PENAL ELEITORAL - LEIS nºs 9.099/95 e 10.259/2001 - APLICABILIDADE. As Leis nºs 9.099/95 e 10.259/2001, no que versam o processo relativo a infrações penais de menor potencial ofensivo, são, de início, aplicáveis ao processo penal eleitoral. A exceção corre à conta de tipos penais que extravasem, sob o ângulo da apenação, a perda da liberdade e a imposição de multa para alcançarem, relativamente a candidatos, a cassação do registro, conforme é exemplo o crime do artigo 334 do Código Eleitoral. (Recurso Especial Eleitoral nº 25137, Acórdão de, Relator(a) Min. Marco Aurélio Mendes de Farias Mello, Publicação: DJ – Diário de justiça, Volume I, Data 16.09.2005, Página 173)

Não obstante isso, salienta-se que esse benefício processual do acusado (que pode por ele ser recusado) deve ser proposto pelo Ministério Público quando do oferecimento da denúncia criminal – e reclamada a sua omissão no primeiro momento em que a defesa possa se manifestar (na audiência designada após o recebimento da inicial

[143] Recurso Especial Eleitoral nº 29803, Acórdão, Relator(a) Min. Marco Aurélio Mendes de Farias Mello, Publicação: DJE – Diário de justiça eletrônico, Tomo 168, Data 31.08.2012, Página 71.

acusatória[144]), sob pena de preclusão, conforme já decidiu o Tribunal Superior Eleitoral (TSE):

> ELEIÇÕES 2008. AGRAVO REGIMENTAL. RECURSO ESPECIAL. CRIME ELEITORAL. CORRUPÇÃO ELEITORAL. SUSPENSÃO CONDICIONAL DO PROCESSO. ART. 89 DA LEI Nº 9.096/95. NULIDADE RELATIVA. PRECLUSÃO. DESPROVIMENTO.
> 1. A jurisprudência deste Tribunal e do Supremo Tribunal Federal é firme no sentido de que, por se tratar de nulidade relativa, a ausência de proposição de suspensão condicional do processo pelo Ministério Público Eleitoral torna a matéria preclusa, se não suscitada pela defesa no momento oportuno. (Recurso Especial Eleitoral nº 4095, Acórdão, Relator(a) Min. Luciana Christina Guimarães Lóssio, Publicação: DJE – Diário de justiça eletrônico, Tomo 201, Data 22.10.2015, Página 31/32).

Nesse tocante, é fundamental lembrar que *o Ministério Público não é obrigado a propor a suspensão condicional do processo, desde que o faça de maneira fundamentada na peça delatória e com isso concorde o Poder Judiciário,* sendo inviável a impetração de *habeas corpus* para tal fim. Assim vem decidindo o Supremo Tribunal Federal (STF):

> Habeas corpus. Penal. Condenação pelos crimes de lesão corporal (CP, art. 129) e desacato (CP, art. 331). Dosimetria de pena. Fixação da pena-base do crime de desacato acima do mínimo legal. Fundamentação idônea. Alegado bis in idem. Não ocorrência. *Suspensão condicional do processo (art. 89 da Lei nº 9.099/95). Não cabimento. Fundamentada recusa do Ministério Público em propor o benefício. Aceitação da recusa pela autoridade judicial. Possibilidade. Precedentes. Natureza de transação processual da suspensão condicional do processo. Inexistência de direito público subjetivo à aplicação do art. 89 da Lei 9.099/95. Precedentes.* (...). 5. Quanto à pretendida concessão da suspensão condicional do processo (art. 89 da Lei nº 9.099/95), anoto que a jurisprudência da Corte já decidiu que o benefício não é cabível se o Ministério Público, de forma devidamente fundamentada, como no caso, deixa de propô-la e o Juiz concorda com a recusa (HC nº 89.842/SP, Primeira Turma, Relator o Ministro Sepúlveda Pertence, DJ 15.09.06). Desse entendimento, não dissentiu o aresto ora questionado. 6. É pertinente se destacar que *a suspensão condicional do*

---

[144] "O STJ entende que o recebimento da denúncia é requisito lógico para a formalização da suspensão condicional do processo, visto que naquela etapa o magistrado tem o dever de avaliar o enquadramento da peça acusatória dentro dos parâmetros normativos a permitir o seu posterior processamento. Assim, a partir do escrutínio da legalidade da acusação, poupa-se o acusado de eventual aquiescência ao referido benefício na hipótese de inépcia ou de ausência de justa causa para o processamento do feito." (AgRg no HC 328.563/SC, Rel. Ministro ROGERIO SCHIETTI CRUZ, SEXTA TURMA, julgado em 14.02.2017, DJe 23.02.2017).

processo tem natureza de transação processual, não existindo, portanto, direito público subjetivo do paciente à aplicação do art. 89 da Lei 9.099/95 (HC nº 83.458BA, Primeira Turma, Relator o Ministro Joaquim Barbosa, DJ de 06.02.03; HC nº 101.369/SP, Primeira Turma, de minha relatoria, DJe de 28.11.11). 7. Ordem denegada.
(HC 129346, Relator(a): Min. DIAS TOFFOLI, Segunda Turma, julgado em 05.04.2016, PROCESSO ELETRÔNICO DJe-094 DIVULG 10.05.2016 PUBLIC 11.05.2016)

Caso, porém, o membro do *Parquet*, ainda que preenchidos os requisitos legais, não faça a proposta de suspensão condicional do processo, o juiz não pode conceder de ofício, devendo aplicar o artigo 28 do Código de Processo Penal e remeter os autos ao Procurador Regional Eleitoral, em interpretação sistêmica e analógica do que dispõe a Súmula nº 696 do Supremo Tribunal Federal (STF): "Reunidos os pressupostos legais permissivos da suspensão condicional do processo, mas se recusando o promotor de justiça a propô-la, o juiz, dissentindo, remeterá a questão ao procurador-geral, aplicando-se por analogia o art. 28 do código de processo penal".

Por fim, é de se destacar que eventual condenação não gera inelegibilidade, uma vez que se trata de crime de menor potencial ofensivo (artigo 61, da Lei nº 9.099/95). Essa é a inteligência do artigo 1º, §4º, da Lei Complementar nº 64/90, na sua atual redação modificada pela Lei da Ficha Limpa (Lei Complementar nº 135/2010), *in verbis*: "A inelegibilidade prevista na alínea e do inciso I deste artigo não se aplica aos crimes culposos e àqueles definidos em lei como de menor potencial ofensivo, nem aos crimes de ação penal privada".

6.4 Uso de veículos ou embarcações oficiais em campanha eleitoral

Art. 11. Constitui crime eleitoral:
V – utilizar em campanha eleitoral, no decurso dos 90 (noventa) dias que antecedem o pleito, veículos e embarcações pertencentes à União, Estados, Territórios, Municípios e respectivas autarquias e sociedades de economia mista:
Pena – cancelamento do registro do candidato ou de seu diploma, se já houver sido proclamado eleito.
Parágrafo único. O responsável, pela guarda do veículo ou da embarcação, será punido com a pena de detenção, de 15 (quinze) dias a 6 (seis) meses, e pagamento de 60 (sessenta) a 100 (cem) dias-multa.

Bem jurídico tutelado

À luz de tudo o que já foi exposto, percebe-se que o crime previsto no artigo 11, V, da Lei nº 6.091/74 tutela os seguintes bens jurídicos: a) igualdade de oportunidades entre os concorrentes no pleito eleitoral, que é uma faceta do princípio da impessoalidade administrativa; b) lisura do processo eleitoral; e c) moralidade administrativa.

Sujeitos do crime

A leitura do tipo penal não aponta a necessidade de uma qualidade especial para a prática do delito em estudo, salvo no que toca ao agente público responsável pela guarda do veículo ou embarcação oficial usada em campanha eleitoral.

Assim sendo, o crime pode ser praticado por qualquer pessoa, incluindo aí as figuras dos cabos eleitorais, pré-candidatos, simpatizantes políticos, familiares e o próprio candidato escolhido em convenção partidária.

Nesse tocante, deve-se observar que, por ser vedada a responsabilização penal objetiva, é preciso provar que o beneficiário direto da conduta (pré-candidato ou candidato) está ligado diretamente ao executor do fato típico (uso do veículo ou embarcação oficial), seja por prévio ajuste, seja pela anuência ou aproveitamento ilícito, o que significa que é possível o dolo eventual. Destarte, caso não demonstrada a participação pessoal do candidato ou pré-candidato no ato, cremos que ainda restará a hipótese em que seja provado que ele tinha conhecimento dos fatos e circunstâncias do ato ilícito e nada fez para impedi-lo, usufruindo passivamente dos benefícios eleitorais daí decorrentes. É o caso, por exemplo, do agente público (Prefeito) informar ao (pré) candidato de sua intenção – que acontece posteriormente – em usar a máquina pública (veículos) para dar um "*up grade*" no comício a ser realizado na cidade que governa e este, além de não se opor, compare ao ato e aceita desonestamente tal benesse.

Tal conclusão decorre da regra de julgamento insculpida no artigo 23, da Lei Complementar nº 64/90 ("Lei da Ficha Limpa"), que consagra o princípio da lisura eleitoral, segundo o qual "o Tribunal formará sua convicção pela livre apreciação dos fatos públicos e notórios, dos indícios e presunções e prova produzida, atentando para circunstâncias ou fatos, ainda que não indicados ou alegados pelas partes, mas que preservem o interesse público de lisura eleitoral".

Igual pensamento é compartilhado por Olivar Coneglian,[145] segundo o qual "quando o agente público é o candidato beneficiado, basta fazer a prova da conduta e da autoria. No entanto, quando o candidato é apenas o destinatário da conduta de agente público, há a necessidade de provar ao menos a ciência do candidato, não bastando a presunção dessa ciência".

Recentemente, o Tribunal Superior Eleitoral (TSE)[146] julgou caso muito didático sobre o assunto, em que apontou a "possibilidade de utilização de indícios para a comprovação da participação, direta ou indireta, do candidato ou do seu consentimento ou, ao menos, conhecimento da infração eleitoral" reforçando a tese de que é "vedada apenas a condenação baseada em presunções sem nenhum liame com os fatos narrados nos autos (art. 23 da LC 64/1990)".

"No caso (disse a Corte), são elementos capazes de comprovar, além de qualquer dúvida razoável, a ciência do candidato quanto à operação de captação ilícita de sufrágio: (i) o local em que ocorreu a oferta e promessa de vantagens em troca de votos, (ii) o envolvimento, direto ou indireto, de pessoas ligadas ao candidato por vínculos político e familiar, e (iii) a relação contratual da autora da conduta com o governo estadual".

No polo passivo, temos a pessoa jurídica cujos veículos e embarcações oficiais foram utilizados e a sociedade.

Conduta

O tipo em estudo criminaliza a conduta de *utilizar em campanha eleitoral, no decurso dos 90 (noventa) dias que antecedem o pleito, veículos e embarcações pertencentes à União, Estados, Territórios, Municípios e respectivas autarquias e sociedades de economia mista,* cujo sentido é o de usar ou empregar todo e qualquer meio de condução pertencente à Administração Pública em campanha eleitoral que ocorra no período de 90 dias antes do pleito.

Sobre a conduta criminosa, algumas observações merecem ser feitas.

A primeira diz respeito ao termo *campanha eleitoral,* que abrange tanto a regular (aquela realizada após o dia 15 de agosto, nos termos do artigo 36 da Lei nº 9.504/97) como a irregular (realizada por

---

[145] CONEGLIAN, Olivar. *Eleições 2014*: Radiografia da Lei 9.504/97. 8. ed. Curitiba: Juruá, 2014. p. 467.

[146] Recurso Ordinário nº 224661, Acórdão, Relator(a) Min. Napoleão Nunes Maia Filho, Publicação: DJE – Diário de justiça eletrônico, Data 01.06.2017.

pré-candidatos antes do período permitido), que, no caso do tipo para ficar dentro dos 90 dias, vai do dia 09/07 ao dia 15/08 (isso no calendário das eleições de 2018).

Se, porém, o veículo ou embarcação oficial for utilizado no dia da eleição, o crime será o dos artigos 346 e 377 do Código Eleitoral, por mais paradoxal e absurdo que isso possa parecer, já que o tipo do artigo 11, V, da Lei nº 6.091/74 tem incidência temporal delimitada aos 90 (noventa) dias antes do pleito e não no dia da sua ocorrência!

Assim, esquematizando essa diferenciação temporal dos delitos, vejamos o quadro:

CONDUTA DE USAR VEÍCULOS OU EMBARCAÇÕES OFICIAIS EM CAMPANHA ELEITORAL (EXTEMPORÂNEA OU REGULAR)		
De 01/01 até 08/07	**De 09/07 até 06/10**	**Dia da Eleição**
Crime dos artigos 346 e 377, do Código Eleitoral	Crime do artigo 11, V, da Lei nº 6.091/74	Crime dos artigos 346 e 377, do Código Eleitoral

Atipicidade prevista na legislação eleitoral

Sobre a conduta proibida, devemos lembrar que a legislação eleitoral permite o uso do transporte oficial (veículos e aeronaves) pelo Presidente da República que seja candidato à reeleição. É o que dispõe a primeira parte do §2º, do artigo 73, da Lei das Eleições: "A vedação do inciso I do *caput* não se aplica ao uso, em campanha, de transporte oficial pelo Presidente da República, obedecido o disposto no art. 76 (...)". Como se vê, o dispositivo em referência autoriza *apenas o Presidente da República* a fazer uso dos meios de transporte oficial, *não se podendo admitir uma interpretação que estenda* tal privilégio aos demais *Chefes do Poder Executivo Estadual e Municipal candidatos à reeleição*, pois as condutas vedadas devem ser analisadas restritivamente. Afirmar o contrário é dizer o que a lei não disse, violando a comezinha regra hermenêutica de que não cabe ao intérprete distinguir onde a lei não distinguiu ("*ubi lex no distinguit, nec nos distinguit debemus*").

Pensar de forma diversa também equivale a dar um cheque em branco para que governadores e prefeitos utilizem-se dos meios oficiais de transporte custeados pela população para desigualar (ainda mais) suas candidaturas com aquelas não oficiais, impossibilitando o objetivo de *igualdade de oportunidades* traçado pelas condutas vedadas.

Concordando com a presente linha de pensamento – inclusive criticando a lei por não ter feito menção aos demais Chefes do Poder

Executivo, pode-se citar Marcos Ramayana,[147] que afirma ser "evidente que o legislador só se preocupou com a figura do Presidente, olvidando-se dos demais agentes políticos que exercem relevantes serviços. As regras devem ser mais específicas, inclusive para se evitar a subjetividade de interpretação e a fomentação de desigualdades nas campanhas eleitorais".

Importante consignar que em todos os julgados do Tribunal Superior Eleitoral faz-se referência apenas ao Presidente da República, coadunando-se com o ora defendido:

> REPRESENTAÇÃO. INVESTIGAÇÃO JUDICIAL. ALEGAÇÃO. ABUSO DO PODER POLÍTICO E ECONÔMICO. USO DE TRANSPORTE OFICIAL. ATOS DE CAMPANHA. AUSÊNCIA DE RESSARCIMENTO AO ERÁRIO PELAS DESPESAS EFETUADAS. INFRAÇÃO AOS ARTS. 73, I, E 76 DA LEI Nº 9.504/97. PRELIMINARES. FALTA DE INDICAÇÃO DE REPRESENTADOS. INÉPCIA DA INICIAL. REJEIÇÃO. IMPROCEDÊNCIA. ARQUIVAMENTO.
>
> *O uso de transporte oficial para atos de campanha é permitido ao presidente da República e candidato à reeleição*, devendo os valores gastos serem ressarcidos nos dez dias úteis posteriores à realização do primeiro ou do segundo turno, se houver, do pleito, sob pena de aplicação aos infratores de multa correspondente ao dobro do valor das despesas, nos termos dos arts. 73, §2º, e 76, caput, §§2º e 4º, da Lei das Eleições.
>
> Não configurado o abuso de poder político e econômico, julga-se improcedente a representação. (REPRESENTAÇÃO nº 1033, Acórdão de 07.11.2006, Relator(a) Min. FRANCISCO CESAR ASFOR ROCHA, Publicação: DJ – Diário de justiça, Data 13.12.2006, Página 169).

Mas não é apenas o Presidente da República que poderá valer-se dos meios de transporte oficiais. O artigo 76 da Lei das Eleições[148] permite também que *sua comitiva eleitoral o acompanhe no deslocamento*.

Questionamento que surge quanto à *formação da comitiva* diz respeito à possibilidade dos *agentes de segurança* do Presidente *e de candidatos a outros cargos públicos* poderem integrar a dita comitiva. No

[147] RAMAYANA, Marcos. *Direito Eleitoral*. 10. ed. Ed. Impetus. p. 458. No mesmo sentido, entendem Thales Tácito e Camila Cerqueira (*Direito Eleitoral Esquematizado*. 3. ed. 2013. p. 589), para quem "com exceção do Presidente da República, os demais agentes públicos não podem usar veículos oficiais para campanha. Na prática, infelizmente, visando burlar a lei, muitos prefeitos saem em comboio no carro do comitê ou particular, mas levam de retaguarda carros oficiais sob pretexto de segurança particular".

[148] Art. 76. O ressarcimento das despesas com o uso de transporte oficial pelo Presidente da República e sua comitiva em campanha eleitoral será de responsabilidade do partido político ou coligação a que esteja vinculado.

que diz respeito aos primeiros, entendemos que não existe nenhuma proibição, pois é ínsito à natureza de tal função o acompanhamento do Chefe do Executivo para onde se desloque. Nesse sentido:

> 1. A DISPOSIÇÃO DO PARÁGRAFO 7º DO ARTIGO 73, DA LEI 9.504, DE 1997, ACRESCENTA NOVAS HIPÓTESES DE IMPROBIDADE ADMINISTRATIVA, MAS NÃO PERMITE QUE TAL PRÁTICA POSSA SER APURADA E PUNIDA PELA JUSTIÇA ELEITORAL, AINDA MAIS NO SUMÁRIO PROCESSO DA REPRESENTAÇÃO.
> 2. O CANDIDATO A CARGO DO PODER EXECUTIVO QUE VISITA OBRA JÁ INAUGURADA NÃO OFENDE A PROIBIÇÃO CONTIDA NO ARTIGO 77 DA LEI 9.504, DE 1997.
> 3. *NÃO CARACTERIZA* ABUSO DE PODER OU *INFRINGÊNCIA AO ARTIGO 73, INCISOS I E III, DA LEI 9.504, DE 1997*, O USO DE TRANSPORTE OFICIAL E *A PREPARAÇÃO DE VIAGEM DO PRESIDENTE DA REPÚBLICA, CANDIDATO A REELEIÇÃO, POR SERVIDORES PÚBLICOS NÃO LICENCIADOS, QUANDO ESSA ATIVIDADE É INERENTE ÀS FUNÇÕES OFICIAIS QUE EXERCEM E ELES NÃO PARTICIPAM DE OUTRAS, DE NATUREZA ELEITORAL.* (RECURSO EM REPRESENTAÇÃO nº 56, Acórdão nº 56 de 12.08.1998, Relator(a) Min. FERNANDO NEVES DA SILVA, Publicação: PSESS – Publicado em Sessão, Data 12.08.1998 RJTSE – Revista de Jurisprudência do TSE, Volume 10, Tomo 3, Página 49).

Já quanto aos *candidatos a qualquer cargo eletivo*, não temos dúvidas de que *não podem integrar a dita comitiva*, pois encerra hipótese de manifesta violação ao inciso primeiro do artigo 73 que não é contemplada pelo artigo 76.

Assim, se o Presidente da República permitir que outro candidato integre sua comitiva, estará desrespeitando a exceção prevista pelo artigo 73, da Lei nº 9.504/97, colocando em risco sua própria candidatura e se sujeitando a outros enquadramentos legais além da conduta vedada aos agentes públicos em ano eleitoral[149] (improbidade administrativa, crimes comuns e eleitorais, infração político-administrativa e, até mesmo, abuso de poder político).

Por fim, não é permitido que se faça o aproveitamento de deslocamentos com vistas a realizar uma viagem com duplo objetivo, isto é, comparecer aos atos oficiais e, posteriormente, fazer-se presente em

---

[149] Mais uma vez, citamos Marcos Ramayana: "As demais autoridades que pretendem se candidatar aos mandatos eletivos e que acompanham o Presidente não podem se constituir em agentes da comitiva e reembolsar o erário. Neste caso, a análise da hipótese pode ensejar o abuso do poder político".

eventos com matiz político-partidário. Trata-se de simulação recorrente no processo eleitoral, em que as autoridades candidatas à reeleição provocam "coincidências" entre a agenda de governo e a agenda de campanha exatamente para legitimar o custeio oficial dos deslocamentos. Sempre que houver essa confusão, trata-se de conduta vedada.

Olivar Coneglian,[150] ao comentar tal situação, pontua com bastante propriedade que "é essa dualidade que deve deixar de existir na programação oficial. Se a visita tem dois objetivos, deve ela ser rotulada, para os efeitos legais, como visita de caráter eleitoral. E nesse caso tudo deve se desenvolver como visita eleitoral, mesmo que dentro dela haja uma festividade ou um compromisso oficial (no qual não se faça propaganda eleitoral). Se assim for feito, não haverá burla, nem ataques da imprensa ou ações perante a Justiça Eleitoral. Se o inverso for feito, não há qualquer dúvida de que surgirão ações eleitorais, com plena possibilidade de êxito".

Tipicidade subjetiva

Todas as infrações penais eleitorais *só* comportam a sua prática na *modalidade dolosa,* motivo pelo qual inexiste crime eleitoral culposo.

Essa regra é extraída a partir da constatação de que nas infrações penais eleitorais inexiste qualquer menção à possibilidade de sua prática na modalidade culposa, o que faz com que, por força do disposto no artigo 287 do Código Eleitoral, aplique-se o artigo 18, parágrafo único do Código Penal.

É importante registrar que, no delito em estudo, *não há necessidade de comprovação de dolo específico.*

Consumação e tentativa

O tipo se consuma a partir do momento em que o veículo ou embarcação oficial seja utilizado para fins eleitorais e dentro do período proibido, sendo indiferente se teve repercussão no resultado do pleito, tampouco a quantidade de bens utilizados.

Não custa lembrar, por oportuno, que não existe conduta insignificante nesse aspecto, já que um dos fundamentos desse tipo é a moralidade administrativa, que não admite qualquer espécie de isenção de pena por "pequena lesão". Reforçando essa linha de pensamento, destaca-se o *Enunciado nº 599, da Súmula do Superior Tribunal de Justiça* (julgado em 27.11.2017), segundo o qual "o princípio da insignificância é

---

[150] CONEGLIAN, Olivar. *Eleições 2014*: Radiografia da Lei 9.504/97. 8. ed. Curitiba: Juruá, 2014. p. 483.

inaplicável aos crimes contra a administração pública", que deve incidir, pela coincidência de fundamento,[151] sobre o caso em tela.

Destaco, ainda, que a nova redação do artigo 62 da Lei nº 9.099/95 (acrescida pela 13.603/18), cujo teor estabelece que "o processo perante o Juizado Especial orientar-se-á pelos critérios da oralidade, simplicidade, informalidade, economia processual e celeridade, objetivando, sempre que possível, a reparação dos danos sofridos pela vítima e a aplicação de pena não privativa de liberdade", não tem o condão de afetar o entendimento da inaplicabilidade do princípio da insignificância aos delitos eleitorais, haja vista que nessa seara especializada inexiste tipo que tutele apenas o patrimônio individual, mas, sim, o propriamente coletivo (caso do delito em estudo) ou o de dimensão coletiva, que são indisponíveis por natureza e diante da importância que possuem para o processo democrático.

Trata-se de *crime formal*. É delito plurissubsistente e admite a tentativa.

Ação penal

Por força do disposto no artigo 355, do Código Eleitoral, a ação penal eleitoral é, como regra geral, *pública incondicionada*.

A despeito disso, é importante registrar que, no caso de desídia ou omissão do Ministério Público, é plenamente possível o ajuizamento da *ação penal eleitoral subsidiária da pública*, uma vez que a Constituição Federal não limitou qualquer espécie de delito para o seu manejo.

Nesse sentido, o Tribunal Superior Eleitoral (TSE) já decidiu, *in verbis:*

> 2. Na medida em que a própria Carta Magna não estabeleceu nenhuma restrição quanto à aplicação da ação penal privada subsidiária, nos processos relativos aos delitos previstos na legislação especial, deve ser ela admitida nas ações em que se apuram crimes eleitorais. 3. A queixa-crime em ação penal privada subsidiária somente pode ser aceita

---

[151] Vários são os julgados paradigmas sobre o assunto, *in verbis*:
1 – "[...] Segundo a jurisprudência desta Corte, não se aplica o princípio da insignificância aos crimes cometidos contra a administração pública, ainda que o valor seja irrisório, porquanto a norma penal busca tutelar não somente o patrimônio, mas também a moral administrativa. [...]" (AgRg no AREsp 487715 CE, Rel. Ministro GURGEL DE FARIA, QUINTA TURMA, julgado em 18.08.2015, DJe 01.09.2015);
2 – "[...] O aresto objurgado alinha-se a entendimento assentado neste Sodalício no sentido de ser incabível a aplicação do princípio da insignificância aos delitos cometidos contra a Administração Pública, uma vez que a norma visa a resguardar não apenas a dimensão material, mas, principalmente, a moral administrativa, insuscetível de valoração econômica. [...]" (AgRg no AREsp 572572 PR, Rel. Ministro JORGE MUSSI, QUINTA TURMA, julgado em 08.03.2016, DJe 16.03.2016).

> caso o representante do Ministério Público não tenha oferecido denúncia, requerido diligências ou solicitado o arquivamento de inquérito policial, no prazo legal. (RECURSO ESPECIAL ELEITORAL nº 21295, Acórdão nº 21295 de 14.08.2003, Relator(a) Min. FERNANDO NEVES DA SILVA, Publicação: DJ – Diário de Justiça, Volume 1, Data 17.10.2003, Página 131 RJTSE – Revista de Jurisprudência do TSE, Volume 14, Tomo 4, Página 227).

Além disso, *considerando que a pena* é de detenção de 15 (quinze) dias a 06 (seis) meses e pagamento de 60 (sessenta) a 100 (cem) dias-multa para o caso do autor ser apenas o responsável pela guarda do veículo ou da embarcação, tem-se que *o crime é de menor potencial ofensivo*, motivo pelo qual é dever do órgão acusatório e *direito subjetivo* do acusado *a oferta da transação penal*, se atendidas as condições previstas no artigo 76, da Lei nº 9.099/95, cuja omissão enseja a *impetração de habeas corpus* para esse fim.

Essa é a jurisprudência consolidada do Tribunal Superior Eleitoral (TSE):

> HABEAS CORPUS – CONCESSÃO DE OFÍCIO – TRANSAÇÃO. Sugerindo a situação concreta a possibilidade de transação, cumpre conceder a ordem de ofício, para que o titular da ação penal se posicione a respeito. (Habeas Corpus nº 106660, Acórdão, Relator(a) Min. Marco Aurélio Mendes de Farias Mello, Publicação: DJE – Diário de justiça eletrônico, Data 17.08.2010, Página 115).

Observe-se, contudo, que "a transação penal possui natureza pré-processual e busca evitar a efetiva instauração da ação penal, sendo cabível em momento prévio ao recebimento da denúncia", de modo que ela "fica preclusa com o oferecimento da resposta sem impugnação ou a aceitação da proposta de suspensão condicional do processo". (Recurso em Habeas Corpus nº 11573, Acórdão, Relator(a) Min. Gilmar Ferreira Mendes, Publicação: DJE – Diário de justiça eletrônico, Data 20.03.2017, Página 89).

Além disso, convém destacar que, embora o Tribunal Superior Eleitoral (TSE) já tenha decidido que "verificada a recusa quanto à proposta de transação, cumpre observar o rito previsto no Código Eleitoral, afastando-se o da Lei nº 9.099/1995",[152] *também é cabível*, nesse caso, a suspensão condicional do processo (*sursis processual*), nos termos

[152] Recurso Especial Eleitoral nº 29803, Acórdão, Relator(a) Min. Marco Aurélio Mendes de Farias Mello, Publicação: DJE – Diário de justiça eletrônico, Tomo 168, Data 31.08.2012, Página 71.

do artigo 89, da Lei nº 9.099/95. Tal entendimento encontra-se pacificado na jurisprudência da Corte Eleitoral, a conferir:

> PROCESSO PENAL ELEITORAL – LEIS nºs 9.099/95 e 10.259/2001 – APLICABILIDADE. As Leis nºs 9.099/95 e 10.259/2001, no que versam o processo relativo a infrações penais de menor potencial ofensivo, são, de início, aplicáveis ao processo penal eleitoral. A exceção corre à conta de tipos penais que extravasem, sob o ângulo da apenação, a perda da liberdade e a imposição de multa para alcançarem, relativamente a candidatos, a cassação do registro, conforme é exemplo o crime do artigo 334 do Código Eleitoral. (Recurso Especial Eleitoral nº 25137, Acórdão de, Relator(a) Min. Marco Aurélio Mendes de Farias Mello, Publicação: DJ – Diário de justiça, Volume I, Data 16.09.2005, Página 173).

Não obstante isso, salienta-se que esse benefício processual do acusado (que pode por ele ser recusado) deve ser proposto pelo Ministério Público quando do oferecimento da denúncia criminal – e reclamada a sua omissão no primeiro momento em que a defesa possa se manifestar (na audiência designada após o recebimento da inicial acusatória[153]), sob pena de preclusão, conforme já decidiu o Tribunal Superior Eleitoral (TSE):

> ELEIÇÕES 2008. AGRAVO REGIMENTAL. RECURSO ESPECIAL. CRIME ELEITORAL. CORRUPÇÃO ELEITORAL. SUSPENSÃO CONDICIONAL DO PROCESSO. ART. 89 DA LEI Nº 9.096/95. NULIDADE RELATIVA. PRECLUSÃO. DESPROVIMENTO.
>
> A jurisprudência deste Tribunal e do Supremo Tribunal Federal é firme no sentido de que, por se tratar de nulidade relativa, a ausência de proposição de suspensão condicional do processo pelo Ministério Público Eleitoral torna a matéria preclusa, se não suscitada pela defesa no momento oportuno. (Recurso Especial Eleitoral nº 4095, Acórdão, Relator(a) Min. Luciana Christina Guimarães Lóssio, Publicação: DJE – Diário de justiça eletrônico, Tomo 201, Data 22.10.2015, Página 31/32).

Nesse tocante, é fundamental lembrar que *o Ministério Público não é obrigado a propor a suspensão condicional do processo, desde que o faça de maneira fundamentada na peça delatória e com isso concorde o Poder Judiciário,*

---

[153] "O STJ entende que o recebimento da denúncia é requisito lógico para a formalização da suspensão condicional do processo, visto que naquela etapa o magistrado tem o dever de avaliar o enquadramento da peça acusatória dentro dos parâmetros normativos a permitir o seu posterior processamento. Assim, a partir do escrutínio da legalidade da acusação, poupa-se o acusado de eventual aquiescência ao referido benefício na hipótese de inépcia ou de ausência de justa causa para o processamento do feito." (AgRg no HC 328.563/SC, Rel. Ministro ROGERIO SCHIETTI CRUZ, SEXTA TURMA, julgado em 14.02.2017, DJe 23.02.2017).

sendo inviável a impetração de *habeas corpus* para tal fim. Assim vem decidindo o Supremo Tribunal Federal (STF):

> Habeas corpus. Penal. Condenação pelos crimes de lesão corporal (CP, art. 129) e desacato (CP, art. 331). Dosimetria de pena. Fixação da pena-base do crime de desacato acima do mínimo legal. Fundamentação idônea. Alegado bis in idem. Não ocorrência. *Suspensão condicional do processo (art. 89 da Lei nº 9.099/95). Não cabimento. Fundamentada recusa do Ministério Público em propor o benefício. Aceitação da recusa pela autoridade judicial. Possibilidade. Precedentes. Natureza de transação processual da suspensão condicional do processo. Inexistência de direito público subjetivo à aplicação do art. 89 da Lei 9.099/95. Precedentes.* (...). 5. Quanto à pretendida concessão da suspensão condicional do processo (art. 89 da Lei nº 9.099/95), anoto que a jurisprudência da Corte já decidiu que o benefício não é cabível se o Ministério Público, de forma devidamente fundamentada, como no caso, deixa de propô-la e o Juiz concorda com a recusa (HC nº 89.842/SP, Primeira Turma, Relator o Ministro Sepúlveda Pertence, DJ 15.09.06). Desse entendimento, não dissentiu o aresto ora questionado. 6. É pertinente se destacar que *a suspensão condicional do processo tem natureza de transação processual, não existindo, portanto, direito público subjetivo do paciente à aplicação do art. 89 da Lei 9.099/95* (HC nº 83.458BA, Primeira Turma, Relator o Ministro Joaquim Barbosa, DJ de 6/2/03; HC nº 101.369/SP, Primeira Turma, de minha relatoria, DJe de 28.11.11). 7. Ordem denegada. (HC 129346, Relator(a): Min. DIAS TOFFOLI, Segunda Turma, julgado em 05.04.2016, PROCESSO ELETRÔNICO DJe-094 DIVULG 10.05.2016 PUBLIC 11.05.2016).

Caso, porém, o membro do *Parquet*, ainda que preenchidos os requisitos legais, não faça a proposta de suspensão condicional do processo, o juiz não pode conceder de ofício, devendo aplicar o artigo 28 do Código de Processo Penal e remeter os autos ao Procurador Regional Eleitoral, em interpretação sistêmica e analógica do que dispõe a Súmula nº 696 do Supremo Tribunal Federal (STF): "Reunidos os pressupostos legais permissivos da suspensão condicional do processo, mas se recusando o promotor de justiça a propô-la, o juiz, dissentindo, remeterá a questão ao procurador-geral, aplicando-se por analogia o art. 28 do código de processo penal".

Caso, porém, o autor seja candidato, tem-se um sistema punitivo diferenciado, o que faz com que *não seja possível a realização de transação penal e da suspensão condicional do processo (artigos 76 a 89, da Lei nº 9.099/95)*, conforme entendimento do Tribunal Superior Eleitoral (TSE):

> PROCESSO PENAL ELEITORAL – LEIS nºs 9.099/95 e 10.259/2001 – APLICABILIDADE. As Leis nºs 9.099/95 e 10.259/2001, no que versam o processo relativo a infrações penais de menor potencial ofensivo, são,

> de início, aplicáveis ao processo penal eleitoral. A exceção corre à conta de tipos penais que extravasem, sob o ângulo da apenação, a perda da liberdade e a imposição de multa para alcançarem, relativamente a candidatos, a cassação do registro, conforme é exemplo o crime do artigo 334 do Código Eleitoral. (Recurso Especial Eleitoral nº 25137, Acórdão de, Relator(a) Min. Marco Aurélio Mendes de Farias Mello, Publicação: DJ – Diário de justiça, Volume I, Data 16.09.2005, Página 173).

Por fim, é de se destacar que eventual condenação não gera inelegibilidade para qualquer dos autores, uma vez que se trata de crime de menor potencial ofensivo no caso de autor que não seja candidato, ou delito eleitoral sem pena privativa de liberdade no caso do autor ser candidato. Essa é a inteligência do artigo 1º, §4º, da Lei Complementar nº 64/90, na sua atual redação modificada pela Lei da Ficha-Limpa (Lei Complementar nº 135/2010), *in verbis*: "A inelegibilidade prevista na alínea e do inciso I deste artigo não se aplica aos crimes culposos e àqueles definidos em lei como de menor potencial ofensivo, nem aos crimes de ação penal privada". Trata-se de ponto que merece ser objeto de imediata revisão legislativa!

DAS CONDUTAS VEDADAS AOS AGENTES PÚBLICOS EM ANO ELEITORAL ESTRITO SENSO E SEUS FUNDAMENTOS CONSTITUCIONAIS

A partir do presente capítulo, iremos analisar todos os aspectos teóricos e práticos das condutas vedadas aos agentes públicos em ano eleitoral estrito senso, isto é, todos os comportamentos proibidos pelo legislador (artigos 73 a 77, da Lei nº 9.504/97) a quem exerça qualquer cargo, emprego, função pública, ou que faça as vezes de um agente público.

Nesse tocante, convém destacar que a categoria em estudo decorre de específicos mandados constitucionais anticorrupção, quais sejam:

1 – Princípio Republicano ou Ética Constitucional, que, como vimos na parte inicial da obra, impõe aos agentes públicos completa separação entre os interesses estatais para os quais servem e os seus interesses político-partidários;

2 – Igualdade de Oportunidades **(artigo 5º, *caput, da CF/88*),** que é uma aplicação do princípio da isonomia no processo eleitoral, que visa exatamente interditar práticas que comprometem, *in concreto* ou por presunção legal, uma disputa igualitária entre todos aqueles que aspiram ocupar um cargo por meio de eleição popular;[154]

3 – Lisura Eleitoral **(artigo 14, §§10 e 11, da CF/88),** segundo o qual todo o processo eleitoral deve ser marcado pela legítima e espontânea

[154] Nesse sentido, o Tribunal Superior Eleitoral (TSE) já asseverou que "o art. 73 da Lei nº 9.504/1997 tutela a igualdade na disputa entre os candidatos participantes do pleito com o fim de manter a higidez do processo eleitoral" (Recurso Especial Eleitoral nº 185644, Acórdão, Relator(a) Min. Gilmar Ferreira Mendes, Publicação: DJE – Diário de justiça eletrônico, Tomo 34, Data 16.02.2017, Página 52).

obtenção do voto popular, de modo que atos de corrupção, abuso de poder ou fraude devem ensejar a cassação do registro ou do diploma daquele que praticou ou se beneficiou de atos desse jaez;

***4 – Impessoalidade e Moralidade Administrativas* (artigo 37, *caput, c/c* §1º da CF/88),** que impõe ao administrador público o dever de abstenção quanto ao uso do aparato estatal em benefício da candidatura que goze de sua simpatia pessoal ou que lhe seja mais conveniente politicamente.

Corroborando com as premissas expostas, apresenta-se a ementa de decisão paradigmática (ADIN nº 3.305) do Supremo Tribunal Federal (STF), que tratou da proibição de participação dos agentes públicos candidatos em inauguração de obras públicas (vide artigo 77, da Lei nº 9.504/97), *in verbis:*

> Ação direta de inconstitucionalidade. Art. 77 da Lei federal 9.504/1997. Proibição imposta aos candidatos a cargos do Poder Executivo referente à participação em inauguração de obras públicas nos três meses que precedem o pleito eletivo. Sujeição do infrator à cassação do registro da candidatura. Princípio da igualdade. *Art. 5º, caput e inciso I da CB. Violação do disposto no art. 14, §9º, da CB.* Inocorrência. A proibição veiculada pelo preceito atacado não consubstancia nova condição de elegibilidade. Precedentes. *O preceito inscrito no art. 77 da Lei federal 9.504 visa a coibir abusos, conferindo igualdade de tratamento aos candidatos, sem afronta ao disposto no art. 14, §9º, da CB.* A alegação de que o artigo impugnado violaria o princípio da isonomia improcede. A concreção do princípio da igualdade reclama a prévia determinação de quais sejam os iguais e quais os desiguais. O direito deve distinguir pessoas e situações distintas entre si, a fim de conferir tratamentos normativos diversos a pessoas e a situações que não sejam iguais. Os atos normativos podem, sem violação do princípio da igualdade, distinguir situações a fim de conferir a uma tratamento diverso do que atribui a outra. É necessário que a discriminação guarde compatibilidade com o conteúdo do princípio (ADI 3.305, Rel. Min. Eros Grau, julgamento em 13.9.2006, Plenário, *DJ* de 24.11.2006).

CAPÍTULO 8

CARACTERÍSTICAS DAS CONDUTAS VEDADAS ESTRITO SENSO

As condutas vedadas receberam do legislador pátrio expresso detalhamento legislativo, a partir do qual podem ser extraídas as suas características fundamentais. A seguir, abordaremos uma a uma.

8.1 Legalidade estrita

O *caput* do artigo 73, da Lei das Eleições, usa a expressão "seguintes condutas" antes de arrolar as situações que enquadra como condutas vedadas, de modo que não é permitida interpretação extensiva ou analógica para amoldar determinada situação às prescrições legais.

Por encerrarem restrições à atuação dos agentes públicos, não existem dúvidas de que *suas hipóteses são taxativas (numerus clausus)*, sendo vedado ao intérprete ou ao julgador atribuir a determinado comportamento a pecha de conduta vedada quando a lei não o fizer expressamente, ainda que haja similitude fática com a prescrição legal.[155] Nesse sentido, vale a pena conferir o seguinte precedente do Tribunal Superior Eleitoral (TSE):

> ELEIÇÃO 2016. RECURSO ESPECIAL. AÇÃO DE INVESTIGAÇÃO JUDICIAL ELEITORAL (AIJE). CONDUTA VEDADA. ART. 77 DA LEI Nº 9.504/97. CANDIDATOS. CARGO. VEREADOR. COMPARECIMENTO. INAUGURAÇÃO. PARQUE TECNOLÓGICO. UNIVERSIDADE PRIVADA. APORTE FINANCEIRO. CONVÊNIO.

[155] "Nas condutas vedadas previstas nos arts. 73 a 78 da Lei das Eleições imperam os princípios da tipicidade e da legalidade estrita, devendo a conduta corresponder exatamente ao tipo previsto na lei (REspe nº 626-30/DF, Rel. Min. Maria Thereza de Assis Moura, DJe 4.2.2016)" (Recurso Especial Eleitoral nº 119653, Acórdão, Relator(a) Min. Luciana Christina Guimarães Lóssio, Publicação: DJE – Diário de justiça eletrônico, Data 12.09.2016, Página 31).

> ESTADO. TERRENO. DOAÇÃO. MUNICÍPIO. OBRA. NATUREZA JURÍDICA. DELIMITAÇÃO. NORMA RESTRITIVA. EXEGESE ESTRITA. TIPIFICAÇÃO DA CONDUTA VEDADA. NÃO OCORRÊNCIA. RECURSO ESPECIAL PROVIDO. 1. *In casu*, a orientação perfilhada no acórdão regional foi a de que o comparecimento de vereadores candidatos à reeleição, durante o período crítico, à inauguração de obra realizada por universidade privada, construída em terreno doado pelo município e patrocinada, em parte, com recursos públicos repassados por meio de convênio estadual, nos três meses que antecederam a data do pleito, caracteriza a conduta vedada descrita no art. 77 da Lei nº 9.504/97.2. Tal entendimento, contudo, contraria *remansosa jurisprudência desta Corte Superior, no sentido de que as normas que encerram condutas vedadas devem ser interpretadas restritivamente*. 3. O artigo 77 da Lei das Eleições veda o comparecimento de candidatos à inauguração de obra pública stricto sensu, assim considerada aquela que integra o domínio público. Incidência dos princípios da tipicidade e da legalidade estrita, devendo a conduta corresponder exatamente ao tipo previamente definido na norma. 4. Recurso especial ao qual se dá provimento. (Recurso Especial Eleitoral nº 18212, Acórdão, Relator(a) Min. Tarcisio Vieira de Carvalho Neto, Publicação: DJE – Diário de justiça eletrônico, Tomo 216, Data 08.11.2017, Página 29/30).

Essa, portanto, é a vertente material do princípio da legalidade estrita.

Ocorre que esse princípio também traz consequências na seara processual, uma vez que apenas podem ser aplicadas para cada tipo de conduta vedada a(s) exata(s) sanção ou sanções prevista(s) taxativamente pelo legislador.

Isso significa dizer que o julgador não pode imputar ao(s) réu(s) condenado(s) uma pena diversa (ainda que para melhor), sob pena de violar o princípio da legalidade estrita na sua vertente processual. Foi como já decidiu o Tribunal Superior Eleitoral (TSE), ao analisar o cabimento cumulativo das sanções de cassação do registro e multa para um caso que se enquadrava no §11, do artigo 73, da Lei nº 9.504/97:

> RECURSO ESPECIAL. CONDUTA VEDADA. ART. 73, §11, DA LEI Nº 9.504/97. ABUSO DO PODER ECONÔMICO. 1. Não houve violação ao art. 275, I, do Código Eleitoral, pois a contradição que autoriza o acolhimento dos embargos de declaração é aquela entre as premissas do acórdão e as respectivas conclusões, não entre estas e o entendimento da parte acerca da valoração da prova.
>
> 2. Não houve violação ao art. 275, II, do Código Eleitoral e ao art. 93, IX, da Constituição Federal, visto que o Tribunal de origem explicitou, de forma fundamentada, todas as circunstâncias que levaram ao reconhecimento das condutas abusivas.

> 3. A vedação de que trata o §11 do art. 73 da Lei nº 9.504/97 tem caráter absoluto e proíbe, no ano da eleição, a execução por entidade vinculada nominalmente a candidato ou por ele mantida de qualquer programa social da Administração, incluindo os autorizados em lei e já em execução orçamentária no exercício anterior. Precedente: Cta nº 951-39, rel. Min. Marco Aurélio, DJe de 4.8.2010.
> 4. Se o Tribunal de origem assentou que a Associação Viver Palhoça era mantida pelo recorrente e que houve distribuição de bens e serviços no período vedado, a revisão de tal entendimento demandaria o reexame de provas, inviável em sede de recurso especial. Conduta vedada do art. 73, §11, da Lei nº 9.504/97 caracterizada. Multa mantida, nos termos do §4º do art. 73 da Lei nº 9.504/97. 5. *A hipótese descrita no §11 do art. 73 da Lei nº 9.504/97 não está contemplada no §5º do mesmo dispositivo. Diante da ausência de norma autorizadora, a sanção de cassação dos diplomas deve ser afastada, pois as condutas vedadas e as respectivas sanções são de legalidade estrita.* (Recurso Especial Eleitoral nº 39792, Acórdão de 04.08.2015, Relator(a) Min. HENRIQUE NEVES DA SILVA, Publicação: DJE – Diário de justiça eletrônico, Tomo 199, Data 20.10.2015, Página 46-47).

O conhecimento dessa vertente da legalidade estrita no âmbito das condutas vedada é de suma importância, pois, após a Lei nº 13.165/15, o artigo 96, da Lei das Eleições, passou a ter o §11, segundo o qual "as sanções aplicadas a candidato em razão do descumprimento de disposições desta Lei não se estendem ao respectivo partido, mesmo na hipótese de esse ter se beneficiado da conduta, salvo quando comprovada a sua participação", o que ocasionou uma série de decisões judiciais isentando as agremiações políticas de condenações à multa pelo benefício de condutas vedadas aos agentes públicos em ano eleitoral.

Felizmente, a Corte Eleitoral (TSE) vem cassando decisões desse jaez. Vejamos:

> 5. A norma prevista no art. 73, §8º, da Lei nº 9.504/97, que estende aos partidos, coligações e candidatos beneficiários das condutas ilícitas as sanções do §4º do aludido preceito, tem caráter específico, por estar relacionada com as hipóteses de conduta vedada aos agentes públicos em campanhas eleitorais, caso dos autos. A seu turno, o art. 96, §11, da citada lei (incluído pela Lei nº 13.165/2015) é direcionado a condutas de ordem geral. Segundo o critério da especialidade, diante da aparente antinomia normativa, as normas especiais devem prevalecer sobre os regramentos de natureza geral. 6. Diante das circunstâncias verificadas nos autos e com base nesses fundamentos, o pagamento de multa pelo partido é medida que se impõe, em razão da incidência da norma prevista no art. 73, §8º, da Lei nº 9.504/97. A propósito, este Tribunal já deliberou no sentido de que "a multa imposta pela prática de conduta vedada deve ser aplicada individualmente a partidos, coligações e candidatos

responsáveis, nos termos do art. 73, §§4º e 8º, da Lei das Eleições" (RO nº 1379-94/RS, Rel. Min. Gilmar Mendes, DJe de 22.3.2017).7. Recurso especial desprovido. (Recurso Especial Eleitoral nº 29727, Acórdão, Relator(a) Min. Tarcísio Vieira de Carvalho Neto, Publicação: DJE – Diário de justiça eletrônico, Data 14.12.2017).

8.2 Especialidade normativa em relação ao abuso de poder político

Do aspecto material da legalidade estrita das condutas vedadas decorre que elas possuem natureza de especialidade normativa em relação ao abuso de poder político.[156] Isso porque elas (condutas vedadas) são espécies legalmente previstas do gênero abuso de poder político, que é expressão jurídica indeterminada denotadora do uso irregular da estrutura administrativa (física e imaterial) em prol de candidaturas, partidos políticos ou coligações.[157]

Há ainda outro detalhe: a falta de previsão legal é um dos fatores impeditivos de caracterização da conduta vedada. Porém, tal circunstância não quer dizer que se um determinado fato se amoldar perfeitamente à previsão legal do artigo 73 haverá exclusivamente uma conduta vedada. Na verdade, o mesmo fato pode ser analisado sob os dois diferentes aspectos: o da conduta vedada propriamente dita, que prescinde de demonstração de qualquer potencialidade lesiva e sobre a qual incidem as penalidades de multa e cassação do registro descritas nos §§4º e 5º do art. 73 da Lei nº 9.504/97 e o do abuso de poder, desde que se comprove que a prática possuiu gravidade suficiente para macular a lisura do pleito, atraindo, por outro lado, as consequências previstas para o abuso de poder, quais sejam, a cassação do registro e a inelegibilidade, conforme dispõe o art. 22, XIV, da LC nº 64/90. Esse é o entendimento do TSE.

---

[156] "A falta de correspondência entre o ato e a hipótese descrita em lei poderá configurar uso indevido do poder de autoridade, que é vedado; não "conduta vedada", nos termos da Lei das Eleições" (RECURSO ESPECIAL ELEITORAL nº 24795, Acórdão nº 24795 de 26.10.2004, Relator(a) Min. LUIZ CARLOS LOPES MADEIRA, Publicação: PSESS – Publicado em Sessão, Data 27.10.2004 RJTSE – Revista de Jurisprudência do TSE, Volume 16, Tomo 2, Página 345).

[157] "O abuso de poder configura-se no momento em que a normalidade e a legitimidade das eleições são comprometidas por condutas de agentes públicos que, valendo-se de sua condição funcional, beneficiam candidaturas, em manifesto desvio de finalidade. Já o abuso de poder econômico ocorre quando determinada candidatura é impulsionada pelos meios econômicos de forma a comprometer a igualdade da disputa eleitoral e a própria legitimidade do pleito" (Recurso Contra Expedição de Diploma nº 711647, Acórdão de 27.10.2011, Relator(a) Min. FÁTIMA NANCY ANDRIGHI, Publicação: DJE – Diário da Justiça Eletrônico, Tomo 231, Data 08.12.2011, Página 32-33).

8.3 Finalidade eleitoreira da conduta prescindível como regra geral

Por serem ilícitos genuinamente eleitorais e praticados, invariavelmente, com o objetivo de influenciar o jogo democrático, há uma tendência natural em se achar que é preciso comprovar que o comportamento descrito na norma como proibida a um agente público tenha finalidade eleitoreira.

Ocorre, porém, que o *caput* do artigo 73 da Lei das Eleições já fez essa presunção antecipadamente, ao dizer que as condutas vedadas são tendentes a afetar a igualdade de oportunidades que deve reger o processo eleitoral.

Assim, apenas quando a lei expressamente exigir, é que será necessário comprovar esse especial fim de agir do autor da conduta vedada. É o que ocorre nas hipóteses dos incisos I, II e IV, do artigo 73, da Lei das Eleições.

Nos demais casos, o dano ao pleito é *in re ipsa* e o ilícito ocorre de maneira objetiva, conforme aponta a mais recente jurisprudência do Tribunal Superior Eleitoral (TSE):

> – A caracterização de conduta vedada por divulgação de propaganda institucional em período proibido, prevista no comando normativo supramencionado, é ilícito de natureza objetiva que independe da finalidade eleitoral do ato. Precedentes (Recurso Especial nº 29387, Acórdão, Relator(a) Min. Tarcisio Vieira de Carvalho Neto, Publicação: DJE – Diário de justiça eletrônico, Data 13.12.2017);
>
> – As condutas vedadas, para seu aperfeiçoamento, prescindem da produção do resultado naturalístico e da análise da finalidade eleitoral do ato, sendo suficiente a prática dos atos (REspe nº 695-41/GO, Rel. Min. Gilmar Mendes, DJe de 26.6.2015 e AgR-AI nº 515-27/MG, Rel. Min. Luciana Lóssio, DJe de 25.11.2014) (Recurso Especial Eleitoral nº 212970, Acórdão, Relator(a) Min. Luiz Fux, Publicação: DJE – Diário de justiça eletrônico, Tomo 31, Data 13.02.2017, Página 23/24).

8.4 Ilícito de mera conduta (potencialidade presumida) e (não)cumulatividade automática das sanções

As condutas vedadas, por expressa presunção legal (vide *caput* do artigo 73, da Lei nº 9.504/97), possuem o condão de "afetar a igualdade de oportunidades entre candidatos nos pleitos eleitorais", que é um dos mandados constitucionais anticorrupção e cujo respeito é pressuposto necessário para a ocorrência de um processo eleitoral hígido e legitimidade dos eleitos.

Dentro desse contexto, uma vez praticado determinado comportamento previsto na lei como conduta vedada estrito senso, pode-se dizer que ela está consumada, independente do fato possuir ou não potencialidade concreta de influenciar nas eleições, já que a própria lei já criou uma presunção legal nesse sentido. Nesse sentido, vale a pena conferir:

> AGRAVO REGIMENTAL. RECURSO ORDINÁRIO. AÇÃO DE INVESTIGAÇÃO JUDICIAL ELEITORAL. CONDUTA VEDADA. BENEFICIÁRIO. CONFIGURAÇÃO. 1. O reconhecimento da prática de conduta vedada, prevista no art. 73 da Lei nº 9.504/97 também recai sobre aquele que se beneficiou da conduta, independentemente de ser agente público. Precedente. 2. Ficou comprovada nos autos a utilização de veículo cedido à prefeitura em proveito de campanha eleitoral, razão pela qual se evidencia a prática da conduta ilícita do art. 73, I, da Lei 9.504/97, devendo ser imposta ao réu a sanção de multa, com base nos princípios da razoabilidade e da proporcionalidade. 3. Nos termos da jurisprudência desta Corte Superior, reconhecida a prática das condutas vedadas previstas no art. 73 da Lei 9.504/97, devem ser impostas as sanções previstas em lei, independentemente da comprovação de eventual potencialidade de influência do ato no equilíbrio da disputa eleitoral. Agravo regimental a que se nega provimento. (TSE, Recurso Ordinário nº 194592, Acórdão, Relator(a) Min. ADMAR GONZAGA, Publicação: DJE – Diário de justiça eletrônico, Data 07.12.2017).

Por isso, diz-se que *as condutas vedadas estrito senso são ilícitos de mera conduta*[158] ou, nos termos da jurisprudência do Tribunal Superior Eleitoral (TSE), "as hipóteses de conduta vedada previstas no art. 73 da Lei nº 9.504/97 têm *natureza objetiva*", de modo que "verificada a presença dos requisitos necessários à sua caracterização, a norma proibitiva reconhece-se violada" (Recurso Especial Eleitoral nº 53067, Acórdão, Relator(a) Min. Henrique Neves da Silva, Publicação: DJE – Diário de justiça eletrônico, Data 02.05.2016, Página 52-54).

A consequência natural desse entendimento é que, caracterizada a conduta vedada, as penalidades previstas na lei devem ser impostas

---

[158] "A configuração das condutas vedadas prescritas no art. 73 da Lei nº 9.504/97 se dá com a mera prática de atos, desde que esses se subsumam às hipóteses ali elencadas, porque tais condutas, por presunção legal, são tendentes a afetar a igualdade de oportunidades entre os candidatos no pleito eleitoral, sendo desnecessário comprovar-lhes a potencialidade lesiva" (Recurso Especial Eleitoral nº 45060, Acórdão de 26.09.2013, Relator(a) Min. LAURITA HILÁRIO VAZ, Publicação: DJE – Diário de justiça eletrônico, Tomo 203, Data 22.10.2013, Página 55/56).

cumulativamente, sendo vedado ao julgador a possibilidade de, em nome de um "juízo de proporcionalidade" (algo que é extremamente subjetivo), deixar de aplicá-las quando o legislador não deixou margem para tanto.

Corroborando tal entendimento, merece ainda ser destacado que quase todas as condutas vedadas caracterizam, em tese, crimes eleitorais, que, segundo o Tribunal Superior Eleitoral (TSE), são insuscetíveis de aplicação do princípio da insignificância.

Assim, se no campo penal, onde é exigido maior rigor para a aplicação da pena, não se admite a flexibilização de condutas que violem a moralidade administrativa e a igualdade de oportunidades,[159] parece-me claro que no campo cível não pode haver tal "flexibilização", que só serve de estímulo à prática de atos corruptos no bojo da Administração Pública em anos eleitorais e que representa clara proteção deficiente ao bem jurídico tuteado pelas condutas vedadas.

---

[159] "Como visto, os crimes eleitorais possuem natureza comum, o que faz com que os princípios penais (de natureza constitucional ou legal) incidam, como regra geral, sobre os mesmos. Ocorre que a quase totalidade dos delitos eleitorais tutela bens indisponíveis e de extrema importância para a autenticidade do regime democrático brasileiro, tais como: igualdade de oportunidades entre os candidatos (artigos 300 e 301, do Código Eleitoral), liberdade do eleitor (artigos 297 e 299, do Código Eleitoral e artigo 39, §5º, da Lei nº 9.504/97), proteção contra o abuso de poder econômico, (artigo 334, do Código Eleitoral), moralidade administrativa e proteção contra o abuso de poder político (artigos 346 e 377, do Código Eleitoral e artigo 11, V, da Lei nº 6091/74), incolumidade dos bens da Justiça Eleitoral (artigo 339, do Código Eleitoral e artigo 72, III, da Lei nº 9.504/97), fé pública eleitoral (artigo 340, do Código Eleitoral), celeridade processual (artigo 341, Código Eleitoral), atuação eficaz das instituições públicas (artigos 342 e 343, do Código Eleitoral) etc. Por conta disso e considerando que o processo eleitoral hígido é a única forma para a garantia efetiva da soberania popular (artigo 1º, parágrafo único c/c artigo 14, todos da CF/88), bem como para a manutenção de um verdadeiro regime democrático, entendo que não é possível aplicar o princípio da bagatela ou insignificância aos crimes eleitorais. Trata-se de entendimento que encontra guarida na atual jurisprudência do Tribunal Superior Eleitoral (TSE) e que não tem sofrido qualquer tipo de oscilação na maioria dos Tribunais Eleitorais. Reforçando essa linha de pensamento, destaca-se o enunciado nº 599, da Súmula do Superior Tribunal de Justiça (julgado em 27.11.2017), segundo o qual "o princípio da insignificância é inaplicável aos crimes contra a administração pública", que deve incidir, pela coincidência de fundamento, sobre vários delitos eleitorais que estão relacionados com a proibição do uso de cargos ou bens públicos em prol de projetos político-partidários, de que são exemplos os descritos no artigo 299, 300, 346 e 377, do Código Eleitoral, bem como o artigo 11, V, da Lei nº 6091/74). Para finalizar o presente tópico, destaco que a nova redação do artigo 62 da Lei nº 9099/95 (acrescida pela 13.603/18), cujo teor estabelece que 'o processo perante o Juizado Especial orientar-se-á pelos critérios da oralidade, simplicidade, informalidade, economia processual e celeridade, objetivando, sempre que possível, a reparação dos danos sofridos pela vítima e a aplicação de pena não privativa de liberdade', não tem o condão de afetar o entendimento da inaplicabilidade do princípio da insignificância aos delitos eleitorais, haja vista que nessa seara especializada inexiste tipo que tutele apenas o patrimônio individual, mas, sim, o propriamente coletivo (como é caso do artigo 72, III, da Lei nº 9.504/97) ou o de dimensão coletiva (caso do artigo 331, do Código Eleitoral), que são indisponíveis por natureza e diante da importância que possuem para o processo democrático" (PINHEIRO, Igor Pereira. *Legislação Criminal Eleitoral Comentada* – Aspectos Materiais e Processuais. Salvador: Juspodivm, 2018, p. 39-41).

Ocorre, porém, que o Tribunal Superior Eleitoral (TSE) vem adotando orientação contrária a que defendo, tudo nos seguintes termos:

> O exame das condutas vedadas previstas no art. 73 da Lei das Eleições deve ser feito em dois momentos. *Primeiro, verifica-se se o fato se enquadra nas hipóteses previstas*, que, por definição legal, são "tendentes a afetar a igualdade de oportunidades entre candidatos nos pleitos eleitorais". *Nesse momento, não cabe indagar sobre a potencialidade do fato. Caracterizada a infração às hipóteses do art. 73 da Lei 9.504/97, é necessário verificar, de acordo com os princípios da razoabilidade e proporcionalidade, qual a sanção que deve ser aplicada*. Nesse exame, cabe ao Judiciário dosar a multa prevista no §4º do mencionado art. 73, de acordo com a capacidade econômica do infrator, a gravidade da conduta e a repercussão que o fato atingiu. *Em caso extremo, a sanção pode alcançar o registro ou o diploma do candidato beneficiado, na forma do §5º do referido artigo.* (Rp nº 295.986/DF, DJE de 17.11.10, rel. Min. Henrique Neves da Silva).

Assim, a Corte tanto admite a aplicação de apenas uma sanção nos casos que a conduta não for "grave"[160] o suficiente, como tem julgado improcedentes ações pela prática de conduta vedada nos casos de "inexpressividade" do fato, que é um nome diferente para a aplicação da insignificância na área cível. Vejamos, pois, um desses precedentes:

> REPRESENTAÇÃO ELEITORAL. ELEIÇÕES 2010. CONDUTA VEDADA A AGENTE PÚBLICO. ART. 73, I, DA LEI 9.504/97. USO DE BEM PÚBLICO. AUSENTE DESEQUILÍBRIO NO PLEITO. IMPROCEDÊNCIA. 1. Autos recebidos no gabinete em 20.10.2016. HISTÓRICO DA DEMANDA 2. Trata-se de representação proposta pelo Ministério Público Eleitoral em desfavor da Coligação Para o Brasil Seguir Mudando, de Luiz Inácio Lula da Silva (Presidente da República entre 2003 e 2010) e de Dilma Vana Rousseff (candidata a referido cargo, pela primeira vez, nas Eleições 2010), com fundamento na conduta vedada do art. 73, I,

[160] ELEIÇÕES 2016. AGRAVO REGIMENTAL. AÇÃO DE INVESTIGAÇÃO JUDICIAL ELEITORAL. ABUSO DE PODER POLÍTICO E DE PODER ECONÔMICO. RECURSO ESPECIAL. 1. O Tribunal de origem, soberano na análise de fatos e provas, assentou que as referências elogiosas ao gestor partiram de populares, não se tratando de propaganda institucional. A revisão desse entendimento demandaria o reexame do contexto fático-probatório, a teor do verbete sumular 24 do TSE. 2. Segundo constou do acórdão regional, a alegada conduta vedada decorrente da distribuição de bens em ano eleitoral teria beneficiado apenas 27 pessoas, o que não foi considerado grave no contexto da campanha a ponto de justificar a cassação do diploma, entendimento que se coaduna com a jurisprudência do Tribunal Superior Eleitoral. 3. "Nem toda conduta vedada, nem todo abuso do poder político acarretam a automática cassação de registro ou de diploma, competindo à Justiça Eleitoral exercer um juízo de proporcionalidade entre a conduta praticada e a sanção a ser imposta" (REspe 336-45, rel. Min. Gilmar Mendes, DJe de 17.4.2015).Agravos regimentais aos quais se nega provimento. (Recurso Especial Eleitoral nº 9934, Acórdão, Relator(a) Min. ADMAR GONZAGA, Publicação: DJE – Diário de justiça eletrônico, Data 07.12.2017).

da Lei 9.504/97.3. Apontou-se uso indevido de bem da Administração Pública – interior do Palácio da Alvorada – para captar imagem de Lula e gravar trecho de sete segundos de programa eleitoral transmitido em bloco em 24.8.2010.4. Requereu-se aplicação de multa a todos os representados, nos termos do art. 73, §§4º e 8º, da mencionada Lei. VOTO DA E. MINISTRA MARIA THEREZA DE ASSIS MOURA 5. Na sessão de 18.12.2015, a e. Relatora afastou preliminar de inépcia da inicial e, no mérito, julgou improcedente o pedido. O e. Ministro Gilmar Mendes pediu vista dos autos. VOTO DO E. MINISTRO GILMAR MENDES 6. Na sessão de 20.10.2016, Sua Excelência também afastou a preliminar, mas divergiu para condenar os representados ao pagamento de multa individual no valor de 20.000,00 UFIRs. Pedi vista dos autos para melhor análise. INÉPCIA DA INICIAL 7. Na inicial, identificaram-se agentes e beneficiários, definiu-se a causa de pedir; apresentou-se pedido certo e delinearam-se fatos e provas. Assim, atenderam-se aos requisitos previstos no art. 96, §1º, da Lei 9.504/97. QUESTÃO DE FUNDO CONDUTAS VEDADAS E PARIDADE DE ARMAS 8. A teor do art. 73 da Lei 9.504/97, "são proibidas aos agentes públicos, servidores ou não, [...] condutas tendentes a afetar a igualdade de oportunidades entre candidatos nos pleitos eleitorais" (caput), dentre elas "ceder ou usar, em benefício de candidato, partido político ou coligação, bens móveis ou imóveis pertencentes à administração direta ou indireta da União, dos Estados, do Distrito Federal, dos Territórios e dos Municípios, ressalvada a realização de convenção partidária" (inciso I).9. Referido dispositivo veda uso real e efetivo do aparato do Estado em prol de campanha. Assim, não alcança condutas inexpressivas em termos eleitorais, sem nenhum potencial para comprometer o bem jurídico tutelado pela norma, a saber, a isonomia entre candidatos e a legitimidade do pleito. 10. Nesse sentido, precedente das Eleições 2014: "mera utilização de linha telefônica do Palácio do Planalto, para único telefonema, e o uso de computador do mesmo local para envio de apenas uma mensagem eletrônica, de conta pessoal e não institucional, não têm o condão de repercutir no bem jurídico tutelado, qual seja, a lisura e a isonomia do pleito eleitoral" (Rp 665-22/DF, de minha relatoria, por maioria, DJE de 3.12.2014). Confiram-se, também, Rp 590-80/DF, Rel. Min. Maria Thereza de Assis Moura, DJE de 25.8.2014; Rp 3267-25/DF, Rel. Ministro Marcelo Ribeiro, DJE de 21.5.2012. HIPÓTESE DOS AUTOS 11. Na cena impugnada, cuja duração é de apenas sete segundos, Lula não emite palavras e limita-se a se aproximar de uma das janelas do Palácio da Alvorada, ao som de acordes musicais. Ressalte-se que o representado era, à época, Presidente do Brasil e a curtíssima cena o mostra em seu local de trabalho, sem qualquer participação da candidata Dilma Rousseff. 12. Segue-se narrativa do locutor do programa: "a maior eleição da história do Brasil. O presidente eleito do Brasil Luiz Inácio Lula da Silva. Senhor Luiz Inácio Lula da Silva", e, a posteriori, música com temática de despedida do mandato e ênfase ao apoio à representada

Dilma Rousseff. 13. A partir desse quadro probatório, não se vislumbra uso da coisa pública em favor da candidata, isto é, na acepção própria do termo, emprego real e efetivo de bens públicos móveis ou imóveis para se realizarem atos de campanha. 14. Ademais, o aparato de produção do vídeo – câmeras, luzes, equipe de filmagem – foi deslocado às expensas da Coligação representada, conforme se pontuou na defesa de Luiz Inácio Lula da Silva (fl. 41), argumento não combatido pelo representante. 15. Assim, a toda evidência, não se pode afirmar que uso de imagem de bem público, por apenas sete segundos, em programa eleitoral com mais de onze minutos de duração, ocasionou, ainda que minimamente, desequilíbrio da disputa ou comprometeu a legitimidade das Eleições 2010. CONCLUSÃO 16. Com todas as vênias ao e. Ministro Gilmar Mendes, acompanho a e. Relatora (Ministra Maria Thereza de Assis Moura) e julgo improcedente o pedido. (Representação nº 329675, Acórdão, Relator(a) Min. MARIA THEREZA DE ASSIS MOURA, Publicação: DJE – Diário de justiça eletrônico, Data 21.11.2017).

Trata-se de típico caso de indevida revogação jurisprudencial da lei, o que não deve ser tolerado pelos atores do processo eleitoral e pelo Ministério Público, uma vez que torna letras mortas as disposições legais referentes às condutas vedadas, pois elas deixam de ter a potencialidade objetiva de cassar o registro ou o diploma dos candidatos eleitos. Nunca é demais que candidatos não temem ilícitos cuja pena é apenas a pecuniária, o que ocorre na maioria expressiva dos julgamentos dos casos de condutas vedadas.

Não bastasse tudo o que foi exposto, é de se verificar que o critério utilizado pela Corte do TSE (a "gravidade da conduta") não é elemento legal para aplicação das penalidades nas condutas vedadas, diferente do que ocorre com o abuso de poder político, em que o inciso XVI do artigo 22 da Lei Complementar nº 64/90[161] exige tal circunstância para a cassação do registro ou do diploma do candidato beneficiado pelo comportamento abusivo.

8.5 Responsabilidade objetiva, individual e progressiva dos infratores na aplicação da multa

Uma das características de suma importância para a efetividade na aplicação da sanção de multa é a responsabilidade civil de todos os envolvidos no ato ilícito (autores e beneficiários).

---

[161] XVI – para a configuração do ato abusivo, não será considerada a potencialidade de o fato alterar o resultado da eleição, mas apenas a gravidade das circunstâncias que o caracterizam.

De fato, seria extremamente injusto e inócuo que o candidato beneficiado ficasse isento da responsabilidade pela prática de um ato ilegal que visa exatamente beneficiá-lo. Se é assim na esfera penal (vide parágrafo único do artigo 346, do Código Eleitoral),[162] campo de intervenção mínima, com muito mais razão deve ser no que diz respeito à área cível.

Dentro desse contexto, *o artigo 73, §8º, da Lei nº 9.504/97 estabeleceu a responsabilidade individual* entre os agentes públicos envolvidos, a coligação, os partidos políticos e os candidatos beneficiados (sejam ou não agentes públicos),[163] ao prescrever que "aplicam-se as sanções do §4º aos agentes públicos responsáveis pelas condutas vedadas e aos partidos, coligações e candidatos que delas se beneficiarem".

Interpretando tal dispositivo, o Tribunal Superior Eleitoral (TSE) fixou a orientação "de que *a multa por conduta vedada também alcança os candidatos que apenas se beneficiaram delas,* nos termos dos §§5º e 8º do art. 73 da Lei nº 9.504/97, *ainda que não sejam diretamente responsáveis por ela,* tal como na hipótese de vice-governador" (Recurso Ordinário nº 172365, Acórdão, Relator(a) Min. ADMAR GONZAGA, Publicação: DJE – Diário de justiça eletrônico, Tomo 40, Data 27.02.2018, Página 126/127).

Assim, pode-se dizer que *a Suprema Corte Eleitoral aplica uma responsabilidade objetiva* de candidatos, partidos políticos e *coligações para o caso da sanção de multa* (o que não ocorre no caso da cassação do registro ou do diploma, em que se exige a participação direta ou indireta do candidato, cuja comprovação pode ser por meio de indícios – veremos isso mais a frente).

Nesse tocante, é importante destacar que a nova redação do artigo 96, §11, da Lei das Eleições, segundo a qual "as sanções aplicadas a candidato em razão do descumprimento de disposições desta Lei não se estendem ao respectivo partido, mesmo na hipótese de esse ter se beneficiado da conduta, salvo quando comprovada a sua participação", não incide no caso específico das condutas vedadas dos artigos 73 a 77 por conta do princípio da especialidade, consoante decidiu recentemente o Tribunal Superior Eleitoral (TSE):

---

[162] Art. 346. Violar o disposto no Art. 377: Pena – detenção até seis meses e pagamento de 30 a 60 dias-multa. Parágrafo único. Incorrerão na pena, além da autoridade responsável, os servidores que prestarem serviços e os candidatos, membros ou diretores de partido que derem causa à infração.

[163] "O reconhecimento da prática de conduta vedada, prevista no art. 73 da Lei nº 9.504/97 também recai sobre aquele que se beneficiou da conduta, independentemente de ser agente público" (TSE, Recurso Ordinário nº 194592, Acórdão, Relator(a) Min. ADMAR GONZAGA, Publicação: DJE – Diário de justiça eletrônico, Data 07.12.2017).

A norma prevista no art. 73, §8º, da Lei nº 9.504/97, que estende aos partidos, coligações e candidatos beneficiários das condutas ilícitas as sanções do §4º do aludido preceito, tem caráter específico, por estar relacionada com as hipóteses de conduta vedada aos agentes públicos em campanhas eleitorais, caso dos autos. A seu turno, o art. 96, §11, da citada lei (incluído pela Lei nº 13.165/2015) é direcionado a condutas de ordem geral. Segundo o critério da especialidade, diante da aparente antinomia normativa, as normas especiais devem prevalecer sobre os regramentos de natureza geral.

Diante das circunstâncias verificadas nos autos e com base nesses fundamentos, o pagamento de multa pelo partido é medida que se impõe, em razão da incidência da norma prevista no art. 73, §8º, da Lei nº 9.504/97. A propósito, este Tribunal já deliberou no sentido de que 'a multa imposta pela prática de conduta vedada deve ser aplicada individualmente a partidos, coligações e candidatos responsáveis, nos termos do art. 73, §§4º e 8º, da Lei das Eleições' (RO nº 1379-94/RS, Rel. Min. Gilmar Mendes, DJe de 22.3.2017)." (Recurso Especial Eleitoral nº 29727, Acórdão, Relator(a) Min. Tarcisio Vieira de Carvalho Neto, Publicação: DJE – Diário de justiça eletrônico, Data 14.12.2017).

Ultrapassada essa premissa da responsabilidade objetiva da pena de multa, deve-se destacar, porém, que *não há responsabilidade solidária*, tal qual a estipulada no artigo 241, do Código Eleitoral, *mas, sim, responsabilidade individual de cada um dos responsáveis e beneficiários das condutas vedadas*, como se vê:

> A propósito, este Tribunal já deliberou no sentido de que 'a multa imposta pela prática de conduta vedada deve ser aplicada individualmente a partidos, coligações e candidatos responsáveis, nos termos do art. 73, §§4º e 8º, da Lei das Eleições' (RO nº 1379-94/RS, Rel. Min. Gilmar Mendes, DJe de 22.3.2017). (Recurso Especial Eleitoral nº 4961, Acórdão, Relator(a) Min. Tarcisio Vieira de Carvalho Neto, Publicação: DJE – Diário de justiça eletrônico, Tomo 245, Data 19.12.2017, Página 75/76).

Não obstante isso, há precedentes de Tribunais Regionais Eleitorais no sentido de que, quando o ato impugnado for único e não for possível precisar a participação e benefícios de maneira individual, aplica-se a responsabilidade solidária. Vejamos: "A fixação da sanção pecuniária decorrente da prática de conduta vedada ao agente público deve observar os princípios da razoabilidade e da proporcionalidade, e ser devidamente fundamentada quando aplicada em patamar superior ao mínimo legal. Aplica-se solidariamente a multa prevista nos §§4º e 8º do art. 73 da Lei nº 9.504/1997 quando a conduta praticada for única, não for possível determinar a participação de cada um dos responsáveis pela sua ocorrência e o benefício dela decorrente for comum a uma chapa ou a mais de um candidato ou a mais de um candidato e seu partido/coligação" (TRE/SC, RECURSO CONTRA DECISÕES DE JUÍZES ELEITORAIS nº 37857, Acórdão nº 29162 de 31.03.2014, Relator(a) IVORÍ LUIS DA SILVA SCHEFFER, Publicação: DJE – Diário de JE, Tomo 52, Data 04.04.2014, Página 9).

Outro aspecto de suma importância no tocante à efetividade das penalidades, talvez de maior relevância prática ante a constatação de campanhas políticas umbilicalmente ligadas com o abuso do poder político-econômico, foi o estabelecimento da *duplicação da multa a cada reincidência de conduta vedada.*

Trata-se de medida extremamente salutar, na medida em que inibe pecuniariamente a continuidade dos ilícitos. Está prevista no §6º, do artigo 73, *in verbis:* "As multas de que trata este artigo serão duplicadas a cada reincidência".

Complementando tal dispositivo legal, é de se destacar que o artigo 77, §11, da Resolução TSE nº 23.551/17 (aprovada para as eleições de 2018) estabelece que, "para a caracterização da reincidência de que trata o §6º, não é necessário o trânsito em julgado de decisão que tenha reconhecido a prática de conduta vedada, bastando existir ciência da sentença ou do acórdão que tenha reconhecido a ilegalidade da conduta".

Não obstante essas previsões normativas sobre a dosimetria gradual da sanção de multa, o Tribunal Superior Eleitoral (TSE) *vem entendendo que não há ilegalidade em aplicar a pena máxima nos casos de reincidência, in verbis:* "Aplicada a multa no patamar máximo em virtude da reincidência da conduta, não há falar em ofensa aos princípios da razoabilidade e da proporcionalidade, ressalva do ponto de vista da relatora" (Representação nº 77873, Acórdão, Relator(a) Min. Luciana Christina Guimarães Lóssio, Publicação: DJE – Diário de justiça eletrônico, Data 30.08.2016, Página 102).

8.6 Necessidade do elemento subjetivo (culpa ou dolo) para a condenação à sanção de cassação do registro ou do diploma do candidato beneficiado pela prática da conduta vedada

Como vimos no início da obra, as condutas vedadas estrito senso (todas elas) dão ensejo à cassação do registro ou do diploma do(s) candidato(s) beneficiado(s) por elas.

Nesse tocante, é importante consignar que, muito o Tribunal Superior Eleitoral (TSE) tenha firmado o entendimento de que existe, como regra geral, litisconsórcio passivo necessário entre o candidato beneficiado e o agente público responsável pela conduta vedada,[164] *não houve a criação da responsabilidade objetiva do candidato beneficiado para a cassação do seu registro ou diploma, de modo que deve ser comprovada pela acusação a participação daquele (ainda que indireta) como pressuposto indispensável para a aplicação dessa pena capital.*

Seguindo essa linha de pensamento, já se decidiu que "nos termos da jurisprudência desta Corte Superior para as Eleições 2014, é imprescindível a comprovação do prévio conhecimento do beneficiário pela conduta vedada do art. 73, VI, b, da Lei nº 9.504/97, não podendo haver responsabilidade do candidato beneficiado pelo ilícito com base em presunção". (Recurso Ordinário nº 6249, Acórdão, Relator(a) Min. GILMAR MENDES, Publicação: DJE – Diário de justiça eletrônico, Data 15.08.2017).

Assim, somente com a prova e descrição exata da conduta de cada um dos envolvidos (agentes públicos e candidatos/partidos/coligações beneficiados) é que se torna possível a cassação do registro ou do diploma. Essa é a regra do sistema, sem sombra de dúvidas. Confira-se:

> ELEIÇÕES 2012. CONDUTA VEDADA. CAPTAÇÃO ILÍCITA DE SUFRÁGIO. ESQUEMA. FURA FILA. INDIVIDUALIZAÇÃO DAS CONDUTAS. AUSÊNCIA. AGENTE. BENEFICIÁRIO. DIFERENÇA RELEVANTE. EMBARGOS DE DECLARAÇÃO. VÍCIO. OMISSÃO. NECESSIDADE DE INTEGRAÇÃO. RECURSO ESPECIAL. PROVIMENTO.
>
> 1. A verificação e indicação da prática de ato por parte do investigado ou a sua condenação apenas como beneficiário ou em decorrência do princípio da indivisibilidade da chapa tem grande importância para a verificação das hipóteses de inelegibilidade individual, pois, de acordo com a jurisprudência deste Tribunal, "deve ser feita distinção entre o autor da conduta abusiva e o mero beneficiário dela, para fins de imposição das sanções previstas no inciso XIV do art. 22 da LC nº 64/90. *Caso o candidato seja apenas beneficiário da conduta, sem participação direta ou indireta nos fatos, cabe eventualmente somente a cassação do registro ou do diploma, já que ele não contribuiu com o ato*" (REspe nº 130-68, DJe de 4.9.2013).
>
> 2. A individualização das condutas envolve a demonstração de atos pessoais de modo a identificar quando, como e quem cometeu deter-

[164] A exceção fica por conta dos casos em que o agente público age como simples mandatário, isto é, sem qualquer autonomia. Vide o Recurso Especial Eleitoral nº 63449, Acórdão, Relator(a) Min. Rosa Maria Weber Candiota da Rosa, Publicação: DJE – Diário de justiça eletrônico, Tomo 189, Data 30.09.2016, Página 39.

> minado ilícito eleitoral. Para que se chegue à cassação do registro ou do mandato de um candidato a vereador, não é suficiente indicar que ele teria participado de um "grande esquema" de favorecimento. É necessário que a conduta seja especificada em relação a cada um dos candidatos, de modo a demonstrar quando, de que forma e qual ato teria sido por ele praticado ou anuído. (Recurso Especial Eleitoral nº 108974, Acórdão de 12.11.2015, Relator(a) Min. LUIZ FUX, Relator(a) designado(a) Min. HENRIQUE NEVES DA SILVA, Publicação: DJE – Diário de justiça eletrônico, Tomo 238, Data 17.12.2015, Página 4/5).[165]

Um detalhe, porém, merece ser esclarecido para que não se chancelem práticas ilegais comuns nas campanhas eleitorais.

Caso não demonstrada a participação pessoal do candidato no ato caracterizador da conduta vedada, cremos que ainda restará a hipótese em que se demonstre que tinha conhecimento dos fatos e circunstâncias do ato ilícito e nada fez para impedi-lo, usufruindo passivamente dos benefícios eleitorais daí decorrentes. É caso, por exemplo, do agente público (Prefeito) informar ao candidato de sua intenção – que acontece posteriormente – em usar a máquina pública (veículos, vales-combustível etc.) para dar um "*up grade*" no comício a ser realizado na cidade que governa e este, além de não se opor, compare ao ato e aceita desonestamente tal benesse.

Tal conclusão decorre da regra de julgamento insculpida no artigo 23, da Lei Complementar nº 64/90 ("Lei da Ficha Limpa"), que consagra o princípio da lisura eleitoral, segundo o qual "o Tribunal formará sua convicção pela livre apreciação dos fatos públicos e notórios, dos indícios e presunções e prova produzida, atentando para circunstâncias ou fatos, ainda que não indicados ou alegados pelas partes, mas que preservem o interesse público de lisura eleitoral".

---

[165] REPRESENTAÇÃO. CONDUTA VEDADA. REVELIA. CONFISSÃO FICTA. PRESUNÇÃO RELATIVA. LIVRE CONVENCIMENTO MOTIVADO. PROVA DOS AUTOS. RESPONSABILIDADE DO AGENTE PÚBLICO. NÃO DEMONSTRADA. IMPROCEDÊNCIA. 1. A prática de conduta vedada exige a comprovação da responsabilidade do agente público, pelo cometimento do ato impugnado. 2. A presunção de veracidade advinda da revelia não é absoluta, cabendo ao magistrado sopesar os fatos narrados na inicial em cotejo com as provas produzidas, a fim de formar sua livre convicção sobre o mérito da causa (art. 131 do CPC). 3. *In casu*, inexiste, nos autos, prova de que o representado tenha praticado, anuído ou autorizado a divulgação das reportagens impugnadas na página eletrônica da prefeitura. 4. Representação julgada improcedente em relação ao primeiro representado e prejudicada quanto à segunda e terceira representadas, tidas como beneficiárias da conduta. (Representação nº 422171, Acórdão de 06.10.2011, Relator(a) Min. MARCELO HENRIQUES RIBEIRO DE OLIVEIRA, Publicação: DJE – Diário da Justiça Eletrônico, Tomo 208, Data 03.11.2011, Página 64).

Igual pensamento é compartilhado por Olivar Coneglian,[166] segundo o qual "quando o agente público é o candidato beneficiado, basta fazer a prova da conduta e da autoria. No entanto, quando o candidato é apenas o destinatário da conduta de agente público, há a necessidade de provar ao menos a ciência do candidato, não bastando a presunção dessa ciência".

Recentemente, o Tribunal Superior Eleitoral (TSE)[167] julgou caso muito didático sobre o assunto, em que apontou a "possibilidade de utilização de indícios para a comprovação da participação, direta ou indireta, do candidato ou do seu consentimento ou, ao menos, conhecimento da infração eleitoral", reforçando a tese de que é "vedada apenas a condenação baseada em presunções sem nenhum liame com os fatos narrados nos autos (art. 23 da LC nº 64/1990)". "No caso (disse a Corte), são elementos capazes de comprovar, além de qualquer dúvida razoável, a ciência do candidato quanto à operação de captação ilícita de sufrágio: (i) o local em que ocorreu a oferta e promessa de vantagens em troca de votos, (ii) o envolvimento, direto ou indireto, de pessoas ligadas ao candidato por vínculos político e familiar, e (iii) a relação contratual da autora da conduta com o governo estadual".

O conhecimento desta regra é de suma importância, pois difere bastante da interpretação dada pelo Tribunal Superior Eleitoral quanto à responsabilidade dos candidatos e agentes públicos no abuso de poder político, que é no sentido de não ser necessária a comprovação do elemento subjetivo, mas somente a existência ou não do benefício eleitoral apto a influenciar o pleito.[168]

8.7 Incidência temporal não uniforme e prazo decadencial uniforme

As condutas vedadas possuem aplicação temporal variável de acordo com a hipótese legal. Nesse tocante, importante destacar que as diferenças vão desde o início das proibições até o seu fim.

---

[166] CONEGLIAN, Olivar. *Eleições 2014*: Radiografia da Lei 9.504/97. 8. ed. Curitiba: Juruá, 2014. p. 467.

[167] Recurso Ordinário nº 224661, Acórdão, Relator(a) Min. Napoleão Nunes Maia Filho, Publicação: DJE – Diário de justiça eletrônico, Data 01.06.2017.

[168] "Na apuração de abuso de poder, não se indaga se houve responsabilidade, participação ou anuência do candidato, mas sim se o fato o beneficiou. Precedente: AgR-REspe 38881-28/BA, Rel. Min. Arnaldo Versiani, DJe de 7.4.2011. Assim, na espécie, é inócua a discussão sobre a suposta anuência do prefeito e da candidata supostamente beneficiada com a conduta perpetrada pela secretária de assistência social" (Recurso Ordinário nº 11169, Acórdão de 07.08.2012, Relator(a) Min. FÁTIMA NANCY ANDRIGHI, Publicação: DJE – Diário de justiça eletrônico, Tomo 163, Data 24.08.2012, Página 36/37).

Algumas (como é o caso dos incisos I, II, III, IV, §10 e §11, do artigo 73, da Lei nº 9.504) *incidem a partir do primeiro dia do ano das eleições* e perduram até o dia das eleições, *outras* (incisos V e VI do artigo 73; artigos 75 e 77) *são vedadas nos três meses anteriores ao pleito ou no primeiro semestre do ano das eleições* (inciso VII do artigo 73), *ao passo que o inciso VIII*, do artigo 73, da Lei nº 9.504, *proíbe condutas a partir de 180 dias antes da eleição* até o dia da posse dos eleitos.

A regra utilizada para se chegar a essa conclusão é a de que, quando a lei não fez qualquer limitação, tem-se como proibida a conduta desde o início do ano eleitoral. Além disso, deve-se ter em conta que um dos potenciais beneficiários das condutas vedadas, no caso os partidos políticos, possui existência permanente, ao longo de todo o ano eleitoral, de modo que não haveria sentido em limitar comportamentos temporalmente sem uma expressa ressalva legal, pois importaria em um cheque em branco para legitimação de pré-candidaturas com base em uso da máquina administrativa.

Nesse sentido, aliás, aponta a jurisprudência majoritária do Tribunal Superior Eleitoral (TSE):

> PERÍODO DE INCIDÊNCIA DOS INCISOS I, II E III DO ART. 73 DA LEI 9.504/1997
> 9. Não obstante a existência de recentes julgados em sentido contrário, parece-me claro que o legislador, quando o desejou, expressamente limitou o período no qual a conduta seria vedada. Nos incisos V e VI do art. 73, está clara a restrição aos três meses que antecedem o pleito. Essa menção não existe em relação aos incisos I, II, III e IV do mesmo artigo. Trata-se de silêncio eloquente.
> 10. Sob outra perspectiva, ao se impor a restrição dos três meses, inúmeras condutas ficariam legitimadas mesmo sendo capazes de afetar a igualdade de oportunidades entre notórios pré-candidatos.
> 11. Tratando-se de tema ainda não sedimentado na jurisprudência do TSE, registro meu entendimento de que as condutas vedadas previstas no art. 73, I, II e III, da Lei nº 9.504/97 podem configurar-se mesmo antes do pedido de registro de candidatura. (Representação nº 66522, Acórdão, Relator(a) Min. Antonio Herman de Vasconcellos e Benjamin, Publicação: RJTSE – Revista de jurisprudência do TSE, Volume 25, Tomo 4, Data 01.10.2014, Página 617).

Nesse tocante, um esclarecimento merece ser feito: a despeito de não haver harmonia de pensamento sobre o início da vedação de algumas condutas vedadas (aspecto material), o que reflete diretamente no interesse de agir (condição da ação) da ação eleitoral para apurar o ilícito,[169] a lei é clara quando estabelece que *a data da diplomação* dos eleitos é o último dia para o ajuizamento da ação (artigo 73, §12, da LE), sob *pena de decadência.*

8.8 Aplicabilidade indiscriminada aos agentes públicos

Por almejarem uma disputa igualitária entre os candidatos, as condutas vedadas, como regra geral, são aplicáveis aos agentes públicos de todos os níveis federativos, independentemente do tipo de eleição. Essa é a conclusão que se extrai da circunstância do *caput* do artigo 73 usar a expressão "agentes públicos" sem fazer qualquer ressalva aos destinatários. Ademais, é a única interpretação que se coaduna com o interesse constitucional de uma eleição imune ao abuso do poder político/econômico.

Pensar diferente, isto é, que as condutas vedadas possuem incidência apenas sobre os agentes públicos pertencentes aos níveis de governo cujos cargos estejam em disputa, é dar um cheque em branco para que, por exemplo, prefeitos e presidentes de câmaras municipais utilizem, nas eleições gerais (presidente, senador, governador e deputados), bens públicos, servidores públicos etc., o que certamente não parece plausível para qualquer pessoa com o mínimo de bom senso e atenta à necessidade de subordinação de toda a Administração Pública (e por conseguinte seus agentes) aos princípios da moralidade e impessoalidade, que se concretizam na seara eleitoral, dentre inúmeros vetores, através das condutas vedadas.

Aliás, não custa lembrar que o próprio artigo 73, §3º, da Lei nº 9.504/97 especifica expressamente as hipóteses de condutas vedadas que não seguem a regra da uniformidade proposta pelo *caput* (caso dos incisos V, VI, alíneas "b" e "c", e inciso VIII).

Esse é o entendimento da jurisprudência:

> CONSULTA – ELEIÇÕES MUNICIPAIS – CONDUTAS VEDADAS (LEI N. 9.504/1997) – AGENTES PÚBLICOS VINCULADOS AO ESTADO. As condutas vedadas aos agentes públicos, prescritas na Lei n. 9.504/1997, mesmo se tratando de eleições municipais, são aplicáveis aos agentes vinculados ao Estado, à exceção do art. 73, incisos V, VI alíneas "b" e "c", e VIII, que se restringem à circunscrição ou à esfera administrativa do município. (TRE, SCCONSULTA nº 2162, Resolução nº 7369 de

[169] Mais à frente, analisaremos a problemática referente ao prazo inicial de ajuizamento da ação por conduta vedada e suas consequências práticas.

16.03.2004, Relator(a) RODRIGO ROBERTO DA SILVA, Publicação: DJESC – Diário da Justiça do Estado de Santa Catarina, Data 25.03.2004).

8.9 Necessidade da participação de, pelo menos, um agente público

Sendo as condutas vedadas restrições impostas com vistas a evitar o uso da máquina administrativa em benefício de candidaturas, partidos políticos ou candidaturas, é intuitivo que, *para a sua configuração, faz-se necessária a participação mínima de um agente público.*

Não se trata de exigir a presença física do agente quando da prática do ato, mas a comprovação de que o ato ilícito ocorreu mediante autorização ou qualquer conduta facilitadora por parte dele.

E quem seria o agente público exigido pela lei? O §1º do artigo 73 diz que é "agente público, para os efeitos deste artigo, quem exerce, ainda que transitoriamente ou sem remuneração, por eleição, nomeação, designação, contratação ou qualquer outra forma de investidura ou vínculo, mandato, cargo, emprego ou função nos órgãos ou entidades da administração pública direta, indireta, ou fundacional".

Pode-se dizer que tal característica é similar a da ação de improbidade administrativa, que também reclama a participação de agente estatal para sua configuração ("Inviável, contudo, o manejo da ação civil de improbidade exclusivamente e apenas contra o particular, sem a concomitante presença de agente público no polo passivo da demanda" – REsp 1171017/PA, Rel. Ministro SÉRGIO KUKINA, PRIMEIRA TURMA, julgado em 25.02.2014, DJe 06.03.2014).

CAPÍTULO 9

HIPÓTESES LEGAIS DAS CONDUTAS VEDADAS

Analisados os aspectos gerais do assunto em estudo, vejamos as previsões legais referentes às condutas vedadas estrito senso, com a respectiva interpretação doutrinária e aplicação jurisprudencial.

9.1 Cessão e uso de bens públicos

O artigo 73, I, da Lei nº 9.504/97 proíbe o comportamento de:

> I – ceder ou usar, em benefício de candidato, partido político ou coligação, bens móveis ou imóveis pertencentes à administração direta ou indireta da União, dos Estados, do Distrito Federal, dos Territórios e dos Municípios, ressalvada a realização de convenção partidária;

9.1.A Análise do tipo: A presente hipótese representa a *proibição do uso ou cessão de bens com natureza pública* (e não só bens públicos estrito senso) para beneficiar candidato, partido político ou coligação.

Nesse tocante, estão abrangidos pela proibição legal os bens de pessoas jurídicas de direito privado que sejam permissionárias ou concessionárias de serviços públicos, incluindo também aqueles contratados mediante processo licitatório/dispensa ou inexigibilidade de licitação, ou que estejam afetados de qualquer maneira ao serviço público.

No caso, *a afetação administrativa do bem* (situação fático-jurídica através da qual determinado bem está vinculado ao serviço público) é o principal ponto a ser analisado no caso concreto. Se presente, inquestionavelmente o seu uso com finalidade eleitoral configurará conduta vedada.[170]

[170] Importa registrar ainda que a desafetação, de acordo com a doutrina majoritária, só ocorre mediante lei específica, não existindo a desafetação tácita pelo desuso dos bens de propriedade da Administração Direta e Indireta.

Sem dúvida alguma, essa é a *mens legis*, pois se coaduna inclusive com a proibição de natureza criminal estatuída no artigo 377, do Código Eleitoral, segundo o qual "o serviço de qualquer repartição, federal, estadual, municipal, autarquia, fundação do Estado, sociedade de economia mista, entidade mantida ou subvencionada pelo poder público, ou que realiza contrato com este, inclusive o respectivo prédio e suas dependências, não poderá ser utilizado para beneficiar partido ou organização de caráter político".

Assim sendo, tanto os bens públicos (artigo 98 e 99, do Código Civil) quanto os bens privados que estejam afetados à atuação estatal (em especial prestação de serviços públicos) encontram-se submetidos ao proibitivo legal.

A título de exemplificação prática, poderíamos citar: a) distribuição de vales-combustível por conta de Prefeituras para carreatas ou comícios; b) uso de veículos públicos (próprios ou locados) em tais eventos; c) afixação de propaganda política em prédios ou veículos públicos; d) uso de telefones fixos ou celulares de ente público para ligações pedindo votos ou mensagem de texto alusivas à campanha; e) disponibilização de material administrativo para comitês ou candidatos (cadeiras, mesas, computadores, fax etc.).

Por fim, vale ressaltar o entendimento do Tribunal Superior Eleitoral (TSE) no sentido de que *a restituição das despesas* decorrentes do uso ou cessão do bem público *não é suficiente para descaracterizar a conduta vedada* em questão: "É irrelevante o ressarcimento das despesas, para descaracterização das condutas vedadas pelo art. 73 da Lei nº 9.504/97" (AGRAVO REGIMENTAL EM RECURSO ESPECIAL ELEITORAL nº 25770, Acórdão de 06.03.2007, Relator(a) Min. ANTONIO CEZAR PELUSO, Publicação: DJ – Diário de justiça, Data 21.03.2007, Página 159). Ou seja, "o arrependimento", tão comum aos corruptos quando descobertos, não imuniza sua conduta ilícita.

9.1.B A questão dos bens de uso comum do povo: Fato bastante corriqueiro no período das campanhas eleitorais é a realização de propaganda nos bens de uso comum do povo, que, para fins eleitorais, "são os assim definidos pela Lei nº 10.406, de 10 de janeiro de 2002 – Código Civil e também aqueles a que a população em geral tem acesso, tais como cinemas, clubes, lojas, centros comerciais, templos, ginásios, estádios, ainda que de propriedade privada".[171]

---

[171] Artigo 37, §4º, da Lei nº 9.504/97.

De antemão, é importante deixar clara a regra do sistema após o advento da "Reforma Eleitoral de 2017", qual seja: "Não é permitida a veiculação de material de propaganda eleitoral em bens públicos ou particulares",[172] exceto nos seguintes casos: 1 – bandeiras ao longo de vias públicas, desde que móveis e que não dificultem o bom andamento do trânsito de pessoas e veículos;[173] 2 – a colocação de mesas para distribuição de material de campanha e a utilização de bandeiras ao longo das vias públicas, desde que móveis e que não dificultem o bom andamento do trânsito de pessoas e veículos.[174] Nesse sentido, é importante destacar que a mobilidade exigida pela lei para tais casos "estará caracterizada com a colocação e a retirada dos meios de propaganda entre as seis horas e as vinte e duas horas", como aponta o artigo 37, §7º, da Lei nº 9.504/97.

Ainda sobre os espaços públicos, ressalta-se que "nas árvores e nos jardins localizados em áreas públicas, bem como em muros, cercas e tapumes divisórios, não é permitida a colocação de propaganda eleitoral de qualquer natureza, mesmo que não lhes cause dano".[175]

Assim, por tudo o que foi exposto, conclui-se que o uso de qualquer bem público, incluindo os de uso comum do povo, em benefício de partido, candidato ou coligação, configura a conduta vedada do artigo 73, I, da Lei nº 9.504/97, ressalvadas as exceções legais que serão estudadas mais à frente.

Nesse sentido, já decidiu o Tribunal Regional Eleitoral de Sergipe (TRE/SE):

> – A cessão e o uso de prédio de escola pública, bem de uso especial, para a realização de evento de interesse de coligação partidária e de seus candidatos, no curso do período eleitoral, configura a conduta tipificada no artigo 73, I, da Lei das Eleições, impondo-se a sanção prevista no §4º do dispositivo ao responsável, aos partidos políticos, coligações e candidatos beneficiados (art. 73, §8º). (RECURSO ELEITORAL nº 172, Acórdão nº 62/2013 de 07.03.2013, Relator(a) CLÉA MONTEIRO ALVES SCHLINGMANN, Publicação: DJE – Diário de Justiça Eletrônico, Tomo 49, Data 20.03.2013, Página 02/03)

9.1.C Incidência temporal: O inciso I do artigo 73 não faz menção expressa sobre o período de vedação do uso e cessão de bens públicos,

---

[172] Artigo 37, §2º, da Lei nº 9.504/97.

[173] Artigo 37, §2º, I, da Lei nº 9.504/97, que foi incluído pela Lei nº 13.488/17.

[174] Artigo 37, §6º, da Lei nº 9.504/97.

[175] Artigo 37, §5º, da Lei nº 9.504/97.

de forma que é lícito concluir que tal *começa a valer no primeiro dia do ano das eleições*. Tal interpretação é extraída da percepção de que quando a lei quer estipular prazo diverso do ano eleitoral ela o faz expressamente (como nas hipóteses dos incisos V, VI e VIII, do artigo 73).

Para se chegar a tal conclusão, basta perceber que a lei proibiu o uso em favor de candidatos (que só existem tecnicamente a partir das escolhas em convenção), coligações (que não existem juridicamente no começo do ano) e partidos políticos (que possuem personalidade jurídica permanente), de forma que não há como conceber que se autorize o gozo de bens públicos em prol de partidos e pré-candidaturas sem que haja intervenção da Justiça Eleitoral.

Esse é o entendimento da maioria doutrinária. Por todos, citamos as lúcidas observações de Edson Resende de Castro:

> Então, é preciso estar atento, porque é prática comum as Prefeituras cederem ginásios de esportes e salas de aula para atos de campanha de certos candidatos, estruturas de palanques para realização de comícios, veículos para deslocamento de pessoal ou transporte de bens, carros de som para a propaganda volante, etc. Não há, no dispositivo em comento, fixação do período para essa vedação, o que implica dizer que a cessão ou uso dos bens públicos está proibida a qualquer momento, até mesmo antes da deflagração oficial da propaganda eleitoral, quando ela é extemporânea. Se a cessão/uso tem finalidades eleitorais, a conduta se amolda a este inciso e deve ser representada à Justiça Eleitoral, para ser imediatamente suspensa, para ser imposta a multa correspondente e para efeito da cassação do diploma ou registro.[176]

Trata-se de entendimento que vem se consolidando no âmbito do Tribunal Superior Eleitoral (TSE), segundo o qual "as condutas vedadas previstas no art. 73, I e II, da Lei nº 9.504/97 podem configurar-se mesmo antes do pedido de registro de candidatura. Precedentes".[177]

Não obstante a tendência de pacificação de tal entendimento na mais alta Corte Eleitoral do nosso país, é importante consignar que existem julgados minoritários e antes da Minirreforma Eleitoral (Lei nº 13.165/15) no sentido de que "diante da ausência de previsão expressa,

---

[176] CASTRO, Edson Resende. *Curso de Direito Eleitoral*. 2012. p. 380. No mesmo sentido, Elmana Viana Lucena Esmeraldo (*Processo Eleitoral* – Sistematização das Ações Eleitorais. São Paulo: JH MIzuno, 2012. p. 174), quando assevera que "a imposição de um lapso material de incidência dessa norma, como por exemplo, a partir da convenção partidária, ou a partir do ano eleitoral, como pretendem alguns doutrinadores, pode frustrar a aplicação da norma".

[177] Recurso Especial Eleitoral nº 26838, Acórdão de 23.04.2015, Relator(a) Min. JOSÉ ANTÔNIO DIAS TOFFOLI, Publicação: DJE – Diário de justiça eletrônico, Tomo 94, Data 20.5.2015, Página 148/149.

para a incidência do inciso I do art. 73 da Lei nº 9.504/97, a conduta deve ser praticada durante o período eleitoral, nos três meses que antecedem o pleito, quando se pode falar em candidatos".[178] A razão desse julgado não unânime, conforme se infere do voto da relatora e da maioria de Suas Excelências, é que a expressão constante no *caput* do artigo 73 da Lei das Eleições é "candidatos". Assim, partindo da premissa de que só existe candidato após a realização de convenção partidária, concluíram que só faz sentido incidir tal proibição legal após a escolha partidária.

Data maxima venia, referida interpretação levada a efeito não merece prosperar, devendo ser desconsiderada, sob pena de servir como estímulo a gestores públicos descompromissados com a lisura do pleito eleitoral e, o pior, ser uma autodeclaração de inutilidade e ineficácia da Justiça Eleitoral. Senão, vejamos.

Imagine que determinado Prefeito (em primeiro mandato) começa a usar a máquina administrativa em prol de sua futura reeleição desde o início do ano eleitoral (quarto do mandato atual). Para tanto, realiza "encontros comunitários" com a suposta finalidade de discutir os problemas sociais, promovendo passeatas, carreatas e distribuindo vales, calendários e outros brindes com os símbolos e números do seu partido. Nesses atos, em que a cúpula do seu partido e a comunidade local se fazem presentes, é enaltecido por sua excepcional competência administrativa (qualquer semelhança com a realidade é mera coincidência). De acordo com essa interpretação restritiva, o Juiz e o Promotor Eleitorais deverão assistir solenemente a esse abuso sem sequer poder postular cautelarmente que tais encontros cessem. Para qualquer pessoa de bom senso isso soa como um absurdo, não?

O fato dele (Prefeito) não ser candidato formalmente é indiferente para uma atuação firme da Justiça Eleitoral, cujo objetivo é exatamente garantir a igualdade de oportunidades e a lisura do pleito. Esperar até a convenção partidária[179] (entre 20 de julho e 05 de agosto do ano da eleição) para agir é quase que chancelar o mau uso da máquina pública com fins eleitorais. É uma omissão imperdoável e uma negativa solene da própria razão de ser da Justiça Eleitoral.

---

[178] Recurso Especial Eleitoral nº 98924, Acórdão de 17.12.2013, Relator(a) Min. LUCIANA CHRISTINA GUIMARÃES LÓSSIO, Publicação: DJE – Diário de justiça eletrônico, Tomo 38, Data 24.02.2014, Página 25.

[179] Art. 8º. A escolha dos candidatos pelos partidos e a deliberação sobre coligações deverão ser feitas no período de 20 de julho a 5 de agosto do ano em que se realizarem as eleições, lavrando-se a respectiva ata em livro aberto, rubricado pela Justiça Eleitoral, publicada em vinte e quatro horas em qualquer meio de comunicação. (Redação dada pela Lei nº 13.165, de 2015)

Ora, se os candidatos formalmente escolhidos em convenção não podem ser agraciados com o "rolo compressor" da estrutura estatal, com muito mais razão pré-candidatos não devem poder viabilizar suas pretensões políticas através do uso da máquina pública.

Isso sem contar com a manifesta contradição de que tal fato poderá ser objeto de procedimento criminal (por violação ao disposto no artigo 377, do Código Eleitoral), mas não servirá para embasar investigação de natureza cível.

Destaca-se ainda que o inciso primeiro do citado artigo 73 também faz referência aos partidos políticos e estes existem de maneira permanente, podendo, portanto, ser beneficiários de ações "politiqueiras" de gestores filiados a eles já no início do ano, como forma de enaltecer as ações do partido político para criar uma atmosfera política favorável e uma desigual visibilidade eleitoral.

Essa, sem dúvida, é a interpretação que mais se harmoniza com o anseio constitucional de um processo eleitoral isento do abuso de poder político e marcado, sobretudo, pela probidade e lisura. Nesse sentido, confiram-se os seguintes precedentes:

> REPRESENTAÇÃO. CONDUTA VEDADA. AGENTE PÚBLICO. UTILIZAÇÃO DE APARATO ESTATAL. CORREIO ELETRÔNICO PESSOAL. SOLICITAÇÃO DE INFORMAÇÕES A AGREMIAÇÃO PARTIDÁRIA. ATIPICIDADE. PREMISSA FÁTICA
>
> 1. De acordo com a peça vestibular, baseada em fato noticiado pelo jornal O Globo (fls. 28-29), o primeiro Representado, assessor da Secretaria de Relações Institucionais da Presidência da República, teria telefonado à assessoria de imprensa do Diretório do PMDB do Estado do Rio de Janeiro, no dia 12 de junho, e requerido cópia da lista de presença dos Prefeitos que compareceram ao almoço de formalização de apoio do partido ao movimento Aezão formado a partir de aliança política entre as candidaturas de Aécio Neves, à Presidência da República, e de Luiz Fernando Pezão, ao Governo do Estado do Rio de Janeiro. Em seguida, enviou e-mail (doc. de fl. 27), em horário de expediente, àquele Diretório solicitando a referida lista. (...)
>
> PERÍODO DE INCIDÊNCIA DOS INCISOS I, II E III DO ART. 73 DA LEI 9.504/1997
>
> 9. Não obstante a existência de recentes julgados em sentido contrário, parece-me claro que o legislador, quando o desejou, expressamente limitou o período no qual a conduta seria vedada. Nos incisos V e VI do art. 73, está clara a restrição aos três meses que antecedem o pleito. Essa menção não existe em relação aos incisos I, II, III e IV do mesmo artigo. Trata-se de silêncio eloquente.

10. Sob outra perspectiva, ao se impor a restrição dos três meses, inúmeras condutas ficariam legitimadas mesmo sendo capazes de afetar a igualdade de oportunidades entre notórios pré-candidatos.
11. Tratando-se de tema ainda não sedimentado na jurisprudência do TSE, registro meu entendimento de que as condutas vedadas previstas no art. 73, I, II e III, da Lei 9.504/97 podem configurar-se mesmo antes do pedido de registro de candidatura. (Representação nº 66522, Acórdão de 01.10.2014, Relator(a) Min. ANTONIO HERMAN DE VASCONCELLOS E BENJAMIN, Publicação: DJE – Diário de justiça eletrônico, Tomo 228, Data 3.12.2014, Página 48).

9.1.D Exceções legais: A proibição de uso ou cessão de bens públicos em prol de candidaturas possui *quatro (06) exceções legais*. Vejamos uma a uma.

9.1.D.1 Convenção partidária: A primeira exceção está positivada no próprio inciso I, do artigo 73 da Lei das Eleições, quando este autoriza o uso de bens públicos para a realização de convenção partidária, cujo prazo legalmente estabelecido é entre os dias 20 de julho e *05 de agosto do ano em que se realizarem as eleições* (vide artigo 8º, da Lei nº 9.504/97).

9.1.D.2 Reunião de partido político: Importante consignar também a possibilidade de uso de bens públicos pelos partidos políticos para a realização de reuniões internas, conforme estabelece o artigo 51, da Lei nº 9096/95[180] (Lei dos Partidos Políticos).

Nesse tocante, deve-se registrar que a autorização de uso das escolas e Casas Legislativas para "reuniões" dos partidos políticos *não permite a propaganda intrapartidária em tais encontros*, sob pena de caracterizar conduta vedada.

Reforçando essa ideia, a Lei nº 12.891/13, ao acrescentar o inciso II ao artigo 36-A na Lei das Eleições, estabeleceu a possibilidade da "realização de encontros, seminários ou congressos para tratar da organização dos processos eleitorais, discussão de políticas públicas, planos de governo ou alianças partidárias visando às eleições", desde que realizados em ambientes fechados e às expensas do partido político. Assim, tais encontros não podem ocorrer em bens públicos, sob pena de configurarem a conduta vedada em estudo.

---

[180] Art. 51. É assegurado ao partido político com estatuto registrado no Tribunal Superior Eleitoral o direito à utilização gratuita de escolas públicas ou Casas Legislativas para a realização de suas reuniões ou convenções, responsabilizando-se pelos danos porventura causados com a realização do evento.

– CASO CONCRETO NAS ELEIÇÕES DE 2014 –

No Estado do Ceará, durante o período pré-eleitoral de 2014, o Partido do Movimento Democrático Brasileiro (PMDB) intensificou a realização de eventos no interior do Estado do Ceará, denominados "Encontros Regionais do PMDB", que, sob a bandeira de diálogo com a sociedade a respeito dos problemas sociais, tinham o objetivo explícito de legitimação da pré-candidatura de membro da agremiação ao cargo de Governador do Estado do Ceará.

Em duas ocasiões monitoradas pela Procuradoria Regional Eleitoral do Ceará, especificamente nos municípios de Croatá e Russas, percebeu-se que os eventos ocorreram em espaços públicos, que foram utilizados para fins de propaganda antecipada ao referido projeto político.

Diante disso (pelo fato de ter realizado eventos denominados "Encontros Regionais" em bens públicos sob a dissimulada forma de reuniões autorizadas nos moldes do artigo 36-A, da Lei nº 9.504/94, bem como pelas mesmas terem se caracterizado como atos de manifesta propaganda antecipada), o Ministério Público Eleitoral ajuizou ação cautelar de conduta vedada por descumprimento ao disposto no artigo 73, I, da Lei nº 9.504/97, tendo o Tribunal Regional Eleitoral do Ceará (TRE/CE) concedido medida liminar nos autos do Processo nº 205-67.2014.6.06.0000) com o fim de suspender os referidos eventos, tendo, posteriormente, sido autorizada a realização dos mesmos, desde que sem o uso de bens públicos

9.1.D.3 Uso do transporte oficial pelo Presidente da República em campanha de reeleição: A terceira situação de permissividade quanto ao uso e cessão de bens públicos em campanhas eleitorais diz respeito à possibilidade de uso do transporte oficial (veículos e aeronaves) pelo Presidente da República que seja candidato à reeleição. É o que dispõe a primeira parte do §2º, do artigo 73, da Lei das Eleições: "A vedação do inciso I do *caput* não se aplica ao uso, em campanha, de transporte oficial pelo Presidente da República, obedecido o disposto no art. 76 (...)".

9.1.D.3.1 Inconstitucionalidade do dispositivo: A hipótese em estudo, sem sombra de dúvidas, representa uma inquestionável violação aos princípios constitucionais da impessoalidade e moralidade administrativas (artigo 37, *caput, da CF/88*), na medida em que permite que bens públicos sejam colocados à disposição do Presidente da República de plantão para fins meramente eleitorais e, portanto, alheios ao interesse público.

Não é do interesse público que o Chefe do Executivo use a estrutura estatal como instrumento facilitador da sua campanha eleitoral. Isso não interessa à sociedade, mas somente aos seus correligionários políticos. O que interessa ao povo – e isso está escrito na Constituição

Federal, em seu artigo 14, §9º – é que o pleito seja uma disputa igualitária entre os candidatos, imune a qualquer prática que represente abuso do poder político ou econômico.

Ora, se é assim, não nos parece nem um pouco razoável e totalmente contrária aos interesses constitucionais a presente autorização legal. O dispositivo é tão casuístico que excepcionou apenas o transporte oficial e o uso da residência oficial. Qual o critério utilizado para que esses bens públicos sejam tratados de forma diversa dos demais? Nenhum! Só mesmo para desequilibrar mais ainda uma eleição em que a oposição política já começa em desvantagem. Alguém duvida que o artigo em referência, ao permitir que o Presidente da República sobrevoe o país, de ponta a ponta às vésperas do pleito, quantas vezes quiser, coloca-o em vantagem excessiva?

E não nos convence o argumento complacente dos que alegam que o artigo 76, da Lei das Eleições, ao impor a necessidade de ressarcimento das despesas decorrentes do uso pelo partido político ou coligação, impede o prejuízo ao erário público, pois o que se está em jogo aqui é muito mais do que o dano ao erário. Nessa seara, aliás, nunca será possível ressarcir na integralidade os danos decorrentes de tal permissivo legal, pois cada uso gera um desgaste físico no respectivo bem, diminuindo-lhe a vida útil e acelerando despesas extraordinárias, como substituição de peças essenciais, revisões de manutenção etc.

Assim sendo, entendemos que, se comprovado o uso por parte do Presidente da República de plantão dos meios de transporte oficial, deve o membro do Ministério Público ou qualquer dos legitimados ativos arguir incidentalmente a inconstitucionalidade material da disposição legal em referência e ajuizar a respectiva ação de conduta vedada. Ou então, logo depois de consumado o primeiro uso, postular medida cautelar com vistas a fazer cessar a reiteração ilícita.

Além disso, considerando que se entenda constitucional tal previsão, o pagamento deve ocorrer de forma antecipada.

Feita essa preliminar necessária, estudemos a previsão legal.

9.1.D.3.2 Destinatário da autorização: Como se vê, o dispositivo em referência autoriza apenas o Presidente da República a fazer uso dos meios de transporte oficial, não se podendo admitir uma interpretação que estenda tal privilégio aos demais Chefes do Poder Executivo Estadual e Municipal candidatos à reeleição,[181] pois, como

[181] O respeitável doutrinador José Jairo Gomes (*Direito Eleitoral*, 2012, 8. ed. p. 536) entende possível a extensão do permissivo legal a todos aos chefes do Poder Executivo e não somente ao Presidente da República.

visto, as condutas vedadas devem ser analisadas restritivamente à luz do princípio da legalidade estrita.

Afirmar o contrário é dizer o que a lei não disse, violando a comezinha regra hermenêutica de que não cabe ao intérprete distinguir onde a lei não distinguiu (*"ubi lex no distinguit, nec nos distinguit debemus"*).

Pensar de forma diversa também equivale a dar um cheque em branco para que Governadores e Prefeitos utilizem-se dos meios oficiais de transporte custeados pela população para desigualar (ainda mais) suas candidaturas com aquelas não oficiais, impossibilitando o objetivo de *igualdade de oportunidades* traçado pelas condutas vedadas.

Concordando com a presente linha de pensamento – inclusive criticando a lei por não ter feito menção aos demais Chefes do Poder Executivo, pode-se citar Marcos Ramayana,[182] que afirma ser "evidente que o legislador só se preocupou com a figura do Presidente, olvidando-se dos demais agentes políticos que exercem relevantes serviços. As regras devem ser mais específicas, inclusive para se evitar a subjetividade de interpretação e a fomentação de desigualdades nas campanhas eleitorais".

Importante consignar que em todos os julgados do Tribunal Superior Eleitoral faz-se referência apenas ao Presidente da República, coadunando-se com o ora defendido:

> REPRESENTAÇÃO. INVESTIGAÇÃO JUDICIAL. ALEGAÇÃO. ABUSO DO PODER POLÍTICO E ECONÔMICO. USO DE TRANSPORTE OFICIAL. ATOS DE CAMPANHA. AUSÊNCIA DE RESSARCIMENTO AO ERÁRIO PELAS DESPESAS EFETUADAS. INFRAÇÃO AOS ARTS. 73, I, E 76 DA LEI Nº 9.504/97. PRELIMINARES. FALTA DE INDICAÇÃO DE REPRESENTADOS. INÉPCIA DA INICIAL. REJEIÇÃO. IMPROCEDÊNCIA. ARQUIVAMENTO.
>
> *O uso de transporte oficial para atos de campanha é permitido ao presidente da República e candidato à reeleição*, devendo os valores gastos serem ressarcidos nos dez dias úteis posteriores à realização do primeiro ou do segundo turno, se houver, do pleito, sob pena de aplicação aos infratores de multa correspondente ao dobro do valor das despesas, nos termos dos arts. 73, §2º, e 76, *caput*, §§2º e 4º, da Lei das Eleições.

---

[182] RAMAYANA, Marcos. *Direito Eleitoral*. 10. ed. Rio de Janeiro: Impetus. p. 458. No mesmo sentido, entendem Thales Tácito e Camila Cerqueira (Direito Eleitoral Esquematizado. 3. ed. 2013. p. 589), para quem "com exceção do Presidente da República, os demais agentes públicos não podem usar veículos oficiais para campanha. Na prática, infelizmente, visando burlar a lei, muitos Prefeitos saem em comboio no carro do comitê ou particular, mas levam de retaguarda carros oficiais sob pretexto de segurança particular".

Não configurado o abuso de poder político e econômico, julga-se improcedente a representação. (REPRESENTAÇÃO nº 1033, Acórdão de 07.11.2006, Relator(a) Min. FRANCISCO CESAR ASFOR ROCHA, Publicação: DJ – Diário de justiça, Data 13.12.2006, Página 169).

Mas não é apenas o Presidente da República que poderá valer-se dos meios de transporte oficiais. O artigo 76 da Lei das Eleições[183] permite também que *sua comitiva eleitoral o acompanhe no deslocamento.*

Questionamento que surge quanto à *formação da comitiva* diz respeito à possibilidade dos *agentes de segurança* do *Presidente e de candidatos a outros cargos públicos* poderem integrar a dita comitiva.

No que diz respeito aos primeiros, entendemos que não existe nenhuma proibição, pois é ínsito à natureza de tal função o acompanhamento do Chefe do Executivo para onde se desloque. Nesse sentido:

> 1. A DISPOSIÇÃO DO PARÁGRAFO 7 DO ARTIGO 73, DA LEI 9.504, DE 1997, ACRESCENTA NOVAS HIPÓTESES DE IMPROBIDADE ADMINISTRATIVA, MAS NÃO PERMITE QUE TAL PRATICA POSSA SER APURADA E PUNIDA PELA JUSTIÇA ELEITORAL, AINDA MAIS NO SUMARIO PROCESSO DA REPRESENTAÇÃO.
> 2. O CANDIDATO A CARGO DO PODER EXECUTIVO QUE VISITA OBRA JÁ INAUGURADA NÃO OFENDE A PROIBIÇÃO CONTIDA NO ARTIGO 77 DA LEI 9.504, DE 1997.
> 3. NÃO CARACTERIZA ABUSO DE PODER OU INFRINGÊNCIA AO ARTIGO 73, INCISOS I E III, DA LEI 9.504, DE 1997, O USO DE TRANSPORTE OFICIAL E A PREPARAÇÃO DE VIAGEM DO PRESIDENTE DA REPUBLICA, CANDIDATO A REELEIÇÃO, POR SERVIDORES PÚBLICOS NÃO LICENCIADOS, QUANDO ESSA ATIVIDADE E INERENTE AS FUNÇÕES OFICIAIS QUE EXERCEM E ELES NÃO PARTICIPAM DE OUTRAS, DE NATUREZA ELEITORAL. (RECURSO EM REPRESENTAÇÃO nº 56, Acórdão nº 56 de 12.08.1998, Relator(a) Min. FERNANDO NEVES DA SILVA, Publicação: PSESS – Publicado em Sessão, Data 12.08.1998 RJTSE – Revista de Jurisprudência do TSE, Volume 10, Tomo 3, Página 49).

Já quanto aos *candidatos a qualquer cargo eletivo*, não temos dúvidas de que *não podem integrar a dita comitiva*, pois encerra hipótese de manifesta violação ao inciso primeiro do artigo 73, que não é contemplada pelo artigo 76.

---

[183] Art. 76. O ressarcimento das despesas com o uso de transporte oficial pelo Presidente da República e sua comitiva em campanha eleitoral será de responsabilidade do partido político ou coligação a que esteja vinculado.

Aliás, se o Presidente da República permitir que outro candidato integre sua comitiva, estará praticando a conduta vedada em questão, colocando em risco sua própria candidatura e se sujeitando a outros enquadramentos legais (improbidade administrativa, crimes comuns e eleitorais, infração político-administrativa e, até mesmo, abuso de poder político).

Mais uma vez, citamos Marcos Ramayana:[184] "As demais autoridades que pretendem se candidatar aos mandatos eletivos e que acompanham o Presidente não podem se constituir em agentes da comitiva e reembolsar o erário. Neste caso, a análise da hipótese pode ensejar o abuso do poder político".

Por fim, não é permitido que se faça o aproveitamento de deslocamentos a atos oficiais para fins de comparecimento a eventos com caráter eleitoral, como ocorreria no caso de agendamento de solenidade oficial em local e data específicos, aproveitando-se o agente de sua estadia no local para uma "esticadinha" até determinado ato político.

Trata-se de simulação recorrente no processo eleitoral, em que as autoridades candidatas à reeleição provocam "coincidências" entre a agenda de governo e a agenda de campanha exatamente para legitimar o custeio oficial dos deslocamentos. Sempre que houver essa confusão, trata-se de conduta vedada.

Olivar Coneglian,[185] ao comentar tal situação, pontua com bastante propriedade que "é essa dualidade que deve deixar de existir na programação oficial. Se a visita tem dois objetivos, deve ela ser rotulada, para os efeitos legais, como visita de caráter eleitoral. E nesse caso, tudo deve se desenvolver como visita eleitoral, mesmo que dentro dela haja uma festividade ou um compromisso oficial (no qual não se faça propaganda eleitoral). Se assim for feito, não haverá burla, nem ataques da imprensa ou ações perante a Justiça Eleitoral. Se o inverso for feito, não há qualquer dúvida de que surgirão ações eleitorais, com plena possibilidade de êxito".

9.1.D.3.3 Valor do ressarcimento, prazo para pagamento e multa pelo atraso: Os parágrafos do artigo 76, da Lei nº 9.504/97, estabelecem que o valor cobrado será o de mercado, salvo no caso do avião presidencial, quando pagar-se-á o equivalente ao aluguel de uma aeronave de propulsão a jato do tipo táxi-aéreo.

---

[184] RAMAYANA, Marcos. *Direito Eleitoral*. 10. ed. Rio de Janeiro: Impetus, 2014. p. 458.

[185] CONEGLIAN, Olivar. *Eleições 2014*: Radiografia da Lei 9.504/97. 8. ed. Curitiba: Juruá, 2014. p. 483.

O *prazo para pagamento será de dez dias úteis após* a realização do *primeiro turno ou*, quando houver, do *segundo turno*, merecendo a ressalva de que a mora fará incidir multa correspondente ao dobro do valor cobrado.[186]

9.I.D.4 Uso da residência oficial para reuniões da campanha: A última das concessões positivadas referentes ao uso de bens públicos por candidatos à reeleição está positivada na parte final do §2º, do artigo 73, da Lei das Eleições, segundo o qual "a *vedação do inciso I do caput* não se aplica ao uso, em campanha, de transporte oficial pelo Presidente da República, obedecido o disposto no art. 76, nem o de Presidente e Vice-Presidente da República, Governador e Vice-Governador de Estado e do Distrito Federal, Prefeito e Vice-Prefeito, *de suas residências oficiais para realização de contatos, encontros e reuniões* pertinentes à própria campanha, desde que *não tenham caráter de ato público*".

O teor do texto legal deixa bem claro que a permissão se aplica aos membros do Poder Executivo (incluindo os vices) candidatos à reeleição, independente da esfera estatal. Assim, tanto Presidente, Governadores e Prefeitos, como os respectivos vices, podem usar a residência oficial para realizarem contatos, encontros e reuniões, desde que não tenham caráter público.

Ou seja, as residências oficiais não podem ser utilizadas para comícios, ou reuniões políticas abertas ao público, bem como não podem ser divulgados politicamente os encontros lá ocorridos. Nesse sentido, o TRE/SE:

> (...) 3. Utilização pelo Chefe do Executivo da residência oficial para realizar reunião política, mesmo antes do período de campanha eleitoral (art. 73, §2º, da Lei 9.504/97), não caracteriza abuso de poder político ou econômico ofensivo à higidez do processo eleitoral, desde que inexistam excessos no uso de recursos públicos e não ocorra divulgação propagandista do evento; 4. Configura propaganda institucional vedada a manutenção de escultura com coração estilizado em obras públicas,

[186] §1º O ressarcimento de que trata este artigo terá por base o tipo de transporte usado e a respectiva tarifa de mercado cobrada no trecho correspondente, ressalvado o uso do avião presidencial, cujo ressarcimento corresponderá ao aluguel de uma aeronave de propulsão a jato do tipo táxi aéreo. §2º No prazo de dez dias úteis da realização do pleito, em primeiro turno, ou segundo, se houver, o órgão competente de controle interno procederá *ex officio* à cobrança dos valores devidos nos termos dos parágrafos anteriores. §3º A falta do ressarcimento, no prazo estipulado, implicará a comunicação do fato ao Ministério Público Eleitoral, pelo órgão de controle interno. §4º Recebida a denúncia do Ministério Público, a Justiça Eleitoral apreciará o feito no prazo de trinta dias, aplicando aos infratores pena de multa correspondente ao dobro das despesas, duplicada a cada reiteração de conduta.

com evidente representação da atual Administração do Estado, durante o período proibido pelo art. 73, VI, b, da Lei das Eleições; (AÇÃO DE INVESTIGAÇÃO JUDICIAL ELEITORAL nº 304124, Acórdão nº 356/2011 de 21.11.2011, Relator(a) MARILZA MAYNARD SALGADO DE CARVALHO, Publicação: DJE – Diário de Justiça Eletrônico, Tomo 211, Data 23.11.2011, Página 02).

– CASO CONCRETO NAS ELEIÇÕES DE 2014 –

De acordo com o site do Tribunal Superior Eleitoral <http://www.tse.jus.br/noticias-tse/2014/Julho/tse-recebe-representacao-da-coligacao-muda-brasil-contra-dilma-rousseff>, a coligação "Muda Brasil", no dia 25 de julho de 2014, protocolou "representação contra a presidente Dilma Rousseff, o vice Michel Termer, o Partido dos Trabalhadores (PT) e o ministro da Saúde, Arthur Chioro, por supostas práticas proibidas aos agentes públicos".

Alegou "a coligação que Dilma participou de bate-papo virtual e respondeu perguntas de internautas sobre o programa 'Mais Médico', por meio de perfil no Facebook que leva seu nome e é administrado pelo PT. Ainda de acordo com os partidos, a reunião teria ocorrido na residência oficial da presidente, no Palácio da Alvorada, em horário de expediente, com a participação do ministro da Saúde".

Segundo a petição inicial, "verifica-se do Facebook, da agenda do ministro e das fotos divulgadas, que a representada [Dilma Rousseff] e um ministro de Estado se reuniram, em horário de expediente, na condição de agentes públicos e não de simples candidatos, nas instalações de Palácio da Alvorada, exclusivamente para divulgar sua campanha eleitoral".

O caso em referência (número único no TSE:84890.2014.600.0000) foi julgado improcedente à unanimidade, conforme ementa a seguir:

ELEIÇÕES 2014. REPRESENTAÇÃO. CONDUTA VEDADA. ART. 73, INCISOS I, III, IV E VI, ALÍNEA B, DA LEI Nº 9.504/97. PRESIDENTE DA REPÚBLICA. CANDIDATA À REELEIÇÃO. BATE-PAPO VIRTUAL. FACEBOOK. FACE TO FACE. PROGRAMA "MAIS MÉDICOS". PALÁCIO DA ALVORADA. RESIDÊNCIA OFICIAL.

I – Afigura-se desnecessária a produção de prova (inútil) quando não há controvérsia sobre os fatos. Inteligência dos arts. 130 e 334 ambos do CPC.

II – Proclama-se a ilegitimidade passiva ad causam de partido político representado, já coligado por ocasião do manuseio da representação, nos termos do art. 6º, §4º, da Lei das Eleições.

III – Não procede preliminar de ilegitimidade passiva ad causam dos Ministros de Estado, supostamente presentes ao ato, em horário de expediente, porquanto as condições da ação, segundo a Teoria da Asserção, devem ser aferidas em abstrato, sem exame de provas, em consonância com as (simples) alegações das partes.

IV – Não caracteriza infração ao disposto no inciso I do art. 73 da Lei nº 9.504/97, diante da ressalva contida no §2º, do mesmo art. 73, o uso da residência oficial e de um computador para a realização de "bate-papo" virtual, por meio de ferramenta (face to face) de página privada do Facebook.

V – A parte final do disposto no inciso III do art. 73 da Lei nº 9.504/97 ("... durante o horário de expediente normal...") não se aplica à presença moderada, discreta ou acidental de Ministros de Estado em atos de campanha, conquanto agentes políticos, não sujeitos a regime inflexível de horário de trabalho.
VI – A infração esculpida no inciso IV do art. 73 da Lei nº 9.504/97, requesta que se faça promoção eleitoral durante a distribuição de bens e serviços custeados ou subvencionados pelo Poder Público.
VII – O descumprimento do preceito consubstanciado no art. 73, inciso VI, alínea b, da Lei nº 9.504/97, pressupõe a existência de publicidade institucional, o que não se confunde com ato de campanha realizado por meio de um "bate-papo" virtual, via Facebook.
VIII – Extinção do feito, sem resolução de mérito, em relação ao Partido dos Trabalhadores e improcedência dos pedidos em relação aos demais representados. (Representação nº 84890, Acórdão de 04.09.2014, Relator(a) Min. TARCISIO VIEIRA DE CARVALHO NETO, Publicação: DJE – Diário de justiça eletrônico, Tomo 184, Data 1.10.2014, Página 30/31).

9.1.E Ilícitos correlatos ao artigo 73, I: O ilícito em questão, dependendo do agente público por ele responsável, possui inquestionável natureza de *crime de responsabilidade* (artigo 9º, 7, da Lei nº 1.079/50 e artigo 1º, I e II, do Decreto-Lei nº 201/67), bem como *infração político-administrativa* (artigo 4º, VII e X, do Decreto-Lei nº 201/67).

Além disso, encerra *crime eleitoral* (artigos 346 c/c 377, do Código Eleitoral ou artigo 11, V, da Lei nº 6091/74, a depender do período em que for consumado o ato) e *improbidade administrativa* (artigo 73, §7º, da Lei nº 9.504/97).

9.1.F Jurisprudências interessantes: Logo a seguir, apresentaremos os principais julgados do Tribunal Superior Eleitoral (TSE) e demais Cortes Eleitorais referentes ao assunto.

– TSE –

1 – *O desvirtuamento de festividade tradicional, de caráter privado, mas patrocinada pela prefeitura local, em favor da campanha dos então investigados*, embora não evidencie, na espécie, o abuso do poder econômico e político, ante a ausência de gravidade das circunstâncias que o caracterizaram, *configura a conduta vedada do art. 73, I, da Lei nº 9.504/97, uma vez que os bens cedidos pela municipalidade para a realização do evento acabaram revertendo, indiretamente, em benefício dos candidatos* (Recurso Especial Eleitoral nº 13433, Acórdão de 25.08.2015, Relator(a) Min. JOÃO OTÁVIO DE NORONHA, Relator(a) designado(a) Min. JOSÉ ANTÔNIO DIAS TOFFOLI, Publicação: DJE – Diário de justiça eletrônico, Tomo 189, Data 05.10.2015, Página 137).

2 – No caso dos autos, *os candidatos, a pretexto da divulgação da aquisição de uma máquina patrol e de um micro-ônibus pela prefeitura, realizaram carreata utilizando-se de veículos e de servidora pública municipal visando promover sua candidatura à reeleição.* A utilização de bens adquiridos pela Administração Municipal, com o claro objetivo de beneficiar as candidaturas do prefeito e do vice-prefeito à reeleição, *configura conduta vedada* prevista no art. 73, I e II, da Lei nº 9.504/97 (Agravo Regimental em Recurso Especial Eleitoral nº 75037, Acórdão de 23.06.2015, Relator(a) Min. JOÃO OTÁVIO DE NORONHA, Publicação: DJE – Diário de justiça eletrônico, Tomo 197, Data 16.10.2015, Página 109).

3 – *A realização de obra em propriedade particular com maquinário e equipamentos públicos, quando comprovadas a ciência e a autorização do Prefeito e do Vereador para a concessão da benesse às vésperas das eleições municipais, consubstancia conduta vedada* pelo art. 73, I, da Lei das Eleições (Agravo Regimental em Agravo de Instrumento nº 62587, Acórdão de 30.04.2015, Relator(a) Min. LUIZ FUX, Publicação: DJE – Diário de justiça eletrônico, Volume – , Tomo 147, Data 04.08.2015, Página 229).

4 – *A pintura de postes de sinalização de trânsito, dias antes do pleito* de 2012, por determinação do presidente da empresa municipal da área de transportes, *na cor rosa, a mesma utilizada na campanha eleitoral da candidata à reeleição para o cargo de prefeito, caracterizou a conduta vedada* aos agentes públicos em campanha eleitoral (art. 73, I, da Lei nº 9.504/97). (...) Não obstante a ordem para a realização da pintura tenha partido do presidente da empresa pública de transporte (EMUT), a agravante, na condição de prefeita, também é responsável por ela. Ademais, por ter sido a candidata beneficiada com a ordem administrativa, incidem as sanções legais em relação a ela, a teor do art. 73, §8º, da Lei nº 9.504/97 (Agravo Regimental em Recurso Especial Eleitoral nº 95304, Acórdão de 02.02.2015, Relator(a) Min. JOÃO OTÁVIO DE NORONHA, Publicação: DJE – Diário de justiça eletrônico, Tomo 37, Data 25.02.2015, Página 52/53).

5 – A utilização do bem imóvel, que restou evidenciada nos autos, deu-se mediante contrato de locação e teve por objeto espaço pertencente à Sociedade Civil Memorial Juscelino Kubitschek, cuja natureza jurídica é de bem de uso comum para fins eleitorais e caracteriza-se como sendo de caráter privado e de utilidade pública. É pacífico o entendimento de que a vedação legal ao uso ou cessão de bem público em benefício de candidato, partido político ou coligação não alcança os bens de uso comum (Representação nº 160839, Acórdão de 04.12.2014, Relator(a) Min. ADMAR GONZAGA NETO, Publicação: DJE – Diário de justiça eletrônico, Tomo 25, Data 05.02.2015, Página 165/166).

6 – O art. 73, I, da Lei 9.504/97 estabelece a impossibilidade de cessão ou uso de bens móveis ou imóveis pertencentes à administração direta ou

indireta da União, dos Estados, do Distrito Federal, dos Territórios e dos Municípios em benefício de candidato, partido político ou coligação. Na espécie, *o recorrido João Alves Filho – então governador e candidato à reeleição – promoveu carreatas de ambulâncias por todo o Estado de Sergipe às vésperas das eleições, vinculando os serviços do Serviço de Atendimento Móvel de Urgência do Estado de Sergipe (SAMU) a sua candidatura, em manifesto desvio de finalidade, transformando a divulgação do serviço em promoção de suas candidaturas.* Diante da gravidade dos fatos e da repercussão dos eventos, aplica-se a multa individual de 50.000 (cinquenta mil) UFIRs ao recorrido João Alves Filho e à Coligação Sergipe no Rumo Certo. Recurso ordinário parcialmente provido (Recurso Ordinário nº 476687, Acórdão de 02.12.2014, Relator(a) Min. FÁTIMA NANCY ANDRIGHI, Relator(a) designado(a) Min. MARIA THEREZA ROCHA DE ASSIS MOURA, Publicação: DJE – Diário de justiça eletrônico, Tomo 31, Data 13.02.2015, Página 32).
7 – Ministro de Estado que profere palestra, a convite, sobre tema pertinente à sua área de atuação está no exercício regular de suas funções institucionais. In casu, a veiculação do fato no portal do Ministério teve apenas caráter informativo, não configurando divulgação de atos de governo. Inexistente qualquer prática, na conduta ora impugnada, a enquadrar-se nas vedações contidas nos incisos I, II, III e VI, b, do art. 73 da Lei nº 9.504/97. Representação julgada improcedente (Representação nº 115629, Acórdão de 14.10.2014, Relator(a) Min. ADMAR GONZAGA NETO, Publicação: DJE – Diário de justiça eletrônico, Tomo 214, Data 13.11.2014, Página 110).
8 – *As opiniões, palavras e votos externados por membro de casa legislativa, no uso da respectiva tribuna, são protegidas pela imunidade material de modo absoluto,* independentemente de vinculação com o exercício do mandato ou de terem sido proferidas em razão deste. Precedentes do Supremo Tribunal Federal e do Tribunal Superior Eleitoral. No caso dos autos, sendo incontroverso que *o recorrente, na condição de vereador, proferiu discurso da tribuna da Câmara Municipal de Itapetininga, descabe cogitar das condutas vedadas* previstas no art. 73, I e II, da Lei 9.504/97. *As declarações dos parlamentares, se reproduzidas por terceiros, sujeitam os últimos às sanções dispostas na legislação de regência.* Recurso ordinário provido (Recurso Ordinário nº 1591951, Acórdão de 11.09.2014, Relator(a) Min. JOÃO OTÁVIO DE NORONHA, Publicação: DJE – Diário de justiça eletrônico, Tomo 178, Data 23.09.2014, Página 51).
9 – No caso dos autos, *não se comprovou a prática da conduta vedada do art. 73, I, da Lei nº 9.504/97, pois não há no acórdão regional evidências de que o evento de campanha dos agravados tenha sido realizado na parcela da propriedade afetada à prefeitura* de Itapevi/SP. Conclusão em sentido diverso demandaria o reexame de fatos e provas, o que é vedado pela Súmula 7/STJ (Agravo Regimental em Recurso Especial Eleitoral nº 73829, Acórdão de 19.08.2014, Relator(a)

Min. JOÃO OTÁVIO DE NORONHA, Publicação: DJE – Diário de justiça eletrônico, Tomo 162, Data 01.09.2014, Página 324-325).
10 – *A utilização de veículos que se encontram a serviço da prefeitura do município para ostentar propaganda eleitoral de candidato configura a conduta vedada* pelo art. 73, inciso IV, da Lei nº 9.504/97 (Recurso Especial Eleitoral nº 35702, Acórdão de 23.03.2010, Relator(a) Min. MARCELO HENRIQUES RIBEIRO DE OLIVEIRA, Publicação: DJE – Diário da Justiça Eletrônico, Data 10.5.2010, Página 30/31).
11 – *A utilização de veículo de prefeitura para o transporte de madeira destinada à construção de palanque de comício, em benefício de candidato, configura a conduta vedada* do art. 73, I, da Lei nº 9.504/97 (Agravo Regimental em Recurso Ordinário nº 2344, Acórdão de 22.09.2009, Relator(a) Min. ARNALDO VERSIANI LEITE SOARES, Publicação: DJE – Diário da Justiça Eletrônico, Volume –, Tomo 196/2009, Data 15.10.2009, Página 64).
12 – *O discurso feito por agente público, durante inauguração de obra pública, no qual ele manifesta sua preferência por determinada candidatura, não significa que ele usou ou cedeu o imóvel público em benefício do candidato, conduta vedada pelo art. 73, I, da Lei 9.504/97. Precedente* (Agravo Regimental em Recurso Especial Eleitoral nº 401727, Acórdão de 04.08.2011, Relator(a) Min. FÁTIMA NANCY ANDRIGHI, Publicação: DJE – Diário da Justiça Eletrônico, Data 18.08.2011, Página 31).
13 – Evento eleitoral realizado em área desapropriada para reforma rural. Reexame de prova. Recurso a que se negou seguimento. Agravo regimental desprovido. Recurso especial não se presta ao reexame de prova já analisada pelo tribunal de origem, o qual entendeu que *evento eleitoral realizado em área desapropriada pelo Incra para reforma rural não configura conduta vedada, pois trata-se de área de uso comum da comunidade ali assentada* (AGRAVO REGIMENTAL EM RECURSO ESPECIAL ELEITORAL nº 25969, Acórdão de 16.06.2009, Relator(a) Min. JOAQUIM BENEDITO BARBOSA GOMES, Publicação: DJE – Diário da Justiça Eletrônico, Data 18.09.2009, Página 13).
14 – Para configuração da conduta vedada descrita no art. 73, I, da Lei nº 9.504/97, é necessário que a cessão ou utilização de bem público seja feita em benefício de candidato, violando-se a isonomia do pleito. 2. *O que a lei veda é o uso efetivo, real, do aparato estatal em prol de campanha, e não a simples captação de imagens de bem público* (Representação nº 326725, Acórdão de 29.03.2012, Relator(a) Min. MARCELO HENRIQUES RIBEIRO DE OLIVEIRA, Publicação: DJE – Diário de justiça eletrônico, Tomo 94, Data 21.5.2012, Página 98).
15 – *Caso exigida potencialidade para configuração de qualquer conduta vedada descrita na norma, poderiam ocorrer situações em que, diante de um fato de somenos*

importância, não se poderia sequer aplicar multa, de modo a punir o ilícito. Ainda que a distribuição de bens não tenha caráter eleitoreiro, incide o §10 do art. 73 da Lei das Eleições, visto que ficou provada a distribuição gratuita de bens sem que se pudesse enquadrar tal entrega de benesses na exceção prevista no dispositivo legal. (Agravo Regimental em Agravo de Instrumento nº 12165, Acórdão de 19.08.2010, Relator(a) Min. ARNALDO VERSIANI LEITE SOARES, Publicação: DJE – Diário da Justiça Eletrônico, Data 01.10.2010, Página 32-33).

16 – *A participação da candidata em diversas inaugurações de obras públicas, no período eleitoral, tem potencialidade para interferir no resultado das eleições.* Não é necessária a comprovação do nexo causal entre as condutas ilícitas e o resultado das eleições para ensejar a cassação do mandato eletivo. Precedentes. (EMBARGOS DE DECLARAÇÃO EM RECURSO ESPECIAL ELEITORAL nº 28534, Acórdão de 18.06.2009, Relator(a) Min. ENRIQUE RICARDO LEWANDOWSKI, Publicação: DJE – Diário da Justiça Eletrônico, Data 06.08.2009, Página 86).

17 – REPRESENTAÇÃO. *CONDUTA VEDADA.* Abuso de poder político, *caracterizado pela utilização da estrutura administrativa de secretaria do município.* (Recurso Especial Eleitoral nº 25617, Acórdão de 26.08.2008, Relator(a) Min. ARI PARGENDLER, Publicação: DJE – Diário da Justiça Eletrônico, Data 02.12.2008, Página 21).

– TRE/SE –

1 – *A utilização, em carreata promovida pelos recorrentes, de ônibus locados ao município para transporte de estudantes, ainda que o ato político tenha ocorrido em dia que não se realizava a prestação do serviço contratado, constitui, por si só, conduta vedada aos agentes públicos em campanha,* em ofensa à isonomia que deve imperar entre os participantes do pleito eleitoral, sendo certo que, para incidência do comando proibitivo, é indiferente que a Administração Pública seja proprietária, possuidora, detentora, depositária ou, mesmo, locatária do bem utilizado, conforme adverte Rodrigo López Zílio (In Direito eleitoral: noções preliminares, elegibilidade.../Porto Alegre: Verbo Jurídico, 2012, p. 513) (RECURSO ELEITORAL nº 34375, Acórdão nº 281/2013 de 11.09.2013, Relator(a) JORGE LUÍS ALMEIDA FRAGA, Publicação: DJE – Diário de Justiça Eletrônico, Tomo 167, Data 13.9.2013, Página 3).

2 – *A cessão e o uso de prédio de escola pública, bem de uso especial, para a realização de evento de interesse de coligação partidária e de seus candidatos, no curso do período eleitoral, configura a conduta tipificada no artigo 73, I, da Lei das Eleições,* impondo-se a sanção prevista no §4º do dispositivo ao responsável, aos partidos políticos, coligações e candidatos beneficiados (art. 73, §8º). (RECURSO ELEITORAL nº 172, Acórdão nº 62/2013 de 07.03.2013, Relator(a)

CLÉA MONTEIRO ALVES SCHLINGMANN, Publicação: DJE – Diário de Justiça Eletrônico, Tomo 49, Data 20.03.2013, Página 02/03).
– TRE/SC –
1 – *A realização de reunião com servidores no prédio do Poder Executivo Municipal, em horário de expediente, na qual candidato a cargo eletivo faz uso da palavra com evidente propósito eleitoreiro configura o uso indevido de bem imóvel pertencente à Administração reprimido pelo inciso I do art. 73 da Lei n. 9.504/1997, impondo a condenação dos agentes públicos responsáveis e do beneficiário.* (RECURSO CONTRA DECISÕES DE JUÍZES ELEITORAIS nº 30787, Acórdão nº 28338 de 17.07.2013, Relator(a) LUIZ CÉZAR MEDEIROS, Publicação: DJE – Diário de JE, Tomo 134, Data 23.07.2013, Página 3).
2 – *Comprovado, por perícia técnica, o uso de computador da repartição pública para elaboração e remessa de documentos de teor eleitoral destinados a operacionalizar o registro de candidatura e a propaganda eleitoral de determinada candidato, resta configurada a prática de conduta vedada aos agentes públicos durante a campanha* (Lei n. 9.504/1997, art. 73, I). (RECURSO CONTRA DECISÕES DE JUÍZES ELEITORAIS nº 24241, Acórdão nº 28104 de 03.04.2013, Relator(a) LUIZ CÉZAR MEDEIROS, Publicação: DJE – Diário de JE, Tomo 62, Data 10.04.2013, Página 5).
3 – *A execução de serviços de limpeza executados pela municipalidade em terreno particular no intuito de preparar o local para a festa de lançamento de determinada candidatura configura conduta vedada aos agentes públicos reprimida pela legislação eleitoral* (Lei n. 9.504, art. 73, I e III). (RECURSO CONTRA DECISÕES DE JUÍZES ELEITORAIS nº 28272, Acórdão nº 27853 de 26.11.2012, Relator(a) NELSON JULIANO SCHAEFER MARTINS, Publicação: DJE – Diário de JE, Tomo 219, Data 30.11.2012, Página 14).
4 – REPRESENTAÇÃO – CONDUTA VEDADA A AGENTE PÚBLICO – LEI N. 9.504/1997, ART. 73, INCISOS I E III – *SERVIDOR PÚBLICO QUE, DURANTE HORÁRIO DE EXPEDIENTE E MEDIANTE A UTILIZAÇÃO DE COMPUTADOR PERTENCENTE AO ERÁRIO MUNICIPAL, ENCAMINHA MENSAGEM CONTENDO PROPAGANDA ELEITORAL DE CANDIDATO A DEPUTADO ESTADUAL – AUSÊNCIA DE PROVA DA PARTICIPAÇÃO, DIRETA OU INDIRETA, DO CANDIDATO A DEPUTADO ESTADUAL E DO PREFEITO MUNICIPAL – IMPOSIÇÃO DE PENA DE MULTA QUE NÃO ALCANÇA O CANDIDATO REPRESENTADO, POR AUSÊNCIA DE PROVA DE QUE TENHA SIDO BENEFICIADO PELO ATO ILÍCITO – PROVIMENTO PARCIAL.* (RECURSO EM REPRESENTAÇÃO nº 1785398, Acórdão nº 25714 de 11.04.2011, Relator(a) LEOPOLDO AUGUSTO BRÜGGEMANN, Publicação: DJE – Diário de JE, Tomo 67, Data 15.4.2011, Página 6).
5 – ELEIÇÕES 2010 – PROPAGANDA ELEITORAL – CONDUTA VEDADA – *UTILIZAÇÃO DA SEDE DA CÂMARA DE VEREADORES PARA REALIZAÇÃO DE ATO DE CAMPANHA* – IMPROCEDÊNCIA DA AÇÃO QUANTO

À PRESIDENTE DO LEGISLATIVO MUNICIPAL, QUE CEDEU O ESPAÇO, EM RAZÃO DO SEU DESCONHECIMENTO SOBRE O CARÁTER ELEITORAL DO EVENTO ALI OCORRIDO. PROCEDÊNCIA QUANTO AO CANDIDATO BENEFICIADO, COM APLICAÇÃO DE MULTA, EM RAZÃO DA EXISTÊNCIA DE CONJUNTO PROBATÓRIO COESO A RESPEITO DA FINALIDADE DA REUNIÃO. (REPRESENTAÇÃO nº 1106216, Acórdão nº 25557 de 06.12.2010, Relator(a) CARLOS VICENTE DA ROSA GÓES, Publicação: DJE – Diário de JE, Tomo 226, Data 13.12.2010, Página 3).

– TRE/RO –

1 – Eleições 2012. Representação por conduta vedada. Art. 73, I, Lei n. 9.504/1997. *Imagens internas de estabelecimento hospitalar público e seus equipamentos, serviços e servidores. Utilização na propaganda eleitoral do candidato à reeleição ao cargo de Prefeito. Obtenção das imagens mediante uso do poder político. Impedimento a outros candidatos de realizar filmagens dentro do estabelecimento. Quebra da igualdade entre candidatos.* Caracterização da conduta vedada. Multa. Conduta não reiterada. Redução. Provimento parcial. (RECURSO ELEITORAL nº 38765, Acórdão nº 478/2012 de 03.12.2012, Relator(a) SANSÃO SALDANHA, Publicação: DJE/TRE-RO – Diário Eletrônico da Justiça Eleitoral, Tomo 229, Data 12.12.2012, Página 6).

– TRE/RS –

1 – *Comparecimento da candidata recorrente em sala de aula de universidade pública, a convite do professor representado, com motivação eleitoral. Apresentação de projetos políticos e entrega de material de campanha aos alunos: cartões com nome, número e planos de campanha.* Despiciendo o exame da potencialidade dos fatos a atingir o resultado da eleição, bastando, apenas, seja afetada a isonomia entre os candidatos. *Plenamente configurada a ilicitude na cessão de um bem – sala de aula – pertencente à Administração Pública Indireta em benefício de campanha eleitoral.* (Recurso Eleitoral nº 48621, Acórdão de 05.11.2013, Relator(a) DR. JORGE ALBERTO ZUGNO, Publicação: DEJERS – Diário de Justiça Eletrônico do TRE-RS, Tomo 206, Data 07.11.2013, Página 2).

2 – *Manifestações de apoio político em rede social facebook por servidores municipais, em horário de trabalho e utilizando computadores da prefeitura.* Representação julgada parcialmente procedente no juízo monocrático, condenando os servidores à multa e absolvendo os candidatos beneficiados. *Não demonstrada a utilização da máquina pública a serviço da campanha dos candidatos representados. Exercício da livre manifestação de pensamento e liberdade política pelos servidores.* Eventual ilícito administrativo pelo uso de equipamentos da administração municipal, em horário de trabalho, para divulgação de preferências políticas, deve ser apurado por processo administrativo disciplinar. *Não configurada a conduta vedada.* (Recurso Eleitoral nº 48872, Acórdão de 22.10.2013, Relator(a) DR. LEONARDO TRICOT SALDANHA, Publicação: DEJERS – Diário de Justiça Eletrônico do TRE-RS, Tomo 198, Data 24.10.2013, Página 5).

3 – *Distribuição, em horário de aulas, de adesivos com propaganda política por parte de professora a alunos, nas dependências de escola municipal. Caracterização da conduta vedada prevista no art. 73, inc. I, da Lei das Eleições.* O bem jurídico tutelado é a isonomia entre os concorrentes ao pleito, sendo as hipóteses relativas às condutas vedadas, taxativas e de legalidade restrita. (Recurso Eleitoral nº 23916, Acórdão de 25.06.2013, Relator(a) DR. INGO WOLFGANG SARLET, Publicação: DEJERS – Diário de Justiça Eletrônico do TRE-RS, Tomo 116, Data 27.6.2013, Página 6).
- TRE/PE -
1 – *A utilização de veículos destinados ao transporte escolar em evento político caracteriza conduta vedada nos atuais termos da legislação eleitoral.* (Recurso Eleitoral nº 19146, Acórdão de 12.06.2013, Relator(a) FREDERICO JOSÉ MATOS DE CARVALHO, Publicação: DJE – Diário de Justiça Eletrônico, Tomo 115, Data 14.06.2013, Página 23/24).
- TRE/PR -
1 – *A cessão do Ginásio de Esportes para a realização de atos de campanha, reunião política, em benefício dos candidatos dos agentes públicos viola o disposto no artigo 73, I, da Lei nº 9.504/97.* (RECURSO ELEITORAL nº 50678, Acórdão nº 46330 de 13.08.2013, Relator(a) MARCOS ROBERTO ARAÚJO DOS SANTOS, Relator(a) designado(a) EDSON LUIZ VIDAL PINTO, Publicação: DJ – Diário de justiça, Data 22.8.2013).
2 – *A realização de reunião em escola municipal com a finalidade de fazer propaganda eleitoral e pedir votos a determinado candidato e pedir votos configura a conduta vedada pelo artigo 73, I, da Lei nº 9.504/97,* eis que se utiliza bem público em flagrante proveito de candidatura. (RECURSO ELEITORAL nº 102392, Acórdão nº 46164 de 20.06.2013, Relator(a) MARCOS ROBERTO ARAÚJO DOS SANTOS, Publicação: DJ – Diário de justiça, Data 25.06.2013).
3 – O uso de prerrogativa de direção de escola pública bem como de sua estrutura para *convidar os pais dos alunos, potenciais eleitores, a participarem de um almoço gratuito para tratar de assunto relacionado à educação de seus filhos, quando na realidade o evento é político, reveste-se da gravidade a que alude o inciso XVI do art. 22 da LC 64/90, eis que compromete a normalidade e legitimidade do pleito, sendo irrelevante a vitória na eleição.* (RECURSO ELEITORAL nº 51916, Acórdão nº 45880 de 14.05.2013, Relator(a) FERNANDO FERREIRA DE MORAES, Publicação: DJ – Diário de justiça, Data 20.05.2013).
4 – *A cessão de veículo automotor* – bem particular – *de empresa que mantém contrato com o Poder Público municipal,* à campanha de prefeito candidato à reeleição, *não estando o referido bem dentre aqueles abrangidos pelo contrato do caso dos autos, não configura a conduta vedada no artigo 73, I, da Lei nº 9.504/1997.* (RECURSO ELEITORAL nº 120931, Acórdão nº 45652 de 14.03.2013, Relator(a) JOSAFÁ ANTONIO LEMES, Publicação: DJ – Diário de justiça, Data 19.03.2013).

5 – *A utilização da sede da Câmara de Vereadores local para a realização de reunião de discussão de estratégia de campanha e preenchimento de documentos de registro de candidatura subsume-se à vedação* contida no inciso I do art. 73 da Lei das Eleições. (RECURSO ELEITORAL nº 21097, Acórdão nº 45374 de 27.11.2012, Relator(a) ANDREA SABBAGA DE MELO, Publicação: DJ – Diário de justiça, Data 3.12.2012).

– TRE/AL –

1 – *A pintura de bens públicos na cor utilizada em campanha pelos candidatos à reeleição caracteriza a conduta vedada prevista no art. 73, I, da Lei nº 9.504/97.* 2. Uma vez comprovada a prática de conduta vedada, deverá haver a suspensão imediata da conduta, quando for o caso, e sujeição dos responsáveis à multa no valor de cinco a cem mil UFIR. Inteligência do art. 73, §4º, da Lei nº 9.504/97. 3. Multa fixada em 20 mil UFIR, valor razoável para repreender e evitar a reiteração da prática vedada. (RECURSO ELEITORAL nº 53844, Acórdão nº 9619 de 15.04.2013, Relator(a) ALBERTO JORGE CORREIA DE BARROS LIMA, Publicação: DEJEAL – Diário Eletrônico da Justiça Eleitoral de Alagoas, Tomo 69, Data 19.04.2013, Página 2/3).

9.2 Uso dos materiais ou serviços custeados pelos Governos e Casas Legislativas

O inciso II, do artigo 73, da Lei das Eleições, proíbe expressamente:

> II – usar materiais ou serviços, custeados pelos Governos ou Casas Legislativas, que excedam as prerrogativas consignadas nos regimentos e normas dos órgãos que integram;

9.2.A Análise do tipo: Pela leitura do dispositivo em referência, extrai-se a conclusão (lógica) de que *os agentes públicos não podem desviar o uso dos materiais e serviços públicos* que lhe são conferidos para o exercício regular das funções públicas *a fim de satisfazer seus anseios políticos e eleitorais.*

Como se sabe, para o cumprimento das metas político-administrativas, o Estado confere aos agentes públicos diversas prerrogativas, dentre as quais está o uso de serviços e materiais custeados pelos Governos e Casas Legislativas. É o caso, por exemplo, da disponibilização de veículos abastecidos, assessores, telefones celulares, cartões corporativos, gabinetes com a respectiva estrutura administrativa, cotas de passagens, correspondências, cópias e até mesmo uso das gráficas oficiais para publicidade do trabalho desenvolvido.

O primeiro parâmetro a ser utilizado para a configuração da conduta vedada em questão é o respeito aos princípios constitucionais da Administração Pública (legalidade, impessoalidade, moralidade, publicidade e eficiência). Assim, *se o uso* de determinado serviço público ou material custeado pelo erário *possuir finalidade eleitoral e representar ofensa a qualquer desses postulados constitucionais, o ilícito estará caracterizado*, uma vez que um ato inconstitucional – e por consequência ilegal – traz consigo a pecha de exorbitante, posto que violador dos preceitos fundamentais da República.

Nesse sentido, lúcidas as ponderações do Tribunal Superior Eleitoral (TSE) no sentido de que "não se podem considerar os atos do agente público ilícitos simplesmente porque praticados em período eleitoral, principalmente se não se turbou a normalidade das eleições" e que "para a configuração de afronta ao art. 73, inciso II, da Lei nº 9.504/1997, imperiosa a presença do 'exceder' previsto no inciso em questão referente a possível desvio de finalidade".[187]

Nesse mesmo sentido, conferir o seguinte precedente:

> ELEIÇÕES 2012. AÇÕES DE INVESTIGAÇÃO JUDICIAL ELEITORAL. CONDUTA VEDADA E ABUSO DE PODER POLÍTICO. ARTS. 73, I E II, DA LEI Nº 9.504/97 E 22 DA LC Nº 64/90. CONFIGURAÇÃO.
> 1. O Tribunal Regional Eleitoral concluiu pela configuração da prática das condutas vedadas descritas nos incisos I e II do art. 73 da Lei nº 9.504/97 e de abuso do poder político decorrente *da realização de audiências públicas levadas a efeito por vereadores com a utilização de bens, servidores e da estrutura pública, para, sob o pretexto de discutir questões relativas a projeto de lei, apontar o então prefeito, candidato à reeleição, como grande inimigo de agricultores.*
> 2. Segundo as premissas da decisão regional, as reuniões foram transmutadas em atos ostensivos de campanha eleitoral, extrapolando o debate político inerente às atividades do Poder Legislativo, considerando-se o número elevado de pessoas que lá compareceram e a grande repercussão do assunto na comunidade, o que demonstrou a gravidade da conduta de uso da máquina pública.
> 3. O quadro fático – obtido a partir do exame soberano das provas realizadas tanto pelo juiz de primeira instância quanto no acórdão recorrido – não pode ser alterado por esta Corte Superior em sede de recurso especial, a teor do
> Que dispõem as Súmulas 7 do STJ e 279 do STF.

---

[187] Representação nº 59080, Acórdão de 01.08.2014, Relator(a) Min. MARIA THEREZA ROCHA DE ASSIS MOURA, Publicação: DJE – Diário de justiça eletrônico, Tomo 157, Data 25.8.2014, Página 163.

> 4. As práticas reconhecidas pelo acórdão regional enquadram-se, perfeitamente, nas proibições expressas nos incisos I e II do art. 73 da Lei nº 9.504/997, razão pela qual não há falar em ofensa a tais dispositivos.
> 5. A imunidade parlamentar não constitui princípio absoluto. Nenhum princípio ou garantia constitucional é irrestrito e não pode ser invocado para se sobrepor ao evidente exercício abusivo do mandato eletivo, a fim de beneficiar ou prejudicar determinado candidato. Precedentes. Recursos especiais a que se nega provimento. (Recurso Especial Eleitoral nº 1063, Acórdão, Relator(a) Min. Henrique Neves Da Silva, Publicação: DJE – Diário de justiça eletrônico, Volume, Tomo 228, Data 02.12.2015, Página 53/54).

Importante, porém, lembrar que caso não exista o caráter eleitoral, muito provavelmente estar-se-á diante de um ilícito cível diferente da conduta vedada, qual seja, ato de improbidade administrativa, cuja análise não é da competência da Justiça Eleitoral.

O segundo filtro de análise é a normatização interna (regimentos) dos Governos e Casas Legislativas. Caso o ato também represente desrespeito ao regramento administrativo e igualmente possua a finalidade eleitoral, a conduta vedada também estará configurada. Importante registrar que a análise dos regimentos internos há de ser feita em consonância com a Constituição Federal e que as prerrogativas neles previstas não possuem caráter absoluto, de modo que não basta, para a descaracterização da conduta como vedada, que se amolde a fato aquém do lá previsto, pois a prerrogativa pode ser violadora de fundamentos basilares da Administração Pública, sendo, destarte inválida.

Thales Tácito e Camila Cerqueira[188] entendem nesse mesmo sentido, ao consignarem que é "inconcebível o uso desses materiais ou serviços públicos para fins particulares, mesmo que aquém das prerrogativas consignadas nos regimentos e normas dos órgãos que integram, pois, do contrário, violaria os princípios da igualdade, impessoalidade e moralidade". E concluem afirmando que "o que não pode ser verificada é a utilização de serviços ou materiais públicos para satisfação pessoal, seja para fins particulares, pessoais ou políticos, visando à campanha eleitoral, eis que tal atitude fere o princípio da igualdade de oportunidades e isonomia entre os candidatos concorrentes em um pleito eleitoral".

De tudo o que foi dito, pode-se concluir que é imprescindível que o uso do material ou serviço público seja custeado pelo erário público,

[188] *Direito Eleitoral Esquematizado*. 3. ed. 2013. p. 592.

sob pena de descaracterização da conduta vedada, conforme já decidiu o Tribunal Superior Eleitoral (TSE):

> RECURSO ESPECIAL CONHECIDO COMO ORDINÁRIO. CONDUTA VEDADA. ELEIÇÃO 2010. USO. SERVIÇOS PÚBLICOS. BENEFÍCIO CANDIDATO. ILÍCITO NÃO CARACTERIZADO. PROVIDO.
> 1. Para a caracterização da conduta tipificada no art. 73, II, da Lei nº 9.504/97, é necessário que os serviços prestados em favor do candidato tenham sido custeados pelos cofres públicos.
> 2. *In casu*, ficou comprovado que a limpeza realizada em imóvel destinado à futura sede de comitê eleitoral do candidato foi paga pela imobiliária que o administrava, o que descaracteriza o ilícito.
> 3. Recurso especial conhecido como ordinário e provido, julgando-se improcedente a representação. (Recurso Especial Eleitoral nº 610553, Acórdão de 13.09.2012, Relator(a) Min. JOSÉ ANTÔNIO DIAS TOFFOLI, Publicação: DJE – Diário de justiça eletrônico, Tomo 193, Data 5.10.2012, Página 12-13).

Tal percepção é de extrema importância, *pois não se proíbe, por exemplo, que o agente público candidato utilize os serviços prestados por empresa contratada pelo Poder Público, desde que pague por isso*. Trata-se de fenômeno recorrente no que diz respeito ao aluguel de aeronaves e helicópteros.[189]

Por fim, destaca-se que "*não se acha inserido na proibição contida nos incisos do art. 73 da Lei 9.504/97 qualquer intuito de proscrever a utilização de imagens de domínio público, facilmente acessadas por todos aqueles que se lançam em campanha eleitoral*. Sobre o tema, a orientação jurisprudencial deste colendo Tribunal Superior é de afastar a prática de conduta vedada na hipótese de mera captação de imagens de bens ou serviços públicos" (TSE, Recurso Ordinário nº 196083, Acórdão, Relator(a) Min. Napoleão Nunes Maia Filho, Publicação: DJE – Diário de justiça eletrônico, Data 10.08.2017).

---

[189] AGRAVO DE INSTRUMENTO. PROVIMENTO. RECURSO ESPECIAL. RECEBIDO COMO ORDINÁRIO. ELEIÇÃO ESTADUAL. CONDUTA VEDADA. ART. 73, I, II, e III, DA LEI Nº 9.504/97. DESPROVIDO. A vedação do uso de bem público, em benefício de candidato, não abrange bem público de uso comum. *Para a ocorrência de violação ao art. 73, II, da Lei nº 9.504/97, é necessário que o serviço seja custeado pelo erário*, o que não restou caracterizado. O uso de serviço de servidores públicos na campanha eleitoral não se confunde com a prestação de segurança à autoridade que se candidata à reeleição. Recurso conhecido e desprovido. (AGRAVO DE INSTRUMENTO nº 4246, Acórdão nº 4246 de 24.05.2005, Relator(a) Min. LUIZ CARLOS LOPES MADEIRA, Publicação: DJ – Diário de Justiça, Volume 1, Data 16.09.2005, Página 171 RJTSE – Revista de Jurisprudência do TSE, Volume 16, Tomo 2, Página 138).

– CASO CONCRETO NAS ELEIÇÕES DE 2014 –

Durante o período pré-eleitoral de 2014, o Partido dos Trabalhadores (PT) realizou diversas incursões no interior do Estado do Ceará, denominadas *"Caravanas do PT", com o objetivo explícito de legitimar a pré-candidatura de filiado ao cargo de Senador da República.*

A despeito da suposta propaganda eleitoral antecipada realizada, verificou-se que *o evento realizado na cidade de Quixeramobim, no dia 14.06.2014, foi acompanhado pessoalmente pelo Prefeito da cidade e teve como consequência a publicação de diversas fotos do citado evento no site da Prefeitura de Quixeramobim, realizando, inclusive, propaganda antecipada lida por 149* (cento e quarenta e nove) pessoas, como se vê da notícia que constava no site <http://www.quixeramobim.ce.gov.br/noticias/caravana-do-pt-visita-quixeramobim/4486#Menu>:

Governo Municipal
14 de Junho, 2014

Caravana do PT visita Quixeramobim

"Neste sábado (14), o Prefeito Cirilo Pimenta recebeu a caravana do Partido dos Trabalhadores (PT), no município de Quixeramobim. Este momento vem sendo realizado em várias cidades do Estado do Ceará.

O evento foi um encontro estadual do partido, tendo como pauta a reeleição da Presidenta Dilma Rousseff. Na oportunidade, estiveram presentes lideranças nacionais do partido. Nomes como o de Ilário Marques, uma das lideranças do PT do sertão central, o ex-presidente do PT Joaquim Cartaxo, o deputado Dedé Teixeira e demais representantes do legislativo estadual, assim como também representantes do MST e do FETRAECE.

O Prefeito Cirilo Pimenta, juntamente com seus assessores, esteve no evento recebendo também o Ministro Ricardo Berzoini. Aproveitando o momento, foi lançada a pré-candidatura do quixeramobiense José Nobre Guimarães a uma vaga no Senado Federal pelo estado do Ceará."

149
Cidadãos leram esta notícia

Tal conduta, sem sombra de dúvidas, representou violação ao disposto no artigo 73, II, da Lei nº 9.504/97, porquanto fora utilizado o serviço de internet do Município para fins de beneficiar a pretensão política do PT e do respectivo filiado.

Igual caso foi analisado pelo TRE/MA, cuja decisão consignou que a "utilização pelo representado, Governador do Estado do Maranhão, de serviço público (site oficial do governo) como meio de se fazer propaganda eleitoral em benefício do pré-candidato. Hipótese que configura a infração ao art. 73, II, da Lei nº 9.504/97 e 36, II, §7º da Resolução nº 22.158/2006 do Tribunal Superior Eleitoral. Recursos conhecidos e não providos." (REPRESENTAÇÃO nº 3855, Acórdão nº 6884 de 06.07.2006, Relator(a) ROBERTO CARVALHO VELOSO, Publicação: SESSÃO – Publicado em Sessão, Data 6.7.2006, Página 184/98).
No que diz respeito à responsabilização do Chefe do Executivo, consigna-se que o TRE/RO decidiu que "não há responsabilidade objetiva em atribuir ao chefe do Poder Executivo Municipal, assim como o seu vice, a divulgação de propaganda institucional em período vedado na medida em que a eles cabia tomar todas as providências no sentido de impedir ou retirar a publicidade em tempo razoável. (RECURSO ELEITORAL nº 24662, Acórdão nº 375/2013 de 05.12.2013, Relator(a) SANSÃO SALDANHA, Publicação: DJE/TRE-RO – Diário Eletrônico da Justiça Eleitoral, Tomo 230, Data 12.12.2013, Página 5).
Assim, diante desse quadro, o Ministério Público Eleitoral postulou medida cautelar (Processo nº 3902.2014.606.0011) para determinar a retirada do ar da citada publicação e proibição de divulgação de qualquer outra em benefício de qualquer candidato registrado no pleito de 2014, o que foi deferido.[190]

9.2.B Incidência temporal: O inciso II, do artigo 73, não faz menção ao período de vedação do uso e cessão de materiais ou serviços públicos, de forma que é lícito concluir que tal *começa a valer no primeiro dia do ano das eleições*. Tal conclusão é extraída da percepção de que, quando a lei quer estipular prazo diverso do ano eleitoral, ela o faz expressamente (como nas hipóteses dos incisos V, VI e VIII, do artigo 73).

Esse, como já explanado nos comentários referentes ao inciso I, é o entendimento jurisprudencial[191] sobre o assunto:

---

[190] No mesmo sentido: PROPAGANDA ELEITORAL – ÓRGÃO PÚBLICO – INTERNET. Atrai a sanção de multa lançar em sítio de órgão público, na internet, mensagem consubstanciadora de propaganda eleitoral direcionada a beneficiar certa candidatura. (TSE, Representação nº 380773, Acórdão de 20.03.2014, Relator(a) Min. MARCO AURÉLIO MENDES DE FARIAS MELLO, Publicação: DJE – Diário de justiça eletrônico, Tomo 87, Data 13.5.2014, Página 70).

[191] No mesmo sentido: "Para a incidência dos incisos II e III do art. 73 da Lei nº 9.504/97, não se faz necessário que as condutas tenham ocorrido durante o período de três meses antecedentes ao pleito, uma vez que tal restrição temporal só está expressamente prevista nos ilícitos a que se referem os incisos V e VI da citada disposição legal" (Agravo Regimental em Recurso Especial Eleitoral nº 35546, Acórdão de 06.09.2011, Relator(a) Min. ARNALDO VERSIANI LEITE SOARES, Publicação: DJE – Diário da Justiça Eletrônico, Tomo 188, Data 30.09.2011, Página 61).

1 – *A conduta descrita no art. 73, II, da Lei nº 9.504/97 não está restrita à limitação temporal de três meses antes do pleito* (TSE, Representação nº 318846, Acórdão, Relator(a) Min. Maria Thereza Rocha de Assis Moura, Publicação: DJE – Diário de justiça eletrônico, Tomo 91, Data 12.05.2016, Página 75).

2 – As condutas vedadas previstas no art. 73, I e II, da Lei 9.504/97 podem configurar-se mesmo antes do pedido de registro de candidatura, ou seja, anteriormente ao denominado período eleitoral. Precedente. (Recurso Ordinário nº 643257, Acórdão de 22.03.2012, Relator(a) Min. FÁTIMA NANCY ANDRIGHI, Publicação: DJE – Diário de justiça eletrônico, Tomo 81, Data 02.05.2012, Página 129).

9.2.C Exceções legais: A proibição de uso de materiais ou serviços custeados pelos Governos ou Casas Legislativas possui, pelo menos, *duas exceções legais*. Vejamos uma a uma.

9.2.C.1 Uso das dependências do poder legislativo para fins de propaganda eleitoral: A regra estabelecida na Lei nº 9.504/97 (artigo 37[192]) é que não pode haver propaganda política de qualquer natureza nos bens cujo uso dependa de cessão ou permissão do Poder Público ou que a ele pertençam.[193]

Nessa perspectiva, seria decorrência lógica a conclusão de que nas dependências das Casas Legislativas não poderia ocorrer propaganda política. Não foi isso, porém, o que estabeleceu o §3º, do artigo 37, do citado diploma legal, segundo o qual "nas dependências do Poder Legislativo, a veiculação de propaganda eleitoral fica a critério da Mesa Diretora".

Assim, competirá à Mesa Diretora resolver a questão, de modo que se restar autorizado, mediante regulamentação interna, o uso das dependências do Poder Legislativo para fins de propaganda política a conduta vedada, *a priori*, não restará caracterizada.

---

192 Art. 37. Nos bens cujo uso dependa de cessão ou permissão do poder público, ou que a ele pertençam, e nos bens de uso comum, inclusive postes de iluminação pública, sinalização de tráfego, viadutos, passarelas, pontes, paradas de ônibus e outros equipamentos urbanos, é vedada a veiculação de propaganda de qualquer natureza, inclusive pichação, inscrição a tinta e exposição de placas, estandartes, faixas, cavaletes, bonecos e assemelhados. (Redação dada pela Lei nº 13.165, de 2015).

193 "O art. 37, *caput*, da Lei nº 9.504/97 proíbe a veiculação de propaganda de qualquer natureza em bens de uso comum. O rol previsto no dispositivo – 'inclusive postes de iluminação pública e sinalização de tráfego' – é meramente exemplificativo, razão pela qual não prospera a alegação de que rotatórias estariam excluídas da proibição" (Agravo Regimental em Recurso Especial Eleitoral nº 341380, Acórdão de 30.06.2015, Relator(a) Min. HENRIQUE NEVES DA SILVA, Publicação: DJE – Diário de justiça eletrônico, Data 15.10.2015).

Dizemos *a priori* porque reputamos *referido dispositivo manifestamente inconstitucional* por violação aos princípios da igualdade, impessoalidade, moralidade e republicano, pois na medida em que se permite o uso de um espaço público para realizar campanha política é natural que os ocupantes do Parlamento irão utilizá-lo em proveito próprio (no caso de suas candidaturas) ou a favor de seus aliados políticos.

Trata-se de odioso permissivo legal *que desequilibra a concorrência eleitoral*, como no caso de um particular não vinculado a qualquer ocupante de mandato popular.

Diferente, contudo, é a possibilidade dos parlamentares, no exercício da fala regimental nas Casas Legislativas, fazerem propaganda política, uma vez que gozam de imunidade absoluta nos termos do artigo 29, inciso VIII, e artigo 53, da Constituição Federal.[194] Assim já restou decidido:

> RECURSO ORDINÁRIO. ELEIÇÕES 2010. DEPUTADO FEDERAL. REPRESENTAÇÃO. CONDUTAS VEDADAS. ART. 73, I E II, DA LEI 9.504/97. *USO DA TRIBUNA POR VEREADOR. IMUNIDADE MATERIAL ABSOLUTA.* ART. 29, VIII, DA CF/88. PROVIMENTO.
>
> 1. As opiniões, palavras e votos externados por membro de casa legislativa, no uso da respectiva tribuna, são protegidas pela imunidade material de modo absoluto, independentemente de vinculação com o exercício do mandato ou de terem sido proferidas em razão deste. Precedentes do Supremo Tribunal Federal e do Tribunal Superior Eleitoral.
>
> 2. No caso dos autos, sendo incontroverso que o recorrente, na condição de vereador, proferiu discurso da tribuna da Câmara Municipal de Itapetininga, descabe cogitar das condutas vedadas previstas no art. 73, I e II, da Lei 9.504/97.
>
> 3. As declarações dos parlamentares, se reproduzidas por terceiros, sujeitam os últimos às sanções dispostas na legislação de regência.
>
> 4. Recurso ordinário provido. (Recurso Ordinário nº 1591951, Acórdão de 11.09.2014, Relator(a) Min. JOÃO OTÁVIO DE NORONHA, Publicação: DJE – Diário de justiça eletrônico, Tomo 178, Data 23.09.2014, Página 51).

Assim sendo, o recomendável e mais consentâneo com nossa ordem jurídica constitucional é que o Poder Legislativo vede, em

---

[194] Art. 29. O Município reger-se-á por lei orgânica, votada em dois turnos, com o interstício mínimo de dez dias, e aprovada por dois terços dos membros da Câmara Municipal, que a promulgará, atendidos os princípios estabelecidos nesta Constituição, na Constituição do respectivo Estado e os seguintes preceitos: VIII – inviolabilidade dos Vereadores por suas opiniões, palavras e votos no exercício do mandato e na circunscrição do Município.
Art. 53. Os Deputados e Senadores são invioláveis, civil e penalmente, por quaisquer de suas opiniões, palavras e votos.

ano eleitoral, o uso da sede do parlamento para fins de propaganda eleitoral, pois é possível que seja ajuizada alguma ação questionando a constitucionalidade e legalidade do ato permissivo.

De qualquer forma, é bom que se atente para a circunstância de que a "brecha legal" diz respeito somente à propaganda política. Qualquer outro ato praticado nas dependências do Poder Legislativo que tenha como finalidade beneficiar politicamente alguma candidatura ou partido, se não encontrar correspondência nas condutas vedadas, será abuso de poder político e crime eleitoral (artigos 346 e 377, do Código Eleitoral).

9.2.C.2 A questão da distribuição de informativos da atividade parlamentar (inexistência de *bis in idem* com a propaganda antecipada): Os membros do Poder Legislativo possuem cotas para a confecção de informativos de sua atuação parlamentar. Trata-se de mecanismo que visa manter a base eleitoral informada das ações implementadas pelo representante popular.

Referido instrumento é de suma importância para a consagração do princípio da publicidade. Entretanto, em anos eleitorais, é fato recorrente o aumento extraordinário do número de informativos ou folhetos distribuídos pelos membros do Poder Legislativo que se apresentam como pré-candidatos.

Via de regra, a remessa desses materiais publicitários ocorre por mala direta custeada pelos partidos políticos ou em eventos de natureza política ocorridos em período pré-eleitoral (as famosas "caravanas" ou "encontros regionais", cujo objetivo de visibilidade eleitoral é dissimulado pela "intenção de dialogar com a sociedade os principais problemas que assolam a vida" de determinada comunidade).

Pois bem, dentro dessa realidade, *surge o questionamento se a distribuição de tais materiais publicitários configura ou não conduta vedada.*

A resposta, a priori, é que não, uma vez que o artigo 36-A da Lei nº 9.504/97,[195] diz expressamente que não será considerada propaganda

---

[195] Art. 36-A. *Não configuram propaganda eleitoral antecipada, desde que não envolvam pedido explícito de voto, a menção à pretensa candidatura,* a exaltação das qualidades pessoais dos pré-candidatos e os seguintes atos, que poderão ter cobertura dos meios de comunicação social, inclusive via internet: (Redação dada pela Lei nº 13.165, de 2015) I – a participação de filiados a partidos políticos ou de pré-candidatos em entrevistas, programas, encontros ou debates no rádio, na televisão e na internet, inclusive com a exposição de plataformas e projetos políticos, observado pelas emissoras de rádio e de televisão o dever de conferir tratamento isonômico (Redação dada pela Lei nº 12.891, de 2013); II – a realização de encontros, seminários ou congressos, em ambiente fechado e a expensas dos partidos políticos, para tratar da organização dos processos eleitorais, discussão de políticas públicas, planos de governo ou alianças partidárias visando às eleições, podendo tais atividades ser divulgadas pelos

antecipada a divulgação de atos de parlamentares e debates legislativos, desde que não se faça pedido de votos, muito embora possa ser pedido apoio político e divulgada a pré-candidatura (autorização essa incluída pela Minirreforma Eleitoral de 2015).

Nesse sentido:

> Agravo de instrumento. Embargos de declaração. Agravo regimental. Eleições de 2004. Propaganda institucional. Período vedado. Distribuição. Informativo parlamentar. Período. Campanha eleitoral. Não ocorrência. Propaganda. Aplicação. Hipótese. Art. 73, II, da Lei nº 9.504/97. Divergência jurisprudencial. Não configuração. Não ocorrência. Contradição. Omissão. Apreciação. Embargos. Agravo desprovido.
>
> 1. A conduta apontada como ofensiva à lei não encontra nela tipificação, uma vez que o "informativo" não faz nenhuma referência sobre o pleito municipal em questão, candidatura ou pedido de voto, requisitos indispensáveis à caracterização da propaganda eleitoral.
>
> 2. Conforme assentado no Acórdão nº 21.316, de minha relatoria, "a contradição, omissão ou obscuridade que pode ser arguida em embargos de declaração é aquela existente na própria decisão embargada, e não em relação a outro julgado". No mesmo sentido: Acórdão nº 697, rel. Ministro Humberto Gomes de Barros, de 19.5.2005; Acórdão nº 24.739, rel. Ministro Peçanha Martins, de 25.11.2004.
>
> 3. Os embargos não se prestam para a rediscussão da causa.
>
> 4. Agravo desprovido. (AGRAVO REGIMENTAL EM EMBARGOS DE DECLARAÇÃO EM AGRAVO DE INSTRUMENTO nº 5719, Acórdão nº 5719 de 15.09.2005, Relator(a) Min. CARLOS EDUARDO CAPUTO BASTOS, Publicação: DJ – Diário de Justiça, Data 21.10.2005, Página 100).

Ocorre que as nuances do caso concreto podem, sim, dar ensejo a uma conduta vedada. Suponha-se a ocorrência de um encontro/seminário/congresso organizado por um partido político que pretende lançar determinado parlamentar ao cargo de Governador do Estado ou Prefeito de uma cidade. O ato, porém, é dissimulado para o fim de diálogo com a comunidade com vistas a se enquadrar no permissivo do artigo

---

instrumentos de comunicação intrapartidária (Redação dada pela Lei nº 12.891, de 2013); III – a realização de prévias partidárias e a respectiva distribuição de material informativo, a divulgação dos nomes dos filiados que participarão da disputa e a realização de debates entre os pré-candidatos (Redação dada pela Lei nº 13.165, de 2015); IV – *a divulgação de atos de parlamentares e debates legislativos, desde que não se faça pedido de votos* (Redação dada pela Lei nº 12.891, de 2013).

(...)

§2º Nas hipóteses dos incisos I a VI do *caput, são permitidos o pedido de apoio político e a divulgação da pré-candidatura,* das ações políticas desenvolvidas e das que se pretende desenvolver. (Incluído pela Lei nº 13.165, de 2015).

36-A, da Lei das Eleições e, nesse contexto, o evento é marcado por expressa propaganda antecipada eleitoral, em que o agente parlamentar é anunciado, por dizeres e faixas, como "o nosso futuro governador", "o melhor para o nosso estado" etc. Antes, durante e depois ocorre a distribuição do informativo da atuação parlamentar.

Na hipótese, é indubitável que o uso do material custeado pelo Poder Público foi desvirtuado e utilizado em desrespeito à finalidade constitucional proposta, configurando o ilícito em questão. A prerrogativa de confecção e distribuição de informativos referentes à atuação parlamentar existe para dar publicidade ao mandato e não com o fim de servir como instrumento de complemento de propaganda antecipada.

Assim, já decidiu o Tribunal Superior Eleitoral (TSE):

> RECURSO ESPECIAL RECEBIDO COMO RECURSO ORDINÁRIO. PROPAGANDA ELEITORAL. PARLAMENTAR. UTILIZAÇÃO DE SERVIÇOS. ASSEMBLEIA LEGISLATIVA. ABUSO DE AUTORIDADE. DECLARAÇÃO DE INELEGIBILIDADE.
>
> 1. Configura abuso de autoridade a utilização, por parlamentar, para fins de campanha eleitoral, de correspondência postada, ainda que nos limites da quota autorizada por ato da Assembleia Legislativa, mas cujo conteúdo extrapola o exercício das prerrogativas parlamentares.
>
> 2. A prática de conduta incompatível com a Lei nº 9.504/97, artigo 73, II, e com a Lei Complementar 64/90, enseja a declaração de inelegibilidade para as eleições a se realizarem nos três anos subsequentes àquela em que se verificou o fato. Recurso parcialmente provido. (RECURSO ESPECIAL ELEITORAL nº 16067, Acórdão nº 16067 de 25.04.2000, Relator(a) Min. MAURÍCIO JOSÉ CORRÊA, Publicação: DJ – Diário de Justiça, Data 14.08.2000, Página 126 REPDJ – Republicado no Diário de Justiça, Data 04.10.2000, Página 56 RJTSE – Revista de Jurisprudência do TSE, Volume 12, Tomo 4, Página 199).

Importante, ainda, registrar que é plenamente possível a condenação por conduta vedada e pro*paganda antecipada no caso citado,* pois "não ocorre *bis in idem* se um mesmo fato é analisado e sancionado por fundamentos diferentes – como na presente hipótese, em que o ocorrido foi examinado sob o viés de propaganda eleitoral extemporânea e de conduta vedada".[196]

9.2.D Ilícitos correlatos ao artigo 73, II: A conduta em questão, dependendo do agente público por ele responsável, possui o condão de

[196] Recurso Ordinário nº 643257, Acórdão de 22.03.2012, Relator(a) Min. FÁTIMA NANCY ANDRIGHI, Publicação: DJE – Diário de justiça eletrônico, Tomo 81, Data 02.05.2012, Página 129.

tipificar *crime de responsabilidade* (artigo 9º, 7, da Lei nº 1079/50 e artigo 1º, I e II, do Decreto-Lei nº 201/67), bem como *infração político-administrativa* (artigo 4º, VII e X, do Decreto-Lei nº 201/67).

Além disso, pode encerrar também *crime de peculato* (artigo 312), *crime eleitoral* (artigos 346 e 377, do Código Eleitoral) e *improbidade administrativa* (artigos 9, 10 ou 11, da Lei nº 8.429/92).

9.2.E Jurisprudências interessantes: Logo a seguir, apresentaremos os principais julgados do Tribunal Superior Eleitoral (TSE) e das Cortes Eleitorais referentes ao assunto.

– TSE –
1 – Mera utilização de fotografias que se encontram disponíveis a todos em sítio eletrônico oficial, sem exigência de contraprestação, inclusive para aqueles que tiram proveito comercial (jornais, revistas, blogs, etc), é conduta que não se ajusta às hipóteses descritas nos incisos I, II e III, do art. 73 da Lei das Eleições. Representação que se julga improcedente. (Representação nº 84453, Acórdão de 09.09.2014, Relator(a) Min. ADMAR GONZAGA NETO, Publicação: DJE – Diário de justiça eletrônico, Tomo 184, Data 1.10.2014, Página 29).
2 – A publicidade institucional de caráter meramente informativo acerca de obras, serviços e projetos governamentais, sem qualquer menção a eleição futura, pedido de voto ou promoção pessoal de agentes públicos, não configura conduta vedada ou abuso do poder político. (Recurso Especial Eleitoral nº 504871, Acórdão de 26.11.2013, Relator(a) Min. JOSÉ ANTÔNIO DIAS TOFFOLI, Publicação: DJE – Diário de justiça eletrônico, Tomo 40, Data 26.02.2014, Página 38).
3 – Para a caracterização da conduta tipificada no art. 73, II, da Lei nº 9.504/97, é necessário que os serviços prestados em favor do candidato tenham sido custeados pelos cofres públicos. *In casu*, ficou comprovado que a limpeza realizada em imóvel destinado à futura sede de comitê eleitoral do candidato foi paga pela imobiliária que o administrava, o que descaracteriza o ilícito. Recurso especial conhecido como ordinário e provido, julgando-se improcedente a representação. (Recurso Especial Eleitoral nº 610553, Acórdão de 13.09.2012, Relator(a) Min. JOSÉ ANTÔNIO DIAS TOFFOLI, Publicação: DJE – Diário de justiça eletrônico, Tomo 193, Data 5.10.2012, Página 12-13).
4 – *Na espécie, aduz-se que houve utilização da máquina administrativa do Estado de Sergipe em favor da candidatura do governador, candidato à reeleição, e de sua esposa ao Senado, por meio da distribuição de cartas com pedido de voto, em setembro de 2006, a alunos de um estabelecimento de ensino no Estado de Sergipe, com violação do art. 73, I e II, da Lei nº 9.504/97.* (Recurso Ordinário nº 481883, Acórdão de 01.09.2011, Relator(a) Min. FÁTIMA NANCY ANDRIGHI, Publicação: DJE – Diário da Justiça Eletrônico, Tomo 195, Data 11.10.2011, Página 42).

5 – *O asfaltamento de ruas e a realização de reunião com associação de bairro, promovidos pelo prefeito e vice-prefeito, às vésperas da eleição, não configuram as condutas vedadas descritas nos incisos I e II do art. 73 da Lei nº 9.504/97* (AGRAVO REGIMENTAL EM AGRAVO DE INSTRUMENTO nº 7243, Acórdão de 05.12.2006, Relator(a) Min. JOSÉ GERARDO GROSSI, Publicação: DJ – Diário de justiça, Data 01.02.2007, Página 228).

6 – *Não caracteriza a conduta vedada descrita no art. 73, VI, b, da Lei nº 9.504/97, a divulgação de feitos de deputado estadual em sítio da internet de Assembleia Legislativa.* A lei expressamente permite a divulgação da atuação parlamentar à conta das câmaras legislativas, nos limites regimentais (art. 73, II, da Lei nº 9.504/97). '*O que se veda – na esteira da Res./TSE 20.217 – é que a publicação tenha conotação de propaganda eleitoral, a qual, portanto, há de aferir-se segundo critérios objetivos e não conforme a intenção oculta de quem a promova* (REspe nº 19.752/MG, rel. Min. Sepúlveda Pertence). (RECURSO ESPECIAL ELEITORAL nº 26875, Acórdão de 16.11.2006, Relator(a) Min. JOSÉ GERARDO GROSSI, Publicação: DJ – Diário de justiça, Data 19.12.2006, Página 225).

7 – *O uso de uma única folha de papel timbrado da administração não pode configurar a infração do art. 73, II, da Lei nº 9.504/97, dada a irrelevância da conduta, ao se tratar de fato isolado e sem prova de que outros tenham ocorrido.* (RECURSO ESPECIAL ELEITORAL nº 25073, Acórdão nº 25073 de 28.06.2005, Relator(a) Min. CARLOS EDUARDO CAPUTO BASTOS, Publicação: DJ – Diário de Justiça, Data 17.3.2006, Página 144 RJTSE – Revista de jurisprudência do TSE, Volume 17, Tomo 4, Página 244).

8 – *No caso, não cabe falar em insignificância, pois, utilizados o e-mail eletrônico da Câmara Municipal, computadores e servidor para promover candidaturas.* Tratando-se de episódio isolado provocado por erro do assessor e havendo o reembolso do erário é proporcional a aplicação de multa no valor de 5.000 UFIRs, penalidade mínima prevista. *Agravo regimental provido* para conhecer do recurso especial e dar-lhe provimento, reformando o acórdão proferido pelo e. TRE/SP *para reconhecer a prática da conduta vedada prevista no art. 73, I, II e III, da Lei nº 9.504/97, aplicando multa no valor de 5.000 UFIRs.* (AGRAVO REGIMENTAL EM RECURSO ESPECIAL ELEITORAL nº 27896, Acórdão de 08.10.2009, Relator(a) Min. JOAQUIM BENEDITO BARBOSA GOMES, Relator(a) designado(a) Min. FELIX FISCHER, Publicação: DJE – Diário da Justiça Eletrônico, Data 18.11.2009, Página 43).

- TRE/RS -

9 – *Distribuição de cartilha, elaborada e custeada pela Assembleia Legislativa do Estado, para veiculação de panfleto de propaganda eleitoral do candidato representado, em evento tradicional no município. Representação julgada procedente* no juízo monocrático, com condenação de multa de forma individual. Configurada a conduta vedada. *Evidenciados o uso de material público para divulgação de campanha à reeleição com a ciência do representado.* Evento frequentado por

número expressivo da população, o que caracteriza a quebra de isonomia entre os concorrentes ao pleito. (Recurso Eleitoral nº 26712, Acórdão de 05.12.2013, Relator(a) DES. MARCO AURÉLIO HEINZ, Publicação: DEJERS – Diário de Justiça Eletrônico do TRE-RS, Tomo 227, Data 09.12.2013, Página 4).
10 – *O emprego de material pago com dinheiro público para beneficiar os recorridos em sua propaganda eleitoral vai de encontro ao que preconiza o inc. II do art. 73 da Lei n. 9.504/97.* Afastada, no entanto, a imputação de ofensa às vedações impostas pelo art. 73, I e IV, e art. 74 da Lei Eleitoral. (Recurso Eleitoral nº 46560, Acórdão de 30.01.2013, Relator(a) DR. LUIS FELIPE PAIM FERNANDES, Publicação: DEJERS – Diário de Justiça Eletrônico do TRE-RS, Tomo 19, Data 01.02.2013, Página 4).
– TRE/SC –
11 – A municipalidade lançara um folder alardeando as obras dos então mandatários (e candidatos à reeleição). Na sequência, eles (como estratégia de campanha política) divulgaram revista, que convergiu quanto ao padrão estético e de enunciação das obras realizadas, inclusive repetindo algumas fotografias. "É como se houvesse um prolongamento da propaganda institucional, todavia com objetivo voltado às eleições", resumiu o Juiz Marcos Bigolin. "A difusão em material de campanha de fotografias produzidas com recursos do erário – ainda que se encontrem sob a guarda de arquivo público, ao qual qualquer interessado tem acesso –, resulta na materialização da conduta vedada descrita no art. 73, II, da Lei n. 9.504/1997" (Ac. TRESC n. 23.279, de 18.11.2008, Rel. Juiz Cláudio Barreto Dutra). *A propaganda estatal, pouco importando os aspectos relativos a direitos autorais, incorpora-se ao patrimônio imaterial público. É injusto que candidato, notadamente à reeleição, use desse material em campanhas políticas, desequilibrando as forças da disputa e tirando proveito da condição de atual titular de cargo público.* Interpretação harmônica com o art. 40 da Lei das Eleições, que pune criminalmente a reutilização de imagens associadas a órgãos públicos em campanhas eleitorais. (RECURSO CONTRA DECISÕES DE JUÍZES ELEITORAIS nº 17631, Acórdão nº 28273 de 26.06.2013, Relator(a) HÉLIO DO VALLE PEREIRA, Publicação: DJE – Diário de JE, Tomo 119, Data 02.07.2013, Página 3).

9.3 Cessão de agentes públicos para campanha

O inciso III, do artigo 73, da Lei das Eleições, estabelece que é vedado:

> III – ceder servidor público ou empregado da administração direta ou indireta federal, estadual ou municipal do Poder Executivo, ou usar de seus serviços, para comitês de campanha eleitoral de candidato, partido político ou coligação, durante o horário de expediente normal, salvo se o servidor ou empregado estiver licenciado;

9.3.A Análise do tipo: O dispositivo em questão trata de dois fatos ainda muito corriqueiros nas campanhas eleitorais, sobretudo nas cidades localizadas no interior do país, quais sejam: a cessão de servidores públicos (lato senso) e o uso dos seus serviços em benefício de comitês eleitorais, partidos políticos ou coligações durante o horário de expediente. Os exemplos mais típicos da conduta vedada em análise são os famosos convites (na verdade, convocações dissimuladas) para participação de reuniões de apoio, carreatas, comícios e atos vinculados à campanha política dos candidatos ou o simples deslocamento de servidores para trabalharem, no horário de expediente, nos comitês de campanha.

Trata-se de *imposição legal* decorrente dos princípios constitucionais da moralidade e impessoalidade administrativas (artigo 37, *caput*, da CF/88), que, ao contrário do que sugere a interpretação literal do dispositivo em referência, *abrange os servidores (agentes) de todos os Poderes da República (Executivo, Judiciário e Legislativo).*

Essa, aliás, é a única interpretação que é compatível com o Texto Supremo (caso típico de interpretação conforme), pois não há como se ter compatível com a Carta Política ser vedado o uso de servidores públicos do Executivo e permitido o uso de servidores dos demais Poderes. Trata-se de conclusão inquestionável tanto à luz da Carta Magna (aliás, a única) quanto do disposto no artigo 24, inciso II, da Lei das Eleições, segundo o qual é vedado aos partidos e candidatos receberem direta ou indiretamente doação estimável em dinheiro (gênero no qual está abrangida a prestação de serviços) decorrente de órgão da Administração Pública direta e indireta ou fundação mantida com recursos provenientes do Poder Público.

Tal entendimento é agasalhado pela maioria da doutrina, havendo ainda duas outras correntes, quais sejam: a) a que defende que, a despeito de não configurar conduta vedada o uso de servidores públicos dos Poderes Legislativo e Judiciário, tal fato representa abuso de poder político;[197] b) a que entende que a proibição somente se aplica aos servidores do Poder Executivo.[198]

Essa última, aliás, tem sido a prevalente no âmbito do Tribunal Superior Eleitoral (TSE):

---

197 ESMERALDO, Elmana Viana Lucena. *Processo Eleitoral* – Sistematização das Ações Eleitorais. São Paulo: JH MIzuno, 2012. p. 174.

198 CONEGLIAN, Olivar. *Eleições 2014*: Radiografia da Lei 9.504/97. 8. ed. Curitiba: Juruá, 2014. p. 448.

ELEIÇÕES 2014. AGRAVO REGIMENTAL. RECURSO ESPECIAL. REPRESENTAÇÃO. ABUSO DO PODER POLÍTICO. GOVERNADOR. VICE-GOVERNADOR. CONDUTA VEDADA. SERVIDOR PÚBLICO. PODER LEGISLATIVO. CESSÃO. PREVISÃO LEGAL. AUSÊNCIA. RESTRIÇÃO DE DIREITOS. INTERPRETAÇÃO EXTENSIVA. IMPOSSIBILIDADE. DESPROVIMENTO.

1. A vedação contida no art. 73, III, da Lei nº 9.504/97 é direcionada aos servidores do Poder Executivo, não se estendendo aos servidores dos demais poderes, em especial do Poder Legislativo, por se tratar de norma restritiva de direitos, a qual demanda, portanto, interpretação estrita.

2. Nas condutas vedadas previstas nos arts. 73 a 78 da Lei das Eleições imperam os princípios da tipicidade e da legalidade estrita, devendo a conduta corresponder exatamente ao tipo previsto na lei (REspe nº 626-30/DF, Rel. Min. Maria Thereza de Assis Moura, DJe 4.2.2016).

3. Agravo regimental desprovido. (Recurso Especial Eleitoral nº 119653, Acórdão, Relator(a) Min. Luciana Christina Guimarães Lóssio, Publicação: DJE – Diário de justiça eletrônico, Data 12.09.2016, Página 31).

Sobre a conduta vedada em estudo, é importante registrar não ser proibido *ao agente público participar de atos de campanha política*, pois seu *status* funcional não lhe retira a cidadania e o direito de participar no processo eleitoral da maneira que melhor entender. *O que se veda é que o faça durante seu horário de expediente se estiver em pleno exercício das funções*, isto é, se não estiver licenciado, quando terá liberdade total, salvo, via de regra, se a licença for para tratamento de saúde, pois se ele não está apto a se deslocar até o local de trabalho presume-se também que não pode dispor de sua força física para participar de qualquer ato de campanha política.

Dúvida interessante surge quanto à *possibilidade de servidores públicos usarem material de propaganda eleitoral no local e horário de trabalho. Parece-me claro que nenhum agente público pode usar seu espação e tempo de trabalho para propagar visibilidade a candidaturas*, pois ele, no exercício da função, é o Estado, que, por principiologia, deve ser imparcial.

Todavia, ressalto decisão do Tribunal Superior Eleitoral (TSE), no sentido de que "a mera circunstância de os servidores portarem adesivos contendo propaganda eleitoral dentro da repartição, durante o horário de expediente, conquanto eticamente reprovável, não se enquadra na descrição típica contida no art. 73, III, da Lei nº 9.504/97, cuja proibição consiste na 'cessão de servidor' ou na 'utilização de seus serviços', 'para comitês de campanha eleitoral de candidato, partido político ou coligação', circunstâncias que não se verificaram no caso".[199]

Nesse tocante, deve-se observar que, *para a configuração do inciso em referência, exige-se a presença dos seguintes elementos: 1) servidor público ou empregado da Administração Direta ou Indireta,* assim entendido qualquer pessoa que possua vínculo funcional com o Estado[200] (concursado celetista ou estatutário, empregado público, contratado temporário e os ocupantes de cargos comissionados ou função de confiança); *2) que a cessão do servidor público (lato senso) para prestar serviços* ao candidato, partido político ou coligação *ocorra em horário de expediente,* de modo a prejudicar – total ou parcialmente – sua carga horária de trabalho. Nesse tocante, é irrelevante se cogitar da possibilidade de trabalhar para candidato em horário de expediente *se tiver cumprido sua* "meta diária", pois aqui não se está a tutelar a eficiência no trabalho, mas a igualdade de oportunidade entre os candidatos, que só será atendida com o não uso da força estatal em prol de qualquer concorrente ao pleito.

Sobre o horário de expediente, cuja fixação se dá mediante ato administrativo do Chefe de cada Poder, faz-se imperioso que, *em ano eleitoral, fiscalizem-se permanentemente as eventuais mudanças de horário de trabalho* que contemplem a possibilidade de participação em atos de campanha, ou que simplesmente, pela invariável e súbita bondade dos gestores, diminuam a carga horária de trabalho sem fixar a proporcional redução remuneratória.

Trata-se de oportunismo eleitoral flagrante que deve ser firmemente fiscalizado pelo Ministério Público e rechaçado pela Justiça Eleitoral, conforme já decidiu o Tribunal Superior Eleitoral (TSE) ao afirmar que "configura grave abuso do poder político a expedição de decreto pelo prefeito candidato à reeleição, a menos de 15 dias do pleito, reduzindo a jornada dos servidores comissionados, quiçá

---

[199] Agravo Regimental em Recurso Especial Eleitoral nº 151188, Acórdão de 03.06.2014, Relator(a) Min. LUCIANA CHRISTINA GUIMARÃES LÓSSIO, Publicação: DJE – Diário de justiça eletrônico, Tomo 152, Data 18.8.2014, Página 151.

[200] O Tribunal Superior Eleitoral (TSE) decidiu recentemente que "a conduta vedada encartada no art. 73, III, da Lei das Eleições reclama a cessão de servidor público ou empregado da Administração, bem como o uso de seus serviços, para comitês de campanha eleitoral de candidato, partido político ou coligação, durante o horário de expediente, razão por que o seu âmbito de proteção não alberga o servidor público cedido". (Recurso Especial Eleitoral nº 76210, Acórdão de 10.03.2015, Relator(a) Min. LUIZ FUX, Publicação: DJE – Diário de justiça eletrônico, Tomo 84, Data 06.05.2015, Página 145/146). Trata-se, a nosso ver, de entendimento equivocado, pois desnatura a *ratio legis*, que é exatamente impedir que a mão de obra estatal (qualquer que seja ela) possa ser usada em prol de candidaturas ou partidos. E, convenhamos, o fato de alguém estar cedido não lhe desqualifica como agente público para fins eleitorais e criminais.

dos contratados, sem reduzir os vencimentos, para participarem de campanhas eleitorais, o que provocou situação ilegal de privilégio na disputa, interferindo no processo eleitoral de 2012, em manifesta contrariedade ao princípio da impessoalidade e da eficiência".[201]

Outra observação que merece ser feita diz respeito à expressão "comitês de campanha eleitoral", cuja interpretação a ser dada abrange qualquer ato de campanha e não só o trabalho no local físico do comitê. Como exemplos, podemos citar distribuição de material de campanha em sinais, participação em "bandeiraço", montagem e desmontagem de palco para comício, limpeza dos locais para atos de campanha etc.

– CASO CONCRETO NAS ELEIÇÕES DE 2014 –

Conforme matéria publicada no site do Tribunal Superior Eleitoral (http://www.tse.jus.br/noticias-tse/2014/Setembro/ministro-suspende-propaganda-de-dilma-sobre-o-201cmais-medicos201d), "o Ministro Admar Gonzaga determinou que a propaganda de Dilma Rousseff, candidata à reeleição, não podia mais exibir trecho em que ela aparecia conversando com profissionais do programa 'Mais Médicos'.

De acordo com o ministro, aparentemente, houve privilégio na utilização da estrutura do poder público na propaganda, uma vez que a candidata gravou entrevista com os médicos do programa numa Unidade Básica de Saúde (UBS) de Jardim Jacy, em Guarulhos, São Paulo".

Em sua decisão, o relator destacou que "na perspectiva de um razoável equilíbrio no processo democrático, que já pende fortemente em benefício daqueles que dispõem do poder almejado, entendo ser apropriada ao caso a aplicação do poder geral de cautela, de modo a impedir a reexibição do trecho veiculado".

A representação foi ajuizada no TSE pela Coligação Muda Brasil, encabeçada pelo candidato Aécio Neves. Nos autos, sustenta-se que a "propaganda de Dilma teria desrespeitado o artigo 73 da Lei das Eleições (Lei nº 9.504/97), que trata das condutas vedadas aos agentes públicos".

Assim, além de pedir punição à candidata Dilma, "a coligação apontou grave conduta do ministro da Saúde, Artur Chioro, que também participou da gravação do programa, do vice-presidente, Michel Temer, e também dos quatro funcionários da UBS, entre eles dois médicos cubanos.

Conforme argumento da representação, a equipe de Dilma paralisou os serviços de um posto de saúde para gravar a propaganda e utilizou do conjunto do serviço público e de seus servidores em unidade gerida por

[201] Recurso Especial Eleitoral nº 69541, Acórdão de 19.05.2015, Relator(a) Min. GILMAR FERREIRA MENDES, Publicação: DJE – Diário de justiça eletrônico, Tomo 120, Data 26.06.2015, Página 246/248.

governo municipal de sua base, uma vez que o prefeito de Guarulhos pertence ao PT (Partido dos Trabalhadores), e também teria utilizado da imagem do programa que pertence ao Governo Federal. Sustenta que o objetivo da propaganda tinha claro fim eleitoral em detrimento do interesse público, o que contraria a legislação".

Logo abaixo, transcrevemos a decisão monocrática lavrada pelo relator, *in verbis*:

"Trata-se de representação, com pedido de liminar, ajuizada pela Coligação Muda Brasil (PSDB, DEM, SD, PTB, PMN, PTC, PEN, PTdoB e PTN), em desfavor da Coligação com a Força do Povo (PT, PMDB, PDT, PCdoB, PP, PR, PSD, PROS e PRB), de Dilma Vana Rousseff, candidata à Presidência da República, de Michel Miguel Elias Temer Lulia, candidato à Vice-Presidência, de Artur Chioro, Ministro da Saúde, de César Yamashita, médico, de Juan Gusmelie, médico, de Hilda Suarez, médica, e de Walter Freitas Junior, gerente da UBS Jardim Jacy, por suposta prática das condutas vedadas de que trata o art. 73, incisos I e III, da Lei nº 9.504/1997.

Sustenta que a Representada Dilma Vana Rousseff, em 4.8.2014, visitou a Unidade Básica de Saúde (UBS) de Jardim Jacy, situada em Guarulhos/SP, para receber profissionais do programa do governo "Mais Médicos".

Alega que, segundo noticiado pela imprensa nos sítios da Veja, Diário de Guarulhos, G1 e UOL, a viagem foi preparada às pressas e chegou a aparecer na agenda oficial do Palácio do Planalto (fls. 19-27). Informa que a comitiva teria chegado às 10h e contava com o Ministro da Saúde, Arthur Chioro, e com a equipe de campanha para registro da propaganda eleitoral para TV.

Afirma que a escolha da UBS Jardim Jacy não foi aleatória, visto que o serviço de saúde das unidades básicas é municipal, sendo que o programa "Mais Médicos" é administrado e viabilizado por recursos federais. Ressalta que o Prefeito do município de Guarulhos é filiado ao mesmo partido da Representada e compõe importante polo para sua base eleitoral.

Destaca que a visita realizada pela Representada foi claramente direcionada para as gravações do programa eleitoral, veiculado no bloco no último dia 28.8.2014, às 20h30, conforme mídia e transcrição às fls.13-18.

Aduz que o fato 'configura grave conduta vedada com a paralisação de um posto de saúde, com utilização do conjunto do serviço público e de seus servidores, na presença do Ministro da Saúde, em unidade gerida por governo municipal de sua base e em programa do Governo Federal (Mais Médicos) com o único propósito de gravar trecho de sua propaganda eleitoral" (fl. 4).

Sustenta que 'a cúpula do governo federal em matéria de saúde se deslocou para uma UBS de Guarulhos, mobilizando toda a estrutura de saúde da localidade, para perguntar a alguns agentes públicos, na presença da candidata Presidente, se o serviço seria bem gerido" (fl. 4), com o objetivo de alavancar a simpatia para o programa "Mais Médicos" com fins eleitorais, em detrimento do interesse público, ferindo o disposto no art. 73, incisos I e III, da Lei nº 9.504/97.

Propõe, preliminarmente, a inclusão dos médicos e gerentes da UBS de Jardim Jacy como litisconsortes passivos necessários, em razão de terem "participado ativamente na gravação da propaganda eleitoral dos representados, mediante a concessão de entrevista em horário de atendimento no posto de saúde (no horário das 10h às 12h do dia 4 de agosto de 2014)" (fl. 4), segundo doutrina e consolidada jurisprudência do TSE.

Assevera que a caracterização da infração ao inciso I do art. 73 está bem delineada: o ato teve caráter público e eleitoral em benefício da candidata à reeleição, não havendo o bem público sido utilizado para atender ao interesse da coletividade, mas, ao contrário, teve parte de suas instalações usadas tão somente para beneficiar os Representados Coligação com a Força do Povo, Dilma Vana Rousseff e Michel Miguel Elias Temer Lulia, em sua propaganda eleitoral.

Sustenta afronta ao art. 73, inciso III, da Lei nº 9.504/97, em razão da presença do Ministro da Saúde em ato de campanha eleitoral, bem como dos demais Representados em dia e horário de expediente, reputando como inaceitável a convocação de agentes públicos (médicos) para gravação de programa eleitoral.

Argumenta que "utilizar agentes públicos destacados para ilustrar a propaganda eleitoral dos representados, no horário de trabalho, configura grave violação à normalidade eleitoral, inserida no rol de condutas vedadas aos agentes públicos, vez que os mesmos só poderiam se dedicar `aos interesses da Administração e não serem desviados dos `serviços públicos ao atendimento de interesses particulares da candidata à reeleição Dilma Rousseff" (fl. 9).

Aponta, por fim, que a presença de alguns servidores na referida propaganda eleitoral ensejaria a violação do art. 337 do Código Eleitoral.

Requer a concessão de liminar para (fl. 11): a) determinar que os representados se abstenham, imediatamente, de veicular o trecho da propaganda em que os representados usam a estrutura do posto de saúde e participam de entrevista com médicos (programa exibido em 28.8.2014, às 13h e às 20h30, no intervalo de 4min27s a 6min50s); b), a fixação liminar de astreintes, caso os representandos não se abstenham de veicular a propaganda com o conteúdo vedado; c) notificação liminar de que o descumprimento da decisão liminar pode caracterizar o crime de desobediência (art. 347 do Código Eleitoral).

Pede, ainda, a intimação dos Representados para não mais repetirem a conduta, sob pena de incidência do art. 347 do Código Eleitoral.

No mérito, requer seja julgada procedente a representação, para que se apliquem as penalidades previstas no art. 73, caput, I e III, da Lei das Eleições.

A inicial veio instruída com mídias em DVD (fls. 13 e 28), de gravação da propaganda (fls. 14-18) e notícias jornalísticas (fls. 19-27). É o relatório.

Decido, no sentido de conceder a liminar requerida. Feita a leitura da inicial e uma análise atenta do trecho do programa impugnado, avisto aparência de privilégio na utilização da estrutura da UBS Jardim Jacy e de seus servidores para gravação do programa eleitoral dos três primeiros Representados.

Assim, na perspectiva de um razoável equilíbrio no processo democrático, que já pende fortemente em benefício daqueles que dispõem do poder almejado, entendo ser apropriada ao caso a aplicação do poder geral de cautela, de modo a impedir a reexibição do trecho veiculado na mídia anexada aos presentes autos, que vai dos 4'27" (quatro minutos e vinte e sete segundos) aos 6'50" (seis minutos e cinquenta segundos), tendo em vista o possível prejuízo de se aguardar o julgamento definitivo da causa, considerada a vedação inscrita nos incisos I e III do art. 73 da Lei nº 9.504/1997.

Contudo, entendo oportuno desde já analisar a utilidade da participação de César Yamashita (médico), de Juan Gusmelie (médico), de Hilda Suarez (médica) e de Walter Freitas Júnior (gerente da USB Jardim Jacy) no polo passivo da presente ação.

Anoto, de partida, que a Representante não se ocupou de demonstrar a conduta ou condutas aptas a indicar a possibilidade de incidência do direito material aos Representados, que justifique necessidade integração da relação jurídica processual.

É de lembrar, nessa linha de raciocínio, que o dispositivo de lei invocado direciona sua aplicação apenas àqueles que, em tese, tenham se utilizado da estrutura poder público em prejuízo para o equilíbrio do pleito, ou seja, àqueles que supostamente atuaram em oposição às cláusulas que delimitam o rol das condutas vedadas.

Não parece próprio, portanto, permitir a inserção injustificada de agentes públicos no polo passivo dessa espécie de representação como forma de evitar possível utilização desse importante instrumento de contenção de abusos, apenas para causar constrangimentos a pessoas que se encontrem em posição de subordinação.

Para os fins propostos pela norma – inserida em nosso ordenamento como advento do instituto da reeleição –, a participação no polo passivo deve se limitar aos agentes públicos contra os quais se possa traçar uma responsabilidade objetiva, ou seja, àqueles que, por ação ou omissão, contribuíram para o evento danoso à democracia.

Isso, posto, CONCEDO a liminar requerida para determinar aos três primeiros Representados que se abstenham de veicular, na sua propaganda eleitoral sobre qualquer formato (bloco ou inserção), as imagens constantes do trecho da mídia em anexo, compreendido entre os 4'27" (quatro minutos e vinte e sete segundos) e 6'50" (seis minutos e cinquenta segundos).

Determino, ainda, a exclusão dos seguintes Representados do polo passivo desta ação: César Yamashita (médico), Juan Gusmelie (médico), Hilda Suarez (médica) e Walter Freitas Júnior (gerente da USB Jardim Jacy). P.R.I. Brasília – DF, em 10 de setembro de 2014. Ministro Admar Gonzaga Relator".

Até o fechamento dessa obra, ainda não havia decisão definitiva de mérito.

9.3.B Exceções legais: Pela leitura do inciso III, podem ser extraídas algumas exceções. Vejamos.

9.3.B.1 Férias e licenças: O período em que o agente público esteja de férias ou no gozo de licenças (remuneradas ou não) representa exceção à proibição em comento, pois, em tais períodos, podem fazer qualquer coisa que não constitua infração funcional.

Ora, sendo a participação em atos de campanha um direito decorrente da cidadania de todos, não há qualquer proibição que assim ocorra. Uma ressalva, porém, merece ser feita: *entendemos que se o servidor público estiver de licença para tratamento de saúde*, sob a alegação de impossibilidade de permanecer no trabalho para recuperação, *não lhe será permitido qualquer ato de engajamento político, salvo os que puderem ser realizados em sua residência.*

9.3.B.2 A questão dos agentes políticos: A lei é bem clara no sentido de referir-se a servidores públicos e empregados da Administração Pública, deixando entender que qualquer um que tenha vínculo funcional com o Estado não poderá deixar de trabalhar para atuar em campanha política.

Pois bem, não obstante a clareza do mandamento legal, há entendimento jurisprudencial do Tribunal Superior Eleitoral (TSE) no sentido de que *os agentes políticos*[202] não se submete*m à proibição em questão*:

> Embora seja incontroverso que o prefeito de Natal tenha participado do evento descrito na inicial, sua mera participação não pode ser entendida como violadora do art. 73, III, da Lei nº 9.504/97, o qual estabelece ser proibido aos agentes públicos "ceder servidor público ou empregado da administração direta ou indireta federal, estadual ou municipal do Poder Executivo, ou usar de seus serviços, para comitês de campanha eleitoral de candidato, partido político ou coligação, durante o horário de expediente normal, salvo se o servidor ou empregado estiver licenciado".
>
> Isso porque, como se sabe, o Prefeito, embora seja agente público, não é servidor público em sentido estrito, enquadrando-se na categoria de agente político, não sendo, portanto, abarcado pelo dispositivo anteriormente citado. Ademais, exatamente por ser agente político, não está o Chefe do Executivo sujeito a jornada de trabalho com horários prefixados, não havendo para ele "horário de expediente normal", nos termos da dicção legal acima transcrita.

[202] A parte final do disposto no inciso III do art. 73 da Lei nº 9.504/97 ("... durante o horário de expediente normal...") não se aplica à presença moderada, discreta ou acidental de Ministros de Estado em atos de campanha, conquanto agentes políticos, não sujeitos a regime inflexível de horário de trabalho. (Representação nº 84890, Acórdão de 04.09.2014, Relator(a) Min. TARCISIO VIEIRA DE CARVALHO NETO, Publicação: DJE – Diário de justiça eletrônico, Tomo 184, Data 1.10.2014, Página 30/31).

> Desse modo, descaracterizado descumprimento ao referido art. 73, III, da Lei das Eleições, não há sanção a ser imposta à candidata a prefeita MARIA DE FÁTIMA BEZERRA.
>
> Correto o entendimento do Tribunal a quo, assim como a manifestação da Procuradoria-Geral Eleitoral, a qual ressalta que o chefe do Poder Executivo é agente político e, por isso, não se sujeita às regras comuns aplicáveis aos servidores públicos stricto sensu.
>
> Nesse sentido também há pronunciamento desta Corte, no Ag nº 4.000/PA e REspe nº 21.289/PA, DJ de 6.2.2004, relatoria do Ministro Barros Monteiro, de cujo voto condutor do acórdão extraio os seguintes trechos *verbis*: [...] o chefe do executivo não se acha impedido de participar da campanha do seu candidato à sucessão [...].
>
> O governador não se acha tolhido de deslocar-se em viagens para o interior do estado em período eleitoral [...]. Nem se encontra obstado de participar da campanha de seu candidato à sucessão, nem de comícios. Nego seguimento (art. 36, §6º, do RITSE). (Recurso Especial Eleitoral nº 34978, Decisão Monocrática de 10.12.2009, Relator(a) Min. FERNANDO GONÇALVES, Publicação: DJE – Diário da Justiça Eletrônico, Data 16.12.2009, Página 22/23).

Convém frisar que o fato dos agentes políticos poderem participar de atos de campanha não implica dizer que podem valer-se da estrutura estatal para tanto, como previsto pelo inciso I, do artigo 73, da Lei das Eleições.

9.3.C Incidência temporal: O inciso III, do artigo 73, não faz menção ao período de vedação referente à cessão de servidores públicos para fins de participação em atos de campanha, de forma que é lícito concluir que tal *começa a valer no primeiro dia do ano das eleições*. Tal conclusão é extraída da percepção de que quando a lei quer estipular prazo diverso do ano eleitoral ela o faz expressamente (como nas hipóteses dos incisos V, VI e VIII, do artigo 73).

Esse é o entendimento jurisprudencial sobre o assunto:

> Conduta vedada. Tipicidade. Período de configuração.
>
> – Para a incidência dos incisos II e III do art. 73 da Lei nº 9.504/97, não se faz necessário que as condutas tenham ocorrido durante o período de três meses antecedentes ao pleito, uma vez que tal restrição temporal só está expressamente prevista nos ilícitos a que se referem os incisos V e VI da citada disposição legal. Agravo regimental não provido. (Agravo Regimental em Recurso Especial Eleitoral nº 35546, Acórdão de 06.09.2011, Relator(a) Min. ARNALDO VERSIANI LEITE SOARES, Publicação: DJE – Diário da Justiça Eletrônico, Tomo 188, Data 30.09.2011, Página 61).

9.3.D Ilícitos correlatos ao artigo 73, III: O ilícito em questão, dependendo do agente público por ele responsável, possui o condão de tipificar *crime de responsabilidade* (artigo 9º, 7, da Lei nº 1079/50 e artigo 1º, I e II, do Decreto-Lei nº 201/67), bem como *infração político-administrativa* (artigo 4º, VII e X, do Decreto-Lei nº 201/67).

Além disso, pode encerrar também *crime eleitoral* (artigos 346 e 377, do Código Eleitoral) e *improbidade administrativa* (artigos 9, 10 ou 11, da Lei nº 8.429/92).

9.3.E Jurisprudências interessantes: A seguir, apresentaremos os principais julgados do Tribunal Superior Eleitoral (TSE) e das demais Cortes Eleitorais referentes ao assunto.

– TSE –
1 – *Não há ofensa ao art. 73, III* da Lei 9.504/97 *se a prova dos autos é clara a delimitar o horário de expediente do servidor e os fatos se deram fora desse horário.* Suposições ou inferências, ainda que pudessem descaracterizar prova, não podem ser tomadas como verdade para imputar ato ilícito se desprovidas de apoio em qualquer outra prova dos autos. *A prova do horário do expediente, ausente quaisquer outras capazes de lhe sobrepor, é suficiente para afastar a ilicitude do ato.* (Recurso Ordinário nº 3776, Acórdão de 16.10.2014, Relator(a) Min. MARIA THEREZA ROCHA DE ASSIS MOURA, Publicação: DJE – Diário de justiça eletrônico, Tomo 209, Data 06.11.2014, Página 88/89).
2 – Conforme se extrai da moldura fática do acórdão regional, os agravantes foram multados pela prática da conduta vedada do art. 73, I, da Lei nº 9.504/97, consubstanciada em entrevistas realizadas em 7.7.2012 com duas servidoras públicas municipais, durante o seu horário de expediente no Centro de Apoio à Inclusão de Pirapora, com conteúdo posteriormente reproduzido no programa eleitoral dos candidatos agravantes (Agravo Regimental em Recurso Especial Eleitoral nº 121465, Acórdão de 04.09.2014, Relator(a) Min. JOÃO OTÁVIO DE NORONHA, Publicação: DJE – Diário de justiça eletrônico, Tomo 173, Data 16.09.2014, Página 125/126).
3 – A distribuição de panfletos de propaganda eleitoral por prefeito em benefício da candidatura de sua filha ao cargo de deputado estadual afigura-se atípica para os fins da conduta vedada de que trata o art. 73, III, da Lei nº 9.504/97, pois inexistente, no caso dos autos, o núcleo referente à cessão de servidor público para a campanha (Recurso Ordinário nº 15170, Acórdão de 05.08.2014, Relator(a) Min. JOÃO OTÁVIO DE NORONHA, Publicação: DJE – Diário de justiça eletrônico, Tomo 153, Data 19.8.2014, Página 206).

4 – No caso dos autos, os agravados foram multados pela prática da conduta vedada do art. 73, III, da Lei 9.504/97, pois *o Secretário Adjunto de Saúde de Pirapora/MG e sua assistente ordenaram que duas agentes comunitárias convidassem gestantes durante o horário de expediente para* palestras e consultas médicas que ocorreriam em 1º.9.2012. Esse convite, porém, teve como real objetivo *a participação dessas pacientes na gravação de programa eleitoral* (Agravo Regimental em Recurso Especial Eleitoral nº 122594, Acórdão de 25.06.2014, Relator(a) Min. JOÃO OTÁVIO DE NORONHA, Publicação: DJ – Diário de justiça, Tomo 148, Data 12.8.2014, Página 100-101).
5 – A prática das condutas descritas no art. 73 da Lei das Eleições não implica, necessariamente, a cassação do registro ou diploma, pois a sanção deve ser proporcional à gravidade do ilícito. Precedentes. Na espécie, segundo a moldura fática do acórdão, *há prova de que o agravante utilizou-se dos serviços de apenas dois servidores em uma oportunidade cada um, e por menos de duas horas em cada situação. Devido a essas circunstâncias, a cassação do diploma é penalidade desproporcional* (Agravo Regimental em Recurso Especial Eleitoral nº 53175, Acórdão de 22.04.2014, Relator(a) Min. JOÃO OTÁVIO DE NORONHA, Publicação: DJE – Diário de justiça eletrônico, Tomo 104, Data 5.6.2014, Página 54/55).
6 – *O uso de camiseta e boné por servidores vinculados à administração municipal, contendo alusão ao nome do candidato à reeleição, não se amolda aos precisos termos do inciso III do referido dispositivo*, ante a inocorrência das hipóteses ali taxativamente contempladas, impondo-se a interpretação estrita do preceito legal, por se tratar de norma proibitiva, pelo que há de se negar provimento ao recurso (RECURSO ESPECIAL ELEITORAL nº 25592, Decisão Monocrática de 19.04.2007, Relator(a) Min. FRANCISCO CESAR ASFOR ROCHA, Publicação: DJ – Diário de justiça, Data 24.04.2007, Página 174/175).
7 – Marcos Antônio Alvim e Marlos Florêncio Fernandes *tiveram seus diplomas de prefeito e de vice-prefeito de Araguari cassados* com base no art. 73, III da Lei nº 9.504/97, *porque teria o procurador-geral desse município atuado como representante legal da coligação dos referidos candidatos*, decisão que foi reformada pela Corte Regional Eleitoral, por decisão atacada por meio de recurso especial, ao qual foi negado seguimento, razão pela qual foi interposto agravo de instrumento, que tomou nesta Corte o nº 7907. Na presente medida cautelar alega-se que o art. 73, III da lei eleitoral admite, apenas, duas hipóteses. Ou o servidor atua em campanha fora do horário de expediente normal de trabalho ou, se não é submetido a horário rígido, como nos casos de cargo de confiança, deve se afastar temporariamente ou definitivamente de suas funções. Qualquer outra situação seria fraude à lei. Pede-se a concessão de liminar para, reconhecendo-se que a questão é de valoração de fato incontroverso e não de reexame de fatos e provas, impor-se a reforma da decisão regional. *Primo oculi*, não vislumbro a plausibilidade do direito dos autores no que concerne à probabilidade de sucesso do agravo de instrumento, pois, para

o acolhimento das razões do recurso especial obstado, necessário o reexame de provas, esbarrando, assim, em óbice sumular (Enunciados nº 279 da Súmula do STF e nº 7 da Súmula do STJ). Pelo exposto, nego a liminar e a própria cautelar, nos termos do art. 36, §6º, do RITSE (MEDIDA CAUTELAR nº 2135, Decisão Monocrática de 13.12.2006, Relator(a) Min. FRANCISCO CESAR ASFOR ROCHA, Publicação: DJ – Diário de justiça, Data 19.12.2006, Página 220).

8 – RECURSO ESPECIAL. ELEIÇÕES 2004. REPRESENTAÇÃO. CONDUTA VEDADA. (ART. 73, III, LEI Nº 9.504/97). AUSÊNCIA. CARACTERIZAÇÃO. *Para a caracterização da conduta vedada prevista no inciso III do art. 73 da Lei das Eleições, não se pode presumir a responsabilidade do agente público.* Recurso conhecido e desprovido. (RECURSO ESPECIAL ELEITORAL nº 25220, Acórdão nº 25220 de 15.12.2005, Relator(a) Min. HUMBERTO GOMES DE BARROS, Relator(a) designado(a) Min. FRANCISCO CESAR ASFOR ROCHA, Publicação: DJ – Diário de justiça, Data 12.08.2006, Página 148 RJTSE – Revista de jurisprudência do TSE, Volume 17, Tomo 4, Página 271).

9 – *Quanto ao inciso III, é necessário que o elemento essencial do tipo – estar o servidor em horário de expediente normal e não licenciado, a serviço ou cedido para comitês de campanha eleitoral – esteja caracterizado, o que não restou comprovado.* (RECURSO ESPECIAL ELEITORAL nº 25140, Decisão Monocrática de 05.09.2005, Relator(a) Min. LUIZ CARLOS LOPES MADEIRA, Publicação: DJ – Diário de Justiça, Data 12.09.2005, Página 131).

10 – *O uso de serviço de servidores públicos na campanha eleitoral não se confunde com a prestação de segurança à autoridade que se candidata à reeleição.* (AGRAVO DE INSTRUMENTO nº 4246, Acórdão nº 4246 de 24.05.2005, Relator(a) Min. LUIZ CARLOS LOPES MADEIRA, Publicação: DJ – Diário de Justiça, Volume 1, Data 16.09.2005, Página 171 RJTSE – Revista de Jurisprudência do TSE, Volume 16, Tomo 2, Página 138).

– TRE/SE –

1 – Para a configuração da conduta vedada prevista no art. 73, III, da Lei nº 9.504/97, faz-se *mister a prova de utilização de funcionário público, em atos de campanha eleitoral de candidato, partido político ou coligação, e, ainda, cumulativamente, que essa atuação ilícita tenha ocorrido durante o horário normal de expediente.* (RECURSO ELEITORAL nº 47325, Acórdão nº 239/2013 de 06.08.2013, Relator(a) RICARDO MÚCIO SANTANA DE ABREU LIMA, Publicação: DJE – Diário de Justiça Eletrônico, Tomo 145, Data 14.08.2013, Página 02/03).

– TRE/SP –

2 – *A UTILIZAÇÃO,* PELO PREFEITO MUNICIPAL, *DO GABINETE DA PREFEITURA PARA REUNIÃO COM FINALIDADE DE ESTABELECER ALIANÇAS ELEITORAIS CONFIGURA A CONDUTA VEDADA* DO ART. 73,

I, DA LEI N. 9.504/1997, INDEPENDENTEMENTE DE SUA POTENCIALIDADE PARA INFLUENCIAR NO RESULTADO DO PLEITO. A APLICAÇÃO DA PENALIDADE, NO ENTANTO, DEVE OBSERVAR O PRINCÍPIO DA PROPORCIONALIDADE. (RECURSO nº 79739, Acórdão de 22.08.2013, Relator(a) LUIZ GUILHERME DA COSTA WAGNER JUNIOR, Publicação: DJESP – Diário da Justiça Eletrônico do TRE-SP, Data 29.08.2013).

3 – *A VEDAÇÃO LEGAL ESTATUÍDA NO ART. 73, INC. III, DA LEI DAS ELEIÇÕES NÃO SE RESTRINGE AOS SERVIÇOS PRESTADOS POR FUNCIONÁRIOS DO PODER EXECUTIVO, MAS SE ESTENDE AOS SERVIDORES DO PODER LEGISLATIVO E DO JUDICIÁRIO.* 4. IN CASU, O DIRETOR GERAL DA CÂMARA MUNICIPAL EXERCIA, SIMULTANEAMENTE, A FUNÇÃO DE REPRESENTANTE DE COLIGAÇÃO, PARTICIPANDO DE INÚMEROS ATOS, DURANTE O HORÁRIO DE EXPEDIENTE, EM FAVOR DA CAMPANHA DOS DEMAIS REPRESENTADOS E DA PRÓPRIA COLIGAÇÃO. CONFIGURAÇÃO DA CONDUTA VEDADA PREVISTA NO ART. 73, INC. III, DA LEI DAS ELEIÇÕES. 5. MOSTRA-SE PROPORCIONAL A SANÇÃO IMPOSTA, VEZ QUE COMPATÍVEL COM A GRAVIDADE DA CONDUTA LESIVA PRATICADA, NÃO ATRAINDO A SANÇÃO DE CASSAÇÃO DE REGISTRO OU DE DIPLOMA. 6. NEGA-SE PROVIMENTO AOS RECURSOS, MANTENDO-SE A SENTENÇA QUE JULGOU PARCIALMENTE PROCEDENTE O PEDIDO, IMPONDO PENA DE MULTA AOS REPRESENTADOS. (RECURSO nº 65589, Acórdão de 16.05.2013, Relator(a) ANTONIO CARLOS MATHIAS COLTRO, Publicação: DJESP – Diário da Justiça Eletrônico do TRE-SP, Data 23.05.2013).

4 – REPRESENTAÇÃO. CONDUTA VEDADA. ART. 73, §4º, DA LEI DAS ELEIÇÕES C.C. ART. 50, §4º DA RESOLUÇÃO TSE Nº 23.191/10. SUPOSTA DISTRIBUIÇÃO DE PROPAGANDA ELEITORAL EM HORÁRIO DE EXPEDIENTE. CHEFE DE EXECUTIVO MUNICIPAL. PRELIMINARES AFASTADAS. *ENGAJAMENTO DE CHEFE DE EXECUTIVO EM CAMPANHA ELEITORAL NÃO É, POR SI SÓ, CONDUTA REPROVADA PELA LEI. IMPROCEDÊNCIA DA DEMANDA.* (REPRESENTAÇÃO nº 15170, Acórdão de 31.01.2012, Relator(a) CLARISSA CAMPOS BERNARDO, Publicação: DJESP – Diário da Justiça Eletrônico do TRE-SP, Data 07.02.2012).

– TRE/RS –

1 – *Caracteriza conduta vedada a agentes públicos a convocação de servidores municipais por parte de prefeito, candidato à reeleição, para participar de reunião política durante o horário normal de expediente.* (RECURSO ELEITORAL nº 1188, Acórdão nº 753/2008 de 18.12.2008, Relator(a) FRANCISCO REGINALDO JOCA, Publicação: DJ – Diário de justiça, Tomo 008/2009, Data 14.01.2009, Página 42).

– TRE/RJ –
1 – Resta incontroversa a ocorrência *da conduta vedada, praticada pelo servidor, visto que foi devidamente comprovado, por diversos meios de prova, que o mesmo, a mando do presidente da autarquia a qual era vinculado, entregou, em seu horário de expediente, documento relativo ao candidato recorrido, em cartório eleitoral.* (RECURSO ELEITORAL nº 17256, Acórdão de 08.01.2014, Relator(a) ALEXANDRE JOSÉ DA SILVA BARBOSA, Publicação: DJERJ – Diário da Justiça Eletrônico do TRE-RJ, Tomo 010, Data 15.01.2014, Página 12/15).
– TRE/MS –
1 – A representação intentada em razão de conduta vedada, com fulcro no inciso III do art. 73 da Lei nº 9.504/97, tem por finalidade responsabilizar o agente público que consentiu que servidores sob sua responsabilidade participassem de atos de campanha eleitoral durante horário de expediente normal. *Não obstante a literalidade da norma de que a conduta vedada prevista no art. 73, inciso III, da Lei nº 9.504/97 se refere aos servidores do Poder Executivo, a melhor interpretação é no sentido de que a vedação deste dispositivo alcança qualquer servidor público, de quaisquer esferas ou Poderes,* que esteja em horário de expediente normal, conforme os limites legais da jornada de trabalho, não importando o vínculo com a Administração Pública, sob pena de afronta aos princípios da eficiência e da moralidade. (RECURSO ELEITORAL nº 62630, Acórdão nº 7971 de 09.09.2013, Relator(a) JOSUÉ DE OLIVEIRA, Publicação: DJE – Diário da Justiça Eleitoral, Tomo 898, Data 18.09.2013, Página 03/04).
2 – *Inexiste vedação do chefe do Executivo em praticar atos de campanha em prol dos candidatos por ele apoiados, desde que não lance mão de serviços ou equipamentos públicos.* Inexistindo ademais, nessa hipótese, desvio de suas funções por ser possível compatibilizar o ônus inerente ao exercício do cargo e a militância política, por não estar ele adstrito a horários fixos de expediente, não incide nessa situação violação ao art. 73, inciso III, da Lei nº 9.504/97. (RECURSO ELEITORAL nº 40848, Acórdão nº 7820 de 13.05.2013, Relator(a) HERALDO GARCIA VITTA, Publicação: DJE – Diário da Justiça Eleitoral, Tomo 819, Data 22.05.2013, Página 07/08).

9.4 Distribuição de bens (aspectos gerais)

Dentre as várias condutas praticadas pelos agentes públicos, candidatos e cabos eleitorais com o fim de "captação eleitoral" (isto é, compra de voto), destaca-se a promessa e/ou distribuição de bens, brindes ou valores aos eleitores.

Ciente dessa lamentável prática já bastante arraigada no sistema político brasileiro, cuja execução se dá por políticos corruptos e empresários inescrupulosos que financiam suas campanhas em troca de futuros contratos com o Poder Público,[203] a legislação eleitoral trata do assunto sob os aspectos cível e criminal.

Assim, no campo penal, destacam-se dois tipos incriminadores descritos no Código Eleitoral, que são: a) corrupção eleitoral (artigo 299); b) aliciamento de eleitores através de sorteios (artigo 334).

No mesmo sentido, mas na área cível, tem-se notícia de pelo menos três previsões legislativas que almejam coibir essa perniciosa conduta, quais sejam: a) captação ilícita de sufrágio (artigo 41-A, da Lei nº 9.504/97); b) entrega de brindes por parte da Administração Pública em ano eleitoral (artigo 73, §10, da Lei nº 9.504/97); c) uso eleitoral dos programas sociais de distribuição de bens (artigo 73, IV, da Lei nº 9.504/97).

Logo, seguindo o propósito do presente capítulo, analisaremos essas duas últimas previsões, com suas respectivas peculiaridades.

9.4.1 Uso eleitoral de programas sociais de distribuição gratuita de bens

A primeira hipótese legal que interessa ao assunto diz respeito à proibição direcionada aos agentes públicos no sentido de:

> IV – fazer ou permitir uso promocional em favor de candidato, partido político ou coligação, de distribuição gratuita de bens e serviços de caráter social custeados ou subvencionados pelo Poder Público;

9.4.1.A Análise do tipo: Uma das principais atividades da Administração Pública é a assistência social, através da qual são distribuídos bens e serviços gratuitamente aos cidadãos em estado de vulnerabilidade econômica/social/familiar.

Sem sombra de dúvidas, as ações assistenciais geram extrema vinculação (na verdade, gratidão) entre a parcela da sociedade que delas usufrui e o gestor público de plantão, pois representam um alento para a privação de bens e serviços a que são submetidos diariamente.

Dentro desse contexto e considerando que, em anos eleitorais, a "caridade" de alguns homens públicos aflora casuisticamente, o dispositivo em questão visa impedir o uso promocional desses serviços de caráter social em benefício de candidatos, partidos políticos e coligações. Veja bem, não há qualquer óbice aos programas sociais de distribuição de

---

[203] A denominada "Operação Lava Jato" deixou isso bem claro para todo o país.

bens, sendo interditado somente o seu uso direcionado para beneficiar ou prejudicar determinado candidato ou partido político.

Disso decorre, segundo entendimento do Tribunal Superior Eleitoral (TSE), que "*para a configuração da conduta vedada prevista no citado inciso IV do art. 73* – distribuição gratuita de bens e serviços de caráter social custeados ou subvencionados pelo Poder Público –, *é necessário demonstrar o caráter eleitoreiro ou o uso promocional em favor de candidato, partido político ou coligação*".[204] Ou seja, *exige-se um especial fim de agir* consistente em promover politicamente alguém ou determinado partido político/coligação.[205]

O Tribunal Superior Eleitoral (TSE[206]) adota alguns critérios para analisar a presença da finalidade eleitoreira ou promocional, quais sejam: a) ausência de previsão legal e orçamentária para distribuição dos bens; violação do disposto no artigo 73, §10, da Lei nº 9.504/97; b) inexistência de critérios objetivos para escolha dos beneficiários; concessão de benefícios de valores elevados a diversas pessoas que não comprovaram estado de carência; c) uso promocional do programa social comprovado; d) elevação dos gastos com o "programa" às vésperas do período eleitoral; e) realização de discurso no ato da entrega e participação direta na distribuição dos bens.[207]

Assim, *o mero anúncio de participação em programas sociais regulares já executados em anos anteriores, sem a promoção eleitoreira exigida pelo dispositivo, não é conduta vedada*, como decidiu recentemente o Tribunal Superior Eleitoral (TSE):

> ELEIÇÕES 2016. RECURSO ESPECIAL. REPRESENTAÇÃO POR CONDUTA VEDADA. ART. 73, INCISO IV DA LEI 9.504/97. ALEGADO USO PROMOCIONAL DE SERVIÇO DE CARÁTER SOCIAL POR

---

[204] Agravo Regimental em Recurso Especial Eleitoral nº 5427532, Acórdão de 18.09.2012, Relator(a) Min. ARNALDO VERSIANI LEITE SOARES, Publicação: DJE – Diário de justiça eletrônico, Tomo 196, Data 09.10.2012, Página 17.

[205] – *Em sentido contrário*: "Ainda que ausente prova segura do caráter eleitoreiro da conduta, a entrega gratuita de benesses pelo poder público no ano da eleição, sem a concorrência das excludentes previstas no referido dispositivo legal – 'os casos de calamidade pública, de estado de emergência ou de programas sociais autorizados em lei e já em execução orçamentária no exercício anterior' –, é suficiente para tipificar o ilícito reprimido pelo parágrafo 10 do art. 73 da Lei n. 9.504/1997" (TRE/SC, RECURSO CONTRA DECISÕES DE JUÍZES ELEITORAIS nº 116651, Acórdão nº 28790 de 14.10.2013, Relator(a) LUIZ CÉZAR MEDEIROS, Publicação: DJE – Diário de JE, Tomo 201, Data 21.10.2013, Página 5).

[206] Recurso Ordinário nº 1497, Acórdão de 20.11.2008, Relator(a) Min. EROS ROBERTO GRAU, Publicação: DJE – Diário da Justiça Eletrônico, Data 02.12.2008, Página 21/22.

[207] Recurso Especial Eleitoral nº 71923, Acórdão de 25.08.2015, Relator(a) Min. HENRIQUE NEVES DA SILVA, Publicação: DJE – Diário de justiça eletrônico, Tomo 202, Data 23.10.2015, Página 61/62).

SE TER DIVULGADO NO FACEBOOK PARTICIPAÇÃO EM AULA INAUGURAL DE CURSINHO SUBVENCIONADO PELO PODER PÚBLICO. NÃO CONFIGURAÇÃO. REENQUADRAMENTO JURÍDICO DOS FATOS DELINEADOS NO ACÓRDÃO. INEXISTÊNCIA DE DEMONSTRAÇÃO DE QUE TENHA HAVIDO DISTRIBUIÇÃO GRATUITA DE BENS E SERVIÇOS DE CARÁTER SOCIAL. NÃO CONFIGURAÇÃO, PELOS ELEMENTOS PROBATÓRIOS DESCRITOS NO ACÓRDÃO REGIONAL, DA PRÁTICA DO ILÍCITO ELEITORAL COGITADO. RECURSO ESPECIAL DE MARCUS TESSEROLLI E OUTRO AO QUAL SE DÁ PROVIMENTO PARA JULGAR IMPROCEDENTE A REPRESENTAÇÃO. 1. Tem-se, como alegação central, que foi divulgada na página do Facebook do então Prefeito, candidato à reeleição em 2016, sua participação em aula inaugural de cursinho pré-vestibular subvencionado pela Prefeitura, mas sem se ter demonstrado a ocorrência de distribuição gratuita de bens e serviços de caráter social. A jurisprudência deste Tribunal Superior exige o uso promocional de efetiva distribuição de bens e serviços custeados pelo Poder Público, (...) não cabendo ao intérprete supor que o Legislador dissera menos do que queria (REspe 857-38/GO, Rel. Min. GILMAR MENDES, DJe de 22.10.2015). 2. Considerando-se a moldura fática delineada no acórdão do egrégio TRE do Paraná, é possível a revaloração jurídica do que nele consignado, sem que isso importe em reexame da prova produzida no processo. 3. O mero ato de divulgar a participação em aula inaugural de cursinho pré-vestibular subvencionado pela Prefeitura, já implantado desde 2009, sem que tenha havido a efetiva distribuição de bens ou serviços, não encontra adequação típica à norma descrita no inciso IV do art. 73 da Lei 9.504/97 nem se confunde com a prática de atos tendentes a afetar a isonomia entre os candidatos, nos termos do que dispõe o art. 73 da Lei das Eleições (Lei 9.504/97). 4. Inexistem, neste caso, elementos probatórios que deem suporte à procedência da Representação pela conduta vedada pelo art. 73 da Lei das Eleições, que tem por consequência as severas penas previstas nos §§4º e 5º do mencionado artigo. 5. Dá-se provimento ao Recurso Especial para julgar improcedente o pedido formulado na Representação, tornando sem efeito as multas aplicadas. (Recurso Especial Eleitoral nº 25651, Acórdão, Relator(a) Min. Napoleão Nunes Maia Filho, Publicação: DJE – Diário de justiça eletrônico, Tomo 209, Data 27.10.2017, Página 76).

É importante deixar registrado, como antes já referido, que a interpretação jurisprudencial é no sentido de que "não se exige a interrupção de programas nem se inibe a sua instituição. O que se interdita é a utilização em favor de candidato, partido político ou coligação".[208]

---

[208] EMBARGOS DE DECLARAÇÃO EM RECURSO ESPECIAL ELEITORAL nº 21320, Acórdão nº 21320 de 09.11.2004, Relator(a) Min. LUIZ CARLOS LOPES MADEIRA, Publicação: DJ

Sobre o uso promocional que a lei exige, cito os casos em que gestores públicos, a par de cumprirem nada mais do que sua obrigação de implementar melhorias na vida dos seus eleitores, arvoram-se ou são apresentados como verdadeiros "heróis" que agiram para conseguir a melhoria implementada pelo programa social implementado como um "divisor de águas" na comunidade beneficiada.

Nesse contexto, o Tribunal Superior Eleitoral (TSE) manteve a condenação imposta por TER em virtude da "vinculação da concessão de benefício social – redução da tarifa de água – destinado à população de baixa renda à imagem dos recorrentes com o objetivo de obter favorecimento político-eleitoral, por meio de divulgação de apoio político nos edifícios beneficiados, mediante a afixação de placas de propaganda eleitoral, bem como de panfletos distribuídos nessas unidades habitacionais com pedido explícito de voto para fins de dar "continuidade" ao referido "trabalho" (Recurso Ordinário nº 1041768, Acórdão, Relator(a) Min. Gilmar Ferreira Mendes, Publicação: DJE – Diário de justiça eletrônico, Data 18.04.2015).

Os exemplos são os mais varados possíveis, tais como: inaugurações de conjuntos habitacionais, asfaltamento de ruas, distribuição de cestas básicas ou medicamentos, que são acalorados com o enaltecimento do pré-candidato ou candidato apoiado pelo agente público.

Contudo, é importante frisar que "a indevida utilização de poucas requisições para abastecimento de combustível que teriam sido destinadas aos carros de som utilizados em campanhas eleitorais não se enquadra na hipótese de conduta vedada prevista no art. 73, IV, da Lei nº 9.504/97, seja por não se tratar de bem ou serviço de caráter social, seja em razão de não ter sido identificado o uso promocional no momento da entrega ou do abastecimento. A jurisprudência do TSE é pacífica no sentido de que as hipóteses de condutas vedadas são de legalidade estrita" (Recurso Especial Eleitoral nº 53067, Acórdão, Relator(a) Min. Henrique Neves da Silva, Publicação: DJE – Diário de justiça eletrônico, Data 02.05.2016, Página 52-54).

O Tribunal Superior Eleitoral (TSE) tem sido enérgico em casos dessa natureza, como se vê no julgado:

> RECURSO ESPECIAL. ELEIÇÕES 2012. PREFEITO. AÇÃO DE INVESTIGAÇÃO JUDICIAL ELEITORAL (AIJE). ABUSO DE PODER POLÍTICO E ECONÔMICO. CONDUTAS VEDADAS A AGENTES

– Diário de Justiça, Volume 1, Data 17.06.2005, Página 162 RJTSE – Revista de Jurisprudência do TSE, Volume 16, Tomo 4, Página 196.

PÚBLICOS. DOAÇÕES DE LOTES E USO PROMOCIONAL DE PROGRAMA HABITACIONAL. MARGEM MÍNIMA DE VOTOS. GRAVIDADE. DESPROVIMENTO.

Histórico da Demanda

1. Os recorrentes, Prefeito reeleito e Vice-Prefeito de Marcos Parente/PI em 2012, foram condenados às sanções de multa, cassação de diplomas e inelegibilidade, em Ação de Investigação Judicial Eleitoral (AIJE), por abuso de poder econômico e político e condutas vedadas a agentes públicos em campanha.

2. A Corte a quo assentou que eles, visando alavancar suas candidaturas, doaram lotes sem que houvesse lei prévia e específica e fizeram uso eleitoreiro do Programa Minha Casa, Minha Vida em entrevista à rádio local, no mês de setembro, exaltando-se Manoel Emídio (candidato à reeleição) como viabilizador das benesses e anunciando-se famílias contempladas com moradias. (...)

19. As condutas são incontroversas e gravíssimas. Em entrevista a rádio local concedida no mês de setembro, faltando menos de um mês para o pleito, servidora da Secretaria de Assistência Social e o Secretário de Obras exaltaram o recorrente Manoel Emídio – candidato a se reeleger e em plena campanha – como viabilizador do Programa Minha Casa, Minha Vida e anunciaram, ao vivo, 40 famílias contempladas.

20. A servidora Isabel Clementino assim se manifestou: "Graças a Deus foi [sic] aprovada essas quarenta casas [...]. Então eu vou falar as listas dos beneficiários da cidade", ao passo que o Secretário de Obras, irmão do recorrente, anunciou que "tenho a honra de [...] comunicar a todos que acabamos de receber da Caixa Econômica Federal a relação dos aprovados", tudo isso na reta final de campanha.

21. O uso promocional do programa foi acompanhado de doações de lotes mediante decreto surgido apenas em junho de 2012, em clara ofensa ao art. 73, §10, da Lei 9.504/97, que exige lei prévia e específica para entrega de bens e serviços de caráter social pelo Poder Público.

22. Os dois ilícitos não podem ser examinados de forma isolada, porquanto é o seu conjunto que demonstra nefasto uso da coisa pública para desvirtuar o pleito e comprometer a paridade de armas, inclusive com atuação direta por parentes do candidato Manoel que ocupam cargos de elevada importância na Prefeitura – irmão (Secretário de Obras) e esposa (Secretária de Assistência Social).

23. Para se concluir em sentido diverso, é necessário reexame do conjunto probatório na hipótese, providência inviável em sede extraordinária, a teor da Súmula 24/TSE.

24. No tocante à suposta inexistência, no Município, do Programa Minha Casa, Minha Vida, é essencial observar que: a) o Secretário de Obras afirma na entrevista que a benesse decorreu do programa; b) os próprios recorrentes assim se manifestam no recurso (fl. 1.652); c) se não havia programa, o ilícito é ainda mais grave, uma vez que os recorrentes,

desejando vencer a qualquer custo, noticiaram fato inverídico – construção de casas em parceria com o Governo Federal.
25. Ainda que o programa se enquadrasse na exceção permissiva da parte final do §10 do art. 73 da Lei 9.504/97, "execuções orçamentárias tardias, atrasos na liquidação da despesa e eventuais atos que atentem contra a lisura eleitoral, ainda que realizados nos limites definidos pela lei, podem e devem ser objeto de análise sob a perspectiva do abuso de poder" (voto do e. Ministro Gilmar Mendes no REspe 15-14/PE, redator para acórdão Min. Henrique Neves, DJe de 16.5.2016).
26. A gravidade dos fatos também é incontroversa (art. 22, XVI, da LC 64/90). Além da própria natureza das condutas, com uso de recursos públicos e promoção política para explorar ao menos 40 famílias em desespero por moradia própria e gerar expectativa a inúmeras outras, os recorrentes foram eleitos por margem de apenas 33 votos.
Conclusão
27. Com todas as vênias à e. Relatora (Ministra Luciana Lóssio), conheço de forma parcial do recurso e a ele nego provimento, mantendo multa, cassação de diplomas e inelegibilidade impostas por abuso de poder econômico e político e condutas vedadas a agentes públicos. (Recurso Especial Eleitoral nº 13348, Acórdão, Relator(a) Min. Luciana Christina Guimarães Lóssio, Publicação: DJE – Diário de justiça eletrônico, Tomo 199, Data 17.10.2016, Página 37-38).

Assim, mantém-se a rotina administrativa de concessão de benefícios aos mais necessitados. Porém, os programas que cuidam de tal fim devem estar previstos em lei e com execução orçamentária no ano anterior, conforme estabelece o §10, da Lei das Eleições, sob pena de tipificação da conduta como vedada.[209]

Outra observação de relevo é que o dispositivo em referência resta caracterizado mediante conduta positiva ("fazer") ou negativa ("permitir") do agente público.

Por fim, deve-se atentar que o inciso em questão não faz referência à promessa de distribuição, o que levou a Corte Eleitoral a firmar o entendimento de que *o ilícito em questão somente se configura com a efetiva distribuição gratuita dos bens e serviços,*[210] *in verbis:*

[209] Essa é a atual jurisprudência do TSE: "O programa social deve estar previsto em lei e em execução orçamentária no ano anterior à eleição, para atrair a incidência da ressalva do §10 do art. 73 da Lei das Eleições. (Recurso Especial Eleitoral nº 63449, Acórdão, Relator(a) Min. Rosa Maria Weber Candiota da Rosa, Publicação: DJE – Diário de justiça eletrônico, Tomo 189, Data 30.09.2016, Página 39).

[210] Representação. Candidato a prefeito. Art. 73, IV, da Lei nº 9.504/97. Programa habitacional. Doação de lotes. Decisão regional. Condenação. Alegação. Julgamento ultra petita. Não configuração. Cassação. Registro ou diploma. Alegação. Hipótese de inelegibilidade. Improcedência. Precedentes. Conduta vedada. Configuração. Necessidade. Comprovação.

> ELEIÇÕES 2012. AGRAVO REGIMENTAL EM RECURSO ESPECIAL. AIJE. CONDUTA VEDADA. ART. 73, INCISO IV, DA LEI Nº 9.504/1997. ACÓRDÃO RECORRIDO QUE CONCLUIU PELA APLICAÇÃO DE MULTA AOS CANDIDATOS ELEITOS. DIVULGAÇÃO DE PROGRAMA SOCIAL. PROMESSA DE DISTRIBUIÇÃO DE LOTES DE TERRA. NÃO CONFIGURAÇÃO.
> 1. Para configuração da conduta vedada prevista no art. 73, inciso IV, da Lei nº 9.504/1997, exige-se o uso promocional de efetiva distribuição de bens e serviços custeados pelo poder público, não sendo suficiente a mera divulgação de futura implementação de programa social mediante a promessa de distribuição de lotes de terra aos eleitores, não cabendo ao intérprete supor que o legislador dissera menos do que queria.
> 2. A conduta poderia configurar, em tese, abuso do poder político, mas os recorrentes não infirmaram o ponto da decisão regional referente à ausência de sentença condenatória por abuso de poder político, o que impede a apreciação pelo TSE em recurso especial eleitoral.
> 3. Decisão agravada mantida por seus fundamentos. Agravo regimental desprovido. (Agravo Regimental em Recurso Especial Eleitoral nº 85738, Acórdão de 08.09.2015, Relator(a) Min. GILMAR FERREIRA MENDES, Publicação: DJE – Diário de justiça eletrônico, Tomo 201, Data 22.10.2015, Página 15/16).

Data maxima venia, essa não nos parece ser a melhor interpretação para a conduta vedada em questão, pois o que se procura evitar é o uso promocional de determinado programa social, ou seja, a vinculação direta entre o candidato/partido político e o programa. Tenta-se impedir o uso pessoal dos programas para que a sua criação não seja vista como obra pessoal do candidato ou do partido político/coligação. Quisesse o legislador que a entrega dos bens fosse pressuposto para a aplicação do inciso em estudo, teria feito como na captação ilícita de sufrágio (artigo 41-A, da Lei das Eleições) quando colocou expressamente a

---

Elementos. Ilícito eleitoral. (...) 7. Com relação às condutas vedadas, é imprescindível que estejam provados todos os elementos descritos na hipótese de incidência do ilícito eleitoral para a imputação das severas sanções de cassação de registro ou de diploma. 8. Para a configuração da infração ao art. 73, IV, da Lei nº 9.504/97 faz-se necessária a efetiva distribuição de bens e serviços de caráter social. 9. O art. 73, IV, da Lei 9.504/1997, não contemplou a promessa em seu tipo, como fez o art. 41-A da mesma Lei nos casos de captação de sufrágio. A intenção do legislador é clara no sentido de não apenar tal conduta quando omitiu do tipo a promessa de distribuição de bens e serviços de caráter social, omissão que é conhecida como "silêncio eloquente" do legislador. 10. É dizer, para a configuração das condutas vedadas é essencial a presença de todos os elementos constantes da descrição legal, principalmente quando levadas em consideração a gravidade das sanções impostas. (Recurso Especial Eleitoral nº 35516, Decisão Monocrática de 26.08.2009, Relator(a) Min. ENRIQUE RICARDO LEWANDOWSKI, Publicação: DJE – Diário da Justiça Eletrônico, Data 01.09.2009, Página 5/6).

promessa e a entrega como elementares do ilícito. Mas não o fez. E esse "silêncio eloquente" deve ser levado em conta pelo intérprete, sob pena de esvaziar o comando legal.

Dentro dessa linha de pensamento, já se decidiu que "a existência de propaganda eleitoral realizada pelo irmão do candidato no momento da distribuição de bens custeados pelo Poder Público é motivo suficiente para o enquadramento dos fatos na hipótese do art. 73, IV, da Lei das Eleições", pois "a realização de atos de propaganda eleitoral de forma concomitante à distribuição de bens e vantagens custeados pelos cofres públicos, com a presença de familiares e integrantes da campanha eleitoral, configura a hipótese de uso promocional proibido pela legislação".[211]

Por fim, destaca-se que a conduta vedada em referência (inciso IV do artigo 73) "não incide quando há contraprestação por parte do beneficiado", de modo que "a doação com encargo não configura distribuição gratuita".[212]

9.4.1.B Exceções legais: A proibição do uso promocional de programas assistencialistas não possui exceção, de modo que é permanente.

9.4.1.C Incidência temporal: O inciso IV, do artigo 73, não faz menção ao período de vedação referente ao uso de programas assistencialistas em benefício de candidatos e partidos políticos, de forma que é lícito concluir que tal *começa a valer no primeiro dia do ano das eleições*. Tal conclusão é extraída da percepção de que quando a lei quer estipular prazo diverso do ano eleitoral ela o faz expressamente (como nas hipóteses dos incisos V, VI e VIII, do artigo 73). Ademais, considerando a conexão existente entre o inciso IV e os §§10 e 11, do artigo 73, os quais expressamente se referem ao ano eleitoral, dúvidas não restam quanto à conclusão exposta.

Esse é o entendimento jurisprudencial sobre o assunto:

> A configuração da prática da *conduta vedada prevista no inciso IV do art. 73* da Lei das Eleições *não está submetida a limite temporal fixo* ou à existência de candidaturas registradas perante a justiça eleitoral. É necessário, contudo, verificar as circunstâncias específicas do fato, tais como a sua

---

[211] Recurso Especial Eleitoral nº 4223285, Acórdão de 08.09.2015, Relator(a) Min. HENRIQUE NEVES DA SILVA, Publicação: DJE – Diário de justiça eletrônico, Tomo 200, Data 21.10.2015, Página 29/30.

[212] Recurso Especial Eleitoral nº 34994, Acórdão de 20.05.2014, Relator(a) Min. LUCIANA CHRISTINA GUIMARÃES LÓSSIO, Publicação: DJE – Diário de justiça eletrônico, Tomo 116, Data 25.06.2014, Página 62-63.

proximidade com o período eleitoral concentrado e, especialmente, a sua correlação direta com as eleições, que o torna tendente "a afetar a igualdade de oportunidades entre candidatos nos pleitos eleitorais." (Lei nº 9.504/97, art. 73, caput). (Recurso Especial Eleitoral nº 71923, Acórdão de 25.08.2015, Relator(a) Min. HENRIQUE NEVES DA SILVA, Publicação: DJE – Diário de justiça eletrônico, Tomo 202, Data 23.10.2015, Página 61/62).[213]

9.4.1.D Ilícitos correlatos ao artigo 73, IV: Inicialmente, destaca-se que o uso promocional de programas sociais com vistas a beneficiar candidato, partido político ou coligação representa manifesta ofensa aos princípios constitucionais da impessoalidade e moralidade administrativas (artigo 37, *caput*, da CF/88). No caso, tem-se claro desvio de finalidade, pelo que é possível a caracterização *de ato de improbidade administrativa (artigo 11, I, da Lei nº 8.429/92).*

Outra possível incidência não eleitoral do fato em análise é a prática do *crime comum de peculato (artigo 312, do Código Penal),* consumável quando o agente público distribua graciosamente bens a pessoas sem que haja vinculação (formal ou informal) dos beneficiários a um programa social.

Dependendo do agente público responsável pelo ato, tem-se a possibilidade da ocorrência de *crime de responsabilidade* (artigo 9º, 7º, da Lei nº 1.079/50 e artigo 1º, II e III, do Decreto-Lei nº 201/67), bem como *infração político-administrativa* (artigo 4º, VII e X, do Decreto-Lei nº 201/67).

9.4.2 Distribuição gratuita de bens, valores ou benefícios pela Administração Pública durante o ano eleitoral

A segunda hipótese de conduta vedada referente à distribuição de bens em ano eleitoral encontra-se positivada no §10 e no §11, da Lei nº 9.504/97, que dispõem:

> §10. No ano em que se realizar eleição, fica proibida a distribuição gratuita de bens, valores ou benefícios por parte da Administração Pública, exceto nos casos de calamidade pública, de estado de emergência ou de programas sociais autorizados em lei e já em execução orçamentária no exercício anterior, casos em que o Ministério Público poderá promover o

[213] CONDUTAS VEDADAS – CANDIDATOS – IRRELEVÂNCIA. Enquadrada a situação jurídica no artigo 73, inciso IV e §10, da Lei nº 9.504/97, revela-se prescindível a existência, à época, de candidatos (Recurso Especial Eleitoral nº 36045, Acórdão de 13.03.2014, Relator(a) Min. MARCO AURÉLIO MENDES DE FARIAS MELLO, Publicação: DJE – Diário de justiça eletrônico, Tomo 108, Data 11.06.2014, Página 21-22).

acompanhamento de sua execução financeira e administrativa. (Incluído pela Lei nº 11.300, de 2006).

§11. Nos anos eleitorais, os programas sociais de que trata o §10 não poderão ser executados por entidade nominalmente vinculada a candidato ou por esse mantida. (Incluído pela Lei nº 12.034, de 2009).

9.4.2.A Análise do tipo: Pela disposição legal citada, a Administração Pública não poderá promover, no ano eleitoral, a distribuição gratuita de qualquer bem móvel ou imóvel, valor ou benefício, independentemente da motivação político-eleitoral.

Trata-se de norma cogente, porém, amplamente desrespeitada. Exemplos típicos da violação dessa norma são os frequentes sorteios de presentes em festas alusivas ao dia das mães, dia dos pais, dia das crianças, que, não raro, acontecem com a presença e o "apoio" de (pré) candidatos.

– CASO CONCRETO NAS ELEIÇÕES DE 2012 –
Analisando caso referente à temática sob estudo, o Tribunal Regional Eleitoral do Rio de Janeiro (TRE/RJ) declarou a inelegibilidade de agentes públicos responsáveis e beneficiados por *"distribuição gratuita de 1150 cestas básicas e diversos eletrodomésticos na principal Praça do Município de Aperibé em meados do ano eleitoral (em 11/5/12) a diversos eleitores presentes em festa de "Dia das Mães" promovida pela Prefeitura", posto que "comprovado uso promocional da festa em favor da candidatura à reeleição dos mandatários recorrentes mediante farta distribuição gratuita de bens de caráter social custeados pelo Poder Público.* (RECURSO ELEITORAL nº 71923, Acórdão de 09.12.2013, Relator(a) MARCUS HENRIQUE NIEBUS STEELE, Publicação: DJERJ – Diário da Justiça Eletrônico do TRE-RJ, Tomo 266, Data 18.12.2013, Página 17/21).

Questão bastante polêmica sobre o assunto diz respeito à possibilidade ou não da implementação dos programas de refinanciamento em anos eleitorais (REFIS) e qual a extensão da proibição, caso se conclua que existe.

Inicialmente, destaca-se que o entendimento do Tribunal Superior Eleitoral (TSE), até o ano de 2015, era taxativo no sentido de que "a norma do §10 do artigo 73 da Lei nº 9.50411997 é obstáculo a ter-se, no ano das eleições, o implemento de benefício fiscal referente à dívida ativa do Município bem como o encaminhamento à Câmara de Vereadores de projeto de lei, no aludido período, objetivando a previsão normativa voltada a favorecer inadimplentes".[214]

[214] Vide Consulta nº 1531-69/DF, rei. Min. Marco Aurélio, julgada em 20.9.2011.

Não obstante isso, convém registrar que a Corte Eleitoral mudou parcialmente seu entendimento, de modo a não fixar *a priori* e de maneira abstrata a vedação ao uso de tais programas de arrecadação financeira.[215] Assim, somente a partir das nuances do caso concreto é que se poderá imputar ou não a ocorrência da conduta vedada.

Nesse tocante, vêm a calhar as observações levantadas pelo Ministro Relator (Gilmar Mendes) e acolhidas pela maioria: "Sabe-se da importância desses programas de recuperação fiscal para os entes federativos financiarem eventuais programas emergenciais de importância vital para a sociedade, notadamente em períodos de crise econômica. A meu ver, não cabe à Justiça Eleitoral, prima fade, retirar do gestor governamental esse valioso instrumento de ação. Por outro lado, isso não significa que tudo é permitido. Afinal, a decisão de lançar programas dessa natureza deve pautar-se, exclusivamente, no interesse público. Não se pode admitir que eventuais benefícios fiscais concedidos aos participantes sejam utilizados como meio de obtenção de apoio político, servindo o programa ao interesse individual do gestor, em detrimento da coletividade. Essa análise de Cta no 368-15.2014.6.00.0000/DF 14 mérito, no entanto, somente pode ser feita no caso concreto, do qual é possível, com base em suas peculiaridades, extrair argumentos favoráveis e contrários à inclusão ou não da conduta sob a norma proibitiva do art. 73, §10, da Lei das Eleições. Por esses motivos, entendo que o instrumento da consulta, própria da análise em tese, não se mostra adequado a responder conclusivamente sobre o objeto desta".

Data maxima venia, entendemos inadequada a conclusão da Corte, já que a lei foi taxativa em proibir a distribuição de bens. E assim o fez consciente das maléficas consequências ao processo eleitoral advindas da distribuição de benesses em ano eleitoral por parte dos gestores públicos de plantão.

Ainda no campo das polêmicas, parece-me que a proibição não abrange a distribuição gratuita de bens entre os integrantes da Administração Pública de qualquer nível federativo, desde que haja

---

[215] CONSULTA. VEDAÇÃO. ART. 73, §10, DA LEI Nº 9.504/1997. LANÇAMENTO DE PROGRAMA DE RECUPERAÇÃO FISCAL (REFIS). MUNICÍPIOS. ANO DE ELEIÇÕES FEDERAIS E ESTADUAIS. *A validade ou não de lançamento de Programa de Recuperação Fiscal (Refis)* em face do disposto no art. 73, §10, da Lei nº 9.504/1997 *deve ser apreciada com base no quadro fático-jurídico extraído do caso concreto.* (Consulta nº 36815, Acórdão de 03.03.2015, Relator(a) Min. HENRIQUE NEVES DA SILVA, Relator(a) designado(a) Min. GILMAR FERREIRA MENDES, Publicação: DJE – Diário de justiça eletrônico, Tomo 65, Data 08.04.2015, Página 146).

uma causa justificante inerente ao interesse público, como no caso do Estado doar para o Município terreno para a construção de uma escola.

Por fim, é mister registrar que a vedação há de incidir independentemente do tipo do pleito que estiver em jogo, pois quando a lei quis limitar a circunscrição de aplicação das condutas vedadas o fez de maneira taxativa (vide item 7.7).[216]

Trata-se de aplicar o mesmo raciocínio e lógica quanto ao momento de incidência das proibições legais quando a lei não fixou prazo específico. Ora, diante do mesmo "silêncio eloquente" não podem emergir duas conclusões distintas! É necessário manter a concordância prática e a unidade na hermenêutica. Nesse sentido:

> As condutas vedadas aos agentes públicos, prescritas na Lei n. 9.504/1997, mesmo se tratando de eleições municipais, são aplicáveis aos agentes vinculados ao Estado, à exceção do art. 73, incisos V, VI alíneas "b" e "c", e VIII, que se restringem à circunscrição ou à esfera administrativa do município. (TRE/ SC, CONSULTA nº 2162, Resolução nº 7369 de 16.03.2004, Relator(a) RODRIGO ROBERTO DA SILVA, Publicação: DJESC – Diário da Justiça do Estado de Santa Catarina, Data 25.03.2004).

Corroborando tal raciocínio, destaca-se que, para a configuração da conduta vedada do §10, do artigo 73, não se exige prova do caráter eleitoreiro:

> AGRAVO REGIMENTAL. RECURSO ESPECIAL. CONDUTA VEDADA. DISTRIBUIÇÃO DE BENS, VALORES E BENEFÍCIOS EM PERÍODO VEDADO. RESSALVA DO ART. 73, §10, DA LEI Nº 9.504/97. AUTORIZAÇÃO EM LEI E EXECUÇÃO ORÇAMENTÁRIA NO EXERCÍCIO ANTERIOR. REQUISITOS. MULTA. RAZOABILIDADE. AGRAVOS PARCIALMENTE PROVIDOS.
>
> 1. A instituição de programa social mediante decreto, ou por meio de lei, mas sem execução orçamentária no ano anterior ao ano eleitoral não atende à ressalva prevista no art. 73, §10, da Lei nº 9.504/97.
>
> 2. Para a configuração da conduta vedada do art. 73, §10, da Lei nº 9.504/97 não é preciso demonstrar caráter eleitoreiro ou promoção

[216] Ressaltamos que esse entendimento não é pacificado no âmbito da doutrina: "não há clareza no texto legal quanto ao alcance da vedação. A proibição de distribuição atinge simultaneamente a Administração Pública federal, estadual e municipal, ou somente a da circunscrição do pleito? Ao que parece, a restrição só incide na circunscrição do pleito. Não fosse assim, de dois em dois anos a gestão estatal, em todo o País, ficaria parcialmente paralisada durante o ano eleitoral, o que é inconcebível. Não se olvide que a distribuição de bens e benefícios não poderá ser utilizada politicamente, em prol de candidatos, partidos ou coligações, pena de incidir o artigo 73, IV, da Lei Eleitoral" (GOMES, José Jairo. *Direito Eleitoral*. 8. ed. São Paulo: Atlas, 2012).

pessoal do agente público, bastando a prática do ato ilícito. Precedente. (Agravo Regimental em Recurso Especial Eleitoral nº 36026, Acórdão de 31.03.2011, Relator(a) Min. ALDIR GUIMARÃES PASSARINHO JUNIOR, Publicação: DJE – Diário da Justiça Eletrônico, Tomo 84, Data 05.05.2011, Página 47).[217]

9.4.2.B Exceções legais: A proibição em referência possui 2 (duas) exceções. Vejamos, pois, uma a uma e as respectivas nuances.

9.4.2.B.1 Programas sociais autorizados em lei e com execução orçamentária no ano anterior ao do pleito eleitoral: A parte final do §10, da Lei nº 9.504/97, garante a continuidade de programas sociais (como bolsa-família, vale gás, auxílio alimentação e outros da mesma natureza), desde que presentes dois requisitos: a) que tenham sido instituídos previamente por lei; b) que a execução orçamentária tenha iniciado, pelo menos, no ano anterior ao das eleições.

Sobre tais requisitos, algumas observações merecem ser feitas.

Não raro, os gestores públicos candidatos à reeleição, em especial Prefeitos, no final do ano anterior ao pleito eleitoral, instituem, via lei ou decretos, programas assistenciais no afã de burlar a proibição legal. De pronto, *deve-se registrar que* a jurisprudência do Tribunal Superior Eleitoral é no sentido de que, como as condutas vedadas devem ser interpretadas restritivamente, *a expressão lei usada pelo dispositivo deve ser levada no sentido formal, isto é, todas as espécies normativas existentes no direito pátrio,*[218] *de modo a não abarcar decreto* (ainda que o executivo, para quem defende sua existência).

Outra peculiaridade é a *proibição da criação, ainda que por lei ordinária, de fundo orçamentário genérico e de destinação inespecífica para a entrega de bens e serviços no período vedado,* posto que tal fato importa em desobediência ao princípio da legalidade orçamentária (artigo 167, da

---

[217] No mesmo sentido: "Ainda que a distribuição de bens não tenha caráter eleitoreiro, incide o §10 do art. 73 da Lei das Eleições, visto que ficou provada a distribuição gratuita de bens sem que se pudesse enquadrar tal entrega de benesses na exceção prevista no dispositivo legal." (Agravo Regimental em Agravo de Instrumento nº 12165, Acórdão de 19.08.2010, Relator(a) Min. ARNALDO VERSIANI LEITE SOARES, Publicação: DJE – Diário da Justiça Eletrônico, Data 01.10.2010, Página 32-33).

[218] ELEIÇÕES 2012. RECURSO ESPECIAL. INVESTIGAÇÃO JUDICIAL ELEITORAL. ART. 22 DA LC Nº 64/90. CONDUTA VEDADA E ABUSO DO PODER POLÍTICO. NÃO CONFIGURAÇÃO. 1. A realização de obras de terraplanagem em propriedades particulares, quando respaldada em norma prevista na Lei Orgânica do Município, atrai a ressalva do art. 73, §10, da Lei nº 9.504.97. 2. Recurso especial desprovido. (Recurso Especial Eleitoral nº 36579, Acórdão de 16.10.2014, Relator(a) Min. LUCIANA CHRISTINA GUIMARÃES LÓSSIO, Relator(a) designado(a) Min. JOSÉ ANTÔNIO DIAS TOFFOLI, Publicação: DJE – Diário de justiça eletrônico, Tomo 215, Data 14.11.2014, Página 48).

CF/88), segundo o qual é vedado o início de programas não contemplados na lei orçamentária. Senão, vejamos:

> O deslinde da questio iuris exige saber se a instituição de programa assistencial mediante lei editada somente no final do ano anterior à realização do pleito enquadra-se na ressalva legal prevista no art. 73, §10º, da Lei nº 9.504/97.
>
> Na espécie, o e. TRE/BA considerou que o Decreto Municipal nº 4.342/2007, de 12.9.2007, mesmo que anterior à Lei Municipal nº 1.514/2007, editada somente em 20.12.2007, pelo simples fato de haver regulado matéria idêntica – concessão de benefício assistencial – estaria compreendido na ressalva do art. 73, §10º, da Lei nº 9.504/97.
>
> (...)
>
> Todavia, a conclusão do v. acórdão regional não merece subsistir.
>
> Inicialmente, a análise da ressalva legal contida no art. 73, §10º, da Lei nº 9.504/97 exige desvelar o verdadeiro sentido e alcance da expressão "programas sociais autorizados em lei e já em execução orçamentária no exercício anterior".
>
> Nesse passo, importante consignar a diferença conceitual entre "decreto" e "lei".
>
> (...)
>
> Assentada a premissa de que o rol de condutas vedadas pela Lei nº 9.504/97 visa restringir a participação dos agentes públicos no processo eleitoral, forçoso concluir que as ressalvas porventura existentes na legislação de regência sejam interpretadas também restritivamente.
>
> Nessa esteira, considero que a ressalva do art. 73, §10, da Lei nº 9.504/97, quando autoriza ao Chefe do Poder Executivo a distribuição de bens e serviços no período vedado, exige, em contrapartida, a prévia instituição de programas sociais mediante lei em sentido estrito, e não por mero decreto. Em última análise, o que a legislação eleitoral exige é que a inovação no mundo jurídico provenha de órgão competente para legislar e não daquele eventualmente competente apenas para sua regulamentação.
>
> Destarte, a criação de programa assistencial mediante decreto não satisfaz a exigência do art. 73, §10, da Lei nº 9.504/97.
>
> Desta feita, o caráter excepcional com que o Poder Executivo exerce o poder legiferante em matéria de lei orçamentária também reforça a conclusão de que a ressalva do art. 73, §10, da Lei nº 9.504/97 deve ser interpretada de maneira restritiva quanto aos poderes conferidos ao seu destinatário – o agente público. Assim, somente lei orçamentária específica expedida segundo o devido processo legislativo legal atenderia à ressalva da lei eleitoral.
>
> Considero que o móvel da criação das condutas vedadas aos agentes públicos, visando salvaguardar o processo eleitoral de interferências indevidas, restaria desatendido se se permitisse a utilização de

> expedientes como a instituição de fundo orçamentário genérico e de destinação inespecífica para a entrega de bens e serviços no período vedado. Lembrando as palavras do e. Min. Ayres Britto, seria o mesmo que conferir a determinado bem a proteção jurídica, "colocá-los dentro de uma fortaleza com paredes indestrutíveis e fechá-la com portas de papelão" (Respe nº 28.040/BA, Rel. Min. Ayres Britto, DJ de 1º.7.2008)
>
> A toda evidência, os preceitos constitucionais acima vistos dirigem o intérprete da legislação infraconstitucional à conclusão de que a criação de fundo orçamentário genérico e de destinação inespecífica não pode ser utilizado em benefício daquele mero detentor da iniciativa legislativa, não no intuito de atrair a ressalva do art. 73, §10, da Lei nº 9.504/97.
>
> Por fim, verifico que a distribuição de bens e serviços de natureza assistencial sem previsão orçamentária específica, tal como ocorrido na hipótese dos autos, fere frontalmente o princípio da legalidade orçamentária de que trata o art. 167, I, da CR/88:
>
> Art. 167. São vedados:
>
> I – o início de programas ou projetos não incluídos na lei orçamentária anual.
>
> Ressalto que, segundo a jurisprudência do e. STF, a ausência de dotação orçamentária prévia em legislação específica impede sua aplicação naquele exercício financeiro (ADI nº 3.599/DF, Rel. Min. Gilmar Mendes, DJe de 13.9.2007)
>
> Assim, à míngua de lei orçamentária anual específica, a criação de programa assistencial sob rubrica genérica e de destinação inespecífica não se subsume à ressalva legal do art. 73, §10, da Lei nº 9.504/97, autorizando a conclusão de que a entrega de bens e serviços de natureza assistencial pelo poder público, com suporte na Lei Municipal nº 1.514/2007, Lei Municipal nº 1.516/2007 e Lei Municipal nº 1.520/2008, configurou conduta vedada aos agentes públicos de que trata o art. 73, IV, da Lei nº 9.504/97. (Recurso Especial Eleitoral nº 36026, Decisão Monocrática de 09.03.2010, Relator(a) Min. FELIX FISCHER, Publicação: DJE – Diário da Justiça Eletrônico, Data 08.04.2010, Página 5/10)

9.4.2.B.2 Estado de calamidade pública e estado de emergência: As situações excepcionais referidas não são óbices para que o gestor público faça a distribuição gratuita de bens e serviços. Vejamos a conceituação de cada uma.

De acordo com o Decreto Federal nº 895/93, entende-se por estado de calamidade pública o reconhecimento pelo poder público de situação anormal, provocada por desastres, causando sérios danos à comunidade afetada, inclusive à incolumidade ou à vida de seus integrantes.

Já o estado de emergência é o reconhecimento pelo poder público de situação anormal, provocada por desastres, causando danos superáveis pela comunidade afetada.

Sobre tal situação excepcional, cumpre registrar o teor da Consulta nº 5639/15, da lavra do Tribunal Superior Eleitoral (TSE), em que ficou assentado que "é possível, em ano de eleição, a realização de doação de pescados ou de produtos perecíveis quando justificada nas situações de calamidade pública ou estado de emergência ou, ainda, se destinada a programas sociais com autorização específica em lei e com execução orçamentária já no ano anterior ao pleito. No caso dos programas sociais, deve haver correlação entre o seu objeto e a coleta de alimentos perecíveis apreendidos em razão de infração legal".[219]

9.4.2.C Incidência temporal: Considerando o teor da disposição em análise ("durante o ano eleitoral"), dúvidas não restam que a proibição em comento inicia no primeiro dia do ano das eleições.

9.4.2.D Ilícitos correlatos ao artigo 73, §10: Inicialmente, é de se destacar a possibilidade de caracterização do *crime de corrupção eleitoral (artigo 299, do Código Eleitoral)* quando a entrega gratuita de bens ocorrer como instrumento condicionante para o voto em determinado candidato. Além disso, merece registro que a simples "distribuição de mercadorias, prêmios e sorteios, para os fins de propaganda ou aliciamento de eleitores", igualmente *configura crime eleitoral (artigo 334, do Código Eleitoral).*

A diferenciação dos delitos é que o primeiro deles (corrupção eleitoral) exige que a entrega dos bens seja utilizada como moeda de troca pelo voto, enquanto que o segundo se consuma com a entrega de mercadorias e prêmios ou a realização de sorteios para o fim específico de cooptação eleitoral, sem que haja o condicionamento do fornecimento da benesse ao voto.

9.4.2.E Comparação com a captação ilícita de sufrágio: A conduta vedada em análise proíbe comportamentos que, *a priori*, possuem semelhanças com as descritas na captação ilícita de sufrágio (artigo 41-A, da Lei nº 9.504/97).

Dada a possibilidade de condenação com base nas duas tipificações referidas,[220] mister se faz a análise das diferenças entre ambas.

---

[219] Consulta nº 5639, Acórdão de 02.06.2015, Relator(a) Min. GILMAR FERREIRA MENDES, Publicação: DJE – Diário de justiça eletrônico, Tomo 194, Data 13.10.2015, Página 84.

[220] "A imposição da sanção prevista no art. 41-A da Lei nº 9.504/97 não caracteriza bis in idem, embora fundada nos mesmos fatos que, em outro feito, levou à aplicação de penalidade por infração ao art. 73, IV, da mesma norma" (EMBARGOS DE DECLARAÇÃO EM AGRAVO REGIMENTAL EM AGRAVO DE INSTRUMENTO nº 7294, Acórdão de 06.03.2007, Relator(a) Min. CARLOS EDUARDO CAPUTO BASTOS, Publicação: BEL – Boletim eleitoral, Data 17.04.2007, Página 101).

A primeira das diferenças diz respeito ao momento de incidência dos ilícitos. Ao passo que as condutas vedadas incidem a partir do primeiro dia do ano das eleições, a captação ilícita de sufrágio só ocorre a partir do pedido de registro de candidaturas.[221]

Outra tem por objeto as elementares de cada um dos tipos. Enquanto o §10 do artigo 73 proíbe apenas a distribuição gratuita de bens, valores ou serviços, o artigo 41-A proíbe a doação, a promessa ou a entrega, sendo, destarte, muito mais amplo, já que contempla desde a promessa até a efetiva entrega.

A terceira das diferenças diz respeito aos beneficiários. As condutas vedadas visam a impedir benefícios indevidos a candidatos, partidos políticos ou coligações, ao passo que a captação ilícita tem por beneficiário único o candidato.

Em seguida, pode-se apontar o bem jurídico tutelado, pois na conduta vedada protege-se a igualdade de oportunidades, enquanto na captação ilícita tutela-se a liberdade do eleitor.

A quarta das diferenças é quanto à aplicação das sanções. Nas condutas vedadas, como já visto, não ocorre a aplicação automática e cumulativa, sendo necessário um juízo de proporcionalidade ante a gravidade do fato. Já na captação ilícita, comprovada apenas uma conduta que se amolde à previsão legal, a incidência das sanções (incluindo a perda do mandato) é automática.

Por fim, os destinatários. Enquanto as condutas vedadas destinam-se aos agentes públicos, a captação ilícita destina-se aos candidatos e seus correligionários.

Esquematicamente, podemos assim resumi-las:

---

[221] Art. 11, da Lei nº 9.504/97. Os partidos e coligações solicitarão à Justiça Eleitoral o registro de seus candidatos até as dezenove horas do dia 15 de agosto do ano em que se realizarem as eleições. (Redação dada pela Lei nº 13.165, de 2015).

Diferenças	Conduta Vedada	Captação Ilícita de Sufrágio
Momento de Incidência	**O ano inteiro**	**Somente a partir do registro de candidatura**
Condutas Proibidas	Fazer ou permitir o uso promocional de serviço de caráter social (inciso IV, do artigo 73), bem como distribuição gratuita de bens (§10, do artigo 73).	Doar, oferecer, prometer ou entregar ao eleitor, com o fim de obter-lhe o voto, bem ou vantagem pessoal de qualquer natureza, inclusive emprego ou função pública (artigo 41-A).
Beneficiários	**Candidatos, partidos políticos ou coligações**	**Somente candidatos**
Bem Jurídico Tutelado	**Igualdade de oportunidades**	**Liberdade do eleitor**
Aplicação das Sanções	**Não cumulativa e proporcional à gravidade da conduta**	**Cumulativa, ainda que tenha ocorrido uma única conduta**
Destinatário	**Agentes públicos**	**Agentes públicos e particulares**

9.4.2.F Jurisprudências interessantes: Logo mais apresentaremos os principais julgados do Tribunal Superior Eleitoral (TSE) e das demais Cortes Eleitorais referentes ao assunto.

– TSE –
1 – O Tribunal Regional Eleitoral, analisando o conjunto probatório dos autos, *afastou a captação ilícita e concluiu verificar-se na espécie a ressalva disposta no art. 73, §10, da Lei nº 9.504/1997, por entender que as doações de terrenos e o pagamento de aluguel de empresas em ano eleitoral como forma de implementação de política de incentivo à instalação de indústrias no município, além de ser prática comum na localidade, se deram mediante a imposição de encargos a serem cumpridos pelos donatários.* No tocante à realização de serviços a particulares, consignou no acórdão a ausência de provas. Diante da moldura fática do acórdão quanto ao afastamento da captação ilícita e ao enquadramento da conduta na ressalva do art. 73, §10, da Lei nº 9.504/1997, não merece reparo o acórdão regional,

porquanto é possível depreender-se do assentado pelo TRE que *já se encontrava em execução orçamentária de anos anteriores a política de incentivo à instalação de indústrias por meio de doações de terrenos e pagamento de aluguéis, bem como haver lei que autorizava a distribuição de bens, tratando-se de política de incentivo usual no município desde 2007*. No que tange à alegada realização de serviços particulares em contrariedade à lei, o TRE destacou a inexistência de provas. Conclusão em sentido diverso encontra óbice na vedação de nova incursão no conjunto fático-probatório delineado nos autos (Agravo Regimental em Recurso Especial Eleitoral nº 79734, Acórdão de 01.10.2015, Relator(a) Min. GILMAR FERREIRA MENDES, Publicação: DJE – Diário de justiça eletrônico, Tomo 211, Data 09.11.2015, Página 79).

2 – *A doação de manilhas a famílias carentes, sem previsão do respectivo programa social em lei prévia, configura a conduta vedada do art. 73, §10,* da Lei 9.504/97, sendo irrelevante o fato de as doações supostamente atenderem ao comando do art. 23, II e IX, da CF/88 (Recurso Especial Eleitoral nº 54588, Acórdão de 08.09.2015, Relator(a) Min. JOÃO OTÁVIO DE NORONHA, Publicação: DJE – Diário de justiça eletrônico, Data 04.11.2015, Página 15).

3 – De acordo com o voto do relator, *a regra do §10 do art. 73 da Lei nº 9.504/97, ao estabelecer como exceção os programas sociais previstos em lei, não exige que haja norma específica e única para tratar do programa social, o qual pode estar contido em leis gerais.* Voto-vista no sentido de ser desnecessária essa análise no presente caso. O Tribunal a quo, com base na análise da legislação municipal e dos convênios firmados, consignou *que a distribuição de 1.150 cestas básicas e o sorteio de vários eletrodomésticos em evento comemorativo realizado no Dia das Mães não estava prevista em lei específica, no plano plurianual ou na Lei de Diretrizes Orçamentárias,* asseverando que os recorrentes deixaram de juntar aos autos as leis orçamentárias anuais. A configuração da prática da *conduta vedada prevista no inciso IV do art. 73 da Lei das Eleições não está submetida a limite temporal fixo ou à existência de candidaturas registradas perante a justiça eleitoral.* É necessário, contudo, verificar as circunstâncias específicas do fato, tais como a sua proximidade com o período eleitoral concentrado e, especialmente, a sua correlação direta com as eleições, que o torna tendente "a afetar a igualdade de oportunidades entre candidatos nos pleitos eleitorais" (Lei nº 9.504/97, art. 73, caput). A situação descrita pelo acórdão regional revela que, *no momento da extensa distribuição dos bens custeados pelos cofres públicos, os três primeiros investigados, além de terem discursado, participaram ativamente da distribuição dos bens, caracterizando, assim, o uso promocional a que se refere o art. 73, IV,* da Lei das Eleições. A gravidade da ilicitude, que também caracterizou a prática de abuso do poder político, foi aferida pela Corte de Origem, mediante a constatação das seguintes circunstâncias: i) a abrangência do ilícito (distribuição de 1.150 cestas básicas e de diversos eletrodomésticos em um único dia); ii) o diminuto eleitorado do município (8.764 eleitores); iii) o expressivo aumento das doações de cestas básicas, da qualidade e da quantidade dos bens em relação às festividades dos anos anteriores (nove liquidificadores, nove ventiladores, nove TVs LCD de 14 polegadas, uma de 29 polegadas

e iv) a presença do prefeito, do vice-prefeito e da primeira-dama no evento, no qual, além de terem proferido discursos, participaram ativamente da distribuição dos bens. (Recurso Especial Eleitoral nº 71923, Acórdão de 25.08.2015, Relator(a) Min. HENRIQUE NEVES DA SILVA, Publicação: DJE – Diário de justiça eletrônico, Tomo 202, Data 23.10.2015, Página 61/62).
4 – Na espécie, *a distribuição de tablets aos alunos da rede pública de ensino do Município de Vitória do Xingu/PA*, por meio do denominado programa "escola digital", *não configurou a conduta vedada* do art. 73, §10, da Lei 9.504/97 *pelos seguintes motivos:* a) não se tratou de programa assistencialista, mas de *implemento de política pública educacional que já vinha sendo executada desde o ano anterior ao pleito.* Precedentes. b) *os gastos com a manutenção dos serviços públicos não se enquadram na vedação do art. 73, §10,* da Lei 9.504/97. Precedentes. c) como *os tablets foram distribuídos em regime de comodato e somente poderiam ser utilizados pelos alunos durante o horário de aula,* sendo logo depois restituídos à escola, também fica afastada a tipificação da conduta vedada, pois *não houve qualquer benefício econômico direto aos estudantes.* Precedentes. d) a adoção de critérios técnicos previamente estabelecidos, além da exigência de contrapartidas a serem observadas pelos pais e alunos, também descaracterizam a conduta vedada em exame, pois *não se configurou o elemento normativo segundo o qual "a distribuição de bens, valores ou benefícios" deve ocorrer de forma "gratuita".* Precedentes. (Recurso Especial Eleitoral nº 55547, Acórdão de 04.08.2015, Relator(a) Min. JOÃO OTÁVIO DE NORONHA, Publicação: DJE – Diário de justiça eletrônico, Data 21.10.2015, Página 19-20).
5 – Na espécie, o Tribunal a *quo condenou os agravados ao pagamento de multa de R$ 50.000,00 devido à prática das seguintes condutas vedadas: a) distribuição de 160 lotes e de mochilas escolares, no ano das eleições, sem a devida previsão legislativa (art. 73, §10, da Lei 9.504/97)*; b) divulgação de publicidade institucional durante o período crítico (art. 73, VI, b, da Lei 9.504/97). Concluiu, entretanto, que não houve gravidade suficiente, não havendo também elementos para a imposição da cassação do diploma ou da declaração de inelegibilidade. A reforma do acórdão recorrido no ponto em que se afastou a gravidade da conduta demandaria o reexame de fatos e provas, procedimento vedado pela Súmula 7/STJ (Agravo Regimental em Agravo de Instrumento nº 91169, Acórdão de 28.04.2015, Relator(a) Min. JOÃO OTÁVIO DE NORONHA, Publicação: DJE – Diário de justiça eletrônico, Tomo 95, Data 21.05.2015, Página 68).
6 – *In casu, houve apenas a disponibilização de um local público, em substituição ao anteriormente utilizado para prática desportiva, não havendo que se falar na prática de conduta vedada,* prevista no art. 73, §10, da Lei nº 9.504/97, o qual apenas incide quando há "distribuição gratuita de bens, valores ou benefícios". 2. Normas restritivas de direitos devem ser interpretadas estritamente, razão pela qual *a substituição da sede de associação esportiva, por motivos alheios à vontade da Administração Pública e da associação beneficiada, não configura "distribuição gratuita de bens* (Agravo Regimental em Recurso Especial Eleitoral nº 53283, Acórdão de 25.06.2014, Relator(a) Min. LUCIANA CHRISTINA GUIMARÃES

LÓSSIO, Publicação: DJE – Diário de justiça eletrônico, Tomo 143, Data 05.08.2014, Página 270-271).
7 – *Reconhecimento da conduta vedada do art. 73, §10, da Lei nº 9.504/97, em face da edição de dois decretos municipais que concediam benefícios a duas empresas, no que tange à locação de bens públicos* (Agravo Regimental em Recurso Especial Eleitoral nº 58085, Acórdão de 05.11.2013, Relator(a) Min. HENRIQUE NEVES DA SILVA, Publicação: DJE – Diário de justiça eletrônico, Tomo 24, Data 04.02.2014, Página 63/64).
8 – *A assinatura de convênio e o repasse de recursos públicos a entidade assistencial presidida por parente de candidato não caracteriza, por si só, infração às normas previstas no art. 73, §§10 e 11, da Lei nº 9.504/97* (Agravo Regimental em Recurso Ordinário nº 505393, Acórdão de 09.05.2013, Relator(a) Min. JOSÉ ANTÔNIO DIAS TOFFOLI, Publicação: DJE – Diário de justiça eletrônico, Tomo 109, Data 12.06.2013, Página 62).
9 – *O mero aumento de recursos transferidos em ano eleitoral não é suficiente para a caracterização do ilícito, porquanto o proveito eleitoral não se presume, devendo ser aferido mediante prova robusta de que o ato aparentemente irregular fora praticado com abuso ou de forma fraudulenta, de modo a favorecer a imagem e o conceito de agentes públicos e impulsionar eventuais candidaturas* (Recurso Contra Expedição de Diploma nº 43060, Acórdão de 24.04.2012, Relator(a) Min. MARCELO HENRIQUES RIBEIRO DE OLIVEIRA, Publicação: DJE – Diário de justiça eletrônico, Tomo 151, Data 8.8.2012, Página 83-84).
10 – À falta de previsão em lei específica e de execução orçamentária no ano anterior, a distribuição gratuita de bens, valores ou benefícios, em ano eleitoral, consistente em programa de empréstimo de animais, para fins de utilização e reprodução, caracteriza a conduta vedada do art. *73, §10, da Lei nº 9.504/97* (Recurso Ordinário nº 149655, Acórdão de 13.12.2011, Relator(a) Min. ARNALDO VERSIANI LEITE SOARES, Publicação: DJE – Diário da Justiça Eletrônico, Tomo 37, Data 24.02.2012, Página 42/43).
11 – *"A teor do §10 do artigo 73 da Lei nº 9.504/1997, é proibida a doação de bens em época de eleições, não cabendo distinção quando envolvidos perecíveis."* (Petição nº 100080, Acórdão de 20.09.2011, Relator(a) Min. MARCO AURÉLIO MENDES DE FARIAS MELLO, Publicação: DJE – Diário da Justiça Eletrônico, Tomo 214, Data 11.11.2011, Página 54).
12 – *A instituição de programa social mediante decreto não atende à ressalva prevista no art. 73, §10, da Lei nº 9.504/97.* A mera previsão na lei orçamentária anual dos recursos destinados a esses programas não tem o condão de legitimar sua criação (Agravo Regimental em Agravo de Instrumento nº 116967, Acórdão de 30.06.2011, Relator(a) Min. FÁTIMA NANCY ANDRIGHI, Publicação: DJE – Diário da Justiça Eletrônico, Data 17.08.2011, Página 75).
13 – *A distribuição gratuita de jornal contendo publicidade supostamente institucional não configura o ilícito previsto no art. 73, IV, da Lei nº 9.504/97, uma vez que não se trata de bem ou serviço de caráter social* (Agravo Regimental em Recurso

Especial Eleitoral nº 35316, Acórdão de 15.09.2009, Relator(a) Min. ARNALDO VERSIANI LEITE SOARES, Publicação: DJE – Diário da Justiça Eletrônico, Data 05.10.2009, Página 58).
14 – Apesar de a sentença vergastada não ter reconhecido a prática de conduta vedada, tem-se por indiscutível o mecanismo utilizado pelos recorridos, que empregaram o programa habitacional em seu favor, ao fazer com que os eleitores que participaram das reuniões na CASA 40 associassem a reeleição do Sr. José Marcionilo à percepção das unidades habitacionais, conforme se depreende indubitavelmente do discurso dos recorridos. Não obstante os recorridos terem afirmado que as reuniões tinham cunho explicativo, não é isso que se infere dos áudios constantes dos presentes autos. Ouvindo as mídias e/ou lendo as respectivas transcrições, deduz-se que elas tinham o nítido propósito de promover o candidato Zé Lins, então prefeito daquela municipalidade, vez que a todo o tempo os recorridos relacionaram o programa habitacional à gestão do então prefeito, como se somente através dele a população pudesse ser beneficiada pelo tal programa. (...) Desse modo, verifica-se que a reunião realizada na denominada CASA 40 traduz-se em encontro de cunho eleitoreiro, porquanto, ao fazer uso promocional de distribuição gratuita de casas de caráter social custeadas pelo Poder Público, demonstrou aos eleitores cadastrados presentes que apenas se o candidato da coligação recorrida fosse eleito é que as pessoas registradas em cadastro poderiam receber as casas prometidas. Destarte, a meu ver, resta clarividente que os recorridos praticaram a conduta vedada descrita no art. 73, IV, da Lei nº 9.504/1997 (Recurso Especial Eleitoral nº 3105481, Decisão Monocrática de 04.08.2010, Relator(a) Min. ARNALDO VERSIANI LEITE SOARES, Publicação: DJE – Diário da Justiça Eletrônico, Data 17.08.2010, Página 25-26).
15 – A assinatura de convênios e o repasse de recursos financeiros a entidades públicas e privadas para a realização de projetos na área da cultura, do esporte e do turismo não se amoldam ao conceito de distribuição gratuita, previsto no art. 73, §10, da Lei nº 9.5047/97, sobretudo quando os instrumentos preveem a adoção de contrapartidas por parte das instituições. *Para caracterização da conduta tipificada no art. 73, IV, da Lei das Eleições, é necessário que o ato administrativo, supostamente irregular, seja praticado de forma a beneficiar partidos políticos ou candidatos*. In casu, não ficou comprovado que as assinaturas dos convênios tenham *sido acompanhadas de pedidos de votos, apresentação de propostas políticas ou referência a eleições vindouras*, o que afasta a incidência da norma (Recurso Especial Eleitoral nº 282675, Acórdão de 24.04.2012, Relator(a) Min. MARCELO HENRIQUES RIBEIRO DE OLIVEIRA, Publicação: DJE – Diário de justiça eletrônico, Tomo 95, Data 22.05.2012, Página 115-116).
16 – Quanto à aventada violação ao art. 73, IV, da Lei nº 9.504/97, reconsidero a decisão monocrática apenas para conhecer do recurso especial no ponto. Contudo, para afastar, no caso concreto, a conclusão do e. Tribunal a quo no que se refere à configuração da conduta vedada prevista no art. 73, IV, da Lei nº 9.504/97, seria necessário o reexame de fatos e provas, o que encontra óbice nas Súmulas nos 7/STJ e 279/STF. Na espécie, o Regional verificou a

"exata subsunção" (fl. 303) do fato à norma. Isso significa que, na ótica do e. TRE/PI, *houve o uso promocional do programa social de distribuição gratuita de carteiras de motoristas em favor do Governador, candidato à reeleição.* A partir da moldura fática do v. acórdão recorrido não há elementos suficientes para se chegar à conclusão diversa, sem que se esbarre no óbice da Súmula nº 7/STJ e Súmula nº 279/STF. Desde o pleito de 2006, o comando do art. 73, §10, da Lei nº 9.504/97, introduzido pela Lei nº 11.300/2006, proíbe a distribuição gratuita de bens, valores ou benefícios por parte da administração pública, no ano em que se realizar eleição. Uma das exceções é o caso de programas sociais autorizados em lei e já em execução orçamentária no exercício anterior. Na hipótese dos autos, *o programa social, embora autorizado em lei, não estava em execução orçamentária desde ano anterior (2005). A suspensão de sua execução deveria ser imediata, a partir da introdução do mencionado §10 da Lei nº 9.504/97, o que não ocorreu na espécie. Precedente: RCED nº 698/TO, de minha relatoria, DJe de 12.8.2009* (AGRAVO REGIMENTAL EM RECURSO ESPECIAL ELEITORAL nº 28433, Acórdão de 15.10.2009, Relator(a) Min. FELIX FISCHER, Publicação: DJE – Diário da Justiça Eletrônico, Data 18.11.2009, Página 43/44).

17 – *Para a configuração do inc. IV do art. 73 da Lei nº 9.504/97, a conduta deve corresponder ao tipo definido previamente. O elemento é fazer ou permitir uso promocional de distribuição gratuita de bens e serviços para o candidato, quer dizer, é necessário que se utilize o programa social – bens ou serviços –* para dele fazer promoção (AGRAVO REGIMENTAL EM RECURSO ESPECIAL ELEITORAL nº 25130, Acórdão nº 25130 de 18.08.2005, Relator(a) Min. LUIZ CARLOS LOPES MADEIRA, Publicação: DJ – Diário de Justiça, Data 23.09.2005, Página 127).

18 – *A mera participação do Chefe do Poder Executivo Municipal em campanha de utilidade pública não configura a conduta vedada a que se refere o art. 73, IV, da Lei nº 9.504/97. Há, in casu, ausência de subsunção do fato à norma legal. Precedente: Acórdão nº 24.963* (AGRAVO REGIMENTAL EM RECURSO ESPECIAL ELEITORAL nº 24989, Acórdão nº 24989 de 31.05.2005, Relator(a) Min. CARLOS EDUARDO CAPUTO BASTOS, Publicação: DJ – Diário de Justiça, Volume I, Tomo., Data 26.08.2005, Página 174 RJTSE – Revista de Jurisprudência do TSE, Volume 16, Tomo 3, Página 375).

– TRE/DF –

Em relação a campanhas educativas de trânsito, persiste a proibição de distribuição gratuita de bens, valores ou benefícios por parte da Administração Pública, não podendo constar nomes, símbolos ou imagens que caracterizem a promoção pessoal de autoridades, servidores e entidades públicas ou façam alusão a candidato ou a partido político. (PETIÇÃO nº 2876, Resolução nº 7568 de 07.05.2014, Relator(a) MARIA DE FÁTIMA RAFAEL DE AGUIAR, Publicação: DJE – Diário de Justiça Eletrônico do TRE-DF, Tomo 85, Data 09.05.2014, Página 9).

- TRE/ES -
1 – A conduta do Chefe do Poder Executivo, consistente em encaminhar projeto de lei ao Poder Legislativo, no período vedado pela legislação eleitoral, solicitando autorização para doar terreno público em favor de entidade privada, ainda que de natureza sindical, tem o condão de afetar, em tese, a igualdade de oportunidade entre os candidatos em pleito eleitoral, constituindo, em tal circunstância, violação ao disposto no art. 73, §10º, da Lei Federal nº 9.504/97. 2 – O fato da doação pretendida não haver se concretizado, com a edição dos atos respectivos, inobstante aprovado o respectivo projeto de lei, não afasta a aplicação das sanções previstas nos §§4º e 5º, do art. 73, da Lei Federal nº 9.504/97 (RECURSO ELEITORAL nº 41569, Acórdão nº 54 de 17.12.2012, Relator(a) ANNIBAL DE REZENDE LIMA, Publicação: DJE – Diário Eletrônico da Justiça Eleitoral do ES, Data 28.02.2013, Página 10).
2 – Não há como se dar guarida a insurgência do recorrente, pois as provas dos autos demonstram que ele se *utilizou de programa social custeado pela Prefeitura Municipal de Nova Venécia/ES, para promoção de sua candidatura, incidindo, portanto, na regra contida no art. 73, inciso IV, da Lei 9.504/97*. 5 – Não se há dúvidas, por outro lado, que esse uso de programa social custeado pela Administração Municipal pelo recorrente como forma de promoção eleitoral se mostra abusivo, possuindo, portanto, incidência no caso a regra do art. 22, inciso XIV, da Lei Complementar nº 64/90, mormente porque *o bairro onde se desenvolvia o programa citado possui quase 500 lotes, possuindo, assim, potencialidade de influenciar no resultado do pleito, ante o grande número de pessoas atingidas pela conduta* (RECURSO ELEITORAL nº 329342, Acórdão nº 120 de 19.05.2010, Relator(a) ELOÁ ALVES FERREIRA, Publicação: DJE – Diário Eletrônico da Justiça Eleitoral do ES, Data 31.05.2010, Página 4).
3 – O tipo do art. 41-A da Lei nº 9.504/97 requer que o candidato realize as condutas ali capituladas, delas participe ou a elas anua explicitamente. A prova dos autos confirma que houve doação de bens (manilhas), além da utilização de maquinário (caminhão, retroescavadeira) e funcionários da Prefeitura, em benefício de particulares, para construção de barragens e aterro em propriedade privada, procedimento autorizado pelo Prefeito e solicitado por vereador, então candidatos à reeleição. A previsão contida no art. 73, §10, da LE autoriza a realização de obras nas situações de calamidade pública, de estado de emergência ou de programas sociais autorizados em lei e já em execução orçamentária no exercício anterior, situações que imunizariam a conduta praticada em desrespeito ao citado dispositivo. No caso dos autos, o decreto municipal do estado de emergência somente foi elaborado vinte dias após o ajuizamento da ação de investigação. Manutenção da sentença de 1º grau (RECURSO ELEITORAL nº 1176, Acórdão nº 75 de 14.04.2009, Relator(a) MARCELO ABELHA RODRIGUES, Publicação: DOE – Diário Oficial do Estado, Data 27.04.2009, Página 1-anexo).

– TRE/MT –
1 – *Quando o agente público distribui qualquer tipo de benefício no ano eleitoral resta configurada a conduta vedada,* o que não acarreta, sempre e necessariamente, o reconhecimento da captação ilícita de votos, se não provada a finalidade eleitoral do ato, afastado ainda o abuso de poder se não configurada a gravidade das circunstâncias que envolvem a conduta (Recurso Eleitoral nº 46839, Acórdão nº 23229 de 27.08.2013, Relator(a) MARIA HELENA GARGAGLIONE PÓVOAS, Publicação: DEJE – Diário de Justiça Eletrônico, Tomo 1488, Data 09.09.2013, Página 2-6).
2 – Por se tratar de norma limitadora de direitos, a sua interpretação, quanto ao resultado, deve ser necessariamente restritiva. Diante da literalidade do texto legal, *nada impede que o Município doe bem imóvel em favor da União.* Não há ilicitude na doação de imóvel do Município à União, uma vez que não tem objetivo de satisfazer interesses privados ou beneficiar eleitores, a fim de obter vantagem política, mesmo se a doação ocorrer após o início do período eleitoral (Consulta nº 22236, Acórdão nº 21250 de 10.07.2012, Relator(a) PEDRO FRANCISCO DA SILVA, Publicação: DEJE – Diário Eletrônico da Justiça Eleitoral, Tomo 1171, Data 18.07.2012, Página 3-5).
– TRE/MS –
1 – A distribuição de benefícios sem a existência de programa social autorizado em lei, e em execução orçamentária no exercício anterior, mormente quando inexistem critérios para a sua distribuição e tampouco a ação é pautada em critérios objetivos para efetuar a doação configura a prática de conduta vedada ao agente público descrita no art. 73, §10, da Lei nº 9.504/97. Contudo, considerando o pequeno número de beneficiários, não é de se considerar irregularidade apta a ensejar a sanção de cassação do diploma, a qual tem por requisito o reconhecimento da gravidade/potencialidade das circunstâncias e sua influência para o pleito. *Não demonstrado o uso promocional da distribuição de benefício em favor de candidato, o que necessitaria de divulgação e propaganda acerca da entrega dessas benesses, ou seja, seu uso político-promocional, não se verifica a infração ao inciso IV do art. 73 da Lei nº 9.504/97* (RECURSO ELEITORAL nº 43850, Acórdão nº 7967 de 02.09.2013, Relator(a) LUIZ CLÁUDIO BONASSINI DA SILVA, Publicação: DJE – Diário da Justiça Eleitoral, Tomo 893, Data 11.09.2013, Página 08/09).
2 – Para que a Administração Municipal possa promover, por meio de programa social, a distribuição de benefícios gratuitos em ano de eleição (2012), referido programa, devidamente autorizado em lei, deveria estar em execução no ano anterior ao pleito (2011), o que pressupõe a previsão na lei orçamentária editada dois anos antes (2010), *ex vi* do art. 73, §10, da Lei nº 9.504/97. *Para a caracterização do disposto no art. 73, §10, da Lei nº 9.504/97 não é necessário verificar-se o caráter eleitoreiro da conduta, mas apenas que esteja evidenciado que a distribuição deu-se no período vedado e desprovido dos requisitos necessários* (RECURSO ELEITORAL nº 19563, Acórdão nº 7719 de 17.12.2012, Relator(a) ELTON LUÍS NASSER DE MELLO, Publicação: DJE – Diário da Justiça Eleitoral, Tomo 727, Data 19.12.2012, Página 34/36).

3 – O art. 73 veda a ocorrência de ilícito eleitoral tendente a afetar a igualdade de oportunidades entre os candidatos ao pleito, residindo aí o bem jurídico que a norma visa proteger, a qual restaria prejudicada se a administração pública fosse desviada da realização se seus misteres para auxiliar determinada candidatura. De efeito, para este dispositivo legal *não há a necessidade de demonstração da finalidade eleitoral, bastando a ocorrência da conduta vedada para a cominação da sanção.* Para a cominação da multa aplicada não existe a necessidade de demonstração do nexo entre a conduta vedada e a sua influência para o resultado do pleito, prescindindo também a entrega dos bens de pedido de voto ou da finalidade eleitoral. Ademais disso, é dispensável a demonstração da participação direta da recorrente. *A distribuição de kit tereré, embalado em papel para presente e acompanhado de cartão de felicitação em nome de agente público (secretária municipal de ação social), demonstrando caráter eleitoreiro, caracteriza conduta vedada* do §10 do art. 73 da Lei das Eleições, incidindo, pois, a penalidade disposta no §4º do mesmo dispositivo (RECURSO ELEITORAL nº 172, Acórdão nº 6561 de 29.06.2010, Relator(a) ARY RAGHIANT NETO, Publicação: DJE – Diário da Justiça Eleitoral, Tomo 162, Data 7.7.2010, Página 20/21).

– TRE/PE –

1 – Comprovada que a entrega dos alimentos ocorreu por meio de senhas, que continham o símbolo da prefeitura municipal e da secretaria de assistência social, além de induzirem o eleitorado a associar a distribuição à gestão executiva, deve-se aplicar a multa mencionada no artigo 50, §§4º e 8º, da Res. TSE 23,370/2011 (Recurso Eleitoral nº 6069, Acórdão de 20.02.2013, Relator(a) FREDERICO JOSÉ MATOS DE CARVALHO, Publicação: DJE – Diário de Justiça Eletrônico, Tomo 037, Data 22.02.2013, Página 08).

– TRE/RN –

1 – *Caracteriza a conduta vedada prevista no art. 73, IV, e §10 da Lei nº 9.504/97, além de abuso de poder econômico e político, a realização de evento dotado de cunho assistencial, custeado pelo poder público municipal, instituído de forma casuística, sem qualquer amparo legal, em proporções nunca vistas anteriormente, com distribuição gratuita de benesses* – óculos, próteses dentárias, brindes (camisas e bonés), alimentação (feijoada) –, assinalando o uso da máquina administrativa em prol do grupo político da situação, *para promover futuras candidaturas dos aliados políticos do então prefeito,* até então desconhecidos da comunidade (RECURSO ELEITORAL nº 43575, Acórdão nº 502013 de 05.11.2013, Relator(a) NILSON ROBERTO CAVALCANTI MELO, Publicação: DJE – Diário de justiça eletrônico, Data 12.11.2013, Página 05/07).

– TRE/RS –

1 – Comprovada, pela análise da documentação carreada aos autos, a utilização ilícita, por todos os representados, da máquina pública, com referência expressa ao nome do recorrido prefeito em exercício, notório apoiador das candidaturas de dois outros representados, bem como da coligação por eles

integrada. Configurada infringência ao disposto no artigo 73, inciso IV e §10, da Lei n. 9.504/97. Irregularidade que, contudo, não enseja, por si só, a incidência da penalidade de cassação dos diplomas dos candidatos eleitos, estatuída no §5º do supracitado artigo, devendo ser aplicada somente a sanção pecuniária prevista no §4º do mesmo dispositivo, tendo em vista o princípio da proporcionalidade (Recurso Eleitoral nº 494304, Acórdão de 24.09.2010, Relator(a) DES. FEDERAL MARGA INGE BARTH TESSLER, Publicação: DEJERS – Diário de Justiça Eletrônico do TRE-RS, Tomo 169, Data 30.9.2010, Página 2).

9.5 Admissão e dispensa do serviço público

O inciso V, do artigo 73, diz ser vedado:

> V – nomear, contratar ou de qualquer forma admitir, demitir sem justa causa, suprimir ou readaptar vantagens ou por outros meios dificultar ou impedir o exercício funcional e, ainda, *ex officio*, remover, transferir ou exonerar servidor público, na circunscrição do pleito, nos três meses que o antecedem e até a posse dos eleitos, sob pena de nulidade de pleno direito, ressalvados:
> a) a nomeação ou exoneração de cargos em comissão e designação ou dispensa de funções de confiança;
> b) a nomeação para cargos do Poder Judiciário, do Ministério Público, dos Tribunais ou Conselhos de Contas e dos órgãos da Presidência da República;
> c) a nomeação dos aprovados em concursos públicos homologados até o início daquele prazo;
> d) a nomeação ou contratação necessária à instalação ou ao funcionamento inadiável de serviços públicos essenciais, com prévia e expressa autorização do Chefe do Poder Executivo;
> e) a transferência ou remoção *ex officio* de militares, policiais civis e de agentes penitenciários;

9.5.A Análise do tipo: O dispositivo em referência regulamenta os poderes dos agentes públicos referentes à relação de trabalho, de modo a impedir que a escolha político-partidária dos servidores públicos lato senso seja fator propulsor de perseguições ou concessões de vantagens indevidas, algo ainda muito comum na realidade eleitoral de nosso país, em especial nos pequenos municípios.

Quem nunca ouviu falar que determinada pessoa vota no candidato do gestor de plantão (ou deixa de votar) por medo de perder seu emprego (via de regra, um contratado temporário ou ocupante de cargo comissionado/função de confiança), ou porque lhe fora prometida uma vaga no serviço público para determinado parente?

Assim, com o objetivo de neutralizar tais práticas, *o dispositivo proíbe qualquer tipo de admissão ao serviço público, seja por nomeação* (salvo cargos comissionados e funções de confiança) *ou por contratação.*[222]

A contrario sensu, *também fica interditada a demissão sem justa causa, inclusive de temporários,*[223] sendo, porém, permitida a demissão com justa causa ou à pedido.

Aliás, no que toca à *demissão em massa de contratados temporariamente*, a Corte Suprema Eleitoral (TSE) já pontificou que a ocorrência de fatos dessa natureza *após a derrota do gestor ou do candidato por ele apoiado dá ensejo à cassação do registro ou do diploma, in verbis:*

> ELEIÇÕES 2012. AGRAVOS REGIMENTAIS NO RECURSO ESPECIAL ELEITORAL COM AGRAVO. CANDIDATOS AOS CARGOS DE PREFEITO E VICE. AUSÊNCIA DE OMISSÃO NO JULGADO REGIONAL. CONDUTA VEDADA. DISPENSA DE SERVIDORES TEMPORÁRIOS ANTES DA POSSE DOS ELEITOS (ART. 73, V, DA LEI DAS ELEIÇÕES). APLICAÇÃO DE MULTA. CASSAÇÃO DOS DIPLOMAS. REEXAME DO CONJUNTO FÁTICO-PROBATÓRIO. IMPOSSIBILIDADE. SÚMULAS NOS 7/STJ E 279/STF. DESPROVIMENTO. SEGUNDO REGIMENTAL. PRECLUSÃO CONSUMATIVA. NÃO CONHECIMENTO.
>
> 1. As condutas vedadas, para seu aperfeiçoamento, prescindem da produção do resultado naturalístico e da análise da finalidade eleitoral

[222] Importante registrar que o Tribunal Regional do Paraná já decidiu que "a contratação de pessoa jurídica para prestação de serviços limitados no tempo e na quantidade, não importa em ofensa ao inciso V do art. 73 da Lei nº 9.504/97". (RECURSO ELEITORAL nº 28467, Acórdão nº 45292 de 08.11.2012, Relator(a) ANDREA SABBAGA DE MELO, Publicação: DJ – Diário de justiça, Data 13.11.2012).

[223] AGRAVO REGIMENTAL. AGRAVO DE INSTRUMENTO. RECURSO ESPECIAL INADMITIDO. ELEIÇÕES 2012. CONDUTA VEDADA. DEMISSÃO DE PESSOAL NO PERÍODO VEDADO. REEXAME DE PROVAS. IMPOSSIBILIDADE. 1. O Tribunal Regional Eleitoral desproveu recurso eleitoral e manteve a sentença que concluiu pela *configuração da conduta vedada do art. 73, V, da Lei nº 9.504/97, por ficar comprovada a demissão de servidores contratados por prazo determinado.* Tal medida, ainda que a Prefeitura tivesse anteriormente ciência do excesso do limite de gastos com pessoal, foi realizada apenas no período vedado e depois de a prefeita ter sido derrotada nas urnas. (Agravo Regimental em Agravo de Instrumento nº 26849, Acórdão de 20.08.2015, Relator(a) Min. HENRIQUE NEVES DA SILVA, Publicação: DJE – Diário de justiça eletrônico, Tomo 203, Data 26.10.2015, Página 49). No mesmo sentido: "*O art. 73, inciso V, da Lei nº 9.504/97 prevê como conduta vedada a agente público a demissão de servidores, ainda que temporários*, ante a ausência de justa causa nos três meses antecedentes ao pleito até que haja a posse dos eleitos. As demissões foram efetivadas logo após o dia da eleição, o que se entende como conduta vedada ao agente público" (Recurso Eleitoral nº 35187, Acórdão de 14.05.2013, Relator(a) VIRGÍNIO MARQUES CARNEIRO LEÃO, Publicação: DJE – Diário de Justiça Eletrônico, Tomo 094, Data 16.05.2013, Página 20/21).

do ato, sendo suficiente a prática dos atos (REspe nº 695-41/GO, Rel. Min. Gilmar Mendes, DJe de 26.6.2015 e AgR-AI nº 515-27/MG, Rel. Min. Luciana Lóssio, DJe de 25.11.2014).

2. *In casu*, o Tribunal a quo concluiu que houve a rescisão, em período vedado, de todos (*i.e.* 717) os contratos de trabalho temporários e que os motivos elencados no ato demissional não justificam a conduta, caracterizando-se o ilícito eleitoral insculpido no aludido dispositivo legal. A inversão do julgado quanto à configuração da conduta vedada descrita no art. 73, V, da Lei nº 9.504/97 implicaria necessariamente nova incursão no arcabouço fático-probatório, providência vedada a teor dos Verbetes das Súmulas nos 279/STF e 7/STJ.

3. A dispensa de número demasiado de servidores municipais (717), em período vedado pela legislação eleitoral, posteriormente às eleições releva a gravidade da conduta e, precisamente por isso, autoriza a sanção de cassação dos diplomas e da fixação de multa em patamar acima do mínimo legal, nos termos do art. 73, §§4º e 5º, da Lei das Eleições.

4. Agravos protocolados na mesma data, porém em horários diferentes. Preclusão consumativa quanto ao último.

5. Primeiro agravo regimental desprovido e não conhecido o segundo. (Agravo de Instrumento nº 61467, Acórdão, Relator(a) Min. Luiz Fux, Publicação: DJE – Diário de justiça eletrônico, Tomo 168, Data 31.08.2016, Página 107).

Mas não são apenas os atos de admissão e dispensa que são proibidos entre os três meses anteriores ao pleito e o dia da posse dos eleitos, uma vez *que a remoção ou transferência ex officio também não são permitidas* (a contrario sensu, as decorrentes de pedido do servidor são válidas). Nesse contexto, merece registro que *qualquer ato que dificulte ou impeça o regular exercício funcional também representa conduta vedada.*[224]

No que diz respeito à remuneração, esta é salvaguardada pela impossibilidade de supressão ou readaptação de vantagens. Cumpre registrar, porém, que não se veda a instituição de gratificações decorrentes de lei ou mesmo promoções automáticas decorrentes da legislação da carreira.[225]

---

[224] Exemplo de tal medida é a suspensão de ordem de férias, sem qualquer interesse da administração, conforme decidiu o Tribunal Superior Eleitoral no Agravo Regimental em Agravo de Instrumento nº 11207, Acórdão de 17.11.2009, Relator(a) Min. ARNALDO VERSIANI LEITE SOARES, Publicação: DJE – Diário da Justiça Eletrônico, Volume –, Tomo 030, Data 11.02.2010, Página 16.

[225] "Ausência de irregularidade na concessão de Gratificação por Formação e Adicional Noturno, porquanto se trata de benefícios legalmente previstos, que pressupõem o preenchimento de requisitos objetivos definidos por legislação específica. A concessão de tais benefícios é materializada por ato administrativo vinculado ao servidor que comprovar o direito à sua percepção. Por conseguinte, não restou configurada a prática de readaptação de vantagem,

Importante consignar também que a finalidade da regra em análise é manter incólume a situação laboral do servidor público no período mais crítico das eleições, independente de qualquer elemento subjetivo especial, uma vez que "o artigo 73 da Lei nº 9.504/97 *trata de condutas objetivas, não se exigindo qualquer análise acerca da má-fé* ou de potencialidade lesiva ou influência no pleito, já que a legislação faz uma presunção *jure et de jure* de que as condutas ali tratadas são tendentes a afetar a igualdade de oportunidades entre candidatos, *bastando a comprovação inequívoca do fato* descrito na presente demanda para atrair a incidência da sanção de multa, prevista no parágrafo quarto do dispositivo legal supra mencionado".[226]

Nesse sentido, já decidiu o Tribunal Superior Eleitoral (TSE):

> 6. A normalidade e a legitimidade do pleito, previstas no art. 14, §9º, da Constituição Federal decorrem da ideia de igualdade de chances entre os competidores, entendida assim como a necessária concorrência livre e equilibrada entre os partícipes da vida política, sem a qual se compromete a própria essência do processo democrático, qualificando-se como violação a expedição do referido decreto, com as circunstâncias indicadas no acórdão recorrido, a ensejar a sanção de cassação de diploma.
>
> 7. *A conduta praticada*, conforme concluiu o acórdão regional, *enquadra-se perfeitamente no art. 73, inciso V, da Lei nº 9.504/1997*, pois os servidores receberam vantagem em período vedado (redução da carga de trabalho sem a redução de vencimentos), *o que dispensa a análise da finalidade eleitoral do ato, pois esse requisito foi valorado pela legislação*, quando afirma que "são proibidas aos agentes públicos, servidores ou não, as seguintes condutas tendentes a afetar a igualdade de oportunidades entre candidatos nos pleitos eleitorais" (art. 73, *caput*, da Lei nº 9.504/1997), salvo quando a própria norma exige uma qualificação especial da conduta, como "fazer ou permitir uso promocional em favor de candidato, partido político ou coligação, de distribuição gratuita de bens e serviços de caráter social custeados ou subvencionados pelo Poder Público" (inciso IV). Precedentes. (Recurso Especial Eleitoral nº 69541, Acórdão de 19/05/2015,

---

vedada pelo artigo 73, inciso V, da Lei 9.504/97". (RECURSO ELEITORAL nº 18806, Acórdão de 01.04.2013, Relator(a) SERGIO SCHWAITZER, Publicação: DJERJ – Diário da Justiça Eletrônico do TRE-RJ, Tomo 067, Data 05.04.2013, Página 42/51).

– Promoção por antiguidade, automática, como prevista no Estatuto próprio do funcionalismo, não é conduta vedada ao agente público, eis que não se identifica com aquelas relacionadas no artigo 73, inciso V, da Lei nº 9.504/97. (TRE/PR, RECURSO ELEITORAL nº 1466, Acórdão nº 25534 de 04.03.2002, Relator(a) CESAR ANTONIO DA CUNHA, Publicação: DJ – Diário da Justiça, Data 15.03.2002).

[226] TRE/PR, RECURSO ELEITORAL nº 23116, Acórdão nº 45424 de 03.12.2012, Relator(a) MARCOS ROBERTO ARAÚJO DOS SANTOS, Publicação: DJ – Diário de justiça, Data 06.12.2012.

Relator(a) Min. GILMAR FERREIRA MENDES, Publicação: DJE – Diário de justiça eletrônico, Tomo 120, Data 26.06.2015, Página 246/248).[227]

Situação recorrente no dia a dia forense é o gestor público praticar a conduta vedada e, após tomar conhecimento de que o fato foi denunciado à Justiça ou ao Ministério Público, "espontaneamente" revogá-la. Pergunta-se: tal fato tem o condão de descaracterizá-la e imunizar o agente responsável?

A resposta negativa é mais do que evidente, pois, como já se viu, as condutas vedadas representam ilícitos de mera conduta. Além disso, criar uma excludente de ilicitude posterior ao fato e sem previsão legal equivale a estimular mais ainda os gestores públicos inescrupulosos a fazerem o "jogo do vale tudo" com o fim de conseguir seu objetivo eleitoral, uma vez que estaria em suas mãos (por meio de uma simples "canetada") o poder de se autoimunizar através de singelas revogações do ato "equivocado". Enfim, seria um grande estímulo a simulações!

Nesse sentido:

ELEIÇÕES 2012. RECURSO ELEITORAL. REPRESENTAÇÃO. SERVIDOR PÚBLICO. REMOÇÃO *EX OFFICIO*. ART. 73, V, DA LEI Nº 9.504/97. CONDUTA VEDADA. CONFIGURAÇÃO. RESPONSABILIDADE. PREFEITO MUNICIPAL. CARACTERIZAÇÃO. SANÇÃO. MULTA. VALOR. REDUÇÃO. RAZOABILIDADE E PROPORCIONALIDADE. CONHECIMENTO E PARCIAL PROVIMENTO DO RECURSO.

1. Aos agentes públicos é vedado nomear, contratar ou de qualquer forma admitir, demitir sem justa causa, suprimir ou readaptar vantagens ou por outros meios dificultar ou impedir o exercício funcional e, ainda, *ex officio*, remover, transferir ou exonerar servidor público, na circunscrição

[227] ELEIÇÕES 2012. AGRAVOS REGIMENTAIS. RECURSOS ESPECIAIS. AGRAVOS DE INSTRUMENTO. AIJE. CONDUTA VEDADA. CONTRATAÇÃO DE SERVIDORES. APLICAÇÃO DE MULTA. FINALIDADE ELEITORAL. DESNECESSIDADE. ASSISTÊNCIA SIMPLES. NÃO IMPUGNAÇÃO DA DECISÃO PELO ASSISTIDO. AUSÊNCIA DE LEGITIMIDADE DA ASSISTENTE PARA RECORRER. AUSÊNCIA DE RECURSO DO ASSISTIDO. ILEGITIMIDADE RECURSAL. MANUTENÇÃO DO ACÓRDÃO REGIONAL. DESPROVIMENTO. 1. A Corte de origem entendeu configurada a conduta vedada pelo inciso V do art. 73 da Lei nº 9.504/97, haja vista a não demonstração do caráter excepcional abrigado pela alínea d do mencionado dispositivo. A alteração dessa conclusão implicaria, efetivamente, o reexame de fatos e provas, o que não é permitido em sede de recurso especial eleitoral, a teor das Súmulas nos 7/STJ e 279/STF. 2. A configuração das condutas vedadas prescritas no art. 73 da Lei nº 9.504/97 se dá com a mera prática de atos, desde que esses se subsumam às hipóteses ali elencadas. (Agravo Regimental em Agravo de Instrumento nº 51527, Acórdão de 25.10.2014, Relator(a) Min. LUCIANA CHRISTINA GUIMARÃES LÓSSIO, Publicação: DJE – Diário de justiça eletrônico, Tomo 222, Data 25.11.2014, Página 153-154).

> do pleito, nos três meses que o antecedem e até a posse dos eleitos, a teor do art. 73, inciso V, da Lei nº 9.504/97.
>
> 2. A revogação posterior do ato não impede a configuração da conduta vedada nem exime os agentes da sanção devida.
>
> 3. Considerando que o fato não se revestiu de maior gravidade, nem restou demonstrada qualquer repercussão para o pleito, afigura-se desproporcional a multa aplicada ao Chefe do Executivo candidato à reeleição.
>
> 4. Recurso conhecido e parcialmente provido, apenas para reduzir o valor da multa. (TRE/SE, RECURSO ELEITORAL nº 32517, Acórdão nº 25/2013 de 07.02.2013, Relator(a) RICARDO MÚCIO SANTANA DE ABREU LIMA, Publicação: DJE – Diário de Justiça Eletrônico, Tomo 25, Data 14.02.2013, Página 09).

Contudo, é de se destacar que "a invalidação imediata do ato de remoção de servidor público que não produziu efeitos jurídicos afasta a ofensa à vedação de conduta vedada aos agentes públicos".[228]

Outra peculiaridade do inciso em questão diz respeito à simulação de nomeações em cargos de confiança para fins de "empreguismo", isto é, pessoas são formalmente designadas para assumirem funções de chefia, mas, na prática, exercem cargos burocráticos. Trata-se de evidente conduta vedada.[229]

Por fim, é de bom tom registrar que o fato (bastante recorrente no cotidiano dos Municípios do Brasil) de terem ocorrido contratações irregulares em anos anteriores não legitima eventual conduta perpetrada em ano anterior à eleição, conforme recentemente decidiu o Tribunal Superior Eleitoral (TSE):

> (...) 10. A eventual existência de contratações nos anos anteriores não legitima ou permite que elas sejam também perpetradas irregularmente no ano que antecede às eleições. Em qualquer hipótese, cabe ao administrador público, em face da própria irregularidade administrativa averiguada, adotar as providências cabíveis para cessar a ocorrência.

[228] REPRESENTAÇÃO nº 178797, Acórdão nº 247/2011 de 17.05.2011, Relator(a) ROWILSON TEIXEIRA, Publicação: DJE/TRE-RO – Diário Eletrônico da Justiça Eleitoral, Tomo 95, Data 25.05.2011, Página 4.

[229] "Se houve nomeação ao exercício de cargo em comissão de chefia, mas, os comissionados exerciam tarefas comezinhas (limpeza, operação de motosserra, cozinha) e ignoravam as atribuições dos cargos, evidente é o desvio de função: o ato administrativo não atingiu a finalidade a que se propôs. A nomeação ao exercício de cargos comissionados serviu a escamotear contratação de mão-de-obra ao arrepio da lei, a desaguar na prática de conduta vedada aos agentes públicos (Lei nº 9.504/97, art. 73, V)" (RECURSO ELEITORAL nº 1114, Acórdão nº 719/2008 de 18.11.2008, Relator(a) ÉLCIO ARRUDA, Publicação: DJ – Diário de justiça, Tomo 219, Data 21.11.2008, Página 16).

11. Mesmo que as contratações tenham ocorrido antes do prazo de três meses que antecede o pleito, a que se refere o art. 73, V, da Lei das Eleições, tal alegação não exclui a possibilidade de exame da ilicitude para fins de configuração do abuso do poder político, especialmente porque se registrou que não havia prova de que as contratações ocorreram por motivo relevante ou urgente, conforme consignado no acórdão recorrido. (Ação Cautelar nº 8385, Acórdão de 03.11.2015, Relator(a) Min. HENRIQUE NEVES DA SILVA, Publicação: DJE – Diário de justiça eletrônico, Tomo 230, Data 04.12.2201, Página 144).

9.5.B Exceções legais: As proibições estabelecidas comportam várias exceções, que serão melhor analisadas adiante.

9.5.B.1 Conduta praticada fora do período de vedação: A caracterização da conduta vedada em referência depende da conjugação do fator temporal (três meses antes do pleito até a data da posse dos eleitos) com a ocorrência de qualquer dos atos elencados pelo *caput* do inciso V. Dentro desse contexto, *"o ato de remoção realizado anteriormente ao lapso temporal proscrito no art. 73, V da Lei nº 9.504/97, ainda que tenha como causa a perseguição política* de servidora dirigente de agremiação partidária de oposição ao atual prefeito, *afasta a incidência da norma eleitoral em questão,* podendo, tão somente, ser apurado ato de improbidade administrativa, fato alheio à competência desta Justiça Especializada".[230] Assim, sem a ocorrência desses dois requisitos essenciais, poder-se-á até ter um ato ilícito cível (improbidade administrativa),[231] mas não uma conduta vedada, muito embora possa restar caracterizado crime eleitoral (artigos 346 e 377, do Código Eleitoral) ou abuso de poder político (dependendo da gravidade do ato no pleito).

9.5.B.2 Nomeação e exoneração dos cargos comissionados/ designação e dispensa das funções comissionadas: A segunda das exceções está positivada na alínea "a", do inciso V, merecendo destaque a observação que "o fato de o servidor nomeado para cargo em comissão ter sido exonerado e, logo em seguida, nomeado para cargo em comissão

---

230 TRE/RJ, RECURSO ELEITORAL nº 80828, Acórdão de 27.05.2013, Relator(a) ALEXANDRE DE CARVALHO MESQUITA, Publicação: DJERJ – Diário da Justiça Eletrônico do TRE-RJ, Tomo 107, Data 03.06.2013, Página 14/27.

231 – "A nomeação de funcionários para cargos de assessoramento e chefia, com comprovado desvio de função, configura, em tese, prática de improbidade administrativa e ofensa aos princípios gerais da administração pública, e desprovida a conduta da necessária comprovação da finalidade eleitoral e do intuito de beneficiar determinada candidatura, requer providências no juízo comum" (RECURSO ELEITORAL nº 20628, Acórdão nº 7723 de 17.12.2012, Relator(a) LUIZ CLÁUDIO BONASSINI DA SILVA, Publicação: DJE – Diário da Justiça Eleitoral, Tomo 727, Data 19.12.2012, Página 39/40).

com concessão de maior vantagem pecuniária não permite, por si só, afastar a ressalva do art. 73, V, a, da Lei nº 9.504/97, porquanto tal dispositivo legal não veda eventual melhoria na condição do servidor".[232]

Questão interessante diz respeito à equiparação dos contratados temporários com os ocupantes de cargos comissionados. Como a própria nomenclatura anuncia, trata-se de categorias funcionais distintas, sendo totalmente equivocada a tese de que os primeiros podem ser "exonerados" a qualquer momento, isto é, conforme as conveniências políticas do momento.

Quem foi contratado para laborar por determinado período de tempo possui o direito de cumprir o seu contrato até o fim, salvo motivo jurídico idôneo que justifique a rescisão contratual. Isso se chama respeito à segurança jurídica, proteção à confiança, algo ignorado pelos anseios eleitoreiros dos gestores de plantão.

Assim já se decidiu:

> DEMISSÃO DE SERVIDORES PÚBLICOS APÓS A REALIZAÇÃO DO PLEITO – PROIBIÇÃO LEGAL A SER OBSERVADA NO CASO DE CONTRATAÇÃO TEMPORÁRIA – JUSTA CAUSA NÃO CONFIGURADA – COMINAÇÃO DE MULTA – DESPROVIMENTO.
> (...)
> 2. A restrição que veda a demissão sem justa causa de servidor público, na circunscrição do pleito, nos três meses que o antecedem e até a posse dos eleitos, abrange "as contratações temporárias do Poder Público, cuja extinção no período eleitoral não pode se escudar na exceção de livre exoneração" (TRESC. Acórdão n. 23,309, de 26.11.2008, Juiz Cláudio Barreto Dutra). A necessidade de restrição nos gastos públicos não traduz o conceito de "justa causa" que autoriza a demissão de servidores públicos no período eleitoral, o qual implica a comprovação da prática de infração ou falta funcional de natureza grave, apurada mediante contraditório e ampla defesa, na esteira do preconizado pelo regime jurídico-administrativo. (TRE/SC, RECURSO CONTRA DECISÕES DE JUÍZES ELEITORAIS nº 57537, Acórdão nº 29757 de 04.08.2014, Relator(a) SÉRGIO ROBERTO BAASCH LUZ, Publicação: DJE – Diário de JE, Tomo 137, Data 12.08.2014, Página 11-12).

9.5.B.3 Nomeação para cargos do Poder Judiciário, do Ministério Público, dos Tribunais ou Conselhos de Contas e dos Órgãos da Presidência da República: Outra exceção encontra-se disciplinada na

---

[232] Agravo Regimental em Recurso Especial Eleitoral nº 299446, Acórdão de 06.11.2012, Relator(a) Min. ARNALDO VERSIANI LEITE SOARES, Publicação: DJE – Diário de justiça eletrônico, Tomo 233, Data 05.12.2012, Página 24).

alínea "b", do inciso V, sendo importante registrar que "vinga a regra da proibição de nomeações, não estando compreendida na ressalva legal a Defensoria Pública – artigo 73 da Lei nº 9.504/1997".[233]

9.5.B.4 Nomeação dos aprovados em concurso público que tenha sido homologado até o início do período de vedação: A questão da possibilidade de realização do concurso público – e a consequente nomeação dos aprovados – em ano eleitoral é, sem sombra de dúvidas, a que traz maiores discussões no seio da sociedade.

Nesse tocante, é importante deixar registrado que *não existe qualquer impedimento à realização de concursos públicos em anos eleitorais*, havendo apenas restrições quanto à nomeação, que só pode ocorrer desde que a homologação do certame tenha ocorrido antes dos três meses que antecedem o pleito. Nesse sentido, já decidiu o Tribunal Superior Eleitoral (TSE):

> Consulta. Recebimento. Petição. Art. 73, V, Lei nº 9.504/97. Disposições. Aplicação. Circunscrição do pleito. Concurso público. Realização. Período eleitoral. Possibilidade. Nomeação. Proibição. Ressalvas legais.
>
> 1. As disposições contidas no art. 73, V, Lei nº 9.504/97 somente são aplicáveis à circunscrição do pleito.
>
> 2. *Essa norma não proíbe a realização de concurso público*, mas, sim, a ocorrência de nomeações, contratações e outras movimentações funcionais desde os três meses que antecedem as eleições até a posse dos eleitos, sob pena de nulidade de pleno direito.
>
> 3. A restrição imposta pela Lei nº 9.504/97 refere-se à nomeação de servidor, ato da administração de investidura do cidadão no cargo público, não se levando em conta a posse, ato subsequente à nomeação e que diz respeito à aceitação expressa pelo nomeado das atribuições, deveres e responsabilidades inerentes ao cargo.
>
> 4. A data limite para a posse de novos servidores da administração pública ocorrerá no prazo de trinta dias contados da publicação do ato de provimento, nos termos do art. 13, §1º, Lei nº 8.112/90, desde que o concurso tenha sido homologado até três meses antes do pleito conforme ressalva da alínea c do inciso V do art. 73 da Lei das Eleições.
>
> 5. A lei admite a nomeação em concursos públicos e a consequente posse dos aprovados, dentro do prazo vedado por lei, considerando-se a ressalva apontada. Caso isso não ocorra, a nomeação e consequente posse dos aprovados somente poderão acontecer após a posse dos eleitos.

---

[233] TSE, Consulta nº 69851, Acórdão de 20.05.2010, Relator(a) Min. HAMILTON CARVALHIDO, Relator(a) designado(a) Min. MARCO AURÉLIO MENDES DE FARIAS MELLO, Publicação: DJE – Diário da Justiça Eletrônico, Data 02.09.2010, Página 60.

> 6. Pode acontecer que a nomeação dos aprovados ocorra muito próxima ao início do período vedado pela Lei Eleitoral, e a posse poderá perfeitamente ocorrer durante esse período.
> 7. Consoante exceções enumeradas no inciso V, art. 73, as proibições da Lei nº 9.504/97 não atingem as nomeações ou exonerações de cargos em comissão e designação ou dispensa de funções de confiança; as nomeações para cargos do Poder Judiciário, do Ministério Público, dos Tribunais ou Conselhos de Contas e dos órgãos da Presidência da República; as nomeações ou contratações necessárias à instalação ou ao funcionamento inadiável de serviços públicos essenciais, com prévia e expressa autorização do chefe do Poder Executivo e as transferências ou remoções *ex officio* de militares, de policiais civis e de agentes penitenciários. (CONSULTA nº 1065, Resolução nº 21806 de 08.06.2004, Relator(a) Min. FERNANDO NEVES DA SILVA, Publicação: DJ – Diário de Justiça, Volume 1, Data 12.07.2004, Página 02 RJTSE – Revista de Jurisprudência do TSE, Volume 15, Tomo 2, Página 393).[234]

Ainda sobre a questão dos concursos públicos, é de se destacar que a Corte Eleitoral Suprema (TSE) decidiu *que as restrições impostas pela legislação somente incidem sobre a esfera de governo em disputa*, de modo que, nas eleições municipais, a União e os Estados podem livremente realizar concursos e nomear os aprovados a qualquer tempo, *in verbis:*

> Consulta. Recebimento. Petição. Art. 73, V, Lei nº 9.504/97. Disposições. Aplicação. Circunscrição do pleito. Concurso público. Realização. Período eleitoral. Possibilidade. Nomeação. Proibição. Ressalvas legais.
> *1. As disposições contidas no art. 73, V, Lei nº 9.504/97 somente são aplicáveis à circunscrição do pleito*. (CONSULTA nº 1065, Resolução nº 21806 de 08.06.2004, Relator(a) Min. FERNANDO NEVES DA SILVA, Publicação: DJ – Diário de Justiça, Volume 1, Data 12.07.2004, Página 02 RJTSE – Revista de Jurisprudência do TSE, Volume 15, Tomo 2, Página 393).

Do voto condutor da lavra do Ministro Fernando Neves, colhe-se que "uma vez que as vedações do artigo 73, V, da Lei nº 9.504/97 alcançam apenas a circunscrição do pleito, entende esta seção que, em se tratando de eleições municipais, não fica impedida a atuação do Poder Público estadual, distrital ou federal".

9.5.B.5 Nomeação ou contratação necessárias para a instalação ou continuidade de serviços públicos essenciais: Inquestionavelmente,

[234] Vide Recurso Especial Eleitoral nº 45060, Acórdão de 26.09.2013, Relator(a) Min. LAURITA HILÁRIO VAZ, Publicação: DJE – Diário de justiça eletrônico, Tomo 203, Data 22.10.2013, Página 55/56.

a hipótese em estudo é a mais utilizada pelos gestores de plantão para simular a ocorrência de contratações dentro do período vedado.

Utilizando-se dos princípios da continuidade e essencialidade do serviço público como fundamento justificante, os ordenadores de despesas realizam admissão com manifesto fim eleitoreiro.

Visando dar cabo a tais práticas, consolidou-se o entendimento de que *a essencialidade que autoriza contratações pelo Poder Público dentro do período vedado é aquela que, se não atendida, colocará em perigo iminente a sobrevivência, a saúde ou a segurança da população* (artigo 11, da Lei nº 7.783/89).

Trata-se de visão que procura combater a "indústria da emergência", em que os gestores públicos de plantão criam artificialmente uma necessidade pública "inadiável" para justificar contratações, cujo real pano de fundo é o pleito eleitoral.

Dentro desse contexto, o Tribunal Superior Eleitoral entendeu que *o serviço público de educação não ostenta* o caráter de *essencialidade* apto a legitimar contratações no período vedado, *in verbis:*

> CONDUTA VEDADA A AGENTE PÚBLICO EM CAMPANHA ELEITORAL. ART. 73, INCISO V, ALÍNEA "D", DA LEI Nº 9.504/97.
>
> 1. Contratação temporária, pela Administração Pública, de professores e demais profissionais da área da educação, motoristas, faxineiros e merendeiras, no período vedado pela lei eleitoral.
>
> 2. No caso da alínea d do inciso V da Lei nº 9.504/97, só escapa da ilicitude a contratação de pessoal necessária ao funcionamento inadiável de serviços públicos essenciais.
>
> 3. Em sentido amplo, todo serviço público é essencial ao interesse da coletividade. Já em sentido estrito, essencial é o serviço público emergencial, assim entendido aquele umbilicalmente vinculado à "sobrevivência, saúde ou segurança da população".
>
> 4. A ressalva da alínea d do inciso V do art. 73 da Lei nº 9.504/97 só pode ser coerentemente entendida a partir de uma visão estrita da essencialidade do serviço público. Do contrário, restaria inócua a finalidade da lei eleitoral ao vedar certas condutas aos agentes públicos, tendentes a afetar a igualdade de competição no pleito. *Daqui resulta não ser a educação um serviço público essencial.* Sua eventual descontinuidade, em dado momento, embora acarrete evidentes prejuízos à sociedade, é de ser oportunamente recomposta. *Isso por inexistência de dano irreparável à "sobrevivência, saúde ou segurança da população".*
>
> 5. Modo de ver as coisas que não faz tábula rasa dos deveres constitucionalmente impostos ao Estado quanto ao desempenho da atividade educacional como um direito de todos. *Não cabe, a pretexto do cumprimento da obrigação constitucional de prestação "do serviço", autorizar contratação*

> *exatamente no período crítico do processo eleitoral.* A impossibilidade de efetuar contratação de pessoa em quadra eleitoral não obsta o poder público de ofertar, como constitucionalmente fixado, o serviço da educação. (RECURSO ESPECIAL ELEITORAL nº 27563, Acórdão de 12.12.2006, Relator(a) Min. CARLOS AUGUSTO AYRES DE FREITAS BRITTO, Publicação: DJ – Diário de justiça, Data 12.02.2007, Página 135).

Outra observação que se faz necessária é que a contratação a ser realizada deve ser expressamente autorizada em ato administrativo prévio e motivado pelo Chefe do Poder Executivo, sob pena de nulidade, por ser requisito indispensável posto na exceção ora analisada.

Por fim, não se pode olvidar que a Justiça Eleitoral possui plena competência para anular o ato impugnado (contratação ou exoneração), determinando o retorno do *status quo ante.*

9.5.B.6 Transferência ou remoção *ex officio* de militares, policiais e agentes penitenciários: A segurança pública, como visto anteriormente, é um dos serviços públicos que autoriza a contratação de pessoas no período vedado pelo inciso em referência, de modo que a possibilidade de transferência ou remoção é mera consequência e sequer precisaria estar positivada. Não obstante isso, deve-se ter em conta que o dispositivo não autoriza as transferências e remoções por mero capricho, devendo o interesse público estar presente nas movimentações funcionais, sob pena de macular o ato.

Ademais, a motivação do ato é pressuposto obrigatório para a validade das movimentações funcionais, conforme já decidiu o Superior Tribunal de Justiça (STJ):

> CONSTITUCIONAL. ADMINISTRATIVO. MANDADO DE SEGURANÇA. DELEGADO DE POLÍCIA. REMOÇÃO EX OFFICIO. ATO ADMINISTRATIVO SEM QUALQUER REFERÊNCIA AOS MOTIVOS QUE LHE DERAM ENSEJO. ILEGALIDADE. INOBSERVÂNCIA DO ART. 50, I, DA LEI 9.784/99. MOTIVAÇÃO APRESENTADA SOMENTE NAS INFORMAÇÕES EM QUE NÃO HÁ CONGRUÊNCIA ENTRE O MOTIVO E A FINALIDADE DO ATO, ALÉM DE EVIDENCIAR ELEVADO GRAU DE SUBJETIVISMO À REVELIA DE CONCRETA DEMONSTRAÇÃO DE QUE A TRANSFERÊNCIA ATENDE A ALGUMA DAS HIPÓTESES PREVISTAS NO ART. 26, II, DA LEI ESTADUAL 4.122/99. ATO ADMINISTRATIVO QUE, APESAR DE DISCRICIONÁRIO, SUJEITA-SE AO CONTROLE DE JURIDICIDADE. PRECEDENTES.
>
> 1. Trata-se, na origem, de Mandado de Segurança contra ato do Secretário da Segurança Pública do Estado de Sergipe que determinou a remoção *ex officio* do Delegado de Polícia impetrante sem a correspondente motivação.

2. Integra o bloco de juridicidade do ato administrativo – ainda que discricionário – a explicitação das razões que levaram a Administração Pública à sua prática. Precedentes.
3. No caso concreto, a Portaria 419/2011 não trouxe qualquer referência ou mesmo informação remissiva à ata do Conselho Superior para permitir ao Delegado removido saber o motivo e a finalidade de sua transferência. Ilegalidade revelada pela inobservância do disposto no art. 50, I, e §1º, da Lei 9.784/99.
4. Ademais, a fundamentação apresentada nas informações evidencia desvio de finalidade pela incongruência entre o motivo e o objetivo do ato de remoção, cuja justificativa está marcada por generalismos e subjetivismos que identificam a presença de interesse público a partir de ilações sobre prejuízos que futuramente poderiam advir do serviço policial. Data venia, não pode a Administração Pública aferir aprioristicamente se as ações policiais serão ou não prejudicadas pelas diferenças profissionais entre o Delegado impetrante e seu coordenador. Ou se se comprova concretamente a efetiva existência de prejuízo ao serviço público, ou não passam de um juízo de mero subjetivismo que não se compatibiliza com o princípio constitucional da impessoalidade considerações sobre transtornos futuros, eventuais e incertos – que poderão ocorrer ou não.
5. Por outro lado, a transferência operada na espécie não atende às previsões do art. 26, II da Lei Estadual 4.122/99, que estabelece a remoção *ex officio* ou "por interesse do serviço" ou "por conveniência da disciplina", não tendo sido comprovada nenhuma das situações. Não havendo demonstração concreta sobre a forma como os desentendimentos entre o impetrante e seu coordenador afetam o serviço, e inexistindo instauração de processo disciplinar, a remoção se mostra ilegal em qualquer dessas duas hipóteses. Impõe-se, pois, reconhecer a violação do direito líquido e certo do impetrante em ser removido apenas nos casos determinados por lei – art. 26 da Lei Estadual 4.122/99 – mediante ato administrativo devidamente motivado, elementos esses não presentes *in casu*.
6. O ato administrativo discricionário sujeita-se à sindicabilidade jurisdicional de sua juridicidade. Não invade o mérito administrativo – que diz com razões de conveniência e oportunidade – a verificação judicial dos aspectos de legalidade do ato praticado. Precedentes.
7. Recurso Ordinário provido (RMS 37.327/SE, Rel. Ministro HERMAN BENJAMIN, SEGUNDA TURMA, julgado em 20.08.2013, DJe 12.09.2013).

Nesse sentido, é de se destacar que o artigo 2º, §5º, da Lei nº 12.830/13, reiterou a necessidade de motivação dos atos que promovam remoção dos Delegados de Polícia.

9.5.C Incidência temporal: O *caput* do referido inciso é bastante claro, de modo que a proibição começa a incidir no dia correspondente a *três meses antes do pleito e vigora até o dia primeiro de janeiro do ano seguinte,* quando ocorrer a posse dos eleitos.

9.5.D Ilícitos correlatos ao artigo 73, IV: Inicialmente, é de se destacar *que qualquer contratação* (independente de ser permitida ou não pelo artigo 73, da Lei nº 9.504/97) *realizada nos 180 (cento e oitenta) dias anteriores ao final do mandato* do titular do respectivo poder ou órgão *que implique em aumento da despesa com pessoal* caracterizará *ato de improbidade administrativa, por ser considerado ato de irresponsabilidade fiscal (artigo 21, parágrafo* único, da Lei Complementar nº 101/2000). Caso, porém, haja uma contratação dentro do período de vedação, a improbidade administrativa estará caracterizada *ipso facto* pela violação ao artigo 73, conforme estabelece o §7º, do artigo 73, da Lei das Eleições.

Na mesma toada, restará tipificado *o crime do artigo 359-G, do Código Penal Brasileiro,* que considera delituosa a conduta *de* "ordenar, autorizar ou executar ato que acarrete aumento de despesa total com pessoal, nos cento e oitenta dias anteriores ao final do mandato ou da legislatura".

Dependendo do agente público responsável pelo ato, tem-se a possibilidade da ocorrência de *crime de responsabilidade* (artigo 11º, 1, da Lei nº 1079/50 e artigo 1º, XII, do Decreto-Lei nº 201/67), bem como *infração político-administrativa* (artigo 4º, VII, do Decreto-Lei nº 201/67).

9.5.E Jurisprudências interessantes: Logo a seguir, apresentaremos os principais julgados do Tribunal Superior Eleitoral (TSE) e das demais Cortes Eleitorais referentes ao assunto.

– TSE –
1 – O egrégio Tribunal a quo, por maioria, julgou improcedente representação proposta pelo Ministério Público Eleitoral em desfavor de Francisco Vaz de Mello Cajueiro, diretor presidente da CEAGESP, sociedade de economia mista, por conduta vedada prevista no art. 73, V, da Lei das Eleições, em razão da demissão de Saulo Vassimon, servidor público. (...) A hipótese dos autos tem anotação diversa das demais condutas vedadas previstas pelo legislador eleitoral e se volta no preclaro dizer de Joel Cândido "a evitar os apadrinhamentos eleitorais, nas vésperas do pleito, com concentração, cabalando-se votos, e a impedir perseguições por motivos eleitorais com dispensa de última hora de adversários políticos." Na espécie, tenho que *não há falar em exigência de conotação eleitoral para a conduta vedada descrita no art. 73, V, da Lei das Eleições, a qual deve ser analisada objetivamente*, o que se perfaz com a correspondência da descrição do fato à conduta prevista no dispositivo legal. A norma refere-se à proibição de "nomear, contratar ou de qualquer forma admitir, demitir sem justa causa, suprimir ou readaptar vantagens

ou por outros meios dificultar ou impedir o exercício funcional e, ainda, *ex officio*, remover, transferir ou exonerar servidor público, na circunscrição do pleito, nos três meses que o antecedem e até a posse dos eleitos, sob pena de nulidade de pleno direito". Vê-se, portanto, *que a conduta prevista no inciso V do art. 73 não faz menção à finalidade eleitoral*, diferentemente de outras condutas previstas em outros incisos do mesmo artigo, que claramente prescrevem essa finalidade para sua caracterização, conforme se verifica das seguintes expressões: inciso I: "ceder ou usar, em benefício de candidato, partido ou coligação"; inciso II: "ceder (...) ou usar de seus serviços, para comitês de campanha eleitoral de candidato, partido político ou coligação"; inciso IV: "fazer ou permitir uso promocional em favor de candidato, partido político ou coligação". Penso que o legislador – ao estabelecer limites aos atos vinculados à nomeação, ingresso, movimentação funcional e desligamento de servidores – procurou salvaguardar subordinados de eventuais pressões advindas do período eleitoral e da disputa dos candidatos – inclusive daqueles que concorressem à reeleição, que poderiam interferir na escolha pelos eleitores. (...) Respondendo à Consulta nº 1.065, relator Ministro Fernando Neves, de 8.6.2004, afirmou este Tribunal que referida norma proíbe "a ocorrência de nomeações, contratações e outras movimentações funcionais, desde os três meses que antecedem as eleições até a posse dos eleitos, sob pena de nulidade de pleno direito" (grifo nosso), não vinculando, portanto, esses atos a eventual motivação eleitoral. Ademais, em caso similar, esta Corte Superior já decidiu que "A contratação e demissão de servidores temporários constitui, em regra, ato lícito permitido ao administrador público, mas que a lei eleitoral torna proibido, nos três meses que antecedem a eleição até a posse dos eleitos, a fim de evitar qualquer tentativa de manipulação de eleitores" (Embargos de Declaração no Recurso Especial nº 21.167, rel. Min. Fernando Neves, de 21.8.2003). (...) Feitas essas considerações, anoto que a infração ao art. 73, V, da Lei das Eleições consistiu na demissão sem justa causa de um único servidor. Desse modo, e com fundamento no princípio da proporcionalidade, entendo que a multa a ser aplicada ao responsável deve ser fixada no mínimo legal. Com essas considerações, baseado no art. 36, §7º, do Regimento Interno do Tribunal Superior Eleitoral, dou provimento ao recurso especial, a fim de julgar procedente a representação, impondo ao representado Francisco Vaz de Mello Cajueiro a multa de R$ 5.320,50, nos termos do arts. 73, §4º, da Lei nº 9.504/97; e 42, §4º, da Res.-TSE nº 22.718/2008. (Recurso Especial Eleitoral nº 28364, Decisão Monocrática de 01.07.2009, Relator(a) Min. ARNALDO VERSIANI LEITE SOARES, Publicação: DJE – Diário da Justiça Eletrônico, Data 05.08.2009, Página 65-67).
2 – *O Tribunal Regional Eleitoral do Ceará deixou contudo de reconhecer a principal consequência dessa violação: a declaração da nulidade da demissão sem justa causa, com o necessário retorno do servidor ao cargo.* Isso porque ao tempo do julgamento já estaria vencido o prazo que começa 3 meses antes da eleição e termina com a posse dos eleitos. O servidor suportou agressão a direito subjetivo, recorreu tempestivamente à via judicial e não pode ser prejudicado pela demora no

trâmite processual. Dou provimento ao recurso para reintegrar João Amadeu de Andrade no cargo que ocupava, ou outro equivalente, caso tenha sido extinto, na Prefeitura Municipal do Município de Massapê-CE (§7º do art. 36 do RITSE). (Recurso Especial Eleitoral nº 20772, Decisão Monocrática de 14.08.2008, Relator(a) Min. EROS ROBERTO GRAU, Publicação: DJ – Diário da Justiça, Data 22.08.2008, Página 3).

3 – Agravo de instrumento. Agravo regimental. Contratação de pessoal – Art. 73, V, da Lei nº 9.504/97 – Surto de dengue – Serviço essencial e inadiável – Convênio – Assinatura e aditamento – Anterioridade – Pleito – Chefe do Poder Executivo – Autorização – Alínea d – Não ocorrência. 1. *A autorização referida na alínea d do inciso V do art. 73 da Lei nº 9.504/97 deve ser específica para a contratação pretendida e devidamente justificada.* 2. O fato de se tratar de contratação de pessoal para prestar serviços essenciais e inadiáveis não afasta a necessidade de que, no período a que se refere o inciso V do art. 73 da Lei nº 9.504/97, haja expressa autorização por parte do chefe do Executivo. Agravo a que se nega provimento. (AGRAVO REGIMENTAL EM AGRAVO DE INSTRUMENTO nº 4248, Acórdão nº 4248 de 20.05.2003, Relator(a) Min. FERNANDO NEVES DA SILVA, Publicação: DJ – Diário de Justiça, Volume 1, Data 29.08.2003, Página 100 RJTSE – Revista de Jurisprudência do TSE, Volume 14, Tomo 3, Página 87).

– TRE/RN –

1 – A prova constante dos autos – documentos que revelam a contratação irregular de servidores temporários, sem processo seletivo, sem concurso público – denota a existência do uso da máquina administrativa em prol dos Candidatos investigados. Extrai-se do conjunto probatório carreado ao processo provas robustas a ensejar o reconhecimento de abuso de poder político. *Considerando as circunstâncias (aumento de contratados no ano eleitoral); o número de vezes (mais de uma centena); o modo (sem qualquer justificativa) e a quantidade de eleitores atingidos (servidores contratados, familiares e dependentes), verifica-se a existência da potencialidade lesiva para repercutir no resultado do pleito.* Negado provimento ao Recurso para manter-se a declaração de inelegibilidade dos Recorrentes para as eleições que se realizarem nos 3 (três) anos seguintes a contar da data do último pleito. (RECURSO ELEITORAL nº 8970, Acórdão nº 8970 de 18.02.2010, Relator(a) FABIO LUIZ MONTE DE HOLLANDA, Publicação: DJE – Diário de justiça eletrônico, Data 23.02.2010, Página 02).

2 – *A mera veiculação de edital de concurso público no site oficial da Prefeitura sem a nomeação dos aprovados no certame no período vedado por lei não tem o condão de caracterizar a prática vedada pelo art. 73, V, da Lei nº 9.504/97*. (RECURSO ELEITORAL nº 8378, Acórdão nº 8378 de 26.02.2009, Relator(a) FÁBIO LUIZ MONTE DE HOLLANDA, Publicação: DJE – Diário de justiça eletrônico, Data 3.3.2009, Página 3).

- TRE/RJ -

1 - RECURSO ELEITORAL. TEMPESTIVIDADE. INVESTIGAÇÃO JUDICIAL ELEITORAL. APURAÇÃO DE ABUSO DE PODER POLÍTICO. CONDUTA VEDADA PREVISTA NO ART. 73, V, DA LEI 9.504/97. PROVIMENTO DO RECURSO. I – Os documentos de fls. 678-681 trazem a relação dos contratos temporários realizados no período de julho a dezembro de 2008, que totalizam 76 (setenta seis) contratações. II – Tendo como norte os requisitos constitucionais, as contratações realizadas padecem de ilegalidade. Isto porque as necessidades de prestação de serviços públicos de saúde são contínuos e não houve situação alguma que caracterizasse uma excepcionalidade a ponto de justificar tais contratações, como as que ocorrem, por exemplo, nos casos de epidemias, endemias e calamidades. IV – A contratação de 16 (dezesseis) auxiliares de serviços gerais não cumpre os requisitos constitucionais que autorizam a realização de contratos temporários. V – O número de contratos temporários realizados ao arrepio do ordenamento jurídico impõe o reconhecimento da conduta vedada prevista no art. 73, V da Lei nº 9.504/97 e a condenação do recorrido ao pagamento de multa no valor de 20 mil UFIR. VI – Da análise das provas juntadas pelos recorrentes às fls. 322/534, percebe-se que houve cerca de 900 contratações temporárias no ano de 2008, cerca de 500 contratações em 2007, cerca de 270 em 2006 e cerca de 180 em 2005, além de inúmeras nomeações para cargos em comissão e prorrogações de contratos temporários. V – Realização de mais de 2000 (dois mil) contratos temporários, a maioria celebrado, notoriamente, sem observâncias dos requisitos constitucionais previstos no art. 37, XI: a) determinabilidade do prazo de contratação, b) temporariedade da carência e c) excepcionalidade da situação de interesse público. VI – O quadro em tela revela abuso de poder, tanto na modalidade excesso, quanto na modalidade desvio. É clara a utilização da máquina pública para fins outros que a sua atividade precípua. A utilização da Administração Pública para fins privatísticos de qualquer espécie constitui Abuso de Poder Político. V – O conjunto probatório denota conjuntura capaz de influenciar na vontade política do município, motivo pelo qual possui potencialidade suficiente para comprometer a igualdade entre os candidatos e a própria expressão da vontade popular. IX – Configurado, portanto, o Abuso de Poder Político capaz de influenciar a vontade dos eleitores e a igualdade entre os candidatos, aplicando-se a sanção de inelegibilidade por três anos. (RECURSO ELEITORAL nº 29203, Acórdão de 20.03.2013, Relator(a) SERGIO SCHWAITZER, Publicação: DJERJ – Diário da Justiça Eletrônico do TRE-RJ, Tomo 059, Data 25.03.2013, Página 14/20).

- TRE/PR -

1 – *A diária de viagem paga aos servidores motoristas*, via de regra, tem natureza eminentemente indenizatória, *não se caracterizando como a "vantagem" descrita no inciso V, do artigo 73, da Lei das Eleições.* (RECURSO ELEITORAL nº 40826, Acórdão nº 45721 de 09.04.2013, Relator(a) FERNANDO FERREIRA DE MORAES, Publicação: DJ – Diário de justiça, Data 17.04.2013).

2 – *As disposições contidas no artigo 73, V, da Lei nº 9.504/97 não proíbe a realização de concurso público*, mas, sim, a ocorrência de nomeações, contratações e outras movimentações funcionais desde os três meses que antecedem as eleições até a posse dos eleitos. (RECURSO ELEITORAL nº 29358, Acórdão nº 45645 de 13.03.2013, Relator(a) MARCOS ROBERTO ARAÚJO DOS SANTOS, Publicação: DJ – Diário de justiça, Data 19.3.2013).
3 – *Concessão de gratificação a elevado número de funcionários em ano eleitoral, sem prévia informação ou justificativa, configura abuso de poder político*. Plausibilidade do recurso não evidenciada. (PROCESSO nº 99713, Acórdão nº 45503 de 17.01.2013, Relator(a) JEAN CARLO LEECK, Relator(a) designado(a) LUCIANO CARRASCO FALAVINHA SOUZA, Publicação: DJ – Diário de justiça, Data 22.1.2013).
– TRE/MS –
1 – EMENTA – RECURSO ELEITORAL. PREFEITO REELEITO. CONTRATAÇÃO IRREGULAR DE SERVIDORES, PARA OCUPAR CARGOS DE PROVIMENTO EM COMISSÃO E DE SERVIDORES TEMPORÁRIOS, VISANDO À OBTENÇÃO DE VOTOS. PRÁTICA DE ABUSO DE AUTORIDADE E DE PODER. PROVIMENTO NEGADO. ELEIÇÃO PREJUDICADA. REALIZAÇÃO DE NOVO PLEITO. Embora a investidura em cargo comissionado se dê por livre nomeação do administrador público, podendo ser levada a cabo mesmo em ano eleitoral (art. 73, inciso V, alínea a, da Lei nº 9.504/97), o número excessivo de nomeações por meio dessa modalidade nos quatro anos de governo do recorrente, ultrapassando o limite máximo de 1/3 dos servidores efetivos, compromete a lisura e a regularidade do pleito em desequilíbrio de igualdade dos candidatos concorrentes. A contratação irregular de servidores, não obstante ser objeto de ação de improbidade administrativa, deve ser objeto de análise pela Justiça Eleitoral quanto à apuração do fato com finalidade eleitoral. Para a configuração de abuso de poder não se exige o nexo de causalidade, entendido esse como a comprovação de que o candidato foi eleito efetivamente devido ao ilícito ocorrido, mas que fique demonstrado que as práticas irregulares teriam capacidade ou potencial para influenciar o eleitorado. Considerando que os recorrentes se encontram empossados nos cargos para os quais foram eleitos, é de se declarar insubsistentes os respectivos diplomas, conforme o inciso XIV do art. 22 da Lei Complementar nº 64/90, e, tendo em vista o resultado do pleito majoritário em 55,59% dos votos válidos, fica prejudicada referida eleição, devendo ser realizado novo pleito municipal para o preenchimento dos cargos de prefeito e vice-prefeito, nos termos dos arts. 164, inciso III, 168, parágrafo único, da Resolução TSE nº 23.372/2011 e 224 do Código Eleitoral (RECURSO ELEITORAL nº 42636, Acórdão nº 7796 de 22.04.2013, Relator(a) HERALDO GARCIA VITTA, Publicação: DJE – Diário da Justiça Eleitoral, Tomo 803, Data 29.4.2013, Página 08/09).
2 – A teor do art. art. 73, inciso V, alínea a, da Lei nº 9.504/97, a nomeação para cargos em comissão é permitida no período que antecede os três meses do pleito não havendo assim a demonstração do abuso do poder político

previsto para os fins coligidos pela norma eleitoral. Com efeito, as provas produzidas não autorizam a conclusão de ocorrência de abuso do poder político com finalidade eleitoral para beneficiar candidaturas, impondo-se, de consequência, a improcedência da ação em relação às nomeações efetuadas. Constatando que as contratações de servidores públicos (agente comunitário de saúde, vigia de posto de saúde, mãe social em instituição de atendimento à criança e ao adolescente, merendeira, zelador e vigia de escola municipal), em reposição de mão de obra, foram empreendidas pelo prefeito municipal em período vedado pelo art. 73, inciso V, alínea d, da Lei nº 9.504/97, sendo que algumas foram efetivadas em tempo bem depois aos atos administrativos que concederam o gozo de licença maternidade, férias, licença prêmio e rescisão de contrato dos servidores ocupantes dos cargos, referidas contratações não se enquadram em quaisquer das hipóteses de ressalva que o preceito legal supramencionado alberga, e sequer quanto à contratação necessária ao funcionamento inadiável de serviços públicos essenciais. De efeito, com exceção da admissão de uma enfermeira, as demais contratações tão-somente demonstram que a administração municipal autorizou, há menos de dois meses do pleito, o ingresso de servidores para funções que não careciam de contratação imediata, pois se poderia, em observância à Lei das Eleições, sugerir que as Secretarias envolvidas remanejassem seus servidores ou gerissem as ocorrências funcionais de modo a não incidir na conduta vedada. É, pois, de ser negado provimento ao recurso, mormente quando a contratação sem prévio concurso público apenas seria admitida quando de excepcional interesse público e, no caso, apenas a admissão do profissional da área de enfermagem reflete tal ressalva. Para configuração da referida conduta vedada, não há necessidade de se perquirir sobre a existência ou não da possibilidade de desequilíbrio do pleito, o que é exigido no caso de abuso de poder, bastando apenas que haja a prática da ilicitude. Não demonstrada qualquer razão para a redução da multa ao mínimo legal, isto é, 5 (cinco) UFIR, consoante o §4º do art. 73 da Lei nº 9.504/97, e haja vista a quantidade de contratações e a gravidade do ato, a penalidade imposta não fere o princípio da proporcionalidade e deve ser mantida. (RECURSO ELEITORAL nº 1164, Acórdão nº 6009 de 04.11.2008, Relator(a) JOSÉ PAULO CINOTI, Publicação: DJ – Diário de justiça, Tomo 1850, Data 10.11.2008, Página 307).

– TRE/ES –

1 – Configuração do abuso de poder político, devidamente comprovado pela efetiva utilização do poder hierárquico decorrente da relação jurídica de direito administrativo para coagir servidores, principalmente os comissionados e temporários. Circunstância que aflora de inúmeros depoimentos prestados demonstrando a existência de um conjunto de atos e condutas, muitas vezes veladas e indiretas, outras de forma direta, para pressionarem os servidores objetivando angariar votos e influir no resultado da eleição. Potencialidade lesiva devidamente configurada, quer pelo expressivo número de servidores não efetivos, ameaçados em sua situação funcional, aliada à reduzida margem

de votos que determinou a vitória nas eleições. (RECURSO CONTRA EXPEDIÇÃO DE DIPLOMA nº 38, Acórdão nº 177 de 14.07.2010, Relator(a) ÁLVARO MANOEL ROSINDO BOURGUIGNON, Publicação: DJE – Diário Eletrônico da Justiça Eleitoral do ES, Data 29.07.2010, Página 4/5).

9.6 Realização de transferências voluntárias de recursos

No que diz respeito à movimentação de recursos públicos em ano eleitoral, a lei estabelece ser vedado:

> VI – nos três meses que antecedem o pleito:
> a) realizar transferência voluntária de recursos da União aos Estados e Municípios, e dos Estados aos Municípios, sob pena de nulidade de pleno direito, ressalvados os recursos destinados a cumprir obrigação formal preexistente para execução de obra ou serviço em andamento e com cronograma prefixado, e os destinados a atender situações de emergência e de calamidade pública;

9.6.A Análise do tipo: O processo eleitoral hígido (utopia em nossa realidade) caracteriza-se pela sobreposição dos valores democráticos, em especial, a dialética dos projetos políticos concorrentes. Porém, a experiência demonstra que o principal instrumento do político vitorioso é o poder econômico (leia-se: dinheiro para gastar na campanha), pois sem ele é impossível custear todas as necessidades eleitoreiras inerentes à corrida eleitoral.

Ciente dessa realidade, o legislador preocupou-se em vedar o uso do dinheiro público (repasses oriundos de transferências de recursos) para alavancar candidaturas ou cooptar apoios. Via de regra, tais transferências ocorrem por intermédio de convênios ou contratos administrativos celebrados pelos entes públicos.

Assim, nos três meses anteriores ao pleito, fica vedada a realização de transferências voluntárias de recursos da União para os Estados e Municípios e dos Estados aos Municípios, "ainda que visem ao cumprimento de ações definidas em consulta popular prevista em lei estadual ou de convênios celebrados em data anterior ao aludido período".[235]

Nesse contexto, deve-se entender por *transferência voluntária "a entrega de recursos* correntes ou de capital *a outro ente da Federação, a título de cooperação, auxílio ou assistência financeira,* que não decorra de

[235] TRE/RS, CONSULTA nº 242004, Acórdão de 21.09.2004, Relator(a) DRA. MYLENE MARIA MICHEL, Publicação: PSESS – Publicado em Sessão, Data 22.09.2004.

determinação constitucional, legal ou os destinados ao Sistema Único de Saúde" (artigo 25, *caput*, da Lei Complementar nº 101/2000) e que tenha observado os seguintes requisitos, além dos estabelecidos na Lei de Diretrizes Orçamentárias: a) existência de dotação específica; b) observância do disposto no inciso X do art. 167 da Constituição; c) comprovação, por parte do beneficiário, de que se acha em dia quanto ao pagamento de tributos, empréstimos e financiamentos devidos ao ente transferidor, bem como quanto à prestação de contas de recursos anteriormente dele recebidos; cumprimento dos limites constitucionais relativos à educação e à saúde; observância dos limites das dívidas consolidada e mobiliária, de operações de crédito, inclusive por antecipação de receita, de inscrição em Restos a Pagar e de despesa total com pessoal; d) previsão orçamentária de contrapartida.

Ainda no que diz respeito às transferências voluntárias, *deve-se atentar que não poderão ser repassadas aos entes públicos que não instituírem todos os tributos decorrentes da Constituição Federal*, conforme assinala o artigo 11, parágrafo único, da Lei Complementar nº 101/2000.

Caso haja o descumprimento da norma em estudo, a Justiça Eleitoral deverá, liminarmente, suspender o repasse (bloquear o valor ou determinar a devolução) e, no mérito, anular o ato, conforme estabelece o §4, do artigo 73, da Lei das Eleições, sem prejuízo das demais sanções estabelecidas pelo §5º.

Ainda sobre o papel da Justiça Eleitoral, deve-se atentar que "*não é competente para*, com base no art. 73, VI, "a", da Lei nº 9.504/97 – dispositivo invocado pela União – *autorizar a realização de operação de crédito com vista a financiar a aquisição de veículos destinados ao transporte escolar, tendo em vista a ausência de atribuição de tal competência no comando legal*. Entendimento contrário implica admitir a competência da Justiça Eleitoral para exercer, sem previsão normativa expressa, o controle prévio de legalidade sobre ato administrativo do Poder Executivo, o que representa violação ao princípio da independência e harmonia entre os Poderes Legislativo, Executivo e Judiciário".[236] É importante consignar também que a restrição em comento não é aplicável às associações, porquanto pessoas jurídicas de direito privado, e desde que não sejam nominalmente vinculadas a candidatos (vedação do §11, do artigo 73, da LE) ou que tal se dê gratuitamente (vedação do §10, do artigo 73, da LE), conforme precedentes da Corte Eleitoral Máxima:

---

[236] TSE, Petição nº 2853, Resolução nº 22931 de 10.09.2008, Relator(a) Min. FELIX FISCHER, Publicação: DJE – Diário da Justiça Eletrônico, Data 12.11.2008, Página 3.

ELEITORAL. AGRAVO REGIMENTAL. RECLAMAÇÃO. LIMINAR INDEFERIDA. CONDUTA VEDADA. TRANSFERÊNCIA VOLUNTÁRIA DE RECURSOS DOS ESTADOS AOS MUNICÍPIOS. ART. 73, VI, a, DA LEI No 9.504/97. VIOLAÇÃO À DECISÃO NA CONSULTA - TSE Nº 1.062. NÃO CONFIGURAÇÃO. IMPROCEDÊNCIA.

1 – A transferência de recursos do governo estadual a comunidades carentes de diversos municípios não caracteriza violação ao art. 73, VI, a, da Lei nº 9.504/97, porquanto os destinatários são associações, pessoas jurídicas de direito privado.

2 – A regra restritiva do art. 73, VI, a, da Lei no 9.504/97 não pode sofrer alargamento por meio de interpretação extensiva de seu texto (Ac. nº 16.040, rel. Min. Costa Porto).

3 – Agravo regimental não provido.

4 – Reclamação julgada improcedente. (AGRAVO REGIMENTAL EM RECLAMAÇÃO nº 266, Acórdão nº 266 de 09.12.2004, Relator(a) Min. CARLOS MÁRIO DA SILVA VELLOSO, Publicação: DJ – Diário de Justiça, Volume 1, Data 04.03.2005, Página 115 RJTSE – Revista de Jurisprudência do TSE, Volume 16, Tomo 1, Página 21).[237]

9.6.B Exceções: A vedação da transferências de recursos públicos nos três meses anteriores ao pleito comporta quatro exceções. Vejamos.

9.6.B.1 Transferências de receitas não voluntárias: Nos três meses que antecedem o pleito eleitoral, *tanto as transferências obrigatórias* (artigos 157 à 160, da CF/88) *quanto as impostas por lei ou cuja destinação seja o SUS não sofrem qualquer limitação*, de modo que podem – devem – continuar ocorrendo.

9.6.B.2 Obrigação formal preexistente para executar obra ou serviço em andamento e com cronograma prefixado: O dispositivo

[237] No mesmo sentido, decidiu o TRE/RO: Consulta. Deputado estadual. Legitimidade. Matéria de natureza objetiva. Conhecimento. Conduta vedada aos agentes públicos, servidores ou não, em ano eleitoral. I – Deputado estadual é parte legítima para formular consulta sobre matéria eleitoral. II – Durante os três meses que antecedem o pleito eleitoral é vedada a transferência de recursos entre o Estado e os municípios, decorrentes de convênios, ainda que preexistentes a esse período. Ademais, para fins de aplicação da ressalva contida neste dispositivo, não basta a mera celebração do convênio (assinatura) ou a formalização dos procedimentos preliminares, é indispensável a sua efetiva execução física antes do início do período de vedação. III – A restrição posta no art. 73, inciso VI, alínea "a", da Lei Federal nº 9.504/1997 não sofre alargamento por meio de interpretação extensiva de seu texto. Logo, é permitido o repasse de recursos do Estado a entidades privadas sem fins lucrativos, desde que tal transferência não seja gratuita, caso em que incidiria na proibição inserta no parágrafo 10 daquele artigo, da norma em referência. IV – Consulta respondida positivamente para o primeiro quesito e negativamente quanto à segunda questão formulada. (CONSULTA nº 13540, Resolução nº 10/2014 de 11.03.2014, Relator(a) DIMIS DA COSTA BRAGA, Publicação: DJE/TRE-RO – Diário Eletrônico da Justiça Eleitoral, Tomo 052, Data 27.3.2014, Página 5).

ressalva expressamente os casos de convênios/contratos administrativos referentes a obras e serviços que tenham sido celebrados antes do período vedado e cujo início da execução tenha se dado também de forma pretérita.

É importante consignar que a ressalva presume a existência de processo licitatório realizado e já finalizado, com a realização de empenho e, como dito, já executado em parte. Do contrário, abrir-se-ia possibilidade ampla de realização de simulacros de convênios em datas próximas ao início da vedação apenas como forma de legitimar o repasse de receitas públicas com a finalidade eleitoral combatida no dispositivo em estudo.

Nesse sentido, já decidiu o Tribunal Superior Eleitoral (TSE):

> – ELEIÇÕES – CONDUTA VEDADA – ARTIGO 73, INCISO VI, ALÍNEA A, DA LEI Nº 9.504/1997 – ALCANCE. O disposto na citada alínea versa o repasse de recursos, sendo irrelevante o fato de o convênio ter sido assinado em data anterior ao período crítico previsto. (Recurso Especial Eleitoral nº 104015, Acórdão de 04.12.2012, Relator(a) Min. MARCO AURÉLIO MENDES DE FARIAS MELLO, Publicação: DJE – Diário de justiça eletrônico, Tomo 101, Data 31.5.2013, Página 46).
>
> – É vedada à União e aos estados, nos três meses que antecedem o pleito, a transferência voluntária de verbas, ainda que decorrentes de convênio ou outra obrigação preexistente, desde que não se destinem à execução de obras ou serviços já iniciados. Consulta respondida negativamente. (CONSULTA nº 1320, Resolução nº 22284 de 29.06.2006, Relator(a) Min. CARLOS EDUARDO CAPUTO BASTOS, Publicação: DJ – Diário de justiça, Volume I, Data 08.08.2006, Página 117).

9.6.B.3 Situações de calamidade pública ou emergência: Em decorrência do princípio da indisponibilidade do interesse público, a lei excepcionou a possibilidade de ajuda entre os entes públicos quando presentes casos de emergência e calamidade pública, como desastres naturais, epidemias etc.

9.6.B.4 Plebiscito: Embora a disposição legal não se refira expressamente à hipótese, o Tribunal Superior Eleitoral (TSE) decidiu no sentido de que no caso podem ocorrer transferências voluntárias no período anterior a tal consulta popular, *in verbis:*

> PLEBISCITO – VEDAÇÕES. As vedações próprias, em se tratando de plebiscito, são aquelas alusivas a práticas que possam beneficiar uma das frentes, não se aplicando o disposto no artigo 73, inciso VI, alínea a, da Lei nº 9.504/1997. (Consulta nº 165433, Acórdão de 08.11.2011, Relator(a)

Min. MARCO AURÉLIO MENDES DE FARIAS MELLO, Publicação: DJE – Diário da Justiça Eletrônico, Tomo 233, Data 12.12.2011, Página 65).

9.6.C Incidência temporal: O inciso VI, *caput*, estabelece apenas o marco proibitivo inicial *(três meses antes do pleito)*, sem fazer qualquer especificação quanto ao prazo final, diferentemente do que fez o inciso V, quando mencionou a posse dos eleitos. Assim sendo, entende-se que a vedação vai *até o dia das eleições* (primeiro e segundo turno, quando este houver). Esse é o entendimento amplamente majoritário.

9.6.D Ilícitos correlatos ao artigo 73, VI, "a": Inicialmente, é de se destacar a possibilidade de caracterização do *crime eleitoral previsto nos artigos 346 e 377, do Código Eleitoral*, segundo os quais "o serviço de qualquer repartição, federal, estadual, municipal, autarquia, fundação do Estado, sociedade de economia mista, entidade mantida ou subvencionada pelo poder público, ou que realiza contrato com este, inclusive o respectivo prédio e suas dependências não poderá ser utilizado para beneficiar partido ou organização de caráter político".

Em inconteste conexão, também se vislumbra a ocorrência do delito de ordenação de despesa não autorizada em lei (artigo 359-D, do Código Penal).

Dependendo do agente público responsável pelo ato, tem-se a possibilidade da ocorrência de *crime de responsabilidade* (artigo 11º, 1, da Lei nº 1079/50 e artigo 1º, III, do Decreto-Lei nº 201/67), bem como *infração político-administrativa* (artigo 4º, VII, do Decreto-Lei nº 201/67).

Não bastasse isso, inquestionável é que o descumprimento da norma em análise representa manifesta ofensa aos princípios constitucionais da legalidade, impessoalidade e moralidade administrativas (artigo 37, *caput*, da CF/88). No caso, tem-se claro desvio de finalidade, pelo que é possível a caracterização *de ato de improbidade administrativa (artigo 11, I, da Lei nº 8.429/92).*

9.7 Publicidade institucional

A propaganda oficial realizada de acordo com o modelo proposto pelo texto constitucional (artigo 37, §1º, da CF/88) é de suma importância para a concretização do princípio da publicidade e do próprio controle social da atividade político-administrativa.

Contudo, a prática tem revelado o completo desvirtuamento de tal instrumento, tendo a publicidade institucional (custeada pelos cofres públicos) servido como valioso instrumento de divulgação pessoal do gestor de plantão ou de seus aliados políticos, maculando, inequivocamente, o pleito eleitoral.

Dentro dessa perspectiva, procurando neutralizar o mau uso de tal serviço público, a Lei das Eleições tratou do assunto em três oportunidades: a) na alínea "b", do inciso VI, do artigo 73; b) no inciso VII, do artigo 73 e c) no artigo 74.

No primeiro caso, veda a ocorrência de qualquer publicidade institucional entre os três meses anteriores ao pleito até o fim da eleição (primeiro turno ou segundo turno, quando este houver), salvo casos excepcionais de grave e urgente necessidade pública devidamente reconhecida pela Justiça Eleitoral.

Já no segundo, aborda a problemática dos gastos com a publicidade oficial, estabelecendo seus limites no primeiro semestre do ano eleitoral.

Por fim, o artigo 74 regulamenta a forma de veiculação da mídia estatal durante o ano eleitoral, isto é, antes e após o período proibido pela alínea "b", do inciso VI, do artigo 73.

Vejamos, pois, as referidas hipóteses legais.

9.7.1 Publicidade institucional durante o ano eleitoral

Diz o artigo 74 da Lei das Eleições que:

> Art. 74. *Configura abuso de autoridade*, para os fins do disposto no art. 22 da Lei Complementar nº 64, de 18 de maio de 1990, *a infringência do disposto no* §1º do art. 37 da Constituição Federal, ficando o responsável, se candidato, *sujeito ao cancelamento do registro ou do diploma.* (Redação dada pela Lei nº 12.034, de 2009).

9.7.1.A Análise do tipo: O princípio constitucional da publicidade (artigo 37, *caput*) impõe aos governantes o dever de transparência quanto à atuação administrativa. Tal diretriz fica muito clara no Texto Supremo, quando o parágrafo primeiro, do citado dispositivo legal, estabelece que "a publicidade dos atos, programas, obras, serviços e campanhas dos órgãos públicos deverá ter caráter educativo, informativo ou de orientação social, dela não podendo constar nomes, símbolos ou imagens que caracterizem promoção pessoal de autoridades ou servidores públicos".

Referida norma constitucional tem por objetivo preservar o direito fundamental do cidadão à informação, conjugando-o com a proibição de práticas eleitoreiras de promoção pessoal direcionada para enaltecer os gestores de plantão e seus apaniguados políticos, instrumento de desequilíbrio em qualquer pleito.

Portanto, *toda e qualquer propaganda oficial que não traga consigo as características propostas pela Constituição Federal* (a-educativa; b-informativa; c-orientação social) *configura ilícito* cível (improbidade administrativa) e deve ser reprimida na esfera judicial competente (Justiça Comum).

Não obstante isso, considerando o caráter interdisciplinar das condutas vedadas, uma vez *comprovada a finalidade eleitoral* (explícita ou subliminar) *da publicidade, tem-se caracterizado o abuso de poder* a que alude o artigo 74, da Lei das Eleições, sujeitando o responsável e o candidato beneficiado a julgamento perante a Justiça Eleitoral, que poderá condená-los às sanções prescritas no citado dispositivo.

Em outras palavras, pode-se dizer que "a transformação da publicidade institucional em instrumento promocional do agente público, com fins eleitorais, é o que caracteriza o abuso de autoridade previsto no art. 74 da Lei 9.504/9".[238]

Assim, "a *caracterização do abuso de autoridade previsto no art. 74* da Lei nº 9.504/97 *requer seja demonstrada, de forma objetiva,* afronta ao disposto no art. 37, §1º, da CF, ou seja, que haja *ruptura do princípio da impessoalidade com a menção* na publicidade institucional a *nomes, símbolos ou imagens, que caracterizem promoção pessoal ou de servidores públicos*",[239] bem como "pressupõe que a publicidade seja paga com recursos públicos e autorizada por agente público".[240]

A prática profissional tem demonstrado que os gestores públicos têm utilizado a estratégia de delegar para subordinados administrativos o teor da publicidade institucional (escrita ou virtual – sites) como forma de se esquivar em ações judiciais que lhes imputam esse comportamento proibido. Trata-se de expediente ardiloso que não é admitido pela jurisprudência do Tribunal Superior Eleitoral (TSE), que reforça a obrigação do gestor público (chefe do Poder Executivo) fiscalizar a atividade, afinal ele que foi eleito (por livre e espontânea vontade – ninguém o forçou a ocupar o cargo) para bem gerir os interesses da coletividade.

Vejamos, pois, um desses precedentes:

---

[238] TRE/AL, RECURSO ELEITORAL nº 769, Acórdão nº 6025 de 12.05.2009, Relator(a) FRANCISCO MALAQUIAS DE ALMEIDA JÚNIOR, Publicação: DOE – Diário Oficial do Estado, Data 13.5.2009, Página 71/72.

[239] Recurso Especial Eleitoral nº 44530, Acórdão de 03.12.2013, Relator(a) Min. LUCIANA CHRISTINA GUIMARÃES LÓSSIO, Publicação: DJE – Diário de justiça eletrônico, Tomo 32, Data 14.02.2014, Página 97.

[240] Agravo Regimental em Agravo de Instrumento nº 44024, Acórdão de 05.03.2015, Relator(a) Min. GILMAR FERREIRA MENDES, Publicação: PSESS – Publicado em Sessão, Data 29.04.2015.

ELEIÇÕES 2014. RECURSOS ORDINÁRIOS. AÇÃO DE INVESTIGAÇÃO JUDICIAL ELEITORAL. PUBLICIDADE INSTITUCIONAL. GOVERNADOR, VICE-GOVERNADOR E SECRETÁRIO DE ESTADO DE PUBLICIDADE INSTITUCIONAL. CONDUTA VEDADA DO ART. 73, VI, B, DA LEI 9.504/97, ABUSO DE AUTORIDADE (ART. 74 DA LEI 9.504/97) E ABUSO DE PODER POLÍTICO (ART. 22 DA LEI COMPLEMENTAR 64/90). CONDUTA VEDADA. ART. 73, VI, B, DA LEI 9.504/97.1. O fato narrado na ação de investigação judicial eleitoral consiste na veiculação de notícias referentes ao governo do Distrito Federal no site da Agência Brasília, canal institucional do GDF e em página do Facebook, nos três meses que antecederam o pleito. 2. Ainda que se alegue que as publicações questionadas veicularam meras notícias, resultado de atividades jornalísticas da administração pública, a publicidade institucional não se restringe apenas a impressos ou peças veiculadas na mídia escrita, radiofônica e televisiva, porquanto não é o meio de divulgação que a caracteriza, mas, sim, o seu conteúdo e o custeio estatal para sua produção e divulgação. 3. O art. 73, VI, b, da Lei 9.504/97 veda, no período de 3 meses que antecede o pleito, toda e qualquer publicidade institucional, excetuando-se apenas a propaganda de produtos e serviços que tenham concorrência no mercado e os casos de grave e urgente necessidade pública, reconhecida previamente pela Justiça Eleitoral. 4. As notícias veiculadas não se enquadram nas duas exceções legais, estando caracterizada a conduta vedada que proíbe a veiculação de publicidade institucional no período proibitivo. 5. É evidente que o governo do Distrito Federal, no período crítico vedado pela legislação eleitoral, prosseguiu com a divulgação na internet (rede social e sítio eletrônico) de inúmeras notícias que consistiram em publicidade institucional, sem passar pelo crivo da Justiça Eleitoral, que poderia, em caráter preventivo, examinar se elas se enquadravam na hipótese de grave e urgente necessidade pública exigida para a pretendida veiculação em plena campanha eleitoral. 6. *A jurisprudência deste Tribunal firmou-se no sentido de que o chefe do Poder Executivo é responsável pela divulgação da publicidade institucional, independentemente da delegação administrativa, por ser sua atribuição zelar pelo seu conteúdo (AgR-RO 2510-24, rel. Min. Maria Thereza, DJe de 2.9.2016).* 7. Ademais, igualmente pacificada a orientação de que a multa por conduta vedada também alcança os candidatos que apenas se beneficiaram delas, nos termos dos §§5º e 8º do art. 73 da Lei 9.504/97, ainda que não sejam diretamente responsáveis por ela, tal como na hipótese de vice-governador. ABUSO DE AUTORIDADE. ART. 74 DA LEI 9.504/97. 8. A caracterização do abuso de autoridade, na espécie específica e tipificada no art. 74 da Lei 9.504/97, requer seja demonstrada, de forma objetiva, afronta ao disposto no art. 37, §1º, da CF, ou seja, exige que haja ruptura do princípio da impessoalidade com a menção na publicidade institucional a nomes, símbolos ou imagens que caracterizem promoção pessoal ou de servidores públicos. Precedentes. 9. Não ficou comprovada a utilização de imagens ou símbolos que caracterizem a promoção pessoal, necessária para configurar o abuso do poder de autoridade tipificado no art. 74 da Lei 9.504/97. ABUSO DO PODER POLÍTICO. ART. 22 DA LC 64/90.10. O abuso do poder político, de que trata o art. 22, caput, da LC 64/90, configura-se quando o agente público, valendo-se de sua condição funcional e em manifesto desvio de finalidade, compromete a igualdade da disputa e a legitimidade do pleito em benefício de sua candidatura ou de terceiros. Precedentes. 11. As circunstâncias do caso concreto se revelaram graves, nos termos do que preconiza o inciso XVI do art. 22 da LC 64/90, porquanto: a) embora tenha se consignado no Portal de Governo a vedação legal quanto à publicidade institucional, constou-se no sítio eletrônico um link de acesso à página da agência de notícias em que se prosseguia difundindo notícias de cunho institucional; b) não se tratou apenas de um fato isolado, mas de centenas de notícias configuradoras de publicidade institucional; c) foram elas veiculadas em julho e nos meses relativos à campanha eleitoral (agosto e setembro); d) as matérias diziam respeito, diversas delas, a áreas sociais e de interesse do eleitorado; e) algumas matérias chegaram a enaltecer a administração dos investigados. 12. Não mais se exige, para o reconhecimento da prática abusiva, que fique comprovado que a conduta tenha efetivamente desequilibrado o pleito ou que seria exigível a prova da potencialidade, tanto assim o é que a LC 64/90, com a alteração advinda pela LC 135/2010, passou a dispor: "Para a configuração do ato abusivo, não será considerada a potencialidade de o fato alterar o resultado da eleição, mas apenas a gravidade das circunstâncias que o caracterizam". 13. Mesmo que tais notícias não tenham o nome das autoridades, fotos ou símbolos nem tenham mencionado a eleição, a lei eleitoral é expressa ao vedar a continuidade de publicidade de caráter institucional, justamente para não privilegiar mandatários no exercício de seus cargos eletivos, que permanecem na condução da administração mesmo na disputa à reeleição. 14. Não demonstrada a participação do candidato ao cargo de vice-governador no ilícito apurado, não é possível lhe impor a pena de inelegibilidade em decorrência do abuso do poder político. Precedentes. Recurso ordinário do governador e do secretário estadual de publicidade institucional parcialmente provido, com o afastamento do abuso de autoridade de que trata o art. 74 da Lei 9.504/97, mantendo-se o reconhecimento da conduta vedada do art. 73, VI, b, da Lei 9.504/97 e a consequente imposição de multa, bem como a declaração de inelegibilidade, em face do abuso do poder político de que trata o art. 22 da LC 64/90. Recurso ordinário do vice-governador parcialmente provido, para afastar o abuso de autoridade de que trata o art. 74 da Lei 9.504/97, bem como a declaração de inelegibilidade, por abuso do poder político (art. 22 da LC 64/90), diante da ausência de responsabilidade no fato apurado, mantendo a aplicação da multa decorrente da conduta vedada do art. 73, VI, b, da LC 9.504/97. (Recurso Ordinário nº 172365, Acórdão, Relator(a) Min. ADMAR GONZAGA, Publicação: DJE – Diário de justiça eletrônico, Tomo 40, Data 27.02.2018, Página 126/127).

9.7.1.B Exceções: O dispositivo em referência não possui qualquer exceção constitucional ou legal, sendo de cumprimento obrigatório até mesmo nos casos de autorização excepcional deferidos pela Justiça Eleitoral para veiculação em período vedado (vide artigo 73, inciso VI, alínea "b", da Lei nº 9.504/97).

9.7.1.C Incidência temporal: A primeira observação que deve ser feita quanto ao dispositivo em estudo é o fato de que, em ano eleitoral, a publicidade institucional sofre, por determinação legal (artigo 73, VI, alínea "b", da Lei nº 9.504/97), um vácuo de divulgação (três meses antes da eleição até o seu fim), independentemente do seu conteúdo e finalidade.

Assim, a propaganda oficial lícita (sem finalidade eleitoral) somente está permitida livremente durante dois blocos temporais bem delimitados, quais sejam: a) do primeiro dia do mês de janeiro do ano eleitoral até a data que coincidir com três meses antes da eleição; b) após o fim das eleições (primeiro turno ou segundo, quando este último ocorrer).

Não obstante isso, é de se registrar que *a obediência ao regramento imposto* pelo artigo 37, §1º, da Constituição Federal, *deve ocorrer durante todo o ano eleitoral,* ainda quando autorizada a veiculação de publicidade institucional em período vedado.[241] Exatamente por isso (incidência temporal durante todo o ano eleitoral) é que o Tribunal Superior Eleitoral já decidiu que "a ação de investigação judicial eleitoral para apuração do abuso de autoridade previsto no art. 74 da Lei nº 9.504, de 1997, por violação ao princípio da impessoalidade (Constituição, art. 37, §1º), pode ser ajuizada em momento anterior ao registro de candidatura, haja vista, na hipótese de eventual procedência, as sanções atingirem tanto candidatos quanto não candidatos".[242]

Essa é a interpretação que se retira da conjugação do artigo 74, com a alínea "b", do inciso VI, do artigo 73, ambos da Lei das Eleições. Nesse sentido:

---

[241] "Na linha da jurisprudência desta Corte Superior, salvo as hipóteses autorizadas em lei, a permanência de propaganda institucional durante o período vedado é suficiente para que se aplique a multa do art. 73, §4º, da Lei nº 9.504/97, sendo irrelevante que a peça publicitária tenha sido autorizada e afixada em momento anterior." (Agravo Regimental em Recurso Especial Eleitoral nº 61872, Acórdão de 16.10.2014, Relator(a) Min. HENRIQUE NEVES DA SILVA, Publicação: DJE – Diário de justiça eletrônico, Tomo 202, Data 27.10.2014, Página 54/55).

[242] Ação de Investigação Judicial Eleitoral nº 5032, Acórdão de 30.09.2014, Relator(a) Min. JOÃO OTÁVIO DE NORONHA, Publicação: DJE – Diário de justiça eletrônico, Tomo 204, Data 29.10.2014, Página 243.

> ELEIÇÕES 2012. AGRAVO REGIMENTAL EM RECURSO ESPECIAL. AÇÃO DE INVESTIGAÇÃO JUDICIAL ELEITORAL. PREFEITO E VICE REELEITOS. ALEGAÇÃO. ABUSO DO PODER DE AUTORIDADE. PROMOÇÃO PESSOAL EM PUBLICIDADE INSTITUCIONAL. RECONHECIMENTO DA PRÁTICA DE CONDUTA VEDADA E DO ABUSO DE PODER. INCIDÊNCIA DAS SANÇÕES DE MULTA, CASSAÇÃO DE DIPLOMAS E DECLARAÇÃO DE INELEGIBILIDADE. DECISÃO AGRAVADA MANTIDA POR SEUS PRÓPRIOS FUNDAMENTOS. AGRAVO REGIMENTAL DESPROVIDO.
> 1 Hipótese em que o Tribunal de origem, respaldando-se nas provas angariadas durante a instrução processual, concluiu que, para além da conduta vedada de que trata o art. 73, inciso VI, alínea b, da Lei nº 9.504/97, também ficou comprovado o abuso do poder de autoridade, por afronta ao art. 37, §1º, da Constituição Federal, levado a efeito pelos agravantes por meio *da veiculação não apenas na conta de Facebook, como também no sítio oficial da Prefeitura de publicidade institucional contendo clara promoção pessoal em prol de suas candidaturas, com gravidade suficiente para desequilibrar a disputa eleitoral e, por conseguinte, ensejar a condenação com base no art. 74 da Lei das Eleições* c.c. o art. 22, caput e inciso XIV, da Lei Complementar nº 64/90. Incidência das Súmulas 279 do STF e 7 do STJ. (Agravo Regimental em Recurso Especial Eleitoral nº 24258, Acórdão de 17.12.2014, Relator(a) Min. MARIA THEREZA ROCHA DE ASSIS MOURA, Publicação: DJE – Diário de justiça eletrônico, Tomo 24, Data 04.02.2015, Página 116/117).

9.7.1.D Ilícitos correlatos ao artigo 74: Inicialmente, é de se destacar a possibilidade de caracterização do *crime eleitoral previsto nos artigos 346 e 377, do Código Eleitoral*, segundo os quais "o serviço de qualquer repartição, federal, estadual, municipal, autarquia, fundação do Estado, sociedade de economia mista, entidade mantida ou subvencionada pelo poder público, ou que realiza contrato com este, inclusive o respectivo prédio e suas dependências não poderá ser utilizado para beneficiar partido ou organização de caráter político".

Em inconteste conexão com o delito mencionado, também se vislumbra a ocorrência do delito de ordenação de despesa não autorizada em lei (artigo 359-D, do Código Penal).

Dependendo do agente público responsável pelo ato, também se vislumbra a possibilidade da ocorrência de *crime de responsabilidade* (artigo 9, 4, da Lei nº 1079/50 e artigo 1º, II, do Decreto-Lei nº 201/67), bem como *infração político-administrativa* (artigo 4º, VII, do Decreto-Lei nº 201/67).

Não bastasse isso, inquestionável é que o descumprimento da norma em análise representa manifesta ofensa aos princípios constitucionais da legalidade, impessoalidade e moralidade administrativas (artigo 37, caput, da CF/88). No caso, tem-se claro desvio de finalidade, pelo que é possível a caracterização *de ato de improbidade administrativa (artigo 11, I, da Lei nº 8.429/92).*

9.7.1.E Jurisprudências interessantes: A seguir, apresentaremos os principais julgados do Tribunal Superior Eleitoral (TSE) e das demais Cortes Eleitorais referentes ao assunto.

- TRE/MS -
1 – *A publicidade institucional não pode servir de instrumento para a promoção de agentes políticos,* sob pena de violação ao mandamento disposto pelo art. 37, §1º, da Constituição Federal. A inobservância de tal preceito configura, na seara eleitoral, o abuso de poder político ou de autoridade, passível de ensejar a interposição de ação de investigação judicial eleitoral, nos termos dos arts. 19 e 22 da Lei Complementar nº 64/90, sendo desnecessário o enquadramento nos arts. 73 a 78 da Lei nº 9.504/1997, que tratam das condutas vedadas. *A Justiça Eleitoral é competente para analisar a questão sobre a publicidade institucional,* praticada em ofensa ao art. 37, §1º, da Constituição Federal, *ainda que praticada fora do período vedado* (que se inicia três meses antes do pleito). Se a publicidade institucional deixa de possuir caráter educativo, informativo ou de orientação social, para transformar-se em verdadeira promoção pessoal do agente político, candidato à reeleição, contrariando os princípios constitucionais da moralidade e da impessoalidade, em flagrante desvio de sua finalidade (§1º do art. 37 da Constituição Federal), mormente quando há divulgação, com todas as letras, de seu plano de governo, resta caracterizado e provado o abuso de poder. *A distribuição de cartilha, produzida com emprego de dinheiro público* (verba da municipalidade), contendo *inúmeras referências ao nome do prefeito,* candidato à reeleição, além de fazer maciça veiculação da imagem do prefeito em eventos junto à população, inspecionando obras e participando ativamente na condução destas, *enaltecendo-o e exaltando-o, às vésperas do período eleitoral, fere o princípio da impessoalidade,* já que o conteúdo da mesma praticamente coincide com sua proposta de campanha, sendo raros os trechos de caráter educativo, informativo ou orientação social, o que *lhe proporciona vantagem em detrimento dos demais candidatos, configura, assim, abuso de poder político ou de autoridade,* com gravidade suficiente para comprometer a lisura e a legitimidade do pleito. A Lei Eleitoral não exige a prova de que o candidato abusador foi eleito em razão do abuso, bastando o reconhecimento de que as condutas irregulares foram graves o suficiente para produzir reflexo substancial no equilíbrio e na lisura do pleito, conforme o inciso XVI do art. 22 da Lei Complementar nº 64/90, com a redação dada pela Lei Complementar nº 135/2010, bem como não há necessidade de estabelecer correlação matemática entre o alcance da irregularidade e sua aptidão para garantir a vitória do infrator. No entanto, há forte probabilidade da efetiva

influencia no desequilíbrio do pleito quando foram distribuídos na cidade 10.000 exemplares da propaganda irregular, o que corresponde a quase 45% dos votos válidos para o cargo de prefeito e um terço do eleitorado, ainda mais quando alcançou se pouco mais deste quantum para a eleição. Se a soberania popular é princípio basilar do sistema democrático, deve ser ela entendida como aquela que garante e protege a vontade do povo, manifestada pelo voto, e que deve ser expressa de forma lícita, isenta de abusos e de transgressões legais, fato que não se vê nas condutas ora analisadas. (RECURSO ELEITORAL nº 23821, Acórdão nº 7790 de 09.04.2013, Relator(a) LUIZ CLÁUDIO BONASSINI DA SILVA, Publicação: DJE – Diário da Justiça Eleitoral, Tomo 793, Data 15.04.2013, Página 05/07).
2 – A teor do art. 73, inciso VI, alínea b, da Lei nº 9.504/97, é vedada, no período de três meses que antecede o pleito, a veiculação de qualquer publicidade institucional, reportando obras, programas e ações administrativas municipais, mesmo que tenha iniciada em data anterior, não atingindo tal proibição a comunicação institucional legal. Havendo, pois, inobservância de tal regra normativa, com afronta ao princípio da igualdade de oportunidades, enseja a penalidade de multa, a qual deve ser confirmada, porque aplicada de forma razoável e proporcional em ação ajuizada perante esta Justiça Especializada, competente para tanto. *A publicidade institucional não se presta à promoção de agentes políticos,* devendo conservar apenas o caráter informativo, educativo ou de orientação social, *não podendo conter nomes, símbolos ou imagens que caracterizem promoção pessoal de autoridades,* sob pena de ferir o mandamento disposto pelo art. 37, §1º, da Constituição Federal, bem como configurar, na seara eleitoral, abuso de poder político ou de autoridade, conforme previsto no art. 74 da Lei nº 9.504/97. A publicação de farto material publicitário, de cunho institucional, no período de março a junho do ano em que realizada a eleição, através de site oficial e conta de facebook da prefeitura municipal, promovendo a pessoa do prefeito, candidato à reeleição, com associação massiva da imagem pessoal e nome do agente, bem como a propósito de fixar, na mente do eleitorado, suas qualidades de bom administrador com as ações, programas e serviços da administração, sem qualquer caráter informativo ou de orientação/comunicação oficial, além de reproduzir os principais pontos da proposta de campanha para a reeleição, configura, além da conduta vedada, também abuso de poder político ou de autoridade. E, por ser apto a desequilibrar a disputa eleitoral, afetando negativamente a igualdade entre os candidatos, em detrimento da liberdade de escolha do eleitor, enseja, ante a gravidade das circunstâncias, a penalidade de multa e cassação dos diplomas dos componentes da chapa majoritária eleita, bem como a sanção de inelegibilidade, tudo nos termos dos arts. 73, inciso VI, alínea b, §4º, e 74 da Lei nº 9.504/97 e, ainda, 22, inciso XIV, da Lei Complementar nº 64/90 (RECURSO ELEITORAL nº 24258, Acórdão nº 7791 de 09.04.2013, Relator(a) ELTON LUÍS NASSER DE MELLO, Publicação: DJE – Diário da Justiça Eleitoral, Tomo 793, Data 15.04.2013, Página 07/08).

3 – Analisando a preliminar de carência de ação com o mérito do recurso, tem-se que *o uso desvirtuado da página oficial de Prefeitura Municipal,* com a maciça promoção pessoal do Chefe do Executivo e então candidato à reeleição, *mesmo que não efetivada nos três meses que antecedem as eleições, caracteriza o abuso de poder político ou de autoridade,* eis que o legislador quis coibir determinadas condutas e situações realizadas por agentes públicos mediante exploração da máquina administrativa ou aproveitamento de recursos em proveito de determinada candidatura, ainda que revestidas de aparente benefício ao povo. *Figuram abusivos os atos que desrespeitarem os princípios constitucionais que regem a administração pública de um modo geral,* examinando-se sempre a finalidade com a qual foi praticado, *sendo que, em matéria eleitoral, configurará abuso o ato que além de desrespeitar preceito constitucional que norteia a administração pública, vier a ser praticado com o fim de beneficiar candidato,* partido ou coligação em dado pleito eleitoral (art. 74 da Lei das Eleições c/c o art. 37, §1º, da CF/88). Em sendo a publicidade dos atos e ações governamentais uma exigência do Estado Democrático de Direito, tem-se que *o princípio da publicidade,* catalogado no caput do art. 37 da Constituição Federal, *impõe a transparência da atividade administrativa, ficando impedido o personalismo da ação governamental.* A publicidade institucional não pode servir de instrumento para promoção de agentes políticos. Deve ela se prestar a ter caráter informativo, educativo ou de orientação social, não devendo conter nomes, símbolos ou imagens que possam caracterizar promoção pessoal das autoridades. Revelando os autos massiva publicidade institucional e promoção pessoal ilegais, consubstanciadas em quase uma centena e meia de matérias/notícias veiculadas na página oficial da Prefeitura, todas elas centralizadas e favoráveis ao Prefeito, resta comprovada a prática de abuso do poder de autoridade, pela utilização indevida de meio de comunicação, bem como demonstrada sua potencialidade para desequilibrar a disputa eleitoral. Não prospera o entendimento de que o desvirtuamento da propaganda institucional, com infração ao citado dispositivo constitucional, seria atacável somente em sede de ação civil pública (por ato de improbidade) ou de ação popular, pois situações regidas nos mais diversos ramos do direito têm repercussão significativa na seara eleitoral sem que isso configure bis in idem ou atuação do juízo eleitoral fora dos limites de sua competência. Ao remeter a dispositivo constitucional inserido entre aqueles que regulam a administração pública, o legislador eleitoral nada mais fez que acrescer, às já existentes, consequência nessa específica seara para ato consistente em violação àqueles preceitos, devendo-se ressaltar, ainda, a independência das esferas penal, administrativa e eleitoral. É assente na jurisprudência que, mesmo que os fatos caracterizadores do eventual abuso tenham ocorrido antes do período vedado pela legislação, se tendentes a influir no pleito vindouro, devem ser objeto representação, acarretando-lhes as consequências dela oriundas, culminando, inclusive na cassação dos respectivos registros: Dessarte, constatada a prática de abuso de autoridade de forma significativa, levando em conta as circunstâncias, como o número de vezes e o modo em que

praticada, sem olvidar o expressivo volume de acessos à mencionada página oficial, entende-se caracterizada a potencialidade para lesar e desequilibrar as eleições pela ruptura do princípio da igualdade de oportunidade entre os candidatos no certame eleitoral e, assim, caracterizar o abuso do poder político, de modo que se nega provimento ao recurso, mantendo-se a sentença que, julgando parcialmente procedente representação intentada, aplicou aos recorrentes a sanção de inelegibilidade por oito anos, além de cassar o registro de candidatura dos mandatários reeleitos. (RECURSO ELEITORAL nº 31284, Acórdão nº 7673 de 19.11.2012, Relator(a) AMAURY DA SILVA KUKLINSKI, Publicação: DJE – Diário da Justiça Eleitoral, Tomo 710, Data 26.11.2012, Página 04/05).

- TRE/MG -

1 – *Pintura de prédios públicos com cores Vermelha e laranja (abóbora), sendo que são as mesmas cores do Partido e pela qual o agravante é conhecido (Roberto abobrinha).* Ilegalidade. Indeferimento do pedido de liminar. Manutenção da decisão exarada pelo Juiz Eleitoral de primeiro grau parcialmente. Prazo de 72 horas exíguo para pintura dos prédios. Concessão do prazo de 15 (quinze) dias para pintura dos prédios com as cores "primitivas". Agravo de instrumento a que se dá parcial provimento apenas para confirmar o prazo de 15 (quinze) dias para pintura dos bens públicos. (RECURSO ELEITORAL nº 70949, Acórdão de 18.10.2012, Relator(a) CARLOS ALBERTO SIMÕES DE TOMAZ, Publicação: DJEMG – Diário de Justiça Eletrônico-TREMG, Data 31.10.2012).

- TRE/RO -

1 – I – Fatos anteriores ao registro de candidatura podem configurar abuso do poder político e compete à Justiça Eleitoral zelar pela lisura das eleições. II – A circunstância de os fatos narrados em investigação judicial eleitoral configurarem, em tese, improbidade administrativa não tira a competência da Justiça Eleitoral para apuração dos ilícitos eleitorais decorrentes destes fatos. III – Publicidade governamental contendo fotos e nomes dos governantes em diversos eventos realizados no Estado, citando diretamente os investigados não são atos de mera gestão administrativa, mas abuso do poder de autoridade. IV – *Os administradores devem zelar pelo conteúdo divulgado na propaganda institucional e tomar as precauções para que não se descumpra qualquer norma legal.* V – Age negligentemente o governante por escolher mal seus assessores, quando não determina a retirada da propaganda institucional feita sem os critérios constitucionais. VI – A divulgação ostensiva de ações administrativas pelo Chefe do Executivo pela veiculação de notícias em sites e imprensa escrita, vinculando as ações a seu nome, configura abuso do poder de autoridade com potencialidade para desequilibrar a disputa eleitoral. (...) VII – O abuso do poder político altera o equilíbrio das eleições, bastando a probabilidade de agressão para revelar a potencialidade lesiva da legitimidade do pleito eleitoral. VII – *O transporte de tratores em forma de comboio com grande ostentação e estardalhaço, visando chamar a atenção das comunidades locais, vinculando tal ação ao governante, configura abuso do poder político.* IX – O

aumento do numero de convênios celebrados com entidades sem fins lucrativos no último mês do ano anterior às eleições não caracteriza, por si só, abuso do poder político ou econômico. X – Inexistindo prova ou indícios de que os suplentes e o candidato a vice-Governador tenham praticado as condutas abusivas ou contribuído para a prática do ato, não há como imputar-lhes a sanção de inelegibilidade, a que se refere o inciso XIV, do art. 22, da Lei-Complementar n. 64/90. (AÇÃO DE INVESTIGAÇÃO JUDICIAL ELEITORAL nº 148216, Acórdão nº 97/2012 de 22.05.2012, Relator(a) SANSÃO SALDANHA, Publicação: DJE/TRE-RO – Diário Eletrônico da Justiça Eleitoral, Tomo 099, Data 31.5.2012, Página 3/4).
- TRE/RS -
1 – Distribuição de impresso, em formato de revista, pela administração municipal aos cidadãos como forma de prestação de contas dos atos administrativos da prefeitura, a fim de conferir transparência, consoante o princípio da publicidade. Conduta sem o condão de afetar a legitimidade e a normalidade do pleito. Não caracterizada a promoção pessoal do prefeito candidato à reeleição, afasta-se o alegado abuso de poder de autoridade (Reclamação nº 44183, Acórdão de 20.05.2014, Relator(a) DR. HAMILTON LANGARO DIPP, Publicação: DEJERS – Diário de Justiça Eletrônico do TRE-RS, Tomo 89, Data 22.5.2014, Página 3-4).
2 – Incontroversa a distribuição irregular, em período vedado, do informativo de "prestação de contas" pela administração municipal, o que constitui conduta vedada. Veiculação de material com propaganda institucional em franco desvio de finalidade, porquanto desprovido de caráter educativo ou de orientação social. A informação vem acompanhada de depoimentos de pessoas beneficiadas pela Prefeitura, espelhando juízo de valor acerca dos serviços prestados pelo município, em marketing subliminar, refletindo-se direta ou indiretamente na pessoa do administrador. Abuso de poder político configurado, por afronta direta ao §1º do art. 37 da Constituição Federal. Publicidade paga pelos cofres públicos, com inegável propósito de enaltecer as realizações da gestão atual, listando as obras, os investimentos do governo municipal e a ideia de continuidade da administração. Agrega-se, ainda, o fato de o material impugnado ter sido publicado duas vezes em ano eleitoral, com expressiva tiragem na segunda ocasião, véspera do período eleitoral. Reforma da sentença para cassar o diploma dos candidatos beneficiados, porquanto já diplomados, e condená-los à inelegibilidade de 8 anos. Redução da multa ao seu mínimo legal, sob pena de representar in ne bis in idem, dada a gravosidade da pena de cassação. Provimento do recurso dos representantes. Parcial provimento do apelo dos representados (Recurso Eleitoral nº 44530, Acórdão de 21.01.2013, Relator(a) DESA. FEDERAL MARIA LÚCIA LUZ LEIRIA, Relator(a) designado(a) DESA. ELAINE HARZHEIM MACEDO, Publicação: DEJERS – Diário de Justiça Eletrônico do TRE-RS, Tomo 13, Data 24.01.2013, Página 5).

- TRE/RN -
1 – *Não configura abuso de poder político,* nos termos do art. 74 da Lei nº 9.504/97, *a veiculação, em período anterior ao registro de candidaturas, de mensagem do chefe do Poder Executivo, ocupando reduzido espaço de impresso publicitário institucional, cujo texto, composto apenas de expressões genéricas, impessoais e sem menção depreciativa ou promocional de pessoas,* não faz qualquer referência ao processo eleitoral que se avizinha e não contém, o seu original, símbolos ou cores partidárias que, objetivamente, possam ser caracterizados como autopromoção do mandatário (RECURSO ELEITORAL nº 123146, Acórdão nº 123146 de 26.09.2013, Relator(a) ARTUR CORTEZ BONIFÁCIO, Publicação: DJE – Diário de justiça eletrônico, Data 01.10.2013, Página 03/04).
- TRE/RJ -
1 – I – Ainda que determinada conduta configure, em tese, ato de improbidade administrativa, isso não impede a Justiça Eleitoral que apure eventuais ilícitos eleitorais. Precedentes do TSE. Preliminar de incompetência absoluta que se rejeita. II – A realização de propaganda institucional no evento comemorativo do aniversário do município de Silva Jardim, enaltecendo a administração do prefeito candidato à reeleição, configura abuso de poder de autoridade, na forma do art. 74 da Lei nº 9.504/97. III – A conduta, além de abusiva, reveste-se da gravidade, a que alude o art. 22, XIV da LC nº 64/90, haja vista a ampla divulgação dada ao evento, a sua estrutura e os gastos de recursos públicos. IV – Prejudicada a aplicação da sanção de cassação de registro ou diploma, eis que os recorrentes não foram eleitos. IV – Desprovimento dos recursos. (RECURSO ELEITORAL nº 22911, Acórdão de 19.08.2013, Relator(a) FABIO UCHOA PINTO DE MIRANDA MONTENEGRO, Publicação: DJERJ – Diário da Justiça Eletrônico do TRE-RJ, Tomo 185, Data 26.08.2013, Página 12/16).
- TRE/PR -
1 – É vedada a utilização da logomarca do Município, que identifica a gestão dos candidatos à reeleição, nos três meses que antecedem ao pleito, *por constituir propaganda eleitoral, com ofensa ainda ao princípio da impessoalidade,* que rege a Administração Pública. Para aplicação da pena de cassação de diploma (art. 73, §5º, da Lei nº 9.504/97), há que se fazer um juízo de proporcionalidade entre a conduta e a penalidade; do mesmo modo, para a aplicação da pena de inelegibilidade por abuso de poder de autoridade (art. 74, Lei nº 9.504/97 c/c art. 22, da Lei Complementar nº 64/90), mister que a conduta tenha potencial capacidade para influenciar o resultado do pleito (RECURSO ELEITORAL nº 6525, Acórdão nº 38.706 de 24.06.2010, Relator(a) IRAJÁ ROMEO HILGENBERG PRESTES MATTAR, Publicação: DJ – Diário de justiça, Data 30.06.2010).

9.7.2 Publicidade institucional entre os três meses que antecedem o pleito até o fim das eleições

Diz a alínea "b", do inciso VI, do artigo 73, ser proibido aos agentes públicos:

> VI – nos três meses que antecedem o pleito:
>
> b) com exceção da propaganda de produtos e serviços que tenham concorrência no mercado, autorizar publicidade institucional dos atos, programas, obras, serviços e campanhas dos órgãos públicos federais, estaduais ou municipais, ou das respectivas entidades da administração indireta, salvo em caso de grave e urgente necessidade pública, assim reconhecida pela Justiça Eleitoral;

9.7.2.A Análise do tipo: No que diz respeito ao Direito Eleitoral, deve-se atentar que *o dispositivo em análise veda taxativamente a ocorrência de qualquer publicidade institucional*, nos três meses anteriores ao pleito, *independente do seu conteúdo*, isto é, se conforme ou não o modelo constitucionalmente proposto, excetuando-se apenas os casos expressamente consignados na norma em apreço.

Assim, a despeito da lei ter usado o verbo "autorizar" no preceito proibitivo, deve-se ter em conta que *o que importa mesmo é a ocorrência efetiva da publicidade institucional no período proibido*, ainda que a determinação (autorização) tenha ocorrido em momento pretérito, sob pena de se esvaziar o real objetivo da lei e autorizar manobras escusas (como a assinatura de diversas autorizações em momento próximo ao início da vedação e propagação no período eleitoral).

Nesse sentido, o Tribunal Superior Eleitoral (TSE):

> – Agravo regimental. Recurso especial. Representação. Publicidade institucional
>
> 1. A conduta vedada prevista no art. 73, VI, b, da Lei nº 9.504/97 fica configurada independentemente do momento da autorização da publicidade institucional, desde que tenha sido veiculada dentro dos três meses anteriores ao pleito. Precedentes: AgR-AI nº 558-84, rel. Min. Dias Toffoli, DJE de 14.2.2014; AgR-AI nº 120-46, rel. Min. Arnaldo Versiani, DJE de 10.2.2012; AgR-REspe nº 35.517, rel. Min. Marcelo Ribeiro, DJE de 18.2.2010. (Agravo Regimental em Recurso Especial Eleitoral nº 957606629, Acórdão de 20/03/2014, Relator(a) Min. HENRIQUE NEVES DA SILVA, Publicação: DJE – Diário de justiça eletrônico, Tomo 68, Data 09/04/2014, Página 39/40)
>
> – Investigação judicial. Abuso de poder. Uso indevido dos meios de comunicação social. Condutas vedadas.

> 1. A infração ao art. 73, VI, b, da Lei nº 9.504/97 aperfeiçoa-se com a veiculação da publicidade institucional, não sendo exigível que haja prova de expressa autorização da divulgação no período vedado, sob pena de tornar inócua a restrição imposta na norma atinente à conduta de impacto significativo na campanha eleitoral.
> 2. Os agentes públicos devem zelar pelo conteúdo a ser divulgado em sítio institucional, ainda que tenham proibido a veiculação de publicidade por meio de ofícios a outros responsáveis, e tomar todas as providências para que não haja descumprimento da proibição legal. (Agravo Regimental em Recurso Especial Eleitoral nº 35590, Acórdão de 29.04.2010, Relator(a) Min. ARNALDO VERSIANI LEITE SOARES, Publicação: DJE – Diário da Justiça Eletrônico, Data 24.05.2010, Página 57/58).

Nesse tocante, é de se registrar que "*a conduta* prevista no art. 73, VI, b, da Lei nº 9.504/97 *fica caracterizada independentemente do momento em que a publicidade institucional foi inicialmente fixada, bastando que a veiculação tenha permanecido dentro dos três meses que antecedem o pleito*".[243]

– CASO CONCRETO NAS ELEIÇÕES DE 2014 –

"Em decisão liminar expedida nesta quarta-feira (10), o ministro do Tribunal Superior Eleitoral (TSE) Admar Gonzaga determinou a suspensão da veiculação da publicidade da Petrobras divulgada nos dias 7 e 8 de julho de 2014 na Rede Bandeirantes de Televisão, no bloco das 19h do Jornal da Bandeirantes. O vídeo, com duração de 32 segundos, foi exibido com o seguinte teor: 'A gente faz tudo para evoluir sempre. Por isso, modernizamos nossas refinarias e hoje estamos fazendo uma gasolina com menos enxofre. Um combustível com padrão internacional que já está nos postos do Brasil inteiro. Para levar o melhor para quem conta com a gente todos os dias: você'. Segundo a Coligação Muda Brasil (encabeçada pelo PSDB), autora da ação ajuizada contra a presidente Dilma Rousseff e outros, a propaganda institucional não foi utilizada para divulgar produtos e serviços que tenham concorrência no mercado. Sustentam ainda que, 'independente do conteúdo, a lei eleitoral (art. 73, VI, da Lei nº 9.504/97) objetivamente veda a publicidade institucional nos três meses que antecedem as eleições'.
O relator da matéria, ministro Admar Gonzaga, considerou que a publicidade configura autopromoção da empresa e não visa concorrência de produto no mercado, que sequer é nominado. 'Verifico que não se trata de propaganda acoberta por uma das ressalvas legais, fato que dá à sua reiteração

[243] Agravo Regimental em Agravo de Instrumento nº 12046, Acórdão de 01.12.2011, Relator(a) Min. ARNALDO VERSIANI LEITE SOARES, Publicação: DJE – Diário de justiça eletrônico, Volume – , Tomo 30, Data 10.02.2012, Página 32.

considerável risco de desequilíbrio na disputa', julgou o ministro ao determinar que os representados cessem imediatamente a veiculação da publicidade, até decisão mais aprofundada sobre o caso." (http://www.tse.jus.br/noticias-tse/2014/Julho/ministro-do-tse-determina-suspensao-de-propaganda-da-petrobras-com-suposta-finalidade-eleitoral)

Exemplo bastante corriqueiro da conduta vedada em estudo é a manutenção das *placas de obras* no período vedado. Aqui, devem ser observadas duas situações distintas.

Se as placas visam tão somente *informar* os cidadãos *sobre os transtornos naturais das obras, ou dados essenciais* ao seu controle social (tais como, valor da licitação, empresa responsável, prazo de execução etc.), *não há conduta vedada*, sendo permitida a sua manutenção. Veja-se:

> ELEIÇÕES 2012. AGRAVO REGIMENTAL. AGRAVO E RECURSO ESPECIAL. PROPAGANDA INSTITUCIONAL. RECURSO ESPECIAL DOS AGRAVADOS. PROVIMENTO. CONDUTA VEDADA. INOCORRÊNCIA. CARÁTER INFORMATIVO. AGRAVO REGIMENTAL. DESPROVIMENTO.
> 1. A divulgação de caráter informativo, com intuito de esclarecer a população acerca de transtornos decorrentes da execução de obras públicas, não configura conduta vedada.
> 2. Agravo regimental ao qual se nega provimento. (Agravo Regimental em Recurso Especial Eleitoral nº 52264, Acórdão de 05.11.2013, Relator(a) Min. LUCIANA CHRISTINA GUIMARÃES LÓSSIO, Publicação: DJE – Diário de justiça eletrônico, Tomo 236, Data 11.12.2013, Página 63).

Caso, porém, as placas *ostentem caráter de divulgação pessoal da administração ou autoridades* responsáveis pela obra, estarão tais espécies completamente interditadas e *configurarão conduta vedada*, devendo ser substituídas por outras.

Dentro dessa linha de pensamento, o Tribunal Regional Eleitoral de Santa Catarina (TRE/SC)[244] decidiu que:

---

[244] Perfilhando tal entendimento, o TSE julgou que "configura propaganda institucional vedada a manutenção de placas de obras públicas colocadas anteriormente ao período previsto no art. 73, VI, b, da Lei das Eleições, quando delas constar expressões que possam identificar autoridades, servidores ou administrações cujos cargos estejam em disputa na campanha eleitoral." (Embargos de Declaração em Embargos de Declaração em Agravo Regimental em Agravo de Instrumento nº 10783, Acórdão de 15.04.2010, Relator(a) Min. MARCELO HENRIQUES RIBEIRO DE OLIVEIRA, Publicação: DJE – Diário da Justiça Eletrônico, Data 18.05.2010, Página 29).

RECURSO ELEITORAL. CONDUTA VEDADA. PROPAGANDA INSTITUCIONAL. PROPAGANDA ELEITORAL. CONFIGURAÇÃO. ART. 73, VI, B, Lei 9.504/97. RECURSO PROVIDO. CASSAÇÃO REGISTRO PRÉ-CANDIDATO. FIXAÇÃO MULTA MÍNIMO LEGAL.
1. Diversamente do alegado pelo recorrente, a mensagem mantida nas placas não era de caráter subliminar. De subliminar não houve nada. Ela é expressa. Diz o que quer dizer: que a Prefeitura não é inerte; que trabalha. Aqui não se tem informação, mas sim propaganda política do candidato à reeleição, disfarçada de publicidade institucional. Afinal, a pergunta que se faz é: Qual cidadão não quer manter uma administração que está em ação por tudo quanto é lado no município?
2. A análise conjunta do art. 37, §1º, da CF/8 e do art. 73, VI, "b", da CF/88 leva à inafastável conclusão de que *o dever de publicidade não abarca informações diversas do estritamente necessário*: O valor da obra, o prazo, o contratado, a origem dos recursos e etc. *Toda e qualquer afirmação que enalteça a Administração ou o administrador deve ser retirada antes do início do trimestre proibitivo.* Adoto o entendimento de que *configura conduta vedada a manutenção das placas* fixadas antes dos três meses proibitivos, *quando fizerem qualquer menção a atos que promovam o candidato à reeleição, ainda que indiretamente*, por meio de enaltecimento do ente federativo que dirige.
3. Com efeito, o TSE tem se manifestado no sentido de que, nos casos de publicidade institucional veiculada em período vedado, para fins de aplicação das respectivas penalidades, não se faz necessária a comprovação de autorização do agente público, nem de seu conhecimento. Basta que a conduta vedada tenha resultado em benefício de determinada candidatura (Recurso Ordinário nº 1680-11/AL, rel. Min. Arnaldo Versiani, em 13.3.2012).
4. Considerando a proporção das placas em um eleitorado de 22.395 (vinte e dois mil trezentos e noventa e cinco) eleitores, segundo dados do TRE-ES de 13/09/2012, tenho que a conduta perpetrada afetou a normalidade das eleições e, diante disso, aplico o §5º do art. 73 da Lei 9.504/97 para cassar o registro de candidatura do recorrido, fixando ainda a multa no mínimo legal (cinco mil UFIRS).
5. Destaco que não se trata de extrapolação dos limites objetivos da demanda, mas apenas nova valoração jurídica dos fatos deduzidos e debatidos em primeira instância, sendo certo que a aplicação da penalidade decorre da própria lei e não do pedido deduzido.
6. Recurso conhecido e provido. (RECURSO ELEITORAL nº 18691, Acórdão nº 711 de 13.09.2012, Relator(a) MARCELO ABELHA RODRIGUES, Publicação: DJE – Diário Eletrônico da Justiça Eleitoral do ES, Data 17.09.2012, Página 3-4).

Outro fator que deve ser levado em consideração para a consumação do tipo em análise é a *necessidade de utilização de recursos públicos como fonte de custeio da publicidade*. Confira-se:

> AGRAVO REGIMENTAL. AGRAVO DE INSTRUMENTO. AIJE. CONDUTA VEDADA. PROPAGANDA INSTITUCIONAL. UTILIZAÇÃO. RECURSOS PÚBLICOS. CONSTATAÇÃO. REEXAME DO ACERVO FÁTICO-PROBATÓRIO. IMPOSSIBILIDADE.
> 1. Nos termos da reiterada jurisprudência desta Corte, *a conduta vedada prevista no art. 73, inciso VI, letra b, da Lei nº 9.504/97*, somente se caracteriza nas hipóteses de publicidade institucional, o que *implica necessariamente dispêndio de recursos públicos autorizado por agentes públicos.* (Agravo Regimental em Agravo de Instrumento nº 410905, Acórdão de 21.06.2011, Relator(a) Min. MARCELO HENRIQUES RIBEIRO DE OLIVEIRA, Publicação: DJE – Diário da Justiça Eletrônico, Data 10.08.2011, Página 64/65).

Além disso, a jurisprudência pacífica "já afirmou que *não se faz necessário*, para a configuração da conduta vedada prevista no art. 73, VI, b, da Lei nº 9.504/97, *que a mensagem divulgada possua caráter eleitoreiro*, bastando que tenha sido veiculada nos três meses anteriores ao pleito, excetuando-se tão somente a propaganda de produtos e serviços que tenham concorrência no mercado e a grave e urgente necessidade pública, assim reconhecida pela Justiça Eleitoral".[245]

Por fim, deve-se atentar para o fato de que a conduta vedada em estudo possui âmbito de aplicação variável conforme o pleito em disputa (vide §3º, do artigo 73).

Assim: a) *nas eleições municipais, apenas a publicidade dos respectivos entes públicos sofre as restrições ora analisadas*, estando os Governos Federal e Estadual[246] autorizados a dar continuidade à sua divulgação oficial nos três meses que antecedem o pleito, salvo se comprovado direcionamento eleitoreiro, que poderá caracterizar abuso de poder político (artigo 22, da LC nº 64/90) ou abuso de autoridade (artigo 74, da Lei das Eleições); *b) nas eleições gerais, apenas os Municípios podem realizar a publicidade institucional no período vedado*, salvo se comprovado direcionamento eleitoreiro, que poderá caracterizar abuso de poder

---

[245] Agravo Regimental em Agravo de Instrumento nº 33407, Acórdão de 20.03.2014, Relator(a) Min. HENRIQUE NEVES DA SILVA, Publicação: DJE – Diário de justiça eletrônico, Tomo 070, Data 11.4.2014, Página 95.

[246] "A proibição de veiculação de publicidade institucional em ano eleitoral aplica-se tão somente aos à esfera administrativa cujos cargos estão em disputa na eleição (art. 73, inciso VI, alínea b, da Lei nº 9.504/97), pelo que a publicidade estadual em ano de eleições municipais é de todo possível." (TRE/MS, MANDADO DE SEGURANÇA nº 141, Acórdão nº 5775 de 18.08.2008, Relator(a) RUY CELSO BARBOSA FLORENCE, Publicação: DJ – Diário de justiça, Volume 1797, Data 22.08.2008, Página 262).

político (artigo 22, da LC nº 64/90) ou abuso de autoridade (artigo 74, da Lei das Eleições).[247]

De qualquer forma, não se deve esquecer que, *antes do período vedado, a publicidade institucional está liberada para todos os entes federativos*, independente do tipo de eleição, devendo apenas ser observada a determinação constitucional (artigo 37, §1º) e legal (artigo 74, da Lei das Eleições), que impõe o caráter informativo, educativo e orientador a toda e qualquer publicidade realizada pelo poder público.

– CASO CONCRETO NAS ELEIÇÕES DE 2012 –

"O Plenário do Tribunal Superior Eleitoral (TSE) afastou por maioria de votos, na sessão desta terça-feira (1º), a cassação do diploma de Nazilda Rodrigues Fernandes, eleita vice-prefeita de Laranjal do Jari (AP), e a inelegibilidade de Euricélia Melo Cardoso, prefeita à época. No entanto, os ministros mantiveram multa aplicada a Euricélia por condutas praticadas na campanha de 2012.

A Corte Eleitoral entendeu ser insuficiente para as cassações de Nazilda e do prefeito eleito Manoel José Alves Pereira, já falecido, o argumento de que entrevista dada pela prefeita à época, Euricélia Cardoso, a uma rádio, dias antes do pleito, teria influenciado eleitores em favor de seu candidato, entre outras alegações.

Eleito em 2012, Manoel Pereira teve o mandato cassado em meados de novembro de 2013, porque teria se beneficiado de modo irregular de ações praticadas pela então prefeita. No final de novembro daquele ano, o ministro Dias Toffoli concedeu liminar que garantiu a volta de Manoel ao cargo. Porém, em julgamento realizado em 2014, o Tribunal Regional Eleitoral do Amapá (TRE-AP) cassou o mandato de Manoel Pereira, juntamente com o de sua vice.

Voto-vista

Ao apresentar seu voto-vista na sessão desta noite negando o recurso do Ministério Público e outro, o ministro Admar Gonzaga enfatizou que não há provas robustas de que a entrevista dada pela prefeita Euricélia teve como objetivo beneficiar determinado candidato. Ou ainda, disse o ministro, do vínculo de suposta entrega de material de construção a um centro comunitário, que não se consumou, e da distribuição de informativo a populares enaltecendo obras da prefeita, às vésperas da eleição, com a finalidade de alavancar a campanha de Manoel e Nazilda.

[247] "1. Permitida é a realização de propaganda institucional de Prefeitura Municipal nas eleições nacionais e regionais. 2. Afasta-se a irregularidade da propaganda que não faz qualquer referência ao candidato à reeleição ao Governo do Estado, bem como ao seu Governo. 3. Descaracterização da conduta vedada. 4. Improvimento da representação". (TRE/CE, REPRESENTAÇÃO nº 484203, Acórdão nº 484203 de 31.08.2010, Relator(a) JOÃO LUÍS NOGUEIRA MATIAS, Publicação: DJE – Diário de Justiça Eletrônico, Tomo 164, Data 09.09.2010, Página 14/15).

> 'Conforme se vê na descrição dos eventos pelo acórdão [do TRE], não há menção à eleição e aos candidatos, eleitos aos cargos de prefeito e vice, a demonstrar que a Corte Eleitoral atuou no campo da presunção do benefício', o que não é suficiente, segundo Admar Gonzaga, para a cassação dos mandatos.
> O ministro afirmou que "não se admite a condenação pela prática de abuso de poder e de conduta vedada com fundamento em meras presunções quanto ao encadeamento dos fatos impugnados e ao benefício eleitoral auferido pelos candidatos".[248]

9.7.2.B Exceções e necessidade de autorização judicial: A proibição de divulgação da publicidade institucional nos três meses anteriores ao pleito comporta *(04) quatro exceções*, sendo que duas estão expressamente positivadas no próprio dispositivo legal que trata do assunto e as outras são decorrentes do sistema normativo. Vejamos.

9.7.2.B.1 Publicidade de produtos e serviços que possuam concorrência no mercado: Um dos princípios da ordem econômica brasileira é a livre concorrência (artigo 170, IV, da CF/88), sendo permitido que os entes públicos, em casos excepcionais, explorem atividade econômica.

Visando ao estabelecimento de plena concorrência no mercado entre a iniciativa privada e os entes públicos, ficou estabelecido que "as empresas públicas e as sociedades de economia mista não poderão gozar de privilégios fiscais não extensivos às do setor privado" (artigo 173, §2º, d CF/88).

Dentro desse contexto, seria extremamente injusto (do ponto de vista comercial) vedar a publicidade dos produtos e serviços estatais que possuem concorrência no mercado, tais como: a) combustível; b) loterias; c) bancos.

Assim, desde que não seja o caso de monopólio de exploração da atividade econômica (ex.: exploração de petróleo pela Petrobras), fica permitida a publicidade de tais produtos e serviços durante todo o ano eleitoral e independente de qualquer autorização judicial.

---

248 <http://www.tse.jus.br/imprensa/noticias-tse/2015/Dezembro/tse-reverte-cassacao-de-vice-prefeita-de-laranjal-do-jari-ap>.

– CASO CONCRETO NAS ELEIÇÕES DE 2014 –

"O ministro Tarcísio Vieira de Carvalho Neto, do Tribunal Superior Eleitoral (TSE), concedeu liminar, nesta quarta-feira (23), à coligação Muda Brasil, que representa Aécio Neves como candidato a presidente da República, para determinar a imediata suspensão de peça publicitária da Petrobras veiculada na televisão, até que seja julgado o mérito da questão.

A publicidade diz o seguinte: "A Petrobras conhece o brasileiro como ninguém. Por isso, só a gente poderia fazer uma gasolina sob medida para o seu carro e para você. Vem aí a gasolina com nome e sobrenome".

A coligação sustenta que a propaganda não tem apelo comercial de produtos e serviços com concorrência no mercado e que, independente do conteúdo, a Lei das Eleições (Lei 9.504/1997) veda a publicidade institucional nos três meses que antecedem as eleições, com o objetivo de proporcionar maior equilíbrio na disputa.

Ao decidir, o ministro afirmou que a Lei das Eleições retira a proibição de publicidade institucional, no período de três meses antes da eleição, da propaganda de produtos e serviços que tenham concorrência no mercado e permite, em caso de grave e urgente necessidade pública, a veiculação de publicidade institucional no caso de campanhas de vacinação obrigatória para contenção de epidemias e de mobilização contra queimadas, entre outros exemplos.

No caso, afirmou o ministro, "não estão presentes as ressalvas legais", ou seja, não se está diante de propaganda de produtos e serviços com concorrência no mercado nem diante de situação de grave e urgente necessidade pública. "A peça publicitária em discussão faz referência demasiadamente genérica a uma futura gasolina, sem indicação precisa de um produto com efetiva concorrência no mercado, autorizando a conclusão, ainda que superficial, que é própria dos provimentos cautelares, sobre não haver abrigo legal para a sua divulgação", concluiu o ministro.

A representação da Coligação Muda Brasil (PSDB, DEM, SD, PTB, PMN, PTC, PEN, PTdoB e PTN) foi apresentada contra a candidata a presidente da República pela Coligação Com a Força do Povo (PT, PMDB, PSD, PP, PR, PROS, PDT, PCdoB e PRB), Dilma Roussef, o candidato a vice pela mesma coligação, Michel Temer, a presidente da Petrobras, Maria das Graças Foster, e o ministro da Secretaria de Comunicação Social da Presidência da República, Thomas Timothy Traumann" (vide http://www.tse.jus.br/sadJudSadpPush/ExibirPartesProcessoJud.do).

9.7.2.B.2 Casos de grave e urgente necessidade pública reconhecidos pela Justiça Eleitoral: A segunda exceção diz respeito à publicidade que se fizer necessária para a divulgação de informações necessárias para casos de grave e urgente necessidade pública, tais como: a) epidemias; b) desastres naturais; c) guerras.

Na Jurisprudência, encontramos alguns casos de gravidade e urgência reconhecidos. Vejamos:

- TSE -

– 1. A distribuição de material informativo visando à conscientização da sociedade sobre a importância da adoção de medidas preventivas contra o vírus da Gripe A (1-1IN1) enquadra-se na ressalva contida na parte final do art. 73, VI, b, da Lei nº 9.504197. 2. Pedido de autorização deferido, com a ressalva de ser observado o disposto no art. 37, §1 0, da Constituição Federal. (Petição nº 202191, Acórdão de 12.08.2010, Relator(a) Min. ALDIR GUIMARÃES PASSARINHO JUNIOR, Publicação: DJE – Diário da Justiça Eletrônico, Data 25.08.2010, Página 118-119);

– Ante o teor da *publicidade voltada a despertar no povo brasileiro noções de civismo*, presentes a Semana da Pátria e o Sete de Setembro, *tem-se veiculação harmônica com a ordem jurídica*, mais precisamente com o teor da alínea b do inciso VI do artigo 73 da Lei nº 9.504/1997. (Petição nº 226180, Acórdão de 25.08.2010, Relator(a) Min. MARCO AURÉLIO MENDES DE FARIAS MELLO, Publicação: DJE – Diário da Justiça Eletrônico, Data 13.9.2010, Página 59/60);

– 1. *A divulgação de concursos públicos* com a finalidade de selecionar profissionais para as Forças Armadas por meio da veiculação de cartazes e filmetes de 30 segundos, *sem qualquer referência ao Governo Federal, enquadra-se na ressalva contida na parte final do art. 73, VI, b, da Lei nº 9.504/97*. 2. Pedido de autorização deferido com a ressalva de ser observado o disposto no art. 37, §1º, da Constituição Federal. (Petição nº 225743, Acórdão de 25.08.2010, Relator(a) Min. ALDIR GUIMARÃES PASSARINHO JUNIOR, Publicação: DJE – Diário da Justiça Eletrônico, Data 10/09/2010, Página 12).

É importante registrar que o dispositivo impõe como *condição essencial à legalidade* da publicidade nesses casos *o reconhecimento prévio pela Justiça Eleitoral* da situação grave e urgente, sob pena de restar caracterizada a conduta vedada.[249] Conclusão lógica, já que autorizar pressupõe ato prévio e não posterior.

[249] TSE, AgR-Respe nº 7819-85/RJ, Relator: Ministro Arnaldo Versiani. j. em 09.09.2011, DJE 07.10.2011.

– CASO CONCRETO NAS ELEIÇÕES DE 2014 –

Conforme notícia publicitária divulgada no site do Tribunal Superior Eleitoral (http://www.tse.jus.br/noticias-tse/2014/Julho/presidente-do-tse-autoriza-veiculacao-de-5-propagandas-institucionais), "o presidente do Tribunal Superior Eleitoral (TSE), ministro Dias Toffoli, autorizou a veiculação de cinco propagandas institucionais de órgãos do Governo Federal em veículos de comunicação, durante o período eleitoral". São elas: Campanha de Prevenção à Gripe, Campanha de Vacinação contra HPV, de divulgação da Central de Atendimento à Mulher – Ligue 180, campanha de comemoração do Dia do Soldado, e de divulgação de concursos públicos para ingresso em estabelecimentos de ensino do Exército.

A Secretaria de Comunicação Social da Presidência da República é a autora dos pedidos de veiculação da Campanha de Prevenção à Gripe, de Vacinação contra HPV e da Central de Atendimento à Mulher. O Centro de Comunicação Social do Exército é o autor dos pedidos referentes ao Dia do Soldado e de divulgação de concursos públicos.

Nas decisões relativas aos pedidos da Secretaria de Comunicação Social da Presidência da República, o ministro Dias Toffoli afirmou que a conscientização da sociedade sobre a importância de medidas preventivas contra o vírus da gripe, de vacinação contra o HPV e de divulgação do serviço da Central de Atendimento à Mulher – Ligue 180 enquadram-se nas ressalvas previstas na parte final da alínea "b" do inciso VI do artigo 73 da Lei das Eleições (Lei nº 9.504/1997). As duas solicitações feitas pelo Centro de Comunicação Social do Exército também estão contidas nas mesmas ressalvas, afirma o presidente do TSE nas outras decisões.

O inciso VI do artigo 73 da Lei das Eleições proíbe aos agentes públicos, servidores ou não, diversas condutas nos três meses que antecedem o pleito, a fim de assegurar a igualdade de oportunidades entre os candidatos. Mas permite a veiculação de propaganda institucional de atos, programas, serviços e campanhas dos órgãos públicos federais, estaduais ou municipais, ou das respectivas entidades da administração indireta, em caso de grave e urgente necessidade pública, assim reconhecida pela Justiça Eleitoral.

O ministro Dias Toffoli autorizou a veiculação das propagandas da Campanha de Prevenção à Gripe e de divulgação de concursos públicos referentes ao Exército assim como foram requeridas. "Não se vislumbra nenhuma intenção eleitoreira ou de promoção do atual governo no material de publicidade que acompanha a petição", assinala o ministro em cada decisão.

Já nas propagandas da Campanha de Vacinação contra HPV, da campanha do Dia do Soldado, e de divulgação da Central de Atendimento à Mulher – Ligue 180, o presidente do TSE autorizou as publicidades, mas determinou que não deve constar referência ao Governo Federal nas mídias e peças das duas primeiras campanhas. Com relação ao Ligue 180, o ministro determinou que não deve haver a veiculação da denominação da Secretaria de Política para as Mulheres/PR".

9.7.2.B.3 Divulgação de atos parlamentares: Quando da análise do artigo 73, inciso II, da Lei das Eleições, viu-se que o artigo 36-A, do mesmo diploma legal, não tipificou como propaganda antecipada a utilização de informativos referentes à atuação parlamentar, sendo completamente descabido, por identidade de finalidade, tentar configurar como conduta vedada a divulgação do mesmo material no site do Poder Legislativo.

Nesse sentido, o Tribunal Superior Eleitoral (TSE):

> – (...) Nos termos da jurisprudência do e. TSE, *"não caracteriza a conduta vedada* descrita no art. 73, VI, b, da Lei nº 9.504/97, *a divulgação de feitos de deputado estadual em sítio da internet de Assembleia Legislativa."* (REspe nº 26.875/RO, rel. Min. Gerardo Grossi, DJ de 19.12.2006). 2. Agravo regimental a que se nega provimento. (Agravo Regimental em Recurso Especial Eleitoral nº 149260, Acórdão de 07/12/2011, Relator(a) Min. MARCELO HENRIQUES RIBEIRO DE OLIVEIRA, Publicação: DJE – Diário de justiça eletrônico, Tomo 29, Data 09/02/2012, Página 42).

9.7.2.B.4 Publicação de atos oficiais: O dispositivo em estudo procura evitar o uso da publicidade oficial para fins eleitorais. Sendo assim, não seria razoável impedir a continuidade da publicação de atos oficiais inerentes ao serviço público como um todo (como leis, decretos, portarias etc.), sob pena de violação ao princípio da continuidade.

Esse é o entendimento pacífico na doutrina e jurisprudência.

9.7.2.C Incidência temporal: O inciso VI, *caput*, estabelece apenas o marco proibitivo inicial (*três meses antes do pleito*), sem fazer qualquer especificação quanto ao prazo final, diferentemente do que fez o inciso V, quando mencionou a posse dos eleitos. Assim sendo, entende-se que a vedação vai *até o dia das eleições* (primeiro e segundo turno, quando este houver). Esse é o entendimento amplamente majoritário.

9.7.2.D Ilícitos correlatos ao artigo 73, VI, "b": Inicialmente, é de se destacar a possibilidade de caracterização do *crime eleitoral previsto nos artigos 346 e 377, do Código Eleitoral*, segundo os quais "o serviço de qualquer repartição, federal, estadual, municipal, autarquia, fundação do Estado, sociedade de economia mista, entidade mantida ou subvencionada pelo poder público, ou que realiza contrato com este, inclusive o respectivo prédio e suas dependências não poderá ser utilizado para beneficiar partido ou organização de caráter político".

Em inconteste conexão com o delito mencionado, também se vislumbra a ocorrência do delito de ordenação de despesa não autorizada em lei (artigo 359-D, do Código Penal).

Dependendo do agente público responsável pelo ato, também se vislumbra a possibilidade da ocorrência de *crime de responsabilidade* (artigo 9, 4, da Lei nº 1079/50 e artigo 1º, II, do Decreto-Lei nº 201/67), bem como *infração político-administrativa* (artigo 4º, VII, do Decreto-Lei nº 201/67).

Não bastasse isso, inquestionável é que o descumprimento da norma em análise representa manifesta ofensa aos princípios constitucionais da legalidade, impessoalidade e moralidade administrativas (artigo 37, *caput,* da CF/88). No caso, tem-se claro desvio de finalidade, pelo que é possível a caracterização *de ato de improbidade administrativa (artigo 11, I, da Lei nº 8.429/92).*

9.7.2.E Jurisprudências interessantes: Logo a seguir, apresentaremos os principais julgados do Tribunal Superior Eleitoral (TSE) e das demais Cortes Eleitorais referentes ao assunto.

- TSE -
1 – Com base na compreensão da reserva legal proporcional, *a violação dos arts.* 73, inciso VI, alínea b, e *74 da Lei nº 9.504/1997 pressupõe que a publicidade seja paga com recursos públicos e autorizada por agente público*. Precedentes do TSE e da doutrina de Direito Eleitoral. Requisitos ausentes no caso concreto. (Agravo Regimental em Agravo de Instrumento nº 44024, Acórdão de 05.03.2015, Relator(a) Min. GILMAR FERREIRA MENDES, Publicação: PSESS – Publicado em Sessão, Data 29.04.2015).
2 – Hipótese em que o Tribunal de origem, respaldando-se nas provas angariadas durante a instrução processual, concluiu que, para além da conduta vedada de que trata o art. 73, inciso VI, alínea b, da Lei nº 9.504/97, também *ficou comprovado o abuso do poder de autoridade, por afronta ao art. 37, §1º, da Constituição Federal, levado a efeito pelos agravantes por meio da veiculação não apenas na conta de Facebook, como também no sítio oficial da Prefeitura de publicidade institucional contendo clara promoção pessoal em prol de suas candidaturas,* com gravidade suficiente para desequilibrar a disputa eleitoral e, por conseguinte, ensejar a condenação com base no art. 74 da Lei das Eleições c.c. o art. 22, caput e inciso XIV, da Lei Complementar nº 64/90. Incidência das Súmulas 279 do STF e 7 do STJ. (Agravo Regimental em Recurso Especial Eleitoral nº 24258, Acórdão de 17.12.2014, Relator(a) Min. MARIA THEREZA ROCHA DE ASSIS MOURA, Publicação: DJE – Diário de justiça eletrônico, Tomo 24, Data 04.02.2015, Página 116/117).
3 – Na linha da jurisprudência desta Corte Superior, salvo as hipóteses autorizadas em lei, a permanência de propaganda institucional durante o período vedado é suficiente para que se aplique a multa do art. 73, §4º, da Lei nº 9.504/97, *sendo irrelevante que a peça publicitária tenha sido autorizada e afixada*

em momento anterior (Agravo Regimental em Recurso Especial Eleitoral nº 61872, Acórdão de 16.10.2014, Relator(a) Min. HENRIQUE NEVES DA SILVA, Publicação: DJE – Diário de justiça eletrônico, Tomo 202, Data 27.10.2014, Página 54/55).

4 – *A veiculação de propaganda institucional no sítio eletrônico da prefeitura, nos três meses que antecedem as eleições, caracteriza a conduta vedada* prevista no art. 73, VI, b, da Lei das Eleições. (Agravo Regimental em Recurso Especial Eleitoral nº 33746, Acórdão de 10.12.2013, Relator(a) Min. LUCIANA CHRISTINA GUIMARÃES LÓSSIO, Relator(a) designado(a) Min. HENRIQUE NEVES DA SILVA, Publicação: DJE – Diário de justiça eletrônico, Tomo 38, Data 24.2.2014, Página 28-29).

5 – *A veiculação de publicidade institucional, consubstanciada na distribuição de material impresso aos munícipes em geral, nos três meses que antecedem o pleito e sem que haja demonstração de situação grave ou urgente,* assim reconhecida pela Justiça Eleitoral, *configura a conduta vedada* do art. 73, VI, b, da Lei nº 9.504/97, sujeitando o infrator à sanção pecuniária, quando ausente gravidade que justifique, segundo um juízo de proporcionalidade e razoabilidade, a imposição cumulativa da pena de cassação do registro/diploma outorgado. 2. A caracterização do *abuso de autoridade previsto no art. 74 da Lei nº 9.504/97 requer seja demonstrada, de forma objetiva, afronta ao disposto no art. 37, §1º, da CF*, ou seja, que haja ruptura do princípio da impessoalidade com a menção na publicidade institucional a nomes, símbolos ou imagens, que caracterizem promoção pessoal ou de servidores públicos. 3. Recurso especial parcialmente provido. (Recurso Especial Eleitoral nº 44530, Acórdão de 03.12.2013, Relator(a) Min. LUCIANA CHRISTINA GUIMARÃES LÓSSIO, Publicação: DJE – Diário de justiça eletrônico, Tomo 32, Data 14.02.2014, Página 97)

– Para que seja reconhecida a exceção prevista no art. 73, VI, b, da Lei das Eleições, *a circunstância de grave e urgente necessidade pública deve ser previamente reconhecida pela Justiça Eleitoral.* Agravo regimental não provido. (Agravo Regimental em Recurso Especial Eleitoral nº 781985, Acórdão de 08.09.2011, Relator(a) Min. ARNALDO VERSIANI LEITE SOARES, Publicação: DJE – Diário da Justiça Eletrônico, Tomo 193, Data 07.10.2011, Página 56)

6 – No caso vertente, o Tribunal de origem constatou a *ocorrência de publicidade institucional realizada no período vedado, por meio da divulgação do símbolo e slogan da administração municipal em cortinas de escolas públicas, uniformes estudantis e placa de projeto social,* o que atrai a incidência das sanções previstas no §4º do art. 73 da Lei nº 9.504/97, quais sejam, suspensão do ato e multa (Agravo Regimental em Agravo de Instrumento nº 164508, Acórdão de 15.02.2011, Relator(a) Min. MARCELO HENRIQUES RIBEIRO DE OLIVEIRA, Publicação: DJE – Diário da Justiça Eletrônico, Data 06.04.2011, Página 50).

7 – Basta a veiculação da propaganda institucional nos três meses anteriores ao pleito para a caracterização da conduta prevista no art. 73, VI, b, da Lei nº 9.504/97, independentemente do momento em que autorizada. 2. Não se pode eximir os representados da responsabilidade pela infração, ainda que

tenha ocorrido determinação em contrário, sob pena de ineficácia da vedação estabelecida na legislação eleitoral. *Ainda que nem todos os representados tenham sido responsáveis pela veiculação da publicidade institucional, foram por ela beneficiados, motivo pelo qual também seriam igualmente sancionados*, por expressa previsão do §8º do art. 73 da Lei nº 9.504/97 (Agravo Regimental em Recurso Especial Eleitoral nº 35517, Acórdão de 01.12.2009, Relator(a) Min. MARCELO HENRIQUES RIBEIRO DE OLIVEIRA, Publicação: DJE – Diário da Justiça Eletrônico, Data 18.02.2010, Página 26).
8 – Há julgados do Tribunal Superior Eleitoral no sentido de que "independentemente do momento em que a publicidade institucional foi autorizada" se a veiculação se deu dentro dos três meses que antecedem a eleição, configura-se o ilícito previsto no art. 73, VI, b, da Lei nº 9.504/97. 2. Interpretação diversa implica prejuízo à eficácia da norma legal, pois bastaria que a autorização fosse dada antes da data limite para tornar legítima a publicidade realizada após essa ocasião, o que igualmente afetaria a igualdade de oportunidades entre os candidatos. 3. Para afastar a afirmação do Tribunal Regional Eleitoral de que constituía publicidade institucional o material veiculado em sítio de prefeitura, seria necessário o reexame de fatos e provas, o que encontra óbice na Súmula nº 279 do egrégio Supremo Tribunal Federal. 4. *Ainda que não sejam os responsáveis pela conduta vedada, o §8º do art. 73 da Lei das Eleições expressamente prevê a possibilidade de imposição de multa aos partidos, coligações e candidatos que dela se beneficiarem.* 5. A adoção do princípio da proporcionalidade, tendo em conta a gravidade da conduta, demonstra-se mais adequada para gradação e fixação das penalidades previstas nas hipóteses de condutas vedadas. Agravo regimental desprovido (Agravo Regimental em Recurso Especial Eleitoral nº 35240, Acórdão de 15.09.2009, Relator(a) Min. ARNALDO VERSIANI LEITE SOARES, Publicação: DJE – Diário da Justiça Eletrônico, Data 15.10.2009, Página 67).
– TRE/AC –
1 – *Há que se indeferir pedido de veiculação,* nos três meses que antecedem o pleito, *de campanha de esclarecimento à população, concernente a dicas de segurança pública, quando não comprovado, nos autos, estudo que exponha o aumento dos índices de criminalidade,* de modo a caracterizar caso de grave e urgente necessidade pública, não se enquadrando, portanto, na excepcionalidade descrita na parte final do art. 73, VI, "b", da Lei n. 9.504/97. (PETIÇÃO nº 94250, Acórdão nº 2266/2010 de 27.07.2010, Relator(a) ALEXANDRINA MELO DE ARAÚJO, Relator(a) designado(a) DENISE CASTELO BONFIM, Publicação: DJE – Diário da Justiça Eletrônico, Volume – , Tomo 141, Data 29.07.2010, Página 02).
– TRE/BA –
1 – Nega-se provimento ao recurso, uma vez que *a propaganda política realizada em site oficial da Prefeitura Municipal possuiu o nítido caráter promocional do recorrente,* violando o quanto disposto no art. 73, VI, b da Lei nº 9.504/97, por expressa quebra da isonomia entre os concorrentes ao pleito. (RECURSO ELEITORAL nº 42993, Acórdão nº 395 de 23.04.2013, Relator(a) JOSEVANDO

SOUZA ANDRADE, Publicação: DJE – Diário da Justiça Eletrônico, Data 29.04.2013).

- TRE/CE -

1 – Nos três meses que antecedem o pleito, é proibido autorizar publicidade institucional dos atos, programas, obras, serviços e campanhas dos órgãos públicos federais, estaduais ou municipais, ou das respectivas entidades da administração indireta, salvo em caso de grave e urgente necessidade pública, assim reconhecida pela Justiça Eleitoral. Art. 73, VI, b da Lei 9.504/1997. 2) *Havendo dúvida acerca do período de colocação da placa com a propaganda atacada, deve ser determinada a sua imediata retirada*, em homenagem à prudência e em proteção à legitimidade do pleito e igualdade entre candidatos. 3) Ademais, "a permanência de publicidade institucional nos três meses anteriores ao pleito constitui conduta vedada pelo art. 73, VI, b, da Lei das Eleições (AgR-REspe – Agravo Regimental em Recurso Especial Eleitoral nº 35095 – Rio Das Pedras/SP. Acórdão de 11.03.2010. Relator (a) Min. FERNANDO GONÇALVES. Publicação: DJE – Diário da Justiça Eletrônico, Data 14.04.2010, Página 52/53) 4) Concessão da segurança (MANDADO DE SEGURANÇA nº 14650, Acórdão nº 14650 de 28.09.2012, Relator(a) MARIA IRACEMA MARTINS DO VALE, Publicação: DJE – Diário de Justiça Eletrônico, Tomo 207, Data 02.10.2012, Página 13/14).

- TRE/DF -

1 – *A realização de campanha institucional de trânsito,* nos termos do art. 73, VI, b, da Lei 9.504/97, *pode ser deferida, desde que observados os ditames da legislação eleitoral* que tutela a isonomia na disputa por cargos eletivos. A autorização não se convalida em um salvo conduto para práticas eleitoreiras e que representem a quebra da isonomia da disputa eleitoral que se avizinha. *Em relação a campanhas educativas de trânsito, persiste a proibição* de distribuição gratuita de bens, valores ou benefícios por parte da Administração Pública, *não podendo constar nomes, símbolos ou imagens que caracterizem a promoção pessoal de autoridades, servidores e entidades públicas ou façam alusão a candidato ou a partido político.* Autorização concedida, com determinação de readequação da campanha educativa à legislação pertinente, sob pena de responsabilidade por eventuais abusos cometidos (PETIÇÃO nº 2876, Resolução nº 7568 de 07.05.2014, Relator(a) MARIA DE FÁTIMA RAFAEL DE AGUIAR, Publicação: DJE – Diário de Justiça Eletrônico do TRE-DF, Tomo 85, Data 09.05.2014, Página 9).

2 – A publicidade institucional para *realização de campanha preventiva de queimadas enquadra-se na exceção prevista art. 73,* inc. VI, alínea "b", da Lei 9.504/97. Divulgação de campanha autorizada (PETIÇÃO nº 287590, Resolução nº 7089 de 20.09.2010, Relator(a) EVANDRO LUIS CASTELLO BRANCO PERTENCE, Publicação: DJE – Diário de Justiça Eletrônico do TRE-DF, Tomo 198, Data 24.09.2010, Página 2).

3 – A publicidade institucional para *realização de campanha de combate ao crack enquadra-se na exceção prevista art. 73,* inc. VI, alínea "b", da Lei 9.504/97. Divulgação de campanha autorizada (PETIÇÃO nº 287675, Resolução nº 7088 de 20.09.2010, Relator(a) EVANDRO LUIS CASTELLO BRANCO PERTENCE, Publicação: DJE – Diário de Justiça Eletrônico do TRE-DF, Tomo 198, Data 24.09.2010, Página 2).
4 – A publicidade institucional para *realização de campanha de vacinação antirrábica enquadra-se na exceção prevista art. 73,* inc. VI, alínea "b", da Lei 9.504/97. Divulgação de campanha autorizada (PETIÇÃO nº 287760, Resolução nº 7087 de 20.09.2010, Relator(a) EVANDRO LUIS CASTELLO BRANCO PERTENCE, Publicação: DJE – Diário de Justiça Eletrônico do TRE-DF, Tomo 198, Data 24.09.2010, Página 2).
5 – *Não se pode ter como caso de grave e urgente necessidade pública campanha que se destina a induzir a população à redução do consumo e evitar o desperdício de água* no Distrito Federal, *quando a estiagem é fato cíclico,* de todos conhecida e por todas esperada, e que já está acontecendo. Autorização negada (PETIÇÃO nº 241421, Resolução nº 7053 de 03.08.2010, Relator(a) LUCIANO MOREIRA VASCONCELLOS, Publicação: DJE – Diário de Justiça Eletrônico do TRE-DF, Volume 10, Tomo 164, Data 20.08.10, Página 04).
– TRE/MS –
1 – A propaganda institucional, prevista no art. 37, §1º, da Constituição Federal, que implica necessariamente dispêndio direto de recursos públicos, é a destinada a informar, pelos meios de comunicação social, à população sobre os atos do governo, devendo ser realizada de forma impessoal, ou seja, sem que dela se possa extrair qualquer conotação de promoção pessoal de autoridades ou servidores públicos. *A vedação de tal publicidade em período que antecede as eleições é evitar que o candidato, já ocupante de cargo político, se beneficie dessa situação e faça propaganda em seu favor,* acarretando uma concorrência desleal entre ele e os demais candidatos. *Se a publicidade, comprovadamente, não foi paga com recursos públicos, não há que se falar em propaganda institucional* e, por consequência, na incidência em conduta vedada do art. 73, inciso VI, alínea b, da Lei nº 9.504/97. *Cabe ao representante o ônus de provar a autoria da conduta vedada e se a publicidade institucional foi realizada com recursos públicos.* A condenação não pode ser conduzida por presunções e indícios, mormente se existem nos autos provas a refutá-las, mas que não foram desacreditadas. Para a incidência da penalidade de que trata o art. 73, inciso VI, alínea b, da Lei nº 9.504/97, *deve restar cabalmente demonstrada a autoria e, ainda, o prévio conhecimento do beneficiário pela publicidade, pois não obstante o possível benefício pela ilicitude, não se pode presumir que o agente público tivesse ciência ou autorizou o ato,* cujo ônus é do autor da representação. Se da publicidade, feita por particular, consta expressões e símbolos públicos, determina-se o envio de cópia dos autos ao Ministério Público Federal para apurar eventual responsabilidade, nos termos da lei (RECURSO ELEITORAL nº 49753,

Acórdão nº 8005 de 01.10.2013, Relator(a) JOSUÉ DE OLIVEIRA, Publicação: DJE – Diário da Justiça Eleitoral, Tomo 913, Data 09.10.2013, Página 08).

2 – A veiculação de *publicidade institucional*, apesar de permitida, *não pode projetar atributos de administrador público durante o período de três meses antes do pleito*, ainda que presente o caráter educativo ou de informação. Nesse diapasão, *deve ser evitada toda e qualquer publicidade* de propaganda institucional *que, de forma direta ou indireta, vá ao encontro de interesse do administrador como agente político em seus feitos visando à promoção pessoal* e não, propriamente, do órgão como instituição pública. É de se entender que, no que concerne às publicações realizadas em sítio da internet de prefeitura municipal, o prefeito e vice-prefeito possuem domínio do fato, pois detêm poderes na Administração Municipal de fazer com que as propagandas institucionais sejam cessadas, se divulgadas em desacordo com a legislação eleitoral. Comprovada a veiculação de publicidade institucional nos três meses anteriores ao pleito municipal, em afronta ao art. 73, inciso VI, alínea b, da Lei nº 9.504/97 e considerando o princípio da razoabilidade, sem elementos de cognição capazes de majorar a multa, deve ela ser aplicada no seu valor mínimo legal, à luz do art. 50, §4º, da Resolução TSE nº 23.370/2011 (RECURSO ELEITORAL nº 55204, Acórdão nº 7941 de 19.08.2013, Relator(a) HERALDO GARCIA VITTA, Publicação: DJE – Diário da Justiça Eleitoral, Tomo 885, Data 30.8.2013, Página 14/15).

3 – A divulgação de publicidade institucional durante o período em que a legislação eleitoral prevê a sua vedação enseja a aplicação de multa, por infração ao art. 73, inciso VI, alínea b, da Lei nº 9.504/97. Havendo nos autos provas robustas quanto à sua realização, consistente na *divulgação de inauguração de obra pública, por meio de motocicleta equipada com aparelhos de sonorização, tem-se como violado o princípio da proporcionalidade.* Ademais, a sanção perpetrada acima do mínimo legal decorre da reincidência do recorrente em conduta vedada no mesmo pleito. Embora o recorrente defenda que a propaganda ilícita não seja de sua responsabilidade, essa persiste ainda que os atos de divulgação sejam delegados a outros órgãos governamentais (RECURSO ELEITORAL nº 25202, Acórdão nº 7823 de 14.05.2013, Relator(a) AMAURY DA SILVA KUKLINSKI, Publicação: DJE – Diário da Justiça Eleitoral, Tomo 819, Data 22.5.2013, Página 09/10).

4 – *A publicação de farto material publicitário, de cunho institucional, no período de março a junho do ano em que realizada a eleição, através de site oficial e conta de facebook da prefeitura municipal, promovendo a pessoa do prefeito, candidato à reeleição, com associação massiva da imagem pessoal e nome do agente, bem como a propósito de fixar, na mente do eleitorado, suas qualidades de bom administrador com as ações, programas e serviços da administração, sem qualquer caráter informativo ou de orientação/comunicação oficial, além de reproduzir os principais pontos da proposta de campanha para a reeleição, configura, além da conduta vedada, também abuso de poder político ou de autoridade.* E, por ser apto a desequilibrar a disputa eleitoral, afetando negativamente a igualdade entre os candidatos, em detrimento da

liberdade de escolha do eleitor, enseja, ante a gravidade das circunstâncias, a penalidade de multa e cassação dos diplomas dos componentes da chapa majoritária eleita, bem como a sanção de inelegibilidade, tudo nos termos dos arts. 73, inciso VI, alínea b, §4º, e 74 da Lei nº 9.504/97 e, ainda, 22, inciso XIV, da Lei Complementar nº 64/90 (RECURSO ELEITORAL nº 24258, Acórdão nº 7791 de 09.04.2013, Relator(a) ELTON LUÍS NASSER DE MELLO, Publicação: DJE – Diário da Justiça Eleitoral, Tomo 793, Data 15.04.2013, Página 07/08).
5 – Vislumbrando-se, do conteúdo das mensagens veiculadas no site da prefeitura, remetendo-se às realizações de ações governamentais por parte da prefeita municipal, candidata à reeleição, tratando-se de publicidade institucional divulgada em abril e maio do ano eleitoral, na qual desvirtua-se o caráter meramente informativo e de orientação social (art. 37, §1º, CF), mas cujo acesso era possível, no mês de agosto, através de links, resta evidente a irregularidade da veiculação, a teor do art. 73, inciso VI, alínea b, da Lei nº 9.504/97. É ônus do agente público zelar pela fiscalização do conteúdo divulgado no site oficial, independentemente de sua participação, devendo comprovar que tomou as devidas providências para cessar a irregularidade. *A ilicitude do art. 73, inciso VI, alínea b, da Lei nº 9.504/97 configura-se independente de benefício ao candidato*, pois, na espécie, não se exige qualquer reflexo no processo eleitoral e não se examina a potencialidade lesiva da conduta, *bastando a simples ocorrência, já que o referido dispositivo tem caráter cogente* (RECURSO ELEITORAL nº 44330, Acórdão nº 7625 de 17.10.2012, Relator(a) ELTON LUÍS NASSER DE MELLO, Publicação: DJE – Diário da Justiça Eleitoral, Tomo 688, Data 19.10.2012, Página 12/13).
6 – É pacífico que a administração pública pode adotar medidas que visem dar publicidade a seus atos, programas, obras, serviços e campanhas, desde que com fins de educação, informação e orientação social dos administrados, sendo vedada a promoção social de autoridades ou servidores, *ex vi* do art. 37, §1º, da Constituição Federal. Todavia, embora seja reconhecido o direito à publicidade institucional, o seu exercício regular requer a observância de limites, dentre os quais o imposto pelo art. 73, inciso VI, alínea b, da Lei nº 9.504/97, a prever que a propaganda institucional é totalmente vedada nos três meses que antecedem o pleito, obstando-se, inclusive, aquela de caráter informativo, educativo ou de orientação social. *Estando interditada toda a publicidade institucional nos três meses que antecedem à eleição, excetuando-se apenas atos oficiais cuja publicidade ocorra na imprensa oficial (sanção de lei, publicação de acórdãos, nomeações e exonerações e atos administrativos)*, tem-se que a vedação, nas eleições de 2012, vigora a partir do dia 7 de julho. Demonstrado que, no período vedado, site de prefeitura divulgou notas referentes a comemoração do dia do agente de saúde, destinação de recursos para o abastecimento de água, implementação de projetos em distritos locais, entrega de retroescavadeira ao município e entrega de casas em conjunto habitacional, conclui-se pela demonstração inequívoca da ilicitude, não se aplicando as excepcionalidades admitidas para o caso. *Mesmo que inseridas as matérias no site antes do referido termo, tem-se que, após referida data limite, se o material*

publicitário não foi retirado, a omissão caracteriza a inquestionável violação do artigo de lei referido. Desnecessária, no caso, demonstração de desequilíbrio para o pleito, pois a Lei nº 9.504/97 sequer exige o intuito eleitoreiro na publicidade vedada, sendo despiciendo, de acordo com a doutrina e jurisprudência, que se demonstre qualquer reflexo da publicidade no processo eleitoral. Figurando como autoridade e não como candidato, desnecessária a inclusão de terceiro no polo passivo da demanda. *Tratando-se de publicidade institucional merecedora de reprimenda, tem-se que a prática ilícita deve ser apenada, inicialmente, na pessoa do responsável pela publicidade proibida (prefeito), sendo que a responsabilidade de outros agentes exige a clara demonstração de que as matérias veiculadas, além do desequilíbrio presumido pela lei, gerou desequilíbrio pelo favorecimento direto.* Não havendo tal demonstração no caso, afastam-se outras responsabilizações, mantendo-se a sentença que aplicou ao citado mandatário penalidade de multa por infração ao art. 73, inciso VI, alínea b, da Lei nº 9.504/97. Recurso desprovido (RECURSO ELEITORAL nº 58998, Acórdão nº 7520 de 24.09.2012, Relator(a) RENATO TONIASSO, Publicação: DJE – Diário da Justiça Eleitoral, Tomo 678, Data 03.10.2012, Página 20/21).

- TRE/SE -

1 – Utilização pelo Chefe do Executivo da residência oficial para realizar reunião política, mesmo antes do período de campanha eleitoral (art. 73, §2º, da Lei 9.504/97), não caracteriza abuso de poder político ou econômico ofensivo à higidez do processo eleitoral, desde que inexistam excessos no uso de recursos públicos e não ocorra divulgação propagandista do evento; *Configura propaganda institucional vedada a manutenção de escultura com coração estilizado em obras públicas, com evidente representação da atual Administração do Estado, durante o período proibido pelo art. 73, VI, b, da Lei das Eleições* (AÇÃO DE INVESTIGAÇÃO JUDICIAL ELEITORAL nº 304124, Acórdão nº 356/2011 de 21.11.2011, Relator(a) MARILZA MAYNARD SALGADO DE CARVALHO, Publicação: DJE – Diário de Justiça Eletrônico, Tomo 211, Data 23.11.2011, Página 02).

- TRE/SC -

1 – *A publicidade institucional* cuja autorização em período eleitoral configura a conduta vedada prevista no inciso VI, alínea "b", do art. 73 da Lei n. 9.504/1997, é de responsabilidade do administrador e visa divulgar os atos, programas, obras, serviços e campanhas dos órgãos públicos, portanto distingue-se da divulgação de matérias jornalísticas pelos órgãos de imprensa. Para a configuração da conduta vedada constante na alínea "b" do inciso VI do art. 73 da Lei n. 9.504/97, *basta a ocorrência de veiculação de publicidade institucional no período vedado*, posto que afeta, por presunção legal, a igualdade de oportunidades entre os candidatos nos pleitos eleitorais. Assim, é desnecessária a veri*ficação de intuito eleitoreiro* (Agravo Regimental no Agravo de Instrumento n. 719-90/MS, de 4.8.2011, Rel. Min. Ministro Marcelo Ribeiro). (RECURSO CONTRA DECISÕES DE JUÍZES ELEITORAIS nº 28505, Acórdão nº 28847 de 30.10.2013, Relator(a) MARCELO RAMOS

PEREGRINO FERREIRA, Publicação: DJE – Diário de JE, Tomo 212, Data 07.11.2013, Página 3-4).
– TRE/RO –
1 – A jurisprudência do TSE, confirmando precedentes desta própria Corte Eleitoral, assentou posicionamento no sentido da *possibilidade da divulgação dos atos dos parlamentares, ainda que no período de três meses que antecedem às eleições, exceto se comprovada a conotação de propaganda eleitoral* (RECURSO ELEITORAL nº 22561, Acórdão nº 460/2012 de 22.11.2012, Relator(a) SIDNEY DUARTE BARBOSA, Publicação: DJE/TRE-RO – Diário Eletrônico da Justiça Eleitoral, Tomo 221, Data 30.11.2012, Página 13).
2 – A permanência de publicidade institucional (notícias veiculadas em sítio eletrônico da Assembleia Legislativa de Rondônia), nos três meses anteriores ao pleito, constitui conduta vedada pela Lei das Eleições, art. 73, VI, "b". A prática traduz ulceração ao cânone de igualdade de oportunidades aos concorrentes. *Se o representado,* Deputado Estadual, Presidente da Assembleia Legislativa de Rondônia, *detinha atribuições e poder para fazer cessar a prática* – já reputada ilícita no tocante aos parlamentares agraciados – *e se nenhuma iniciativa concreta e formal protagonizou no sentido de estancá-la, é induvidosa sua responsabilidade.* Teoria do domínio do fato, analogicamente aplicável. Prova pericial inconcussa ao assentar: "não houve um bloqueio real às páginas de notícias, mas tão somente à página de índice das notícias" (Laudo Pericial). Irrelevância em mensurar a potencialidade da conduta vedada. O arcabouço normativo não atrela a infração à maior ou menor extensão do abuso de poder. No terreno jurídico, há de ser refutada a intromissão preponderante de critérios matemáticos e econômicos. No direito, o referencial é o certo ou o errado: ele versa regras de aplicação absoluta. Já na economia, o norteamento gira em torno do mais ou do menos, de quantidades e relações: a relatividade é a tônica. O princípio da proporcionalidade não se presta a desnaturar a infração. Conquanto assaz deslembrada a peculiaridade, trata-se de princípio de duas faces: de um lado, há de proibir o excesso, invasões exacerbadas ou desmedidas no rol das liberdades públicas, nos direitos individuais (garantismo negativo); de outro, há de proibir a proteção insuficiente ou deficiente, omissões do poder público na tutela de direitos individuais e transindividuais da coletividade (garantismo positivo). E ao Poder Público não é dado se omitir em seu poder-dever de proteção (dever fundamental), diante de agressões a bens jurídicos de relevo, máxime quando em xeque o processo eleitoral, baluarte da democracia. Representação parcialmente abrigada, multa balizada em 50.000 (cinquenta mil) UFIRs. (REPRESENTAÇÃO nº 149260, Acórdão nº 212/2011 de 10.05.2011, Relator(a) SIDNEY DUARTE BARBOSA, Publicação: DJE/TRE-RO – Diário Eletrônico da Justiça Eleitoral, Tomo 94, Data 23.05.2011, Página 2).
– TRE/PR –
1 – *Exposição de veículos em praça pública – adquiridos pelo município – acompanhados de faixas indicativas desta aquisição é considerada publicidade*

institucional vedada em período eleitoral. Inteligência do art. 73, VI, "b", da Lei nº 9.504/1997. Conduta que se impõe a multa. 2. Sanção por presunção decorrente de futura prática de conduta vedada por agente público, é afastada face a subjetividade. (RECURSO ELEITORAL nº 29274, Acórdão nº 46103 de 11.06.2013, Relator(a) MARCOS ROBERTO ARAÚJO DOS SANTOS, Publicação: DJ – Diário de justiça, Data 24.6.2013).
2 – A utilização de publicidade institucional consistente em *envio de mensagens eletrônicas (e-mails) que identificam a atual gestão em textos e imagens, buscando enaltecer as realizações atuais e futuras da Administração Pública, é proibida nos três meses anteriores à eleição.* A determinação, de forma genérica, que fossem adotadas providências para evitar a ocorrência de condutas vedadas aos agentes públicos, não é suficiente para eximir os representados da responsabilidade dessa infração. [...] (RE nº 417-97, Acórdão nº 45648 de 13.03.2013, Rel. Dr. Marcos Roberto Araújo dos Santos, Publicação: DJ – Diário de justiça, Data 19.03.2013). É responsável pela indevida utilização de publicidade institucional como propaganda eleitoral, além do agente público, o seu beneficiário direto, ou seja, o candidato, o partido ou a coligação." (RECURSO ELEITORAL nº 28665, Acórdão nº 46087 de 06.06.2013, Relator(a) JOSAFÁ ANTONIO LEMES, Publicação: DJ – Diário de justiça, Data 11.6.2013).
- TRE/RS -
1 – Incontroversa a distribuição irregular, em período vedado, do informativo de "prestação de contas" pela administração municipal, o que constitui conduta vedada. Veiculação de material com propaganda institucional em franco desvio de finalidade, porquanto desprovido de caráter educativo ou de orientação social. A informação vem acompanhada de depoimentos de pessoas beneficiadas pela Prefeitura, espelhando juízo de valor acerca dos serviços prestados pelo município, em marketing subliminar, refletindo-se direta ou indiretamente na pessoa do administrador. Abuso de poder político configurado, por afronta direta ao §1º do art. 37 da Constituição Federal. Publicidade paga pelos cofres públicos, com inegável propósito de enaltecer as realizações da gestão atual, listando as obras, os investimentos do governo municipal e a ideia de continuidade da administração. Agrega-se, ainda, o fato de o material impugnado ter sido publicado duas vezes em ano eleitoral, com expressiva tiragem na segunda ocasião, véspera do período eleitoral. Reforma da sentença para cassar o diploma dos candidatos beneficiados, porquanto já diplomados, e condená-los à inelegibilidade de 8 anos. Redução da multa ao seu mínimo legal, sob pena de representar in ne bis in idem, dada a gravosidade da pena de cassação. (Recurso Eleitoral nº 44530, Acórdão de 21.01.2013, Relator(a) DESA. FEDERAL MARIA LÚCIA LUZ LEIRIA, Relator(a) designado(a) DESA. ELAINE HARZHEIM MACEDO, Publicação: DEJERS – Diário de Justiça Eletrônico do TRE-RS, Tomo 13, Data 24.01.2013, Página 5).

9.7.3 Gastos com publicidade (73, VII)

Sobre a limitação de despesas com publicidade institucional no primeiro semestre do ano eleitoral, dispõe o inciso VII, do artigo 73, da Lei nº 9.504/97, que é proibido:

> VII – Realizar, no primeiro semestre do ano de eleição, despesas com publicidade dos órgãos públicos federais, estaduais ou municipais, ou das respectivas entidades da administração indireta, que excedam a média dos gastos no primeiro semestre dos três últimos anos que antecedem o pleito. (Redação dada pela Lei nº 13.165, de 2015).

9.7.3.A Análise do tipo: Prática comum no ano eleitoral é a intensificação da publicidade oficial no primeiro semestre com vistas a divulgar os "feitos e méritos" do administrador de plantão e de seu partido, que não por acaso lançam candidatos para dar continuidade ao "trabalho" já desenvolvido. Trata-se de expediente eleitoreiro que encontra clara limitação.

Para além da proibição do caráter personalista da publicidade oficial (já interditado pelo artigo 37, §1º, da CF/88 e artigo 74, da Lei nº 9.504/97), bem como temporal (3 meses antes do pleito – art.73, VI, B, da Lei nº 9.504/97), foi previsto *novo teto legal para as despesas com publicidade oficial:* "a média dos gastos no primeiro semestre dos três últimos anos que antecedem o pleito".

Nesse tocante, é bom lembrar que não existe qualquer disposição legal, exceto a ora em análise, que limite os gastos públicos na área da publicidade, muito embora os princípios da Administração Pública possam, em casos excepcionais, condicionar o uso dos recursos públicos. Exemplo claro disso seria o caso de um município que, deixando de cumprir obrigações constitucionais básicas, tais como pagamento do subsídio dos servidores públicos ou aplicação dos recursos mínimos nas áreas da saúde e educação, insista em dispender verbas públicas com publicidade oficial. Com mais razão ainda tal limite poderá ser imposto no caso da publicidade ser desviada de sua missão constitucional, por ter conotação eleitoral.

Sobre a conduta proibida legalmente, *algumas observações* merecem ser feitas.

Em primeiro lugar, com o estabelecimento desse novo parâmetro, põe-se fim ao debate travado sob a vigência anterior do dispositivo, em que os limites deviam ser observados cumulativamente (tanto a média dos três últimos anos e do ano anterior ao pleito),[250] sendo o

[250] "Para fins de incidência do art. 73, VII, da Lei das Eleições, *deve ser considerada a média dos últimos três anos anteriores ao ano do pleito, uma vez que o referido dispositivo legal não faz menção*

de menor valor o parâmetro final no caso de quantificação diferente para cada um.

Em seguida, é de bom alvitre consignar que a melhor interpretação da expressão "despesas com publicidades" do artigo em referência é no sentido de compreendê-las como aquelas que foram efetivamente prestadas (liquidadas), independentemente da data do pagamento, conforme já decidiu o Tribunal Superior Eleitoral (TSE):

> O art. 73, VII, da Lei nº 9.504/97 previne que os administradores públicos realizem no primeiro semestre do ano da eleição a divulgação de publicidade que extrapole o valor despendido no último ano ou a média dos três últimos, *considerando-se o que for menor*. Tal proibição visa essencialmente evitar que no ano da eleição seja realizada publicidade institucional, como meio de divulgar os atos e ações dos governantes, em escala anual maior do que a habitual. *A melhor interpretação* da regra do art. 73, VII, da Lei das Eleições, *no que tange à definição* – para fins eleitorais *do que sejam despesas com publicidade –, é no sentido de considerar o momento da liquidação, ou seja, do reconhecimento oficial de que o serviço foi prestado – independentemente de se verificar a data do respectivo empenho ou do pagamento,* para fins de aferição dos limites indicados na referida disposição legal. A adoção de tese contrária à esposada pelo acórdão regional geraria possibilidade inversa, essa, sim, perniciosa ao processo eleitoral, de se permitir que a publicidade realizada no ano da eleição não fosse considerada, caso a sua efetiva quitação fosse postergada para o ano seguinte ao da eleição, sob o título de restos a pagar, observados os limites impostos pela Lei de Responsabilidade Fiscal" (Recurso Especial Eleitoral nº 67994, Acórdão de 24.10.2013, Relator(a) Min. HENRIQUE NEVES DA SILVA, Publicação: DJE – Diário de justiça eletrônico, Tomo 242, Data 19.12.2013).

Além disso, "a *conduta vedada* prevista no art. 73, VII, b, da Lei 9.504/97 *independe de potencialidade lesiva* apta a influenciar o resultado do pleito, *bastando a sua mera prática para atrair as sanções legais*".[251]

9.7.3.B Exceção: O dispositivo em referência não possui qualquer exceção.

à média mensal" (Embargos de Declaração em Recurso Especial Eleitoral nº 30204, Acórdão de 03.02.2014, Relator(a) Min. HENRIQUE NEVES DA SILVA, Publicação: DJE – Diário de justiça eletrônico, Tomo 42, Data 28.2.2014, Página 54).

[251] Agravo Regimental em Recurso Especial Eleitoral nº 44786, Acórdão de 04.09.2014, Relator(a) Min. JOÃO OTÁVIO DE NORONHA, Publicação: DJE – Diário de justiça eletrônico, Tomo 178, Data 23.9.2014, Página 45/46.

9.7.3C Incidência temporal: A questão da delimitação temporal é expressamente prevista no dispositivo em análise, qual seja: no primeiro semestre do ano eleitoral.

9.7.3.D Ilícitos correlatos ao artigo 73, VII: Inicialmente, é de se destacar a possibilidade de caracterização de *ato de improbidade administrativa (artigo 10, IX da Lei nº 8.429/92)*, na medida em que gastar com publicidade mais do que o permitido por lei configura despesa não autorizada.

Caso se comprove que a divulgação excessiva da publicidade se deu com o intuito de promover (direta ou subliminarmente) a candidatura do agente público responsável, ter-se-á a tipificação do *crime eleitoral* previsto nos artigos 346 e 377, do Código Eleitoral.

Existe, ainda, a tipificação do crime de ordenação de despesa não autorizada em lei (artigo 359-D, do Código Penal).

9.7.3.E Jurisprudências interessantes: Adiante, apresentaremos os principais julgados do Tribunal Superior Eleitoral (TSE) e demais Cortes Eleitorais referentes ao assunto, no que diz respeito à sua redação anterior, pois útil para servir como parâmetro interpretativo para o entendimento e julgamento das infrações passadas.

– TSE –
1 – *A pretensão de fazer prevalecer o entendimento de que o parâmetro a ser utilizado quanto aos gastos com publicidade institucional no ano eleitoral deve ser proporcional à média de gastos nos semestres anteriores ao ano do pleito implica interpretação ampliativa da norma, o que não é permitido ao intérprete*, em especial quando acarreta a restrição de direitos. (Agravo Regimental em Recurso Especial Eleitoral nº 47686, Acórdão de 27.03.2014, Relator(a) Min. JOSÉ ANTÔNIO DIAS TOFFOLI, Publicação: DJE – Diário de justiça eletrônico, Tomo 79, Data 30.4.2014, Página 37/38);
– TRE/SC –
1 – *A publicação de atos legais/oficiais não se confunde com a publicidade institucional destinada à divulgação dos atos da administração pública*, não sendo computados para fins de aferição do limite previsto no artigo 73, inciso VII, da Lei n. 9.504/97. Valores decorrentes de atos administrativos vinculados. (Recurso Eleitoral nº 72666, Acórdão de 23.09.2014, Relator(a) DR. LEONARDO TRICOT SALDANHA, Publicação: DEJERS – Diário de Justiça Eletrônico do TRE-RS, Tomo 172, Data 25.09.2014, Página 2);
2 – Configurada a prática de conduta vedada. Gastos com publicidade pelo município, no ano da eleição, superior à média dos gastos dos três últimos anos. Fato incontroverso. Desnecessária a prova da potencialidade lesiva de o ato interferir no resultado do pleito. A punição a candidato somente é possível

quando beneficiado especificamente pela conduta vedada é o que extrai do §5º do art. 73 da Lei 9.504/97. O fato de o responsável pela prática vedada à época pertencer ao mesmo partido dos candidatos eleitos, por si só, não tem o condão de demonstrar o benefício eleitoral dos demais representados. A existência da infração praticada pelo administrador não é suficiente para atingir os candidatos de forma reflexa e automática. Provimento negado. (Recurso Eleitoral nº 283, Acórdão de 30.07.2013, Relator(a) DR. INGO WOLFGANG SARLET, Publicação: DEJERS – Diário de Justiça Eletrônico do TRE-RS, Tomo 140, Data 01.08.2013, Página 6);
3 – Recurso. Conduta vedada. Incidência do art. 73, inc. VII, da Lei n. 9.504/97. Eleições 2012. Juízo de procedência da representação. Cominação de multa pecuniária ao representando. Evidenciada a realização de despesas com publicidade dos órgãos públicos no primeiro semestre de 2012 em montante superior à média dos três anos anteriores à eleição. Regramento que visa a coibir a desigualdade entre os candidatos, impedindo o aumento da projeção dos órgãos públicos e, por via transversa, daquele candidato que também está à frente da administração. Para o Direito Eleitoral não importa, propriamente, a questão orçamentária da efetiva saída ou não de recursos dos cofres públicos, mas a realização de maior ou menor projeção do candidato. O simples empenho da despesa é critério suficiente para aferir a prática da conduta vedada em questão. Reforma da sentença unicamente para reduzir a multa ao mínimo legal. Provimento parcial. (Recurso Eleitoral nº 8813, Acórdão de 18.06.2013, Relator(a) DR. LEONARDO TRICOT SALDANHA, Publicação: DEJERS – Diário de Justiça Eletrônico do TRE-RS, Tomo 111, Data 20.06.2013, Página 4).

9.8 Pronunciamento em cadeia de rádio e televisão

Acerca dos pronunciamentos de agentes públicos nos meios de comunicação social, diz a lei ser proibido:

> VI – nos três meses que antecedem o pleito:
>
> c) fazer pronunciamento em cadeia de rádio e televisão, fora do horário eleitoral gratuito, salvo quando, a critério da Justiça Eleitoral, tratar-se de matéria urgente, relevante e característica das funções de governo;

9.8.A Análise do tipo: Como se sabe, a propaganda eleitoral só é permitida a partir do dia 16 de agosto do ano da eleição (artigo 36, da Lei nº 9.504/97, com a nova redação dada pela Lei nº 13.165/15). Uma vez iniciado o seu período permissivo, podem os candidatos valer-se dos diversos meios de comunicação para dar ampla publicidade à sua postulação política, merecendo destaque nesse contexto o uso do rádio e da TV no "horário político" mediante cadeia ou inserção (artigos 44 e 47, da Lei das Eleições).

Pois bem, exatamente pela legislação já ter reservado horário específico no rádio e na TV para que as candidaturas sejam divulgadas, é que *o dispositivo em estudo interdita pronunciamento de qualquer agente público nos três meses antes da eleição, seja ou não ele candidato.*

Nesse sentido:

> – A infração do inciso VI, alínea "c", da Lei n. 9.504/1997 exaure-se com a participação direta do agente público em pronunciamento através cadeia de rádio e televisão fora do horário eleitoral gratuito. Não se amolda ao tipo legal entrevista de terceiro em programa isolado de rádio ou televisão. (TRE/RO, RECURSO ELEITORAL nº 27940, Acórdão nº 45/2014 de 23/05/2014, Relator(a) JOSÉ JORGE RIBEIRO DA LUZ, Publicação: DJE/TRE-RO – Diário Eletrônico da Justiça Eleitoral, Tomo 94, Data 23/5/2014, Página 4)
>
> – Prefeito que concede entrevistas para rádios locais sem autorização da Justiça Eleitoral. Configuração da conduta vedada pelo art. 73, VI, "c", da Lei das Eleições. É proibida a realização de pronunciamentos por parte do agente público, sendo irrelevante o fato de ser candidato à reeleição. Veiculação de matéria que não pode ser considerada como urgente, relevante e característica das funções de governo. Nítido propósito eleitoral. Recurso a que se nega provimento. (RECURSO ELEITORAL nº 4289, Acórdão nº 5877 de 18.12.2008, Relator(a) ANTÔNIO ROMANELLI, Publicação: DJEMG – Diário de Justiça Eletrônico-TREMG, Data 16.02.2009).

Nesse sentido, destaca-se que *não se faz necessária a prova do caráter eleitoreiro da conduta,* pois "esse requisito foi valorado pela legislação quando afirma que 'são proibidas aos agentes públicos, servidores ou não, as seguintes condutas tendentes a afetar a igualdade de oportunidades entre candidatos nos pleitos eleitorais' (art. 73, *caput,* da Lei nº 9.504/1997), salvo quando a própria norma exige uma qualificação especial da conduta, como 'fazer ou permitir uso promocional em favor de candidato, partido político ou coligação, de distribuição gratuita de bens e serviços de caráter social custeados ou subvencionados pelo Poder Público'".[252]

No que diz respeito ao alcance da proibição em estudo, deve-se observar que o parágrafo terceiro, do artigo 73, da Lei das Eleições, *limitou-a apenas quanto aos agentes públicos da circunscrição do pleito.*

[252] Recurso Especial Eleitoral nº 69541, Acórdão de 19.05.2015, Relator(a) Min. GILMAR FERREIRA MENDES, Publicação: DJE – Diário de justiça eletrônico, Tomo 120, Data 26.06.2015, Página 246/248.

Assim, em eleições gerais, apenas os agentes públicos municipais poderão manifestar-se publicamente e em cadeia de rádio ou TV, ao passo que, nas eleições municipais, os agentes públicos federais e estaduais igualmente poderão fazê-lo. Foi o que recentemente decidiu o Tribunal Superior Eleitoral (TSE):

> 2. Consoante o art. 73, II e VI, c, da Lei 9.504/97, é vedado aos agentes públicos usar materiais ou serviços custeados pelos Governos ou Casas Legislativas que excedam as prerrogativas contidas nos respectivos regimentos e, ainda, *fazer pronunciamento em cadeia de rádio e televisão fora do horário eleitoral gratuito e sem que reconhecida pela Justiça Eleitoral a excepcionalidade da situação*. 3. No caso dos autos, os discursos foram transmitidos por uma única emissora, não havendo falar em cadeia de rádio e televisão, além de inexistir prova de que a TV Cidade prestava serviços ou era remunerada pela Câmara Municipal de Tupã à época dos fatos para veicular as sessões legislativas, circunstância que não pode ser presumida.
> 4. Ademais, o art. 73, §3º, da Lei 9.504/97 dispõe que a restrição contida na alínea c do inciso VI alcança somente os agentes públicos das esferas administrativas cujos cargos estejam em disputa na eleição. Ressalva-se, porém, conforme cada caso, a possibilidade de enquadramento da conduta em outros dispositivos da legislação eleitoral. 5. Recurso ordinário provido. (Recurso Especial Eleitoral nº 1527171, Acórdão de 11.09.2014, Relator(a) Min. JOÃO OTÁVIO DE NORONHA, Publicação: DJE – Diário de justiça eletrônico, Tomo 185, Data 02.10.2014, Página 42/43)

Entretanto, uma vez sujeito à limitação citada, *o agente público (candidato ou não) deverá sempre cumpri-la no espaço territorial da eleição*, ao passo que, *em ambiente externo (país estrangeiro, por exemplo), a proibição incide caso haja pelo menos a possibilidade de replicação no local do pleito*, conforme já decidiu o TRE/MS:

> E M E N T A – RECURSO ELEITORAL. PLEITO MUNICIPAL. ILEGITIMIDADE DAS COLIGAÇÕES. INÉPCIA DA INICIAL. LITISPENDÊNCIA. ILEGITIMIDADE PASSIVA. IMPOSSIBILIDADE JURÍDICA DO PEDIDO. CERCEAMENTO DE DEFESA. PRELIMINARES REJEITADAS. *ENTREVISTA A RÁDIO PARAGUAIA COM ALCANCE EM MUNICÍPIO BRASILEIRO FRONTEIRIÇO. PROPAGANDA ELEITORAL IRREGULAR*. IRREGULARIDADE QUE POSSUI POTENCIALIDADE PARA DESEQUILIBRAR O RESULTADO DO PLEITO. SANÇÕES DE INELEGIBILIDADE AFASTADA. INCABÍVEL A SUA DECLARAÇÃO EM REPRESENTAÇÃO POR CONDUTA VEDADA. INSUBSISTENTE A CASSAÇÃO DO DIPLOMA DE QUEM NÃO ERA CANDIDATO NO PLEITO. *CASSAÇÃO DOS REGISTROS E SANÇÕES DE MULTA MANTIDAS.*

Esta Justiça Eleitoral é competente para apreciar o feito que tem por objeto publicidade eleitoral feita através de entrevista em emissora de rádio situada em cidade fronteiriça, em território estrangeiro, ante a repercussão, no Brasil, da transmissão radiofônica, não afrontando a soberania do país vizinho ou mesmo a vedação de interferência em meio de comunicação situada naquele país.

Sendo flagrante a prática de propaganda eleitoral irregular para promover candidaturas e depreciar adversários, em franco desafio aos órgãos públicos, não há como haver como atípica a conduta a ficar sem reprimenda, sob pena de encorajar que fatos dessa natureza se multipliquem ante a certeza de impunidade, afetando a lisura e a equidade do pleito eleitoral. A natureza da publicidade veiculada, por meio de comunicação em país vizinho, estrangeiro, deve ser analisada à luz da legislação eleitoral.

Improcedente a alegação de ausência de responsabilidade, porquanto o prefeito, utilizando-se de seu prestígio como agente público para pronunciar-se em emissora de rádio em período defeso e fora do horário eleitoral gratuito, sem veicular matéria urgente, relevante e característica das funções de governo, feriu a conduta prescrita na Lei nº 9.504/97, cuja conduta foi apta para lesar o bem jurídico protegido pela norma, ante o uso indiscriminado de veículo de comunicação para a veiculação de propaganda eleitoral, à qual os demais participantes do pleito majoritário não tiveram acesso, afetando a higidez do processo eleitoral.

A ausência de pedido expresso de votos não afasta as irregularidades perpetradas, vez que a propaganda eleitoral, em detrimento da igualdade de condições das candidaturas, e a prática de conduta vedada restaram demonstradas, juntamente com a potencialidade de tais fatos para desequilibrar o resultado. (RECURSO ELEITORAL nº 19903, Acórdão nº 7810 de 30.04.2013, Relator(a) LUIZ CLÁUDIO BONASSINI DA SILVA, Publicação: DJE – Diário da Justiça Eleitoral, Tomo 808, Data 07.05.2013, Página 16/17).

9.8.B Exceção: O dispositivo em referência traz em sua redação a única exceção para o pronunciamento de agentes públicos no rádio e na TV fora do horário eleitoral, qual seja: existência de matéria urgente, relevante e que seja conexo com sua função.

A caracterização da urgência e relevância, como fica bem clara na lei, é de atribuição da Justiça Eleitoral, de modo que somente após a autorização judicial é que a manifestação poderá ocorrer.

É importante destacar que se faz imprescindível a comprovação por parte do agente público da vinculação da manifestação a ser emitida com suas atribuições. Comprovado tal, não há como impedi-lo, ainda que seja candidato à reeleição. Senão, vejamos:

– Recurso. Investigação judicial eleitoral. Concessão de entrevista a emissora de rádio em período vedado, com finalidade de obtenção de proveito eleitoral. Infringência do art. 73, VI, "c", da Lei n. 9.504/97. Improcedência.

Entrevista limitada a matéria relativa à função de presidente de comissão parlamentar de inquérito exercida pelo recorrido, enquadrando-se entre as exceções legais à regra do dispositivo supramencionado.

Provimento negado. (TER/RS, RECURSO – AÇÃO DE INVESTIGAÇÃO JUDICIAL ELEITORAL nº 53, Acórdão de 26.05.2009, Relator(a) DR. ÍCARO CARVALHO DE BEM OSÓRIO, Publicação: DEJERS – Diário de Justiça Eletrônico do TRE-RS, Tomo 084, Data 29.05.2009, Página 2);

– VIOLAÇÃO DO ART. 73, INCISO VI, ALÍNEA "C", BEM COMO DO ART. 22 DA LC 64/1990 – ALEGADO PRONUNCIAMENTO EM RÁDIO EM PERÍODO VEDADO E USO ABUSIVO DOS MEIOS DE COMUNICAÇÃO SOCIAL – INFORMAÇÕES DADAS MEDIANTE ENTREVISTA A RÁDIO, PELO ENTÃO PREFEITO, NÃO CANDIDATO – ESCLARECIMENTOS À POPULAÇÃO SOBRE A SUSPENSÃO DOS PROGRAMAS SOCIAIS E CONCESSÃO DE BENEFÍCIOS – NÃO CONFIGURAÇÃO DE ILÍCITO.

O Chefe do Poder Executivo não fica inibido puramente de conceder entrevistas a órgãos de comunicação no período eleitoral. O que não pode é se servir de emissoras (ainda mais que são concessões de serviço público) como palanque, muito menos (porque é expressamente vedado) se pronunciar em cadeias. *Na situação específica, deu entrevista sobre fato relevante do cotidiano administrativo (cumprimento de liminar em AIJE).* É verdade que deu tintas vermelhas ao fato, vitimizou-se um tanto, mas nada que revele um comportamento ímprobo, algo que ultrapasse um lícito debate político. (TRE/ SC, RECURSO CONTRA DECISÕES DE JUÍZES ELEITORAIS nº 39013, Acórdão nº 29249 de 14.05.2014, Relator(a) HÉLIO DO VALLE PEREIRA, Publicação: DJE – Diário de JE, Tomo 80, Data 21.05.2014, Página 3-4).

9.8.C Incidência temporal: A proibição em estudo começa a incidir nos três meses anteriores ao pleito e termina no dia da eleição, conforme expressa previsão legal.

9.8.D Ilícitos correlatos ao artigo 73, VI, "c": Inicialmente, é de se destacar a possibilidade de caracterização de *ato de improbidade administrativa (artigo 11, da Lei nº 8.429/92)*, por expressa determinação do §7º, do artigo 73, da Lei das Eleições. Também restará configurada a ocorrência de improbidade administrativa caso o agente público manifeste-se em espaço dirigido à publicidade institucional do ente público ao qual esteja vinculado, já que é vedada nos três meses anteriores ao pleito independente do seu conteúdo (artigo 73, VI, "b", da Lei das Eleições).

No caso, porém, do uso da publicidade institucional ser de expressiva monta, abre-se caminho para a configuração do *abuso dos meios de comunicação* (artigo 22, da LC nº 64/90) *ou do abuso de poder tipificado no artigo 74*, da Lei das Eleições.

9.9 Revisão geral da remuneração dos servidores públicos

Sobre a política remuneratória dos servidores públicos, estabelece a lei que é vedado:

> VIII – fazer, na circunscrição do pleito, revisão geral da remuneração dos servidores públicos que exceda a recomposição da perda de seu poder aquisitivo ao longo do ano da eleição, a partir do início do prazo estabelecido no art. 7º desta Lei e até a posse dos eleitos.

9.9.A Análise do tipo: A Constituição Federal, no artigo 37, X, estabeleceu que "a remuneração dos servidores públicos e o subsídio de que trata o §4º do art. 39 somente poderão ser fixados ou alterados por lei específica, observada a iniciativa privativa em cada caso, assegurada revisão geral anual, sempre na mesma data e sem distinção de índices".

Referido dispositivo tem o claro objetivo de manutenção do poder aquisitivo do subsídio dos servidores públicos, minorados por diversos fatores econômicos, em especial a inflação, que "corrói" o poder de compra. Assim, é a desvalorização da moeda causada pela inflação que deve ser levada em conta na fixação da revisão do subsídio e não outros fatores, como reconhecimento da injustiça da remuneração de determinada categoria, ou a necessidade de reestruturação da carreira. *Aquele índice (inflação), portanto, é o teto da revisão do subsídio.*

Esse é o entendimento consolidado no Tribunal Superior Eleitoral (TSE), segundo o qual "*a revisão geral de remuneração deve ser entendida como sendo o aumento concedido em razão do poder aquisitivo da moeda* e que não tem por objetivo corrigir situações de injustiça ou de necessidade de revalorização profissional de carreiras específicas".[253] Para que fique

---

[253] CONSULTA nº 782, Resolução nº 21296 de 12.11.2002, Relator(a) Min. FERNANDO NEVES DA SILVA, Publicação: DJ – Diário de Justiça, Volume 1, Data 07.02.2003, Página 133 RJTSE – Revista de Jurisprudência do TSE, Volume 14, Tomo 1, Página 420. Mais recentemente, confira-se no mesmo sentido: "A aprovação de projeto de revisão geral da remuneração de servidores públicos até o dia 9 de abril do ano da eleição, desde que não exceda a recomposição da perda do poder aquisitivo, não caracteriza a conduta vedada prevista no inciso VIII do art. 73 da Lei das Eleições." (Agravo Regimental em Recurso Especial Eleitoral nº 46179, Acórdão de 16.06.2014, Relator(a) Min. HENRIQUE NEVES DA SILVA, Publicação: DJE – Diário de justiça eletrônico, Tomo 145, Data 07.08.2014, Página 164).

bem claro: *não pode haver qualquer aumento remuneratório dos servidores públicos que supere a perda inflacionária,* conforme já decidiu o Tribunal Regional Eleitoral do Paraná (TRE/PR):

> EMENTA – RECURSO ELEITORAL. AÇÃO DE INVESTIGAÇÃO JUDICIAL ELEITORAL. CONDUTA VEDADA A AGENTE PÚBLICO. ART. 73, INCISO VIII DA LEI Nº 9.504/97. READAPTAÇÃO DE VANTAGENS A SERVIDORES PÚBLICOS DURANTE O PERÍODO VEDADO. VALORIZAÇÃO DOS SERVIDORES PÚBLICOS. CONFIGURAÇÃO DA CONDUTA VEDADA. APLICAÇÃO DE MULTA PREVISTA NO §4º DO ART. 73. ART. 22, XIV, DA LEI Nº 64/90. ABUSO DE PODER POLÍTICO NÃO COMPROVADO.
>
> 1. A sanção de projeto de lei municipal e sua publicação, dentro do período vedado, que tem por objetivo valorizar a carreira do servidor público, configura conduta vedada, nos moldes do art. 73, inciso VIII da Lei nº 9.504/97. (RECURSO ELEITORAL nº 100656, Acórdão nº 45989 de 23/05/2013, Relator(a) EDSON LUIZ VIDAL PINTO, Publicação: DJ – Diário de justiça, Data 03/06/2013).

Assim, é exatamente em situações desse jaez que a vedação em estudo incide, pois não raro os detentores do poder (candidatos à reeleição), em período eleitoral, ficam casuisticamente sensibilizados com os reclamos de aumento salarial ou da necessidade e importância de determinadas categorias (não por acaso, aquelas que possuem considerável número de filiados). Esse detalhe, aliás, é de fundamental importância: a vedação em estudo não exige para a sua configuração que todas as categorias sejam contempladas pelo aumento indevido, sendo suficiente que apenas uma goze do benefício indevido.

Portanto, uma vez *iniciado o período proibitivo* (cuja delimitação será feita mais abaixo), *encontra-se interditado até mesmo o envio de projeto de lei contrário à norma em estudo.* E mais: caso a iniciativa legislativa tenha ocorrido antes do período de vedação, mas a aprovação tenha se dado somente após, o incremento remuneratório deverá ficar adstrito ao índice inflacionário, conforme manifestação do Tribunal Superior Eleitoral (TSE):

> Revisão geral de remuneração de servidores públicos – Circunscrição do pleito – Art. 73, inciso VIII, da Lei nº 9.504/97 – Perda do poder aquisitivo – Recomposição – Projeto de lei – Encaminhamento – Aprovação.
>
> 1. O ato de revisão geral de remuneração dos servidores públicos, a que se refere o art. 73, inciso VIII, da Lei nº 9.504/97, tem natureza legislativa, em face da exigência contida no texto constitucional.
>
> 2. O encaminhamento de projeto de lei de revisão geral de remuneração de servidores públicos que exceda à mera recomposição da perda do

poder aquisitivo sofre expressa limitação do art. 73, inciso VIII, da Lei nº 9.504/97, na circunscrição do pleito, não podendo ocorrer a partir do dia 9 de abril de 2002 até a posse dos eleitos, conforme dispõe a Resolução/TSE nº 20.890, de 9.10.2001.
3. A aprovação do projeto de lei que tiver sido encaminhado antes do período vedado pela lei eleitoral não se encontra obstada, desde que se restrinja à mera recomposição do poder aquisitivo no ano eleitoral.
4. A revisão geral de remuneração deve ser entendida como sendo o aumento concedido em razão do poder aquisitivo da moeda e que não tem por objetivo corrigir situações de injustiça ou de necessidade de revalorização profissional de carreiras específicas. (CONSULTA nº 782, Resolução nº 21296 de 12/11/2002, Relator(a) Min. FERNANDO NEVES DA SILVA, Publicação: DJ – Diário de Justiça, Volume 1, Data 07/02/2003, Página 133 RJTSE – Revista de Jurisprudência do TSE, Volume 14, Tomo 1, Página 420).

É importante destacar ainda que "*não há nenhuma vedação na legislação eleitoral com relação à promessa de campanha, ainda que durante o período eleitoral, de aumento da gratificação* de policiais militares que atuam nas UPPs, caso o primeiro recorrido fosse reeleito. O que a legislação eleitoral proíbe é a revisão da remuneração de servidores públicos, na circunscrição do pleito (Lei nº 9.507/97, art. 73, VIII), mas não a promessa de aumento futuro na gratificação de policiais, sem qualquer referência a pedidos de votos".[254]

Não se pode olvidar também que os "órgãos públicos com iniciativa de lei sobre seus vencimentos não estão sujeitos à vedação prevista no inciso VIII, do artigo 73, da Lei nº 9.504/97, sendo esta dirigida aos agentes públicos", de modo que "leis referentes aos subsídios da Magistratura, dos membros Ministério Público e Conselheiros do Tribunal de Contas do Estado não contemplam revisão geral de remuneração, mas tão somente a fixação de subsídios na forma determinada pelo inciso XI, do artigo 37 da Constituição Federal em decorrência do advento da Lei Federal nº 11.143/2005".[255]

Por fim, é de se destacar que *a proibição em estudo aplica-se somente ao nível de circunscrição dos cargos disputados*, de forma que: a) nas eleições gerais, os Municípios poderão conceder aumento remuneratório a seus

[254] TRE/RJ, RECURSO ELEITORAL nº 253949, Acórdão de 22.11.2012, Relator(a) ANA TEREZA BASILIO, Publicação: DJERJ – Diário da Justiça Eletrônico do TRE-RJ, Tomo 293, Data 28.11.2012, Página 05/10.

[255] TRE/RO, RECURSO ELEITORAL EM REPRESENTAÇÃO nº 2421, Acórdão nº 126/2006 de 01.08.2006, Relator(a) ADOLFO THEODORO NAUJORKS NETO, Publicação: SESSÃO – Publicado em Sessão, Data 01.08.2006.

servidores, ao passo que os Governos Federal e Estadual não poderão fazê-lo; b) nas eleições municipais, apenas União, Estados, Municípios e Distrito Federal poderão majorar os vencimentos de seus servidores.

9.9.B Exceção: O dispositivo em referência não possui qualquer exceção.

9.9.C Incidência temporal: A questão da delimitação temporal é objeto de discussão na doutrina pela impropriedade constante na norma em análise, pois o artigo 7º a que se refere não traz qualquer prazo.

Assim, no vácuo legislativo, *o prazo de incidência tem sido fixado pelas Resoluções do TSE*, sendo que, *nas eleições municipais de 2018, ela começará a incidir nos 180 (cento e oitenta) dias que antecedem a eleição até a posse dos eleitos*, como estabelece o artigo 77, VIII, da Resolução TSE nº 23.551/17.

O voto do Ministro Fernando Neves, no Agravo Regimental em Recurso Especial Eleitoral nº 46179 – Gaspar/SC, bem delimita essa problemática, *in verbis:* "É interessante também apontar uma divergência entre parte da doutrina sob um aspecto curial deste inciso: o início do prazo em que a conduta se consubstancia em ilícito eleitoral. O inciso VIII remete o termo inicial ao prazo disposto no artigo 7º, o qual somente traz o prazo de 180 dias em seu parágrafo primeiro. Por isso mesmo, parte da doutrina, como José Jairo Gomes (*Direito Eleitoral.* 3 ed. Belo Horizonte: Del Rey Editora, p. 457) e Adriano Costa Soares (*Instituições de Direito Eleitoral.* 50. ed. Belo Horizonte: Del Rey, p. 839), entende que o termo inaugural é a data do início das convenções partidárias – evento objeto da cabeça do artigo, enquanto o Tribunal Superior Eleitoral em vários precedentes abraça-se aos 180 dias expressamente citados no artigo 7º, antecipando o início da proibição da revisão geral para 10 de abril (RESPE 34.858 e RESPE 32.853). A má redação do inciso VIII permite ambas as interpretações e, conquanto me pareça mais adequada a opção doutrinária, deve prevalecer o prazo de 10 de abril, conforme orientação jurisprudencial e expressa disposição das Resoluções TSE nº 23.37012.011 (art. 50, inc. VIII) e nº 23.34112.011 (calendário eleitoral)".

9.9.D Ilícitos correlatos ao artigo 73, VIII: Inicialmente, é de se destacar a possibilidade de caracterização de *ato de improbidade administrativa (artigo 11, da Lei nº 8.429/92)*, por expressa determinação do §7º, do artigo 73, da Lei das Eleições. Aqui, aliás, encontra-se uma das poucas possibilidades de responsabilização conjunta dos membros do Poder Legislativo e do Chefe do Executivo pela aprovação/sanção de lei contrária ao ordenamento jurídico.

Além disso, é de se ressaltar que o ato pode ser tipificado como de *irresponsabilidade fiscal*, caso o aumento aprovado nos cento e oitenta dias anteriores ao final do mandato do titular do respectivo Poder, conforme preconiza o artigo 21, da LC nº 101/2000 (LRF).

Caso o aumento seja camuflado pela concessão indiscriminada de "gratificações" ao funcionalismo público e sem qualquer previsão orçamentária, ou fruto de conchavo político-eleitoreiro, abre-se a possibilidade para a configuração de *abuso de poder*. Confira-se:

> AGRAVO REGIMENTAL. AÇÃO CAUTELAR. AÇÃO DE INVESTIGAÇÃO ELEITORAL. CASSAÇÃO DOS DIPLOMAS E DECLARAÇÃO DE INELEGIBILIDADE COM FUNDAMENTO NO ART. 22, XIV DA LC 64/90. CONFIGURAÇÃO DE ABUSO DE PODER POLÍTICO E CONDUTA VEDADA. CONCESSÃO EM PARTE.
>
> 1. A ação de investigação judicial eleitoral julgada procedente, após o dia da votação, mas antes da diplomação, acarreta a cassação de registro e a declaração de inelegibilidade do candidato eleito. A sanção de cassação de registro é de ser executada imediatamente. A declaração de inelegibilidade, em sede de AIJE, para surtir efeito deve aguardar o trânsito em julgado da decisão declaratória. Precedentes (sem destaque no original, Rel. Min. Ayres Britto, DJ 17.08.2009).
>
> 2. Concessão de gratificação à elevado número de funcionários em ano eleitoral, sem prévia informação ou justificativa, configura abuso de poder político. Plausibilidade do recurso não evidenciada. 3. É oportuno aguardar-se o julgamento do recurso pela Corte quando se determina expressamente a realização de eleições na origem.
>
> 4. Agravo provido em parte. (TRE/PR, PROCESSO nº 99713, Acórdão nº 45503 de 17.01.2013, Relator(a) JEAN CARLO LEECK, Relator(a) designado(a) LUCIANO CARRASCO FALAVINHA SOUZA, Publicação: DJ – Diário de justiça, Data 22.1.2013).

No caso, porém, do uso da publicidade institucional ser de expressiva monta, abre-se caminho para a configuração do *abuso dos meios de comunicação* (artigo 22, da LC nº 64/90) *ou do abuso de poder tipificado no artigo 74*, da Lei das Eleições.

9.9.E Jurisprudências interessantes: Logo a seguir, apresentaremos os principais julgados do Tribunal Superior Eleitoral (TSE) e demais Cortes Eleitorais referentes ao assunto.

- TSE -
1 – *A aprovação de projeto de revisão geral da remuneração de servidores públicos até o dia 9 de abril do ano da eleição, desde que não exceda a recomposição da perda do poder aquisitivo, não caracteriza a conduta vedada prevista no inciso VIII do art. 73 da Lei das Eleições.* Nesse sentido: Cta nº 782, rel. Min. Fernando Neves da Silva, DJe de 7.2.2003. Agravos regimentais a que se nega provimento. (Agravo Regimental em Recurso Especial Eleitoral nº 46179, Acórdão de 16.06.2014, Relator(a) Min. HENRIQUE NEVES DA SILVA, Publicação: DJE – Diário de justiça eletrônico, Tomo 145, Data 07.08.2014, Página 164).
2 – Consoante dispõe o artigo 73, inciso VIII, da Lei nº 9.504/97, é lícita a revisão da remuneração considerada a perda do poder aquisitivo da moeda no ano das eleições (PROCESSO ADMINISTRATIVO nº 19590, Resolução nº 22317 de 01.08.2006, Relator(a) Min. MARCO AURÉLIO MENDES DE FARIAS MELLO, Publicação: DJ – Diário de justiça, Data 28.08.2006, Página 103).
3 – *A interpretação – literal, sistemática e teleológica – das normas de regência conduz à conclusão de que a vedação legal apanha o período de cento e oitenta dias que antecede às eleições até a posse dos eleitos* (CONSULTA nº 1229, Resolução nº 22252 de 20.06.2006, Relator(a) Min. JOSÉ GERARDO GROSSI, Publicação: DJ – Diário de justiça, Data 01.09.2006, Página 130).
4 – Consulta. Eleição 2004. *Revisão geral da remuneração servidor público. Possibilidade desde que não exceda a recomposição da perda do poder aquisitivo* (inciso VIII do art. 73 da Lei nº 9.504/97). (CONSULTA nº 1086, Resolução nº 21812 de 08.06.2004, Relator(a) Min. LUIZ CARLOS LOPES MADEIRA, Publicação: DJ – Diário de Justiça, Volume 1, Data 09.08.2004, Página 105 RJTSE – Revista de Jurisprudência do TSE, Volume 15, Tomo 3, Página 381).
5 – *A aprovação, pela via legislativa, de proposta de reestruturação de carreira de servidores não se confunde com revisão geral de remuneração* e, portanto, não encontra obstáculo na proibição contida no art. 73, inciso VIII, da Lei nº 9.504, de 1997. (CONSULTA nº 772, Resolução nº 21054 de 02.04.2002, Relator(a) Min. FERNANDO NEVES DA SILVA, Publicação: DJ – Diário de Justiça, Data 12.08.2002, Página 120 RJTSE – Revista de Jurisprudência do TSE, Volume 13, Tomo 3, Página 345).
- TRE/BA -
– Eleitoral. Consulta. Gestor Municipal. Majoração de remuneração dos professores de ensino fundamental com verbas do FUNDEF. Concessão de abonos ou gratificações nos 180 dias antes das eleições. Resposta afirmativa da primeira indagação. Prejudicialidade da segunda pergunta. *Ao gestor municipal e lícito efetuar majoração da remuneração dos professores do ensino fundamental de forma a aplicar 60% das verbas repassadas pelo FUNDEF ao magistério, mesmo se nos 180 dias anteriores as eleições, pois o art. 7º da Lei nº 9.424/96 se constitui em uma norma cogente.* Ademais, o inciso VIII do art. 73 da Lei nº 9.504/97 preceitua uma norma proibitiva aos agentes públicos em

geral, visando evitar o uso escuso da máquina estatal para se angariar votos, assegurando a igualdade entre os candidatos em pleito eleitoral. Por fim, resta prejudicada segunda pergunta quando a primeira respondida inclui a indagação daquela. (CONSULTA nº 115, Resolução nº 628 de 06.07.2004, Relator(a) ANTONIO CUNHA CAVALCANTI, Publicação: DPJBA – Diário do Poder Judiciário da Bahia, Data 14.07.2004, Página 29).
– TRE/PR –
1 – *A sanção de Lei Complementar que institua* "Reestruturação do Plano de Cargos, Carreiras e *Vencimentos do Quadro Geral do Município" que beneficia todas as categorias com ganhos acima do replique inflacionário, quando realizada no período de 180 dias antes da eleição, em princípio viola a norma proibitiva do artigo 73, VIII,* da Lei nº 9.504/97. (RECURSO ELEITORAL nº 35285, Acórdão nº 42813 de 02.08.2012, Relator(a) MARCOS ROBERTO ARAÚJO DOS SANTOS, Publicação: DJ – Diário de justiça, Data 6.8.2012).
– TRE/MG –
1 – Recurso eleitoral. Eleições 2012. Ação de investigação judicial eleitoral – AIJE. Abuso de poder econômico/político/autoridade. Conduta vedada. Improcedência. Agravo retido. Interposto contra a decisão que determinou o comparecimento de testemunhas independentemente de intimação. Ausência de requerimento nas contrarrazões recursais. Agravo retido não conhecido. Mérito. Alegação de ocorrência de abuso de poder econômico e político em almoço; festividade em inauguração de obra em escola municipal; convocação de prestadores de serviço de transporte em reunião em que foram feitas promessas de campanha; concessão ampla de férias prêmio e contratação de servidores públicos e distribuição de combustível para participação em carreata. Não caracterizado o abuso de poder quanto a esses fatos. *Alegação de que houve aumento de remuneração de profissionais da educação, que representam mais de 50% dos funcionários públicos municipais. Caracterizada a conduta vedada do art. 73, VIII, da Lei 9.504, de 30.9.1997. Configurado abuso de poder político.* Aplicação de multa. Cassação do diploma. Declaração de inelegibilidade. Determinação de novas eleições. Recurso provido parcialmente. (RECURSO ELEITORAL nº 64507, Acórdão de 25.04.2013, Relator(a) MAURÍCIO TORRES SOARES, Publicação: DJEMG – Diário de Justiça Eletrônico-TREMG, Data 06.05.2013).

9.10 Vedações referentes a inaugurações de obras públicas e comparecimento de candidatos

Quanto às inaugurações de obras públicas, fato bastante corriqueiro em ano eleitoral, a lei estabelece duas restrições, quais sejam:

> Art. 75. Nos três meses que antecederem as eleições, na realização de inaugurações é vedada a contratação de shows artísticos pagos com recursos públicos;

Parágrafo único. Nos casos de descumprimento do disposto neste artigo, sem prejuízo da suspensão imediata da conduta, o candidato beneficiado, agente público ou não, ficará sujeito à cassação do registro ou do diploma.

Art. 77. É proibido a qualquer candidato comparecer, nos 3 (três) meses que precedem o pleito, a inaugurações de obras públicas.

Parágrafo único. A inobservância do disposto neste artigo sujeita o infrator à cassação do registro ou do diploma.

9.10.A Análise do tipo: A atividade administrativa não pode sofrer solução de continuidade pela ocorrência das eleições. Dentre as inúmeras atribuições do Poder Público está a realização de obras públicas com vistas à melhoria da vida dos cidadãos, tais como construção de hospitais, creches, escolas, estradas, portos e aeroportos.

Ninguém duvida que a execução das obras públicas, via de regra, segue um cronograma bastante casuístico, não sendo rara a proximidade de inaugurações de obras públicas com o período eleitoral, tudo no intuito de permitir a máxima visibilidade possível ao gestor de plantão eventualmente candidato à reeleição. É uma mazela administrativa que só acabará com a extinção de tal instituto.

Pois bem, exatamente *com o objetivo de neutralizar* (na verdade, minimizar*) o uso eleitoral das inaugurações de obras públicas* (ato administrativo a priori legítimo e regular), *foi que o artigo 77 vedou o comparecimento de qualquer candidato em tais eventos*, sob pena de cassação do registro ou diploma.

Nesse tocante, calha lembrar que o conceito de obra pública é encontrado no artigo 6º, da Lei nº 8.666/93, de modo que compreende "toda construção, reforma, fabricação, recuperação, ou ampliação, realizada por execução direta ou indireta".

Assim, deve-se ter em mente que "a inauguração de obra pública é um ato bastante comum em todas as esferas do Poder Executivo, e, desde que não seja em período vedado, tal prática é considerada legítima e caracteriza mera propaganda institucional, que visa a prestação de contas das atividades públicas perante a população".[256]

Sobre a conduta proibida legalmente ("comparecer a inaugurações"), *algumas observações merecem ser feitas*:

1 – *Não há qualquer vedação legislativa quanto à ocorrência de inaugurações de obras públicas, sendo interditado somente o seu comparecimento de*

[256] TRE/PE, Recurso Eleitoral nº 1739, Acórdão de 27.08.2013, Relator(a) ROBERTO DE FREITAS MORAIS, Publicação: DJE – Diário de Justiça Eletrônico, Tomo 169, Data 30.8.2013, Página 03.

candidatos nos três meses anteriores ao pleito. Essa, aliás, foi a razão que levou o Tribunal Regional Eleitoral do Rio de Janeiro a decidir, em 2012, que o "prefeito municipal poderia participar de qualquer ato de gestão até o dia 7.7.2012, desde que não promovesse nenhum tipo de propaganda eleitoral. (TRE/RJ, RECURSO ELEITORAL nº 253949, Acórdão de 22.11.2012, Relator(a) ANA TEREZA BASILIO, Publicação: DJERJ – Diário da Justiça Eletrônico do TRE-RJ, Tomo 293, Data 28.11.2012, Página 05/10);

2 – *A atual interpretação jurisprudencial do Tribunal Superior Eleitoral (TSE) – equivocada, ao meu sentir, pois revoga a lei – é no sentido de que* a simples presença física do candidato não é suficiente para a configuração da conduta vedada, sendo necessária a prova de que auferiu vantagem eleitoral com o ato. Nesse sentido: "a mera presença do candidato na inauguração de obra pública, como qualquer pessoa do povo, sem destaque e sem fazer uso da palavra ou dela ser destinatário, não configura o ilícito previsto no art. 77 da Lei nº 9.504/97" (Agravo Regimental em Agravo de Instrumento nº 178190, Acórdão de 05.11.2013, Relator(a) Min. HENRIQUE NEVES DA SILVA, Publicação: DJE – Diário de justiça eletrônico, Tomo 233, Data 6.12.2013, Página 68). Dentro dessa concepção, deve-se ter em conta que se "*o candidato compareceu à inauguração de obra promovida pelo seu adversário político, mas não auferiu vantagem político-eleitoral com o evento 'incabível' a sanção prevista no art. 77*, parágrafo único, da Lei 9.504/97" (Recurso Especial Eleitoral nº 646984, Acórdão de 07.06.2011, Relator(a) Min. FÁTIMA NANCY ANDRIGHI, Publicação: DJE – Diário da Justiça Eletrônico, Data 24.08.2011, Página 12).

Tal entendimento continua válido para as eleições de 2018, como se vê do julgado:

> ELEIÇÕES 2016. AGRAVO REGIMENTAL. AGRAVO. RECURSO ESPECIAL. AÇÃO DE INVESTIGAÇÃO JUDICIAL ELEITORAL. VEREADOR. CONDUTA VEDADA. COMPARECIMENTO À INAUGURAÇÃO DE OBRA PÚBLICA. ART. 77 DA LEI No 9.504/97. CONCLUSÃO REGIONAL: PARTICIPAÇÃO SEM DESTAQUE. AUSÊNCIA DE DESEQUILÍBRIO DO PLEITO. PROPORCIONALIDADE. SANÇÃO DE CASSAÇÃO. INADEQUAÇÃO AO CASO. ACERVO PROBATÓRIO. REEXAME. INSTÂNCIA ESPECIAL. IMPOSSIBILIDADE. SÚMULA No 24/TSE. DESPROVIMENTO. 1. A jurisprudência do TSE admite a aplicação do princípio da proporcionalidade na representação por conduta vedada descrita no art. 77 da Lei no 9.504/97, para afastar a sanção de cassação do diploma, quando a presença do candidato em inauguração de obra pública ocorre de forma discreta e sem a sua

participação ativa na solenidade, de modo a não acarretar a quebra de chances entre os players (AgR-REspe nº 1260-25/SE, Rel. Min. Luiz Fux, DJe de 5.9.2016; RO nº 1984-03/ES, Rel. Min. Luciana Lóssio, DJe de 12.9.2016; AgR-REspe nº 473-71/PB, Rel. Min. Laurita Vaz, DJe de 27.10.2014). 2. *In casu*, no exame do caderno probatório, o TRE, embora reconhecendo o comparecimento do candidato, assentou que a sua presença no evento se deu sem qualquer destaque que pudesse comprometer minimamente o equilíbrio do pleito, motivo pelo qual deixou de aplicar a sanção de cassação. 3. A partir da moldura fática delineada no acórdão regional, cuja revisão, nesta instância, demandaria o vedado reexame de fatos e provas (Súmula no 24/TSE), tem-se que a conclusão regional está alinhada com a jurisprudência deste Tribunal. 4. Agravo regimental ao qual se nega provimento. (Agravo de Instrumento nº 49645, Acórdão, Relator(a) Min. Tarcisio Vieira de Carvalho Neto, Publicação: DJE – Diário de justiça eletrônico, Tomo 188, Data 28.09.2017, Página 80).

3 – *Para a incidência da vedação em tela, o agente público já deve ter solicitado o pedido de registro de candidatura*, pois é possível que no período de proibição legal (três meses anteriores ao pleito) ainda não se tenha exaurido o lapso temporal do registro. Foi o que ocorreu, por exemplo, nas eleições de 2004, quando o dia 04 de julho estava no tempo de proibição, mas que ainda restava um dia para o fim do registro. Nesse sentido, decidiu o Tribunal Superior Eleitoral (TSE): "A norma do parágrafo único do art. 77 da Lei nº 9.504/97 refere-se, expressamente, a candidato, condição que só se adquire com a solicitação do registro de candidatura (AGRAVO REGIMENTAL EM RECURSO ESPECIAL ELEITORAL nº 22059, Acórdão nº 22059 de 09.09.2004, Relator(a) Min. CARLOS MÁRIO DA SILVA VELLOSO, Publicação: PSESS – Publicado em Sessão, Data 09.09.2004 RJTSE – Revista de jurisprudência do TSE, Volume 17, Tomo 1, Página 97);

4 – "*A emissão de convite para participação em solenidade de inauguração de obra pública* por si só não caracteriza propaganda institucional, mormente quando direcionado à autoridade pública, mesmo porque esse ato político *não está vedado pela legislação eleitoral, sendo, ao contrário, permitido, desde que observados os termos dos arts. 75 e 77 da Lei nº 9.504/97*. A vedação legal em comento tem como objetivo evitar que órgãos estatais, tendo em vista as eleições, denotem vinculação entre realizações da administração com determinado candidato, influenciando a decisão dos eleitores por meio de propaganda" (TRE/MS, RECURSO ELEITORAL nº 1372, Acórdão nº 6195 de 08.09.2009, Relator(a) MIGUEL FLORESTANO NETO, Publicação: DJ – Diário de justiça, Tomo 2054, Data 28.09.2009, Página 471);

5 – "Para ensejar a vedação legal contida no art. 77 da Lei nº 9.504/97 é necessária *a comprovação de que dita obra pública seja custeada pelos cofres públicos*. Não havendo participação do dinheiro público na obra não há vedação legal." (TRE/PA, RECURSO ORDINÁRIO nº 2158, Acórdão nº 19491 de 06.07.2006, Relator(a) ALBANIRA LOBATO BEMERGUY, Revisor(a) ROSILEIDE MARIA COSTA CUNHA FILOMENO, Publicação: DOE – Diário Oficial do Estado, Volume CJ1, Data 12.07.2006, Página 14);

6 – "*A legislação eleitoral* proíbe a participação de candidato em inauguração de obras públicas, mas *não veda sua presença em festas públicas* (TRE/PB, PROCESSO nº 4253, Acórdão nº 3219 de 20.01.2005, Relator(a) JOSÉ GUEDES CAVALCANTI NETO, Publicação: DJ – Diário de Justiça, Data 23.03.2005), *de modo que "a presença em evento público de abertura de jogos,* embora precedido de expedição de convite para entrega de reforma de prédio público, com afixação de faixa na entrada do local indicando conclusão de obra, *não configura inauguração de obra pública para fins de caracterizar a conduta vedada do art. 77 da Lei das Eleições"* (TRE/RO, REPRESENTAÇÃO nº 178190, Acórdão nº 31/2012 de 13.03.2012, Relator(a) SANSÃO SALDANHA, Publicação: DJE/TRE-RO – Diário Eletrônico da Justiça Eleitoral, Tomo 053, Data 21.03.2012, Página 6/7);

7 – Em sendo as inaugurações de obras públicas o ambiente proibido aos agentes públicos candidatos, correto o entendimento de que "o simples comparecimento de candidato a evento fechado, com a participação de autoridades, mas sem a presença de público e sem discurso, não evidencia abuso nem conduta possível de alteração do resultado do pleito (TRE/PR, RECURSO ELEITORAL nº 9190, Acórdão nº 44543 de 21.09.2012, Relator(a) ROGÉRIO COELHO, Publicação: DJ – Diário de justiça, Data 25.09.2012), bem como que "a presença de candidato em festa de inauguração de empresa privada, ainda que realizada em prol de sua campanha, não se subsume à vedação contida no artigo 77 da Lei nº 9.504/97" (TRE/PR, RECURSO ELEITORAL nº 7232, Acórdão nº 37.106 de 02.07.2009, Relator(a) GISELE LEMKE, Publicação: DJ – Diário de justiça, Data 09.07.2009).

Outra problemática referente às obras públicas e que não foi objeto de preocupação legislativa diz respeito às vistorias de obras públicas. Não há dúvidas de que referidos atos de fiscalização encontram-se inseridos no poder hierárquico do gestor administrativo, de modo que somente quando comprovado o uso eleitoreiro de tal conduta é que se poderá provocar a Justiça Eleitoral (não por conduta vedada, ante a ausência de previsão legal, mas sim por eventual abuso de poder político).

Finalizando a análise do artigo 77, é importante deixar consignado o entendimento jurisprudencial do Tribunal Superior Eleitoral (TSE) no sentido de que a penalidade da cassação do registro ou do diploma não é automática, estando a sua aplicação condicionada a uma análise que considere o fato grave. Em outras palavras, deve ser realizado um juízo de proporcionalidade. Senão, vejamos:

> Representação. Conduta vedada. Inauguração de obra pública.
> 1. Este Tribunal Superior já firmou entendimento no sentido de que, quanto às condutas vedadas do art. 73 da Lei nº 9.504/97, a sanção de cassação somente deve ser imposta em casos mais graves, cabendo ser aplicado o princípio da proporcionalidade da sanção em relação à conduta. 2. Com base nos princípios da simetria e da razoabilidade, *também deve ser levado em consideração o princípio da proporcionalidade na imposição da sanção pela prática da infração ao art. 77 da Lei das Eleições.*
> 3. Afigura-se desproporcional a imposição de sanção de cassação a candidato à reeleição ao cargo de deputado estadual que comparece em uma única inauguração, em determinado município, na qual não houve a presença de quantidade significativa de eleitores e onde a participação do candidato também não foi expressiva. Agravo regimental não provido. (Agravo Regimental em Recurso Ordinário nº 890235, Acórdão de 14.06.2012, Relator(a) Min. ARNALDO VERSIANI LEITE SOARES, Publicação: DJE – Diário de justiça eletrônico, Tomo 160, Data 21.08.2012, Página 38).

A outra vedação que incide sobre as inaugurações de obras públicas é a proibição do financiamento público de shows artísticos ("showmícios"), tal qual estabelecido pelo artigo 75, da Lei nº 9.504/97.

A norma é por demais simples e dispensa maiores tergiversações, devendo, porém, ficar claro que a impossibilidade de contratação de shows ora analisada em nada interfere em eventuais contratações de bandas/artistas para execução do calendário cultural do ente político. Assim, por exemplo, a norma em apreço não impede que o Município contrate determinada banda para tocar nos festejos de emancipação política do ente.

9.10.B Exceção: Os dispositivos em referência não possuem qualquer exceção.

9.10.C Incidência temporal: A questão da delimitação temporal é expressamente prevista nos artigos 75 e 77, qual seja: nos três meses anteriores ao pleito e desde que já tenha havido o pedido de registro de candidatura.

9.10.D Ilícitos correlatos ao artigo 75: Inicialmente, é de se destacar a possibilidade de caracterização de *ato de improbidade administrativa (artigo 10, IX da Lei nº 8.429/92)*, na medida em que a contratação de bandas para inauguração de obras públicas configura despesa não autorizada por lei.

Caso se comprove que a contratação da banda se deu com o intuito de promover (direta ou subliminarmente) a candidatura do agente público responsável, ter-se-á a tipificação do *crime eleitoral* previsto nos artigos 346 e 377, do Código Eleitoral.

9.10.E Jurisprudências interessantes: A seguir, apresentaremos os principais julgados do Tribunal Superior Eleitoral (TSE) e demais Cortes Eleitorais referentes ao assunto.

- TSE -
1 – *O comparecimento de candidato que ocupa o cargo de deputado federal a inauguração de obra pública (art. 77 da Lei 9.504/97) constitui conduta vedada aos agentes públicos apta a atrair a inelegibilidade do art. 1º, I, j, da LC 64/90.* (Recurso Especial Eleitoral nº 11661, Acórdão de 21.11.2012, Relator(a) Min. ARNALDO VERSIANI LEITE SOARES, Relator(a) designado(a) Min. FÁTIMA NANCY ANDRIGHI, Publicação: PSESS – Publicado em Sessão, Data 21.11.2012).
- TRE/AL -
1 - MÉRITO. ABUSO DE PODER POLÍTICO. PRÁTICA DE CONDUTA VEDADA A CANDIDATO. CONFIGURAÇÃO. *COMPARECIMENTO EM INAUGURAÇÕES DE OBRAS PÚBLICAS NO PERÍODO ELEITORAL. PRÁTICA DE DISCURSO DE CAMPANHA NA INAUGURAÇÃO DA PRAÇA PADRE CÍCERO.* DESFILE E EXIBIÇÃO DE FAIXA ELOGIOSA AO ENTÃO PREFEITO, CANDIDATO À REELEIÇÃO. *CONTRATAÇÃO DE SHOW MUSICAL PELA MUNICIPALIDADE NAS INAUGURAÇÕES E COMEMORAÇÕES. DATA DA EMANCIPAÇÃO POLÍTICA DA LOCALIDADE. PROCEDÊNCIA DA DEMANDA.* (RECURSO ELEITORAL nº 81132, Acórdão nº 9734 de 15.07.2013, Relator(a) FREDERICO WILDSON DA SILVA DANTAS, Publicação: DEJEAL – Diário Eletrônico da Justiça Eleitoral de Alagoas, Tomo 127, Data 17.07.2013, Página 4/5);
2 – *O Art. 77, caput, da Lei nº 9.504/97, exige a participação do candidato em inauguração de obra pública, como condição essencial para aplicação de seu parágrafo único, a saber: cassação de seu registro. Não basta a sua presença para fazer concretos os elementos de incidência da norma referenciada, uma vez que não se deve dar elastério de aplicação à norma restritiva, exigindo-se, em nível de evidência, a sua participação efetiva no evento inaugurativo.* (RECURSO DE DIPLOMAÇÃO nº 26, Acórdão nº 3807 de 05.07.2005, Relator(a) MARCELO TEIXEIRA CAVALCANTE, Revisor(a) EVILÁSIO FEITOSA DA SILVA, Publicação: DOEAL – Publicado no Diário Oficial do Estado, Data 08.07.2005, Página 44).

3 – A Lei Eleitoral nº 9.504/97, em seu artigo 77, não proíbe a realização de obras públicas pelos candidatos a cargos do Poder Executivo, veda, apenas, que participem, nos 03 (três) meses que antecedem o pleito, de inaugurações das referidas obras. Recurso improvido. Decisão unânime. (RECURSO ELEITORAL nº 288/2000, Acórdão nº 2697 de 15.12.2000, Relator(a) JOSÉ AGNALDO DE SOUZA ARAÚJO, Publicação: DOEAL – Publicado no Diário Oficial do Estado, Data 19.04.2001, Página 17/18).

- TRE/BA -

1 – Recurso. Conduta vedada. Candidatos. Inauguração de obra pública pelo governo estadual. Art. 77 da Lei nº 9.504/97. Improcedência. Evento ocorrido em município diverso. Não comprovação de promoção de campanha eleitoral dos recorridos. Ausência de potencialidade para afetar a isonomia na disputa eleitoral. Não configuração de ilicitude. Manutenção da sentença. Desprovimento. Nega-se provimento ao recurso, mantendo a sentença que julgou improcedente a representação, por *não vislumbrar a configuração de ilicitude na conduta de candidatos a prefeito, vice-prefeito e vereador, ao comparecerem em inauguração de obra pública realizada em município diverso, restando afastada a hipótese de promoção da campanha política dos representados e, portanto, não caracterizados os requisitos necessários para a aplicação do art. 77, parágrafo único da Lei Geral de Eleições.* (RECURSO ELEITORAL nº 23675, Acórdão nº 367 de 17.04.2013, Relator(a) CÁSSIO JOSÉ BARBOSA MIRANDA, Publicação: DJE – Diário da Justiça Eletrônico, Data 25.04.2013).

2 – A presença de candidato a vice-prefeito em evento de inauguração de obras públicas, realizado por gestor municipal que apoia candidato adversário, não caracteriza o uso da máquina administrativa com objetivos eleitoreiros, vedado pelo art. 77 da Lei nº 9.504/97, pelo que, nega-se provimento a recurso, para manter a sentença vergastada que julgou improcedente a representação formulada pela coligação recorrente. (REPRESENTAÇÃO nº 11993, Acórdão nº 1075 de 13.08.2009, Relator(a) MARCELO SILVA BRITTO, Publicação: DJE – Diário da Justiça Eletrônico, Data 21.8.2009).

- TRE/MG -

1 – Recurso. Ação de investigação judicial eleitoral e ação de impugnação de mandato eletivo. Candidatos a Prefeito e Vice-Prefeito, eleitos. Prática de condutas vedadas e abuso de poder. Eleições de 2012. Pedidos julgados improcedentes. Inauguração de obras inacabadas. Participação do 1º recorrido em evento em período vedado. Condutas não comprovadas. Uso de frase de propaganda institucional na campanha eleitoral dos recorridos. Publicidades que mais se assemelham a propaganda eleitoral irregular. Ausência de gravidade para atingir a normalidade do pleito, elemento exigido para a caracterização de abuso de poder político e de autoridade. Abuso não configurado. Art. 74 da Lei 9.504/97. Não incidência. *Inauguração de obras, a poucos dias do pleito, com participação expressiva da população. Discurso de Deputado Estadual, com elogios à pessoa do candidato, pedido expresso de votos e menção ao número de urna. Conduta vedada do art. 77 da Lei das Eleições não*

configurada. Exigência de que o próprio candidato compareça a inaugurações de obras públicas nos 3 meses que precedem o pleito. Interpretação extensiva a disposição sancionatória. Impossibilidade. Publicidade institucional veiculada em período vedado. Violação ao art. 73, VI, b, da Lei das Eleições. Aplicação da multa prevista no §4º é bastante para atender ao escopo pedagógico da norma. Procedência parcial do recurso. (RECURSO ELEITORAL nº 74721, Acórdão de 26.11.2013, Relator(a) WANDER PAULO MAROTTA MOREIRA, Relator(a) designado(a) ALICE DE SOUZA BIRCHAL, Publicação: DJEMG – Diário de Justiça Eletrônico-TREMG, Data 12.12.2013);
2 – *Mera passagem de candidato em evento corroborado por material probatório.* É desproporcional a imposição de sanção de cassação a candidato que comparece em uma única inauguração em determinado município, ao término do evento, que já não contava com a presença de quantidade significativa de eleitores, sem que houvesse a participação do candidato na solenidade, mas sua mera passagem. Exegese do artigo 77 da Lei nº 9.504, de 30.9.1997, deve considerar a necessária ponderação entre escopo da norma e vontade popular, à luz dos princípios da razoabilidade e proporcionalidade. *A mera passagem de candidato não pode ser abarcada pelo fim precípuo da norma de se evitar que eventos patrocinados pelo erário sejam utilizados em benefício de campanhas eleitorais.* Recurso provido para julgar improcedente o pedido, e afastar a cassação do registro de candidatura." (RECURSO ELEITORAL nº 27228, Acórdão de 31.01.2013, Relator(a) MAURÍCIO TORRES SOARES, Publicação: DJEMG – Diário de Justiça Eletrônico-TREMG, Data 28.02.2013);
3 – Representação. Eleições 2010. Condutas vedadas aos agentes públicos. Vedação ao comparecimento de candidato à inauguração de obras públicas nos três meses que antecederam ao pleito. Art. 77 da Lei nº 9.504/97. Preliminar de impropriedade de causa de pedir. A subsunção dos fatos narrados à hipótese prevista na norma supostamente violada constitui matéria atinente ao mérito da representação. Preliminar rejeitada. Mérito. *O comparecimento de Governador, candidato à reeleição, à solenidade de assinatura de autorização para o início do procedimento licitatório para a realização de obra pública não configura inauguração, nos termos do art. 77 da Lei nº 9.504/97. Ato de mera gestão.* Ausência de finalidade eleitoral atribuída ao evento e, ainda que houvesse, não foi possível vislumbrar gravidade suficiente para justificar a aplicação das sanções pleiteadas. Improcedência dos pedidos." (REPRESENTAÇÃO nº 746375, Acórdão de 23.11.2010, Relator(a) ANTÔNIO CARLOS CRUVINEL, Publicação: DJEMG – Diário de Justiça Eletrônico-TREMG, Data 30.11.2010).
– TRE/SC –
1 – Sem nenhuma prova de exploração eleitoreira (nem mesmo indiciária), Prefeito participou de evento em grande empresa – Semana de Prevenção de Acidentes. *A reeleição, entretanto, não impede que Chefe do Executivo integre eventos públicos. São vedadas inaugurações de obras na sua presença (art. 77 da Lei 9.504/97), mas isso não impede que o cotidiano administrativo prossiga.* É evidente que isso dá maior visibilidade à recandidatura, mas decorre da opção

constitucional que propicia à recondução. Se desse modo e não sendo cogente o licenciamento, não se pode tirar de participação em evento coletivo um necessário ato ilícito. Isso pode ocorrer se for constada uma prática maliciosa, um emprego da máquina pública em sentido meramente pessoal. Mas haverá necessidade de o ato (ou o conjunto de atos) ter representatividade que revele uma postura para além do razoável, que traga a gravidade do inc. XVI do art. 22 da Lei das Inelegibilidades. Recurso conhecido e improvido. (TRE/SC, RECURSO CONTRA DECISÕES DE JUÍZES ELEITORAIS nº 79008, Acórdão nº 28957 de 04.12.2013, Relator(a) HÉLIO DO VALLE PEREIRA, Publicação: DJE – Diário de JE, Tomo 234, Data 10.12.2013, Página 5).

CAPÍTULO 10

ASPECTOS PROCESSUAIS DAS CONDUTAS VEDADAS

No presente capítulo, trataremos dos principais tópicos referentes à parte processual das condutas vedadas, que englobam dois blocos bem delimitados, quais sejam: a) fase extraprocessual e b) fase judicial da ação por conduta vedada.

10.1 Fase extraprocessual

O §12, do artigo 73, da Lei nº 9.504/97, estabeleceu que o rito processual aplicável às ações por condutas vedadas será aquele previsto no artigo 22, da Lei Complementar nº 64/90. Trata-se de informação fundamental para a delimitação dos sujeitos ativos da respectiva demanda, quais sejam: qualquer partido político, coligação, candidato ou Ministério Público Eleitoral.

Pois bem, em sendo as condutas vedadas ilícitos de caráter cível que, via de regra, reclamam dilação probatória, mister se faz que as partes legítimas para o ajuizamento da respectiva ação por conduta vedada colham elementos indiciários mínimos da ocorrência dos fatos que pretendem submeter ao crivo da Justiça Eleitoral.

Trata-se da formação da justa causa para a deflagração do processo judicial, já que o Poder Judiciário não pode servir de palco para que adversários políticos se acusem mutuamente de forma leviana e sem provas, com o nítido propósito eleitoreiro de apenas denegrir a imagem do candidato opositor e desestabilizar a respectiva campanha (o que, infelizmente, acontece com bastante frequência).

Assim, para desincumbir-se desse ônus (formação de acervo probatório mínimo), é preciso que o legitimado processual ativo proceda à colheita de elementos de convicção, ou seja, realize uma investigação preliminar, cujos atos podem ser dos mais simples até outros mais complexos, tais como: a) fotografar ou filmar o uso de veículos oficiais em ventos políticos; b) retirar dados oficiais constantes nos sites públicos, para provar, por exemplo, a exoneração de servidores públicos ou a transferência de recursos públicos em período vedado etc.

É claro que não se pode exigir uma persecução preliminar perfeita e acabada por parte de todos os legitimados para a ação por conduta vedada, tendo em vista que, dentre todos, apenas o Ministério Público Eleitoral possui poderes instrutórios coercitivos conferidos por lei e que são aptos a subsidiar o recolhimento de elementos mais robustos e minuciosos, tais como a requisição de informações e documentos ou a notificação de pessoas para prestar depoimentos.

Não obstante isso, os particulares devem colher tudo o que estiver ao seu alcance, em especial as provas com caráter público que estejam ao seu alcance, podendo ainda, caso lhes seja negado o direito de acesso às informações públicas, solicitar que a Justiça Eleitoral determine a exibição de documentos que estejam na posse de terceiros, conforme autoriza o artigo 22, XIII, da Lei Complementar nº 64/90 e a Lei de Acesso à Informação (Lei nº 12.527/11).

A seguir, especificaremos os meandros das investigações que podem ser conduzidas pelos particulares (partidos políticos, candidatos e coligações) e pelo Ministério Publico.

10.1.1 Das investigações realizadas por particulares

Questão de extrema importância prática diz respeito à possibilidade da realização de atos investigatórios por particulares e o seu aproveitamento pelo Ministério Público para a deflagração de uma investigação (cível ou criminal).

Excluída a hipótese do anonimato (que será estudada mais a frente), destaco que *não existe qualquer óbice ao fato de particulares praticarem atos de investigação contra quem quer que seja* (Estado ou particulares – pré-candidatos, candidatos, partidos políticos, cabos eleitorais, doadores de campanha etc.).

No sentido do que defendo, o Superior Tribunal de Justiça (STJ) já decidiu[257] que "a seriedade probatória da acusação penal, definida pela certeza da materialidade e indícios de autoria (justa causa) pode provir de elementos probatórios oriundos ou não do inquérito policial, que não

[257] HC 90.174/PR, Rel. Ministro NEFI CORDEIRO, SEXTA TURMA, julgado em 10.11.2015, DJe 25.11.2015.

é seu suporte exclusivo de justa causa", motivo pelo qual "admite-se em tese, pois, a persecução criminal por qualquer fonte confiável de prova, estatal ou mesmo particular, nada impedindo seja essa fonte de prova provinda do órgão Ministerial".

Para fins didáticos, dividirei a análise tendo em conta quem seja investigado, ou seja, ente público ou privado.

Se o investigado for um agente público no exercício da função, ou um ente político, ou uma entidade pública, ou até mesmo uma entidade privada que recebe recursos públicos, registro que a investigação é um direito assegurado ao cidadão pela Constituição Federal de 1988, que, dentre outros mecanismos, estabeleceu:

1 – O direito fundamental de liberdade de informação (artigo 5º, XXXIII), segundo o qual "todos têm direito a receber dos órgãos públicos informações de seu interesse particular, ou de interesse coletivo ou geral, que serão prestadas no prazo da lei, sob pena de responsabilidade, ressalvadas aquelas cujo sigilo seja imprescindível à segurança da sociedade e do Estado", cuja regulamentação legislativa (Lei nº 12.527/11) foi taxativa no sentido de que "são vedadas quaisquer exigências relativas aos motivos determinantes da solicitação de informações de interesse público" (vide artigo 10, §3º) e que a recusa da informação solicitada configura responsabilidade administrativa punível com, no mínimo, suspensão e ato de improbidade administrativa (vide artigo 32);

2 – O direito fundamental do cidadão em ajuizar a ação popular contra atos lesivos ao patrimônio público ou a moralidade administrativa (artigo 5º, LXXIII), tendo, para tanto, a lei de regência (Lei nº 4717/65) assegurado o direito do cidadão de requerer "as certidões e informações que julgar necessárias, bastando para isso indicar a finalidade das mesmas" (vide artigo 1º, §4º), cujo descumprimento configura ato de improbidade administrativa (artigo 11, II, da Lei nº 8.429/92);

3 – O direito fundamental da ação penal privada subsidiária da pública nos casos de crime com ação pública, se esta não for intentada no prazo legal por quem de direito (artigo 5º, LIX).

Trata-se, mutatis mutandis, da aplicação da teoria dos poderes implícitos que foi referendada pelo Supremo Tribunal Federal (STF) para legitimar os atos investigatórios realizados diretamente pelo Ministério Público na seara criminal. Ora, se o particular/cidadão dispõe do fim (possibilidade de ajuizamento de ações), não é lícito lhe inibir os meios (atividade investigativa).

Nessa mesma linha de pensamento, o Tribunal Superior Eleitoral (TSE) já referendou a possibilidade da ação penal privada para os crimes eleitorais, deixando transparecer, *a priori*, não haver vedação à atividade investigativa prévia pelo particular:

> Recurso especial. Crime eleitoral. Ação penal privada subsidiária. Garantia constitucional. Art. 5º, LIX, da Constituição Federal. Cabimento no âmbito da Justiça Eleitoral. Arts. 29 do Código de Processo Penal e 364 do Código Eleitoral. Ofensa.
>
> 1. A ação penal privada subsidiária à ação penal pública foi elevada à condição de garantia constitucional, prevista no art. 5º, LIX, da Constituição Federal, constituindo cláusula pétrea.
>
> 2. Na medida em que a própria Carta Magna não estabeleceu nenhuma restrição quanto à aplicação da ação penal privada subsidiária, nos processos relativos aos delitos previstos na legislação especial, deve ser ela admitida nas ações em que se apuram crimes eleitorais.
>
> 3. A queixa-crime em ação penal privada subsidiária somente pode ser aceita caso o representante do Ministério Público não tenha oferecido denúncia, requerido diligências ou solicitado o arquivamento de inquérito policial, no prazo legal.
>
> 4. Tem-se incabível a ação supletiva na hipótese em que o representante do Ministério Público postulou providência ao juiz, razão pela qual não se pode concluir pela sua inércia.
>
> Recurso conhecido, mas improvido. (RECURSO ESPECIAL ELEITORAL nº 21295, Acórdão nº 21295 de 14.08.2003, Relator(a) Min. FERNANDO NEVES DA SILVA, Publicação: DJ – Diário de Justiça, Volume 1, Data 17.10.2003, Página 131 RJTSE – Revista de Jurisprudência do TSE, Volume 14, Tomo 4, Página 227)

Pois bem, esclarecida a situação inicial, *passamos a analisar o fato da investigação ter como alvo um particular.*

Entendo que, diante do direito fundamental do manejo da ação penal privada subsidiária da pública, da teoria dos poderes implícitos[258] e da garantia constitucional de que ninguém é obrigado a deixar de fazer algo, senão em virtude de lei (vide artigo 5º, II, da CF/88), é plenamente possível a atividade investigativa realizada/promovida por um particular (pessoa física/jurídica) contra outro sujeito de igual categoria.

É claro que, nesse caso, a ação encontra-se limitada pelas mais variadas garantias constitucionais e legais asseguradas em prol dos cidadãos, não sendo, porém, vedada a sua busca e/ou arrecadação por pessoas alheias aos órgãos responsáveis pelas investigações oficiais.

[258] Lembre-se que os partidos políticos, as coligações e os candidatos possuem legitimidade ativa para a quase totalidade das ações eleitorais.

Nesse tocante, *incide a teoria da eficácia horizontal (privada ou externa) dos direitos fundamentas*, já aplicada em situações muito menos gravosas pelo Supremo Tribunal Federal (STF),[259] quiçá, então, em atividade que possui nítida tendência a colidir com as garantidas fundamentais asseguradas a todos pelo Texto Supremo.

Exemplo bastante elucidativo da aplicação dessa teoria dá-se no caso das *gravações ambientais realizadas por um dos interlocutores sem o conhecimento do outro e em ambiente privado.*

De acordo com a jurisprudência do Supremo Tribunal Federal (STF), fixada em decisão com repercussão geral, tal atividade é lícita (RE 583937 QO-RG, Relator(a): Min. CEZAR PELUSO, julgado em 19.11.2009). Ocorre que, a despeito disso, o Tribunal Superior Eleitoral (TSE) vem contrariando tal entendimento ao afirmar, sucessivamente, que as gravações apenas possuem validade se realizadas em ambiente público ou de caráter privado em situações cuja expectativa de privacidade não exista, ainda que seja para praticar crimes eleitorais da maior gravidade possível. Senão, vejamos: "Ilicitude das gravações ambientais. Conquanto se guardem reservas em relação à tese de que é prova ilícita a gravação ambiental realizada por um dos interlocutores, mormente se verificado que não se cuida de interceptação telefônica sem autorização, entendida assim como a realizada por terceiro estranho à conversa, constata-se que, nas eleições de 2012, a conclusão acerca da ilicitude daquele meio de prova está consolidada quando realizada em ambiente privado. 3.1. No caso concreto, a gravação realizada pelo filho de um eleitor fora realizada em sua residência, sem informação de que se tratava de uma reunião ou outro evento público, o que, segundo a jurisprudência do TSE, revela ser ilícita a gravação. 3.2. Quanto às demais gravações, além de inexistirem no acórdão elementos que apontem onde e como ocorreram, o recurso especial eleitoral não assinala que as gravações foram realizadas em ambiente privado, simplesmente afirma que a gravação clandestina viola a intimidade. A moldura fática delineada no acórdão regional indica que as conversas não eram particulares, em ambiente privado, mas com a participação de diversas

[259] Eis o trecho do acórdão que se encaixa perfeitamente à tese ora proposta: "As violações a direitos fundamentais não ocorrem somente no âmbito das relações entre o cidadão e o Estado, mas igualmente nas relações travadas entre pessoas físicas e jurídicas de direito privado. Assim, os direitos fundamentais assegurados pela Constituição vinculam diretamente não apenas os poderes públicos, estando direcionados também à proteção dos particulares em face dos poderes privados". (RE 201819, Relator(a): Min. ELLEN GRACIE, Relator(a) p/ Acórdão: Min. GILMAR MENDES, Segunda Turma, julgado em 11.10.2005, DJ 27.10.2006 PP-00064 EMENT VOL-02253-04 PP-00577 RTJ VOL-00209-02 PP-00821).

pessoas, inclusive cabos eleitorais dos recorrentes, que são pessoas que buscam justamente a ampla exposição da imagem e das ideias do candidato junto ao público em geral, o que, obviamente, não envolve a privacidade. Precedentes do TSE e doutrina." (Agravo Regimental em Recurso Especial Eleitoral nº 24424, Acórdão de 17.11.2016, Relator(a) Min. GILMAR FERREIRA MENDES, Publicação: DJE – Diário de justiça eletrônico, Volume 392-393, Tomo 24, Data 02.02.2017, Página 389).[260]

As consequências dessa posição da Colenda Corte Eleitoral – equivocada, diga-se de passagem – são extremamente sérias e prejudiciais para a democracia brasileira e um processo eleitoral hígido, pois tem-se considerado ilícita a instauração de investigação com base em gravação realizada em espaço privado por um dos interlocutores sem o conhecimento do outro, assim como o ajuizamento da ação de responsabilização[261] e, até mesmo, a oitiva daquele como testemunha no processo judicial.[262]

Além disso, *cumpre registrar que o Novo Código de Processo Civil (artigo 384) legitima a investigação particular e até permite que seja dada fé pública a atos investigativos praticados por agentes não estatais*, ao dispor sobre a ata notarial, que é o instrumento apto a atestar ou documentar a existência e o modo de existir de algum fato, inclusive prevendo a possibilidade de nela constar as informações apresentadas por imagem ou som gravados em arquivos eletrônicos.

Também não existe, *a priori*, qualquer ilegalidade nas famosas "perseguições" que os "fiscais" dos partidos fazem sobre os principais

---

[260] No mesmo sentido, conferir: Recurso Especial Eleitoral nº 54542, Acórdão de 23.08.2016, Relator(a) Min. LUCIANA CHRISTINA GUIMARÃES LÓSSIO, Relator(a) designado(a) Min. ANTONIO HERMAN DE VASCONCELLOS E BENJAMIN, Publicação: DJE – Diário de justiça eletrônico, Data 18.10.2016, Página 85/86. É importante registrar que, na própria Corte Eleitoral, existem vozes dissidentes a esse entendimento, que só faz estimular a corrupção eleitoral e a impunidade, destacando-se o Ministro Herman de Vasconcellos e Benjamin, que já asseverou: "Embora guarde ressalva quanto a esse entendimento, que a meu ver demanda estudo mais cuidadoso e atento à necessidade de se preservar a lisura do pleito e a paridade de armas entre candidatos, deve ser ele mantido para as Eleições 2012 em atenção à segurança jurídica, postulado contido no art. 16 da CF/88." (Agravo Regimental em Recurso Especial Eleitoral nº 43713, Acórdão de 01.08.2016, Relator(a) Min. ANTONIO HERMAN DE VASCONCELLOS E BENJAMIN, Publicação: DJE – Diário de justiça eletrônico, Data 30.09.2016). Portanto, urge que se faça o pré-questionamento da matéria desde o início das ações eleitorais com o fim de permitir recursos ao Supremo Tribunal Federal, para fazer valer o seu entendimento.

[261] Habeas Corpus nº 30990, Acórdão de 01.09.2015, Relator(a) Min. JOÃO OTÁVIO DE NORONHA, Publicação: DJE – Diário de justiça eletrônico, Tomo 209, Data 05.11.2015, Página 63-64.

[262] Agravo Regimental em Recurso Especial Eleitoral nº 66119, Acórdão de 29.09.2015, Relator(a) Min. MARIA THEREZA ROCHA DE ASSIS MOURA, Publicação: DJE – Diário de justiça eletrônico, Tomo 209, Data 05.11.2015, Página 62-63.

cabos eleitorais de seus opositores nos dias finais do pleito, com o intuito de flagrar alguma conduta ilícita, em especial a compra de votos. Ora, se é permitido a "qualquer um" realizar a prisão em flagrante de quem esteja cometendo um crime (artigo 301, do Código de Processo Penal), tem-se como consequência ser lícito qualquer um fiscalizar para fazer cessar ou registrar a prova da possível prática de um ilícito que tenha conhecimento, embora o recomendável seja a comunicação prévia às autoridades competentes, pois seguir outra pessoa – no atual contexto de insegurança reinante em nosso país – pode ser algo muito perigoso para a própria segurança, já que nunca se sabe qual será a reação da pessoa fiscalizada, que pode estar armada, ou até mesmo causar um mal contra o perseguidor alegando "temor" pela sua vida ou patrimônio.

Portanto, diante do exposto, são plenamente válidas as investigações realizadas por particulares que respeitem as garantias constitucionais e legais dos investigados.

10.1.2 Das investigações realizadas pelo Ministério Público

O Ministério Público, por expressa disposição constitucional (artigo 127, *caput*), possui a importante atribuição de defensor da ordem jurídica, do regime democrático e dos interesses coletivos e individuais indisponíveis. Trata-se de verdadeira vocação constitucional híbrida, na medida em que esta instituição, a um só tempo, assume a posição de agente transformador da realidade social através da conformação dos fatos antijurídicos aos preceitos do ordenamento jurídico (em especial, as normas constitucionais), bem como exerce a fiscalização dos atos praticados pelos cidadãos e pelo Poder Público.

Para bem, para desincumbir-se de tais missões constitucionais, qualificadas como verdadeiras imposições funcionais, ao *Parquet* foram deferidos inúmeros instrumentos processuais, destacando-se na seara eleitoral as ações de impugnação ao mandato eletivo, ações de investigação judicial eleitoral, ações por condutas vedadas etc., cada uma com sua finalidade específica.

Ciente, porém, de que, algumas vezes, o Ministério Público necessitaria de uma fase pré-processual para uma melhor colheita de provas referentes aos fatos investigados, *o constituinte originário previu, expressamente, o inquérito civil público como uma das funções institucionais ministeriais* (artigo 129, inciso III, CF/88).

Trata-se de medida extremamente salutar, na medida em que, a despeito de sua não obrigatoriedade para a tomada de qualquer providência judicial, *permite a formação de um lastro probatório mínimo (justa causa) para o responsável exercício do direito de ação*, o que traz como consequência direta a diminuição dos riscos referentes à dedução de demandas temerárias ou manifestamente infundadas, circunstância esta que representa, em última análise, a preservação dos princípios constitucionais da presunção de inocência e respeito à intimidade e vida privada.

Esse é o entendimento do *Superior Tribunal de Justiça (STJ)* sobre o assunto:

> (...)
> 6. O inquérito civil público é procedimento informativo, destinado a formar a opinio actio do Ministério Público. Constitui meio destinado a colher provas e outros elementos de convicção, tendo natureza inquisitiva. (Resp. 644.994/MG, Segunda Turma, DJ 21.03.2005). Precedentes desta Corte de Justiça: REsp 750591 / GO, Quinta Turma, DJe 30.06.2008; REsp 886137 / MG, Segunda Turma, DJe 25.04.2008.
> 7. A doutrina do tema é coadjuvante do referido entendimento, verbis: (...) "Tal aspecto, o de servir o inquérito como suporte probatório mínimo da ação civil pública, já havia sido notado por José Celso de Mello Filho quando, na qualidade de Assessor do Gabinete Civil da Presidência da República, assim se pronunciou no procedimento relativo ao projeto de que resultou a Lei n. 7.347/85: '*O projeto de lei, que dispõe sobre a ação civil pública, institui, de modo inovador, a figura do inquérito civil. Trata-se de procedimento meramente administrativo, de caráter pré-processual, que se realiza extrajudicialmente. O inquérito civil, de instauração facultativa, desempenha relevante função instrumental. Constitui meio destinado a coligir provas e quaisquer outros elementos de convicção, que possam fundamentar a atuação processual do Ministério Público. O inquérito civil, em suma, configura um procedimento preparatório, destinado a viabilizar o exercício responsável da ação civil pública. Com ele, frustra-se a possibilidade, sempre eventual, de instauração de lides temerárias.* (grifos nossos) (Rogério Pacheco Alves, em sua obra intitulada "Improbidade Administrativa", 2. ed., págs. 582/583). (RMS 21038 / MG, Rel. Min. Luiz Fux, DJ 01.06.2009.) – Grifos Nossos.

Ocorre, porém, que analisar o inquérito civil público apenas pela perspectiva do ajuizamento da ação civil pública é enxergar apenas uma das várias funções que esse valoroso instrumento de atuação possui.

Este, aliás, é o entendimento da doutrina,[263] ao ponderar que "quando se pensa no objeto do inquérito civil, logo vem à mente a

[263] MASSON, Cleber; ANDRADE, Adriano; ANDRADE, Landolfo. *Interesses Difusos e Coletivos – Esquematizado*. São Paulo: Método, 2011. p. 152.

ideia de que ele visa a instruir a inicial da futura ação civil pública. Na verdade, essa é uma visão reducionista. Os fins do inquérito civil não se restringem ao aparelhamento de uma possível ação coletiva. Ele visa, na verdade, a fornecer ao Ministério Público subsídios para que possa formar seu convencimento sobre os fatos, e, sendo necessário, identificar e empregar os melhores meios, sejam eles judiciais ou extrajudiciais, para a defesa dos interesses metaindividuais em questão".

Assim sendo, o inquérito civil público é o instrumento extraprocessual, de natureza inquisitória e caráter não obrigatório, posto à disposição exclusiva do Ministério Público, para a realização de investigações com vistas à colheita de elementos de prova suficientes para o esclarecimento de determinado fato, que pode dar ensejo à tomada de cinco categorias de atos: 1 – atos administrativos preparatórios e fixadores de responsabilidade (a-Requisição de documentos, informações e exames, b-Recomendações e c-Audiências Públicas); 2 – celebração de compromisso de ajustamento de conduta com vistas à cessação da conduta antijurídica investigada; 3 – requerimento de medidas cautelares pertinentes ao caso (a-quebra dos sigilos bancário, fiscal e telefônico, b-buscas e apreensões, c-arresto e sequestro de bens etc.); 4 – ajuizamento de ação judicial cabível e 5 – despacho de arquivamento.

Pois bem, dentro dessa tônica, sempre se utilizou o inquérito civil público para a realização de investigações referentes aos ilícitos eleitorais, o que, infelizmente, foi objeto de limitação pela legislação infraconstitucional, conforme exposto adiante.

10.1.2.A Inquérito civil público eleitoral e sua vedação pelo artigo 105-A da Lei nº 9.504 (Análise da Manifesta Inconstitucionalidade)

Em 2009, com o advento da Lei nº 12.034, houve significativas mudanças na Lei Eleitoral (Lei nº 9.504/97) e uma delas foi o acréscimo do artigo 105-A, com a seguinte redação:

> Art. 105-A. Em matéria eleitoral, não são aplicáveis os procedimentos previstos na Lei nº 7.347, de 24 de julho de 1985.

Com base nessa nova disposição legal, o Tribunal Superior Eleitoral (TSE), no julgamento do RO nº 4746-42, decidiu, à época por maioria, que o Ministério Público Eleitoral não poderia instaurar inquérito civil público para subsidiar ação eleitoral. Referido entendimento vinha, até bem pouco tempo, sendo seguido fielmente pela Corte.[264]

O argumento usado pela maioria dos Ministros era o de que, sendo o inquérito civil um procedimento disciplinado pela Lei de Ação Civil Pública, ele se incluiria no alcance do novo dispositivo, isto é, sua utilização passaria a ser vedada em matéria eleitoral. A Corte Suprema Eleitoral vinha apegando-se apenas à literalidade do texto legal, esquecendo-se de interpretá-lo à luz da Constituição Federal. Senão, vejamos.

Como dito antes, o artigo 129, inciso III, da Constituição Federal, estabeleceu como função institucional do Ministério Público a promoção da ação civil pública e do inquérito civil para a defesa do patrimônio público, social, do meio ambiente e "de outros interesses difusos e coletivos", não podendo a legislação infraconstitucional limitar a atuação do *Parquet* e dos demais legitimados para o processo coletivo, isto é, dizer quais direitos são tuteláveis e quais não o são, sob pena de manifesta inconstitucionalidade.

Além disso, deve-se destacar que a lisura do processo eleitoral constitui bem juridicamente tutelado pela Constituição Federal (vide artigo 14, §9º), de modo que toda e qualquer norma que tenha o condão de enfraquecer ou de protegê-la de maneira deficiente deve ser considerada contrária à ordem jurídica suprema. É o caso, pois a lei gerou uma proteção deficiente[265] da lisura eleitoral (em clara violação ao princípio

---

[264] ELEIÇÕES 2012. AGRAVO REGIMENTAL. RECURSO ESPECIAL. AÇÃO DE INVESTIGAÇÃO JUDICIAL ELEITORAL (AIJE). ABUSO DE PODER ECONÔMICO, POLÍTICO/AUTORIDADE E CONDUTA VEDADA A AGENTE PÚBLICO. PREFEITO. INQUÉRITO CIVIL PÚBLICO. PROVA ILÍCITA. ART. 105-A DA LEI Nº 9.504/97. DEMAIS PROVAS. ILICITUDE POR DERIVAÇÃO. AGRAVOS REGIMENTAIS DESPROVIDOS. 1. O art. 105-A da Lei nº 9.504/97 estabelece que, para a instrução de ações eleitorais, o Ministério Público não pode lançar mão, exclusivamente, de meios probantes obtidos no bojo de inquérito civil público. 2. Ilícitas as provas obtidas no inquérito civil público e sendo essas o alicerce inicial para ambas as AIJEs, inarredável o reconhecimento da ilicitude por derivação quanto aos demais meios probantes, ante a aplicação da Teoria dos Frutos da Árvore Envenenada. 3. Agravos regimentais desprovidos. (Agravo Regimental em Recurso Especial Eleitoral nº 89842, Acórdão de 28.08.2014, Relator(a) Min. LAURITA HILÁRIO VAZ, Publicação: DJE – Diário de justiça eletrônico, Tomo 173, Data 16.9.2014, Página 129/130).

[265] "Há, porém, um outro lado da protecção que, em vez de salientar o excesso, releva a proibição por defeito (Untermassverbot). Existe um defeito de proteção quando as entidades sobre quem recai um dever de proteção (Schutzpflicht) adoptam medidas insuficientes para garantir uma protecção constitucionalmente adequada dos direitos fundamentais. Podemos formular esta ideia usando uma formulação positiva: o estado deve adoptar medidas suficientes, de natureza normativa ou de natureza material, conducente a uma protecção adequada e suficiente dos direitos fundamentais. A verificação de uma insuficiência de juridicidade estatal deverá atender à natureza das posições jurídicas ameaçadas e à intensidade do perigo de lesão de direitos fundamentais." (CANOTILHO, José Joaquim Gomes. *Direito Constitucional e Teoria da Constituição*. 7. ed. Coimbra: Almedina, 2003, p. 273).

da proporcionalidade, especificamente na diretriz da proibição do excesso) e estimulou a impunidade e a corrupção eleitorais, na medida em que limitou a ferramenta investigativa constitucional do Ministério Público, que é o agente por excelência para tutelar a democracia brasileira.[266] Validar ato legislativo desse jaez seria um sério atentado não só a esta instituição, mas à própria sociedade, que viria o defensor da democracia de "mãos atadas" ante os ilícitos eleitorais, que, diga-se de passagem, não são poucos.

Outro fato intrigante: não sendo possível o uso do inquérito civil público para investigar os ilícitos eleitorais, como seriam as investigações? Clandestinas? Ou não haveria investigações e teria o Ministério Público que agir temerariamente, através de investigações clandestinas, ou depender de provas colhidas por candidatos ou partidos diretamente interessados?

Tais circunstâncias bem demonstram a impertinência prática, bem como a manifesta inconstitucionalidade de tal dispositivo legal, cuja validade encontra-se pendente de análise por parte do Supremo Tribunal Federal (ADI nº 4352, proposta pelo Partido Democrático Trabalhista – PDT).

Felizmente, *no final do ano de 2015, sobreveio julgado unânime do Tribunal Superior Eleitoral (TSE), seguido de diversos acórdãos sucessivos durante o ano de 2016,*[267] *acolhendo as considerações expostas e mudando seu*

---

[266] "Via interpretação sistemática, verifica-se que a norma está em dissonância com o postulado constitucional que propõe o combate à improbidade administrativa e a proteção do patrimônio público e social. Trata-se de norma incompatível com a Carta Mão e, portanto, inconstitucional. A Constituição Federal consagra os princípios da moralidade e da probidade, o princípio democrático e a coibição ao abuso de poder político e econômico. A redação do art. 105-A da Lei 9.504/1997 vai totalmente de encontro a tais desideratos. O norte do legislador constitucional ao munir o Ministério Público da ACP e do ICP (art. 129, III) foi facilitar a proteção do patrimônio público e social. Foge à lógica admitir-se a restrição à atuação do Ministério Público em tal caso. É limitar o raio de ação do Parquet. É como acorrentar os agentes ministeriais e deixar a sorrelfa a proteção ao patrimônio público no pleito eleitoral, no qual toda sorte de arbitrariedade tende a ocorrer" (PELEJA JÚNIOR, Antônio Veloso. *Direito Eleitoral* – Aspectos Processuais, Ações e Recursos. 4. ed. Curitiba: Juruá, 2016, p. 104/105).

[267] AGRAVO REGIMENTAL. RECURSO ESPECIAL. ELEIÇÕES 2014. DEPUTADA ESTADUAL. REPRESENTAÇÃO. ARRECADAÇÃO E GASTOS ILÍCITOS DE RECURSOS DE CAMPANHA. PROCEDIMENTO PREPARATÓRIO ELEITORAL (PPE). ART. 105-A DA LEI 9.504/97. INTERPRETAÇÃO CONFORME A CONSTITUIÇÃO. RETORNO DOS AUTOS. DESPROVIMENTO. 1. Autos recebidos no gabinete em 27.9.2016. 2. *O art. 105-A da Lei 9.504/97 – que veda na seara eleitoral adoção de procedimentos contidos na Lei 7.347/85 – deve ser interpretado conforme o art. 127 da CF/88,* no qual se atribui ao Ministério Público prerrogativa de defesa da ordem jurídica, do regime democrático e de interesses sociais individuais indisponíveis, e o art. 129, III, que prevê inquérito civil e ação civil pública para proteger interesses difusos e coletivos. Precedentes. (Agravo Regimental em Recurso Especial Eleitoral nº 2229, Acórdão de 04.10.2016, Relator(a) Min. ANTONIO HERMAN

entendimento, de modo que, hoje, encontra-se plenamente garantido pela Corte o uso do inquérito civil público eleitoral pelo Parquet. Vejamos:

> RECURSO ESPECIAL ELEITORAL. ELEIÇÕES 2012. PREFEITO. REPRESENTAÇÃO. CONDUTA VEDADA AOS AGENTES PÚBLICOS. ART. 73, §10, DA LEI 9.504/97. PRELIMINARES REJEITADAS. ART. 105-A DA LEI 9.504/97. APLICABILIDADE ÀS AÇÕES ELEITORAIS. MÉRITO. PROGRAMA SOCIAL. AUSÊNCIA DE PREVISÃO EM LEI PRÉVIA. MULTA. DESPROVIMENTO.
>
> 1. Consoante o art. 301, §§1º a 3º, do CPC, a coisa julgada configura-se quando se reproduz ação assim entendida como a que possui as mesmas partes, a mesma causa de pedir e o mesmo pedido já decidida por sentença transitada em julgado, o que não ocorreu na espécie, notadamente porque o objeto da presente ação é distinto do da AIME 10-28/MG.
>
> 2. A interpretação do art. 105-A da Lei 9.504/97 pretendida pelo recorrente no sentido de que as provas produzidas em inquérito civil público instaurado pelo Ministério Público Eleitoral seriam ilícitas não merece prosperar, nos termos da diversidade de fundamentos adotados pelos membros desta Corte Superior, a saber:
>
> 2.1. Sem adentrar a questão atinente à constitucionalidade do art. 105-A da Lei 9.504/97, ressalte-se que i) da leitura do dispositivo ou da justificativa parlamentar de sua criação não há como se retirar a conclusão de que são ilícitas as provas colhidas naquele procedimento; ii) a declaração de ilicitude somente porque obtidas as provas em inquérito civil significa blindar da apreciação da Justiça Eleitoral condutas em desacordo com a legislação de regência e impossibilitar o Ministério Público de exercer o seu munus constitucional; iii) o inquérito civil não se restringe à ação civil pública, tratando-se de procedimento administrativo por excelência do Parquet e que pode embasar outras ações judiciais (Ministros João Otávio de Noronha, Luciana Lóssio e Dias Toffoli).
>
> 2.2. Ao art. 105-A da Lei 9.504/97 deve ser dada interpretação conforme a Constituição Federal para que se reconheça, no que tange ao inquérito civil público, a impossibilidade de sua instauração para apuração apenas de ilícitos eleitorais, sem prejuízo de: i) ser adotado o Procedimento Preparatório Eleitoral já previsto pelo Procurador-Geral da República; ou ii) serem aproveitados para propositura de ações eleitorais elementos que estejam contidos em inquéritos civis públicos que tenham sido devidamente instaurados, para os fins previstos na Constituição e na Lei 7.347/85 (Ministros Henrique Neves e Gilmar Mendes).
>
> 2.3. *O art. 105-A da Lei 9.504/97 é inconstitucional,* pois: i) o art. 127 da CF/88 atribuiu expressamente ao Parquet a prerrogativa de tutela de defesa da ordem jurídica, do regime democrático e dos interesses

DE VASCONCELLOS E BENJAMIN, Publicação: DJE – Diário de justiça eletrônico, Data 04.11.2016, Página 173).

sociais individuais indisponíveis, de modo que a defesa da higidez da competição eleitoral e dos bens jurídicos salvaguardados pelo ordenamento jurídico eleitoral se situa no espectro constitucional de suas atribuições; ii) a restrição do exercício de funções institucionais pelo Ministério Público viola o art. 129, III, da CF/88, dispositivo que prevê o inquérito civil e a ação civil pública para a proteção de interesses difusos e coletivos; iii) houve evidente abuso do exercício do poder de legislar ao se afastar, em matéria eleitoral, os procedimentos da Lei 7.347/1985 sob a justificativa de que estes poderiam vir a prejudicar a campanha eleitoral e a atuação política de candidatos (Ministros Luiz Fux e Maria Thereza de Assis Moura).

(Recurso Especial Eleitoral nº 54588, Acórdão de 08.09.2015, Relator(a) Min. JOÃO OTÁVIO DE NORONHA, Publicação: DJE – Diário de justiça eletrônico, Data 04.11.2015, Página 15).

Assim, recomenda-se o uso pleno e irrestrito do inquérito civil público na área eleitoral, devendo o membro do Ministério Público Eleitoral, quando da confecção da portaria de instauração do procedimento investigatório e da petição inicial da ação dele decorrente, arguir incidentalmente a inconstitucionalidade do artigo 105-A da Lei nº 9.504/97 à luz do novel entendimento do Tribunal Superior Eleitoral (TSE).

10.1.2.B Do procedimento preparatório eleitoral

Não obstante consagrado na legislação e na doutrina como o instrumento por excelência para as investigações administrativas do Ministério Público, *o inquérito civil público não ostenta o caráter de exclusividade para tal fim.*

A leitura do artigo 2º, §4º, da Resolução 23-CNMP, deixou isso bem claro, ao criar o *Procedimento Preparatório de Inquérito Civil Público (PPIC)*, que possui os mesmos contornos do inquérito civil público, mas que se destina precipuamente a apurar mais elementos de prova quanto à identificação dos investigados ou do objeto.

Dentro desse tocante, a Procuradoria-Geral da República editou as Portarias nº 499/2014 e nº 692/2016 (essa última ainda em vigor), com o fim de regular o denominado Procedimento Preparatório Eleitoral (PPE).

Concebido como etapa preliminar do inquérito civil (por isso mesmo, a Resolução nº 23-CNMP o nominou de "preparatório"), *o procedimento eleitoral regulamentado pela Portaria nº 499/2014/PGR/MPF vinha sendo, na prática, o único instrumento investigativo não criminal utilizado pelos membros eleitorais*, na medida em que poucos ousavam instaurar inquéritos civis públicos eleitorais fadados à virtual declaração de nulidade por conta da outrora cegueira deliberada do Colendo TSE no tocante à inconstitucionalidade do artigo 105-A, da Lei nº 9.504/97.

Tal instrumento persecutório, a despeito da relevante importância forense, não pode servir como "prêmio de consolação" ao *Parquet* eleitoral, já que ainda existe o risco da eventual arguição de ilegalidade da atividade investigativa realizada com base em ato infralegal. É preciso, pois, que a Procuradoria-Geral da República provoque – e cobre incessantemente – o Supremo Tribunal Federal (STF) para que realize o quanto antes o julgamento da ADI nº 4.352, proposta pelo Partido Democrático Trabalhista – PDT.

Assim sendo, diante da necessidade de conduzir uma investigação referente à prática de conduta vedada, terá o representante do Ministério Público Eleitoral 04 (quatro) opções bem delineadas:

a) Conduzir investigação eleitoral por meio do inquérito civil público e, ao ajuizar a respectiva ação eleitoral, arguir incidentalmente a declaração de inconstitucionalidade do artigo 105-A, da Lei das Eleições, e postular os demais pedidos condenatórios;

b) Instaurar o Procedimento Preparatório Eleitoral (PPE) e ajuizar a respectiva ação eleitoral, ciente da possibilidade de questionamento da atividade investigativa fundada em ato infralegal;

c) Instaurar, no caso do ilícito cível corresponder a uma infração penal eleitoral, o devido Procedimento Investigatório Criminal (PIC), regulamentado pela Resolução CNMP nº 181/17, e utilizar, como prova emprestada, os elementos de prova nele colhidos para instruírem as ações cíveis pertinentes;

d) Comunicar e requerer ao membro do Ministério Público Estadual atuante na defesa do patrimônio público ou da moralidade administrativa os fatos a serem apurados e, ao final, utilizar as provas colhidas no inquérito civil público para subsidiar a competente ação eleitoral, medida esta pouco recomendável na medida em que deixará o membro inoperante considerando a exiguidade do processo eleitoral e a necessidade de celeridade na apuração e cessação das condutas tendentes a afetar o pleito (salvo se o mesmo membro for o responsável pela tutela do patrimônio público, quando, então, deverá instaurar o procedimento preparatório para transpor as provas produzidas no bojo do inquérito civil público).

Confirmando a validade dessa última hipótese ora levantada, destaca-se recente julgado do Tribunal Superior Eleitoral (TSE):

> RECURSO ORDINÁRIO EM HABEAS CORPUS. AÇÃO PENAL. ELEIÇÕES 2012. COAÇÃO ELEITORAL POR SERVIDOR (ART. 300

CE). ASSOCIAÇÃO CRIMINOSA (ART. 288, CP). CONTINUIDADE DELITIVA (ART. 71 CP). PROCEDIMENTO PREPARATÓRIO ELEITORAL. INSTAURAÇÃO. INQUÉRITO CIVIL ANTERIOR. PROVA ILÍCITA. NÃO CONFIGURAÇÃO. RECEBIMENTO DA DENÚNCIA. CONSTRANGIMENTO ILEGAL. INOCORRÊNCIA. 1. O art. 105-A da Lei 9.504/97 não alcança a interpretação proposta pelos recorrentes no sentido de serem consideradas ilícitas – para a ação penal eleitoral – as provas angariadas pelo Ministério Público em inquérito civil e as delas derivadas. Interpretação literal e histórica do dispositivo vergastado não permite essa conclusão.

2. A ilicitude da prova, em nosso sistema, liga-se à sua forma de obtenção: inobservância de direitos e garantias fundamentais (inclusive no âmbito de sua eficácia horizontal). Hipótese não configurada na espécie.

3. Na fase investigativa não há garantia plena à ampla defesa e ao contraditório, os quais apenas se estabelecem integralmente na fase judicial. Inocorrência de lesão.

4. Entre outras atribuições, cabe ao Ministério Público promover a ação penal pública, inclusive a eleitoral e, em âmbito cível, a defesa dos interesses individuais e coletivos lato sensu. Exegese do artigo 129 da Constituição da República.

5. Ainda que o inquérito civil público não seja vocacionado, primordialmente, à apuração de ilícitos penais, é poder-dever institucional do Ministério Público Eleitoral, na qualidade de dominus litis da ação penal, ao verificar de maneira casual ou fortuita a ocorrência de prática de crime, promover a competente ação penal eleitoral.

6. Se os elementos probatórios que embasaram a denúncia eleitoral surgiram originária e fortuitamente (fenômeno conhecido por "Serendipidade") em inquérito civil público (em que se apurava a prática de atos de improbidade), mas para a propositura da ação penal eleitoral foi manejado o instrumento apropriado: procedimento preparatório eleitoral – PPE, não se configura sequer a hipótese de utilização de inquérito civil para a propositura de ação penal eleitoral.

7. Caso dos autos que não se confunde com a de outros julgados do Tribunal Superior Eleitoral, em que o inquérito civil havia sido instaurado para apurar ilícitos eleitorais.

8. Hipótese inapta a configurar a alegada afronta ao artigo 105-A da Lei 9.504/97.

9. Ausência de ato (ou constrangimento) ilegal no recebimento da denúncia e instauração de ação penal eleitoral pela prática dos crimes previstos no artigo 300 do Código Eleitoral e artigos 288 e 71 do Código Penal. 10. Ordem denegada. Recurso improvido. (Recurso em Habeas Corpus nº 348822, Acórdão de 14.04.2015, Relator(a) Min. JOÃO OTÁVIO DE NORONHA, Publicação: DJE – Diário de justiça eletrônico, Tomo 84, Data 6.5.2015, Página 139/140).

10.1.2.C Características relevantes do inquérito civil público e do procedimento preparatório eleitoral

A – Formalização da instauração: O artigo 4º, da Resolução nº 23/CNMP, prevê expressamente *a instauração do ICP por intermédio de portaria* devidamente fundamentada, numerada em ordem crescente, renovada anualmente, devidamente registrada em livro próprio e autuada, contendo: 1 – o fundamento legal que autoriza a ação do Ministério Público e a descrição do fato objeto do inquérito civil; 2 – o nome e a qualificação possível da pessoa jurídica e/ou física a quem o fato é atribuído; 3 – o nome e a qualificação possível do autor da representação, se for o caso; 4 – a data e o local da instauração e a determinação de diligências iniciais; 5 – a designação do secretário, mediante termo de compromisso, quando couber; 6 – a determinação de afixação da portaria no local de costume, bem como a de remessa de cópia para publicação.

Se, no curso do inquérito civil, novos fatos indicarem necessidade de investigação de objeto diverso do que estiver sendo investigado, o membro do Ministério Público poderá aditar a portaria inicial ou determinar a extração de peças para instauração de outro inquérito civil, respeitadas as normas incidentes quanto à divisão de atribuições.

Importante consignar que *poderá ser instaurado de ofício pelo membro ministerial, ao tomar conhecimento, por qualquer meio, ainda que informal, ou mediante representação.*

Após a instauração do inquérito civil ou do procedimento preparatório, quando o membro que o preside concluir ser atribuição de outro Ministério Público, este deverá submeter sua decisão ao referendo do órgão de revisão competente, no prazo de 3 (três) dias (vide artigo 9º-A, da Resolução nº 23/CNMP).

B – Causas de instauração e denúncias anônimas: O ICP, de acordo com o artigo 2º, da Resolução nº 23-CNMP, poderá ter como causa de instauração: *1 – ato de ofício* do membro ministerial, a partir do conhecimento do fato por qualquer meio, ainda que informal; 2 – *em face de requerimento ou representação formulada por qualquer pessoa ou comunicação de outro órgão do Ministério Público, ou qualquer autoridade,* desde que forneça, por qualquer meio legalmente permitido, informações sobre o fato e seu provável autor, bem como a qualificação mínima que permita sua identificação e localização; *3 – por designação do Procurador-Geral de Justiça, do Conselho Superior do Ministério Público,*

Câmaras de Coordenação e Revisão e demais órgãos superiores da Instituição, nos casos cabíveis (hipótese em que se encaixam o Procurador Regional Eleitoral e o Procurador-Geral Eleitoral).

Impende destacar que, sendo as informações verbais, o Ministério Público as reduzirá a termo. Da mesma forma, *a falta de formalidade não implica indeferimento do pedido de instauração de inquérito civil*, salvo se, desde logo, mostrar-se improcedente a notícia, atendendo-se, na hipótese, o disposto no artigo 5º da Resolução nº 23/2007/CNMP.

Sobre as *representações* de instauração de ICP, deve-se atentar que o Promotor de Justiça possui o *prazo de 30 (trinta) dias para manifestar-se* (artigo 27, III, Lei nº 8.625/93 c/c artigo 5º, Resolução 23-CNMP) e, em sendo a decisão contrária aos interesses do representante, ou seja, pela *não instauração do ICP, caberá recurso administrativo no prazo de 10 (dez) dias*, contados a partir da ciência dos interessados.

As razões de recurso serão protocoladas junto ao órgão que indeferiu o pedido, devendo ser remetidas, caso não haja reconsideração, no prazo de três dias, juntamente com a representação e com a decisão impugnada, ao Conselho Superior do Ministério Público (no caso do arquivamento ser oriundo de Promotor Eleitoral), ou à Câmara de Coordenação e Revisão respectiva para apreciação (caso o arquivamento seja oriundo do Procurador Regional Eleitoral). Do recurso, serão notificados os interessados para, querendo, oferecer contrarrazões. Expirado o prazo recursal sem que nada seja apresentado, os autos serão arquivados na própria origem, registrando-se no sistema respectivo, mesmo sem manifestação do representante. Na hipótese de atribuição originária do Procurador-Geral, caberá pedido de reconsideração no prazo e na forma citados.

Outra questão bastante polêmica no dia a dia forense eleitoral diz respeito à possibilidade de instauração do inquérito civil público com base em denúncias anônimas, que são muito corriqueiras durante o processo eleitoral, em especial nas pequenas cidades, onde o medo de retaliação inibe os cidadãos de bem que querem colaborar com a Justiça.

Trata-se de tema delicado, pois a denúncia anônima também pode ser fruto do ardil de um opositor político, que tenciona direcionar a atuação dos órgãos investigativos, ganhando, assim, tempo e desviando o foco para terceiro.

Diante dessa tensão, acreditamos que *o Promotor de Justiça Eleitoral, ao receber uma denúncia anônima, não deve instaurar imediatamente o inquérito civil público, mas valer-se do poder de realizar diligências investigativas preliminares* (como requisição de documentos e informações, notificação para prestar depoimento, inspeção em repartições públicas[268] e privadas etc.) *como forma de coletar elementos indiciários mínimos quanto à plausibilidade da denúncia.*

Esse parece também ser o entendimento do Conselho Nacional do Ministério Público (CNMP), que, ao regulamentar o ICP (vide Resolução nº 23/2007), estabeleceu que "o conhecimento por manifestação anônima, justificada, não implicará ausência de providências, desde que obedecidos os mesmos requisitos para as representações em geral".

Exatamente nessa linha de pensamento o Tribunal Superior Eleitoral (TSE) indeferiu *habeas corpus* que pretendia a anulação de busca e apreensão pelo fato de não ter decorrido "somente da denúncia anônima, mas de investigações complementares realizadas pelo Ministério Público".[269]

Desataca-se ainda que, considerando o caráter interdisciplinar dos ilícitos eleitorais, é possível que um fato denunciado anonimamente como conduta vedada ou abuso de poder político seja previsto como crime (eleitoral ou comum) e se for instaurado de ofício o inquérito civil para apurar o ilícito cível e depois ajuizar-se tanto a ação cível quanto criminal (esta com o ICP a título de prova emprestada), corre-se o risco de ver a denúncia não ser recebida pela ilegalidade das provas, ou, pior, ver eventual condenação anulada posteriormente,[270] dando azo até a ocorrência de prescrição. Nesse caso, a cautela é mais do que necessária!

---

[268] A título exemplificativo, cito caso em que atuei e que foi submetido ao controle do *Conselho Nacional do Ministério Público (CNMP)*: Ao receber uma denúncia anônima de que a Comissão de Licitação do Município de Trairi/CE não realizava corretamente os procedimentos de contratação pública, resolvi realizar uma inspeção *ex offcio* naquele órgão municipal para atestar a veracidade do relato. Analisando representação disciplinar proposta por conta desse ato, a Corregedoria Nacional do Ministério Público decidiu que: "*não obstante incomum a presença de membros do Ministério Público em repartições públicas, é certo que tal conduta é autorizada,* nos termos do artigo 26, inciso I, letra c, da Lei 8625/93", *bem como que "a repartição pública visitada está vinculada ao princípio da publicidade* (art. 37, *caput*, da Constituição Federal) *e é prerrogativa do membro do Ministério Público, no exercício de sua função, ingressar e transitar livremente em qualquer recinto público ou privado, ressalvada a garantia constitucional de inviolabilidade de domicílio* (art. 41, inciso VI, letra c, da Lei *nº* 8.625/93)" (Reclamação Disciplinar nº 0.00.000.0001130/2012-10).

[269] Recurso Especial Eleitoral nº 31931, Acórdão de 04.02.2016, Relator(a) Min. JOÃO OTÁVIO DE NORONHA, Relator(a) designado(a) Min. LUCIANA CHRISTINA GUIMARÃES LÓSSIO.
No mesmo sentido: "Na hipótese, não ficou configurado o flagrante preparado, mas a mera diligência efetuada em investigação iniciada por denúncia anônima. Violação ao art. 5º, LIV e LVI, da CF e à Súmula 145 do STF afastada." (Recurso Especial Eleitoral nº 77189, Acórdão de 03.11.2015, Relator(a) Min. MARIA THEREZA ROCHA DE ASSIS MOURA).

[270] "Nada impede a deflagração da persecução penal pela chamada 'denúncia anônima', desde que esta seja seguida de diligências realizadas para averiguar os fatos nela noticiados. Não se exige que a própria denúncia anônima já venha acompanhada de documentos." (Agravo

Não obstante isso, ressalto, por questão de lealdade ao leitor, que o Superior Tribunal de Justiça (STJ) já fixou o entendimento de que "a denúncia anônima não é óbice à instauração de inquérito civil por parte do Ministério Público. A instauração de inquérito civil é prerrogativa constitucionalmente assegurada ao *Parquet*, a quem compete a defesa da ordem jurídica, do regime democrático e dos interesses sociais e individuais indisponíveis" e "nesse diapasão, a legislação atinente ao Ministério Público autoriza sua atuação ante o conhecimento de fatos que ensejem sua intervenção, irrelevante tratar-se de denúncia anônima.[271]

C – Dispensabilidade: Da leitura conjugada do artigo 8º, §1º, da LACP, do parágrafo único, do artigo 1º, da Resolução 23-CNMP, bem como do artigo 1º, da Portaria nº 499/PGR, o inquérito civil público e o procedimento preparatório eleitoral não representam condição de procedibilidade para a tomada das providências judiciais que o Ministério Público entender cabíveis, sejam preparatórias (medidas cautelares), sejam principais.

Trata-se da sedimentação do entendimento jurisprudencial do Superior Tribunal de Justiça (STJ):

> Esta Corte Superior possui entendimento no sentido de que é dispensável a instauração prévia de inquérito civil à ação civil pública para averiguar prática de ato de improbidade administrativa. Nesse sentido: AgRg no Ag 1429408/PE, 1ª Turma, Rel. Ministro Benedito Gonçalves, DJe 17.04.2013; AgRg no REsp 1066838/SC, 2ª Turma, Rel. Ministro Herman Benjamin, DJe 04.02.2011; REsp 448.023/SP, 2ª Turma, Rel. Ministra Eliana Calmon, DJ 09.06.2003, p.218." (AgRg no AgRg no REsp 1482811/SP, Rel. Ministro MAURO CAMPBELL MARQUES, SEGUNDA TURMA, julgado em 25.08.2015, DJe 03.09.2015).

D – Natureza: *O ICP possui nítido contorno de ato administrativo, portanto, sindicável pelo Poder Judiciário quando presente qualquer um dos vícios possíveis*, em especial os dispostos no artigo 2º, da Lei da Ação Popular (incompetência, vício de forma, ilegalidade do objeto, inexistência dos motivos e desvio de finalidade).

Tal entendimento já está consolidado no âmbito do Supremo Tribunal Federal (STF), em sede de repercussão geral:

Regimental em Agravo de Instrumento nº 635038, Acórdão de 05.05.2015, Relator(a) Min. MARIA THEREZA ROCHA DE ASSIS MOURA).

[271] STJ, REsp 1447157/SE, Rel. Ministro HUMBERTO MARTINS, SEGUNDA TURMA, julgado em 10.11.2015, DJe 20.11.2015.

O Ministério Público dispõe de competência para promover, por autoridade própria, e por prazo razoável, investigações de natureza penal, desde que respeitados os direitos e garantias que assistem a qualquer indiciado ou a qualquer pessoa sob investigação do Estado, observadas, sempre, por seus agentes, as hipóteses de reserva constitucional de jurisdição e, também, as prerrogativas profissionais de que se acham investidos, em nosso País, os Advogados (Lei 8.906/94, artigo 7º, notadamente os incisos I, II, III, XI, XIII, XIV e XIX), sem prejuízo da possibilidade – sempre presente no Estado democrático de Direito – do permanente controle jurisdicional dos atos, necessariamente documentados (Súmula Vinculante 14), praticados pelos membros dessa instituição". Maioria. 5. Caso concreto. Crime de responsabilidade de prefeito. Deixar de cumprir ordem judicial (art. 1º, inciso XIV, do Decreto-Lei nº 201/67). Procedimento instaurado pelo Ministério Público a partir de documentos oriundos de autos de processo judicial e de precatório, para colher informações do próprio suspeito, eventualmente hábeis a justificar e legitimar o fato imputado. Ausência de vício. Negado provimento ao recurso extraordinário. Maioria.

(RE 593727, Relator(a): Min. CEZAR PELUSO, Relator(a) p/ Acórdão: Min. GILMAR MENDES, Tribunal Pleno, julgado em 14.05.2015, ACÓRDÃO ELETRÔNICO REPERCUSSÃO GERAL – MÉRITO DJe-175 DIVULG 04-09-2015 PUBLIC 08-09-2015).

A despeito do inafastável controle judicial da atividade investigativa, não se pode olvidar que, assim como ocorre com o inquérito policial, "os elementos de informação produzidos nos procedimentos de investigação preliminar não podem, de per si, fundar eventual condenação, salvo as provas não repetíveis, cautelares e antecipadas. Por conseguinte, ante a necessidade da produção probatória em instrução processual, diante do magistrado, respeitados contraditório e ampla defesa, não causam qualquer prejuízo ao réu, já no polo passivo do processo penal, as pretéritas nulidades na fase pré-processual, sendo plenamente aplicável a regra *pas de nullité sans grief*" (RHC 57.487/RS, Rel. Ministro RIBEIRO DANTAS, QUINTA TURMA, DJe 17.06.2016).

E – Caráter: Igual ao inquérito policial, o ICP possui *caráter inquisitorial, o que significa dizer que os atos investigatórios são realizados "ex officio"* pela autoridade, com vistas à elucidação das circunstâncias do suposto ato ilícito.

Consequência direta da natureza inquisitorial é a manutenção, como regra geral, da premissa de que os princípios constitucionais do *contraditório e ampla defesa não se aplicam ao inquérito civil público quando da realização dos atos investigativos, salvo no caso das provas cautelares antecipadas (como em uma busca e apreensão) ou naqueles de caráter irrepetível.*

Nesses casos, a natureza da prova impõe, na maioria das vezes, que o investigado só tome conhecimento posterior dos indícios e provas produzidos, sob pena de sua ineficácia ou perecimento. Assim, nessas hipóteses, ainda que de maneira diferida ou postergada, deve haver o contraditório e a ampla defesa.[272]

Seguindo essa premissa teórica, é bom ressaltar que a Lei nº 13.245/16 e a Resolução nº 161/17-CNMP, que promoveram mudanças no Estatuto da OAB e na Resolução nº 23-CNMP, consignaram expressamente como reflexos do direito de defesa do investigado as seguintes prerrogativas dos advogados:

1 – Examinar, em qualquer instituição responsável por conduzir investigação, mesmo sem procuração (salvo os casos em que haja decretação do sigilo), autos de flagrante e de investigações de qualquer natureza, findos ou em andamento, ainda que conclusos à autoridade, podendo copiar peças e tomar apontamentos, em meio físico ou digital.

Não obstante isso, é bom frisar que os referidos diplomas conferiram à autoridade competente o poder de delimitar o acesso do advogado aos elementos de prova relacionados a diligências em andamento e ainda não documentados nos autos, quando houver risco de comprometimento da eficiência, da eficácia ou da finalidade das diligências.

Porém, de outro lado, foi estabelecido que o fornecimento incompleto de autos ou o fornecimento de autos em que houve a retirada de peças já incluídas no caderno investigativo implicará responsabilização criminal e funcional por abuso de autoridade do responsável que impedir o acesso do advogado com o intuito de prejudicar o exercício da defesa, sem prejuízo do direito subjetivo do advogado de requerer acesso aos autos ao juiz competente.

2 – Assistir a seus clientes investigados durante a apuração de infrações, sob pena de nulidade absoluta do respectivo interrogatório ou depoimento e, subsequentemente, de todos os elementos investigatórios e probatórios dele decorrentes ou derivados, direta ou indiretamente, podendo, inclusive, no curso da respectiva apuração: a) apresentar razões e quesitos.

---

[272] Nesse sentido: "Perceba-se que, nos mesmos moldes do que ocorre com as provas cautelares, o contraditório também será diferido em relação às provas não repetíveis. Para que possam ser utilizadas no curso do processo, imperiosa será a observância do contraditório sobre a prova, permitindo que as partes possam discutir sua admissibilidade, regularidade e idoneidade." (DE LIMA, Renato Brasileiro. *Código de Processo Penal Comentado*. 4. ed. Salvador: Juspodivm, 2017, p. 521).

Não bastasse isso, deve-se ressaltar que, *por força do disposto na Súmula Vinculante 14/STF, o investigado possui o direito de ter acesso a todos os documentos de informação que já estejam documentados no PIC,*[273] *salvo aqueles imprescindíveis para o êxito da investigação, in verbis*:

> – É direito do defensor, no interesse do representado, ter acesso amplo aos elementos de prova que, já documentados em procedimento investigatório realizado por órgão com competência de polícia judiciária, digam respeito ao exercício do direito de defesa.

F – Instrução: O artigo 26, I, da Lei nº 8625/93, os artigos 7º e 8º, da Lei Complementar nº 75/93, bem como o artigo 6º, da Resolução 23-CNMP, mencionam os meios de prova de que se pode valer o Ministério Público na condução das investigações, especificando que a juntada das peças deve ocorrer em ordem cronológica de apresentação, devidamente numeradas em ordem crescente. Além disso, todas as diligências serão documentadas mediante termo ou auto circunstanciado e as declarações e os depoimentos sob compromisso serão tomados por termo pelo membro do Ministério Público, assinado pelos presentes ou, em caso de recusa, na aposição da assinatura por duas testemunhas.

Qualquer pessoa poderá, durante a tramitação do inquérito civil, apresentar ao Ministério Público documentos ou subsídios para melhor apuração dos fatos. Os órgãos da Procuradoria-Geral, em suas respectivas atribuições, prestarão apoio administrativo e operacional para a realização dos atos do inquérito civil. O órgão do Ministério Público Eleitoral poderá, ainda, deprecar diretamente a qualquer órgão de execução a realização de diligências necessárias para a investigação. As notificações, requisições, intimações ou outras correspondências expedidas por órgãos do Ministério Público da União ou pelos órgãos do Ministério Público dos Estados, destinadas a instruir inquérito civil ou procedimento preparatório, observarão o disposto no artigo 8º, §4º, da Lei Complementar nº 75/93, no artigo 26, §1º, da Lei nº 8.625/93 e,

---

[273] Assim também já decidiu o *Superior Tribunal de Justiça (STJ)*: "*O advogado constituído tem o direito de acesso e tirar cópias de autos de inquérito*, seja *instaurado* pela polícia judiciária ou *pelo MP*, relativamente aos elementos já documentados nos autos e que digam respeito ao investigado, mesmo tratando-se de procedimento meramente informativo, no qual não há necessidade de se atender aos princípios do contraditório e da ampla defesa, porquanto tal medida poderia subtrair do investigado o acesso às informações que lhe interessam diretamente. Contudo, o livre acesso aos autos do inquérito não pode ser autorizado pela autoridade investigante, pois os dados de outro investigado ou as diligências em curso são materiais sigilosos a terceiros – nos termos da Súmula Vinculante n. 14 do STF. Precedente citado: RMS 28.949-PR, DJe 26.11.2009." (RMS 31.747-SP, Rel. Min. Teori Albino Zavascki, julgado em 11.10.2011).

no que couber, no disposto na legislação estadual, devendo ser encaminhadas no prazo de dez (10) dias pelo respectivo Procurador-Geral, não cabendo a este a valoração do contido no expediente, podendo deixar de encaminhar aqueles que não contenham os requisitos legais ou que não empreguem o tratamento protocolar devido ao destinatário. Aplica-se tal expediente em relação aos atos dirigidos aos Conselheiros do Conselho Nacional de Justiça e do Conselho Nacional do Ministério Público.

Todos os ofícios requisitórios de informações enviados no bojo do inquérito civil público deverão ser fundamentados e acompanhados de cópia da portaria que instaurou o procedimento ou da indicação precisa do endereço eletrônico oficial em que tal peça esteja disponibilizada, salvo casos urgentes (vide artigo 8º, §1º, LACP e artigo 6º, §10, da Resolução nº 23-CNMP).

Sem embargo de eventual divergência doutrinária acerca do assunto, o Superior Tribunal de Justiça (STJ) possui precedente no sentido de que "não se faz necessária a prévia instauração de inquérito civil ou procedimento administrativo para que o Ministério Público requisite informações a órgãos públicos – interpretação do artigo 26, I, "b", da Lei nº 8.625/93" (REsp 873565/MG, DJ 05.06.2007).

Além disso, caso seja *descumprida uma requisição ministerial na seara eleitoral*, deve-se reiterar o ofício requisitório, para que, havendo a reincidência do comportamento negativo, fique caracterizado *ato de improbidade administrativa (art. 11, II, LIA) e*, dependendo das circunstâncias, *até mesmo o crime capitulado no art. 10, da LACP)*,[274] uma vez que "tratando-se de crime formal, basta que haja, por parte do paciente, a recusa, o retardamento ou a omissão de dados técnicos indispensáveis à propositura da ação civil, quando requisitados pelo Ministério Público, sendo despiciendo o ajuizamento ou não de ação" (HC 367.376/MG, Rel. Ministro NEFI CORDEIRO, SEXTA TURMA, DJe 17.11.2016).

Além disso, no caso da omissão, pode-se ajuizar ação cautelar de exibição de documentos para o recebimento do que fora negado via requisição ministerial,[275] ou ação de busca e apreensão:

> 1. O Ministério Público, nos termos dos arts. 129, VI, da Constituição Federal e 26, I, b, da Lei 8.625/93, detém a prerrogativa de conduzir diligências investigatórias, podendo requisitar diretamente documentos e informações que julgar necessários ao exercício de suas atribuições de dominus litis. 2. O prefeito, na condição de autoridade pública, tem

[274] Vide STJ, REsp 111694/PI, Rel. Min. Mauro Campbell, DJ 02.05.2011.

[275] Vide artigo 22, da Lei Complementar nº 64/90.

o dever de fornecer os documentos públicos, pertencentes à municipalidade, requisitados com estrita observância constitucional e legal pelo órgão do Ministério Público local, não havendo falar em ofensa à garantia da não-auto-incriminação. 3. *Na medida em que o paciente não forneceu os documentos requisitados, tem o Ministério Público interesse para ajuizar ação cautelar de exibição de documentos públicos, considerados indispensáveis à formação da opinio delicti e à propositura de eventual ação penal*. (HC 53818 / BA, Rel. Min. Arnaldo Esteves Lima, DJ 07.02.2008).

Se, porém, autoridade pública descumprir a requisição ministerial sob o pretexto de que não visa ao fornecimento de elementos indispensáveis à propositura da ação futura, deve-se impetrar mandado de segurança, uma vez que quem detém legitimidade para definir o que é imprescindível para a investigação é o membro do Ministério Público. Senão, vejamos:

CONSTITUCIONAL, ADMINISTRATIVO E PROCESSUAL CIVIL. RECURSO ORDINÁRIO EM MANDADO DE SEGURANÇA. REQUISIÇÃO FEITA PELO MINISTÉRIO PÚBLICO COM A FINALIDADE DE INSTRUIR PROCEDIMENTO DE INVESTIGAÇÃO PRELIMINAR PREPARATÓRIO DE INQUÉRITO CIVIL. PRERROGATIVA CONSTITUCIONAL ASSEGURADA AO PARQUET. ART. 129 DA CONSTITUIÇÃO FEDERAL. INFORMAÇÕES E DOCUMENTOS CUJA AFERIÇÃO DA RELEVÂNCIA SÓ COMPETE AO MINISTÉRIO PÚBLICO. AUTONOMIA E INDEPENDÊNCIA FUNCIONAL.
1. Recurso ordinário em mandado de segurança no qual se discute a possibilidade de autoridade administrativa negar solicitação do Ministério Público de fornecimento de informações e documentos necessários à instrução de Procedimento de Investigação Preliminar que visa a apuração da existência de irregularidades administrativas na contratação de pessoal no âmbito do Tribunal de Contas do Estado de Pernambuco.
2. A requisição de informações e documentos para a instrução de procedimentos administrativos da competência do Ministério Público, nos termos do art. 129 da Constituição Federal de 1988, é prerrogativa constitucional dessa instituição, à qual compete a defesa da ordem jurídica, do regime democrático e dos interesses sociais e individuais indisponíveis. No âmbito da legislação infraconstitucional, essa prerrogativa também encontra amparo no §1º do artigo 8º da Lei n. 7.347/1985, segundo o qual "o Ministério Público poderá instaurar, sob sua presidência, inquérito civil, ou requisitar, de qualquer organismo público ou particular, certidões, informações, exames ou perícias, no prazo que assinalar, o qual não poderá ser inferior a 10 (dez) dias úteis".
3. Tanto o Procedimento de Investigação Preliminar, quanto o inquérito civil, servem à formação da convicção do Ministério Público a respeito dos fatos investigados e o resultado consequente pode dar ensejo ao ajuizamento de qualquer das ações judiciais a cargo do parquet.

> 4. A "análise prévia" (conforme referiu a Corte de origem) a respeito da necessidade das informações requisitas pelo Ministério Público é da competência exclusiva dessa instituição, que tem autonomia funcional garantida constitucionalmente, não sendo permitido ao Poder Judiciário ingressar no mérito a respeito do ato de requisição, sob pena de subtrair do parquet uma das prerrogativas que lhe foi assegurada pela Constituição Federal de 1988.
> 5. Recurso ordinário provido para conceder o mandado de segurança. (RMS 33392/PE, Rel. Min. Benedito Gonçalves, DJ 10.06.2011).

Outro instrumento de suma importância na instrução do ICP é a *notificação administrativa*, medida através da qual alguém é chamado a prestar depoimento na sede do Ministério Público, podendo, em caso de descumprimento injustificado, ser conduzido coercitivamente (artigo 26, I, "a", Lei 8625/93).

Ressalte-se que eventual consignação no ofício notificatório acerca de tal possibilidade de coerção não implica constrangimento ilegal. Vejamos:

> HABEAS CORPUS SUBSTITUTIVO DE RECURSO ORDINÁRIO – CABIMENTO – INQUÉRITO CIVIL PÚBLICO – APURAÇÃO DE IRREGULARIDADES EM PREFEITURA – DETERMINAÇÃO DO MINISTÉRIO PÚBLICO DO ESTADO DO RIO DE JANEIRO PARA CONDUÇÃO COERCITIVA DE SECRETÁRIA MUNICIPAL A FIM PRESTAR DEPOIMENTO APÓS INJUSTIFICADAS NEGATIVAS DE PRESTAÇÃO DE INFORMAÇÕES POR ESCRITO – DECLARAÇÃO DE LEGALIDADE DO ATO PELO TJRJ – ART. 8º, I, DA LEI COMPLEMENTAR N. 75/93 – ART. 35, I, DA LEI COMPLEMENTAR ESTADUAL N. 103/2003 – ART. 26, I, DA LEI FEDERAL N. 8.625/930 – FATOS NARRADOS NA INICIAL EM CONTRASTE COM PEÇAS QUE FORMAM O REMÉDIO CONSTITUCIONAL – FALTA DE VEROSSIMILHANÇA NAS ALEGAÇÕES – ORDEM DENEGADA.
> 1. Está configurada a discrepância dos fatos da causa e não existem documentos bastantes trazidos na inicial que possam elucidar qual a verossímil versão, não sendo este remédio constitucional palco para a descoberta dos fatos.
> 2. Paciente que, em momento algum, apresenta justificativa às notificações de Promotores de Justiça nos autos de inquérito civil público instaurado para a apuração de contratações irregulares no âmbito da Prefeitura pode vir a ser "requisitado" para prestar informações sob pena de condução coercitiva. Dicção da Lei Orgânica do Ministério Público Estadual e Lei Orgânica Nacional do Ministério Público. Doutrina e jurisprudência do STJ e STF.
> 3. Acórdão do TJRJ que julga legal a notificação. Ausência de constrangimento ilegal. Ordem denegada. (HC 81903/RJ, Rel. Min. Humberto Martins, DJ 17.08.2007).

Não obstante isso, é de se destacar que *o interrogatório prévio do(s) investigado(s) não é obrigatório, tampouco causa de nulidade da ação ajuizada sem ele*. É assim na esfera penal e cível, conforme pacificada jurisprudência do Superior Tribunal de Justiça (STJ).[276]

Além disso, fato muito comum na fase investigativa – em especial quando a defesa do(s) investigado(s) pretende retardar o andamento das investigações – é a *formulação de sucessivos e desnecessários pedidos de diligências*.

Entendo que os pleitos dessa natureza devem ser indeferidos pelo membro do Ministério Público que preside a investigação, salvo se a prova que se pretende produzir corra o risco concreto de perecimento. Do contrário, fica a seu critério, de maneira motivada, analisar o pleito e decidir pela sua ocorrência ou não.[277]

G – Prazo para conclusão: Conforme estabelece o artigo 9º, da Resolução 23-CNMP, o ICP *deve ser concluído no prazo de um ano, prorrogável por igual período, quantas vezes o membro do Ministério Público que presidir o fato reputar necessárias*, devendo, porém, motivar o ato e comunicá-lo ao Conselho Superior, que não possui qualquer poder de ingerência quanto à referida decisão. No caso do ICP eleitoral ter sido instaurado pelo Procurador Regional Eleitoral, a comunicação da prorrogação deve ser encaminhada à 5ª Câmara de Coordenação e Revisão do Ministério Público Federal, ou qualquer outro órgão eleito para tal finalidade conforme a normatização interna da instituição.

O que deve ficar claro é que, sob nenhuma hipótese, deve-se admitir como válido qualquer ato normativo infralegal que atribua ao Procurador Regional Eleitoral competência para apreciar as comunicações de prorrogação realizadas pelos Promotores Eleitorais, pois não possui competência para analisar os arquivamentos realizados, já que essa tarefa é do Conselho Superior de cada Ministério Público a que

[276] "Falta de contraditório prévio ao oferecimento da denúncia: o inquérito policial é procedimento preparatório da denúncia, mas não é imprescindível à apuração de infrações penais, servindo como instrumento para coleta de dados que permitam subsidiar o juízo do autor da ação penal. O interrogatório dos acusados, nessa fase, não é requisito para a validade da denúncia" (APn 300/ES, Rel. Ministro MAURO CAMPBELL MARQUES, CORTE ESPECIAL, DJe 07.10.2016).

[277] STJ – "A jurisprudência desta Corte é firme no sentido de que "não se acolhe alegação de nulidade por cerceamento de defesa, em função do indeferimento de diligências requeridas pela defesa, pois o magistrado, que é o destinatário final da prova, pode, de maneira fundamentada, indeferir a realização daquelas que considerar protelatórias ou desnecessárias ou impertinentes." (REsp. 1.519.662/DF, Rel. Min. MARIA THEREZA DE ASSIS MOURA, Sexta Turma, j. em 18.8.2015, DJe 1.9.2015).

está vinculado o Promotor Eleitoral, conforme se extrai do artigo 9º, §1º, da Lei da Ação Civil Pública c/c artigo 9º, da Resolução nº 23-CNMP.

Questão interessante diz respeito à eventual *nulidade de ação* penal ajuizada com lastro em *ICP fora do prazo*. Tal qual ocorre no âmbito do inquérito policial, não existe prejuízo, sendo, destarte válido o ato delatório e o consequente processo criminal:

> PENAL E PROCESSO PENAL. PECULATO, LAVAGEM DE DINHEIRO E QUADRILHA. CONSELHEIRO DO TRIBUNAL DE CONTAS. INSTAURAÇÃO DE PROCESSO CRIMINAL COM BASE EM INQUÉRITO CIVIL. POSSIBILIDADE. EXCESSO PRAZAL NA INVESTIGAÇÃO. IRREGULARIDADE QUE NÃO CONTAMINA A AÇÃO PENAL. INQUÉRITO CIVIL PRESIDIDO POR PROMOTOR DE JUSTIÇA. POSSIBILIDADE. DENÚNCIA QUE NÃO DESCREVE ADEQUADAMENTE O CRIME DE QUADRILHA. REJEIÇÃO. QUANTO ÀS DEMAIS CONDUTAS, A PEÇA INAUGURAL PREENCHE OS REQUISITOS DO ART. 41 DO CPP. AFASTAMENTO DO CARGO. POSSIBILIDADE. PRECEDENTES. DENÚNCIA PARCIALMENTE RECEBIDA.
>
> I – Mostra-se cabível o oferecimento de denúncia criminal com escólio em inquérito civil. Precedentes do STF e do STJ.
>
> II – O eventual excesso prazal na apuração realizada em inquérito civil não representa nulidade, mas sim irregularidade que não contamina o processo criminal posteriormente instaurado. Precedentes do STJ. (APn 548/MT, Rel. Min. Francisco Falcão, DJ 09.05.2011).

H – Arquivamento: Consoante dispõem o artigo 9º, da LACP, e o artigo 10, da Resolução nº 23-CNMP, esgotadas todas as diligências investigativas e tendo o membro ministerial chegado à conclusão de que não existem fundamentos para a propositura da competente ação, devem os autos do inquérito civil ser arquivados.

O arquivamento será procedido mediante decisão fundamentada do membro presidente, que deverá encaminhá-la à instância superior (no caso dos Promotores Eleitorais, ao Conselho Superior do Ministério Público; já no caso do Procurador Regional Eleitoral à 5ª Câmara de Coordenação e Revisão, ou ao Procurador-Geral Eleitoral), juntamente com os autos, no prazo de 3 (três) dias, sob pena de falta grave. Observe-se que os autos só devem ser encaminhados ao órgão superior após ciência pessoal dos interessados, mediante publicação na imprensa oficial, ou, quando não forem localizados, por meio de afixação de aviso no respectivo órgão promovente do arquivamento.

Importante observar que o arquivamento deverá abranger todos os fatos e sujeitos investigados, que merecerão fundamentação individualizada, sob pena de ocorrer o chamado *arquivamento implícito, que é vedado por conta do princípio da obrigatoriedade/indisponibilidade da demanda coletiva*. Também ocorrerá o denominado arquivamento implícito quando houver ajuizamento da ação em relação a apenas parte dos fatos investigados e, na promoção de arquivamento, o membro ministerial silenciar a seu respeito (artigo 13, Resolução 23-CNMP).

Outra espécie apontada pela doutrina é o *arquivamento liminar*. Na verdade, trata-se do indeferimento da instauração de inquérito civil público (artigo 5º, Resolução nº 23-CNMP), que ocorre quando o membro do Ministério Público, ao receber a petição ou representação, não procede como requerido por constatar que o fato já é objeto de ação judicial, ou que já fora objeto de anterior investigação arquivada por manifesta improcedência, ou, até mesmo, por celebração de compromisso de ajustamento de conduta.

Até a sessão pública[278] do Conselho Superior do Ministério Público ou da Câmara de Coordenação e Revisão respectiva, para que seja homologada ou rejeitada a promoção de arquivamento, poderão as pessoas colegitimadas apresentar razões escritas ou documentos, que serão juntados aos autos do inquérito.

Pois bem, submetido o arquivamento ao órgão superior, pode tomar as seguintes providências, tudo de acordo com o artigo 10, da Resolução nº 23-CNMP:

1 – homologar o arquivamento;

2 – deixar de homologar a promoção de arquivamento, quando poderá: 2.1 – converter o julgamento em diligência para a realização de atos imprescindíveis à sua decisão, especificando-os e remetendo os autos ao membro do Ministério Público que determinou seu arquivamento, e, no caso de recusa fundamentada, ao órgão competente para designar o membro que irá atuar; 2.2 – deliberar pelo prosseguimento do inquérito civil, indicando os fundamentos de fato e de direito de sua decisão, adotando as providências relativas à designação, em qualquer hipótese, de outro membro do Ministério Público para atuação; 3 – converter o julgamento em diligência, para que sejam adotadas providências reputadas imprescindíveis para a elucidação do caso e tomada da decisão acerca do arquivamento.

Não oficiará nos autos do inquérito civil o órgão responsável pela promoção de arquivamento não homologada pelo Conselho Superior do Ministério Público ou pela Câmara de Coordenação e Revisão, ressalvada a hipótese do art. 10, §4º, I, da Resolução nº 23-CNMP.

---

[278] Só será sigilosa caso o procedimento investigativo tenha corrido em segredo de justiça.

I – Novas investigações após o arquivamento (desarquivamento): O fato de o inquérito civil público ter sido arquivado não impede que novas investigações sejam empreendidas no bojo do mesmo procedimento, o que se dá mediante o "desarquivamento" dos autos.

Para a ocorrência deste fenômeno, a teor do que dispõe o artigo 12, da Resolução nº 23-CNMP, são exigidos dois requisitos:

1 – Prazo máximo de 6 (seis) meses;

2 – Surgimento de novas provas ou necessidade de se investigar fato novo relevante.

Importante ressaltar a possibilidade de, expirado o prazo de 6 (seis) meses a que alude o referido preceito legal, instaurar-se novo inquisitório, no qual poderão ser aproveitados os elementos de prova constantes no procedimento já arquivado.

Ademais, considerando tratar-se de novo inquérito, eventual posicionamento no sentido da não propositura da ação impõe novo despacho de arquivamento e nova análise por parte do órgão superior.

10.2 Fase judicial

10.2.A Rito processual aplicável e nulidade pelo descumprimento: A ação tendente a apurar a prática de conduta vedada segue o rito estabelecido pelo artigo 22, da Lei Complementar nº 64/90 (regulamentado pelos artigos 24 à 36, da Resolução TSE nº 23.457/17), que é bem mais amplo do que o estabelecido para as representações por violação da Lei das Eleições (artigo 96).

A lógica dessa determinação reside no objetivo do legislador em assegurar o máximo de cognição possível em uma demanda apta a gerar a cassação do registro ou do diploma.[279]

Pois bem, não obstante a existência de um minucioso procedimento estabelecido para o processamento da ação por conduta vedada, é importante deixar consignado que, interpretando o artigo 219, do Código Eleitoral,[280] o *Tribunal Superior Eleitoral (TSE)*[281] fixou o

---

[279] Importante registrar que o rito traçado pela LC nº 64/90 e pela Instrução nº 540-50.2015.6.00.0000 é aplicável não só às ações por condutas vedadas, mas para todas "as representações que visarem à apuração das hipóteses previstas nos arts. 23, 30-A, 41-A, 73, 74, 75 e 77 da Lei nº 9.504/97", conforme estabelece o artigo 22 do citado ato regulamentar.

[280] Art. 219. Na aplicação da lei eleitoral o juiz atenderá sempre aos fins e resultados a que ela se dirige, abstendo-se de pronunciar nulidades sem demonstração de prejuízo.

[281] AGRAVO REGIMENTAL. RECURSO ESPECIAL ELEITORAL. ELEIÇÕES 2014. GOVERNADOR. REPRESENTAÇÃO. CONDUTA VEDADA AOS AGENTES PÚBLICOS. PUBLICIDADE INSTITUCIONAL. ART. 73, VI, B, DA LEI Nº 9.504/97. CONFIGURAÇÃO.

entendimento de que *a inobservância procedimental no caso, por si só, não é causa de nulidade processual*, devendo a arguição comprovar o prejuízo concreto e efetivo decorrente do uso de rito diverso.

Portanto, não bastará a alegação abstrata de violação ao devido processo legal (artigo 5º, LIV, da CF/88) para que se declare o vício procedimental, sendo indispensável que sejam apresentados fatores concretos que tenham trazido prejuízo à parte que arguir a nulidade. Esse entendimento restou sedimentado no Enunciado nº 279, do Fórum Permanente de Processualistas Civis ("Para os fins de alegar e demonstrar prejuízo, não basta a afirmação de tratar-se de violação à norma constitucional").

Vejamos, pois, os principais aspectos da ação por conduta vedada.

10.2.B Competência: A competência para apreciar a ação pela prática de conduta vedada (assim como de outras ações cível-eleitorais) é variável conforme o tipo de eleição.

Nas eleições gerais (Presidente, Vice-Presidente, Senador, Governador-Vice-Governador, Senadores, Deputados Federal e Estadual), *a competência é do Tribunal Superior Eleitoral (TSE)* quando a demanda envolver os cargos nacionais em disputa (Presidente e Vice-Presidente) *e do Tribunal Regional Eleitoral de cada Estado* nas demais hipóteses, conforme determina o artigo 19, da Lei Complementar nº 64/60.[282]

Nessa hipótese, os juízes eleitorais não possuem competência para julgar esse tipo de demanda, a despeito de poderem, em nome da efetividade processual e lisura do pleito, determinar, em caráter precário, a suspensão de atos ilícitos (não só de propaganda eleitoral) e medidas constritivas indispensáveis à produção probatória, como buscas e apreensões de documentos.

MULTA. DESPROVIMENTO. 1. O recurso cabível no caso é o especial, pois na inicial pugnou-se apenas pela imposição de multa aos agravantes. 2. *A decretação de nulidade de ato processual sob a alegação de cerceamento de defesa pressupõe a efetiva demonstração de prejuízo (art. 219 do Código Eleitoral). No caso, a despeito da adoção do rito do art. 96 da Lei nº 9.504/97 em detrimento do previsto no art. 22 da LC nº 64/90, a matéria versada é exclusiva de direito, sendo irrelevante para o deslinde da controvérsia a produção de outras provas.* (Agravo Regimental em Recurso Especial Eleitoral nº 142269, Acórdão de 26.02.2015, Relator(a) Min. JOÃO OTÁVIO DE NORONHA, Publicação: DJE – Diário de justiça eletrônico, Tomo 55, Data 20.3.2015, Página 60/61).

[282] Art. 19. As transgressões pertinentes à origem de valores pecuniários, abuso do poder econômico ou político, em detrimento da liberdade de voto, serão apuradas mediante investigações jurisdicionais realizadas pelo Corregedor-Geral e Corregedores Regionais Eleitorais.

Referido poder é decorrência direta do poder de polícia do juiz eleitoral (mecanismo de efetividade da própria justiça eleitoral), pois, se apenas os Tribunais Regionais Eleitorais pudessem assim agir, a fiscalização seria, mais do que já é, um verdadeiro faz de conta. Nesse tocante, via de regra, a Corregedoria Geral dos Tribunais Eleitorais expede atos concretos regulamentando esse poder de polícia dos juízes nas eleições gerais.

Nesse sentido:

> – RECURSOS ELEITORAIS. DEFERIMENTO LIMINAR DE BUSCA E APREENSÃO PELO JUIZ ELEITORAL NO EXERCÍCIO DO PODER DE POLÍCIA. REJEITADA A ALEGAÇÃO QUANTO À AUSÊNCIA DE DECISÃO DE MÉRITO PELO JUIZ ELEITORAL TENDO EM VISTA A COMPETÊNCIA DO TRIBUNAL REGIONAL ELEITORAL PARA APRECIAÇÃO DA MATÉRIA. REMESSA DOS DOCUMENTOS AO MINISTÉRIO PÚBLICO ELEITORAL PARA ADOÇÃO DAS MEDIDAS QUE ENTENDER PERTINENTES. CONHECIMENTO E IMPROVIMENTO DOS RECURSOS.
>
> 1. Presentes os requisitos do fumus boni juris e periculum in mora, com fundamento no poder de polícia e poder geral de cautela, mostra-se proporcional, próprio e adequado o deferimento de medida de busca e apreensão pelo Juiz Eleitoral.
>
> 2. Nas eleições federais e estaduais, compete aos Tribunais Regionais Eleitorais o julgamento das Reclamações/Representações ajuizadas com fundamento em ofensa aos dispositivos da Lei nº 9.504/97.
>
> 3. Em virtude da significativa venda de combustível na data de realização de carreata, justifica-se o encaminhamento dos elementos ao Procurador Regional Eleitoral para o ajuizamento de alguma medida, caso entenda conveniente.
>
> 4. Recursos conhecidos e improvidos. (RE 3456 GO, Relator URBANO LEAL BERQUO NETO, julgamento em 04.06.2007)
>
> – RECURSO – DIREITO ELEITORAL – DIREITO PROCESSUAL ELEITORAL – REPRESENTAÇÃO – JUIZ ELEITORAL – PODER DE POLÍCIA – DISTRIBUIÇÃO DE SEMENTES ACOMPANHADAS DE "SANTINHOS" DE CANDIDATA A ASSEMBLEIA LEGISLATIVA – NÃO IDENTIFICAÇÃO DO AGENTE PÚBLICO QUE DESVIOU O PRODUTO – PUNIÇÃO DA CANDIDATA BENEFICIADA, POSSIBILIDADE – ARTIGO 73, IV, PARS. 4 E 8 DA LEI N. 9.504/97 – AFASTAMENTO DA PENA APLICADA AO PARTIDO.
>
> CONQUANTO NÃO TENHA COMPETÊNCIA PARA PROCESSAR E JULGAR AS RECLAMAÇÕES E REPRESENTAÇÕES REFERENTES A INFRAÇÕES A LEI N. 9.504/97, O JUIZ ELEITORAL NÃO É UM MERO EXPECTADOR DOS FATOS QUE OCORREM NO TERRITÓRIO DA ZONA QUE JURISDICIONA. DEVE, INVESTIDO

QUE ESTÁ DE PODER DE POLÍCIA, TOMAR AS PROVIDÊNCIAS QUE FOREM NECESSÁRIAS PARA A NORMALIDADE DO PLEITO, FUNCIONANDO COMO LONGA MANUS DO TRIBUNAL REGIONAL ELEITORAL, PODENDO INCLUSIVE DETERMINAR A APREENSÃO DE MATERIAL UTILIZADO EM PROPAGANDA IRREGULAR. (RECURSO EM REPRESENTAÇÃO nº 431 – /SC – Acórdão nº 15594 de 23.11.1998 Relator(a) RICARDO T. DO VALLE PEREIRA Publicação: PSESS – Publicado em Sessão, Data 23.11.1998).

Já quando se tratar de *eleições municipais* (Prefeito, Vice-Prefeito e Vereador), *a competência será do juiz que exerce a jurisdição eleitoral* no Município e, naqueles com mais de uma Zona Eleitoral, dos Juízes Eleitorais designados pelos respectivos Tribunais Regionais Eleitorais até 19 de dezembro de 2015 (Lei nº 9.504/97, art. 96, §2º). Trata-se de consagração de regra já prevista no artigo 24, da Lei Complementar nº 64/90.[283]

A competência tratada aqui é de caráter absoluto, cujo descumprimento gera nulidade de pleno direito, devendo-se, contudo, observar-se que não é o caso de hipóteses de foro por prerrogativa de função, regra inexistente no processo cível-eleitoral (apenas no processo penal eleitoral existe foro privilegiado, cuja sistemática é a mesma dos crimes comuns).

10.2.C Prazos (inicial e final) para ajuizamento: Como visto, as condutas vedadas possuem período de incidência variado ao longo do ano eleitoral, de modo que desde o primeiro dia do ano é possível falar-se nessa modalidade de ilícito.

Tal circunstância traz à tona a problemática do termo inicial para o ajuizamento da ação por conduta vedada, uma vez que no período pré-eleitoral praticam-se diversas condutas vedadas em prol de pré-candidatos, exatamente para viabilizar a postulação eleitoral futura.

Nesse contexto, verificada a prática de qualquer ato desse jaez mesmo antes da definição oficial sobre a postulação política (pedido de registro), entendemos *plenamente viável o ajuizamento da ação por conduta vedada em desfavor do agente público responsável e de eventual partido beneficiado*, para que lhes seja determinada liminarmente ordem judicial inibitória e, ao final, aplicada a multa pertinente, desde que

[283] Art. 24. Nas eleições municipais, o Juiz Eleitoral será competente para conhecer e processar a representação prevista nesta lei complementar, exercendo todas as funções atribuídas ao Corregedor-Geral ou Regional, constantes dos incisos I a XV do art. 22 desta lei complementar, cabendo ao representante do Ministério Público Eleitoral em função da Zona Eleitoral as atribuições deferidas ao Procurador-Geral e Regional Eleitoral, observadas as normas do procedimento previstas nesta lei complementar.

já incidente a proibição legal. É o caso, por exemplo, do uso de bens públicos no início do ano (carreatas) para promover explicitamente a futura postulação de determinado partido político.[284]

Se, na hipótese, for feita menção específica à pré-candidatura de determinada pessoa, deve-se esperar que seja confirmada através do pedido de registro para que se adite a petição inicial, ou, não sendo isso possível pelo estado da demanda, que se ajuíze a ação contra o beneficiário da conduta ilegal.

Isso, porém, não significa dizer que a Justiça Eleitoral ficará impotente diante das ilegalidades praticadas no período pré-eleitoral em benefício do pré-candidato: definitivamente não! Nesse caso, como exposto, poderão – e deverão – ser adotadas todas as medidas cabíveis e necessárias para a cessação da conduta ilícita e recolhimento das provas referentes à autoria e materialidade.[285]

Pois bem, já no que diz respeito à *ação a ser ajuizada em desfavor dos candidatos*, faz-se necessário harmonizar a técnica processual pertinente à legitimidade passiva (necessidade de litisconsórcio necessário entre o candidato beneficiado pela conduta vedada e o agente público responsável) com a higidez do processo eleitoral, de modo que ela *só poderá ser ajuizada a partir do pedido de registro de candidatura* (data em que o postulante ao cargo público assume a condição oficial de

---

[284] Referendando nosso entendimento: CONDUTAS VEDADAS – CANDIDATOS – IRRELEVÂNCIA. *Enquadrada a situação jurídica no artigo 73, inciso IV e §10, da Lei nº 9.504/97, revela-se prescindível a existência, à época, de candidatos.* BENS IMÓVEIS – DISTRIBUIÇÃO. Exceto em casos de calamidade pública, de estado de emergência ou de programas sociais autorizados em lei e já em execução orçamentária no exercício anterior, fica proibida a distribuição gratuita de bens, valores e benefícios, por parte da administração pública, no ano da eleição. REPRESENTAÇÃO – CONDUTA VEDADA – POTENCIAL LESIVO. Ante o silêncio da norma de regência, é impróprio colar-se à incidência a necessidade de o ato mostrar-se com potencialidade a ponto de desequilibrar a disputa eleitoral. REPRESENTAÇÃO – CONDUTA VEDADA – LEI Nº 9.504/97 – MULTA. *A teor do disposto no §4º do artigo 73 da Lei nº 9.504/97, incide a sanção de multa, uma vez verificada conduta vedada.* CONDUTA VEDADA X PROPAGANDA ELEITORAL. As expressões conduta vedada e propaganda eleitoral não são sinônimas, cabendo distinguir os institutos. (Recurso Especial Eleitoral nº 36045, Acórdão de 13.03.2014, Relator(a) Min. MARCO AURÉLIO MENDES DE FARIAS MELLO, Publicação: DJE – Diário de justiça eletrônico, Tomo 108, Data 11.06.2014, Página 21-22).

[285] "Segundo a jurisprudência do TSE, *o ato de improbidade administrativa praticado em momento anterior ao registro de candidatura* também pode configurar, em tese, a prática de abuso do poder político, desde que presente a potencialidade para macular o pleito, hipótese que *inaugura a competência material da Justiça Eleitoral como órgão responsável pela lisura das eleições.* Precedentes." (Recurso Especial Eleitoral nº 65807, Acórdão de 01.08.2013, Relator(a) Min. JOSÉ DE CASTRO MEIRA, Publicação: DJE – Diário de justiça eletrônico, Tomo 160, Data 22.08.2013, Página 32).

candidato). Esse é o entendimento mais recente do Tribunal Superior Eleitoral (TSE).[286]

Quanto ao *prazo final*, a legislação (artigo 73, §12, da Lei nº 9.504/97) foi taxativa ao *estabelecer a data da diplomação*[287] como sendo o último dia para o ajuizamento da ação em referência, valendo ressaltar que se trata de prazo decadencial.

10.2.D Legitimidade ativa: O *caput* do artigo 22 da LC nº 64/90 é bem claro ao estabelecer que o "*qualquer partido político, coligação, candidato ou Ministério Público Eleitoral* poderá representar à Justiça Eleitoral, diretamente ao Corregedor-Geral ou Regional, relatando fatos e indicando provas, indícios e circunstâncias e pedir abertura de investigação judicial para apurar uso indevido, desvio ou abuso do poder econômico ou do poder de autoridade, ou utilização indevida de veículos ou meios de comunicação social, em benefício de candidato ou de partido político".

Importante ressaltar que a legitimidade ativa, no caso, é concorrente e disjuntiva, de modo que cada um dos habilitados possui autonomia para o exercício desse direito constitucional, havendo, no caso de mais de uma ação ser ajuizada, a necessidade de reunião das demandas (e não litispendência) com a formação de litisconsórcio posterior, tudo de acordo com a redação do novo artigo 92-B, da Lei das Eleições, acrescido pela Lei nº 13.165/15.[288]

---

[286] *ELEIÇÕES 2014. REPRESENTAÇÃO. CONDUTA VEDADA.* ART. 73, I E III, DA LEI Nº 9.504/97. PRELIMINARES. *ILEGITIMIDADE PASSIVA. INADEQUAÇÃO DA VIA ELEITA. REJEIÇÃO.* REUNIÃO POLÍTICA EM RESIDÊNCIA OFICIAL DA PRESIDENTE DA REPÚBLICA. NÃO CONFIGURAÇÃO. REGISTRO DE CANDIDATURA NÃO FORMALIZADO. INEXISTÊNCIA DE ATO PÚBLICO. POSSIBILIDADE DE UTILIZAÇÃO DE RESIDÊNCIA OFICIAL. PARTICIPAÇÃO DE AGENTES POLÍTICOS. IMPROCEDÊNCIA DA REPRESENTAÇÃO. 1. Rejeitadas as preliminares de ilegitimidade passiva e de inadequação da via eleita, em razão, respectivamente, da *possibilidade de aplicação de sanções também aos partidos eventualmente beneficiados* e da alegada violação ao inciso III do art. 73 da Lei nº 9.504/97. 2. *A hipótese de incidência do inciso I do referido art. 73 é direcionada às candidaturas postas, não sendo possível cogitar sua aplicação antes de formalizado o registro de candidatura. Precedente do Tribunal Superior Eleitoral.* (Representação nº 14562, Acórdão de 07.08.2014, Relator(a) Min. ADMAR GONZAGA NETO, Publicação: DJE – Diário de justiça eletrônico, Tomo 159, Data 27.8.2014, Página 62).

[287] Art. 22. As representações que visarem à apuração das hipóteses previstas nos arts. 23, 30-A, 41-A, 45, inciso VI, 73, 74, 75 e 77 da Lei nº 9.504/1997 observarão o rito estabelecido pelo art. 22 da Lei Complementar nº 64/1990. §1º As representações de que trata o caput poderão ser ajuizadas até a data da diplomação, exceto as do art. 30-A e 23 da Lei nº 9.504/1997, que poderão ser propostas, respectivamente, no prazo de quinze dias e até 31 de dezembro de 2017.

[288] Art. 96-B. Serão reunidas para julgamento comum as ações eleitorais propostas por partes diversas sobre o mesmo fato, sendo competente para apreciá-las o juiz ou relator que tiver recebido a primeira. (Incluído pela Lei nº 13.165, de 2015); §1º O ajuizamento de ação eleitoral

Questão interessante e de fundamental importância prática diz respeito ao *ajuizamento da ação por parte de quem legalmente não possui legitimidade e suas consequências, caso de um eleitor.* A *priori*, a solução simplista a ser aventada seria a extinção do processo sem resolução do mérito, conforme supostamente orienta a alínea "c", do inciso I, do artigo 22, da LC nº 64/90 em conjunto com o atual artigo 267, VI, do CPC de 1973 (ainda vigente).

Ocorre que o Novo Código de Processo Civil, de aplicação supletiva e subsidiária ao processo eleitoral (vide artigo 15, do NCPC),[289] dentre várias inovações, estabeleceu o *princípio da primazia da decisão de mérito* (artigo 4º), segundo o qual "as partes têm direito de obter em prazo razoável a solução integral do mérito, incluindo a atividade satisfativa", cujo conteúdo se irradia por todo o novel estatuto processual.[290]

Trata-se da positivação no Novo CPC de premissa fundamental do processo coletivo (vide artigo 9º, da Lei da Ação Popular, e artigo 5º, §3º, da Lei da Ação Civil Pública) e que, no processo individual, foi alçado à categoria das "normas fundamentais do processo civil", de modo que sua observância pelo magistrado, na seara eleitoral, também é de rigor.[291]

Assim sendo, ao invés da simples – e fácil – extinção do processo, o juiz deve intimar todos os legitimados ativos, ou pelo menos o Ministério Público (defensor da ordem jurídica e legitimado universal) com o fim de lhes cientificar sobre a existência da ação e adotarem as providências

---

por candidato ou partido político não impede ação do Ministério Público no mesmo sentido. (Incluído pela Lei nº 13.165, de 2015); §2º Se proposta ação sobre o mesmo fato apreciado em outra cuja decisão ainda não transitou em julgado, será ela apensada ao processo anterior na instância em que ele se encontrar, figurando a parte como litisconsorte no feito principal. (Incluído pela Lei nº 13.165, de 2015); §3º Se proposta ação sobre o mesmo fato apreciado em outra cuja decisão já tenha transitado em julgado, não será ela conhecida pelo juiz, ressalvada a apresentação de outras ou novas provas. (Incluído pela Lei nº 13.165, de 2015).

289 Art. 15. Na ausência de normas que regulem processos eleitorais, trabalhistas ou administrativos, as disposições deste Código lhes serão aplicadas supletiva e subsidiariamente.

290 Art. 76. Verificada a incapacidade processual ou a irregularidade da representação da parte, o juiz suspenderá o processo e designará prazo razoável para que seja sanado o vício; Art. 139. O juiz dirigirá o processo conforme as disposições deste Código, incumbindo-lhe: IX – determinar o suprimento de pressupostos processuais e o saneamento de outros vícios processuais; Art. 317. Antes de proferir decisão sem resolução de mérito, o juiz deverá conceder à parte oportunidade para, se possível, corrigir o vício.

291 No mesmo sentido é o entendimento do já citado Gregório Assagra de Almeida, que afirma não ser mais "admissível que o Poder Judiciário fique preso em questões formais, muitas delas colhidas em uma filosofia liberal individualista já superada e incompatível com o Estado Democrático de Direito, deixando de enfrentar o mérito, por exemplo, de uma ação coletiva cuja a causa de pedir se fundamenta em improbidade administrativa ou em dano ao meio ambiente".

que entenderem cabíveis, pois não se pode esquecer que o feito trata de condutas nocivas ao processo eleitoral e à própria democracia (bem maior a ser tutelado pela Justiça Eleitoral), sendo, pois, de interesse público a sua instrução e julgamento.

Corroborando tal linha de pensamento, citamos o Enunciado nº 372, do Fórum Permanente de Processualistas Civis, que, analisando o artigo 4º do Novo CPC, sintetizou assim a interpretação uniforme do colegiado: "O art. 4º tem aplicação em todas as fases e em todos os tipos de procedimento, inclusive em incidentes processuais e na instância recursal, impondo ao órgão jurisdicional viabilizar o saneamento de vícios para examinar o mérito, sempre que seja possível a sua correção".

Aliás, ainda que o magistrado entenda não ser essa a solução para a hipótese, deverá, antes de proferir a decisão de extinção do feito, oportunizar que a parte manifeste-se sobre o vício, conforme determina o artigo 10 do Novo Código de Processo Civil,[292] quando então poderá ser requerida a intimação dos legitimados ativos.

Nessa hipótese, especificamente no tocante ao Ministério Público, deve-se lembrar que figurará como "fiscal da lei", devendo obrigatoriamente tomar ciência do processo[293] (para emissão de parecer sobre a eventual ilegitimidade), fato que permitiria a assunção do polo ativo da demanda.

Portanto – e para concluir – não se concebe que o ajuizamento da ação por parte de um sujeito não legitimado expressamente pela lei leve ao efeito liminar automático da extinção do processo sem que antes a mesma parte ilegítima seja intimada para se manifestar e que os legitimados ativos, em especial o Ministério Público, dela tomem conhecimento para assunção do polo ativo.

Porém, caso o magistrado entenda que não seja essa a postura adequada à hipótese, não haverá como se furtar de, mesmo extinguindo o feito sem possibilitar o saneamento da ilegitimidade ou a intimação do *Parquet*, remeter cópia da documentação pertinente ao órgão ministerial,

---

[292] Art. 10. O juiz não pode decidir, em grau algum de jurisdição, com base em fundamento a respeito do qual não se tenha dado às partes oportunidade de se manifestar, ainda que se trate de matéria sobre a qual deva decidir de ofício.

[293] Nesse aspecto, cita-se lição do eminente processualista Cassio Scarpinella Bueno, que, comentando o artigo 10 do novo CPC, vaticina: "A norma exige que as partes sejam ouvidas previamente. É possível interpretar a palavra mais amplamente para se referir aos terceiros, assim entendido também o Ministério Público quando atuante na qualidade de fiscal da ordem jurídica? A resposta só pode ser positiva porque, a insistência nunca será demasiada, o contraditório deriva diretamente do 'modelo constitucional do direito processual civil', sendo mera expressão redacional sua a contida no dispositivo anotado" (BUENO, Cássio Scarpinella. *Novo Código de Processo Civil Anotado*. São Paulo: Saraiva, 2015, p. 48).

conforme aplicação analógica do artigo 7º, da Lei nº 7347/75 (Lei da Ação Civil Pública), segundo o qual "se, no exercício de suas funções, os juízes e tribunais tiverem conhecimento de fatos que possam ensejar a propositura da ação civil, remeterão peças ao Ministério Público para as providências cabíveis".

10.2.E Legitimidade passiva: Conforme exposto (8.2.C), têm legitimidade para figurar no polo passivo da demanda os candidatos beneficiados, os agentes públicos envolvidos, os partidos políticos, coligações e todos (pessoa física ou jurídica) os que tenham colaborado para a prática das condutas vedadas.

No caso, a legitimidade passiva possui pertinência com a participação e responsabilidade pelo ato inquinado, pois não se pode demandar contra alguém que não concorreu, de qualquer forma, para a prática de determinado ilícito. Trata-se de postulado básico que consagra o princípio da culpabilidade. Dentro desse contexto, temos duas possibilidades.

A primeira delas trata do caso da demanda a ser ajuizada no período pré-eleitoral, por conta de eventual benefício praticado por agente público em favor de agremiação política/pré-candidato. Nesse caso, não há qualquer disposição (legal ou jurisprudencial) referente à necessidade de se formar litisconsórcio passivo necessário entre o agente público responsável pelo ato e o partido político/pré-candidato, muito embora o recomendável (não o obrigatório) seja exatamente a propositura da demanda contra ambos, pois, via de regra, ambos estão umbilicalmente ligados no mundo dos fatos (ou até mesmo estatutariamente pela filiação partidária). Não se pode, contudo, excluir a hipótese (plenamente possível ante a corriqueira falta de decoro dos atores políticos em período eleitoral) da conduta ser fruto da ação isolada de qualquer um deles, exatamente para macular a imagem do outro e até mesmo já possibilitar a deflagração de investigações ou ações por parte das instituições fiscalizatórias.

Esse tem sido o entendimento da Corte Eleitoral (TSE), para quem, nas hipóteses em que o agente público atua como "simples mandatário", a formação do "litisconsórcio não é indispensável à validade do processo".[294]

[294] Agravo Regimental em Recurso Especial Eleitoral nº 31.108/PR, Rel. Min. João Otávio de Noronha, DJE 16.09.2014.

Assim, no período pré-eleitoral, o que efetivamente importa é que se demande contra quem de qualquer forma concorreu ou colaborou (ativa ou passivamente) para a prática do ato ilegal.

Confirmando essa linha de raciocínio, a Lei nº 11.165/15 acrescentou o §11 ao artigo 96 da Lei das Eleições, cuja redação esclarece que "as sanções aplicadas a candidato em razão do descumprimento de disposições desta Lei não se estendem ao respectivo partido, mesmo na hipótese de esse ter se beneficiado da conduta, salvo quando comprovada a sua participação".

A segunda hipótese diz respeito à circunstância de quando a conduta for praticada após o pedido de registro. Aqui, surge uma nova figura a ser incluída na relação processual: o candidato. Por coerência, deve-se seguir a mesma linha de raciocínio,[295] com a ressalva de que *no caso das "ações eleitorais em que se cogita de cassação de registro, de diploma ou de mandato, há litisconsórcio passivo necessário entre os integrantes da chapa majoritária*, considerada a possibilidade de ambos os integrantes serem afetados pela eficácia da decisão".[296]

Destarte, "não tendo sido citado o vice-prefeito no prazo para o ajuizamento da representação, esta deve ser extinta com resolução de mérito por ocorrência da decadência, nos termos do art. 269, IV, do CPC, sendo, portanto, inviável a continuidade do processo para a aplicação das sanções previstas para a prática dos ilícitos mencionados na inicial".[297] Tal entendimento é consequência do princípio da unidade da chapa majoritária.

Diferente, contudo, é a hipótese da demanda visar apenas a imposição da sanção de multa, quando não é necessário o litisconsórcio

---

[295] AGRAVO REGIMENTAL. RECURSO ORDINÁRIO. ELEIÇÃO 2010. REPRESENTAÇÃO. CONDUTA VEDADA. LITISCONSÓRCIO PASSIVO NECESSÁRIO. ART. 47 DO CPC. EXTINÇÃO DO PROCESSO SEM RESOLUÇÃO DO MÉRITO. DECADÊNCIA. DESPROVIMENTO. 1. A reiteração de teses recursais atrai a incidência da Súmula nº 182/STJ. 2. *Na representação para apuração de condutas vedadas, há litisconsórcio passivo necessário entre o candidato beneficiado e o agente público tido como responsável pelas práticas ilícitas* (precedente: RO nº 169677/RR, DJe de 6.2.2012, rel. Min. Arnaldo Versiani). 3. *In casu*, o próprio agravante afirma que não há como identificar o agente público autor da conduta vedada, mantendo-se incólumes os fundamentos da decisão agravada. 4. Agravo regimental desprovido. (Agravo Regimental em Recurso Ordinário nº 505126, Acórdão de 27.02.2014, Relator(a) Min. JOSÉ ANTÔNIO DIAS TOFFOLI, Publicação: DJE – Diário de justiça eletrônico, Tomo 62, Data 01.04.2014, Página 59).

[296] AgR-REspe nº 955944296/CE, Rel. Min. Arnaldo Versiani, DJe de 16.8.2011.

[297] Agravo Regimental em Recurso Especial Eleitoral nº 28947, Acórdão de 01.08.2014, Relator(a) Min. LUCIANA CHRISTINA GUIMARÃES LÓSSIO, Publicação: DJE – Diário de justiça eletrônico, Tomo 156, Data 22.08.2014.

entre os integrantes da chapa majoritária, devendo o feito ser ajuizado recomendavelmente contra todos os responsáveis pelo ilícito.

Outrossim, convém destacar que o entendimento do Tribunal Superior Eleitoral (TSE), no sentido de que "admite-se a intervenção, na condição de assistente simples, do primeiro suplente de candidato ao cargo de vereador, em ações eleitorais que visam impugnar pedido de registro de candidatura ou que objetivam a cassação de mandato ou diploma em eleições proporcionais, nas hipóteses em que, por estarem filiados a partidos políticos coligados, há possibilidade de o pretenso assistente ser atingido pelos reflexos eleitorais decorrentes da eventual cassação do diploma ou mandato do candidato eleito".[298]

Vimos até agora as observações referentes ao ajuizamento da ação por conduta vedada contra os sujeitos passivos adequados. Ocorre que, se a demanda for dirigida contra parte ilegítima, deverá o requerido, em sua defesa, alegar tal situação, ocasião em que o juiz deverá facultar ao autor a alteração da petição inicial para a correta indicação. E mais: "quando alegar sua ilegitimidade, incumbe ao réu indicar o sujeito passivo da relação jurídica discutida sempre que tiver conhecimento, sob pena de arcar com as despesas processuais e de indenizar o autor pelos prejuízos decorrentes da falta de indicação".[299]

Dentro desse contexto, vêm a calhar os entendimentos doutrinários sedimentados à unanimidade no I Fórum Permanente dos Processualistas Civis:

> Enunciado 42 – *O dispositivo aplica-se mesmo a procedimentos especiais* que não admitem intervenção de terceiros, bem como aos juizados especiais cíveis, pois se trata de mecanismo saneador, que excepciona a estabilização do processo.
>
> Enunciado 152 – Nas hipóteses dos §§1º e 2º do art. 339, a aceitação do autor deve ser feita no prazo de quinze dias destinado à sua manifestação sobre a contestação ou sobre essa alegação de ilegitimidade do réu.
>
> Enunciado 296 – Quando conhecer liminarmente e de ofício a ilegitimidade passiva, o juiz facultará ao autor a alteração da petição inicial, para substituição do réu, nos termos dos arts. 339 e 340, sem ônus sucumbenciais.

---

[298] Agravo Regimental em Recurso Especial Eleitoral nº 106886, Acórdão de 18.06.2015, Relator(a) Min. MARIA THEREZA ROCHA DE ASSIS MOURA, Publicação: DJE – Diário de justiça eletrônico, Tomo 123, Data 1.7.2015, Página 7/8.

[299] Vide artigos 338 e 339, do Novo Código de Processo Civil.

10.2.F Petição inicial (requisitos, emenda e indeferimento): De acordo com o artigo 319, do Novo Código de Processo Civil, a exordial terá os seguintes requisitos: I – o juízo a que é dirigida; II – os nomes, os prenomes, o estado civil, a existência de união estável, a profissão, o número de inscrição no Cadastro de Pessoas Físicas ou no Cadastro Nacional da Pessoa Jurídica, o endereço eletrônico, o domicílio e a residência do autor e do réu; III – o fato e os fundamentos jurídicos do pedido; IV – o pedido com as suas especificações; V – o valor da causa; VI – as provas com que o autor pretende demonstrar a verdade dos fatos alegados e VII – a opção do autor pela realização ou não de audiência de conciliação ou de mediação.

Diante da omissão das leis eleitorais sobre a temática (apenas as resoluções do TSE tratam de alguns aspectos), aplica-se o dispositivo citado com alguns temperamentos.

Em primeiro lugar, exclui-se a incidência dos incisos V e VII, pois no processo eleitoral não há sucumbência para justificar o valor da causa e não há possibilidade de acordo (trata-se de atos configuradores de improbidade administrativa, insuscetíveis de transação por força do artigo 17, §1º, da Lei nº 8.429/92).

Na sequência, destaca-se que as testemunhas deverão ser arroladas pelo representante, na inicial, e, pelo representado, na defesa, com o limite de 6 para cada parte, sob pena de preclusão, bem como que as testemunhas deverão comparecer à audiência independentemente de intimação e, por fim, que versando a representação sobre mais de um fato determinado, o Juiz Eleitoral poderá, mediante pedido justificado da parte, admitir a oitiva de testemunhas acima do limite previsto, desde que não ultrapassado o número de seis testemunhas para cada fato.

Sobre tais disposições infralegais, faz-se necessário compatibilizar e esclarecer o seu conteúdo à luz do Novo Código de Processo Civil, tudo nos seguintes termos: a) O artigo 357, §§4º e 5º do Estatuto Processual possibilita que as partes arrolem testemunhas (em número máximo não superior a 10 (dez), sendo 3 (três), no máximo, para cada fato) após a propositura da demanda, o que, diante de norma legal específica na seara eleitoral, deve prevalecer; b) De acordo com o artigo 455 do mesmo diploma,[300] a intimação da testemunha, via de

[300] Art. 455. Cabe ao advogado da parte informar ou intimar a testemunha por ele arrolada do dia, da hora e do local da audiência designada, dispensando-se a intimação do juízo. §1º A intimação deverá ser realizada por carta com aviso de recebimento, cumprindo ao advogado juntar aos autos, com antecedência de pelo menos 3 (três) dias da data da audiência, cópia da correspondência de intimação e do comprovante de recebimento. §2º A parte pode comprometer-se a levar a testemunha à audiência, independentemente da

regra, é ônus do advogado da parte, a quem cabe expedir carta com aviso de recebimento, devendo juntar sua comprovação 3 dias antes da audiência, sob pena de tal omissão ser considerada como desistência da oitiva da testemunha.

Nesse sentido, espera-se que o Colendo Tribunal Superior Eleitoral (TSE) reformule a atual jurisprudência no sentido de que "nas ações processadas sob o rito do art. 22 da Lei Complementar nº 64/90, *a apresentação do rol de testemunhas deve ocorrer no momento da propositura da ação e da apresentação da defesa, sob pena de preclusão*".[301] De qualquer forma, não se pode também deixar de registrar que a mesma Corte entende que "a nulidade relativa à não juntada do rol de testemunhas no momento do oferecimento da inicial de ação de investigação judicial eleitoral ou no da apresentação da defesa é meramente relativa e está sujeita à preclusão".[302]

Ainda sobre a prova testemunhal, a Minirreforma Eleitoral de 2015 (Lei nº 13.165, de 2015) apresentou relevante *limitação probatória*, ao inserir o *artigo 368-A no Código Eleitoral*, cuja redação dispõe que "a prova testemunhal singular, quando exclusiva, não será aceita nos processos que possam levar à perda do mandato".

No que diz respeito ao material probatório, é de se destacar que a prova documental referente ao alegado deve acompanhar a inicial desde já e em tantas cópias quanto forem os demandados, sendo que "quando qualquer documento necessário à formação da prova se achar em poder de terceiro, inclusive estabelecimento de crédito, oficial ou privado, o Juiz Eleitoral poderá, ainda, naquele prazo, ordenar o respectivo depósito ou requisitar cópias (LC nº 64/90, art. 22, VIII)". Claro que essa requisição judicial, a despeito de ser a primeira opção do julgador ao receber

intimação de que trata o §1º, presumindo-se, caso a testemunha não compareça, que a parte desistiu de sua inquirição. §3º A inércia na realização da intimação a que se refere o §1º importa desistência da inquirição da testemunha. §4º A intimação será feita pela via judicial quando: I – for frustrada a intimação prevista no §1º deste artigo; II – sua necessidade for devidamente demonstrada pela parte ao juiz; III – figurar no rol de testemunhas servidor público ou militar, hipótese em que o juiz o requisitará ao chefe da repartição ou ao comando do corpo em que servir; IV – a testemunha houver sido arrolada pelo Ministério Público ou pela Defensoria Pública; V – a testemunha for uma daquelas previstas no art. 454. §5º A testemunha que, intimada na forma do §1º ou do §4º, deixar de comparecer sem motivo justificado será conduzida e responderá pelas despesas do adiamento.

[301] Agravo Regimental em Agravo de Instrumento nº 775384, Acórdão de 07.10.2014, Relator(a) Min. HENRIQUE NEVES DA SILVA, Publicação: DJE – Diário de justiça eletrônico, Tomo 194, Data 15.10.2014, Página 40/41.

[302] Recurso Especial Eleitoral nº 38332, Acórdão de 26.05.2015, Relator(a) Min. HENRIQUE NEVES DA SILVA, Publicação: DJE – Diário de justiça eletrônico, Tomo 120, Data 26.06.2015, Página 248/249.

uma petição inicial desacompanhada dos documentos necessários em poder de terceiro, deve observar os critérios da utilidade processual e da oportunidade, o que permite, diante de fundadas suspeitas de manipulação documental (ou de sua possibilidade iminente), bem como ocultação pretérita ou qualquer expediente da mesma natureza, a imediata expedição do competente mandado de busca e apreensão, sob pena de se frustrar a colheita da prova.

Quando se tratar de "representação instruída com imagem e/ou áudio, uma via da respectiva degravação será encaminhada juntamente com a notificação, devendo uma cópia da mídia e da degravação permanecer no processo e uma cópia da mídia ser mantida em cartório, facultando-se às partes e ao Ministério Público, a qualquer tempo, requerer cópia, independentemente de autorização específica do Juiz Eleitoral" (artigo 25, §1º, da Instrução TSE nº 540-50.2015.6.00.0000). Interpretando tal norma (igual à de anos anteriores), o Tribunal Superior Eleitoral (TSE) fixou o entendimento no sentido da "regularidade da degravação parcial do conteúdo da mídia, embora apresentada em via única, pois entendeu ser suficiente para comprovar a ocorrência de propaganda eleitoral antecipada consistente na divulgação, em veículo de informação público, de pronunciamentos feitos durante evento intrapartidário", bem como que "não se depreende nenhum prejuízo para a parte em virtude da degravação parcial, porquanto foi possível ao representado insurgir-se contra a suposta irregularidade a ele imputada".[303] E mais: "Disponível, nos autos, o conteúdo audiovisual da propaganda inquinada de irregular, dispensável a respectiva degravação".[304]

Quanto à *emenda da petição inicial*, o artigo 321 do Novo Código de Processo Civil estabelece que o juiz, ao verificar que "não preenche os requisitos dos arts. 319 e 320 ou que apresenta defeitos e irregularidades capazes de dificultar o julgamento de mérito, determinará que o autor, no prazo de 15 (quinze) dias, a emende ou a complete, indicando com precisão o que deve ser corrigido ou completado", estabelecendo em seu parágrafo único que o descumprimento da ordem judicial resultará no indeferimento da exordial inicial.

---

[303] Agravo Regimental em Recurso Especial Eleitoral nº 57350, Acórdão de 19.05.2015, Relator(a) Min. GILMAR FERREIRA MENDES, Publicação: DJE – Diário de justiça eletrônico, Tomo 158, Data 20.08.2015, Página 29/30.

[304] Representação nº 4199050, Acórdão de 13.05.2010, Relator(a) Min. ALDIR GUIMARÃES PASSARINHO JUNIOR, Publicação: DJE – Diário da Justiça Eletrônico, Data 08.06.2010, Página 65/66.

Note-se que a emenda é um *direito do autor e não uma faculdade do* juiz,[305] chegando tal medida a ser *admitida, excepcionalmente, mesmo "após o oferecimento da contestação* quando tal diligência não ensejar a modificação do pedido ou da causa de pedir".[306]

Por fim, a petição inicial será indeferida "quando não for caso de representação ou lhe faltar algum requisito essencial" (LC nº 64/90, art. 22, I, c).

Além dessas duas hipóteses legais, deve-se acrescer o disposto no artigo 332, do Novo Código de Processo Civil, segundo o qual "nas causas que dispensem a fase instrutória, o juiz, independentemente da citação do réu, julgará liminarmente improcedente o pedido que contrariar: I – enunciado de súmula do Supremo Tribunal Federal ou do Superior Tribunal de Justiça; II – acórdão proferido pelo Supremo Tribunal Federal ou pelo Superior Tribunal de Justiça em julgamento de recursos repetitivos; III – entendimento firmado em incidente de resolução de demandas repetitivas ou de assunção de competência; IV – enunciado de súmula de tribunal de justiça sobre direito local". Além disso, diz o parágrafo primeiro do citado dispositivo que "o juiz também poderá julgar liminarmente improcedente o pedido se verificar, desde logo, a ocorrência de decadência ou de prescrição".

Contra a decisão de indeferimento liminar da petição inicial, cabe recurso eleitoral inominado (equivalente à apelação no processo civil comum), no prazo de três dias, dirigido à instância superior. Nesse tocante, a irresignação deve ser protocolada perante o juízo *a quo*, que, após ouvir as razões do recorrido, poderá se retratar em até 48 horas (vide artigo 267, §6º, do Código). Outra opção dada ao autor de uma ação que seja indeferida liminarmente pelo juiz é a renovação do pedido diretamente perante o Tribunal Regional Eleitoral, que decidirá em 24 horas (vide artigo 22, II, da Lei Complementar nº 64/60 c/c artigo 24, 3º, da Instrução TSE nº 540-50.2015.6.00.0000).

Caso o juiz efetivamente retrate-se de sua decisão anterior de indeferimento, "poderá o recorrido, dentro de 3 (três) dias, requerer

---

[305] PROCESSUAL CIVIL. AGRAVO REGIMENTAL NO RECURSO ESPECIAL. ART. 284 DO CÓDIGO DE PROCESSO CIVIL. EMENDA À INICIAL. DEVER DO JUIZ. INCIDÊNCIA DA SÚMULA N. 83/STJ. I – Apresentando a petição inicial vícios, é dever do juiz determinar que sejam sanados. Entendimento consolidado desta Corte. II – Agravo Regimental improvido. (STJ, AgRg no REsp 1254268/SC, Rel. Ministra REGINA HELENA COSTA, PRIMEIRA TURMA, julgado em 10.11.2015, DJe 23.11.2015).

[306] STJ, AgRg no AREsp 720.321/PR, Rel. Ministro RICARDO VILLAS BÔAS CUEVA, TERCEIRA TURMA, julgado em 01.12.2015, DJe 09.12.2015.

suba o recurso como se por ele interposto" (artigo 267, §7º, do Código Eleitoral).

10.2.G Desistência da ação: A ação por conduta vedada tutela nítido interesse público difuso: a lisura no pleito eleitoral, consubstanciada pela imposição de regras voltadas para igualdade de oportunidades na eleição.

Dentro desse contexto, o instituto da desistência da ação, a despeito de ser um direito do autor até a prolação da sentença[307] (vide artigo 485, §5º, do Novo Código de Processo Civil), deve ser analisado com muita cautela, uma vez que por trás de pedido desse jaez pode estar escondido um acordo nada republicano entre as partes, ou até mesmo ameaças contra a integridade física de pessoas.

O que deve, então, fazer o juiz? A legislação eleitoral não oferece resposta específica, o que autoriza a invocação do *princípio da primazia da decisão de mérito* (artigo 4º, do Novo Código de Processo Civil), que é uma das "normas fundamentais do processo" e que possui sua gênese no artigo 9º, da Lei da Ação Popular,[308] e no artigo 5º, §3º, da Lei da Ação Civil Pública.[309]

Assim, seguindo a mesma orientação que fixamos antes quanto à ilegitimidade ativa, deve o juiz intimar todos os demais legitimados ativos sobre o pedido de desistência antes de homologá-lo.[310]

O Tribunal Superior Eleitoral (TSE) já decidiu pela "viabilidade da assunção do Ministério Público ao polo ativo de demandas eleitorais",

---

[307] O Novo Código de Processo Civil estipula duas regras bem claras quanto aos limites temporais do instituto da desistência da ação: a) em primeiro lugar, fixa o momento anterior à citação do réu como sendo aquele em que o autor pode desistir independente da aquiescência do réu (artigo 485, §4º – Oferecida a contestação, o autor não poderá, sem o consentimento do réu, desistir da ação); b) em seguida estabeleceu a sentença como o termo final para a possibilidade de desistência da ação (artigo 485, §5 – A desistência da ação pode ser apresentada até a sentença).

[308] "*Art. 9º Se o autor desistir da ação* ou der motivo à absolvição da instância, *serão publicados editais* nos prazos e condições previstos no art. 7º, inciso II, *ficando assegurado* a qualquer cidadão, bem como *ao representante do Ministério Público,* dentro do prazo de 90 (noventa) dias da última publicação feita, *promover o prosseguimento da ação*" (grifos nossos).

[309] §3º Em caso de desistência infundada ou abandono da ação por associação legitimada, *o Ministério Público ou outro legitimado assumirá a titularidade ativa* (grifos nossos).

[310] José Jairo Gomes, ainda sob a égide do CPC-73, entendia da mesma maneira: "Apesar de não existir específica previsão legal nos domínios da legislação eleitoral, pode-se invocar por analogia o disposto no artigo 9º da Lei nº 4717/65 (Lei da Ação Popular), pelo qual, se o autor popular desistir da ação ou provocar a extinção do processo, ficará assegurado ao representante do Ministério Público dar-lhe seguimento. Se é assim naquela seara, em que se defende a higidez do erário, tanto mais o será aqui, no Direito Eleitoral, em que se encontrem em jogo valores e princípios altamente significativos para o Estado Democrático de Direito, como a lisura e a legitimidade do processo eleitoral" (*Op. cit.* p. 546).

destacando que só "não há como se admitir a sucessão processual pelo *Parquet* Eleitoral em processo absolutamente nulo desde a sua origem".[311]

10.2.H Providências do juiz após o juízo de admissibilidade positivo sobre a petição inicial: Verificando o juiz que a petição inicial é apta, poderá o julgador adotar as seguintes providências:

a) "*determinará que se suspenda o ato que deu motivo à representação,* quando for relevante o fundamento e do ato impugnado puder resultar a ineficiência da medida, caso seja julgada procedente" (artigo 22, I, a, da Lei Complementar nº 64/90);

b) "*ordenará que se notifique o representado do conteúdo da petição,* entregando-se lhe a segunda via apresentada pelo representante com as cópias dos documentos, *a fim de que, no prazo de 5 (cinco) dias, ofereça ampla defesa,* juntada de documentos e rol de testemunhas, se cabível" (artigo 22, I, a, da Lei Complementar nº 64/90).

Na primeira hipótese, não há dúvidas que se trata do poder geral de cautela conferido ao magistrado,[312] que, diante do caso concreto, deve determinar não só a suspensão do ato impulsionador da demanda, mas também todas "as medidas que considerar adequadas", tais como buscas e apreensões, exibição de documentos, ordens inibitórias ou mandatórias etc. Essa é a lógica que se extrai do artigo 301, do Novo Código de Processo Civil, segundo o qual "a tutela de urgência de natureza cautelar pode ser efetivada mediante arresto, sequestro, arrolamento de bens, registro de protesto contra alienação de bem e qualquer outra medida idônea para asseguração do direito". Em qualquer situação, "a tutela de urgência será concedida quando houver elementos que evidenciem a probabilidade do direito e o perigo de dano ou o risco ao resultado útil do processo", podendo o juiz, "conforme o caso, exigir caução real ou fidejussória idônea para ressarcir os danos que a outra parte possa vir a sofrer, podendo a caução ser dispensada se a parte economicamente hipossuficiente não puder oferecê-la" (vide artigo 300, do Novo Código de Processo Civil).

O "juiz motivará seu convencimento de modo claro e preciso" (artigo 298, do Novo Código de Processo Civil), merecendo destaque os seguintes entendimentos doutrinários sedimentados à unanimidade no I Fórum Permanente dos Processualistas Civis:

---

[311] Recurso Especial Eleitoral nº 1983, Acórdão de 17.09.2015, Relator(a) Min. LUCIANA CHRISTINA GUIMARÃES LÓSSIO, Publicação: DJE – Diário de justiça eletrônico, Tomo 200, Data 21.10.2015, Página 30.

[312] Art. 297, do Novo Código de Processo Civil. O juiz poderá determinar as medidas que considerar adequadas para efetivação da tutela provisória.

Enunciado 29 – A decisão que condicionar a apreciação da tutela provisória incidental ao recolhimento de custas ou a outra exigência não prevista em lei equivale a negá-la, sendo impugnável por agravo de instrumento;

Enunciado 30 – O juiz deve justificar a postergação da análise liminar da tutela provisória sempre que estabelecer a necessidade de contraditório prévio;

Enunciado 141 – O disposto no art. 298, CPC, aplica-se igualmente à decisão monocrática ou colegiada do Tribunal;

Uma vez "efetivada a tutela cautelar, o pedido principal terá de ser formulado pelo autor no prazo de 30 (trinta) dias, caso em que será apresentado nos mesmos autos em que deduzido o pedido de tutela cautelar, não dependendo do adiantamento de novas custas processuais" (artigo 308, do Novo Código de Processo Civil).

A medida cautelar concedida antecipadamente cessará se: "I – o autor não deduzir o pedido principal no prazo legal; II – não for efetivada dentro de 30 (trinta) dias; III – o juiz julgar improcedente o pedido principal formulado pelo autor ou extinguir o processo sem resolução de mérito. Se por qualquer motivo cessar a eficácia da tutela cautelar, é vedado à parte renovar o pedido, salvo sob novo fundamento" (artigo 309, do Novo Código de Processo Civil).

Vige no sistema eleitoral brasileiro a regra da irrecorribilidade das decisões interlocutórias, conforme se depreende do artigo 29, da Instrução TSE nº 540-50.2015.6.00.0000, que diz expressamente: "as decisões interlocutórias proferidas no curso da representação não são recorríveis de imediato, não precluem e deverão ser novamente analisadas pelo Juiz Eleitoral por ocasião do julgamento, caso assim o requeiram as partes ou o Ministério Público em suas alegações finais", bem como que "modificada a decisão interlocutória pelo Juiz Eleitoral, somente serão anulados os atos que não puderem ser aproveitados, com a subsequente realização ou renovação dos que forem necessários".

Nesse sentido, o Tribunal Superior Eleitoral (TSE):

AGRAVO REGIMENTAL. AGRAVO DE INSTRUMENTO. ELEIÇÕES 2014. DEPUTADO ESTADUAL. AÇÃO DE INVESTIGAÇÃO JUDICIAL ELEITORAL. INTERPOSIÇÃO DE RECURSO ESPECIAL ELEITORAL CONTRA DECISÃO INTERLOCUTÓRIA. DESPROVIMENTO.

1. Consoante a jurisprudência do Tribunal Superior Eleitoral, *as decisões interlocutórias proferidas nas ações eleitorais* em que se discute a cassação de diplomas *são irrecorríveis de imediato* por não estarem sujeitas à preclusão, motivo pelo qual as questões nelas versadas devem ser impugnadas quando da interposição do recurso contra a decisão definitiva de mérito.

> 2. Agravo regimental desprovido. (Agravo Regimental em Agravo de Instrumento nº 765331, Acórdão de 30.09.2015, Relator(a) Min. JOÃO OTÁVIO DE NORONHA, Publicação: DJE – Diário de justiça eletrônico, Tomo 205, Data 28.10.2015, Página 57).

O conhecimento dessa regra é de fundamental importância, pois "cabe à parte interessada arguir a nulidade decorrente do indeferimento do pedido de exibição de documento nas razões do recurso interposto contra a decisão final da causa ou nas contrarrazões. Não arguida a matéria nessas oportunidades, a questão fica preclusa, não podendo ser agitada pela primeira vez apenas no momento da sustentação oral perante a instância ad quem".[313]

Não obstante isso, deve-se relembrar que parte prejudicada pode, "em caso de teratologia ou manifesta ilegalidade, impetrar mandado de segurança".[314] Entretanto, somente nesses casos excepcionais é que se admite o *mandamus*:

> ELEIÇÕES 2012. AGRAVO REGIMENTAL NO RECURSO EM MANDADO DE SEGURANÇA. PROVIMENTO DE RECURSO POR MEIO DE JULGAMENTO MONOCRÁTICO NO TRE/SP NOS AUTOS DA AÇÃO DE IMPUGNAÇÃO DE MANDATO ELETIVO (AIME) CORRESPONDENTE. POSSIBILIDADE. ART. 557, §1º, DO CPC. ULTRAJE A DIREITO LÍQUIDO E CERTO NÃO CONFIGURADO. DESPROVIMENTO.
>
> 1. O fato de as decisões interlocutórias, em processo eleitoral, não serem impugnáveis de imediato não autoriza per se o manejo do mandado de segurança. Precedente: RMS nº 193-77/RO, DJe de 20.11.2013, rel. Min. Marco Aurélio.
>
> 2. A atribuição conferida ao relator para dar provimento a recurso se afigura legítima, não implicando ultraje a dispositivo legal ou constitucional, mormente ao art. 19 do CE e ao princípio do juiz natural, desde que as decisões possam, mediante agravo regimental, ser submetidas ao controle do Colegiado. Precedentes: AgRg-REspe nº 25759/MG, DJ de 29.8.2007, rel. Min. Gerardo Grossi; AgRg-REspe nº 27197/CE, DJ de 11.9.2008, rel. Min. Joaquim Barbosa.
>
> 3. *In casu*, o julgamento monocrático do recurso não configura ultraje a direito líquido e certo dos ora Agravantes, haja vista que o art. 557, §1º,

---

313 Agravo Regimental em Recurso Especial Eleitoral nº 41720, Acórdão de 16.06.2015, Relator(a) Min. HENRIQUE NEVES DA SILVA, Publicação: DJE – Diário de justiça eletrônico, Tomo 188, Data 02.10.2015, Página 25.

314 Agravo Regimental em Agravo de Instrumento nº 51175, Acórdão de 17.12.2014, Relator(a) Min. GILMAR FERREIRA MENDES, Publicação: DJE – Diário de justiça eletrônico, Tomo 35, Data 23.02.2015, Página 56.

> do CPC (reproduzido pelo art. 54, §1º, do Regimento Interno do TRE/SP) autoriza o relator a dar provimento ao recurso quando a decisão recorrida estiver em manifesto confronto com súmula ou com jurisprudência dominante do Supremo Tribunal Federal, ou de Tribunal Superior, o que se amolda à hipótese controvertida nos autos da AIME nº 1-19.2013.6.26.0156. Com efeito, não restou configurada qualquer ilegalidade ou abuso na decisão monocrática proferida pelo relator da AIME, o que impede a concessão do writ.
> 4. Agravo regimental desprovido. (Agravo Regimental em Recurso em Mandado de Segurança nº 22537, Acórdão de 17.12.2014, Relator(a) Min. LUIZ FUX, Publicação: DJE – Diário de justiça eletrônico, Tomo 61, Data 30.03.2015, Página 42).

Pois bem, exaurida a questão das medidas de urgência, passemos à análise do *direito de defesa do representado*, que poderá, no prazo assinalado (05 dias), deduzir tudo o quanto entenda possível e pertinente.[315] É claro que sua contraposição *encontra limites éticos, calcados no dever de lealdade e boa-fé processual*, consistentes na obrigação de: a) expor os fatos em juízo conforme a verdade; b) não formular pretensão ou de apresentar defesa quando cientes de que são destituídas de fundamento; c) não produzir provas e não praticar atos inúteis ou desnecessários à declaração ou à defesa do direito; d) cumprir com exatidão as decisões jurisdicionais, de natureza provisória ou final, e não criar embaraços à sua efetivação; e) declinar, no primeiro momento que lhes couber falar nos autos, o endereço residencial ou profissional onde receberão intimações, atualizando essa informação sempre que ocorrer qualquer modificação temporária ou definitiva; f) não praticar inovação ilegal no estado de fato de bem ou direito litigioso; g) deduzir pretensão ou defesa contra texto expresso de lei ou fato incontroverso; h) alterar a

[315] O Novo Código de Processo Civil regula a matéria nos seguintes termos: Art. 336. Incumbe ao réu alegar, na contestação, toda a matéria de defesa, expondo as razões de fato e de direito com que impugna o pedido do autor e especificando as provas que pretende produzir. Art. 337. Incumbe ao réu, antes de discutir o mérito, alegar: I – inexistência ou nulidade da citação; II – incompetência absoluta e relativa; III – incorreção do valor da causa; IV – inépcia da petição inicial; V – perempção; VI – litispendência; VII – coisa julgada; VIII – conexão; IX – incapacidade da parte, defeito de representação ou falta de autorização; X – convenção de arbitragem; XI – ausência de legitimidade ou de interesse processual; XII – falta de caução ou de outra prestação que a lei exige como preliminar; XIII – indevida concessão do benefício de gratuidade de justiça. Incumbe também ao réu manifestar-se precisamente sobre as alegações de fato constantes da petição inicial, presumindo-se verdadeiras as não impugnadas, salvo se: I – não for admissível, a seu respeito, a confissão; II – a petição inicial não estiver acompanhada de instrumento que a lei considerar da substância do ato; III – estiverem em contradição com a defesa, considerada em seu conjunto. Parágrafo único. O ônus da impugnação especificada dos fatos não se aplica ao defensor público, ao advogado dativo e ao curador especial.

verdade dos fatos; i) usar do processo para conseguir objetivo ilegal; j) opuser resistência injustificada ao andamento do processo; k) proceder de modo temerário em qualquer incidente ou ato do processo; l) provocar incidente manifestamente infundado; m) interpuser recurso com intuito manifestamente protelatório.[316]

Importante salientar que o artigo 81 do Novo Código de Processo Civil prevê sanções pecuniárias para a *litigância de má-fé* com base no valor da causa. Porém, considerando que tal critério inexiste nas ações eleitorais, o Tribunal Superior Eleitoral (TSE) fixou o entendimento segundo o qual "nos feitos eleitorais, afigura-se razoável a fixação considerando o critério atinente à multa fixada na representação, aplicando-se, por analogia, o disposto no §3º do art. 36 da Lei nº 9.504/97", ou seja, entre R$5.000,00 (cinco mil reais) e R$25.000,00 (vinte e cinco mil reais).

Além disso, "não há cerceamento de defesa quando o juiz, motivadamente, rejeita os requerimentos desnecessários ou protelatórios, especialmente em se tratando de processo eleitoral, que exige a adoção de procedimento célere".[317]

Novidade legislativa relevante trazida pelo novel estatuto processual cível diz respeito à possibilidade de *dilação dos prazos processuais*, quando a ação for complexa (artigo 139, VI c/c parágrafo único). É o que ocorre, por exemplo, em ações ajuizadas pelo Ministério Público fundadas em vasto acervo probatório (documentação em grande quantidade, que, como é óbvio, impede a elaboração de uma defesa efetiva por parte do requerido no prazo de 05 dias). É bom lembrar que se trata de uma medida suscetível de ser deferida a qualquer das partes e não somente ao réu, pois o contraditório e a paridade de armas é uma via de mão dupla, de modo que se o requerido fizer juntar (como ocorre na prática invariavelmente) vasta documentação (muitas vezes sem qualquer nexo com a causa em questão) só para dificultar a manifestação da parte adversária, deve o juiz dilatar o prazo igualmente.

Ainda sobre esse aspecto, deve-se observar que tal medida deve ser determinada pelo juiz ainda durante o prazo que está a transcorrer, sob pena de consumação da preclusão.

Sobre tal instituto, colacionamos abaixo os entendimentos doutrinários sedimentados à unanimidade no I Fórum Permanente dos Processualistas Civis:

---

[316] Vide artigos 77 e 80, do Novo Código de Processo Civil.

[317] REspe nº 630-70, rel. Min. João Otávio de Noronha, DJe de 11.2.2015.

Enunciado 107 – O juiz pode, de ofício, dilatar o prazo para a parte se manifestar sobre a prova documental produzida.

Enunciado 116 – Quando a formação do litisconsórcio multitudinário for prejudicial à defesa, o juiz poderá substituir a sua limitação pela ampliação de prazos, sem prejuízo da possibilidade de desmembramento na fase de cumprimento de sentença.

Enunciado 129 – A autorização legal para ampliação de prazos pelo juiz não se presta a afastar preclusão temporal já consumada.

Enunciado 251 – O inciso VI do art. 139 do CPC aplica-se ao processo de improbidade administrativa.

Feita a notificação, o Cartório Eleitoral juntará aos autos cópia autêntica do ofício endereçado ao representado, bem como a prova da entrega ou da sua recusa em aceitá-la ou em dar recibo (Lei Complementar nº 64/1990, art. 22, inciso IV). Se a defesa for instruída com documentos, o Cartório Eleitoral intimará o representante a se manifestar sobre eles, no prazo de quarenta e oito horas. Não sendo apresentada a defesa,[318] ou apresentada sem a juntada de documentos, ou, ainda, decorrido o prazo para que o representante se manifeste sobre os documentos juntados, os autos serão imediatamente conclusos ao Juiz Eleitoral, que designará, nos cinco dias seguintes, data, hora e local para a realização, em única assentada, de audiência para oitiva de testemunhas arroladas (Lei Complementar nº 64/1990, art. 22, inciso V).

Ouvidas as testemunhas, ou indeferida a oitiva, o Juiz Eleitoral, nos três dias subsequentes, procederá a todas as diligências que determinar, de ofício ou a requerimento das partes (Lei Complementar nº 64/1990, art. 22, inciso VI). Nesse mesmo prazo de três dias, o Juiz Eleitoral poderá, na presença das partes e do Ministério Público, ouvir terceiros, referidos pelas partes, ou testemunhas, como conhecedores

---

[318] *Sobre a revelia, vem a calhar decisão do Tribunal Superior Eleitoral (TSE):* REPRESENTAÇÃO. CONDUTA VEDADA. REVELIA. CONFISSÃO FICTA. PRESUNÇÃO RELATIVA. LIVRE CONVENCIMENTO MOTIVADO. PROVA DOS AUTOS. RESPONSABILIDADE DO AGENTE PÚBLICO. NÃO DEMONSTRADA. IMPROCEDÊNCIA. **1.** *A prática de conduta vedada exige a comprovação da responsabilidade do agente público, pelo cometimento do ato impugnado.* 2. *A presunção de veracidade advinda da revelia não é absoluta,* cabendo ao magistrado sopesar os fatos narrados na inicial em cotejo com as provas produzidas, a fim de formar sua livre convicção sobre o mérito da causa (art. 131 do CPC). 3. *In casu,* inexiste, nos autos, prova de que o representado tenha praticado, anuído ou autorizado a divulgação das reportagens impugnadas na página eletrônica da prefeitura. 4. Representação julgada improcedente em relação ao primeiro representado e prejudicada quanto à segunda e terceira representadas, tidas como beneficiárias da conduta. (Representação nº 422171, Acórdão de 06.10.2011, Relator(a) Min. MARCELO HENRIQUES RIBEIRO DE OLIVEIRA, Publicação: DJE – Diário da Justiça Eletrônico, Tomo 208, Data 03.11.2011, Página 64).

dos fatos e das circunstâncias que possam influir na decisão do feito (Lei Complementar nº 64/1990, art. 22, inciso VII).

Encerrado o prazo da dilação probatória, as partes, inclusive o Ministério Público, poderão apresentar alegações finais no prazo comum de dois dias (Lei Complementar nº 64/1990, art. 22, inciso X). Nas ações em que não for parte o Ministério Público Eleitoral, apresentadas as alegações finais, ou decorrido o prazo sem o seu oferecimento, os autos lhe serão remetidos para, querendo, se manifestar no prazo de dois dias (Lei Complementar nº 64/1990, art. 22, inciso XII). Findo o prazo para alegações finais ou para manifestação do Ministério Público, os autos serão conclusos ao Juiz Eleitoral, no dia imediato, para decisão, a ser proferida no prazo de três dias (Lei Complementar nº 64/1990, art. 22, incisos XI e XII).

Proferida a decisão, o Cartório Eleitoral providenciará a imediata publicação no Diário da Justiça Eletrônico ou, na impossibilidade, em outro veículo da imprensa oficial. No caso de cassação de registro de candidato antes da realização das eleições, o Juiz Eleitoral determinará a notificação do partido político ou da coligação pela qual o candidato concorre, encaminhando-lhe cópia da decisão, para os fins previstos no §1º do art. 13 da Lei nº 9.504/1997, se para tanto ainda houver tempo.

10.2.I Prazo para julgamento: A Lei nº 9.504/97[319] estabeleceu o prazo máximo de 01 (um) ano para o julgamento de todos os processos que possam decretar a perda de mandato político, incluindo nesse prazo todas as instâncias da Justiça Eleitoral.

Vencido o prazo de que trata o caput do artigo 97-A do diploma citado, será aplicável o disposto no art. 97, sem prejuízo de representação ao Conselho Nacional de Justiça ou do Conselho Nacional do Ministério Público, a depender do culpado pela mora processual. Nesse contexto, "poderá o candidato, partido ou coligação representar ao Tribunal Regional Eleitoral contra o Juiz Eleitoral que descumprir as disposições desta Lei ou der causa ao seu descumprimento, inclusive quanto aos prazos processuais; neste caso, ouvido o representado em vinte e quatro horas, o Tribunal ordenará a observância do procedimento que explicitar, sob pena de incorrer o Juiz em desobediência".[320]

---

[319] Art. 97-A. Nos termos do inciso LXXVIII do art. 5º da Constituição Federal, considera-se duração razoável do processo que possa resultar em perda de mandato eletivo o período máximo de 1 (um) ano, contado da sua apresentação à Justiça Eleitoral. (Incluído pela Lei nº 12.034, de 2009); §1º A duração do processo de que trata o caput abrange a tramitação em todas as instâncias da Justiça Eleitoral.

[320] Artigo 97 da Lei das Eleições.

Trata-se de especialização da regra prevista no artigo 94, segundo o qual "os feitos eleitorais, no período entre o registro das candidaturas até cinco dias após a realização do segundo turno das eleições, terão prioridade para a participação do Ministério Público e dos Juízes de todas as Justiças e instâncias, ressalvados os processos de habeas corpus e mandado de segurança", bem como ser "defeso às autoridades mencionadas neste artigo deixar de cumprir qualquer prazo desta Lei, em razão do exercício das funções regulares".

§2º O descumprimento do disposto neste artigo constitui crime de responsabilidade e será objeto de anotação funcional para efeito de promoção na carreira

Não poderia deixar passar que, dadas as precárias condições estruturais do Poder Judiciário e Ministério Públicos Estaduais, tal prazo é uma utopia, praticamente irrealizável sem considerável carga de sacrifício pessoal.[321]

10.2.J Efeitos da sentença: A regra do direito eleitoral brasileiro é a auto executoriedade das decisões, uma vez que os recursos eleitorais não possuem efeito suspensivo (vide artigo 257, *caput* §1º, do Código Eleitoral).

Assim, uma vez cassado o registro ou o diploma do agente processado por sentença que reconheça a prática conduta vedada, o mesmo será imediatamente afastado das funções até a interposição do recurso, uma vez que a Minirreforma Eleitoral de 2015 atribuiu efeito suspensivo automático para os recursos contra sentenças desse jaez (vide artigo 257, §2º, do Código Eleitoral).

Trata-se de evidente retrocesso, na medida em que a própria jurisprudência do Tribunal Superior Eleitoral (TSE) já vinha permitindo a manutenção do afastamento daqueles condenados por práticas antirrepublicanas:

> AGRAVO REGIMENTAL. AÇÃO CAUTELAR. PREFEITO E VICE-PREFEITO ELEITOS EM 2012 CASSADOS EM AIJE. SEGUNDOS COLOCADOS NA ELEIÇÃO JÁ DIPLOMADOS HÁ MAIS DE

---

[321] Registro aqui, como forma de reconhecimento público de tal esforço, o trabalho realizado pelo Juiz do Estado do Ceará, Dr. Fernando Teles de Paula Lima, com quem tive a honra e o prazer de compartilhar, literalmente 24 horas por dia, os trabalhos eleitorais no Município de Trairi no ano de 2012, quando, a par de dezenas de prisões, afastamentos de agentes públicos e particulares por expressiva corrupção eleitoral, julgaram-se com a celeridade necessária os feitos decorrentes das investigações levadas a cabo naquela cidade. Reverencio também o esforço de todos os componentes do Cartório Eleitoral, na pessoa do Chefe José Brasil de Sousa.

> QUATRO MESES. EFEITO SUSPENSIVO A RECURSO ESPECIAL NEGADO. INDESEJÁVEL ALTERNÂNCIA DE PODER NA CHEFIA DE EXECUTIVO MUNICIPAL. CONHECIMENTO E DESPROVIMENTO.
> 1. A alternância sucessiva na chefia do poder executivo municipal deve ser evitada. Precedentes.
> 2. Já estando diplomados nos cargos prefeito e vice-prefeito os segundos colocados na eleição, não se vislumbram presentes os pressupostos para a cautelar que busca atribuir efeito suspensivo a recurso especial com o retorno dos primeiros colocados aos cargos.
> 3. Ausentes os requisitos, é caso de negativa de seguimento à própria cautelar.
> 4. Agravo regimental conhecido e desprovido. (Agravo Regimental em Ação Cautelar nº 194188, Acórdão de 24.02.2015, Relator(a) Min. MARIA THEREZA ROCHA DE ASSIS MOURA, Publicação: DJE – Diário de justiça eletrônico, Tomo 50, Data 13.03.2015, Página 87/88).

Releva também destacar outras mudanças incluídas pela Lei nº 13.165/2015, quais sejam: a) "a decisão da Justiça Eleitoral que importe o indeferimento do registro, a cassação do diploma ou a perda do mandato de candidato eleito em pleito majoritário acarreta, após o trânsito em julgado, a realização de novas eleições, independentemente do número de votos anulados" (artigo 224, §3º, do Código Eleitoral); b) "a eleição a que se refere o §3º correrá a expensas da Justiça Eleitoral e será: I – indireta, se a vacância do cargo ocorrer a menos de seis meses do final do mandato; II – direta, nos demais casos" (artigo 224, §3º, do Código Eleitoral); c) "as decisões dos Tribunais Regionais sobre quaisquer ações que importem cassação de registro, anulação geral de eleições ou perda de diplomas somente poderão ser tomadas com a presença de todos os seus membros" (artigo 224, §3º, do Código Eleitoral).

Por fim, não se pode deixar de registrar que somente a condenação pela prática de conduta vedada que enseje a sanção de cassação do registro ou do diploma gera a inelegibilidade prevista no artigo 1º, inciso I, alínea "j", da Lei Complementar nº 64/90. Assim, sanções exclusivamente pecuniárias não se prestam para tal fim, conforme orientação pacificada do Tribunal Superior Eleitoral (TSE):

> AGRAVO REGIMENTAL. RECURSO ORDINÁRIO. REGISTRO DE CANDIDATURA. ELEIÇÕES 2014. CONDENAÇÃO ELEITORAL POR CONDUTA VEDADA. PENA DE MULTA. INELEGIBILIDADE DO ART. 1º, I, j, DA LC Nº 64/90. NÃO INCIDÊNCIA.
> 1. A inelegibilidade referente à condenação por conduta vedada, por órgão colegiado ou com trânsito em julgado, prevista na alínea j do inciso I do art. 1º da LC nº 64/90, somente se caracteriza caso efetivamente

ocorra a cassação de registro ou de diploma no respectivo processo. Precedentes: AgR-REspe nº 160-76, rel. Min. Laurita Vaz, PSESS em 25.10.2012; AgR-REspe nº 230-34, rel. Min. Arnaldo Versiani, PSESS em 30.10.2012.

2. Hipótese em que houve condenação apenas a multa. Não incidência da inelegibilidade.

3. Na linha da jurisprudência do Tribunal Superior Eleitoral, as regras alusivas às causas de inelegibilidade são de legalidade estrita, vedada a interpretação extensiva para alcançar situações não contempladas pela norma.

Agravo regimental a que se nega provimento. (Agravo Regimental em Recurso Ordinário nº 90356, Acórdão de 22.10.2014, Relator(a) Min. HENRIQUE NEVES DA SILVA, Publicação: PSESS – Publicado em Sessão, Data 22.10.2014).

REFERÊNCIAS

ALMEIDA, Gregório Assagra de. Direito Processual Coletivo Brasileiro: um novo ramo do direito processual. São Paulo: Saraiva, 2003.

BRASIL, Constituição (1988). Disponível em: <http://www.planalto.gov.br/ccivil_03/Constituição/principal.htm>. Acesso em: 02 ago. 2014.

______, Código de Processo Civil (2015). Disponível em: <http://www.planalto.gov.br/CCIVIL_03/_Ato2015-2018/2015/Lei/L13105.htm>. Acesso em: 20 dez. 2015.

______, Código Eleitoral, de 15 de julho de 1965. Disponível em: <http://www.planalto.gov.br/ccivil_03/Leis/L4737.htm>. Acesso em: 26 dez. 2015.

______, Código Civil, de 10 de janeiro de 2002. Disponível em: <http://www.planalto.gov.br/ccivil_03/Leis/2002/L10406.htm>. Acesso em: 02 ago. 2014.

______, Lei Complementar nº 64, de 18 de maio de 1990. Disponível em: <http://www.planalto.gov.br/ccivil_03/Leis/LCP/Lcp64.htm>. Acesso em: 02 ago. 2014.

______, Lei 9.504, de 30 de setembro de 1997. Disponível em: <http://www.planalto.gov.br/ccivil_03/Leis/L9504compilado.htm>. Acesso em: 26 dez. 2015.

BUENO, Cássio Scarpinella. *Novo Código de Processo Civil Anotado.* São Paulo: Saraiva, 2015.

BULOS, Uadi Lammêgo. *Curso de Direito Constitucional.* 4. ed. São Paulo: Saraiva, 2009.

CÂNDIDO, Joel José. *Direito Eleitoral Brasileiro.* 6. ed. Rio Grande do Sul: Edipro, 1995.

CANOTILHO, José Joaquim Gomes. *Direito Constitucional.* 7. ed. Coimbra: Almedina, 2003.

CASTRO, Edson Resende. *Curso de Direito Eleitoral.* 7. ed. Belo Horizonte: Del Rey, 2014.

CERQUEIRA, Thales Tácito; CERQUEIRA, Camila. *Direito Eleitoral Esquematizado.* 3. ed. São Paulo: Saraiva, 2013.

CONEGLIAN, Olivar. *Eleições 2014* – Radiografia da Lei 9.504/97. 8. ed. Curitiba: Juruá, 2014.

DE MORAIS, Carlos Blanco. *Curso de Direito Constitucional*, Tomo II, Volume 2. 1. ed. Coimbra: Coimbra, 2014.

ESMERALDO, Elmana Viana Lucena. *Processo Eleitoral* – Sistematização das Ações Eleitorais. 2. ed. São Paulo: JH Mizuno, 2012.

GARCIA, Emerson; ALVES, Rogério Pacheco. *Improbidade Administrativa.* 7. ed. São Paulo: Saraiva, 2013.

GOMES, José Jairo. *Direito Eleitoral.* 10. ed. São Paulo: Atlas, 2014.

______. *Crimes e Processo Penal Eleitorais.* 1. ed. São Paulo: Atlas, 2015.

MASSON, Cleber; ANDRADE, Adriano; ANDRADE, Landolfo. *Interesses Difusos e Coletivos* – Esquematizado. São Paulo: Método, 2011.

OTERO, Paulo. *Legalidade e Administração Pública* – O sentido da vinculação administrativa à juridicidade. Coimbra: Almedina, 2011.

PINTO, Djalma. *Direito Eleitoral, Improbidade Administrativa e Responsabilidade Fiscal*. 3. ed. São Paulo: Atlas, 2003.

RAMAYANA, Marcos. *Direito Eleitoral*. 14. ed. Rio de Janeiro: Impetus, 2014.

ZILIO, Rodrigo López. *Crimes Eleitorais*. 1. ed. Salvador: Juspodivm, 2014.

Esta obra foi composta em fonte Palatino Linotype, corpo 10
e impressa em papel Offset 75g (miolo) e Supremo 250g (capa)
pela Laser Plus Gráfica, em Belo Horizonte/MG.